동북아시아 현생인류의 확산과 교류

진인진

일러두기

1. 본고에 실린 글은 필자의 학술잡지, 발표요지, 기념논총 등에 실린 것을 수정·보완하였다.
2. 수록된 글은 오타, 용어표기 등을 일부 수정하였으나, 논지전개는 시간이 많이 흘렀음에도 발표 당시의 기조를 그대로 유지하였다.
3. 본문은 수록 당시에 학술지 투고규정이 상이하여 이름, 용어, 지명 등의 표기에서 차이가 있고, 이를 통일하지 않았음을 밝혀 둔다.

동북아시아 현생인류의 확산과 교류

초판 1쇄 발행 | 2022년 3월 31일

지 음 | 장용준
발행인 | 김태진
발행처 | 진인진
등 록 | 제25100-2005-000003호
본문편집 | 배원일, 김민경
주 소 | 경기도 과천시 별양상가 1로 18 614호(별양동 과천오피스텔)
전 화 | 02-507-3077~8
팩 스 | 02-507-3079
홈페이지 | http://www.zininzin.co.kr
이메일 | pub@zininzin.co.kr

ⓒ 진인진 2022
ISBN 978-89-6347-497-7 93910

* 이 책 내용의 전부 또는 일부를 다시 사용하려면 반드시 자료 제공 협조기관과 출판사 모두의 동의를 얻어야 합니다.
* 책값은 표지 뒷면에 있습니다.

목차

책을 열면서   21

Part 1   한반도 현생인류의 확산과 시기   25
    1. 한국 후기구석기의 기원   26
    2. 밀양 고례리와 진주 집현유적의 구석기 연구   72
    3. 방사성탄소연대를 이용한 후기구석기시대 편년   106

Part 2   한반도 현생인류의 일본열도로의 확산   157
    1. 일본 나이프형 석기의 비판적 검토   158
    2. 일본 도호쿠(東北)지역의 석인석기군 연구   186
    3. 일본 구주(九州)출토 각추상석기의 기술적 기원   224
    4. 일본 구주(九州)지역 각추상석기의 연구   250
    5. 한반도 현생인류의 일본열도로의 확산과 의의   290

Part 3   환동해안지역 현생인류의 교류와 형성과정   337
    1. 한국과 일본출토 석인과 세석인의 비교 연구   338
    2. 동북아시아의 구석기시대와 슴베찌르개   380
    3. 일본 북해도지역의 세석인기법   396
    4. 한반도·구주의 구석기시대석기군과 문화의 교차   436
    5. 동북아시아 환동해지역 후기구석기문화의 형성과정   462

책을 닫으며   495

한국

연천 삼화리유적

주먹도끼

파주 금파리유적

주먹도끼

포천 화대리유적

슴베찌르개

인제 부평리유적

좀돌날몸돌

돌날몸돌(접합석기)

단양 수양개유적

돌날몸돌(접합석기)

돌날

좀돌날

남양주 호평동유적

좀돌날몸돌과 좀돌날

밀개

대전 용산동유적

몸돌

돌날

대전 용호동유적

슴베찌르개

공주 석장리유적

밀개

갈린 석기의 갈린 면(중기 구석기시대)

진주 집현유적

인부마제석기

갈린 석기(중기 구석기시대)

익산 신막유적

좀돌날몸돌

공주 석장리유적

밀개

장흥 신북유적

망칫돌과 모룻돌

나뭇잎형(유엽형)찌르개

좀돌날몸돌

임실 하가유적

나이프형 석기(슴베찌르개)

산청 차탄리유적

좀돌날몸돌

동해 망상동 기곡유적

화살촉

토양쐐기와 유구 등

청주 오송유적

장흥 신북유적

화덕자리

대전 용호동유적

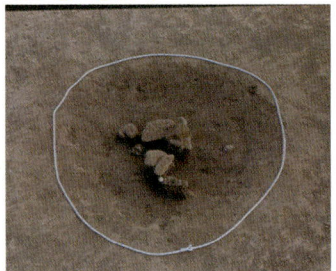

화덕자리

토양쐐기(한양대 선사문화연구소 발굴지점)

산청 차탄리유적

좀돌날몸돌 출토모습

익산 신막유적

토양쐐기

공주 석장리유적

1지구 3호 집터 앞 화덕자리

51구덩 1호 집터는 집터로 보고되었으나 집터로 보기 힘듬

흑요석

남양주 호평동유적

흑요석제 석기

좀돌날

인제 부평리유적

좀돌날

좀돌날

공주 석장리유적

좀돌날

대구 월성동유적

새기개, 좀돌날, 돌날

좀돌날의 날(현미경 25배 촬영)

철원 장흥리유적

흑요석제 석기

붉은색과 갈색의 흑요석제 격지

일본

미야자키 마에노타무라 상 제2유적

각추상석기

박편첨두기

미야자키 야마타유적

박편첨두기

미야자키 아카키유적 제8지점

박편첨두기

능조정돌날

각종 석기

돌날접합석기

미야자키 카지야조노유적

좀돌날몸돌

미야자키 토우조노비라유적

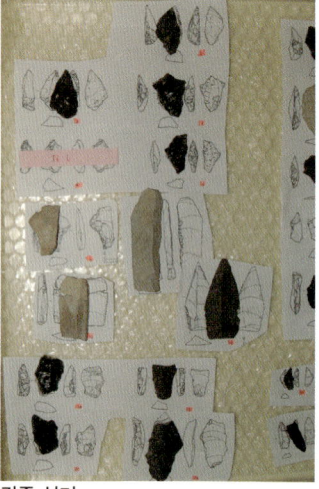

각종 석기

대형석기

나가노 히가시우라유적

나이프형석기(박편첨두기 포함)

가고시마 타테야마유적

각추상석기

박편첨두기

오카야마 온바라유적

세석인석기군

좀돌날몸돌

흑요석제 각추상석기

사가 후쿠이동굴유적

각종 석기

가고시마 니타오나카유적

박편첨두기와 각추상석기 대형석기

가고시마 마에야마유적

각추상석기

대형석기

각종 석기

니가타 코이데1유적

돌날몸돌

11

야마가타 란마토우유적

기부가공첨두기

도쿄 마에다코치유적

첨두기 등

도쿄

인부마제석기 및 토기(초창기)

나이프형석기 일괄

창선형첨두기

도쿄 무사시다이1유적

종장박편

각종 석기

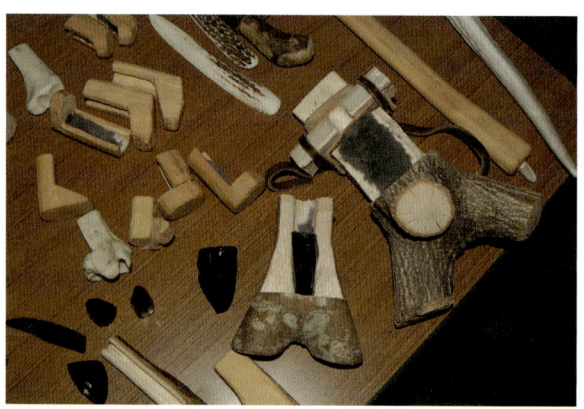

일본 구석기 실험제작자 오바씨의 좀돌날 제작도구

러시아

데니소바유적

9층 각종 석기

10층 르발르와 관련 석기

18층 각종 석기

말타유적

좀돌날

새기개 및 골각기

돌날   뚜르개

아렌포프스키유적

돌날

돌날몸돌

돌날몸돌

아누이3유적

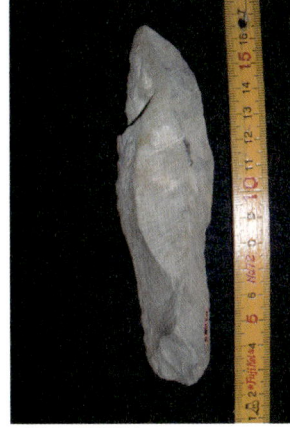
16층 능조정돌날

18층 나뭇잎형(유엽형)첨두기

우스티 우리마유적

1층 각종 석기

1층 좀돌날몸돌

1층 좀돌날몸돌(확대)

2a 양면조정찌르개

2a층 각종 석기

2b층 좀돌날몸돌

2b층 좀돌날몸돌(유베츠기법)

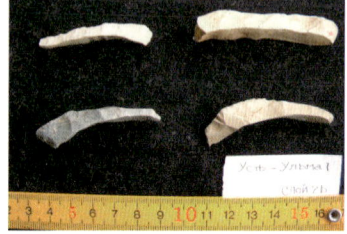
2b층 좀돌날몸돌(타면격지형)

3층 좀돌날몸돌

우스티 칸유적

3층 르발르와 찌르개

3b층 르발르와 찌르개

3b층 르발르와 찌르개

3b층 르발르와 몸돌

3b층 르발르와 몸돌

4a층 르발르와 찌르개

우스티 카라콜유적

9b층 몸돌

10층 돌날관련 석기

18a층 돌날

18a층 르발르와 찌르개

18a층 접합석기

18a층 르발르와 몸돌

18a층 르발르와 몸돌(상부)

18a층 르발르와 몸돌(타면부)

셀렘자유적

2b층 좀돌날몸돌

2b층 좀돌날몸돌

좀돌날몸돌

카라봄유적

5층 밀개

5층 능조정돌날

6층 좀돌날

M-2 르발르와 돌날

M-2 르발르와 돌날 및 찌르개

M-2 르발르와 찌르개

M-2 르발르와 몸돌 및 찌르개 접합 모습

M-2 르발르와 몸돌 및 찌르개

M-2 르발르와 몸돌

C-6 돌날

C-6 능조정돌날

후기구석기 예술품

볼쇼이 야코리유적

좀돌날몸돌 접합석기(유베츠기법)

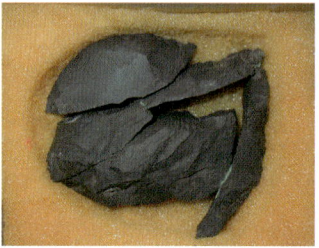
좀돌날몸돌 접합석기

쿨라유적

상층 골각기 및 작살

상층 긁개

상층 좀돌날몸돌 예비소재(유베츠기법)

상층 좀돌날몸돌

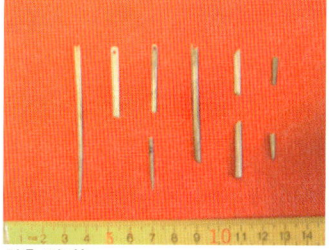
하층 뼈바늘

하층 좀돌날몸돌

하층 조합식 찌르개(골각기)

하층 조합식 찌르개

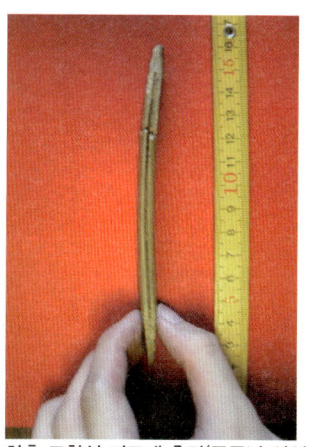
하층 조합식 찌르개 측면(좀돌날 삽입부)

하층 좀돌날

하층 좀돌날몸돌(타면 격지형)

하층 좀돌날몸돌(접합석기)

중국

길림성 화룡유동유적

흑요석제 석기(백두산 흑요석 사용)

길림성 안도사금구유적

흑요석제 석기(백두산 흑요석 사용)

길림성

흑요석제 석기(백두산 흑요석 사용)

흑요석제 석기 세부모습(백두산 흑요석)

산동성 망해루유적

좀돌날몸돌

좀돌날몸돌

금사태동혈(진시타이)유적

5층 석기

요령성 대감자유적
각종 석기(후기 구석기시대)

묘후산유적

표지석

묘후산유적 입구

묘후산유적 내부

묘후산 유적에서 바라본 바깥 풍경

묘후산 유적 앞에서(필자 가운데)

찍개(전기 구석기시대)

금우산유적

표지석

인골 출토지점

하남성 영정유적

밀개

얼굴 복원모습
(전기 구석기시대)

인골 복제품(전기 구석기시대)

석기

요령성 탁춘북산유적

석기(후기구석기시대)

요령성 소고산 선인동유적

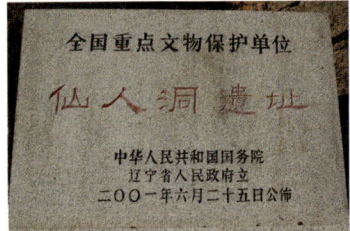
표지석

선인동유적 입구

선인동유적 내부

동굴 내부에서 출토된 석기

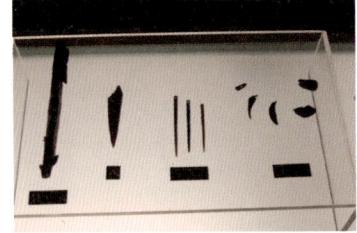
선인동유적 내부

요령성 합자동유적

긁개

긁개

석기

석기

찍개

책을 열면서

현생인류의 학명은 *Homo Sapiens*입니다. 우리는 이스라엘 출신인 유발 하라리의 세계적인 베스트셀러 『사피엔스』를 통해 이 말과 더욱 친숙해졌습니다. 현생인류는 아프리카에서 처음 출현하였고, 이들은 5만 년 전 무렵부터 아프리카를 벗어나 유라시아 전역으로 확산하기 시작하였습니다. 그들이 한반도에 도착한 시기는 대략 4만 년 전으로 생각합니다. 바로 후기구석기시대입니다.

우리나라 구석기시대에 있어 중기구석기시대의 인류가 호모 에렉투스의 후손인지는 아직 확실하지 않습니다. 한반도에서는 중기구석기에서 후기구석기로 넘어가면서 많은 변화가 있었습니다. 후기구석기유적에서는 석영계 석재로 주로 만들었던 주먹도끼와 찍개, 여러면석기와 같은 석기의 출토비율이 급격히 줄어들었고, 돌날(석인)과 좀돌날(세석인)과 같은 새로운 형식의 석기와 제작기술이 등장하였습니다. 우리나라에서는 현생인류가 돌날과 좀돌날로 만든 도구를 사용하여 수렵하고, 사냥감을 해체하였습니다. 그러나 아직 우리는 한반도에 살았던 현생인류에 관한 정보가 턱없이 부족함을 익히 알고 있습니다.

이 책은 필자가 2000년대부터 십여 년에 걸쳐 발표했던 논고 중에서 후기구석기문화와 관련한 13편을 추린 것입니다. 한반도에 살았던 현생인류와 그들이 일본열도로 건너가 어떻게 적응하였는지를 밝히고자 했습니다. 한국, 일본, 중국, 러시아의 구석기를 관찰하고 논문을 작성하면서 '동북아시아지역의 현생인류는 누구이고, 그들은 어떻게 살았을까?'라는 핵심과제를 화두로 삼고자 했습니다.

첫째, '한반도 후기구석기문화의 기원은 누구에 의해 시작되었는가'입니다.

현생인류의 출현 이전에 한반도에 살았던 호모 에렉투스에 의해 후기구석기문화가 성립되었는가라는 질문과도 이어집니다. 현생인류가 러시아와 중국 동북지역을 거쳐 한반도로 온 것인지, 또는 중국 남부지역에 기반을 둔 현생인류에 의해 시작된 것인지, 중기구석기시대의 선주민에 의해 후기구석기시대가 열린 것인지에 관한 난제를 푸는 것이었습니다. 이를 위해 우리나라에서 출토된 석기는 물론, 러시아와 중국, 일본의 중요 유적에서 출토된 석기를 관찰하고 기록하였습니다.

둘째, '한반도의 후기구석기시대 사람이 언제, 그리고 어떻게 살았는가'입니다.

현생인류가 살았던 후기구석기시대에는 지금과는 다른 환경이었고, 서식했던 동·식물도 달랐습니다. 하지만, 우리가 접근할 수 있는 자료는 석기와 충청도와 강원도 일부 지역에서만 출토된 동물뼈가 전부입니다. 현 단계에서는 현생인류의 삶은 구석기로 연구할 수밖에 없는 한계가 있었습니다. 현생인류의 삶은 구석기와 불가분의 관계가 있었기에 그들의 생활을 일부라도 밝혀 보려 노력하였습니다.

셋째, '한반도의 현생인류가 일본열도의 구석기문화에 어떠한 영향을 미쳤는가'입니다.

필자가 일본의 구석기를 처음 접한 시기는 1998년도입니다. 2000~2010년대만 해도 일본 구석기연구자 중 소수의 연구자만이 한국의 주먹도끼, 슴베찌르개, 흑요석, 좀돌날몸돌(세석핵) 등을 연구하였으며, 한반도 구석기문화를 그다지 주목하지는 않았습니다. 그 이면에는 일본열도의 나이프형 석기문화와 한반도의 구석기문화는 애당초 상관없다는 생각이 저변에 깔려있었기 때문입니다. 일본열도에 첫발을 내디딘 사람이 한반도의 현생인류일 가능성을 거의 언급조차 하지 않았습니다. 그런 이유로 한반도와 일본열도의 구석기문화가 어떤 연관성이 있는지를 살펴보았는데, 한반도의 현생인류는 일본열도의 후기구석기문화 성립에 중요한 역할을 했을 것으로 추정했기 때문입니다.

넷째, 동해를 둘러싼 나라들, 즉 '환동해안지역에 있는 국가들에 있어 후기구석기문화의 형성과정과 현생인류의 생존방식에 있어 어떠한 공통점과 차이점이 있을까'입니다.

환동해안지역의 후기구석기문화는 상당한 공통점이 있습니다. 현생인류는 생존에 있어 돌날과 좀돌날을 중요한 도구로 채택했다는 점, 석기제작에 석영보다는 규질제 석재(이암, 응회암, 안산암, 혈암 등)를 핵심석재로 사용한 점, 흑요석을 새로운 석재로 채택해서 도구로 만들어 사용했고 원거리 석재를 교환하였다는 점, 수렵의 핵심도구로서 찌르개로 만든 창을 사용했고 원거리 사냥을 하였다는 점입니다.

한반도에 살았던 후기구석기시대의 현생인류는 현재 우리 모습을 한 최초의 인류였습니다. 이들은 한반도에만 머물지 않고 일본열도로 건너가 일본 최초의 선주민 중 하나가 되었습니다. 빙하기 중 한랭기의 어느 시기에는 해수면이 50m 이하로 하강했고 서해는 육지로 바뀌었습니다. 이때 한반도와 중국은 하나의 대륙이 되었고, 두 지역의 현생인류는 서로 만났습니다. 특히 최대빙하극빙기에는 한반도와 일본열도가 가장 가까웠던 시기였습니다. 슴베찌르개, 각추상석기, 흑요석에 관한 석기는 물론, 생존방식에 대한 정보도 공유하였습니다.

필자가 고고학전공 중 후기구석기시대를 주전공으로 삼게 된 데에는 밀양 고례리유적과 공주 석장리유적을 발굴한 것이 중요한 계기였습니다. 1990년대의 구석기연구는 가장 오래된 유적은 어디인지, 그 연대는 얼마나 올라가는지, 주먹도끼는 아슐리안 계통인지 아닌지 등의 연구에 집중되어 있었습니다. 이에 반해 후기구석기문화에는 관심이 크지 않던 시기였습니다. 고고학자 중에는 필자에게 인기없는 구석기말고 다른 주제를 전공할 것을 권유하기도 했지만, 다른 사람이 연구하지 않는다면 나라도 구석기를 연구해야겠다는 작은 사명감도 있었습니다. 그 후로 20여 년이 더 지났고, 우리는 후기구석기시대의 현생인류에 관해 예전보다는 많은 것을 알아냈지만, 여전히 그들의 삶을 모르는 것이 현실입니다.

본문은 이러한 내용을 설명하기 위해 1부 한반도 현생인류의 출현과 시기, 2부 한반도 현생인류의 일본열도로의 확산과 적응, 3부 환동해안지역 현생인류의 교류와 형성과정으로 구성하였습니다.

이 글을 작성하는 데 있어 유물조사를 도와주고, 귀한 조언을 해 준 분이 많습니다. 故 정한덕 선생님은 필자가 일본에서 구석기실측을 배울 소중한 기회를 마련해주셨고, 그곳의 많은 연구자와 소통할 기회를 만들어주셨습니다. 그 덕분에 지금까지 구석기 공부를 계속 할 수 있었고, 직장을 가질 기반을 다질 수 있었습니다. 너무 늦은 감이 있지만, 그 고마움을 언제나 잊지 않고 살아가려 합니다.

그 외에도 정징원, 박영철, 신경철, 김종찬, 이형우, 김정완, 박진일, 이창희, 이양수, 권상열, 배기동, 임학종, 함순섭, 현재욱, 김민철, 강윤정, 현재원, 小畑弘己, 佐藤宏之, 杉原敏之, 藤木聰, 大竹憲昭, 加藤真二, 加藤博文, 松藤和人, 高昌俊, 芝康次郎, 堤隆, 小野昭, 鈴木宏行, 木村英明, 寺崎康史, 島田和高, 直江康雄, 出穂雅實, 須藤隆司, 森先一貴, 稲田孝司, 鶴丸俊明께 깊은 감사를 드립니다.

구석기를 조사하면서 한국, 일본, 러시아, 중국에 소재한 여러 대학과 연구기관에 도움을 받았습니다. 필자의 게으름과 더불어 오랜 시간이 지나 기억하지 못한다는 핑계로 여기에 그분들의 이름과 감사함을 모두 적지 못했습니다. 이분들의 도움이 없었다면, 글을 완성할 수 없었습니다. 필자의 부족함을 혜량하여 주시길 바랄 뿐입니다.

또한, 이 책의 출판을 허락해준 진인진의 김태진 사장님과 책을 꼼꼼히 편집해주고 조언을 아끼지 않은 배원일 편집팀장님에게 마음 깊이 감사드립니다.

필자가 이 사회의 구성원으로서 성장하기까지 한없이 믿어주고 사랑을 베풀어주신 모친 이금자 여사님, 그리고 어린 시절부터 막둥이를 아껴주고 보살펴 준 큰 형 장인우님, 작은 형 장동님. 비록 글로나마 새에게 집을 내어준 크디 큰 나무처럼 보살펴준 감사함을 기억하고자 합니다. 또한 이 글을 빌어 하늘에서 막내아들을 지켜주시겠다던 나의 아버지, 고 장금주님을 그립고 슬픈 마음으로 새겨봅니다.

끝으로 국립박물관에 근무하다 보니 20년 넘게 서울, 경주, 대구, 김해를 번갈아 가며 순환 근무를 하고 있습니다. 그런 이유로 늘 가정을 제대로 돌보지 못하였습니다. 언제나 홀로 가정의 버팀목이 되었던 아내 임선영에게 미안하고 그저 감사할 따름입니다. 어느새 훌쩍 커서 든든하고 멋진 아들이 된 형서와 아빠의 힘든 마음을 어루만져주는 마음 따뜻한 딸 윤서, 늘 응원해준 아내에게 이 책을 바칩니다.

2022년 3월
현생인류를 추억하며

장용준

러시아 구석기 자료조사 여행 중 필자(2003.1.23.)

Part 1

한반도 현생인류의 확산과 시기

Part 1

한반도 현생인류의 확산과 시기

한국 후기구석기의 기원
- 동북아시아 후기구석기 초기유적과 비교하여 -

I 현생인류의 기원문제
II 동북아시아지역의 중기 및 후기초엽의 유적
    1 러시아
    2 중국
    3 일본
    4 한국
III 중·후기 구석기의 석기 제작기법의 특징
    1 시베리아 무스테리안의 특징
    2 석인기법
    3 석재의 문제
IV 후기 구석기문화의 지역성과 그 기원
    1 동북아시아에서의 지역적 특징
    2 우리나라 후기 구석기의 기원
V 소결

I 현생인류의 기원문제

몽고로이드계에 속한 우리 민족은 자바원인·북경원인 등과 같이 일찍부터 아시아에 이주해 와 살았던 원인에게서 그 유전자를 계승했는지에 대해 계속 검토되고 있다. 여기에는 계승받았다는 입장의 다지역 발생설(多地域 發生說, 燭臺 model)과 그렇지 않다는 한 지역 발생설(方舟 model, 미토콘드리아 Eve, Eve가설)이 있다.

다지역 발생설(Multiregional Hypothesis 또는 Multiregional model)은 1930년대와 40년대의 Franz Weidenreich의 논고에서 출발하여 Milford Wolpoff와 Alan Thorne에 의해 제기되었다. 160만 년 전 동아프리카에서 출현하여 유라시아 대륙 각지로 이주·확산했던 호모 에렉투스가 각각의 땅에서 독립적으로 진화를 거듭하여 거의 동시기에 호모 사피엔스(현생인류)로 진화하였다는 것이다. 결국 아프리카에서 탄생한 호모 에렉투스가 유라시아대륙으로 퍼져 나가 각각의 지역에서 새롭게 현생인류로 진화했다는 주장이다. 이와 유사한 촛대모델은 아프리카를 기점으로 한 인류의 이주·확산은 과거 약 100만년 이전에 한 번밖에 일어나지 않았으며, 크로마뇽인으로 대표되는 현생인류는 유럽이나 아시아 등 지역은 달라도 거의 동일한 것으로 생각하였다.

이와 달리 한 지역 발생설은 고인류학자인 Chris Stringer, 계통발생학자인 Alan Wilson과 Rebecca Cann에 의해 주창되었다. 현생인류의 기원을 현지에 살았던 호모 에렉투스에서 찾지 않고 아프리카 호모 에렉투스에서 진화·탄생한 현생인류의 조상이 다시 유라시아 대륙 각지로 이주·확산하는 과정에서 기존의 주민과 교체되었다는 설이다. 즉 현대인은 미토콘드리아 DNA유전자 조사를 통해 세계 각지의 인류가 약 20만년 전에 아프리카에 살았던 한 명의 여성에게서 물려받은 공통의 유전자를 지니고 있다는 것이다. 이 설은 아프리카 탈출(Out of Africa) 또는 아프리카인 교체설(African Replacement Hypothesis)로도 불린다.

한편 한 지역 발생설의 변형으로 현생인류의 진화 중 아시아에서는 이 지역의 앞선 인류와 일부나마 유전자교환이 이루어졌다는 가설도 있다(hybridization and replacement model). 오늘날 현생인류에 있어 체질상 특징은 늦게 진화된 결과로 인종상 특징은 지역에 따라 진화의 결과가 다르게 나타났다는 것이다. 특히 인종형성시기에 대해서는 극단적인 차이를 보이고 있다(박선주, 1999).

한 지역 발생설과 관련하여 주목받는 지역은 서아시아 레반트(Levant)지방의 유적군이다(西秋良宏, 1999). 서아시아의 중기 구석기시대에는 형질차이가 있는 적어도 두 종류의 고인류가 있었다. 이스라엘의 아무드동굴·케바라, 시리아의 데데리에동굴, 이라크의 샤니달동굴에서 출토된 네안데르탈인(*Homo neanderthalensis*)과 카프제·스쿨에서 출토된 해부학적 현생인류(고대형 크로마뇽인[1]·*Homo Sapiens*)가 그것이다. 이 중 DNA분석에 의해 현대인의 조상은 약 20만 년 전 아프리카에서 유라시아 대륙으로 확산한 최초의 흔적이 카프제와 스쿨에서 확인되었다.

네안데르탈인과 고대형 호모 사피엔스는 신체적인 차이가 거의 없었다. 특히 샤니달에서 출토된 네안데르탈인의 손가락뼈 분석에 따르면 현생인류와의 운동능력 면에서도 별다른 차이가 없는 것으로 드러났다(Trinkaus, 1989). 그러나 Copeland(1975)의 Tabun모델은 네안데르탈인에서 현생인류가 직접적으로 진화한 것이 아님을 말해준다. 즉, 수 천년 정도는 호모사피엔스와 네안데르탈인이 공존했을 가능성이 높지만, 두개골 상으로는 형태학적 교류 증거가 확인되지는 않는다. 다만, 유전자교환이 일어났고, 이들은 공존했었다.

II 동북아시아지역의 중기 및 후기 초엽의 유적

1 러시아(그림 1)[2]

1) 아렌포프스키유적

석기는 혈암제의 석재를 주로 사용하여 제작하였다. 구심박리에 의한 원반상 석핵과 큰 방형의 각력 한 면을 작업면으로 선택하여 만든 단설 또는 양설타면을 지닌 석인석핵이 확인된

---

[1] Vandermeersch(1989)가 처음 불렀던 명칭이다.
[2] 러시아지역의 유적에 대한 개괄적인 설명은 Derv´anko(1998)와 木村英明(1997)을 참고하여 작성하였다.

다.[3] 석핵은 넓은 면을 주로 박리하였고 석인 석핵은 한 면을 집중적으로 박리했다.

이런 석핵은 카라봄출토 석기에서도 관찰된다. 뒷면은 원석면으로 대부분 평탄하며, 지역적인 석재사용의 결과물로 보인다. 또한 박편의 ridge조정이 발달해 박리 전에 정교하게 조정하였고, 직접타격으로 타격지점이 매우 깊이 파여있다. 경사타면을 지녔고 타각은 비교적 가파르다.

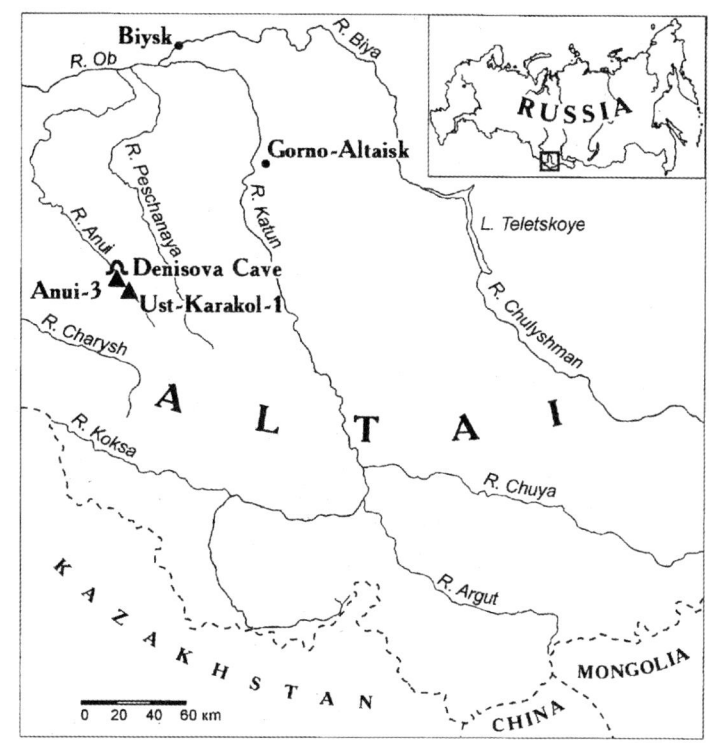

그림 1   알타이 북서부지역 주요석기군(Derevianko and Shunkov, 2002)

석인 석핵은 측면을 이용한 박리현상이 비록 등장하지만, 시기적으로 다른 유물과 동일시대 것인지는 확실치 않다. 대체로 측면박리현상이 발달하지 않았음은 분명하다. 아울러 크레스트기법도 확인되지 않으며, 유사 크레스트 조정능선을 제작하였지만, 일직선을 이루지는 못하였다. 한국의 고례리와 진그늘(이기길, 2001)에서 보이는 70~90도에 가까운 박리현상이 이 단계에서는 나타나지 않는다. 석핵 중에서는 박리면이 지속적으로 타격되어 점점 석인 또는 박편의 길이가 줄어드는 것이 관찰된다. 석핵 그 자체를 조정해 긁개로 제작하기도 했다.

석인으로 만든 밀개는 말단부에 인부가 있는 것과 타면에 인부를 제작한 것이 있다. 인부각은 45도 내외, 55~60도 내외, 70도 내외 등 다양하고, 배면에서 등면으로만 조정했다. 석인의 비율이 카라봄보다 높게 나타나는 것으로 보아 시기적으로 좀 더 늦은 시기로 생각된다.

---

3   단설타면은 하나의 타면이 있는 것을 말하며, 양설타면은 두 개의 타면으로 대칭적으로 위치한 것을 의미한다.

2) 데니소바 동굴유적(그림 2)

강이 U字形으로 굽어지는 곳의 표고 2.7m 낮은 단구에 위치하며, 동굴깊이는 32m에 입구 폭은 7m이다. 1977년 N.D.오보드프가 발견하여 다음 해에 조사되었다.

층위는 크게 1층~8층·9층~21층·22층으로 나뉘고, 8층의 상부가 완신세, 9층의 하부가 갱신세에 속한다. 1층~8층은 청동기시대와 철기시대, 9층이 중석기 혹은 후기구석기시대, 11층~22층이 구석기시대의 문화층이다(Derev'anko 1998; 木村英明 1997). 그러나 분류된 층위를 살펴보면 지층이 상당히 불안하게 형성되었음을 알 수 있다. 특히 토층 중 21층은 14층까지 치솟아 있기도 하다. 따라서 이 부분에 해당하는 유물들은 비록 각 층에서 출토되었지만, 유물의 성격을 그대로 다 신뢰하기는 힘들 것으로 생각된다. 층위별 유물의 출토상황 및 특징은 다음과 같다.

9층에서 520점의 석기, 11층~21층에서 2,861점의 석기, 22층에서 112점의 석기가 출토되었다. 특히 오클라드니코프 동굴유적(5점)과 더불어 2점의 치아가 발견되었다(최몽룡 외, 2003: 107). 9층 중 9c·d·e층에서 세석인과 기하학형 세석기가 확인되고 중석기시대 내지 후기후엽으로 생각되며, 세석인 10점과 반월형세석기 1점이 확인된다. 10층은 박편을 이용한 긁개가 확인되며 석인은 대체로 절단되었다. 11층은 총 439점 중 박편과 부스러기류 338점, 석인모양의 종장박편 30점이 있다. 특히 전형적인 르발르와 찌르개를 비롯해 석인기법도 발달하여 전체적인 유물구성상은 석인을 중심으로 이루어진다. 특히 양면가공 석기와 뼈도구들이 확인된다. 11층에서의 ^{14}C연대는 37,235BP이며 후기 유적으로는 비교적 이른 시기이다.

12층은 르발르와 석핵을 포함한 석핵 8점, 르발르와 삼각형 찌르개 8점, 잔손질된 종장박편 8점, 스크레블로(대형긁개) 5점, 밀개 1점, 새기개 6점, 뚜르개 1점, 나이프 8점, 톱니날석기 8점, 홈날석기 17점, 석인 36점, 박편, 부스러기류 284점 등이 확인되었다. 무스테리안 찌르개는 알타이지역의 특징적 석기로 데니소바동굴의 상층부에서 출토되었다. 13층에서는 프린트제 125점의 석기, 박편·부스러기류와 265점의 뼛조각이 발굴되었고, 26점의 석기 중 18점이 르발르와 박편, 5점의 석인이 만들어졌다. 14층은 580점 중 석핵 12점, 석인 46점, 석기 93점, 박편 311점이 있다. 르발르와 관련 유물이 특징적이며, 스크레블로(대형 긁개) 혹은 긁개가 많다. 15층의 르발르와 찌르개는 타점과 말단부의 방향이 일치하지 않는 경우가 있다. 16층은 57점으로 석핵 5점, 석인 4점, 방사상 박리면을 표면에 남긴 원형에 가까운 르발르와 박편 1점, 르발르와 삼각형 박편(찌르개) 2점이 확인된다. 르발르와 석인은 타면 면적이 좁고 석인의 형태와 타면조정은 변화가 거의 없다. 박리된 종장박편도 타면조정을 정교히 하고 있다.

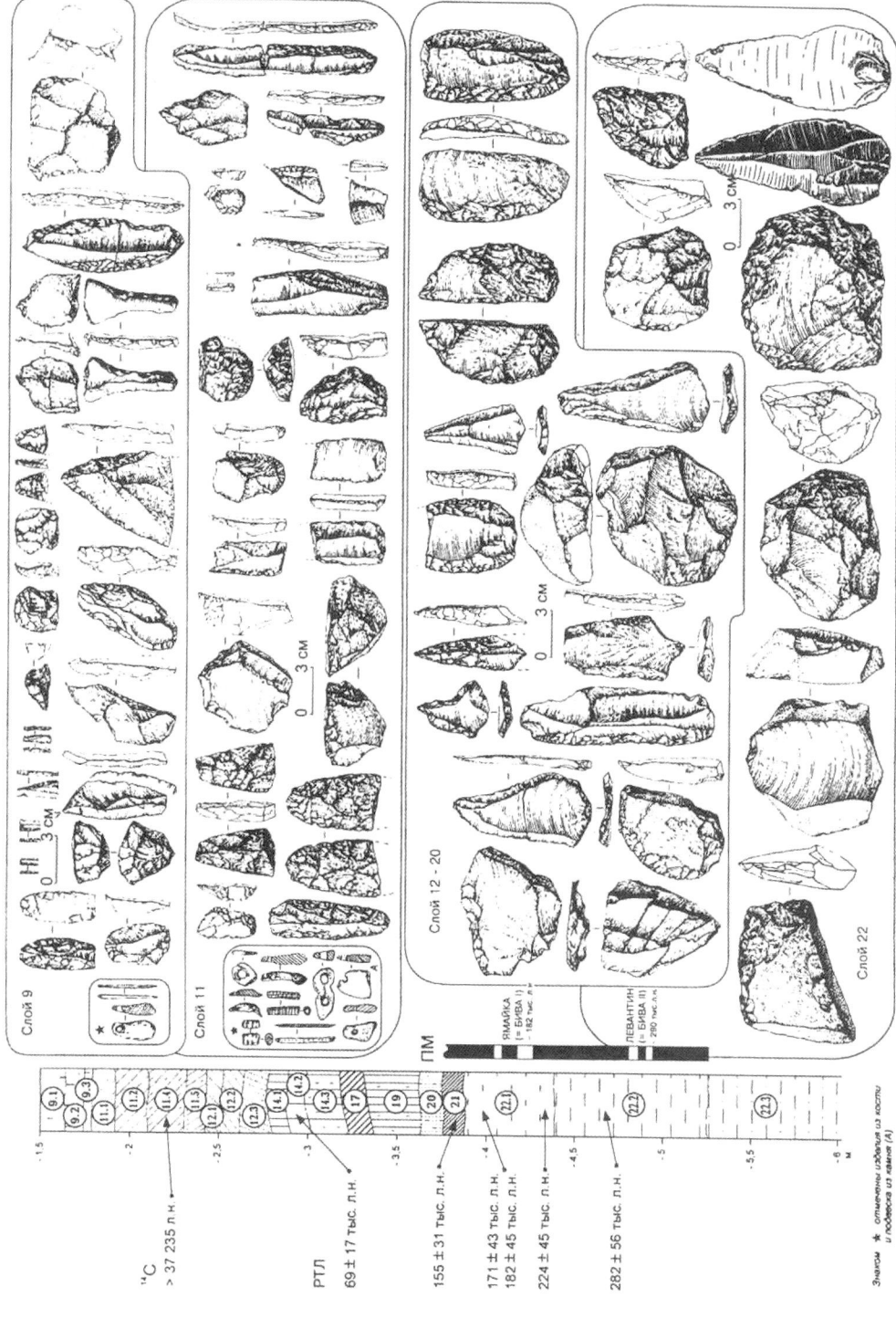

그림 2 데니소바유적의 석기군(Derevianko, 2001)

17층은 32점의 석기·박편·긁개류, 26점의 뼷조각(骨片)이 출토되었다. 18층에서는 석기 16점이 확인된다. 르발르와 석인을 이용한 찌르개의 선단부는 이차조정이 잘 되어 있다. 긁개의 블랭크(예비소재)는 박편제가 많다. 특히 찌르개는 배면 → 등면쪽으로만 조정하였다. 르발르와 기법이 석기군 전체에 영향을 미친다. 19층은 박편 259점, 부스러기 79점, 자갈돌 16점, 석인 48점, 석핵·석핵편 32점, 석기류 71점 등 모두 573점이 있다. 20층은 두 개로 나뉘며, 20층A는 박편 74점, 석인 18점, 자갈돌 6점, 석핵 3점, 석핵모양 파편 1점, 석기류 45점 등을 포함한 석기, 부스러기 179점, 뼈 부스러기 217점이 확인된다.

21층에서는 박편 18점, 석인 1점, 석핵 9점, 석기 5점, 자갈돌 2점을 포함한 박편, 석기류 45점과 뼷조각 153점이 있다. 그 중 석핵이 두드러진다. 연대는 155,000±31,000(TL-13 DC)이다. 22층에서는 박편 44점, 석인 1점, 석핵 8점, 자갈돌 7점, 석기 24점을 포함한 박편, 석기류 112점과 뼷조각 260점이 있고 르발르와 부정형 박편 1점, 르발르와 삼각형 찌르개 2점, 잔손질된 르발르와 삼각형박편(찌르개) 2점, 스크레블로 4점, 새기개 1점 등이다. 22층 하부지점의 절대연대는 282,000±56,000(TL-15 DC), 상부지점은 224,000±45,000(TL-14 DC)이다.

3) 마카로보 4유적

레나강 우측 600m내륙의 표고 36~38m 단구에 입지한다. M.P. 아크쇼노프에 의해 1975~79·90년에 발굴이 이루어져 석핵류 133점, 가공된 석기류 134점, 사용흔이 있는 박편 153점, 박편 3,197점, 그 외 자갈돌과 부스러기, 동물뼈 등 모두 4,119점의 유물이 출토되었다(Akesenov et al., 1978; Medvedev et al., 1990). 석인석핵은 어떤 것이든 자갈돌을 소재로 하였다. 크게 형성된 조정타면(하나의 타면이 주로 사용된다)과 석인박리면(편평한 한 면에 집중, 드물게 측연에 이루어지는 예도)이 있다. 아크쇼노프는 르발르와기법을 근거로 5만 년 전보다 더 떨어지지 않는 것으로 보았다.

석인석핵 8,133점(조정단계를 포함)과 찍개(34점)가 출토되었으나 특징적인 사실은 능조정 기법이 별다른 역할을 하지 못하였다는 점이다. 대신에 자갈돌을 이용한 석기기법에 있어 타면형성, 타각의 조정기술을 기초로 가능한 한 석인박리를 실현하고 있고(조정기술의 절약), 중형의 자갈돌을 능숙히 이용하여 석인기법의 새로운 적응양식을 보여주었다.

4) 아누이 III 유적(그림 3)

다른 유적들이 동굴유적인데 반해 아누이III은 다소 경사진 곳(경사도 7-10도)에 있는 야외유

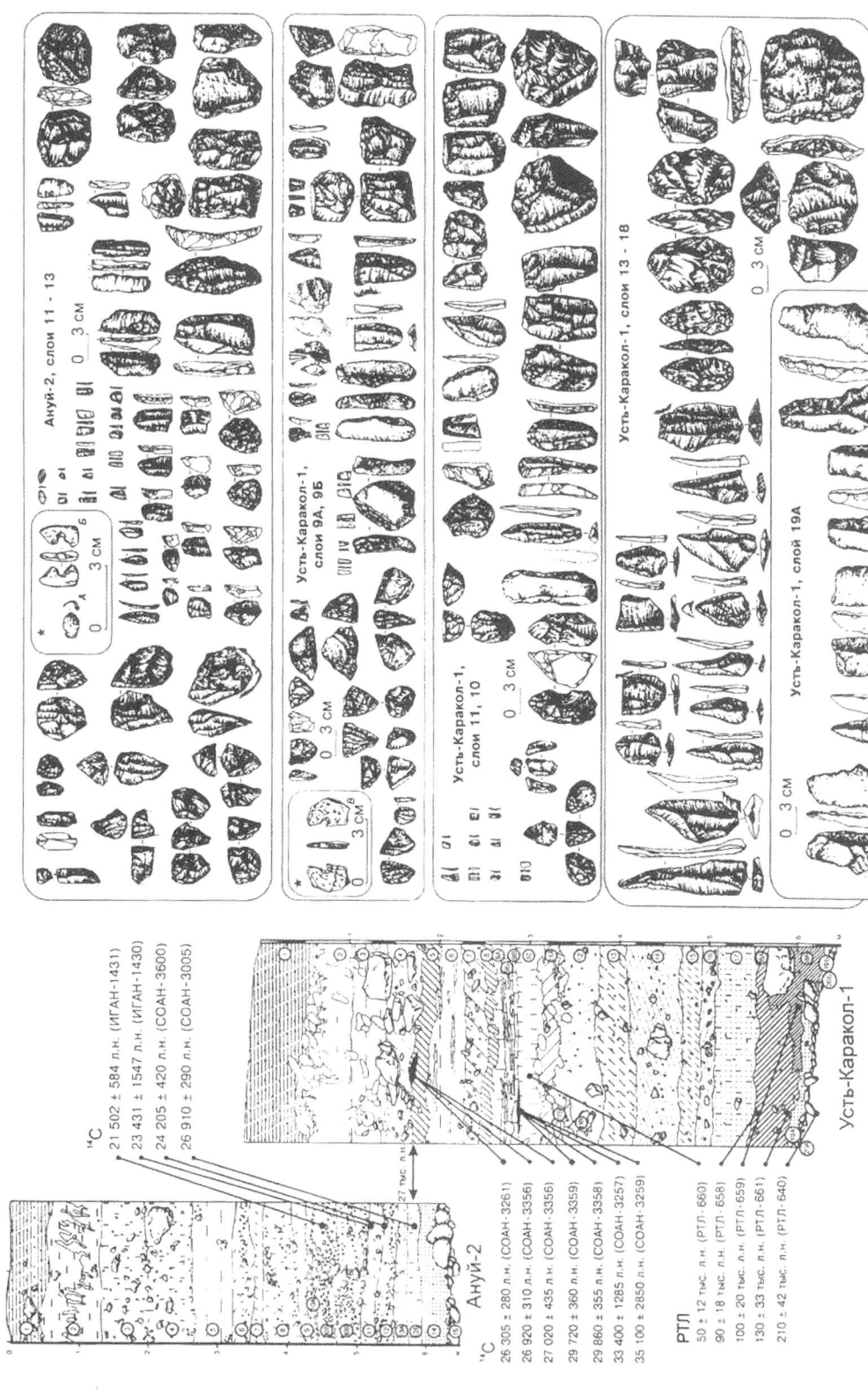

그림 3 우스티 카라콜과 아누이유적의 석기군(Derevianko, 2001)

그림 4 아누이3유적 18층 출토 양면조정찌르개

적이다. 층위는 다른 동굴유적보다도 안정된 층위 양상을 보여준다. 특히 우스뜨 카라콜 I 과의 층위대비가 가능해 석기군의 비교분석에도 도움을 준다. 21개의 층 중 10개의 문화층을 지니고 있다. 18층·16층·15층·13층은 중기구석기시대, 12층·11층·9층·4층·3층·2층은 후기구석기시대로 구분가능하다. 12층·11층·9층은 중기구석기시대의 문화층에 해당한다. 12층의 TL연대는 54,000±13년이다. 우스뜨 카라콜의 층위연대를 참고하면 18~20층은 10~9만 년 전으로 추정된다.

  강가에서 석재(사암, aleurolite)를 채취하여 석기를 제작하였으나, 유물의 10%는 혼펠스, 석영, 분암(porphyrite)로 만들어졌다. 중기구석기 문화층에서는 르발르와기법이 확인되며, 르발르와 찌르개, 많은 수의 톱니날 석기, 홈날석기, 부리모양석기가 제작되었다. 후기구석기문화층에서는 밀개·새기개·뚜르개 등이 출토되었다(Derevianko. A.P. and Shunkov.M.V., 2002: 16~42).

  11층 출토 석인은 타면을 조정하지 않았으며, 벌브(Bulb)도 별로 발달하지 않았고 타면 폭이 급격히 줄어든다. 일부 유사 르발르와 찌르개도 존재하지만, ㅅ자 모양의 타면과 더불어 작업면의 형태가 전형적인 르발르와 석기들과는 차이가 있다. 13층에서는 석영제 석인 2점, 혈암제 기부가공 석기 등이 출토되었다. 특히 기부가공 석기는 선단부가 불명확해 슴베찌르개로는 보기 힘들다. 16층에서는 유사새기개가 출토되었다. 18층은 특히 우스뜨 카라콜 I과 더불어 그림 4의 4점의 양면조정 도구(Foliate biface)들이 확인되고 있으며, 두 점은 완전한 형태로 출토되었으나, 나머지 두 점은 선단부만 남았거나 절반 정도가 부러진 상태로 출토되었다. 이것들은 눌러떼기로 제작된 것이 아닌 직접타격으로 제작된 것으로 전면에 걸쳐 균일하고 규칙적인 박리면을 형성시키지는 못하였다. 하지만 새로운 찌르개의 등장을 알리는 매우 중요한 유물임에 틀림없다. 20층에서는 소형 박편제 찌르개, 긁개, 석인출토, 유사

능조정석인이 출토되었다. 힘이 가해지는 방향과 능이 거의 일치하고 대칭 방향으로 조정되지는 않았지만, 한 쪽 방향으로 능조정을 베풀어 능의 형태를 일직선으로 만들었다. 아누이 Ⅲ의 중기구석기층에서는 길이가 길면서 인부에 조정이 된 르발르와 형태가 지배적이다.

5) **카라봄유적**(그림 5)

중앙 알타이산맥의 Yelo분지에 위치한다. 오클라드니코브가 1980년에 발굴을 시작한 이후 1993년까지 4구역을 발굴하여 중기에서 후기로의 이행기문화에 대한 좋은 연구자료를 제공하였다. 기본적으로 6개층으로 구분되지만, 물에 의한 층위착란 등으로 문화층을 명확하게 구분해내기 어렵다는 지적도 있다. 그러나 12층으로 세분된 층위 중 9b층의 무스테리안 Ⅰ층과 Ⅱ층이 있고, 5층과 6층에 후기 초 석기군이 있다. 동물뼈와 6,000점 이상의 프린트제 석기와 박편이 출토되었고 석기제작지이면서 요지도 발견되어 거주지로 보고되었다. 특히 자갈돌에 묻은 붉은 염료를 비롯해 구멍이 있는 펜던트의 존재는 후기 구석기인의 또 다른 모습을 보여주고 있다. 석재는 주로 치밀한 프린트를 사용하였는데 1.8km범위 내에서 채취되었고 중기구석기의 제작은 바위가 결을 따라 자연적으로 부서져 석재를 채취하기 용이해진 시점이후에 시작되었다(Derevianko and Rybin, 2003).

그림 6의 ㅅ자 모양 타면, 한 방향 박리, 특히 좌우에서 박리된 V자모양의 교차박리에 의해 능선을 측연에 병행시켰던 전형적인 르발르와 찌르개가 공반하고, 표면에 두 방향 혹은 여러 방향에서의 박리흔을 지닌 르발르와 삼각형박편(찌르개)이 만들어졌다. 동일한 특징을 지닌 폭넓은 르발르와 석인이 집중 발굴되었다. 길이 20cm를 넘는 전형적인 석인이 있고 이를 소재로 한 정형적인 밀개와 새기개도 있다. 데레비얀코는 양자를 다른 시기로 보았지만, 木村英明(1997)은 두 기법의 조정법에 연속성이 인정되므로 다른 시기로 설정할 필요는 없다고 보았다. 그는 카라봄유적에 있어서 박편박리기술을 4가지 타입으로 구분하였다.[4] 유사 석

---

4   제1의 타입(Ⅰ)은 V자모양 교차박리에 의한 전형적인 르발르와 삼각형 박편을 제작하기 위한 것, 제2타입(Ⅱ)은 주로 한 방향박리, 혹은 두 방향박리를 지닌 르발르와 석인이 제작되는 것, 제3타입(Ⅲ)은 부정형 박편, 혹은 박편의 장폭과 박리축이 비껴난 사축의 삼각형을 만들어내는 것, 제4타입(Ⅳ)은 석인기법을 르발르와 석인기법이 구별하는 것으로 특히 계획적인 능(crest)형성과 병행박리면의 연속적인 작성기술이 확립된 것이다. 중앙에 능선이 만들어지는 조정은 석인기술의 기초가 되는 능조정의 형성 그 자체이다.

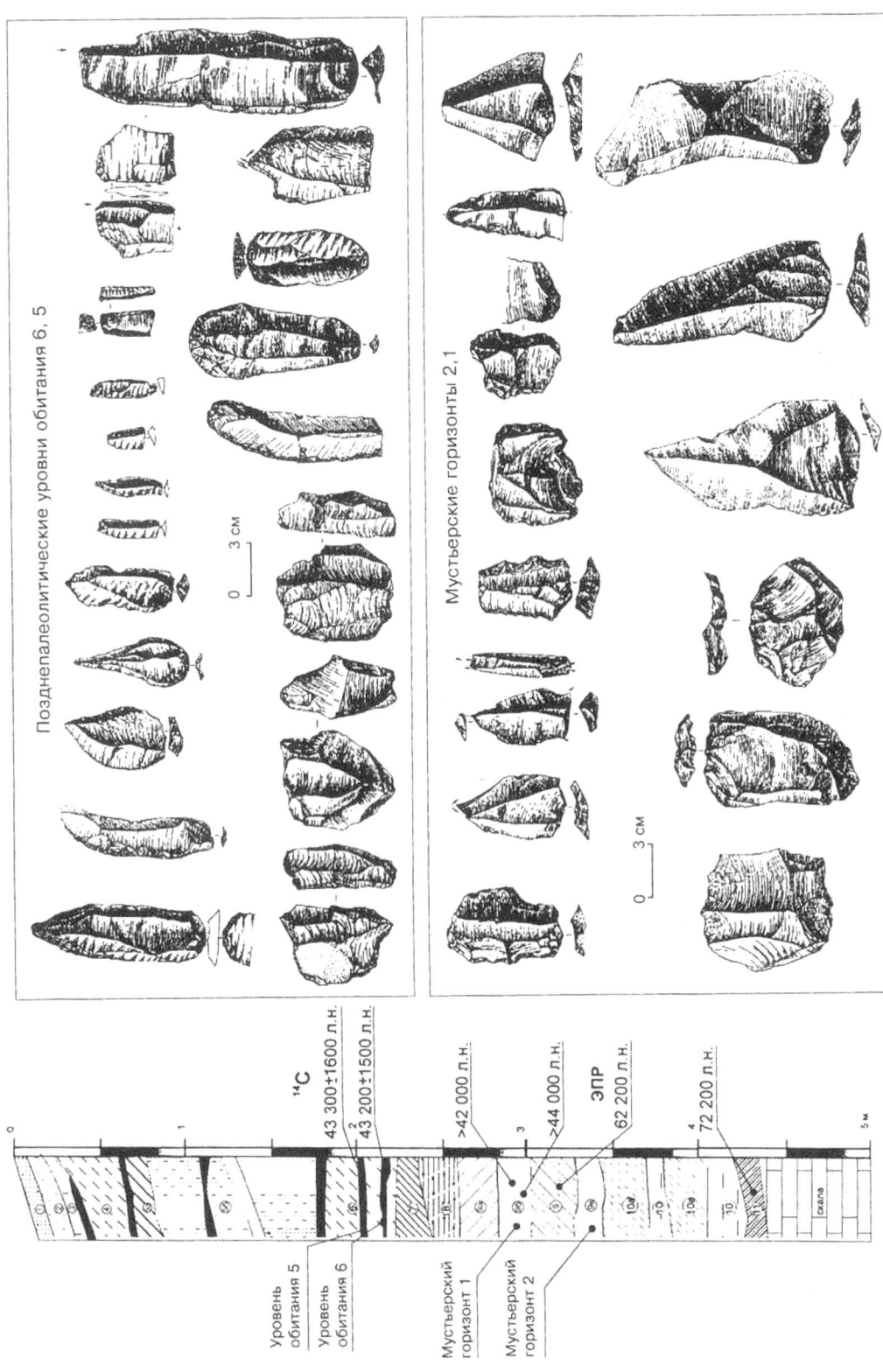

그림 5 카라봄유적의 석기군(Derevianko, 2001)

기군으로 우스뜨 카라콜유적 제3층과 이르쿠츠크시 교외의 아렌포프스키 기념유적이 있다.

절대연대는 33,800±600BP(6층상부), 32,200±600BP(6층), 43,200±1500BP(6층 하부) 등의 후기 구석기 초의 연대와 42,000BP·44,000BP(9b 상부)의 중기 구석기의 연대가 확인되었다.

1992년 발굴자료를 근거로 한 박리기술은 다음과 같다(木村英明, 1997). 기본적으로 한번에 타면을 만든 뒤 르발르와 기법을 이용한 모양다듬기와 세 가지 패턴의 박편을 제작한다. 찌르개 제작을 위한 예비조정을 통해 삼각형의 찌르개를 만든다. 중기 석기군은 후기 석기군에서도 유지되며 중기에서 후기로 갈수록 톱니날 석기가 공통적으로 많아지지만, 스크레블로는 적어지며, 단설타면보다는 양설타면이 많다.

9b층은 무스테리안 석기군으로 아래층인 Horizon 2와 상층인 Horizon 1이 있다. 원석이 얇은 평판형태로 한 면을 집중적으로 박리하는 성향의 르발르와 석핵과 평행하게 박리하는 석핵이 주도적인 기술이다. 르발르와 예비조정을 통해 한 개의 석핵에서 두 개 또는 세 개 정도의 르발르와 찌르개를 획득하였고 마지막 박리단계에서는 등면이 평행하도록 나란하게 박리하여 석인을 박리하였다. 도구는 르발르와 찌르개, 홈날 및 톱니날 석기, 가공된 석인, 등손잡이 칼, 긁개가 있다.

6층(후기 하부)은 우리나라에서 확인되는 석인기법의 부산물인 능조정 석인 6점(쳐트 5점, 혈암 1점)이 확인되지만, 실제 연구자들의 주목을 받지는 못하였다. 능조정 석인, 새기개, 석인석핵, 르발르와 찌르개, 석인, 타면재생박편, 뚜르개+홈날석기, 르발르와기법에 의한 박편도 존재한다. 그러나 중기에 비해 타면크기가 줄어들고 급각도로 박리된다. 타면재생이 빈번해지고 능조정기법이 등장하면서 조정은 주로 배면에서 등면으로만 이루어졌다. 석재의 변화가 생겨 석영제 석인은 거의 확인되지 않는다.

5층(후기 상부)도 능조정된 석인이 확인된다. 타면은 급격히 작아지고 단면이 사다리꼴·삼각형이 많아진다. 타각은 거의 90도 내외이며 르발르와 찌르개도 일부 출토되지만, 석영제 석기의 양은 줄어든다. 이러한 사실은 망치돌의 무게를 포함한 석기제작에 보이지 않는 힘의 차이가 있음을 암시해준다. 따라서 기술적용에 힘의 역할이 상당히 많이 좌우되었음을 추측케 해준다. 길고 폭 좁은 석인이 특징적이며 양설타면도 보인다. 석인은 주로 밀개, 긁개로 이용되지만 찌르개는 별로 제작되지 않는다.

후기에 해당하는 5층과 6층의 석기군은 밀개를 중심으로 새기개, 뚜르개가 두드러지며, 러시아연구자들은 알타이지역의 중기 석기군의 기술복합에서 후기 석기군이 자생적으로 진

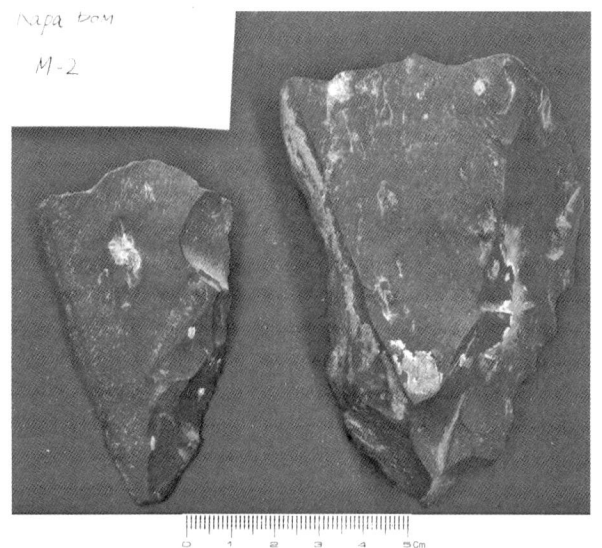

그림 6 카라봄 M-2의 르발르와 찌르개와 석핵

화·발전한 것으로 주장하였고 (Derevianko and Rybin, 2003), 두 시기 모두 기본적으로 예비소재에서 넓고 긴 석인을 박리하는 공통점을 강조하였다. 석핵의 좁은 면을 이용한 석인을 비롯한 세석인의 박리가 후기에 특징적이다. 특히 카라봄유적의 후기 초에서는 확실한 르발르와 기법의 기술양상을 보여주고 있으며, 근동지역의 이행기 석기군인 Üçağizli유적, Boker Tachitit과 중앙 유럽의 Bohunice유적과 동일한 변화양상을 강조하였다(Derevianko and Rybin, 2003). 이러한 점으로 미루어 보아 석인기법은 르발르와기법의 석인제작기술을 바탕으로 석인만을 집중적으로 박리하는 기술전이를 보여주었다. 특히 양질의 석인을 얻고 석인을 대량 생산할 수 있는 대칭타면에 의한 양방향박리의 출현과 좁은 면을 이용하여 석핵의 소비량을 줄인 방법은 석핵의 효율을 급격히 끌어올릴 수 있었다. 그러나 단순한 기술전이보다 석인을 제대로 이용고자 하는 도구제작 개념의 전환을 진정한 후기의 시발점으로 보아야 할 것이다.

6) **우스띠 카라콜유적**(Ust'-Karakol, 그림 7~9)

야외유적으로 데니소바동굴의 남서쪽 3km지점에 위치하며, 아누이강의 지류인 카라콜강과 합류하는 하구부근 아누이강 단구에 입지한다. 데레비얀코에 의해 1984년에 발견되어 1985년에 조사되었다. 동굴유적이 많은 고르니 알타이(Gorny Altai)지역에 있어서 귀중한 야외유적이다.

제1문화층은 중기에 해당하며 제3문화층에서 가장 많은 유물이 확인된다. 제2문화층은 52점의 유물과 들소·붉은 사슴의 동물뼈로 생각되는 13개의 편, 박편 33점, 석인 11점, 석핵 2점, 도구 6점이다. 도구에는 긁개 3점, 밀개, 석인, 찍개가 있다.

제3문화층은 길이 0.7~0.8m의 일부 파괴된 타원형의 돌로 만든 요지가 남아있다. 총 657점 중 박편 391점, 석인 142점, 석핵과 석핵파편 52점, 석기류 52점이 확인되었다. 도구는 긁개 13점, 찌르개 4점, 양면조정석기 5점, 단면조정석기 1점, 톱니날석기 4점 등이며 유물구성비에서 7.8%를 차지한다. 긁개는 70도 이상으로 가파르게 조정되었고 새기개는 비(非)정형적인 형태가 많다. 찌르개는 비전형적인 삼각형 르발르와 찌르개와 종장박편을 이용한 길고 폭 좁은 르발르와 찌르개가 있다. 이 층은 무스테리안기법의 존재 및 후기구석기 요소를 일부 보여준다. 무스테리안 도구는 잘 다듬어진 형태이지만, 후기는 비정형적으로 후기 초의 모습을 잘 보여주고 있다. 5층 하부(3문화층)에서 채취된 시료를 통해 탄소연대 31,410±1,160BP(SDAS-2525)이 얻어졌다.

제4문화층은 여섯 개의 암석층이 있으며 발굴된 유물은 겨우 6점이지만, ㅅ자 모양 타

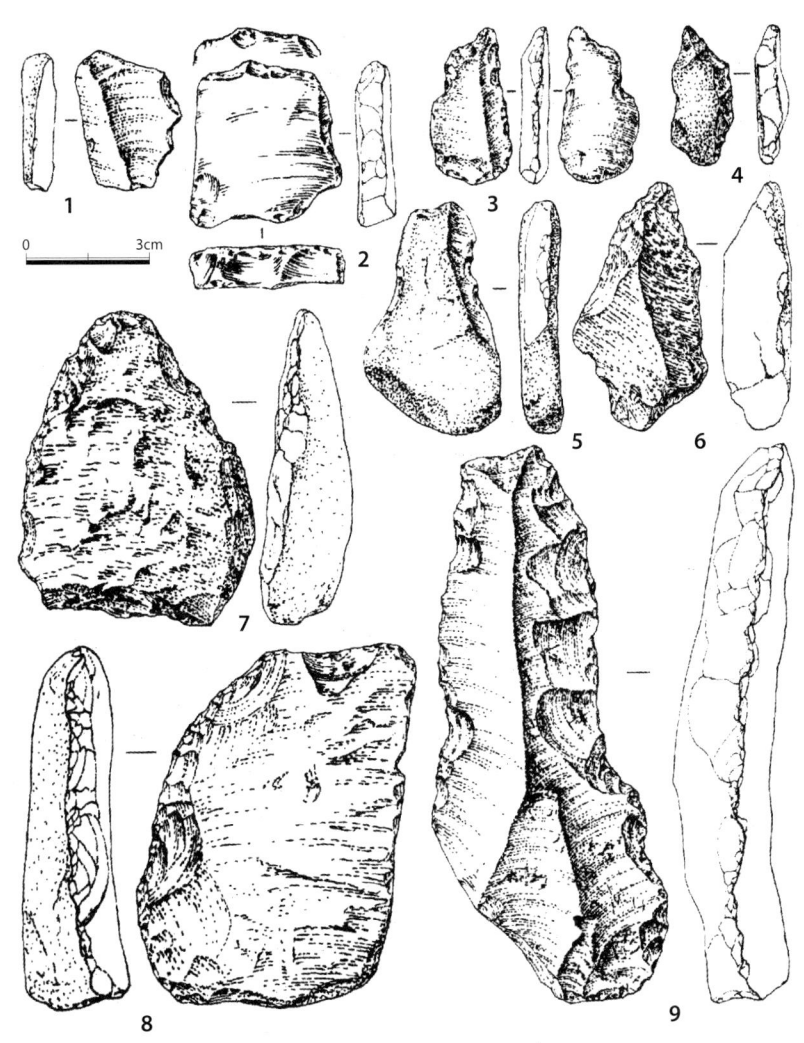

그림 7 우스띠 카라콜-1유적의 중기초 석기군(Derevianko and Shunkov, 2002)
1. 톱니날 석기 | 2. 절단된 스폴 | 3·4·6. 뚜르개모양 석기 | 5. 홈날석기 | 7~9. 긁개

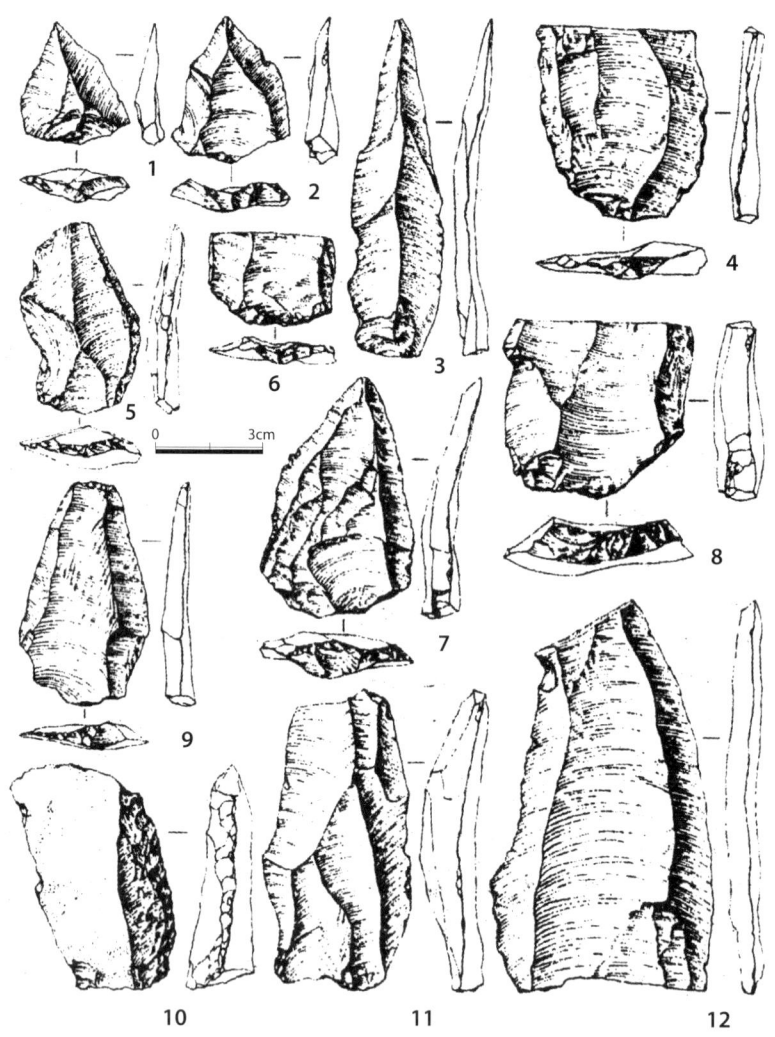

그림 8 우스띠 카라콜-1유적의 중기 석기군(Derevianko and Shunkov, 2002)
1~12. 르발르와 계통의 유물(1·2·7: 르발르와 찌르개)

면과 전형적인 르발르와 찌르개 2점(삼각형과 석인이용형), 정성들여 양면을 조정한 폭 넓은 나뭇잎모양의 바이페이스(양면가공석기)가 출토되었다. 특히 우스띠 카라콜1의 11A·10·9A층은 명백한 세석인과 세석핵을 포함하고 있다(Derevianko et al., 1998a: 66~67). 그림 9처럼 동북아시아지역에서 가장 이른 시기의 세석핵기술이며 적어도 35,000BP에 남부 시베리아에서 세석인기법이 시작된 것으로 주장하였다. 또한 27,000~26,800BP의 방사성탄소연대를 지닌 아누이2(12층)도 분명한 세석인기법이 사용되었다. 이는 듁타이문화(24,600BP이후)가 출현하기 이전에 북아시아에서 세석인기법이 등장한 명백한 증거로 볼 수 있다고 주장하였다(Kuzmin, 2004: 199).

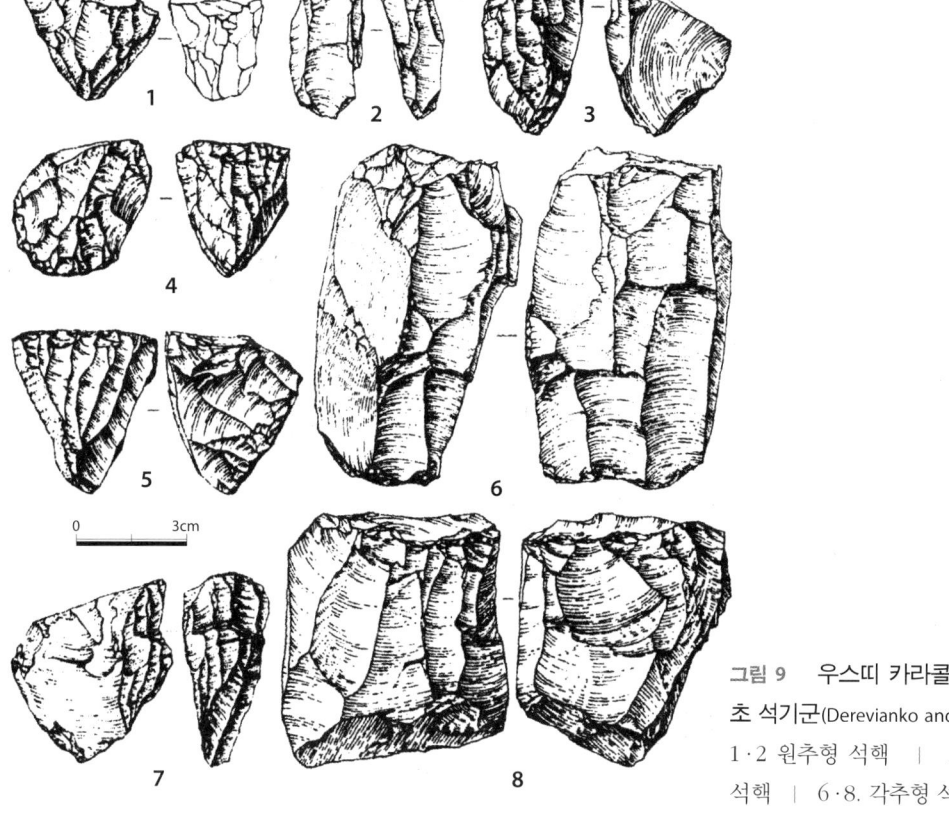

그림 9 우스띠 카라콜-1유적의 후기 초 석기군(Derevianko and Shunkov, 2002)
1·2 원추형 석핵 | 3·4·7. 쐐기형 석핵 | 6·8. 각추형 석핵

7) 우스뜨 칸 동굴유적

고르니 알타이자치주 오비강 지류의 차뤼슈주 상류에 우스뜨 칸 마을의 석회암 산의 중간쯤에 위치하며 표고는 52m이다. 1954년 루덴코(Rudenko)에 의해 발굴조사되어 문화층 3-5층에서 유물이 집중 출토되었다. 포유동물의 뼈 1,696점, 조류뼈 53점으로, 17종의 포유동물과 12종의 새가 확인되었다. 석기는 박편류를 합쳐 520점과 석핵 24점이 출토되었다. 르발르와 석인·박편 등 무스테리안형을 연상케하는 박편류가 주체를 이룬다(400점 이상). 석핵에는 르발르와 기법이 적용된 8점, 프리즘형 1점, 몇 개의 타면을 지닌 둥근 형태의 원반상석핵(2점)이 있다. 이 외 각종 석핵 24점, 석기 41점, 그 중에서 원반형석기와 양면가공석기(주먹도끼모양 석기), 스크레블로(삭기), 밀개, 나이프, 찌르개, 새기개, 뚜르개, 석핵상 망치돌 등의 석기와 뚜르개 및 밀개모양석기, 유공수식품(有孔垂飾品) 등의 골각기가 포함되어 있다.

 루덴코(Rudenko, 1960)는 박편과 석인 크기가 변동이 심하고, 다량의 석핵은 원석면을 남긴 것과 박편이 많은 것 등을 근거로 이판암·응회암·반암·드물게 이용된 프린트 등의 석재를 반입해서 1차 가공만을 동굴에서 작업하였던 것으로 봤다. 층위적 데이터와 석기의 특징, 혹은 동물상의 어느 쪽도 문화층을 알 수 있는 기준(이유)이 없으며 상부 갱신세, 즉 알타이 최종 빙기 직전의 따뜻한 시기의 석기군으로 판단했다. 아니슈트킨과 아스타호프(Anisjutkin et al., 1970)는 후기구석기시대 석기와 무스테리안 석기가 혼재되었음을 분명히 했다.

석핵에는 각력과 자갈돌 석재를 이용한 8개의 르발르와 석핵, 그 중에 하나의 박편만을 뗀 거북등모양의 석핵, 3점의 2타면 석핵, 3점의 한 타면 석핵이 있다. 또 르발르와 박편이 86점이며 그 중 석인이 24점, 박편이 51점, 삼각형을 한 특징적인 박편이 6점이다. 타면은 조정된 것(돌출된 것, 미세한 조정된 것)이 대부분이다. 비(非)르발르와 석인, 박편(194점)의 예에서는 압도적으로 비조정의 평탄타면이 많다는 것에 착안하여 보르드에 의한 통계학적 지표를 이용하여 르발르와지수(IL)가 30.7%, 조정타면지수(IF large)가 39.2%, 석인지수(Ilam)가 12.8%가 되는 것으로 계산하였다.

이곳의 석기군은 풍부한 스크레블로를 공반한 무스테리안 르발르와 양상에서 후기구석기시대의 석기가 높아지는 무스테리안 문화의 후기 혹은 최종 말기에 편년지우고 시베리아 중기문화의 연구에 새로운 활로를 개척하였다(Anisjutkin et al., 1970).

8) 바르바리나 산(Varvarina Gora)유적

무스테리안문화의 전통이 남아있는 석기군이다. 1973년에 D.B. 바자로프(Bazorov)와 E.A. 함쥐나(Khamzina)에 의해 발견되어 1973-75년에 오클라드니코프에 의해 조사되었다(Oklad-nikov, 1974: Okladnikov et al., 1980: Bazarov et al., 1982). 반원형의 유물이 발견되었는데 아마도 장신구의 파편으로 추정된다. 절대연대는 34,900±780BP(SOAN-1524)와 30,600±500BP(SOAN-850)이다.

9) 마라야 쉬아(Malaya Syia)유적

클라스노얄스크주, 예니세이강 지류의 Belyi Iyus 유역의 사면(표고 35미터)에 입지한다. 10~15cm전후의 크지 않은 자갈돌을 소재로 한 석핵과 길이 10cm, 7cm, 5cm 전후, 폭 2~4cm 전후로 집중된 석인, 다수의 정형적인 밀개와 긁개, 뚜르개, 스크레블로, 자갈돌 석기, 갈린돌, 골각기 등 500여 점이 출토되었다. 중앙에 요지가 있는 주거지가 함께 발견되었다. ^{14}C연대는 34,500±450BP, 33,060±300BP이다.

이 유적은 10~15cm전후의 크지 않은 자갈돌을 이용해서 하나 또는 두 개의 타면을 이용한 조정타면의 석핵을 활용하여 주로 한 면만을 집중적으로 박리하여 석인을 제작한다. 드물게 15cm에 이르는 것도 있다. 석인을 이용한 석기는 유물 전체에서 20%를 차지한다. 게다가 방사상 조정에 의한 르발르와 석핵과 유사한 것도 있다. 정형적인 밀개와 골각기(찌르개, 밀개 삽입도구, 장신구 등)가 함께 확인된다. 정형적인 새기개는 보이지 않으며 이는 이 시기에 공통된 경향이다.

10) 코로레바 I · II 유적군

르발르와기법 중에서 석인기법이 탄생한 양상은 시베리아에서 멀리 떨어진 후발 칼파치아의 코로레바유적군에서 분명하게 나타난다. 코로레바 II 유적 2문화층에서 7,000여 점 이상의 유물과 코로레바 I 유적 1문화층에서 5,000점 이상의 유물이 확인되었고 그 중 2b문화층의 석기군이 중요하다.

두 유적은 1970년대에 V.N. 그라치린에 의해 발견된 여러 문화층을 지닌 유적으로 앞선 시기의 두 문화층은 뷔름 I 의 선브레르프기, 후기구석기시대의 초엽이라는 연대가 부여되었다(Gladilin, 1980). 또 후자의 문화층은 리스/뷔름 간빙기 층의 상부에 위치한다. 안산암제(전체유물의 90%이상)의 대량 접합자료는 무스테리안문화에서 후기구석기시대 초두로의 기술적 연속성을 나타내는 좋은 자료이다. 우시키(Usik, 1989)는 석인기법의 확립단서로 독특한 완성품의 생산을 목적으로 한 매우 특수화된 기술로 보았다. 구체적으로는 코로레바 I 유적 2b층 출토 접합자료에서 복원되었던 르발르와 찌르개기법이다.

석핵은 주먹만한 원석을 나눈 두터운 박편을 소재로 보통 양끝에 조정을 가해, 두 개의 타면이 준비되며, 석인기법 특유의 길이 방향으로의 능조정된 능선과 단설타면 형성작업이 활발히 이루어졌다. 게다가 여기서는 구심조정의 르발르와 거북등기법 혹은 이전 시기의 병행조정된 르발르와 찌르개 기법이 공존한다. 또 석인박리에 있어 타면의 ㅅ자 모양 타면이 높은 비율로 나타나 무스테리안 기법이 남아있음을 알 수 있다.

2 중국

시베리아지역과 몽골 서부지역에서 르발르와기법을 가진 유적이 확인되지만, 중국 북부에서 동쪽으로 향하거나 저위도지역으로 내려갈수록 르발르와기법은 흔적도 보이지 않는다. 비록 중국 북부지역인 동몽골의 헬렌강유역에 위치한 이루하리란트유적과 오논강유역의 아라샨하다 유적 등에서 르발르와기법과 관련된 자료가 채집되는 것으로 알려져 있다(白石, 1995). 결국 르발르와기법은 유럽을 중심으로 알타이지역, 동유럽, 중앙아시아지역이 중심영역을 차지한다.

현재까지 중국 동북부지역에서 가장 오랜 연대를 지닌 석인관련 유적은 수동구(水洞溝)유적과 치욕(峙峪)유적이다. 석인기술의 성립기에는 수동구처럼 르발르와기법을 토대로 석인기술이 성립되었다는 주장과 치욕과 관련된 석기문화에서 관찰할 수 있는 재지계의 박편박리기술을 발전시켜 석인기술을 성립시켰다는 주장이 있다. 현 단계에서 석인기술의 유입경로는 파악하기 쉽지 않은 것이 사실이다. 중국연구자들에 의한 중국 북부의 후기구석기문화의 특징을 살펴보면 다음과 같다. 장삼수는 중국 북부의 전기에서 후기의 구석기문화를 검토하면서 후기를 직접타격에 의한 소형석기를 주로 한 문화전통과 석인 및 세석기문화를 중심으로 한 전통이 존재하는 것으로 파악했다. 전자는 재지의 구석기문화전통을 계승하였고, 후자는 서구의 무스테리안문화의 영향으로 발생한 것으로 수동구를 대표적인 유적으로 보았다. 세석기문화는 단일 요소의 영향을 받은 전통과 많은 요소가 혼합된 전통으로 구성되는 것으로 주장하였다(張森水, 1990). 그리고 중국 북부 후기구석기문화는 석인을 주요한 특징으로 한 문화전통과 세석인을 특징으로 한 문화전통, 박편을 주요한 특징으로 한 문화전통으로 세분하였고 재지의 구석기문화를 계승하여 성립된 것으로 보았다(李炎賢, 1993).

1) **수동구(水洞溝)유적**

현재의 중국 요하회족자치구(寧夏回族自治區)에 있는 수동구는 Licent와 Teilhard de Chardin(1925)이 처음으로 정식 발굴조사를 실시하여, 1928년에 Boule·Breuil·Licent et Teilhard de Chardain이 정식보고서를 발간하였다.

요하박물관(寧夏博物館) 외(1987)는 1980년대 조사에서 구석기포함층의 ^{14}C연대가 17,250±210BP와 26,230±800BP, 우라늄측정에 의한 연대는 34,000±2,000BP과 38,000±2,000BP로 밝혀졌다. 연대의 상하한 폭이 커서 어느 쪽의 연대가 더 신빙성이 있는지는 결국 석기 외에는 별다른 기준이 없게 되었다. 특히 구멍이 뚫어진 석제품과 마제골기 등으로 구석기시대 만기로 보는 견해가 있다(邱中郞·李炎賢, 1978).

우선 수동구유적을 무스테리안 문화와 결부짓는 연구자들의 견해를 살펴보기로 하자. 山中一朗(1986)은 파리 인류고생물학연구소의 1923년 발굴자료 658점을 재정리하여 기종구성·석핵·박편으로부터 본 소재제작기법의 특징, 각 기종의 형식세분 등을 상세하게 분석하였다. 특히 능(稜)을 제작해 석인을 박리하는 것으로 시작해, 연속박리에 따른 석인의 제작이 원반형 석핵을 포함한 횡장박편 및 박편을 얻는 박편박리와 공존했다고 주장했다. 브뢰(Breuil)은 수동구 석기군을 발달된 무스테리안 문화로부터 오리나시안 문화가 새롭게 생겨나온 중도단계이든 그 두 개의 요소가 결합했던 것으로 보았다. 보르드(1968·1984)는 르발르와지수 28.5, 석인지수 31.5로의 계량적인 데이터를 통해 수동구석기군을 르발르와기법을 포함한 무스테리안 문화에 맞추었다. BOÊDA(1994: 45)는 타면전이가 없으므로 르발르와기법이 존재한다고 보는 편이 좋다는 개인적 견해를 제시하였다. 이들 중 BREUIL(1928: 103-105)은 수동구의 석핵을 수량이 가장 많은 계열인 원형, 난(卵)형, 아(亞)삼각형, 아(亞)사각형의 무스테리안형의 원반상과 적지만 석인을 생산할 수 있는 다소 세장한 석핵으로 나누었다.

반대로 서구의 무스테리안기법보다는 인근의 러시아지역과의 관련성에 더 주목한 연구자들을 살펴보자. 稻田孝司(1994: 36~44)는 수동구에서는 고전적인 르발르와 석기군의 거북 등 석핵은 존재하지 않으며, 타점을 계속 옆으로 이동시키면서 박리하고 타면재생박편은 보이지 않는다고 주장하였다. 그는 수동구기법을 원반상, 반으로 쪼개진 자갈돌 등의 원형에 타면과 측연의 연속했던 조정을 베푼 석핵에서 작업면을 떼는 석인을 잇따라서 박리하는 기법으로 정의하였다. 또한 수동구기법을 알타이지역부터 몽골지방을 중심으로 분포했던 중기 구석기시대의 르발르와 기법전통을 이어받고, 후기구석기시대에 있어서 지역적인 수용을 다루었던 것으로 시베리아의 말타유적석기군과 공통의 문화전통에 속하는 것으로 추정하였다. 佐川正敏(1999)는 중국에서는 르발르와 기법이 아직 발견되지 않고 있다고 주장해 수동구유적이 간접적으로 르발르와기법과는 무관함을 암시하였다.

한편 白石典之(1996), 加藤眞二(2000), 木村英明(1995) 등은 동북아시아 남부에 전개된 무스테리안석기군 중 르발르와기법과 길이가 긴 석인을 박리하는 기법을 병용한 석기군과 관련지웠고 르발르와기법을 기초로 석인기술을 확립시켰던 것으로 추정하였다. 능(稜)이 있는 석인을 공반한 석인제작기술의 존재는 브뢰(BREUIL)·山中一郎·松藤和人 등도 지적하였다. 그러나 이것이 석인기법의 전형적인 능제작기법(crest 기법)과 어떤 관계가 있는지에 대해서는 보다 구체적으로 검토되어야 할 것이다. 이러한 사실은 加藤晋平(1988·1990)가 석핵의 한쪽 면 외에는 사용하지 않는 점과 타면재생박편이 확인되지 않는 점을 강조해 타면전체를 두루 이용하는 완전한 단계의 석인기법에는 이르지 못했다는 점을 강조한 것과 궤를 같이 한다. 특히 타면재생이 확인되지 않는 사실은 완벽한 석인기법의 단계로 진입하지 못했음을 시사해준다. 아울러 수동구석기군의 특징을 중국 내의 다른 구석기유적에서 확인할 수 없는 것도 특징 중 하나이다.

2) 치욕(峙峪)유적

1963년 중국과학원 고척추동물 및 고인류연구소에서 발굴하여 15,000여 점이 넘는 유물과 다량의 동물뼈들이 발굴되었다. 석기는 대부분 소형이고 대형은 거의 없다. 특히 인골을 비롯한 장신구 1점, 동물의 치아가 5,000여 개, 불에 구워진 돌과 동물뼈 등이 확인되었다(尹乃鉉, 1991). 1977년에 동물화석을 이용한 ^{14}C연대가 28,945±1370BP가 나왔으며, 1993년 AMS에 의해 동물화석을 가지고 연대를 측정한 결과 32,220±625BP이 확인되었다(고고연구소실험실, 1977⟨原 1983⟩).

박편박리기술의 주체는 하나 또는 대칭타면의 박리면을 지닌 다면체 석핵에서 길이 2~4cm, 폭 1.5cm, 두께 1cm이하의 장방형·삼각형의 박편을 타면조정없이 박리하고 석인모양의 박편은 확인되지만, 타면조정을 베푼 석핵은 드물거나 소수이다(加藤眞二, 2000). 타면조정과 180도 타면전이를 확인할 수 있는 석인기술을 지니고 있다. 유사한 석인석핵을 가진 유적으로는 탑수하(塔水河)유적(陳, 1989)이 있다. 치욕의 석인모양 박편은 중국 북부의 주구점 제1지점, 정촌, 허가요 등 비교적 오랜 시기부터 확인할 수 있지만, 시기차이가 너무 크다. 그 외 석인모양 박편이 발견되는 곳은 서구(西溝), 유가차(劉家岔), 루방자(樓房子) 등이 있다. 석인문화성립기에 관해서는 하북성 신묘장(新廟莊)유적이 중요하다.

加藤眞二(2000: 179)는 석인과 종장박편의 박리가 가능한 기술수준에 도달한 유가차단계 → 석인과 종장박편의 박리가 현저화한 신묘장단계 → 석인기술의 석기제작기술로 이루어진 치욕단계의 점진적 과정을 주장하였다. 치욕의 석인기술은 지역 내의 발전과정을 거치면서 생긴 것으로 보았다. 중국 북부의 석인기술은 입방체의 석핵을 이용했기 때문에 추상(錐狀)석기와 조정타면을 지닌 유가차의 시기에 성립되었다고 加藤晉平(1988)은 주장하였고 5~3.5만 년 전에 석인기술에 필요한 기술기반이 완성되었다고 보았다. 대신 석인기술이 확립되는 것은 이보다 더 늦은 신묘장유적의 연대일 가능성이 높다. 반면 佐川正敏(1983)은 직접적으로 석인기술이 존재하는 것에 대한 부정적인 시각을 피력하였다. 지역적인 석재의 덕택인지 기술의 반영인지 석인기술의 유무는 좀 더 검토가 이루어져야 할 것 같다.

치욕석기문화는 계절적 이동을 되풀이하는 초원성 동물을 주로 대상으로 한 수렵활동에 있어 기술과 사회조직 등을 항상적인 이동에 견딜 수 있는 것으로 바꾸어 놓았다. 석인기술의 발생으로 대표되는 종장박편의 박리기술은 자원의 효율적 사용과 도구의 소형화와 표준화를 통해서 도구 개선을 이루는데 기여하였다. 기존의 기술을 기초로 생업활동의 특수화를 계기로 석인기술의 확립과 그 석인제작기술에의 수확이 대표되는 인류의 새로운 기술적

대응을 일으키기 시작한 시대로 볼 수 있다(加藤眞二, 2000: 199)

그러나 능조정기법과 관련된 기술적 부산물, 타면재생박편이 확인되지 않고 10cm이상의 석인도 확인되지 않는다. 이런 점에서 한국과 중국의 석인기법의 계통은 전혀 다른 방향에서 시작되었음을 알 수 있고, 이를 현생인류의 확산과 연계시켜 본다면 최소한 이들 민족이 우리나라의 직접적인 조상과 연관이 있다고 보기는 어렵다.

3 일본

한국과 교류가 있었을 것으로 추정되는 가까운 九州지방을 중심으로 살펴보기로 하자. 구주지방은 후기구석기의 전반과 후반을 AT화산재층으로 구분한다.

1) 오이타현(大分縣)

大分縣의 大野川을 중심으로 주로 분포하고 있으며 지층의 X층에서 Kj-P1화산재(3만 5천 년 전)가 확인되었고 이 층 아래에서는 유물이 출토되지 않아 전기·중기에 해당하는 유적은 확인되지 않는다. 오노강의 기본층위 중 제IX층의 하부는 후기의 개시기로 보았다. 여기에는 岩戶1-Ⅲ, 岩戶2-1유적뿐이며 그 양상은 분명치 않지만, 이와토1-Ⅲ은 종장박편 박리기술이 확인되고 있어 중요한 의미를 지닌다. 제XI의 상부에 해당하는 유적은 車禮越-1과 岩戶2-Ⅱ가 있다. 대형양석기(臺形樣石器)와 석부, 긁개 등이 있으며 소재를 제작하는 박리기법은 폭 넓은 박편을 박리하는 기술이 주로 이용되지만, 소형의 종장박편 석핵도 존재한다. 제Ⅶ층의 하부(흑색대 하부)에서 출토된 석기는 百枝B-Ⅵ하부와 岩戶2-Ⅲ이 해당한다. 하부와 동일하게 대형양석기와 석부, 긁개 등이 있고 百枝B-Ⅵ하부에서는 폭 넓은 박편을 떼는 기술이 있다. 岩戶2-Ⅲ에서는 종장박편은 확인되지만, 이를 떼고 남은 석핵이 확인되지 않는다. 주된 석기는 대형모양석기이다.

제Ⅷ층 상부의 석기는 흑색대 상부에 해당하며 駒方古屋-1, 駒方古屋-2, 駒方C, 百枝C-Ⅲ등과 百枝B-Ⅳ中이 해당한다. 종장박편을 소재로 한 茂呂型과 부분가공된 나이프형석기가 제작된다. 이전 시기의 대형양석기는 확인되지만, 그 수는 매우 적다. 발달된 종장박편 박리기술이 특징적이지만, 폭넓은 박편도 존재한다. 百枝B-Ⅳ中에서 흑색대 중간지점에서 종장박편을 이용한 양측연이 가공된 나이프형석기가 출토되었으며 이 지역에서는 가장 오래된 것이다.

2) 나가사키현(長崎縣)

퇴적층이 매우 얇아 교란된 경우가 많아 AT층 아래의 유적군을 찾기가 쉽지 않다. 특히 구석기시대의 층위적인 출토예가 결여되어 다른 지역에 비해 연구의 어려움이 있다. 유물은 현무암 또는 안산암의 풍화토양에서 출토되는 것이 일반적이다. 1964년 福井洞窟 제3차 조사에서 확인된 최하층 제15층의 석기군은 ^{14}C연대가 31,900BP보다도 오래되었으며 조사자인 芹澤長介도 3만 년 이전으로 보았다. 長崎潤一은 제15층이 武藏野대지의 편년IX층 단계이상으로는 올라가지 않는다고 보았다. 그러나 4~3만 년 전은 대륙에서 후기구석기시대로 편입될 수 있는 연대이며 석기군에서 조정의 횟수가 매우 많은 등 후기구석기요소도 지니면서 후기구석기단계와 결정적인 차이를 확인할 수 없다는 측면에서 중기구석기유적이 아니라 후기구석기유적이다. 한편 國見町 松尾유적에서 발견된 사축찌르개로 불리는 석기는 일부 학자들에 의해 중기의 지표유물로도 파악되고 있지만, 성격이 불명확한 석기이면서 일반박편을 이용한 긁개일 가능성이 높아 이것은 직접적인 중기유물이 아니다.

후기 전반에 위치할 수 있는 AT층 하부에 해당하는 유적은 11개 정도가 확인되며 牟田の原와 崎瀨 第4層이 좀 더 이른 시기에 해당한다. 사키세유적은 기부가공의 흔적이 나타나며 대형양석기(臺形樣石器)가 확인된다. 이러한 석기는 양측연을 조정하는 공통적인 잔손질기법을 보인다. AT층 바로 아래에 해당하는 유적으로 堤西牟田 第Ⅰa·根引池·上原이 있으며 磯道기법으로 불리는 종장박편을 소재로 한 소형의 이측연 가공된 나이프형석기를 주체로 한다.

3) 가고시마현(鹿兒島縣)

AT층 아래에서 유물이 출토된 유적으로는 出水市上場, 前山, 帖地, 橫峯C, 入切, 土浜ヤーヤ, 喜子川, 天城, 水迫이 있다. 橫峯C, 入切유적은 31,000년 전의 연대를 보인다. 후기의 대표적 기법인 석인기법은 확인되지 않는다. 실제적으로 한반도의 후기 초의 석기군과 대비할 만한 명확한 근거가 아직 확인되지 않고 있다. 특히 아이라탄자와화산의 두터운 화산재 아래에 있는 석기군에 대한 연구가 가장 큰 어려움이다.

4) 사가현(佐賀縣)

사가현의 岡本 A·B의 경우는 평탄한 자연타면을 이용하는 경우도 있으면서 대부분은 경사타면이 아니다. 특히 堤西牟田Ⅰ, 根引池(2000)은 AT층 생성 직전으로 연대를 설정하지만, 기법은 매우 고졸하다. AT층 이후 박리기술이 불완전하여 양질의 예비소재를 생산하지 못한다는 측면에서 봤을 때 만곡해 있거나 더 많은 조정을 가하게 된다면, 실제 좋은 석기를 만드는 예비소재로서의 역할을 못하게 된다.

구주지방의 박편박리기술은 석핵의 예비조정을 거치기보다는 있는 그대로의 원석을 최대한 활용하면서 박리를 진행시켜나간다는 점이다. 駒方유적의 종장박편에서 타격점 다듬기(trimming)의 흔적을 일찍부터 보여주고 있다. 그리고 양설타면을 사용한 경우와 둘레전체를 작업면으로 사용한 경우는 없다. 한국과의 차이점은 박리제작과 관련된 부산물(능조정석인, 타면재생박편, 석핵)이 거의 확인되지 않으며 능조정기법과는 다른 방식을 채택했거나 석인기법에 관해서는 다른 방식으로 적용했음을 의미한다. 석인의 크기면에서 한국은 10~20cm에 이르는 대형석인들도 많이 출토되고 그와 관련된 석핵도 발견되지만 구주에서는 확인하기 힘들다. 원석의 영향도 있겠지만, 어쩌면 석인 길이 10cm가 기술의 경계선일수도 있다.

특히 슴베찌르개가 유입되는 AT이후에 구주지방에는 剝片尖頭器+三稜尖頭器+國府型 나이프형 석기의 조합이 일어나 九州地方, 瀨戶內地方, 近畿地方 등에는 또 다른 대형의 수렵구가 출현한다(木崎, 1997). 이에 반해 한국은 석기조성면에서 초기에는 슴베찌르개만 사용, 중기에는 슴베찌르개, 기부조정석기와 삼릉찌르개(각추상석기), 후기에는 기부조정석기와 양면조정 찌르개가 공반된다. 한국과 가까운 곳에 위치한 일본의 경우 후기 구석기초의 석기군이 석인기법이 아닌 臺形石器群으로 시작된다. 특히 종장박편을 떼는 기술이 성립된 후 나이프형 석기제작이 매우 활발해지는 경향을 나타내고 있다.

4 한국

구석기유적은 발굴의 증가와 발맞추어 지속적으로 증가하였지만, 현재까지는 중기에서 후기로 넘어가는 이행기의 모습을 직접적으로 보여주는 유적은 없다. 중기에서 석영제 이외의 석기가 나타나고 있는 유적은 죽내리 4문화층, 석장리 9문화층이 있다. 후기 초로 생각되는 유적 중에는 창내유적이 가장 유력하다. 청색 세일을 이용한 밀개와 긁개가 발달한 곳으로 타유적과는 차별화된 석기구성을 보이고 있으며, 이러한 석기제작기법을 나타내고 있는 유적은 아직 없는 듯하다. 후기 유적 중에서는 용호동 3문화층에서 출토된 슴베찌르개는 석인으로 제작되고 있어 주목해야 할 것 같다. 그 위의 문화층에서 출토된 2문화층의 슴베찌르개와 비교하면 기부 차이가 두드러진다. 후기 유적 중 석인이 출토된 유적은 그리 많지 않지만, 확인되는 유적도 주로 강을 중심으로 분포한다. 낙동강의 밀양 고례리·상주 청리, 보성강의 진그늘·죽내리·월평, 남한강의 수양개·금굴 4문화층, 금강의 석장리·용호동, 북한강의 상무룡리·하화계리 등이다. 최근에 확인되기 시작한 능조정(crest)기법관련 유물들은 고례리, 진그늘, 수양개에서 확인되었으며, 기법 부산물이 확인되지 않는 죽내리, 용호동, 금굴, 월평, 석장리, 상무룡리 등이 있다.

공주 석장리 11문화층에서 석인이 출토되었지만 전체 유물 구성에서 큰 비중을 차지하지 못한다. 일본인 학자들에 의해 금굴 Ⅳ문화층은 기부 가공석인과 석인상박편의 조합이 일본의 다치가와롬(立川ローム)Ⅹ·Ⅺ층과 유사해 후기 초로 자주 언급되고 있다(白石, 1987). 일본 연구자들은 대체로 이 견해를 받아들이고 있지만, 아직 여러 문제가 남아 있다.

후기 구석기문화의 시작을 알릴 수 있는 유적 부재로 연구 진척이 부진했던 것을 반전시킨 것은 밀양 고례리유적이다. 우리나라에서는 처음으로 석인제작기법과 관련된 능조정 석인, 석핵, 타면재생박편과 같은 박리제작과정을 알 수 있는 부산물이 확인되어 실질적인 석인기법의 공정에 대한 복원이 가능해졌다(張龍俊, 2002). 대전 용호동유적에서 2·3문화층 슴베찌르개가 1점씩 출토되어 시기적인 변화상을 가늠해 볼 수 있게 되었으며, 이것들이 출토된 문화층 사이에서 측정된 방사성탄소연대는 38,500±1,000BP(AMS방법)라는 결과가 나왔다(한남대박물관, 2001). 보고자는 3층의 슴베찌르개를 중기구석기 유물로 보고 있지만, 슴베찌르개의 소재가 전형적인 석인임을 감안할 때 중기로 설정하기보다는 후기구석기 초로 보는 것이 합당하다.

Ⅲ 중·후기 구석기의 석기 제작기법의 특징

1 시베리아 무스테리안 기법의 특징

1) 르발르와기법

르발르와 기법은 25만년 전에 등장하여 아프리카, 근동, 유럽지역, 바이칼동부의 시베리아지역에 광범위하게 발견된다. 특히 북아프리카의 하우아프테아 동굴이나 근동의 타분과 케바라 동굴에서도 확인된다. 영국 노스웨일스의 폰트뉴이드 같은 일부 유적에서는 르발르와석기와 주먹도끼가 함께 발견되기도 한다. 전형적인 네안데르탈인은 11만 5천 년 전에서 3만 년 전 사이 유럽과 근동의 유적, 특히 프랑스의 생세자르(3만 3천 년 전), 근동의 타분(11만 년 전)과 케바라(6만 3천 년 전) 등에서 발견되었다(스티브 미튼, 2001). Nathan Schlanger는 25만 년 전에 Maastricht-Belvedere유적에서 출토된 르발르와 기법에 대해 그 석기 제작자들이 석핵에서 얻을 수 있는 시각과 촉각의 정보를 모두 이용하고, 그것의 모양 변환을 계속 점검해, 석핵을 어떻게 만들 것인가 하는 계획을 끊임없이 수정했을 것이라고 강조했다(스티브 미튼, 2001: 176).

이 기법은 10만 년 전에 발생한 무스테리안문화의 대표적인 석기제작기법으로 네안데르탈인과 밀접한 관련을 맺고 있다. 무스테리안 tool kits는 큰 박편을 이용한 다양한 긁개류와 르발르와기법이 공통적으로 발견되고, 긁개는 지역마다 다양한 형식이 존재한다. 이러한 다양한 도구형식에 대해 Bordes(1972)는 시간 경과에 따른 변화, 부족 차이, 동시대에 살고 있는 다양한 사회집단의 반영으로 본데 반해, Binford(1969)는 활동의 차이 즉 다양한 활동의 결과물, 유적 성격에 맞춘 특별한 도구사용으로 해석하였다.

르발르와기법의 탄생은 1867년 르발르와 유적에서 시작해 1909년 Commont가 최초로 그 방식을 복원하였다. 르발르와 기법에 대해 보드(1961: 14)는 다음과 같이 정의를 내리고 있다.

- 르발르와 박편: 석핵의 특별한 조정으로부터 박리 이전에 사전에 정해진 형을 가진 박편
- 르발르와 석인: 길이가 폭의 2배를 넘는 르발르와 박편
- 르발르와 포인트: 종장(縱長)이지만 측연이 평행하지 않은 삼각형의 평면형을 지닌 것

· 르발르와 석핵: 프린트덩이의 둘레를 거칠게 조정하고, 그 조정면을 연속된 타면에서 석핵 상면(박리작업면)에도 조정박리를 가해 다수의 작은 박리면 혹은 큰 하나의 박리면에 석핵의 타면을 제작

특히 르발르와 포인트는 석핵의 주요 작업면에 하나의 중앙 릉을 확보하는 것이 중요하고 르발르와 석인용 석핵은 중심으로 향한 박리없이 평행하게 박리된다(보르드, 1961: 71~73). Boêda(1988a)는 르발르와 기법을 하나의 르발르와 조정면(박리작업면)으로부터 하나의 목적 박편을 얻는 1회한정의 박리양식(modalité linéal), 동일한 르발르와 조정면에서 다수의 목적 박편을 얻는 반복적인 박리양식(modalité récurrente), 구심방향으로 타격을 가한 반복박리양식의 석핵으로부터 얻어진 박편의 하나로서 작업면모서리를 뗀 박편을 들었다. 그는 Bordes의 정의를 단일한 고고학적 수준에서의 모든 물질들은 실제로 르발르와 수행개요 내에서 생산되어지며 고전적 관점에서 분류된 형식학적 분류에서는 조합에 대한 통합성을 설명할 수 없는 한계점을 지니는 것으로 보았다. 모든 것들이 르발르와 박리의 결과물이 아니라 형식학적 분류에 의해 르발르와 박리의 결과물이 될 수도 있다는 것이다. 다시 말해 보르드는 발견범위를 설명하지 못하였고 제작상에서 생기는 석기들의 통합성을 이루어낼 수 없었다.

또한 이분법적 연구경향, 즉 르발르와냐 아니냐로 구분하는 것은 비(非)르발르와에 대한 개념은 선사시대 인류에 대한 이해의 폭을 줄일 수 있다고 주장하였다. 이러한 견해는 기술적으로 특별한 형태의 것들에 대한 제한적 생산물의 수를 강조한 것에 지나지 않는다. 특히 르발르와가 아닌 박편들에 대한 무관심은 석기를 제작한 사람들에 대한 이해를 하는데 있어 편견을 가지고 접근하는 것과 다름없다. 여기서 중요한 문제는 르발르와기법에 의해 박리물과 형식학적으로 분류된 르발르와 박리물이 과연 동일한 것인가라는 점이다. 이는 석인기법에 의한 것과 형식학적인 방법에 의한 것이 과연 동일한 것인가라는 점과 일맥상통한다. 따라서 형식학적으로는 르발르와 예비소재(blank)라 해도 그것이 완벽하게 르발르와 예비소재라고 말할 수는 없다. 따라서 유물의 수가 한정적인 때는 박리기법의 특별한 부산물로 박리기법을 정의내리는 것이 매우 합리적이다.

르발르와기법을 이용한 구심상 석핵은 조정해서 하나의 박편을 떼는 것까지가 한 번의 공정이 됨으로써, 박리하고자 한다면 다시 처음부터 조정에 들어가야 되는 과정이 반복되는 석핵이다. 다시 말해 조정-박리-조정-박리의 순으로 이는 르발르와 찌르개를 제작하기 위한 기본적인 개념이 내포되어 있다. 하지만 석인석핵은 르발르와와 같이 박리된다고 해서 바로 도구가 될 수 있는 것은 아니다. 먼저 예비소재를 만들어 놓고 그러한 예비소재를 이용해

필요한 만큼 다듬고 조정해 다양한 도구로 새롭게 만들어 내는 것이다. 석인석핵은 르발르와 찌르개가 같이 선(先)제작 모델이 아니라 필요하면 예비소재라는 중간단계를 가급적 이용하는 후제작 모델이라고 할 수 있다.

2) 시베리아 르발르와기법의 특징

시베리아지역에서 확인되는 무스테리안문화의 중심은 북위 50도 이남, 동경 85도 서쪽의 남시베리아, 고르니 알타이지역이다. 북아시아지역의 무스테리안 석기군은 8만 년 전 카잔체 프간빙기에 출현하였다(Derev'anko, 1990; 木村, 1993). 해당 유적으로는 까라봄, 데니소바동굴, 까민나야동굴, 스트라쉬나야동굴, 오끌라드니꼬프 동굴, 우스뜨 카라콜, 우스뜨 깐동굴유적 등이 있다(최몽룡 외, 2003: 107).

    르발르와 찌르개(석인), 르발르와 석핵, 긁개(스크레블로), 톱니날 석기, 홈날석기 등을 공반한 중기의 석기군은 동굴유적에서 많이 확인되었다. 르발르와기법을 지닌 이들은 후기에 비해 도구 다양성은 부족하지만 같은 찌르개라도 종류와 제작기법이 매우 다양하고 복잡하다. 대표적인 사례는 르발르와 삼각형 찌르개이다. 르발르와기법과 석인기법의 차이는 작업면조정방법의 차이로 르발르와는 타면 방향을 바꾸면서 작업면을 조정한다. 그러나 석인기법은 박리된 목적물이 도구가 아니라 석인을 원하는 것이기 때문에 이러한 작업면조정의 박리는 나타나지 않는다. 그 이면에는 석인박리가 주로 측면을 이용하고 르발르와가 넓은 면을 이용하여 작업면을 이용하기 때문이다. 이를 조정할 수 없는 석인기법이 선택한 작업면조정법이 바로 타면전이이다. 타면전이 양상은 르발르와 단계에서도 등장하지만, 여기서 설명하는 르발르와 찌르개단계에서는 전혀 보이지 않는다. 만약 타면전이를 르발르와 기법에서 활용한다면, 목적으로 한 등면이 V자형을 지니면서 삼각형박편이 되는 찌르개는 박리될 수 없다.

    아울러 석인기법의 석인은 폭이 좁고 양측연이 일직선이면서 타면의 폭과 선단부의 폭이 동일하면서, 거의 직방형인데 반해 르발르와 석인은 타면의 폭이 거의 박편의 최대 폭을 차지하면서 선단부가 뾰족해진다. 여러 차례에 걸쳐 완성된 예비 작업면에서 삼각형 찌르개를 떼기 위해서는 정확한 타격지점을 잡고, 힘을 전달할 지점을 분명히 하고 타격힘의 축이 필요한 타면조정을 충실히 실시한다. 하지만 석인기법은 타면조정을 르발르와만큼은 하지 않는다. 두 기법에서 근본적인 차이가 발생하는 이유는 르발르와가 타면전체를 바꾸면서 박리하는 기법이라면, 석인기법은 동일타면에서 위치만 바꾸는 기법이기 때문이다. 석인기법이 굳이 특별한 형태의 타면을 의식하기 보다는 평탄한 타면을 선호한 반면 르발르와에서는 의도적으로 ㅅ자 모양 타면을 제작한다. 르발르와기법에서 찌르개는 석인 또는 V자형 박편을 이용하고, 긁개는 일반 박편을 이용하지만 타각에서 중요한 차이점을 보이고 있다. 석핵은 평탄타면을 지닌 것이 아니라, 작업면의 반대면을 이용하기 때문에 특정부위가 타면으로 정해지기 보다는 작업면에서 조정된 부위 중 일부가 작업상황에 따라 정해진다. 특히 원반형 석핵은 작업면보다 타면이 되는 면이 기울어져 있기 때문에 타각이 50~60도 내외로 적당한 박리각을 이루지만 박리된 후 타면이 작업면을 기준으로 볼 때 타면이 경사진 것처럼 보이게 된다. 특히 타각이 박편의 길이와 관계가 있다는 연구결과로 볼 때 석인은 주로 70~90도 사이로 박리되므로 박리된 석인의 타면이 특별히 기울어져 보이지는 않는다.

그림 10의 우스뜨 카라콜 18b층에서 출토된 르발르와 석핵을 통해서 본 찌르개의 제작공정은 다음과 같다(표 1). 찌르개 또는 석인의 타면조정은 자루에 삽입하기 위해 박리되는

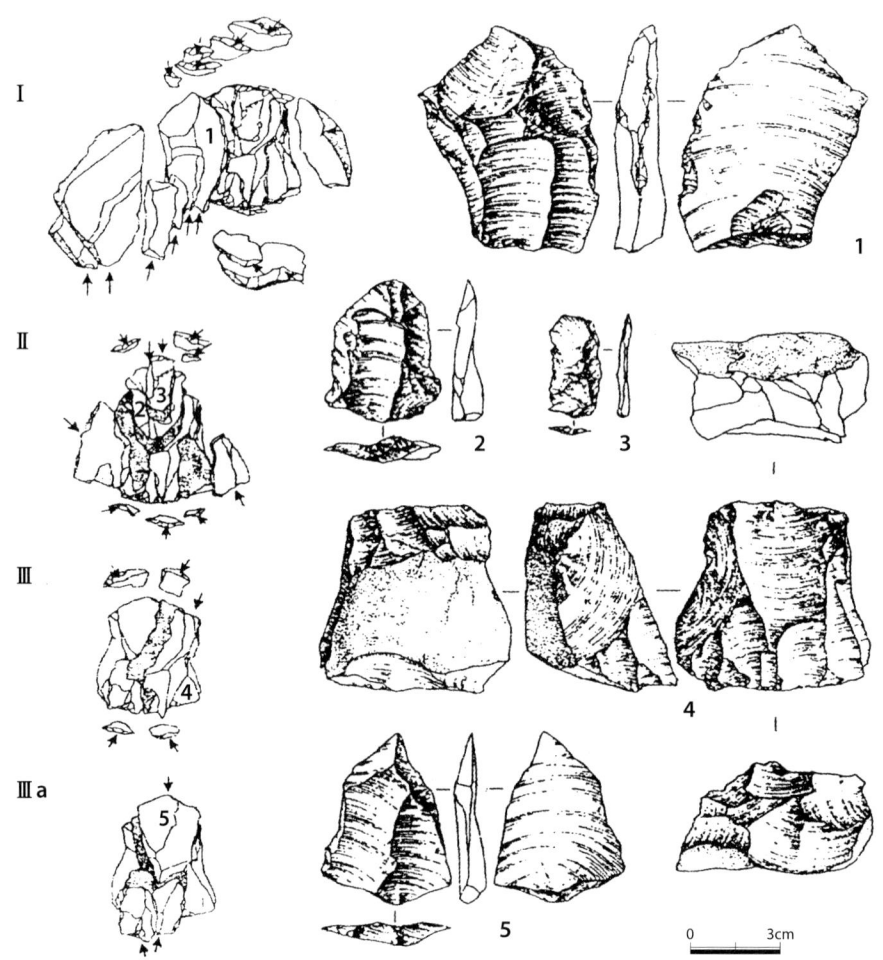

그림 10 우스띠 카라콜 18a 접합자료

표 1 우스뜨 카라쿨유적 18b층출토 르발르와석핵을 통해본 르발르와기법의 제작공정

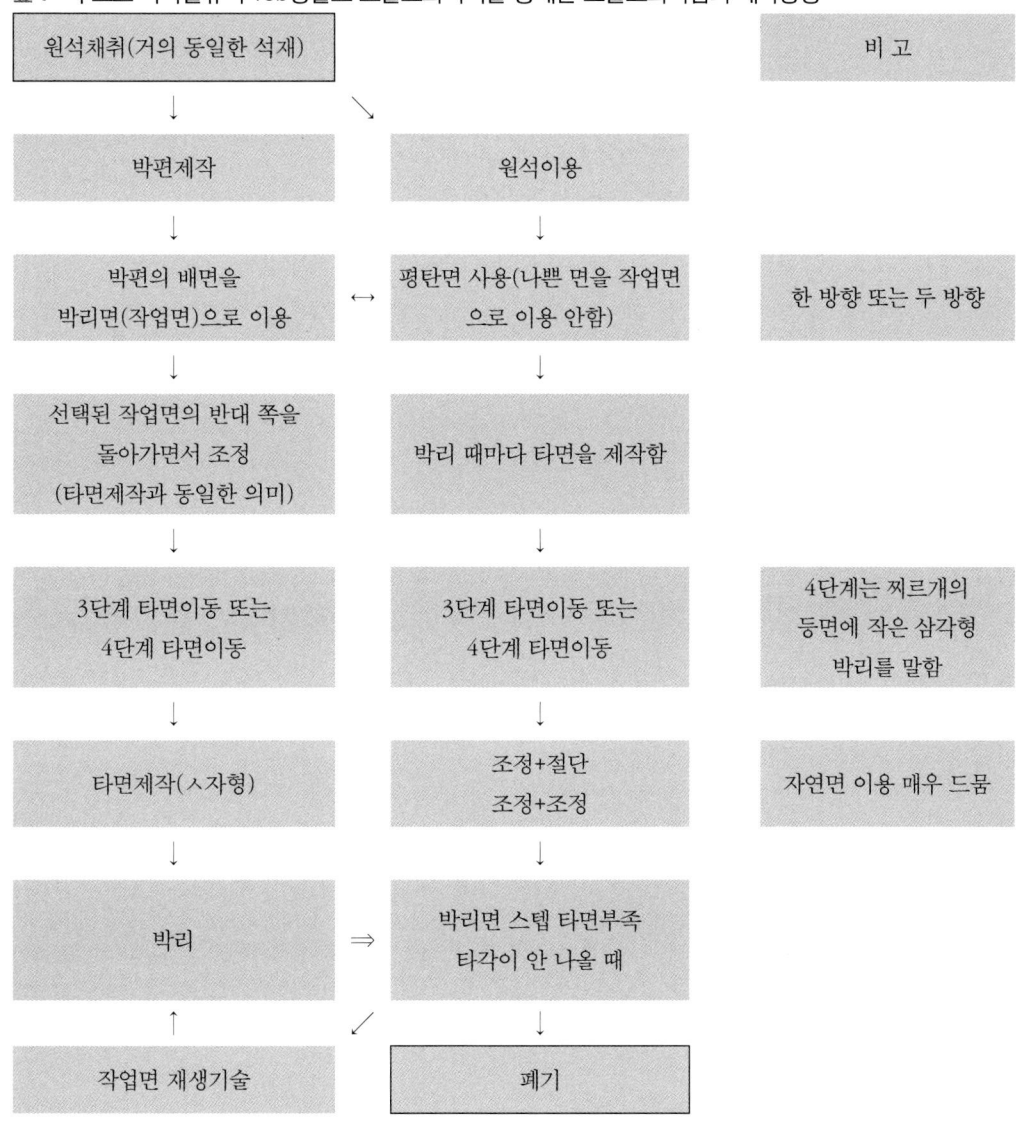

소형 박편의 일종이다. 실제 접합유물 중 찌르개를 밖으로 들고 나가 유적 내에서는 출토되지 않는 것도 확인된다. 석핵의 핵심기술은 박리되는 반대부분을 제거하고 측면에서 박리하여 평행박리면을 V자형을 만드는 것으로 타면조정을 통해 등면에 삽입부위를 박리한다. 타면을 이동하여 ㅅ자 모양 타면을 제작한 뒤 V자형 찌르개를 제작하면 결과적으로 원반형 석핵이 남는다. 원반형 석핵이 목적이 아니라 V자형 찌르개를 박리하기 위해 수십 차례의 예비조정을 한 결과물이 원반형 석핵이다. 기존에 알려진대로 원반형 석핵이 그 목적이 아님을 다시 한 번 강조해 두고 싶다. 그리고 석핵에 V자형 작업면에 남기기 위해 최소 한 방향에서

세 방향까지 조정이 이루어지고 있다. 때에 따라 적당히 자연면도 활용하며, 석핵의 작업면은 전혀 자연면이 남지 않는데 반해 반대면은 자연면이 남아 있는 경우가 많다. 결국 르발르와 찌르개 또는 석인에서 자연면이 있는 경우는 거의 없다. 또한 르발르와 석인제 찌르개와 르발르와 삼각형 찌르개는 제작기법이 다르다.

카라봄 유적의 르발르와 석인은 경사타면으로 이는 박리되기 전 타각이 45도 전후였을 가능성이 높다. 석인기법의 석인이 주로 평탄타면인데 반해 르발르와는 석핵예비조정과 연관되어 기울어져 있는 경우가 거의 대부분이다. 르발르와식 석핵제작기술과 박편박리공정을 통해 시베리아 중기구석기시대에는 일부 유럽과 근동의 제작기술과는 다른 지역성을 가지면서 근본적인 제작양상은 근동, 중앙아시아와 동일한 것으로 보았다(최몽룡 외, 2003: 107).

다음으로 데니소바유적에서 확인된 르발르와석인을 토대로 한 르발르와 기법의 특징은 다음과 같다. 타면은 경사타면이고, 박리 전에 등면에서 배면, 즉 바깥쪽에서 안쪽으로 박리된다. 타면형태가 삼각형보다는 휘어진 넓은 방형과 유사하다. 타점과 벌브가 매우 발달해 있으면서 넓은 면을 이동하면서 박리된다. 특별히 ㅅ자 모양의 타면형태로 만들며 등면에 V자형이 많다. 석핵 또는 석인의 등면박리방향이 평행한 것도 있지만, 르발르와기법의 조정흔적이 남아 있다.

르발르와기법을 이용한 석인과 석인기법의 석인은 타면에서 가장 큰 차이가 있다. 위에서 간단히 그 차이를 언급하였다. 구체적으로 살펴보면, 타면은 전자가 좁은 방형인데 후자가 삼각형 또는 점(点)타면이다. 타면조정에서 전자는 ㅅ자 모양 타면·전면 조정을 이용하는데 반해, 후자는 자연타면이 증가하여 조정타면보다는 박리타면 등 평탄타면을 선호한다. 즉, 르발르와기법은 기본적으로 원석면을 이용한 타면을 잘 활용하지 않는다. 그리고 석인의 타점이 전자는 타면의 중앙에 위치하지 않는데 반해, 후자는 대체로 타면의 중앙부에 위치한다. 이는 산형(山形)조정이 중앙에 위치하지 않으면서 나타나는 것이며, 석인은 특별한 형태의 타면을 요구하지 않는 차이에서 발생한다.

한편 시베리아의 르발르와기법이 유럽처럼 네안데르탈인의 산물인가라는 점이다. 네안데르탈인의 인골이 출토되지 않고 있는 알타이지역의 유적들은 아직 무엇이라 말할 수 있는 단계는 아니다. 그러나 이 문제는 매우 중요하다. 네안데르탈인이 정착하여 사라진 이후에 진출한 현생 인류에 의해 유적이 새롭게 형성되었는지, 그렇지 않다면 대략 10만 년 전에 나타난 것으로 추정되는 고대형 호모사피엔스에서 유래한 현생인류에 의해 형성되었는지에 대한 실마리를 제공할 수 있기 때문이다. 코프랜드의 타분모델에서 살펴보았듯이 스쿨과 카프제유적에서는 네안데르탈인과는 구별되는 고대형 호모사피엔스도 르발르와기법을 사용한 것이 확인된다. 이러한 사실은 시베리아에 진출한 르발르와 기법을 사용한 집단도 고대형 호모사피엔스일 가능성이 높다는 점이다. 유전자분석에 의해 아프리카탈출이 20만 년 전으로 추정되고 있는 사실과 중기에서 후기로의 전환기적 성격을 지닌 러시아지역의 절대연대가 20만 년 이상 올라가는 점 등을 보아도 상당히 이른 시기에 시베리아에 인류는 진출하였지만, 알타이지역을 벗어나 더 이상의 동쪽으로의 확산은 거의 이루어지지 못하였다.

또한 네안데르탈인이 유럽과 서아시아지역에 한정되어 분포하고 있는 특징을 고려한다면 시베리아까지 진출했다고는 생각하기는 힘들 것 같다. 만약 이러한 가설이 사실이라면 고대형 호모사피엔스에서 현생인류의 자연스러운 진화가 형성되는 것이라면, 현생인류는 알타이지역을 중심으로 석인기법을 동북아시아지역에 폭넓게 확산시켰을 가능성이 있다.

2 석인기법(그림 11)

동아시아지역에서 초기 석인기법의 공백기로 남은 곳은 한반도의 북부지방, 연해주, 중국 동북부, 발해와 만주주변, 산동반도, 황해연안 지역이며, 그 중에서도 한반도 북부에서 후기구석기 초엽에 해당하는 석인관련유적이 확인되지 않는 사실은 후기구석기의 기원을 연구하는데 결정적인 자료가 결여된 것으로 볼 수 있다.

현재까지 동북아시아에서 가장 오랜 석인이 출현한 곳은 알타이지방의 동굴유적들로 이 유적들은 시베리아의 무스테리안 문화와 석인이 확실하게 공반된다. 앞에서 살펴본 러시아의 코로레바·카라봄·마라야 쉬야·마카로보Ⅳ·바르바리나·톨바가유적 등 석인기법이 발전 전개되는 곳의 석핵 특징은 한 방향 또는 두 방향박리에 따라 석인이 다수 만들어지고 때에 따라 타면전이도 일어난다. 특히 르발르와 기법의 전통이 늦게까지 남고 약 35,000~30,000년 전 사이로 비정된다. 마카로보Ⅳ·카라봄·아렌포프스키유적 등의 석인석핵은 주로 한 면(넓은 면)을 이용하면서 단설 또는 양설타면으로 석인을 박리하고 있다. 아렌포프스키의 석재는 방형의 형태를 지니고 있어 경사타면과 같은 박리를 용이하게 하는 점을 잘 활용하였던 것 같다. 마카로보 Ⅳ·카라봄은 타격점 다듬기(trimming)를 그렇게 까지는 활용하지 않는 차이점이 있다. 세 유적 모두 밀개가 출토되었고 석인제 찌르개는 발달하지 못하였다. 한 면을 집중적으로 이용하는 현상은 석인을 박리할 때 매우 중요한 기술적 특징 중의 하나로 등면에 자연면을 없애면서 좋은 석인을 제작하기 위한 속성이다.

중국에서 석인기법과 관련한 유적은 水洞溝유적, 峙峪유적이 있지만 화남지방에서는

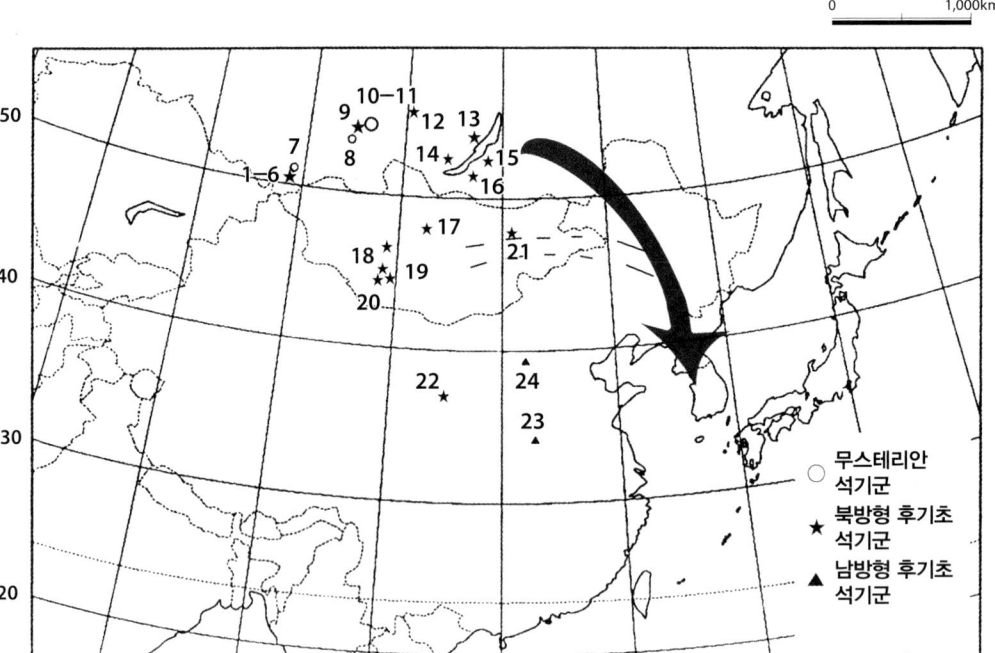

그림 11 석인문화를 보유한 집단의 한반도 유입경로(佐川正敏, 1994를 편집)

1. 카라봄 | 2. 우스띠 카라콜-1 | 3. 데니소바 | 4. 스트라쉬아 | 5. 우스띠 | 6. 카라 테네쉬
7. 오클라드니코프 | 8. 두브구라스카 | 9. 마라야쉬야 | 10. 쿨타쿠 | 11. 카멘늬 로그
12. 우스띠 코바 | 13. 마카로보 Ⅳ | 14. 아렌포프스키 | 15. 톨바가 | 16. 카멘카
17. 모일틴 암 | 18. 차간 아구이 | 19. 칙헌 아구이 | 20. 아츠 보그드 | 21. 이프 하그란트
22. 수동구 | 23. 탑수하 | 24. 치욕

아직 확인되지 않고 있다. 중국의 지역성이 다른 지역보다 두드러지는 중요한 이유로 지형적 특수성을 우선 감안해야 할 것 같다. 러시아의 고르니 알타이지역의 북서쪽에 많이 분포하는 무스테리안기에서 후기구석기초의 변환을 보이는 유적이 동쪽과 남쪽으로는 더 이상 확대되지 않으며, 아울러 중국의 남쪽으로는 석인기법도 큰 영향을 미치지 못하였음을 시사해 주는 것이다. 문제는 러시아지역에서 몽골을 거쳐 한국에 이르는 문화적 파급이 중국의 大興安嶺산맥, 陰山산맥, 五大산맥 등으로 인해 이동하는데 상당한 장애로 작용했던 것으로 추정된다. 실제로 중국 흑룡강성·요령성·길림성에 석인기법에 관한 유적이 사실상 공백기로 있는 특수한 현상이 관찰되고 있다. 특별히 지리적으로 열악하지 않다면 분명 이 지역에서도 동북아시아지역에서 공통적으로 확인되는 석인기법이 재지발생이든 기술 유입이든 관계없이 주요 석기제작기술로 자리매김했어야 하지만, 현실적으로 그러하지 못하다. 세석인기법도 흑룡강성 顧鄕屯유적, 十八站유적, 길림성의 大布蘇유적 등에서 확인되지만, 오히려 면적이 적

은 우리나라보다도 그 수는 적은 편이다. 앞으로 흑룡강성·요령성·길림성지역의 발굴이 더 진전되면 한국에서 확인되는 능조정을 이용한 석인기법과 관련 석기들이 발견될 것으로 기대된다

한국 후기구석기의 시작을 중국의 수동구와 연관짓는 연구자도 있지만, 그 가능성은 낮다. 특히 무스테리안기법과 석인기법의 분포범위가 일치하지 않는 현상과 석인기법 중 능조정을 제작하는 기법의 분포 차이, 기본적으로 유사한 석기군이 형성되지만 특정 도구에 대한 석기구성의 차이가 있다. 아무르강유역에 3만년 이상된 후기구석기유적이 아직까지 확인되지 않는 점과 한국과 중국지역에 있어 석기와 소재박편의 기술차이 등은 쉽게 해결할 수 있는 문제는 아닌 것 같다. 이러한 이유가 한국 후기구석기문화의 기원을 파악하는 문제가 단순한 전파나 간단히 자생적 발생으로 단정짓기 어려운 근본적인 원인으로 생각된다.

일본에서는 駒方古屋-1, 駒方古屋-2, 駒方C, 百枝C-III등과 百枝B-IV中이 해당한다. 長崎縣의 堤西牟田 I, 根引池(2000), 佐賀縣의 磯道는 시기적인 차이는 있을 수 있겠지만, 거의 동일한 박편기술을 가지고 있으며, 석기조성도 매우 유사하다. 둥근 형태의 흑요석 또는 안산암 원석을 이용하여 석인을 박리하였다(張龍俊, 2002). 박리기법의 특징은 타면을 제작하기 위해 원석의 상부를 박리하여 경사를 가지는 평탄한 타면을 만든 뒤 박리작업에 들어간 비교적 간단한 기법이면서 양질의 종장박편을 생산해냈다. 타각은 직각보다는 70도 전후가 많다. 이러한 예는 일본의 후기구석기시대의 경우는 관동지방을 중심으로 한 석인과 석인모양의 종장박편을 이용한 집단지역과 특히 규슈를 중심으로 한 집단과는 구별되는 양상은 동일시기라해도 제작시스템이 전혀 다르게 공존할 수 있음을 먼저 이해하여야 한다.

결국 석인기법의 발생문제는 무스테리안기술에서 석인기법으로 전환되었는가와 지역적 석기제작기술에 기반을 둔 재지기술의 발전된 양상으로서의 석인기법의 등장, 그리고 석인기법의 발생시점문제, 도구와의 상관성으로 좁혀볼 수 있겠다. Mellars는 박편생산기술만으로 제작하기 힘든 도구를 얻는데 사용된 석인기법을 사용하여 만들어지는 석인의 등장이유에 대해 기술의 확산과정, 석인기법을 채택하게 만든 강한 압박, 원석공급의 부족을 지적하고 있다. 그러나 일반적으로 현생인류와 함께 시작되었다고 알려져 있는 후기는 전기 및 중기와 비교하여 정신적 활동, 석재의 선택, 석기의 제작기법과 석기종류의 다양성에 있어 확연히 다른 기술적인 특징을 지닌 도구가 등장하는 시기인 것만은 사실이다.

3 석재의 문제

과연 동북아시아의 각 지역에서 이러한 독특한 석기군이 형성되는 이유는 무엇일까? 그 일차적인 해답은 석재에서 구할 수 있을 것이다. 석재는 석기제작에 많은 영향을 미쳤다. 각 지역의 소재생산에 대한 기술적 기반도 차이가 나지만, 소재를 이용하는 방식, 즉 도구 종류에 있어서도 그 차이점이 인정된다.

한국은 러시아의 이행기 유적인 우스뜨 카라콜·카라봄·데니소바·오클라드니코프·마카로보 IV유적과는 석재전환에 있어 유사한 점도 있고 차이점도 존재한다. 중국·러시아·한국 모두 중기에서 후기로의 전환 때 기법의 전환도 있지만, 석재의 전환이 있었다. 어느 쪽이 먼저 발생했는지, 아니면 동시에 같이 이루어졌는지는 알 수 없지만, 분명 두 요소는 불가분의 관계가 있다. 그러나 석재란 기본적으로 그 지역에서 나는 것을 이용하는 것이므로 재지적 요소가 많이 반영되어 있어 그 나라 특성에 맞게끔 기술은 적용하게 된다.

특히 석핵석기와 일부 박편석기를 제작하였던 중기의 석영제석기군과 비교해 후기는 다양한 석재와 일부 석재의 편중성, 박편을 중심으로 여러 형식의 석기를 제작하는 차이가 있다. 석영제 석기로는 석인을 박리하기 너무 힘들기 때문에 석재를 바꾸지 않고서는 후기 구석기의 혁명은 이루어 질 수가 없다. 다시 말해 석인기법은 석재전환이 일어나지 않고서는 등장할 수 없는 기법이다. 러시아·한국 등은 석재전환에 매우 성공적으로 완수한 지역인데 반해 중국은 석인기법을 이용하는데 석재가 충분히 공급되지 않아 소형석기들이 많이 제작 되었을 가능성이 높다.

한국의 석인제작 집단이 시베리아에서 파급되어 온 집단인지 아니면 석영계 자생집단이 기술을 변화시켰는가는 아직 확실치 않다.[5] 실제 한탄강유역을 비롯한 석핵석기를 제작하는데 이용된 규암제 또는 석영제로 만들어진 프리즘형 석핵이나 석인으로 만들어진 슴베

---

[5] 유럽의 샤텔페로니안기의 La Grotte du Renne유적에서는 석인, 새기개, 뚜르개 등은 프린트로 만들지만 긁개, 홈날석기, 톱니날석기는 쳐트로 제작하고 있다. 이는 전형적인 후기구석기시대 석기는 프린트로, 무스테린안 석기는 쳐트로 만들었음을 보여주는 것이다. 실제 Arcy유적의 무스테린안기에 유사석인이 출토되기도 하지만, 엄격한 의미의 석인은 거의 없다. 후기구석기시대석인은 후기구석기시대 도구와 샤텔페로니안 찌르개를 만드는데 독점적으로 사용된다. 많은 프린트로 만들어진 프리즘형 석인석핵이 출현하지만, 무스테리안기에는 등장하지 않는다(Catherine Farizy, 1990).

찌르개, 석영제 석인은 출토되지 않는다. 결국 선호하는 석재와 도구는 따로 구분되서 등장하는 것이 아닌 항상 유기적 관계를 지니고 있음을 알 수 있다.

따라서 능조정기법 등은 기술적용에 의해 석인을 박리시키는 것이 아니라 석재 형태에 많이 좌우된다. 실제 이곳의 종장박편은 방형의 석재측면을 사용해 박리한 것이다. 석재가 측면을 이용하기 힘든 것은 측면박리를 하지 않는다. 다시 말해 애당초 종장박편을 떼는 기술을 지니지 않았음을 보여준다. 석영제 석기를 제작한 집단은 석인을 이용한 도구의 형태도 명확하지 않아 석인을 어떠한 형식의 도구에 맞추어서 사용했었는지에 대한 개념이 분명치 않았던 것으로 보인다.

Ⅳ 후기 구석기문화의 지역성과 그 기원

1 동북아시아에서의 지역적 특징

동북아시아지역의 후기 초에 해당하는 유적의 특징적인 도구로는 찌르개가 있다. 한국·러시아·중국·일본 등에는 그 지역 나름대로의 고유한 찌르개 형식이 존재하며, 동북아시아지역은 각각의 독특한 찌르개문화권을 형성하고 있다. 이러한 찌르개는 생존과 신체방어 및 공격을 위한 필수적인 도구였다. 이것들을 제작하기 위해서는 새로운 박리기법이 필요하였으며 공통적인 소재박편의 생산기술은 석인기법이었다. 아울러 이 기법은 석인을 이용한 도구에 대한 개념이 동시에 발생해야지만 가능한 것으로서 도구 형식이 다양해지는 것과 발맞추어 용도에 맞는 석기사용이 뒤따라야 하는 복잡한 기술이다. 실제 후기는 전문화된 수렵집단이 등장하는 만큼 기능이 단순화되면서 전문화된 석기가 많이 제작되고 있다.

한국과 러시아의 알타이지역은 전·중기에는 석영제 석기를, 후기에는 균질제 석기와 석인기법으로 석기를 제작하는 매우 유사한 양상을 보이지만, 시베리아 바이칼지역까지는 중기에 해당하는 균질제 석재를 이용한 르발르와 기법이 확인되는 차이점이 있다. 특히 바이칼호수의 동부에는 르발르와기법이 확인되지 않고 있어, 최소한 한국인의 기원이 이 기법을 토대로 한 집단은 아니었음을 분명히 알 수 있고, 유럽의 인류가 한반도까지 직접 도달하지 않았음을 분명히 알 수 있다.

알타이산맥지역의 르발르와기법이 확인되는 유적에서는 르발르와 찌르개가 보편적으로 사용되었고, 발달된 찌르개로 진전된 수렵방법으로 사냥행위를 하였음을 추정할 수 있다. 반면 중기이후 연속적인 층위상에서 등장한 후기는 이전시기의 정형적인 찌르개가 크게 두드러지지 않는다. 카라봄 6층의 찌르개 형태는 선단부가 뾰족한 V자형 석인을 소재로 선택하여 타면부에 기부조정을 조금 베푼 뒤 선단부조정을 통해 좀 더 예리하게 제작하였고 기부 형태는 만곡형이 아니라 직선형이었다. 특히 바이칼주변지역과 극동지역의 아무르강유역에서도 석인으로 만든 기부만곡형 찌르개는 출토되지 않는다. 아마도 르발르와 기법으로 만들어지는 일련의 찌르개 전통이 계속 이어져 찌르개 형식에도 영향을 미쳐 직선형의 기부조정이 이루어졌던 것 같다. 중기의 무스테리안층에서 많은 수의 삼각형 르발르와 찌르개와 석인제 찌르개가 출토되는 것에 비해 후기 초의 유적에서는 오히려 그 수가 감소하는 추세를 보인다. 아마도 돌 이외의 다른 재질의 이용되면서 골각제 또는 목제 찌르개가 보다 활발히 제작되었기 때문으로 생각된다. 대신 정형적인 도구류 중에서는, 밀개, 새기개 같은 것들이 도구구성에서 큰 비중을 차지한다. 현재까지의 연구성과로 볼 때 동일한 석인기법이라 하더라도 박리된 석인을 이용하는 방법에는 상당한 차이점을 나타내고 있는 것 같다.

한편 한국은 슴베찌르개를 제작하기 위한 기술기반으로 석인기법이 활용되었지만, 중국은 석인을 이용한 기부가공을 비롯한 선단부를 조정한 찌르개가 거의 발달하지 못하였다. 애당초 석인기법의 채택목적이 달랐음을 암시하는 부분이다. 예를 들어 한국의 슴베찌르개, 일본의 나이프형 석기와 박편첨두기가 석인 또는 종장박편을 이용한데 반해, 중국은 소형박편 찌르개, 러시아는 양면조정 찌르개 등이 있지만, 석인을 가지고 찌르개를 만드는 유적은 그리 많지 않다.

한국과 가까운 일본지역 후기구석기시대 찌르개의 기부에 있어 고유한 패턴은 각진 U자형(역사다리꼴), V자형이다. 여기에 해당하는 것은 나이프형석기, 대형(台形)석기, 박편첨두기이다. 나이프형석기와 대형석기의 기부제작을 비롯한 석기형식도 일본을 제외한 지역에서는 찾아보기 힘든 매우 개성있는 석기이다. 즉 그 형식의 고유함에 있어서는 한국의 슴베찌르개와 비교할만하다. 박편첨두기가 한국의 영향을 받아 출현한 산물로서 일본의 AT층 위에서 확인된다는 점에서 그 기원에 대해서는 이론의 여지가 없다. 일본지역에서 후기 초에는 만곡식 기부가공 찌르개가 확인되지 않고 제작기반에 있어서도 선단부를 이용하는 방향이 슴베찌르개와는 다른 차이점을 보여주고 있다.

2 우리나라 후기 구석기의 기원

현생인류의 유적들은 다음과 같다. 남아프리카 9만 년 전(Klasies River Mouth and Border Cave), 북동 아프리카 5만 년 전(오모Ⅰ), 북아프리카 4.5만 년 전(Dar-es-Soltan), 서아시아 4.5만 년 전(Qafzeh and Skhul), 동유럽 3.4만 년 전(Velika pećina), 서유럽 3만 년 전(크로마뇽 Cro-Magnon) 등이다. 현재의 현생인류가 공유하는 현대적 특징의 기본적 사항들은 4.5만 년 이전에 아프리카에서 탄생한 것으로 추정되는 고대형 현생인류에서 파생되었거나 5만 년 전 이후의 최초의 현생인류 형태 위에서 점진적으로 발전된 것으로 보는 것이 좋을 것 같다(Stringer, 1989).

아간빙기에 접어들면서 3.5만 년에서 3만 년 정도가 되면 영구동토분포지역이 북위 60도 가까이까지 북쪽으로 물러나기 시작한다. 만약 현생인류가 이동을 시작하고자 하였다면 이 때가 가장 좋은 시기였을 것으로 추정되며 후기 구석기가 시작되는 시점과도 맞아떨어진다. 고환경변동커브는 3.3~2.2만 년 전 경, 2.2~1.4만 년 전 경, 1.4만 년 전 이후로 삼분되며, 킨드(Kind, 1972·1974)의 시베리아 후기 갱신세의 편년에 근거한 시베리아 칼긴스키간빙기와 사르탄스키빙기와의 경계와 거의 일치한다(木村英明, 1997). 특히 4.3~3.3만 년 전의 마로페츠케 온난기는 가장 따뜻한 시기였으며 해면 상승을 가져오고 북 시베리아 연안지역에 해성층을 퇴적시킨 원인으로 보았으며, 3~3.3만 년은 한랭기가 있었다.

생물학적으로 보면 20만 년 전에 아프리카에서 탄생한 현생인류는 12만 년에서 10만 년 전에 아프리카를 떠나 근동지방을 기점으로 하여 두 갈래로 나뉘어졌다. 한 갈래는 유럽과 동북아시아를 거쳐 아메리카대륙으로 넘어갔으며, 다른 갈래는 인도를 거쳐 오스트레일리아로 건너간 것이다. 4만 년 전 쯤에는 시베리아의 바이칼지역까지 도달한 것으로 추정되

표 2 러시아·시베리아지역의 후기갱신세의 세분(福田正己, 1995)

인덱스	연대	러시아지역	시베리아지역	고환경
Q4	1만 5천 년 전	후기 발다이 빙기 Late Valdai Glacial	사르탄 빙기 Sartan Glacial	한랭·건조
Q3	2만 5천 년 전 4만 5천 년 전	중기 발다이 아간빙기 Middle Valdai Interstadial	칼긴스키 아간빙기 Karginsky Interstadial	한랭·온난사이클 건조·습윤사이클
Q2	8만 년 전	초기 발다이 빙기 Early Valdai Glacial	쥐란카 빙기 Zyryanka Glacial	한랭·건조
Q1	13만 년 전	미쿨리노 간빙기 Mikulino Interglacial	카잔체보 간빙기 Kazantsevo Interglacial	온난·습윤

고 있으며 북쪽갈래와 남쪽갈래는 근동지방에서 분리된 이후 새로운 제3의 지역에서 합쳐진 흔적은 보이지 않는다. 특히 북쪽갈래의 루트는 석인기법의 루트와 매우 유사한 특징을 보이고 있으며 중국 내륙지방과 남쪽지방에 석인기법이 거의 확인되지 않는 현상과도 유사하다.

그리고 넓은 의미의 몽골로이드에는 12집단이 있다. 여기에는 한국인·일본인·중국인, 말레시아인, 인도네시아인, 타이인, 네팔인, 알래스타 에스키노, 도그리브족(캐나다), 아이마라족(남미), 오스트레일리아원주민, 파푸아뉴기니인이 해당한다. ABO혈액형의 유전자빈도에 있어 A2혈액형이 매우 낮은 경우가 많지만, 비 몽골로이드의 경우는 상당한 빈도를 지닌다. 특히 한국인·일본인·중국인에게서는 A2혈액형이 나타나지 않는다. 또한 사람의 백혈구 항원인 HLA를 이용한 집단간의 유전적 근연관계는 한국인·일본인·북중국인·타이인의 순으로 가까운 관계가 형성된다(齊藤成也, 1994). HLA란 Human Leucocyte Antigen의 약자로 백혈구 항원을 의미한다. 백혈구 등의 세포표면에 있어서 현저한 개인차를 나타내는 항원이다. HLA분석에 따르면 우리나라는 중국 남부지방을 통한 유입경로보다는 북부에서 남쪽으로 내려오는 루트를 사용하고 있음을 알 수 있다.

한편 동시베리아 및 극동지역에 살고 있는 사람은 크게 세 그룹으로 나뉜다. 극북에서 살고있는 이누이트(에스키모), 아쿠트, 척치, 코리야크, 이델멘의 극북형, 바이칼에서 아무르강에 걸친 집단인 바이칼형에는 에벤키, 유카길, 네기다르, 오로치, 우로치, 나나이, 몽골, 부리아트, 남알타이에 살고 있는 보다 내륙의 중앙아시아형이 있다(Debets, 1951).

우리나라는 북방계와 남방계의 인류가 혼합된 인류이다. 일본인의 경우는 죠몽시대 사람이 현대일본인의 기원이라는 이행설과 야요이시대에서 고분시대에 걸친 대륙에서 사람이 건너왔던 그들이 지금의 일본인이 되었다는 도래설이 있다. 죠몽인의 경우는 동남아시아인, 말레이시아인, 인도네시아인이 공통된 유전적 기원을 가지고 있다. 이와 달리 우리나라는 구석기시대에 거주했던 집단이 현재의 한국인이 되었음은 분명한 사실이다. 다만 그 시기가 전기와 중기이냐 후기냐는 문제는 있다. 유전자의 친밀도를 본다면 후기의 북방민족과 매우 밀접한 관계가 있는 것 같다.

특히 현생인류와 네안데르탈인이 형질적으로도 차이가 있고, 특히 네안데르탈인은 고대인의 특징인 두터운 눈두덩, 경사진 앞이마, 길고 낮은 두 개골, 뺨이 부족한 얼굴, 뼈의 단단함을 지니고 있어 두뇌용량을 제외하면 상당히 다른 양상을 나타내고 있다(Stringer, 1993: 75-94). 최근 연구에 의하면 이러한 현생인류와 네안데르탈인은 40,000년 전을 전후해 유라시아지역에서 공존하여 생활하였음이 밝혀져 있다. 그러나 다른 지역, 즉 아프리카와 아시아의 경우는 네안데르탈인이 확인되고 있지 않아 네안데르탈인이 전 세계적으로 출토되는 석인과의 상관성은 연대적, 지역적으로도 차이를 보이고 있음을 알 수 있다.

석기문화에 있어서도 일본 구주지방의 경우는 후기구석기시대 이전의 박리기술이 거의 확인되지 않지만, 후기 초에는 주로 종장박편기술을 이용한 석기군보다는 단순 박편을 이용한 대형석기가 주류를 이루면서 AT이후에는 보다 본격적인 종장박편 박리기술이 활발해짐을 알 수 있다. 한국, 중국 (동)북부, 일본의 구주지방, 시베리아의 알타이지역을 포함한 동부지방의 석인기법은 매우 특징적이지만, 아직까지 그 기원을 파악하기에는 그 유적수가 매우 적다. 공통적인 현상은 바이칼의 동쪽에 해당하는 몽골의 동부, 중국의 동북부, 한반도의 동북부에는 석인이 출토되는 유적이 거의 확인되지 않고 있다.

분명한 사실은 우리나라의 전·중기의 석영제 석기집단이 후기 때까지 이어졌다는 재지기술발전에 대한 주장은 석재의 공통성이라는 특징이외는 기술적인 석기전통을 말해주는 부분은 밝혀지지 않고 있다. 후기의 석영제 석기는 중기구석기의 석영제 석기와는 도구형식과 제작방법에서 전혀 다른 기술전통을 보이고 있다. 결국 이들 집단이 연속적인 선상에 있다고 주장하는 것은 석영을 이용하여 석기를 제작하였다는 공통점을 이야기한 것이지 그들이 주장하는 바와 같이 기술전통이 계속해서 이어졌다고 얘기하는 것은 타당치 않다. 특히 석영이 많이 분포하는 지역에서는 석영을 이용해 석기를 제작하는 빈도가 높은 것이 당연한 사실이며, 고례리유적처럼 주위에 석영이 별로 분포하지 않는 곳에서는 석영의 양이 매우 적음을 알 수 있다. 후기 유적 내의 석영석기는 기존 집단의 기술적 산물이 아님을 알 수 있다. 유적주변에서 나오는 석재를 선택적으로 이용한 것에 지나지 않는다.

중국 치욕유적의 경우는 한국과 시베리아 알타이지역에서 말하는 석인과는 그 기법면에서는 생산물을 보더라도 차이가 있다. 따라서 관련학자들의 주장대로 치욕에서는 능조정을 이용한 석인기법이 확인되지 않으며 재지계의 기술을 계승했을 가능성이 높다. 그러나 시베리아의 알타이지역과 한국에서는 능조정기법을 이용한 석인기법이 확인되고 있어 상황이 동일하지 않다. 공교롭게도 알타이지역에서 한반도까지 이어지는 연속선상에 있는 중국지역에서는 수동구이외에는 능조정기법을 이용한 석인기법이 확인되지 않으며 HLA분석과 mtDNA결과에서도 중국이남지방과는 다른 결과가 확인되었다. 이를 정리해보면 중국은 르발르와기법에서 석인기법이 성립되었다기보다는 재지계 박편기술에서 석인기법이 발달했을 가능성이 높고, 한국은 석영제석기군에서 석인기법이 확립될 수 없는 것으로 판단되며, 알타이지역은 르발르와기법에서 석인기법이 생겨난 것으로 보는 것이 옳을 것 같다.[6] 한반도·일본

---

6 그러나 아직까지는 시베리아 르발르와기법과 석인기법의 계통 연속성은 더 연구되어야만 하며,

표 3 시베리아지역의 후기 초 유적

	후기초에 해당하는 층위	석기군	절대연대
데니소바동굴	11층	르발르와찌르개, 르발르와 석핵, 석인기법을 이용한 석인, 양면가공석기, 뼈도구	37,235BP
아누이Ⅲ	11층	전형적인 르발르와 찌르개는 없음, 석인	12층 54,000±13
카라봄	6층·5층	능조정석인, 새기개, 석인석핵, 타면재생박편	33,800±600BP 32,200±600BP
우스뜨 카라콜	11b에서 11a	11a: 석인석핵, 능조정석인	5층하부(3문화층) 31,410±1,160BP

열도를 포함한 구주지방은 후기 초에는 석인기법이 거의 확인되지 않으며 능조정기법도 등장하지 않는다.

후기 구석기문화의 기원을 파악하는데 중요한 석인기법의 경로가 현생인류의 확산경로와 일치하는 것은 우연은 아니다. 비록 한국의 북부지방에서 유적이 명확히 발견되지는 않았지만, 이들 집단이 이동하면서 사용하였던 기술이 석인기법일 가능성은 아주 높다. 고대형 호모사피엔스로 추정되는 고인류가 러시아지역까지 진출해 르발르와기법으로 석기를 제작하고 생활하였지만, 바이칼동쪽지역으로 르발르와기법이 확인되지 않고 있어 이들이 더 이상의 동진은 하지 않았음을 알 수 있다. 여기서 토대를 잡고 생활하던 집단들이 새로운 집단과 맞부딪치는데 이들이 바로 현생인류이다. 아프리카를 떠나온 현생인류는 알타이지역에서 현지에 적응해 살고 있던 집단과 접촉을 하게 되었고 그들이 가지고 있는 석인기법은 능조정을 베풀어 석인을 만드는 기법으로 르발르와기법을 가진 집단과 융화되기보다는 자신들의 도구로 기존 집단을 멸종시켰을 가능성이 있다. 다시 말해 새로 유입된 현생인류는 기존 집단과의 융화를 택하기보다는 우수했던 석인기법을 이용해 자신의 기술영역으로 끌어들였을 가능성이 높다.

이러한 가설이 타당하다면 시베리아의 르발르와기법에서 석인기법으로의 자연스러운 기술전이보다는 인류 교체에 의해 기술이 바뀌었을 가능성도 배제할 수 없다. 아마도 알타이지역으로 만족하지 못하던 이들 집단은 동쪽으로 계속 이주하여 한반도와 베링해협쪽으로 계속 확산되었던 것으로 생각한다. 5만 년에서 3만 년 사이의 안정된 기후는 이동하기에 매우 좋은 자연적 조건을 제공해 주었던 것 같다. 대신 중국 이남의 인류는 인도를 거쳐 온

다른 전통일 개연성은 남아 있다.

남방계의 인류에 의해 그 영향을 받았던 것으로 생각되며 바이칼호를 중심으로 퍼진 북방계 인류의 분포는 석인기법의 분포영역과도 매우 유사하다.

최소한 시베리아지역에는 두 부류의 인류가 생존했으며 하나는 고대형 호모사피엔스와 다른 하나는 현생인류가 그것이다. 10만 년 전에 출발했던 현생인류의 확산이 한 번의 확산 과정으로 끝났던 것이 아니라 1차 확산과 2차확산의 과정이 있었고 한국에는 2차 확산 때 비로소 그 영향권에 들었던 것으로 생각된다.

V 소결

동북아시아지역에서 한국의 구석기관련 유물들이 주목받기 시작한 것은 40년 이전으로 거슬러 올라갈 수 있을 것이다. 그러나 후기구석기시대에 대한 그 기원문제를 다룬 적은 거의 없었으며 우리나라의 지역성 및 특수성에 대한 논의도 당연히 이루어진 적이 없었다.

앞에서 살펴본 바와 같이 우리나라는 오래 전부터 인류가 거주해왔었지만, 중기와 후기를 경계로 하여 완전히 다른 생계방식과 기술을 가진 사람들이 거주하기 시작하였다. 결국 인류의 자연스런 진화로 보기에는 석기기술의 차별성이 뚜렷하게 나타난다. 현재까지의 자료로 볼 때 알타이지역의 르발르와기법 속에서 발전된 것으로 보고 있는 석인기법을 가진 집단이 우리나라 후기구석기문화에 영향을 미쳤다. 이들은 르발르와기법을 지닌 집단과 마찬가지로 수렵을 위한 찌르개를 공통적으로 제작한 집단들로 각 지역에 맞는 석재를 이용하여 독자적인 찌르개를 보유하였다.

르발르와기법이 바이칼호수의 동쪽으로는 더 이상 분포하진 않는 것으로 보아 우리나라의 석기기술이 중기의 이들 집단에 의해 직접적인 영향을 받은 것으로는 판단하기 어렵다. 대신 이들은 결합식 찌르개를 보유한 집단들로 시베리아의 알타이지역에 거주하면서 새로운 영역을 개척하였던 것으로 생각되며 후기에 찌르개를 만들 수 있는 기술개념의 기반을 제공한 중요한 역할을 했던 것으로 추정된다.

그러나 어떤 이유인지는 몰라도 우리나라를 비롯한 중국, 일본에서 중기 구석기시대에 속하는 찌르개를 확인하기란 쉽지 않다. 때로는 석인기법이 분포하는 곳은 대체로 세석인기법이 확인되고 있어 이전 시기의 기술기반이 중요한 역할을 하기도 하였음을 알 수 있다. 다만 그 기술적인 공통 분모가 존재할 때 그것도 가능한 것이었지 완전히 다른 생계방식과 기술을 가진 집단들이 새롭게 융화되는 것은 쉽지 않은 일이며 이들 민족이 유전학적으로 자손 번식이 가능했는지도 의문이다.

　우리나라의 후기 구석기의 시작은 분자생물학적 자료와 석기기법의 문제 등을 감안할 때 알타이지역의 석인집단들과 밀접한 관련이 있는 것으로 판단되며, 북방루트를 이용하여 새롭게 도착한 한반도에서 그들이 보유한 석기기술에 대한 타협을 보지 않는 대신에 새로운 석재에 맞는 기술적 변이는 시도하였던 것으로 생각된다.

참고문헌

박선주, 1999, 『고인류학』, 아르케, pp.1~661.

박영철, 1992, 「한국의 구석기문화」, 『韓國考古史學報 28』, pp.5~99.

박희현, 1988, 「창내 후기 구석기문화층의 석기 분석」, 『孫宝基博士停年紀念 考古人類学論叢』, 손보기박사 정년기념논총 간행위원회, 지식산업사, pp.69~95.

裵基同, 1999, 「朝鮮半島における舊石器時代考古學の最近の成果」, 『舊石器時代の考古學』, 日本の考古學シンポジウム, 學生社, pp.307~329.

白石典之, 1996a, 「北アジアにおけんるムステリアン石器群の展開」, 『環日本海地域比較史研究』5, pp.1~21.

白石典之, 1996b, 「中期舊石器時代終末から後期舊石器時代にかけての石器群に對する新視點」, 『神奈川考古』32, pp.19~36.

福田正己, 1995, 「シヴェリアとアラスカの自然」, 『モンゴロイドの地球[4]-極北の旅人』, 東京大學出版會, pp.47~90.

西秋良宏, 1999, 「西アジアの中期舊石器からみた現生人類の起源」, 『北方ユーラシアの中期舊石器を考える-石器からみた現生人類の起源-』, pp.1~12

손보기, 1993, 『석장리 선사유적』, 동아출판사.

汪宇平, 1962, 「水洞溝村的石器文化遺址」, 『考古』 1962-11, pp.588~589.

尹乃鉉, 1991, 『中國의 原始時代』, 단국대학교출판부, pp.1~622.

이기길, 2001, 「진안 진그늘 선사유적 조사개요」, 『한국 농경문화의 형성』 제25회 한국고고학전국대회, pp.131~154.

李炎賢, 1993, 「중국구석기시대후기문화의 구분」, 『中國舊石器時代晚期文化的劃分』.

이헌종, 1999, 「동북아시아 후기구석기시대의 기술격지에 대한 연구」, 『古文化』 54, 한국대학박물관협회, pp.61~86.

林聖龍, 1996, 「중국 및 서방구석기문화중의 기술모드의 비교」, 『中西方舊石器文化中的技術模式的比較』.

張森水, 1990, 「중국 북부에 있어 지역적 구석기문화의 점차적 발전과 문화교류」, 『中國北方舊石器工業的區域漸進與文化交流』.

張龍俊, 2001, 「密陽古禮里遺蹟 몸돌(石核)硏究」, 釜山大學校 大學院 文學碩士 學位論文, pp.1~128.

張龍俊, 2002, 「韓半島の石刃技法と細石刃技法」, 『九州舊石器』6, 九州舊石器文化研究會, pp.24~44.

張龍俊, 2002, 「韓國の石刃技法-古禮里遺蹟を中心に一」, 『舊石器考古學』63, 舊石器文化談話會, pp.1~19.

赤澤威 編, 1995, 『モンゴロイドの地球[1]-アフリカからの旅だち』, pp.1~77.

齊藤成也, 1994,「モンゴロイド諸集團の遺傳的近緣關係」,『先史モンゴロイドを探る』, 日本學術振興會, pp.11~25.

佐川正敏, 1994,「アジアからシベリアへの人類の廣がり」,『先士モンゴロイドを探る』(赤澤威編), 日本學術振興會.

佐川正敏, 1999,「原人・舊人の石器-中國-」,『岩宿遺跡發掘50周年記念企劃展圖錄-岩宿時代を遡る(前・中期舊石器の探究)』, pp.84~85.

최몽룡·이헌종·강인욱, 2003,『시베리아의 선사고고학』, 주류성, p.107.

崔茂藏, 1989,『중국의 考古學』, 民音社, pp.1~348.

충북대학교 박물관(이융조), 1984,「단양 수양개 구석기유적 발굴조사 보고-忠州댐 水沒地區 文化遺蹟 掘調査報告書」,『충북대학교 박물관』.

충북대학교 박물관(이융조), 1985,「단양 수양개 구석기유적 발굴조사 보고-忠州댐 水沒地區 文化遺蹟 延長掘調査報告書」,『충북대학교 박물관』조사보고 제16책.

한남대학교 박물관, 2001,『석봉정수장 건설구간내 구석기유적-3차조사-』, 현장설명회자료.

加藤眞二, 1997,「東アジアの石刃技術成立期に關する豫察-中國北部の樣相解明を中心として-」,『第4期研究』36, pp.197~206.

加藤眞二, 2000,『中国北部の旧石器文化』, 同成社, pp.1~286.

賈蘭坡·蓋培·李炎賢, 1964,「水洞溝舊石器時代遺址的新材料」,『古脊椎動物与古人類』8-1, pp.75~81.

舊石器文化談話會 編, 2000,『舊石器考古學辭典』, 學生社, pp.1~244.

邱中郞·李炎賢, 1978,「李十六年來的中國舊石器時代考古」,『古人類論文集-記念恩格斯〈勞働在從猿到人轉變遷過程中的作用〉寫作-百周年報告會論文彙編』, pp.43~66.

德永勝士·十字猛夫, 1994,「東アジア人類集團のおけるHLSタイプの解釋」,『先史モンゴロイドを探る』, 日本學術振興會, pp.39~52.

稻田孝司, 1994,「水洞溝技法とルヴァロワ技法—東アジア石刃技法形成の一過程」,『考古學研究』41-1, pp.25~46.

寧夏博物館·寧夏地質局區域地質調査隊, 1987,「1980年水洞溝遺址發掘報告」,『考古學報』1987-7, pp.439~449.

木村英明, 1997,『シベリアの舊石器文化』, 北海道大學圖書刊行會, pp.1~426.

Catherine Farizy, 1990, The Transition from Middle to Upper Palaeolithic at Arcy-sur-Cure(Yonne, France): Technological Economic and Social Aspects, *The Emergence of Modern Humans-An Archaeological Perspective*, edited by Paul Mellars, p.317.

Copeland, L. 1975, The Middle and Upper Palaeolithic of Lebanon and Syria in the light of recent research. *In Problems in Prehistory: North Africa and the Levant.* edited by F.Wendorf and A.E.Marks. pp.317~350. Dallas: Southern Methodist University Press.

Derev'anko, 1998, *The Paleolithic of Siberia-new discoveries and interpretations-*, University of Illinois Press, Urbana and Chicago, pp.1~406.

Derevianko. A.P. and Rybin.E.P., 2003, The Earliest Representations of Symbolic Behavior by Paleolithic Humans in the Altai Mountains, *Archaeology, Ethnology & of Eurasia Number*3(15), Siberian Branch of The Russian Academy of Sciences Institute of Archaeology and Ethnography, pp.27~50.

Derevianko. A.P. and Shunkov. M.V., 2002, Middle Paleolithic Industries with Foliate Bifaces in Gorny Altai, *Archaeology, Ethnology & of Eurasia Number*1(9), Siberian Branch of The Russian Academy of Sciences Institute of Archaeology and Ethnography, pp.16~42.

Eric Boöda, 1993, levallois: A Volumetric Construction, Methods, A Technique, Université de Paris X, Nanterre, pp.41~68.

Kuzmin.Y.V., 2004, Origin of the Upper Paleolithic in Siberia-A Geoarchaeological Perspective-, *The Early Upper Paleolithic beyond Western Europe*, edited by P.Jeffrey Brantingham·Steven L.Kuhn and Kristopher W.Kery, University of California Press, pp.196~206.

Stringer C. b., 1993, New views on Modern human orgins, In: D. Tab Rasmussen (Eds.), *The Origin and Evolution of Humans and Humanness*, Jones and Bartlett Publishers, pp.75~94.

Stringer, C.B., 1989, Homo sapiens: single or multiple origin?, *Human Origin*, edited by John R. Durant, pp.63~80.

Vandermeersch, 1989, The Evolution of modern humans : Recent evidence from Southwest Asia. In: *The Human Revoulution.* edited by P.Mellars and C.Stringer. pp.155~164. Edinbrugh: Edinburgh University Press.

Part 1

한반도 현생인류의 확산과 시기

밀양 고례리와 진주 집현유적의 구석기 연구

Ⅰ 서론
Ⅱ 고례리유적의 석기 검토
    1 석기 고찰
    2 유적 연대
Ⅲ 진주 집현 장흥리유적의 석기 검토
    1 석기 검토
    2 유적 연대
Ⅳ 고례리와 집현출토품으로 본 구석기시대 어로 가능성
Ⅴ 소결

I 서론

영남지역에서 지표조사, 시굴조사, 발굴조사로 확인된 구석기유적은 50여 곳이 넘는다. 영남지역이 다른 지역에 비해 구석기유적은 적은 이유는 다음과 같다. 먼저 발굴과정이나 지표조사에서 구석기를 찾기 어려운 데는 노령기의 지형적 특징이 있다. 특히 경북지역은 전국에서 산이 가장 많은 곳이다. 다른 영남지역도 높은 산이 많이 분포하며 숲에 둘러 싸여 있어 구석기 발견이 어렵다. 한반도 서쪽지대에 비해 낮은 평탄면의 구릉지가 적다. 아울러 지표면에 석기가 노출되는 빈도가 낮고 노출된다고 할지라도 주변의 돌과 석기를 분간하기 어렵다. 이 지역은 야외유적은 산성토양이고, 석회암지대의 동굴유적 형성도 적어, 구석기시대 인골이나 유기질제 유물이 발견된 확률이 거의 없다. 그런 이유로 영남지역의 구석기유적은 모두 야외유적이다. 이 지역에서 구석기의 관심은 높아지고 있으나 구석기를 분간할 수 있는 능력을 지닌 구석기연구자가 절대적으로 부족한 것도 이유이다.

영남지역 구석기유적의 대부분은 하천과 인접하고 그리 멀지 않은 곳에서 주로 발견되고 있다. 구석기유적은 석핵석기군(주먹도끼류 석기군, 주먹도끼류 비포함석기군), 박편석기군, 석인석기군, 세석인석기군으로 나눌 수 있다(張龍俊, 2014a).

영남지역에서 주먹도끼가 출토된 유적은 상주 신상리, 안동 마애리, 하동 정수리 등이 있다. 예천 삼강리는 8만 년 전을 넘지 않는다. 아직 이 지역에서 10만 년 전 이전의 구석기유적은 발견되지 않고 있다. 안동과 예천의 석영계 석기를 중심으로 한 구석기유적들은 경북지역 내 낙동강 상류지역의 구석기문화를 이해하는데 중요한 자료이다. 경북도청이전 신도시 1단계 건설사업(3구역) 부지 내 유적, 안동 마애리, 예천 녹색문화 상생벨트 조성부지 유적, 상주 신상리유적은 후기구석기와 관련된 석기가 전혀 보고되지 않았다. 주먹도끼, 찍개, 다각면원구 등이 출토된 석영계 석기군은 경북지역 초기 구석기문화를 이해하는데 중요하다.

영남지역에서 석인관련 유적은 부산 과학지방산업단지 D지구, 밀양 고례리, 울산역 역세권(B6-1지구)과 광장부지(B구역), 하동 운암리 등이 있다. 그 중 슴베찌르개는 고례리와 울산 신화리 울산역 부지에서 출토되었다. 현재까지 고례리는 우리나라 석인문화를 이해할 수 있는 훌륭한 자료 중 하나이다. 세석인유적은 대구 월성동, 진주 집현, 부산 중동, 거창 임불리 등이 있다. 그 중 진주 집현유적은 월성동과 더불어 세석인기법을 파악할 수 있는 자료이다. 고례리와 집현은 발굴보고서가 발간되지 않아 연구에 한계가 있다. 본고에서 두 유적의 제한된 자료이지만 석기를 중심으로 그 의미를 찾아내고자 한다.

Ⅱ 고례리유적의 석기 검토

밀양 고례리 구석기유적은 1993년 10월 부산대학교 박물관에서 실시한 밀양댐건설을 위한 지표조사에서 채집된 타제석기가 유적발견의 계기였다. 정식발굴조사는 1996년부터 시작해서 1997년까지 조사가 이루어졌다. 영남지역을 대표하는 석인관련 후기구석기유적이다.

유적은 해발 157~161m, 하상비고 16~20m이고, 선상지 퇴적지의 산록사면에 입지한다.[1] 유적 바로 앞으로는 약 20m높이 차이를 두고 단장천이 흐르고 있었다. 유적을 조성하고 있는 암질은 안산암질 응회암(Andestic tuff)이 기반암이다. 이 기반암은 토양화 현상을 보이고 있어 유적 뒤편으로 고토양층이 넓게 분포하고 있었지만 구석기유물층이나 구석기는 발견되지 않았다. 구석기를 포함한 문화층도 고토양층의 일부이다. 퇴적조사에서는 단장천과 비교해 약 5~10m가량 높은 곳에 강안단구가 발달되어 있었다. 구석기 유물을 포함한 점토층과 기반암 사이에 또 하나의 단구가 존재하였다(박영철·서영남, 2004).

발굴은 1996년 12월에 실시한 시굴조사를 토대로 유물이 많이 분포하는 곳을 중심으로 진행하였다. 발굴지역은 서쪽과 동쪽 지점으로 나누었다. 처음에는 2×2m의 피트로 진행하다가 4×4m 크기로 피트 크기를 확장하였다. 유구의 존재가능성을 확인하면서 발굴을 진행했으나 특별한 유구는 발견되지 않았다. 출토석기는 모두 7,908점이다(장용준, 2001; 2006).

중요 유물포함층은 두 개로 파악되었다. 동쪽과 서쪽지구의 유물들은 토양쐐기가 없어 층위상 비교가 어렵고 석기양상이 유사하여 시간적인 선후관계를 명확히 파악하기 어려웠다.

---

1 지질학자에 따라 포인트 바로 보기도 한다.

1 석기 고찰

석재는 이암혼펠스와 안산암계통이 주류를 이룬다. 드물게는 석영(Quartz)도 사용되었으나 그 석영계 석기는 정형화된 것이 거의 없다. 유적 내에서도 다른 석재와 비교하면 극히 적은 수량이다. 도구는 슴베찌르개, 긁개, 뚜르개, 나이프, 찌르개, 톱니날석기, 홈날석기 등이다. 석기 기종에서 가장 높은 비율을 차지하는 것은 긁개이다.[2]

그림 1 고례리출토 소형 슴베찌르개(좌측: 5.0cm)

1) 찌르개류

① 슴베찌르개

슴베찌르개로 볼 수 있는 것이 10점 정도이지만, 형태가 다양하고 세부적으로 분류는 가능하다. 이것들은 부러지고 풍화되어 상태가 좋지 않다. 슴베찌르개 소재는 석인 중 10cm을 전후한 것을 채택했다. 기부는 예비소재인 석인의 타면이 있는 곳을 정했다. 석인 중 대칭성이 좋고, 양날이 잘 남아 있으며 두께가 1cm내외로 얇고, 슴베찌르개의 선단이 되는 석인의 말단부가 뾰족하게 제작하기 쉬워야 한다. 소재의 신부(身部) 모양은 전체적으로 날렵하다. 석인은 등면에 자연면이 남아있지 않다. 소재는 측면에서 볼 때 휘지 않은 것을 선호했는데 석인의 휘는 정도가 심할수록 자루에 삽입하기 어렵고 투창의 기능이 떨어지기 때문이다. 찌르개(point)를 제작할 때 곧은 형태로 만드는 것은 아주 중요한 작업요소였다.

타면은 1개 또는 2개의 대칭타면을 이용한 석인석핵에서 소재를 생산했다. 슴베찌르개가 출토되는 지점은 동쪽 지점, 즉 하부 문화층이 중심이다. 석인석핵 중 중·소형 각주형(角柱型) 몸돌(10cm 내외)이 집중적으로 출토된 지점이다. 이러한 석인석핵은 10cm 내외의 3점

---

[2] 본고의 고례리의 석기 기종별 특징은 장용준(2001)을 참조하여 작성했음을 밝혀둔다.

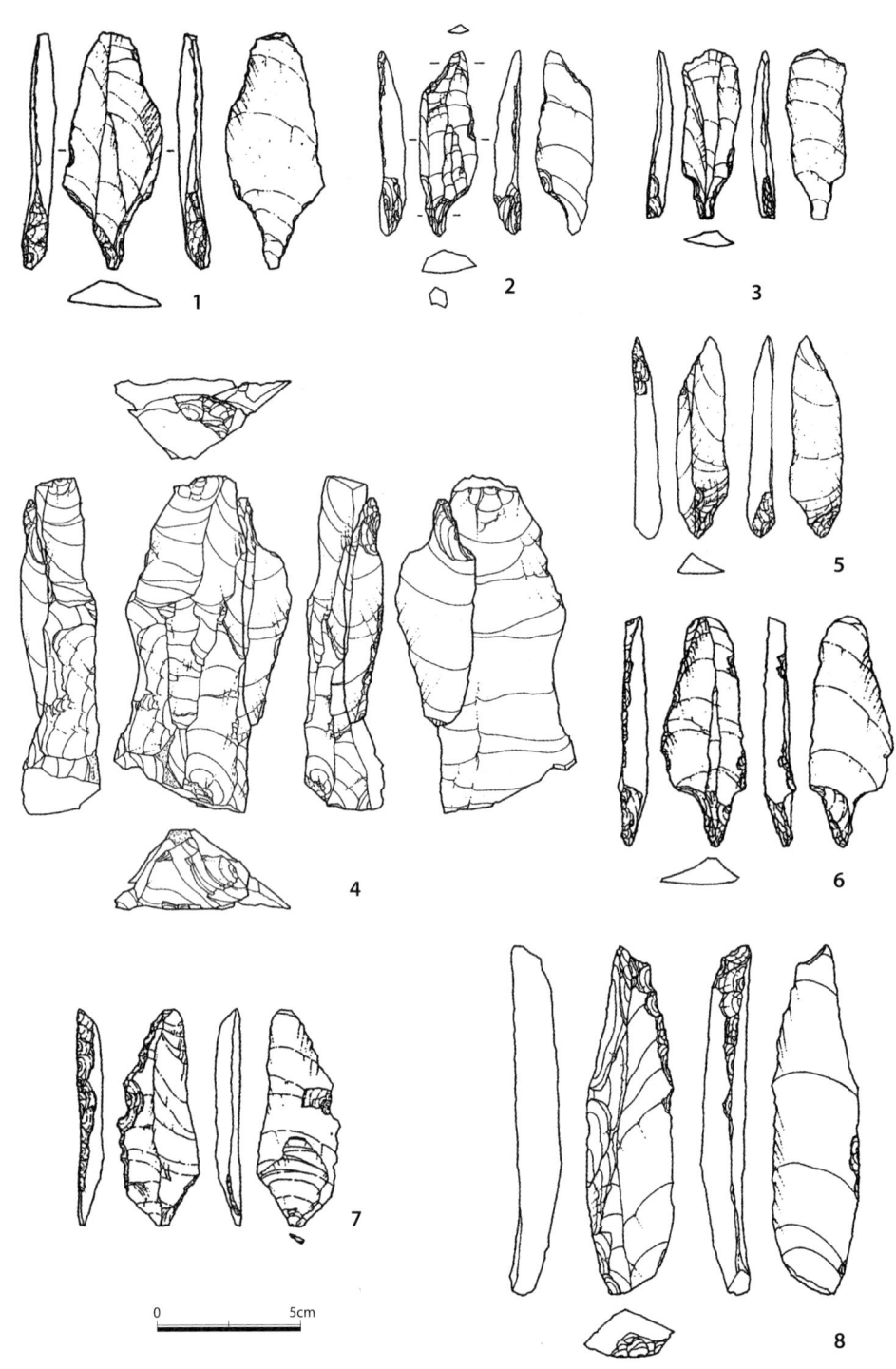

그림 2 고례리출토 석기 (장용준 2001)

1~3·5. 슴베찌르개 ｜ 4·6. 슴베찌르개와 작업면 재생박편의 접합석기 ｜ 6. 슴베찌르개 ｜ 7·8. 작살형 슴베찌르개

을 빼면, 나머지는 7cm를 넘지 않는다. 대체로 동쪽 지점은 소형 각주형 몸돌, 원추형 석핵, 병행+교차형 석핵처럼 비교적 정형성이 높은 소재 박편을 생산할 수 있는 형태가 우세하였다. 슴베찌르개에 사용된 원석 또는 석인석핵의 원래 크기는 15~10cm의 것으로 추정된다. 슴베찌르개는 중·소형 석인을 이용해 만들었다(장용준, 2001).

특히 슴베찌르개의 등면에는 박리면 수가 2~3개이다. 단면은 삼각형 또는 제형(第形)이다. 양측 인부가 날카롭게 잘 남아 있다. 이러한 소재 박편을 얻기 위해서 박편 박리 작업 때 석인석핵에 날과 나란한 능이 형성되게 하는 기술이 필요하다.

그림 1-4·6의 슴베찌르개와 작업면 재생박편과의 접합 유물을 참조하면, 작업면 재생박편의 등면 양상에서 작업면 조정의 중요성을 알 수 있다. 작업면 재생박편의 등면을 보면 하나의 박리작업면 길이가 6cm을 넘지 않는다. 최종 박리면의 신부(身部) 1/2지점에서 말단부에 힌지가 생겨 작업이 중단되었다. 또한 박리면의 선후 관계에 관한 정보도 파악할 수 있다. 석인석핵에서 작업면 재생을 할 수 밖에 없었던 이유는 힌지흔과 타면 부족이 원인이었다. 즉, 기존의 작업면에서는 슴베찌르개의 소재를 더 이상 생산할 수 없게 되어 작업면을 제거하였다. 석인기법에서 작업면 재생은 기술수준이 높은 작업으로 고례리 석인집단이 정교한 박리기술을 보유하고 있었던 것이다. 특히 제작자가 석인생산에서 작업면 중심구조를 가지고 박리했다(장용준, 2001).

찌르개에 형성되어져 있는 능선의 방향은 도구축과 거의 일치한다. 이는 도구의 운동 방향, 즉 던져서 목표물로 나아갈 때 등면의 능선과 좌·우측면의 대칭성이 바로 찌르개류의 기술 요소를 좌우하는 결정적인 근거임을 보여준다.

그러나 고례리유적에서는 위와 같은 전형적인 슴베찌르개도 출토되었지만, 소형의 폐기된 슴베찌르개들도 다수 출토되었다(그림 2). 전형적인 슴베찌르개도 파손된 채 출토되었다. 이와 같은 점으로 미루어볼 때도 고례리유적의 완성된 슴베찌르개는 사용을 위해 유적 밖으로 반출되었을 가능성이 높다.

2) 가공구류

다양한 형태의 긁개는 크고 작은 박편이나 석인으로 만들었는데 대형 긁개는 15cm이상의 큰 석인으로 만들었다. 대형 석인은 주로 한 개의 타면[單設 打面]을 지닌 석인석핵을 이용했다. 이것은 15cm이상의 석핵종류로 볼 때 각주형 석핵이 적합했다. 이것의 집중 출토 지점은 H4피트, F4피트, E5피트이다. 8×8m범위 내에서 대형 석인(종장박편)과 석인석핵이 함께 출토되었다. 일부 석기는 다소 남쪽에 위치한 C7피트, D7피트에서 주로 출토되었다. 특히 F4피트에서는 능조정 석인과 공반 출토되었다. 석인은 타면 생성 후에 박리하거나 능조정 뒤에 박리하는 기법을 함께 사용했다. 동쪽 지점에서는 서쪽 지점에서 출토된 초대형 각주형 석인석핵이 출토되지 않았다. 그러나 대형 석인 중 일부는 동쪽 지점에서도 출토되었다.

대형 석인은 찌르개의 소재, 이동생활 때 사용하려고 만든 예비 개념의 박편, 그 자체로 사용가능한 나이프나 긁개로 이용할 수 있다(그림 3). 15cm이상 되는 30여 점의 초대형 석인

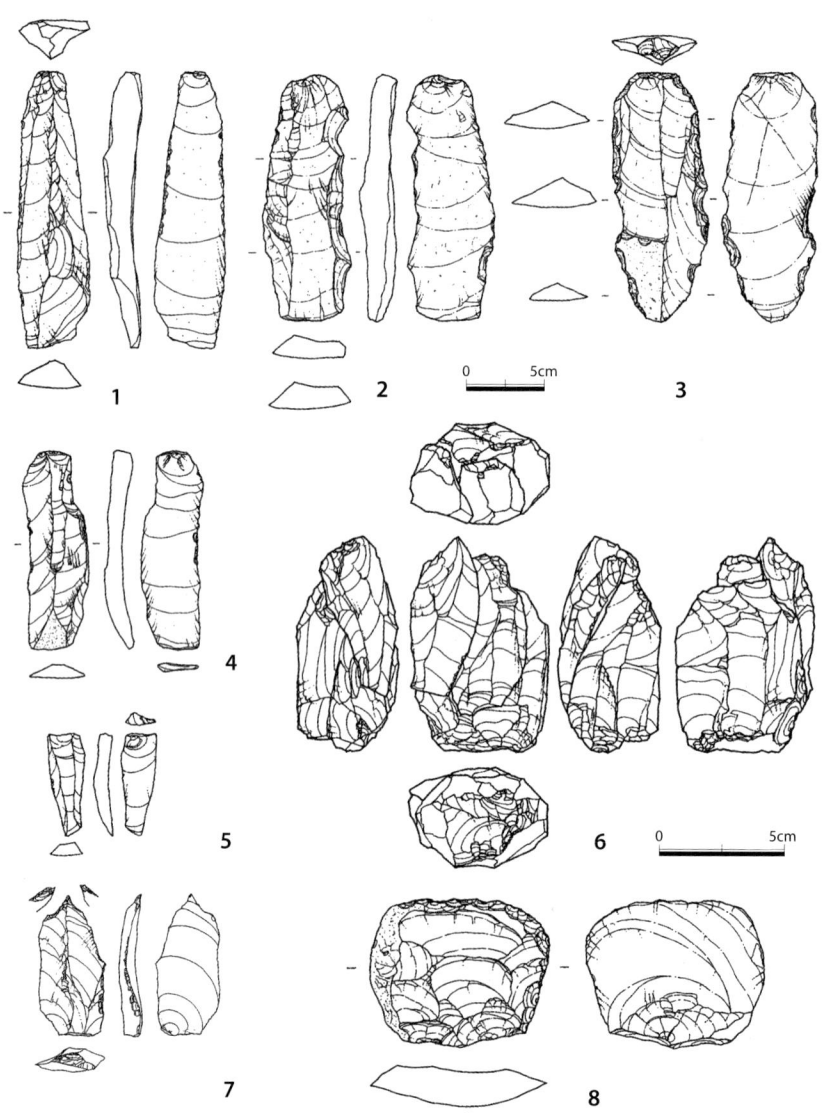

그림 3 고례리출토 석기(장용준, 2001)
1·4. 사용흔이 있는 석인 | 2·3·8. 긁개 | 5. 석인 | 6. 석인 2점과 석핵의 접합석기 | 7. 뚜르개

은 절반 이상이 인부형성 각도가 40~60도이다. 인부에는 잔손질 또는 사용흔과 같은 불규칙 흔들을 지닌다. 이것들은 모든 인부에 잔손질 또는 사용흔이 형성되어 있었다. 날을 만드는 방법은 조정도구를 이용하거나, 민족지 자료를 보면 사람의 이(齒)를 사용해 다듬기도 한다(Gould et al., 1971).

대형 석인은 날이 긴 장점이 있어 대형 동물의 해체 작업에 유리하다(그림 3-1~4). 특히 동물해체작업의 초기에 많이 이용되었거나 식물 채취·가공 등에도 사용했을 것이다. 고례리에서 석기의 인부에 잔손질 또는 사용흔이 많이 남아 있다는 것은 수렵한 동물의 해체 및 식물 가공 등의 생계 활동이 유적 내에서 일정 비율은 이루어졌음을 뜻한다. 실제 고례리에서는 밑면이 갈려져 있는 갈돌과 형태는 다르지만, 갈판처럼 식물 등을 간 것으로 추정되는 석기도 출토되었다.

고례리에서 많은 석기 제작 행위가 있었지만, 완성된 석기류는 유적 내에서 사용 가능한 긁개가 많다. 긁개는 유적 밖에서 사용되는 슴베찌르개와 같은 찌르개류에 비해 출토 비중이 높다. 석인을 이용해 만들어진 완성된 석기 비율은 아주 낮다. 완성품은 주변에 서식하던 동물을 사냥하는데 쓰고, 일부는 휴대했을 것이다. 석인과 같은 소재 박편만 생산하고 다른 곳에서 완성품을 만들었을 가능성도 충분히 있다.

한 점의 부리형(Beaked) 뚜르개가 출토되었다(그림 3-7). 한반도 남부지역에서는 수양개에서 유사한 뚜르개가 출토되었다. 부리형 뚜르개는 이암제로 둘레에는 미세한 박리흔들이 남아 있다. 이것은 자루에 끼워 사용했던 흔적으로 추정된다. 시베리아지역 말타유적 출토 뚜르개와 기술적으로나 형태적으로 유사하다. 후기구석기유적의 지표유물로 꼽히는 밀개와 세석인이 없다는 점도 고례리 석인문화의 특징 중 하나이다.

3) 석인

석인석핵은 규격적인 크기의 석인을 다량으로 생산할 수 있다. 고례리 석인은 자연능선을 이용하거나 능조정방식으로 석핵을 제작했다. 하나 또는 서로 대칭되는 두 개의 타면[兩設打面]을 지닌 석인석핵을 많이 이용했다(그림 3-6). 대칭타면을 이용하면, 타면이 바뀌어도 동일한 작업면을 계속 쓸 수 있다. 이는 석인석핵의 석재효율성을 높이고 예비조정에 따른 제작시간을 줄일 수 있는 장점이 있기 때문이다. 석인석핵의 작업면 능선을 잘 관리하는 것이 연속적으로 양질의 석인을 생산할 수 있는 핵심 기술이다.

석인은 도구로 사용되는 것과 석핵 소재로 사용되는 것이 있다(장용준, 2001). 직접박리를 기본으로 하면서 간접박리도 사용되었던 것으로 추정된다.[3] 고례리출토 박편은 형태적으로 분류하면 크게 두 부류로 나눌 수 있다. 하나는 석인처럼 길이가 긴 박편을 떼어 내는 것이다. 다른 하나는 횡장(橫長) 또는 장폭비가 거의 비슷한 박편을 박리했다. 어느 쪽을 더 많이 만들고 사용했는지는 전체 유물을 알 수 있는 보고서가 발간되어야 파악할 수 있다. 어느 쪽이 활용도가 높은지는 석기제작목적에 따라 달라질 것이다.

　　석인기법에 대한 개념에 있어 단순한 형태적 유사성만으로 석인으로 분류해서는 안 된다. 또한 석인기법을 사용할 경우 석인만 생산되는 것도 아니다. 석인이외의 부산물들도 도구로 충분히 사용할 수 있기에 석인기법은 석인을 포함한 다양한 형태의 소재박편이 부수적으로 생산되는 박리기법이다.

(1) **기술적 분류**

고례리는 이암혼펠스와 안산암이 핵심 석재로 사용되었다. 이러한 석기들은 땅 속에 있으면서 풍화되어 약해져 표면상태가 양호한 일부 석기를 제외하면, 석기 관찰이 곤란한 것들이 아주 많다. 이런 이유로 형태 분류에 있어서는 모든 석인을 연구대상으로 할 수 없었다. 본고에서는 기술적인 분석을 위해 불가피하게 풍화가 덜된 석기 중 일부를 선별해 검토하였다.

① **단면 특징**

단면은 석기를 분류하는데 있어서 중요한 역할을 한다. 이것은 석인을 제작하는 과정에서 등면에 능이 형성되면서 형태가 바뀐다. 평면상으로 가운데 능이 하나 있는 것이 단면 삼각형이다. 등면에 두 줄의 능이 있는 것이 단면 제형이다. 석인에 있어 등면에 생긴 능선은 박리방향이 모두 똑같지 않다. 정형적인 석인은 단면 삼각형과 제형(梯形)이 우세하다. 어느 한쪽으로 정의하기 힘든 혼합형도 있다.[4] 박리 초기에는 단면 삼각형의 석인이 우세하다. 박리가

---

[3] S13피트의 535번 유물과 1102번 유물의 접합자료이다. 여기에는 타격면에 타점 바로 위에 홈이 파여 있다. 이것은 간접떼기 때의 뾰족한 부분의 강한 힘으로 인해 파여진 것으로 생각된다. 타면이 석인(石刃)의 크기에 비하면 엄청나게 작다는 것이다. 따라서, 타격면이 작지만 힘을 정확하게 전달해 줄 수 있는 간접타격으로 했다는 가정이 성립되게 된다.

[4] 이런 기준이 완전하게 일치하는 유물도 있으나 일치하지 않는 유물도 있다. 단면의 어디를 기준으로 하느냐에 따라서 삼각형이 될 수도 제형이 될 수도 있기 때문이다. 따라서 필자는 단면의 기준은 길이의 반이 되는 중앙점을 기준으로 하는 것도 좋은 방법이라고 생각되나 한 면만을 기준으로

진행될수록 단면 제형의 석인이 많이 생산되었다. 고례리에서도 원추형보다는 세로로 긴 장방형의 석인석핵에서 제형이 많이 생산되었다.[5]

석인 중 단면 삼각형과 단면 제형의 비율은 95점 중 삼각형이 56점, 제형이 39점으로 59%와 41%의 구성비이다. 이는 석인석핵에서 석인을 지속적으로 박리하여 정형화된 석인을 만들려고 노력했음을 의미한다.

② **박리방향에 의한 분류**

석인 등면에 나타난 박리방향은 단면보다도 석기 제작기법을 관찰하는 것이 용이하다. 고례리출토 석인은 박리방향을 기준으로 세 가지로 구분했다. 단면 모양은 석인 형태와 상관없이 공통적으로 적용된다.

　○ Ⅰ류: 한쪽 방향 예) 원추형 석인석핵, 각주형 석인석핵
　○ Ⅱ류: 양쪽 방향(가운데 능을 엇갈리게 떼어낸 경우) 예) 각주형 석인석핵
　○ Ⅲ류: 능조정(crest: first flake, crested blade) 예) 능조정 석인석핵

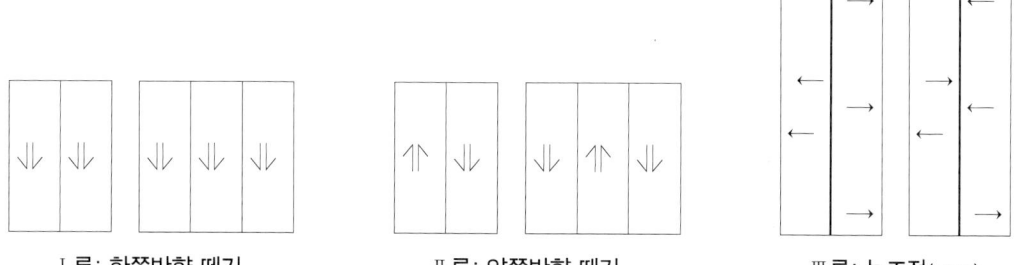

Ⅰ류: 한쪽방향 떼기　　　Ⅱ류: 양쪽방향 떼기　　　Ⅲ류: 능조정(crest)

Ⅲ류는 박리방향도 다르고 제작목적이 석인과 구별된다. 이것은 석인을 제작하는데 불필요한 부분을 제거하기 위한 박리과정의 부산물이다. 석인은 능선이 평행해야한다 기준으로 보면 석인에 포함되지 않는다. 그렇지만, 형태보다 석인생산과정의 일환으로 본고에서는

　삼기에는 무리가 있다고 생각하며, 혼란이 오는 유물에 대해서는 석인전체의 길이에 대해 2/3이상의 면을 지닌 것을 기준으로 하는 것이 좋을 것으로 생각한다.

5　박리 때 타점의 깊이 정도에 따라 석인의 말단부(末端部) 모양이 변화하였다. 고례리의 석인에서도 확인된다. E7-77유물은 타격면 길이가 1.5cm, 폭은 0.7cm이다. 평균치인 1.97cm과 0.97cm보다는 작다. 미세한 차이라도 안쪽에서 때렸을 때 말단부 모양에 차이가 생길 수도 있다. 구체적인 것은 실험분석이 필요할 것으로 생각된다.

그림 4 고례리출토 능조정 석인(좌측: 17.2cm)

능조정 석인으로 포함시켰다.

대형 능조정 석인은 찌르개나 특수 목적의 가공구로 사용되었을 가능성도 배제할 수 없다(그림 4중 왼쪽부터 첫 번째, 네 번째, 다섯 번째). 그 이유는 박리 뒤에 모양이 역이등변 삼각형으로 말단부가 모두 뾰족하여 도구로도 사용할 수 있다. 자갈돌을 이용한 찍개류 계통의 석기가 거의 출토되지 않아 대형 석기류가 부족한 것도 이 석기의 도구 가능성을 제기한 이유이다.

한편, 길이 4~10cm가량으로 소형이면 장방형의 석인은 타면이나 말단부 쪽을 다듬었다. 이것들은 칼이나 긁개의 소재로 사용이 가능하다. 아울러 직사각형으로 다듬어진 소형 석인은 조합식 석기를 만들기 위한 목적박편일 가능성도 있다.

박리방향 Ⅰ~Ⅲ류의 공통점은 풍화로 타면관찰이 불가능한 경우를 제외하면, 석인박리 때 타면조정을 베풀었다는 사실이다. 타격면 모양도 한쪽방향에서 크게 떼어진 것과 여러 번의 잔손질로 타면조정을 한 것이 있다. 고례리 석인에서 타면조정을 거치지 않은 석기는 드문 것 같다.[6] 또한 타격면은 박리된 뒤에는 삼각형이 되게끔 석인석핵의 타면을 미리 다듬고 예측했다는 점에서 제작자들의 조정기술은 뛰어났다.

(2) 석인의 속성분석

고례리출토품은 다른 유적의 구석기보다도 석기 풍화가 심하다. 그런 이유로 석기의 관찰이나 관리 등에서 여러 어려움이 있다. 그렇지만, 석기의 형태적 속성에 따른 계측은 가능하다. 그 중에서도 유물 상태가 양호한 것을 대상으로 박리관찰하였고, 계측 결과를 살펴보고자 한다.

① 석인 길이

길이는 석인 특징을 잘 나타낼 수 있는 속성이다. 석인 길이는 다양한데 그 이유는 사용목적

---

[6] 풍화가 심하여 석인의 타면과 방향을 확인하기 어려운 것들이 전체 석기 중에 많은 비율을 차지하고 있기 때문이다.

표 1 고례리출토 석인 속성표(서쪽지점)

유물번호	법량(최대치)			타격면		조정유무	타각	
	길이(cm)	폭(cm)	두께(cm)	길이(cm)	폭(cm)		혹(bulb)	말단
C6-54	8.7	3.6	1.3	1.5	0.9	?	107	105
C7-40	12.4	6.9	2.7	1.6	1.1	O	107	107
C7-114	5.3	2.3	0.8	?	?	?	?	?
C7-210	13.8	6.2	1.9	?	?	?	?	?
C8-3	8.5	2.2	1.5	1.2	0.7	O	96	93
D5-00	10	4.6	1.6	2.2	0.9	?	109	108
D5-00	8.7	3.7	1.6	?	?	?	97	95
D5-00	9.9	4.8	1.2	4.2	0.9	O	97	100
D5-92	9.7	4.4	1.7	?	?	?	?	?
D6-71	15.3	3.7	1.7	?	?	?	?	?
D7-41	14.2	3.6	3	?	?	?	?	?
D7-185	12.5	4.3	2.1	2.15	1.05	O	100	97
E3-01	12.7	3.2	2.4	2.6	1.4	O	120	120
E3-08	14.3	4.8	3.4	1.9	0.9	?	86	82
E3-19	13.5	4.5	2.3	1.1	0.8	O	107	104
E3-44	10.4	3.2	1.2	1.1	0.7	O	98	90
E3-80	9.1	2.9	1.0	?	?	?	?	?
E3-82	14.2	4.8	1.2	?	?	?	108	103
E3-84	15.9	5.3	2.1	1.7	1.1	O	106	98
E3-85	8.4	4.1	0.9	?	?	X	?	?
E3-86	11.8	5.7	2.3	?	?	?	100	100
E4-137	14.5	5.3	2.3	?	?	?	102	101
E5-85	13	4.7	2.5	?	?	?	99	100
E5-141	10.7	5.9	1.6	2.0	0.9	?	103	102
E6-00	8.0	4.6	1.5	2.0	0.8	?	101	104
E7-77	16.3	8.5	3.7	1.5	0.7	0	?	?
F4-44	8.4	2.8	1.4	1.2	0.3	?	92	94
F4-82	7.5	1.1	1.2	0.7	0.6	?	94	96
F4-104	10.4	3.0	1.8	0.9	0.7	?	100	109
F4-173	9.4	3	1.2	2.2	0.1	?	91	90
F5-153	11.4	5.4	1.4	3.6	1.4	O	109	101
F6-119	7.9	3.2	1.0	?	?	?	119	119
F7-00	9.0	3.2	2.0	?	?	?	?	?
F7-197	10.0	3.0	2.0	?	?	?	111	118
F8-26	12.1	3.8	1.7	?	?	?	?	?
H4-51	7.9	4.2	1.4	?	?	?	?	?
	10.99	4.18	1.79	1.86	0.84		102.36	101.44

* ?은 석인의 타면이 남아있지 않아 측정이 불가능한 것

표 2 고례리출토 석인 속성표(동쪽지점)

유물번호	법량(최대치)			타격면		조정유무	타각	
	길이(cm)	폭(cm)	두께(cm)	길이(cm)	폭(cm)		혹(bulb)	말단
O7-62	12.8	5.0	2.0	1.8	0.9	O	108	99
015-00	10.5	3.2	2.1	1.0	0.7	?	98	95
P14-1	9.1	3.1	2.1	2.4	1.2	O	131	131
R12-36	6.4	2.4	1.2	2.1	0.8	O	101	101
R12-72	15.7	4.9	2.4	2.1	1.6	O	113	120
R12-111	6.8	2.1	0.9	1.4	0.8	O	106	92
R13-121	10.7	5.5	1.69	3.0	1.4	O	111	110
R14-32	8.4	5.1	1.5	3.1	1.4	O	96	92
S10-00	16.5	5.7	2.8	3.1	2.3	O	?	?
S12-00	12.65	5.8	3.0	2.3	1.3	O	102°	102°
S12-56	8.3	3.4	1.1	2.9	1.2	O	102	107
S12-365	14	3.7	2.5	?	?	?	?	?
S12-368	9.9	2.2	1.7	1.1	0.5	?	107	107
S12-371	9.4	3.1	0.8	0.9	0.5	?	99	106
S12-480	8.5	2.9	1.1	1.8	0.9	O	?	?
S12-702	12.8	2.9	1.8	?	?	?	?	?
S12-786	13.6	4.7	2.7	1.2	1.1	O	99	100
S12-883	8.8	4.4	1.6	2.9	1.2	O	105	88
S13-04	11.5	1.3	1.5					
S13-102	8.3	3.6	2.1					
S13-200	15.7	6.1	2.0	2.7	1.5	O	92	86
S13-242	14.3	6.7	2.2	2.1	1.7	O	110	103
S13-346	10.3	4.1	1.3					
S13-449	9.7	3.8	1.4	1.8	0.6	?	93	97
S13-453	2.9	2.0	0.9	?	?	?	91	91
S13-560	11.3	4.7	3.2	2.3	1.4	?	111	1.4
S13-574	3.8	2.4	0.8					
S13-576	11.6	3.2	1.2	1.0	0.6	X	95	106
S13-738	4.7	2.1	0.7	?	?	?	?	?
S13-713	5.8	2.2	1.1	?	?	?	?	?
S13-760	6.45	2.95	1.2	?	?	?	?	?
S13-799	8.7	4.2	2.1	?	?	?	?	?
S13-918	5.7	3.3	1.3	?	?	?	?	?
S13-1006	4.1	1.8	0.9					
S13-1086	11.3	2.9	1.7	?	?	?	106	112
S13-1087	5.7	2.5	1.0	?	?	?	?	?

유물번호	법량(최대치)			타격면			타각	
	길이(cm)	폭(cm)	두께(cm)	길이(cm)	폭(cm)	조정유무	혹(bulb)	말단
S13-1091	11.9	3.5	1.4	?	?	?	?	?
S13-1138	6.9	2.4	1.2	?	?	?	?	?
S13-1152	3.4	2.0	0.7	?	?	?	90	90
S13-1264	6.6	2.8	1.1	?	?	?	?	?
S13-877	13.2	5.6	1.8	?	?	?	?	?
S14-271	14.0	3.8	2.7	1.0	0.7	O	99	93
S14-494	11.4	4.9	2.4	3.7	1.6	O	118	113
S14-542	12.5	4.3	2.1	2.2	1.1	O	100	97
T11-7	12.8	4.4	3.5	3.1	1.6	O	108	102
T12-34	15.3	4.7	2.3	?	?	?	101	107
T12-21	9.9	2.6	1.1	1.1	0.6	?	95°	93°
T12-34	15.2	5.4	2.1	?	?	X	?	?
T13-38	11.6	5.3	1.5	?	?	?	?	?
T15-37	13	3.7	2.0	3.3	1.3	?	110	108
V12-00	11.1	4.7	1.5	?	?	?	?	?
	10.11	3.73	1.71	2.13	1.13	0.00	103.34	98.26

* ?은 석인의 타면이 남아있지 않아 측정이 불가능한 것

에 따라 석인크기를 달리했기 때문이다. 석인을 만들 때 선택되어진 석재종류나 크기도 다소 차이가 있어 길이가 달라졌다. 이러한 측면을 고려하면 한 집단에 의해 고례리 석인이 모두 제작되었을 가능성보다 다양한 집단 또는 한 집단이 여러 번 방문하여 형성된 유적으로 보는 편이 타당하다. 처음부터 목적박편, 즉 무슨 도구를 만들지를 염두에 두고 계획적으로 생산되었을 가능성이 높다.

  석인 길이는 서쪽지점에서는 길이 약 20cm의 것이 고례리에서 가장 긴 석인이다(그림 3-1). 이 지점의 석인 평균길이는 10.99cm이다. 동쪽지점은 석인 최대 길이가 15.3cm, 평균 길이는 10.16cm이다. 우리나라에서 확인된 석인유적 중 수양개와 더불어 대형 석인을 생산한 유적 중 하나이다.

② **석인 폭**

길이와 함께 석인을 특징짓는 속성이다. 고례리 석인의 장폭비는 기존의 2:1이상의 기준을 넘어서 거의 3:1에 가깝다. 정형화된 형태와 더불어 고례리 제작집단의 제작기술이 매우 수준이 발달되었음을 입증해주는 수치이다. 석인 폭은 석인의 타면부나 말단부를 부러뜨리더

라도 처음 박리될 때의 속성을 그대로 유지하는 경향이 많은 속성이다. 서쪽지점 석인의 최대 폭은 8.5cm이고, 평균 폭은 4.18cm이다. 폭은 3~6cm 이내로 제작되었다. 대부분은 5cm 이하의 폭이다. 동쪽지점의 석인은 최대 폭 6.7cm이며, 평균 폭은 3.71cm이다. 서쪽 지점의 석인이 동쪽지점보다 크기가 큰 편이다.

③ 석인 두께

두께는 폭과 마찬가지로 이차가공 때 변형되지는 않는 속성이다. 서쪽지점의 최대 두께 3.7cm, 평균 두께 1.79cm이다. 대부분의 석인 두께는 1~2.5cm로 얇게 제작되도록 관리 생산되었다. 동쪽지점의 최대 두께 3.5cm, 평균 두께 1.71cm이다. 길이와 두께에서 가장 큰 차이가 보이는 것은 T12-21의 석기이다. 거의 9:1의 비율이다. 이는 타격점에서 말단까지 힘의 전달이 잘 전달되었음을 뜻한다. 직접타격으로 박리했다면 타격기술이 상당히 좋았음을 알 수 있는 수치이다. 도표 5·6에서 보듯이 폭과 두께는 일정한 상관관계가 있음이 확인되고 있다. 폭이 넓어질수록 두께가 두꺼워졌다. 석인의 폭과 두께는 석인의 형태를 좌우하고 석재 소비에도 밀접한 관련이 있으므로 이 부분을 제어하는 것이 중요한 기술이었다.

④ 타면

고례리 석인의 타면은 풍화가 심해 관찰이 어려운 것이 많다. 상당수 박편들은 타면조정을 했다. 타격면 크기가 석인 길이에 비해 상대 면적이 너무 작은 특징이 있다. 타격면 평균 크기가 가로 1.99cm, 세로 0.99cm이며 약 2:1의 비율이다. 타면은 삼각형이 많다. 타면으로 볼 때 석인제작에 직접타격과 함께 간접타격이 사용되었을 가능성이 있다. 그 이유는 첫째, 직접타격하면 타면 부분 중 일부가 돌과 돌이 부딪히면서 깨어져 나간 부분이 확인되어야 하는데, 그런 부위가 없다. 둘째, 긴 석인을 떼어 내기에는 타점부터 말단까지 힘이 지속적으로 잘 전달되어야만 하므로 직접타격만으로는 곤란하다. 셋째, 타격면의 가로와 세로의 비율이 거의 2:1(평균치 1.97 : 0.95)에 가깝다. 석인 너비의 평균이 $11.60 \times 3.89 \fallingdotseq 45.1cm^2$인데 반해, 타면 너비는 $1.97 \times 0.95 \fallingdotseq 1.87cm^2$이다. 이것만으로 간접타격이 모두 사용되었다고는 할 수 없다. 그 중에서도 석인길이보다 월등히 타면이 작고 혹이 발달되지 않은 것이 있다. 이런 경우 여러 특징을 감안할 때 간접타격으로 만들어졌을 가능성이 높다.

⑤ 타각

타면부의 혹(bulb)과 말단부의 타각을 측정한 결과, 평균 100° 이상이다. 이것에 맞춰지는 석

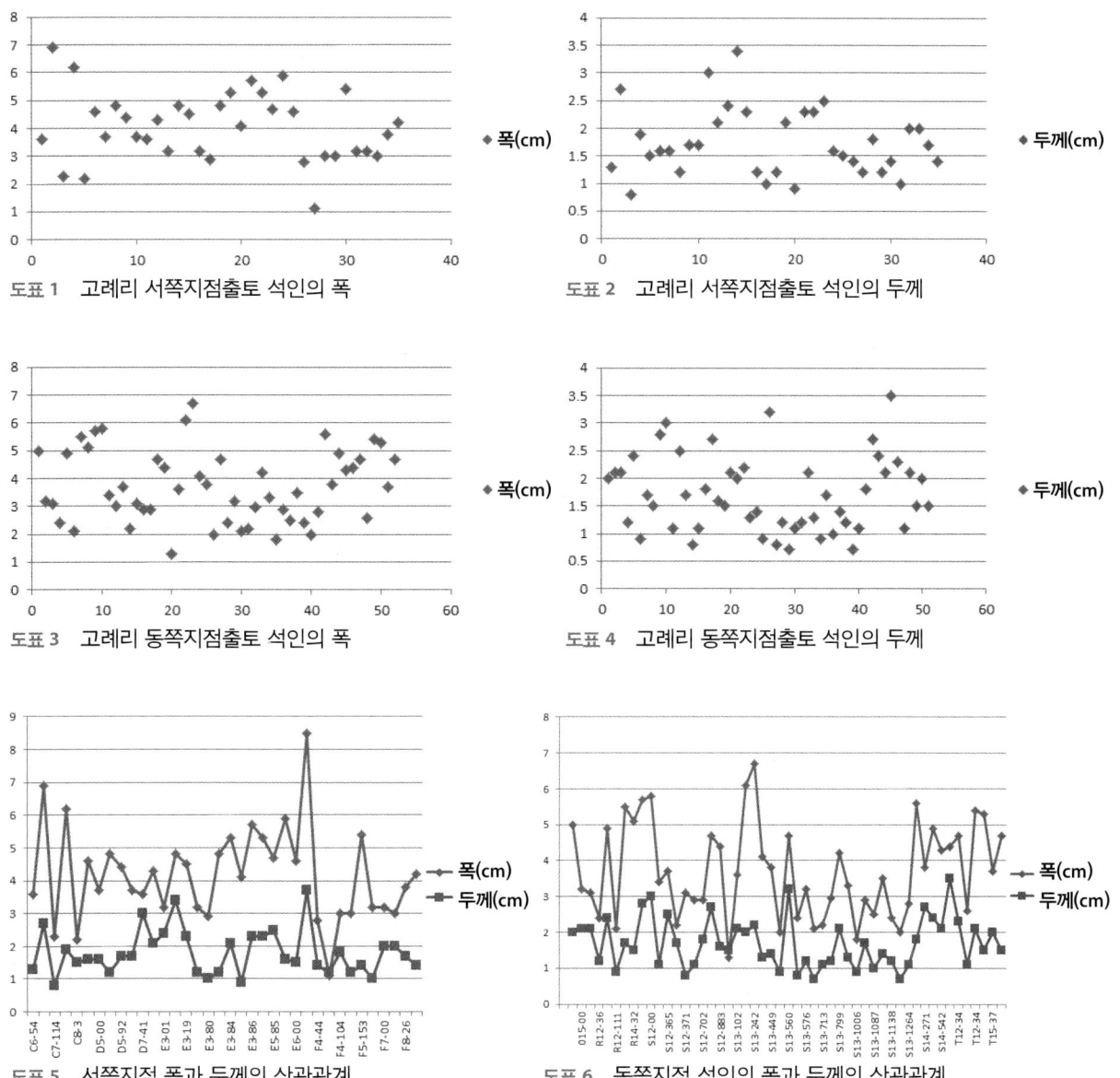

도표 1 고례리 서쪽지점출토 석인의 폭
도표 2 고례리 서쪽지점출토 석인의 두께
도표 3 고례리 동쪽지점출토 석인의 폭
도표 4 고례리 동쪽지점출토 석인의 두께
도표 5 서쪽지점 폭과 두께의 상관관계
도표 6 동쪽지점 석인의 폭과 두께의 상관관계

핵의 타각이라면 80도 전후가 될 것이다. 대체로 석기를 떼어 낼 때 고례리 사람들은 약간 비스듬하게 타격을 가했고 박리하기에 가장 좋은 각도인 70~80도를 잘 유지했다. 그들은 경험에 의해 어느 방향에서 때렸을 때 보다 용이하게 석기를 박리시킬 수 있는가를 알고 있었다. 경질망치와 연질망치에 따라 타각이 달라 질 수 있다.

4) 접합유물의 분석

서쪽지점 S-13피트 주변을 핵심 작업장 및 제작지로 추정했다. 다른 피트와 달리 석기가 1,300여 점 출토되었다. 지형자체가 V자형의 계곡을 연상시키듯 깊은 가운데를 중심으로 석기가 집중 분포했다. 일부 석기는 지형상 흘러내려왔을 가능성도 있다. 여기서는 다량의 제작관련 석핵과 박편이 출토되었다.

접합석기 중에는 4점 접합된 1건, 3점 접합된 1건, 2점 접합된 7건 등이다.[7] 특히 4점이 접합되는 석기는 4점 모두 한 곳에 집중적으로 분포하지 않았다. 1~2m의 간격으로 떨어져 있었다. 아마도 폐기된 이후에 자연적인 이동이 있었을 것이다. T14피트 15번과 S13피트 130번은 피트 상호간에 접합이 이루어 진 사례이다. 임의로 설정된 피트에 관계없이 접합작업이 필요한 이유이다.

921번과 497번의 접합석기는 원래 약 13cm가량의 석기였으나 1/4정도를 손으로 부러뜨려 사용하였다. 새기개를 만들기 위해 한 쪽 부분을 뾰족하게 만들려는 목적으로 부러뜨린 것이다. 535번과 1102번 석기들은 타격법을 확실하게 알 수 있게 해 주는 자료이다. 석핵으로부터 박편을 떼어 내는 과정에서 간접타격을 실시한 흔적으로 보이는 것이 있다. 타격면이 석핵과 박편에 반쪽씩 걸쳐서 길이 5mm와 3mm가량의 홈이 확인되었다.

4점이 접합된 석기는 석인석핵을 제작하는 과정에서 생긴 박편들이다. 그 이유는 원래 석핵이 있던 자리는 없고 그 나머지 박편들만 접합되었기 때문이다. 고례리에서 제작된 석핵이 유적 밖으로 반출되었을 가능성을 시사해 준다. 이곳이 원석을 가공한 뒤 사용지로 반출되는 1차 가공지로서의 의미도 있음을 알 수 있다. 좁게는 단장천 주변, 넓게는 낙동강을 따라 보다 많은 구석기유적이 분포할 가능성이 있다. 보다 많은 유물이 접합되면, 정확한 유물의 제작기법과 용도를 알 수 있을 것이다.

2 유적 연대

절대연대가 시료 오염으로 인해 제대로 산출되지 않았다. 절대연대가 없는 밀양 고례리유적은 유적 연대를 결정하는데 중요한 약점 중 하나이다. 그나마 일본 규슈지역의 아이라탄자와

---

[7] 앞으로 접합작업을 진행한다면 더 많은 석기가 붙을 것이다.

[始良Tn화산재, AT]확인되어 연대를 파악하는 보조자료로 쓸 수 있다.

고례리에서 연대를 알기 위한 화산재분석이 이루어졌다. 분석 대상 토층은 시료는 F9피트와 S-14피트의 토층단면에서 채취되었다. S14피트-C단면의 시료채취번호에 연속하는 번호가 부여되었다. 이번 분석에서 화산유리질비분석(火山琉璃質比分析) 대상 시료는 F9피트에 있는 5cm정도로 채취된 시료 가운데 5cm 크기의 10점이다. 시료는 테프라(tephra)조성 분석을 시험했다.

분석 결과, 시료번호 27(V층 최상부) 및 25(Ⅲ층)에 평판상의 bubble형(bubble-wall type) glass가 극히 소량 확인되었다. bubble형 글래스(glass)의 비율은 차례로 0.2%와 0.4%이었다. 이것으로부터 유래한 화산글래스 색조는 무색투명이다. 화산글래스는 약 27,000~26,000 cal BC인 아이라(始良)칼데라로부터 분출한 아이라탄자와화산재에 유래한 것으로 밝혀졌다(早田勉 1998).

즉, 문화층 내 토양시료로 시행한 분석에서 S-14피트 문화층 최하단부 시료로 부터 AT화산글래스가 검출되었다. 화산재 양이 적어 단언할 수 없지만, AT화산재가 검출된 문화층의 하부층에서 유물이 가장 많이 출토되었다는 점에서 고례리의 동쪽지점의 연대는 28,000~27,000 cal BC를 전후한 시기로 추정된다(장용준, 2014b).

Ⅲ 진주 집현 장흥리유적의 석기 검토

유적은 경남 진주시 북동쪽 외곽에 위치한다. 부산대학교에서 발굴하기 전 경남고고학연구소에서 시굴조사를 먼저 실시하였다. 2001년 2월부터 부산대학교 박물관이 발굴조사하여 12월에 종료하였다. 발굴 구간은 남북으로 길이 280m, 동서로 50~100m이다. 총 발굴된 면적 5,590평(55.440m³) 중 1/3정도에서 구석기가 발견되었다. 유적은 해발 19m 전후의 평면상 지형으로 논으로 이용되고 있었다. 유물은 점토층 상부로 토양쐐기 위에서 출토되었다. 석기종류는 세석핵, 세석인, 밀개, 인부마제석기 등이다. 흑요석제 세석인 1점도 출토되었다.

1 석기 검토

부산대학교에서 발굴조사한 집현의 주요 석기조성은 다음과 같다. 세석핵 22점, 소형석핵 1점, 최초스폴 1점, 이차스폴(스키스폴) 5점, 세석핵의 최초박편 2점, 흑요석제 세석인 1점, 밀개 11점(손톱모양밀개 5점, 둥근 밀개 1점, 밀개 5점), 긁개 6점, 슴베형 새기개 1점, 톱니날석기 1점, 인부마연석기 3점, 미완성 타제석부 1점 등이다(표 9·10). 석기조성 중 중심이 되는 것은 세석핵, 세석인, 밀개, 긁개류이며 밀개가 발달된 양상이다.

1) 세석핵

집현은 다양한 종류의 세석핵과 스폴이 확인되었다. 영남지역의 월성동, 중동, 임불리와 더불어 이 지역의 세석인기법을 파악할 수 있는 중요 유적이다. 모든 세석핵은 크기도 비교적 작고 박편을 예비소재로 사용했다. 미세타면조정은 하지 않았다. 단면 형태는 대부분 역삼각형이다. 세석인기법은 양면조정방식으로 다듬은 것이 일반적이지만, 예비소재를 만들거나 여기에 맞춰진 세부조정방식은 다양하다.

세석핵은 타면부에서 밑면 쪽으로 타면측변을 조정하는 배모양세석핵과 소재를 양면조정한 뒤에 스폴을 떼어 낸 뒤 박리하는 쐐기형세석핵이 있다. 배모양세석핵은 9점이다. 양면조정 예비소재를 만들어 세석인을 박리한 것은 10점이다. 양면조정세석핵과 배모양세석핵은 집현의 주된 세석인기법이다. 이것은 수양개 세석핵과 기술적으로 유사하다. 다만, 수양개는 원산지유적으로 세석핵이 대형인 반면, 집현은 소비지유적으로 세석핵 크기가 소형이다. 스키스폴의 길이 기준으로 볼 때 세석핵의 길이가 많이 짧다. 이는 세석인박리작업 과정에서 세석핵이 짧아졌음을 의미한다. 즉, 집현의 세석핵은 더 이상 박리가 불가능해지자 버려진 폐핵(廢核)이다.

배모양세석핵이 출토된

그림 5 집현 출토 세석핵

표 3 집현유적 세석핵의 속성

연번	석기명칭	유물번호	크기(mm)			형태	석재	예비소재	타면(도)		타각	타면조정유무	세석인박리면수
			가로	세로	폭				가로	세로			
1	세석핵	JH-P34-83	40	13	11	배모양	이암	박편	40	10	75	X	4
2	세석핵	(확인요)	50	15	14	배모양	이암	박편	50	13		X	
3	세석핵	JH-R34-101	15	13	13	배모양	이암	박편	15	13	58	X	6
4	세석핵	JH-T29-1	46	14	15	배모양	혈암	박편	46	15	69	X	1
5	세석핵	JH-P35-38	58	25	22	배모양	응회암(확인요)	박편	58	20	모름	O	
6	세석핵	JH-S29-42	27	13	13	배모양	이암	박편	27	13	63	O	8~9
7	세석핵	JH-S31-33	30	14	12	배모양	안삼암	박편	30	11	67	X	9
8	세석핵	JH-R32-64-6	17	13	13	배모양	이암혼펠스	박편	17	12	70	X	10
9	세석핵	JH-O25-28	56	23	26	배모양	이암	박편	56	20	(측정요)	X	1
10	세석핵	JH-936-15	26	20	14	원추형	안산암	박편	26	14	모름	X	3
11	세석핵	JH-R36-102	13	17	12	쐐기형	이암	박편	13	13	88	X	1
12	세석핵	JH-R28-359	44	25	21	쐐기형	안산암	박편	44	20	69	O	6
13	세석핵	JH-R35PH-29	38	27	13	쐐기형	혈암	박편	38	13	93	X	4
14	세석핵	JH-N29-1	32	25	16	쐐기형	혈암	박편	38	16	89~92	X	6
15	세석핵	JH-N23-34	40	40	16	쐐기형	이암	박편	40	16	89	O	6
16	세석핵	JH-S31-36	25	25	14	쐐기형	이암	박편	25	14	85	O	6
17	세석핵	JH-R28-290	25	27	17	쐐기형	이암	박편	25	17	88~93	X	10
18	세석핵	JH-P25-14	50	31	13	타원형	이암	박편	50	13		O	6
19	세석핵	JH-P24-4	60	40	22	배모양	이암	박편	60	22	75, 78	X	4
20	세석핵	JH-00	62	31	21	평행사변형	이암	박편	62	21		X	1
21	세석핵	JH-S36-18	16	32	9	직사각형	혈암	박편	16	8		O	8
22	세석핵	JH-R36-109	30	26	25	원추형	이암	박편	26	25	79	O	3?
		평균	36.36	23.14	16.00				36.45	15.41			

* 정확한 내용은 보고서가 발행되어야 알 수 있음

유적으로는 수양개, 석장리, 월평, 상무룡리 등이다. 집현에서 수양개처럼 스폴을 다시 세석핵으로 재사용하는 것은 발견되지 않았다. 배모양세석핵의 발달은 세석인의 사용방법 또는 도구차이를 반영한 것일 수 있다. 왜냐하면 배모양세석핵은 상대적으로 다른 세석핵보다 세석인의 크기가 길이가 짧고 폭이 좁기 때문에 소형의 세석인이 박리되어지기 때문이다. 대구 월성동에서는 99점의 세석핵 중 배모양 세석핵은 출토되지 않았다.

스키스폴(이차스폴)은 4점 확인되었다. 경남고고학연구소의 시굴조사에서 확인된 것을 포함하면 5점이다. 스키스폴의 폭은 1.5~1.7cm정도로 일정한 폭을 유지하게끔 제작되었던 점을 감안하면 4~5cm정도의 양면조정 예비소재를 제작했다. 이차스폴 4점은 길이가 71~76mm로 거의 일정하다. 폭도 마찬가지이다. 이는 유베쓰[湧別]방식의 양면조정된 예비

표 4 집현유적의 석기조성

연변	석기명칭	유물번호	크기			석재	예비소재
			가로	세로	폭		
23	소형석핵	JH-R38-36	23	29	20	불명	박편
24	최초스폴	JH-S32-19	93	28	20	이암	박편
25	이차스폴	JH-P25-3	75	25	11	이암	박편
26	이차스폴	JH-S27-2	71	25	14	응회암	박편
27	이차스폴	JH-K16-38	76	21	15	이암	박편
28	최초박편	JH-N21-39	75	18	21	이암	박편
29	최초박편	JH-R28-291	58	12	14	이암혼펠스	박편
30	최초박편	JH-O25-10	37	13	15	이암혼펠스	박편
31	이차스폴	JH-R28-289	75	13	12	이암혼펠스	박편
32	세석인	(확인요)	20	5	7	흑요석	박편
33	밀개	JH-R29-14	40	39	8	이암	소형박편
34	손톱모양밀개	JH-O22-48	28	23	8	이암	소형박편
35	손톱모양밀개	JH-P22-3	30	23	7	이암	소형박편
36	손톱모양밀개	JH-O21-39	28	7	24	이암	소형박편
37	손톱모양밀개	JH-N23-1	22	20	7	이암	소형박편
38	손톱모양밀개	JH-P21-68	20	20	6	혈암	소형박편
39	밀개	JH-P35-48	50	22	11	이암	종장박편
40	둥근 밀개	JH-N21-33	67	60	11	이암	박편
41	미완성 밀개	JH-K17-31	74	40	15	이암	종장박편
43	밀개	JH-R34-69	48	40	27	석영	소형박편
44	긁개	JH-R33-8	60	50	21	이암혼펠스	박편
45	슴베형 새기개	JH-R32-32	52	29	11	응회암	소형박편
46	긁개	JH-R28-264	96	37	13	혼펠스	종장박편
47	긁개	JH-S29-10	65	90	17	불명	종장박편
48	긁개	JH-N23-36	68	94	14	불명	횡장박편
49	긁개	JH-P25-14	51	67	16	이암혼펠스	삼각형박편
50	박편	JH-R32-61	40	42	9	혼펠스	박편
51	박편	JH-S28-12	56	55	14	불명	박편
52	긁개	JH-R32-56	70	34	7	불명	석인
53	긁개	JH-R28-221	95	38	10	이암혼펠스	석인
54	톱니날석기	JH-R32-34	45	30	14	불명	박편
55	타제석부	JH-?	77	45	20	이암혼펠스	원석
56	부분마제석부	JH-P31-17	83	42	16	불명	박편 추정
57	부분마제석부	JH-P37-1	81	60	18	불명	박편 추정
58	부분마제석부	JH-P37-1	100	54	10	불명	박편 추정

* 정확한 내용은 보고서가 발행되어야 알 수 있음

소재의 크기가 일정한 크기로 제작되었음을 말해주는 수치이다. 이러한 점으로 볼 때 집현 구석기인은 매우 규격화된 석기를 제작했다. 스키스폴의 상면은 첫 번째 스폴에 의해 완전히 박리된 것과 그렇지 못한 것이 있다. 타점 부위는 힘이 집중되도록 단면이 볼록렌즈모양이다.

22점 중 지표채집품인 한 점을 제외한 21점의 세석핵 중 수양개기법(유베쓰기법) 9점, 집현기법(배모양) 7점, 금성기법(유사원추) 3점, 반원추 1점, 기타 1점이다. 그러나 박편의 배면을 주로 이용하는 석장리기법은 확인되지 않았다.

2) 인부마제석기

후기구석기 유적 내에서 부분적이긴 하나 날을 만든 석부형태가 처음으로 확인되었다는 점에서 매우 의의가 깊다. 인부마제석기는 이암, 유문암, 점판암으로 제작되었다. 인부와 몸신의 일부에 마연하였지만, 전면에 걸쳐 마연되지는 않았다. 마연 전에 직접타격으로 소재를 가공하여 성형한 뒤에 마연하였고 고타흔적은 발견되지 않았다. 3점의 인부마제석기는 직선적인 인부에 자루를 끼우도록 제작되었으며 인부가 완만한 곡선으로 제작되었다.

우리나라의 구석기시대 인부마제석기의 기능은 벌채용보다는 목재가공구나 수피제거에 쓰였을 수 있다. 아울러 인부마제석기는 인부와 직교되게 사용흔이 남아있고 인부의 이빠짐현상이 적으므로 가공작업 뒤에도 날손상이 적은 동물해체나 짐승털[獸毛], 물고기가죽[魚皮]이나 짐승가죽과 같은 피혁가공에 사용되었다. 즉 가죽의 무두질에 사용되었을 가능성이 높다(장용준, 2010).

3) 기타 석기

밀개 10점은 모두 박편을 소재로 하여 만들어졌다. 밀개는 소형 불규칙 박편을 소재로 했다. 원반형 3점, 장방형 2점, 손톱모양밀개 5점이다. 3점의 불규칙적인 박편을 뗀 것으로 보이는 소형몸돌이 일부 소형 석기의 소재를 제공했던 것 같다. 손톱모양밀개가 특징적이다. 우리

그림 6 집현유적의 밀개

그림 7 집현출토 인부마제석기(좌측 8.0cm)

그림 8 집현출토 인부마제석기의 날

나라 세석인유적에서 밀개는 흔히 공반되는 석기이며, 집현도 크게 다르지 않다. 자루에 착장하여 사용했을 것으로 추정된다. 새기개는 슴베가 있는 1점이 출토되었다. 석인은 확인되지만, 다소 불규칙적이며 기법의 정형성은 떨어진다. 망치돌은 무게와 크기가 다른 것인 6점 이상 확인되고 있어 석재의 종류와 크기에 따라 선택적으로 사용했음을 알 수 있다.

2 유적 연대

박영철·서영남(2004)은 집현유적을 갱신세와 현세의 전환기의 전형적인 유적으로 보고, 구석기보다는 오히려 신석기 시대 석기와 유사하다고 주장했다. 그러나 여러 정황으로 볼 때 구석기에서 신석기로 넘어가는 전환기유적으로 보기 어렵다.

집현에서는 고례리와 진그늘처럼 석인석기군에서 출토되는 능조정기법의 부산물은 전혀 발견되지 않았다. 석인의 제작과정을 유추할 수 있는 석인석핵도 출토되지 않았다. 집현에서 석인기법은 중요 제작기법으로 사용되지 않았음은 분명하다. 세석인제작을 위해 석재는 이암과 혈암 등을 사용하고, 석재 크기 또한 작았다. 석기제작과 관련한 부산물이 많이 출토되지는 않아 유적 내에서 세석인박리와 같은 작업은 진행했지만, 세석핵 예비소재 제작과 관련한 부산물은 출토되지 않았다. 다만, 일차적으로 가공된 형태의 타원형의 예비소재를 이용해서 세석핵 스폴을 박리한 뒤 세석인은 유적 내에서 생산했다. 슴베찌르개도 공반되지 않아 유적연대는 시기적으로 석인기법을 주체로 한 유적만큼 연대가 소급되지는 못한다.

집현의 세석인기법은 유베쓰기법이 번성하는 시기의 유적으로 생각된다. 한반도 전역

표 5 집현유적의 절대연대(장용준 2015 참조)

유적명	층위	측정시료	¹⁴C년대 (ysr BP)	보정연대(cal BC) 최댓값	보정연대(cal BC) 최솟값	측정법	lab.code	비고	출전
집현	구석기문화층	시료2	19,640±100	22021	21418	14C	BETA		박영철 외 2004
	구석기문화층	시료1	20,150±100	22536	22001	14C	BETA		
	구석기문화층	시료3	13,160±280	14740	12990	AMS	SNU		
			19,490±90	21817	21178	14C	BETA		
	구석기문화층	시료4	19,480±540	22995	20421	AMS	SNU		
			22,170±120	24812	24104	14C	BETA		
	구석기문화층	시료5	20,480±800	24571	20943	AMS	SNU	세석인석기군 인부마제석기	
			18,730±89	20900	20449	14C	BETA		

에서 양면조정형 세석인기법의 전성기는 집현, 수양개, 월성동, 월평 3문화층, 호평동 2문화층의 자료로 볼 때 22,000~15,000 cal BC이다(장용준, 2015). 집현 구석기문화층은 토양쐐기 상부에서 확인되었다. 표 5의 절대연대를 참조하면 24,000~20,000 cal BC 중 어느 한 시기로 생각된다. 집현 연대는 수양개 세석인석기군과 비슷한 시기로 상정할 수 있다.

Ⅳ 고례리와 집현출토품으로 본 구석기시대 어로 가능성

고례리석기군은 우선 도구 중 석인과 박편석기의 제작빈도가 높았다. 무게를 줄인 박편석기를 기반으로 한 도구를 보유하였다. 후기구석기시대의 수렵채집민이 기후변화에 적응하고, 사냥감을 찾아 이동하는 생활에 맞춰진 석기문화였다. 슴베찌르개와 같은 투창기를 제작하였다. 긁개와 같은 가공구의 제작빈도는 높았지만, 새기개는 3점으로 출토 빈도가 낮았다. 고례리 석인석기군의 특징은 다음과 같다. ①비교적 규격화된 석인을 생산하여 슴베찌르개 등의 석인제 석기를 제작하는 한편, 소재박편생산을 우선시 했던 유적 ②방형 박편(길이 10cm내외)을 의도적으로 만들어 사용하고, 초승달모양의 양면석기도 제작 ③같은 시기의 다른 유적에서는 흔히 등장하는 밀개류 석기가 전혀 출토되지 않은 석기생산지 ④석인기법과 관련한 생산관련 부산물이 많은 점 ⑤한반도 동남단에 위치하고 있어 한일 구석기시대 교류

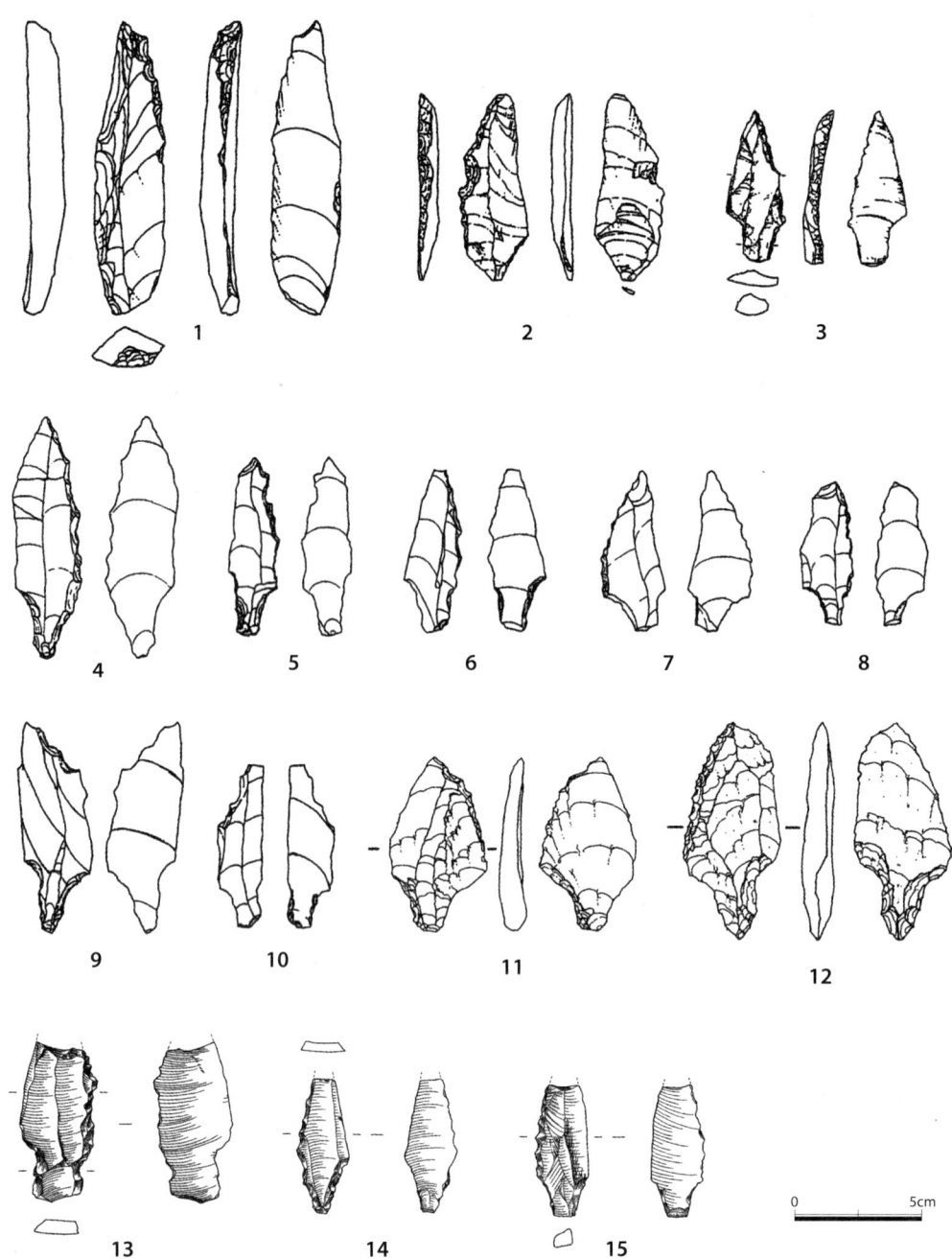

그림 9 작살형 슴베찌르개
1·2. 고례리 | 3. 용호동 | 4~10. 수양개 | 11·12. 화대리 | 14·15. 용산동
돌출날을 지닌 작살형 슴베찌르개: 1~3, 5, 9~10, 13

를 이해하는 중요 자료이다. 이 유적에서는 세석인관련 유물은 거의 출토되지 않았지만, 초기 세석핵으로 볼 수 있는 두 점이 출토되었다(장용준, 2001). 하지만 이러한 특징에도 불구하고 고례리에서 생활한 집단이 어떠한 생활을 영위했는지는 석기만으로 유추하기 어려운 것이 사실이다.

이러한 측면에서 후기구석기시대의 어로 가능성에 대해 시론적으로 검토하고자 한다.

아프리카 제리말라이(Jerimalai)유적에서는 4만 년 전의 낚싯바늘이 출토되었다(O'Connor, 2011). 최근 오키나와[沖縄] 사키타리유적[サキタリ洞遺跡]에서도 23,000년 전의 낚싯바늘이 출토되었다. 러시아 시베리아지역이나 중국 동북지역에서도 후기구석기시대에 작살은 출토되고 있다. 후기구석기시대에 북반구의 강, 하천, 바다근처에 살았던 옛 인류는 수렵과 함께 어로행위를 했을 가능성은 항상 있다. 우리나라 구석기시대 사람들이 어로를 했는지는 명백한 어로도구가 출토되지 않아 분명하지는 않다. 이런 측면에서 우리나라 후기구석기시대의 어로행위 가능성을 살펴보고자 한다.

구석기인들이 물고기를 잡기 위해서는 우선 물의 깊이, 물속에서 헤엄치는 어류의 헤엄 속도, 빛 굴절의 정도를 경험적으로 익혀, 적합한 도구를 만들고 사용해야만 한다. 석기는 물고기를 잡을 때 잘못 찌르거나 돌에 부딪히게 되면 부러질 수 있다. 신석기시대 작살은 대칭 또는 비대칭적인 도구형태이고, 뾰족하면서 날카로운 날을 지닌다. 작살 중에는 톱니날을 지니기도 하다. 구석기시대에는 신석기시대 사람들처럼 분리형 작살은 만들어 쓰지 못했다.

신석기시대 작살자료를 참고할 때, 슴베찌르개 중에서도 작살로 사용 가능한 것으로 추정되는 것이 있다. 슴베찌르개 중에는 몸체의 가장자리 날 부분인 측연(側緣)에 톱니모양(鋸齒緣)처럼 조정된 것들이 있다(그림 9). 그 중에는 톱니모양들 중에 돌출날을 만든 것도 있다. 그 동안 이런 형식은 슴베찌르개 범주에 단순히 포함시켜 사냥도구로만 판단해 왔다. 그런데 이러한 슴베찌르개는 별도 기능을 지닌 형식으로 따로 분류할 필요성이 있다.

슴베찌르개는 기본적으로 석인 중 가장 좋은 예비소재를 이용한다. 선사시대 창이나 화살처럼 육지동물을 잡기 위한 도구는 측연 날이 날카롭고 매끄러운 직선이 우세하다. 즉, 날의 날카로움에 주안을 둔 석기이다. 구석기시대는 물론, 신석기시대와 청동기시대에 해당하는 수렵도구 중 톱니날을 지닌 것은 아주 드물다. 슴베찌르개도 그 범주에 속한다.

그러나 작살은 수중생물을 대상으로 사용되며, 날 형태가 독특하다. 수중생물은 미끄러운 피부가 특징이고, 물속으로 언제나 도망갈 수 있다. 이것들은 크기도 다양하고 물속에서 행동은 육지생물보다 빠르다. 어로시점에 따라 물 밖에서도 잡을 수 있겠지만, 대부분의 어

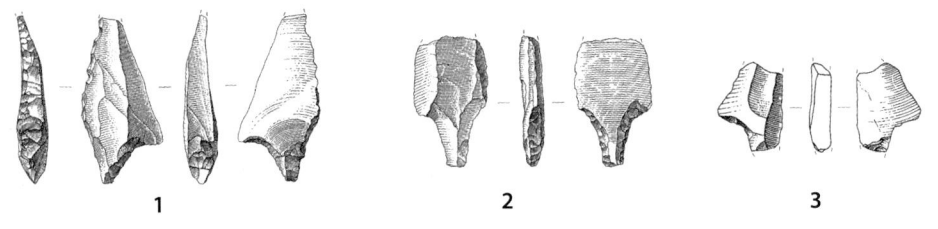

15,000 BP(min) 〉 용수재울 2문화층 〉 24,000 BP(max)

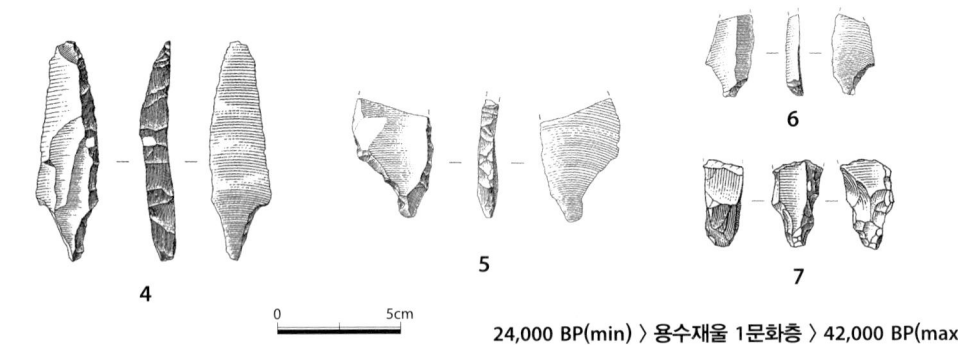

24,000 BP(min) 〉 용수재울 1문화층 〉 42,000 BP(max)

그림 10 용수재울출토 슴베찌르개(겨레문화유산연구원 등, 2016)
* 작살형 슴베찌르개: 1·3~5

류는 물이라는 일차적인 저항을 뚫어야만 우리가 잡을 수 있다.

신석기시대 작살은 다양한 형태가 있다. 물론 미늘이 없는 작살도 있다. 하지만, 그림 12의 작살처럼 톱니날로서 날을 두드러지게 만드는 것을 사용했다. 특히 뼈나 뿔로 만든 작살들은 대체로 미늘을 가지고 있다. 육상동물을 잡기 위한 석창에는 이러한 특징이 거의 관찰되지 않는다.

슴베찌르개는 형태적으로 어로행위가 얼마든지 가능하다. 기본적으로 육상동물에 사용되는 창이나 활은 어로에도 사용할 수 있다. 슴베찌르개는 몸체의 축을 기준으로 대칭과 비대칭으로 만들어진다. 비대칭 슴베찌르개 중 다수가 측연이 톱니날로 만들어져 있다(그림 9). 슴베찌르개 중 포천 중리 용수재울(그림 10), 하가의 나이프형석기로 분류되는 슴베찌르개(이기길 등 2011), 수양개출토 슴베찌르개 중에는 형태가 비대칭이다.

작살에서 가장 중요한 형태적 특징 중 하나는 잘 찔리고, 물고기 등을 잡았을 때 작살이 빠져버리지 않도록 하는 미늘의 유무이다. 수렵형 슴베찌르개와 작살형 슴베찌르개의 중요한 형태 차이는 후자가 톱니날처럼 과도하게 날을 거칠게 조정하고 돌출날을 지닌 점이다(그림 9-1·2·3·4·5·6·9·10·13). 특히 슴베찌르개의 날개에 해당하는 슴베턱이 과도하게 형성된 경우가 있다(그림 10-1·3·5·7). 슴베찌르개의 최대 폭 지점이 되는 슴베턱은 작살의 미늘로서 기능을 할 수 있다. 슴베찌르개 신부(身部)의 슴베턱과 톱니날은 작살에서 관찰되는 미늘과 기능적인 상관관계가 있을 것으로 생각된다. 미늘은 수렵이나 어로대상감인 동물의 몸속에 박혔을 때 창이 잘 빠지지 않도록 고안된 것이다. 물론 슴베찌르개의 슴베 부분과 슴베턱은 자루에 착장할 때 필요한 부위이기도 하다. 하지만 그림 12-1·2의 미늘처럼 작살형 슴베찌르개의 슴베턱이 이러한 기능을 했을 가능성이 배제할 수는 없다.

그런 측면에서 슴베찌르개의 측연에 만들어진 톱니날과 돌출날을 주목할 필요가 있다(그림 9). 이

그림 11   신석기시대 조합식 작살(고성 문암리출토)

것을 슴베찌르개를 만드는 조정과정의 결과와 자루결합의 기능으로만 판단할 일은 아니다. 즉, 이러한 조정은 석기 형태를 만드는 조정임과 동시에, 미늘로서의 기능을 하기 위한 수단일 수 있기 때문이다. 아울러 투창기로 사용되기 어려운 것 같은 대칭성이 없는 찌르개류 중 일부도 어로도구였을 가능성이 있다.

무엇보다 슴베찌르개가 출토된 고례리, 수양개, 용호동, 용산동, 화대리, 신화리, 용수재울 등의 입지는 강이나 하천과 바로 붙어 있거나 인접한 곳에 형성되었다. 우리나라에서 출토되는 구석기시대 찌르개류 중에서도 하천과 인접한 유적이라면 반드시 수렵에만 사용한다는 생각보다 어로에도 사용했을 가능성을 생각해 볼 시점이다. 유적이 하천근처에 입지한다는 사실은 단순히 식수해결차원만이 아니라 수렵과 어로를 행해 식량을 획득하고 교통로로서의 이점 등을 위해 입지했을 가능성이 더 크기 때문이다. 아울러 수렵이나 어로도구는 나무, 뼈, 녹각 등을 이용해서도 만들어졌을 것이다.

집현에서 사용되었을 것으로 생각되는 조합식찌르개의 출현은 시베리아지역의 자료를 참조하면 그 사례는 적지만 아폰토바산 II 유적의 20,900±300BP(^{14}C)이 있다. 세석인과 조합식 찌르개는 같은 시기에 등장하지 않았다. 세석인이 먼저 출현했고, 조합식 찌르개가 등장했다. 시베리아에서 출토된 조합식 찌르개는 대부분 찌르개축과 세석인의 날이 나란하도록 장착했다. 그런데 일부는 사행장착(斜行裝着), 즉 작살의 미늘처럼 사용되기도 했다는 보고가 있다. 집현, 장흥리, 호평동 등 우리나라에서 출토되는 세석인 중 통상적인 세석인보다도 폭

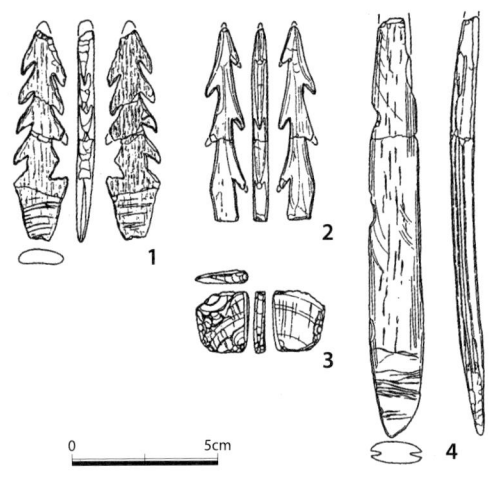

그림 12 러시아 쿨라Ⅱ유적 유물(木村英明 1997)
1·2. 골제작살 ｜ 3. 세석핵
4. 조합식 찌르개

이 좁고 크기가 작은 형태의 것들이 있다. 집현에서 출토된 소형 세석인은 날과 나란하게 홈에 끼우기 어려울 정도로 폭이 좁다. 이것들은 조합식찌르개의 측면날을 구성하는 방식보다는 사행장착했을 가능성이 높다. 그리고 이러한 형태의 조합식찌르개는 수렵만이 아니라 어로에도 사용이 가능하다.[8]

러시아 바이칼호 북안의 세석인석기군 중 쿨라Ⅱ유적에서는 골제작살이 출토되었다. 베르호렌스카야산형의 섬두와 좌우에 미늘을 지닌 것으로 단면형상이 다른 섬두, 좌우에 홈(溝)을 지닌 조합식 찌르개, 소형 쐐기형세석핵이 출토되었다. 쿨라Ⅱ유적 문화층2(하부콤플렉스)는 24,060±5,700BP이다(木村英明, 1997, 그림 12). 세석인 제작집단이 수렵과 더불어 어로를 했다는 증거가 확인되고 있다. 시베리아지역에서는 슴베찌르개가 출토되지 않는다. 작살 재료가 나무나 뼈 등으로만 만들지는 않았다.

한편 중국 시아구산[小孤山] 3층에서도 뼈작살은 출토되었다. 여기도 미늘이 두드러지게 제작되었다. 시베리아 세석인석기군에서 뼈로 만든 섬두가 출토된 곳은 다음과 같다. 앙가라강유역의 베르호렌스카야산(하층), 우스티 베라야 XⅢ~Ⅱ층, 바이칼호수 북안과 레나강 상류역의 쿨라Ⅱ, 마카로보Ⅱ, 자바이칼지역의 오슈르코보, 레나강 중하류역의 볼쇼이 야코리 등이다. 유베쓰기반의 세석인석기군과 조합식 찌르개와 함께 유적 기능에 따라 작살이 공반되고 있다. 시베리아에서는 2만 년 전 이후부터 어로가 더 널리 사용되었다. 다만, 우리나라에도 동일한 현상이 있었는지는 추가 자료를 기대해보아야만 한다.

---

8 조합식찌르개는 창끝과 투창, 화살촉(우랄 서쪽의 중석기시대의 것만 해당) 등의 자돌구의 기능을 했다. 조합식 칼은 구석기시대부터 중석기시대에 걸쳐 출현했다. 순록과 들소를 중심으로 한 초원성 동물이 주로 수렵대상이었다. 조합식찌르개의 발달은 순록을 대상으로 하는 사슴류의 수렵 기술 확립과 강한 관계가 있고, 투창으로 사용되었다. 결론적으로 구석기시대 조합식찌르개는 투창과 자르는 절재구로 사용되었다(小畑弘己, 2001).

V 소결

우리나라에서 1990년대까지만 하더라도 석인기법에 관한 체계적인 연구와 논의가 부족한 실정이었다. 비록 수양개, 금굴, 석장리유적이 발견되기는 했지만, 석인제작과 관련한 구체적인 연구는 거의 이루어지지 못하였다. 특히 석인기법에서 능조정석인이나 타면재생박편과 같은 특수 목적 박편의 분류도 잘 이루어지지 않던 시기였다. 고례리의 연구성과 이후, 수양개에서 출토된 능조정관련 석기들에 대한 재평가도 이루어졌다. 수양개에서 고례리, 진그늘로 이어지는 석인제작지유적의 본격적인 연구시작을 알리는 계기가 되었다.

한반도에서 석인기법이 가장 발달된 시기에 형성된 유적인 고례리는 우리나라 후기구석기문화의 새로운 전기를 마련하였고, 일본 후기구석기문화의 성립에도 지대한 영향을 미쳤다. 고례리의 슴베찌르개와 석핵부산물과의 접합된 석기는 우리나라의 첫 사례이며 슴베찌르개의 제작기법을 파악할 수 있는 중요한 자료였다.

고례리유적은 하나의 집단 또는 동일 집단에 의해서만 유적이 형성되었다고 보기 어려웠다. 왜냐하면, 우선 유물출토수량이 많았다. 또한 유적 전체의 형성 범위가 넓고 석기 중 도구 제작 비율이 낮기 때문이다. 이런 사실들은 계절적으로 사냥하기 위한 베이스 캠프이자 석기 제작 장소로 이용된 유적으로 평가할 수 있다. 이렇게 고례리라는 넓은 지역에 걸쳐 특정한 시기에만 석기 제작 장소가 만들어졌던 것은 아니었다.

고례리에서 확인된 접합자료의 분석과 제작기법의 연구를 참조하면 이제까지 단순한 형태학적 분류의 차원을 넘어서서 그들의 제작의도까지도 생각해 낼 수 있는 좋은 자료로 생각된다. 고례리석기군은 우리나라 후기구석기시대 석인문화를 이해하는 중요한 유적이자 러시아, 일본 구석기문화를 비교검토하는 기초자료가 된다는 점에서 의의가 크다. 중국의 수이동구[水洞溝·稻田孝司, 1994] 등의 석인기법과는 제작전통이 다른 석기군이며, 중국 동북지방에서도 고례리, 수양개 등과 비교할만한 유적은 아직 발견된 적이 없다.

한편, 집현에서는 다양한 종류의 세석핵과 스폴이 확인되었다. 영남지역의 월성동, 중동, 임불리유적과 더불어 이 지역의 세석인기법을 파악할 수 있는 중요 유적이다. 유베쓰방식의 양면조정된 예비소재의 크기가 일정한 크기로 제작되었다. 집현의 구석기인은 세석인을 활용해 규격화된 석기를 제작하였다. 전반적인 양상을 고려하면 세석인 석기를 기반으로 한 중간 소비지유적으로 추정된다.

고례리는 석인, 집현은 세석인을 중심으로 석기를 제작했다. 여기 구석기인들은 원석

소비율의 효율성을 꾀하고, 휴대가능한 석기를 만들어 이용했다는 공통점이 있다. 석기의 형태적 정형성도 추구하였다. 석인과 세석인은 이동 생활에 특화된 도구들이면서 효율성을 극대화시킨 석기이다. 다만, 석인은 가공해서 새로운 형식의 석기를 만들었지만, 세석인은 동일한 형태의 세석인을 조합식 도구에 보충하는 방식으로 도구를 만들었다는 점에서 도구제작개념은 차이가 있다.

주빙하지역이었던 한반도의 기후를 감안하면 강과 하천에서 어로행위가 계절적으로 이루어졌을 가능성이 있었다. 슴베찌르개가 출토된 상당수 유적은 강이나 하천의 가까이에 입지하고 있다. 신석기시대에 하천이나 바다에 입지하는 유적들 중 작살, 낚싯바늘, 어망추와 같은 어로구가 출토되지 않는 유적은 거의 없다. 유적 입지는 당시 살았던 사람들의 식량획득행위와 밀접한 관련이 있다. 한반도 후기구석기시대에 있어 슴베찌르개의 갑작스러운 출현은 석인을 사용한 현생인류가 무엇을 먹고 살았는지를 고민하게 한다. 시베리아나 중국 측 자료를 참조하면, 그들은 새로운 생활양식을 가지고 있었고 보조식량으로서 물고기를 먹었을 가능성이 있다. 빙하기의 추운 환경 속에 육상동물을 포획하기 어려운 상황이라면 어류는 가장 중요한 단백질 공급원이 될 수 있다. 이를 위해서는 뼈와 나무, 석기로 만들어지는 작살형 도구와 같은 것이 필요했을 것이다.

후기구석기시대에 어로의 가능성 여부를 떠나 고례리, 수양개(이승원 등, 2015) 등지에서 출토된 톱니날 또는 톱니날에 특정 부분이 두드러진 날을 지닌 작살형 슴베찌르개는 한반도의 고유한 석기형식이다. 이러한 석기형식은 일본 규슈지역에서 박편첨두기의 중요한 형식으로 자리잡은 뒤 급격하게 퍼져나갔다. 이것을 나이프형석기의 한 형식으로 분류해서는 안 된다. 한반도의 가장 특징적인 슴베찌르개 형식으로 판단해야 한다. 이런 측면에서 하가의 나이프형 석기는 한반도 슴베찌르개의 한 형식으로 보는 것이 타당하다. 구석기시대와 신석기시대의 작살형태와 비교할 때 석인으로 만들어진 작살형 슴베찌르개는 우리나라 구석기인들의 새로운 삶을 이해하는데 중요한 도구형식이다.

참고로 구석기시대에 어망추와 실을 이용해 그물을 제작했을 가능성은 희박하다. 또한 궁시어로의 가능성도 배제할 수 없으나 세계적으로 활의 등장은 구석기시대 말에 출현하기 때문에 이 당시에 사용되었을 가능성은 낮다. 어로구는 나무와 뼈, 돌로 만든 작살을 이용해 이루어졌을 것이지만 나무와 뼈로 만든 어로구는 발견되지 않았다. 어쩌면 동북아시아지역에서 세석인이 널리 사용되었던 이유가 결국 수렵과 어로행위를 동시에 할 수 있는 도구가 필요했기 때문일 수 있다. 아직 우리나라 구석기유적에서 어로와 관련된 직접적인 증거는 밝혀진 바 없다. 그러나 모든 도구는 복합기능을 가질 수 있다. 세계적으로 후기구석기인들의 삶은 생계방식에 있어 그 경계가 없음이 계속 밝혀지고 있다. 구석기시대 어로의 가능성은 앞으로 계속 논의될 필요가 있다.

끝으로 빠른 시일 내에 고례리, 집현 발굴보고서가 발간되어야 한다. 이 보고서가 한국의 후기구석기시대의 석기를 연구하거나, 영남지방의 특색을 밝힐 수 있을 것이다. 더 나아가서는 동북아시아의 문화이동의 경로 및 민족 근원을 밝히는 데 도움을 줄 것으로 기대한다. 고례리와 집현의 좋은 성과를 지속시키기 위해서는 영남지역에서도 구석기연구자가 더 많이 나왔으면 하는 바람이다.

참고문헌

겨레문화유산연구원·임진강건설단, 2016, 『포천 중리 용수재울 유적Ⅱ』.

국립대구박물관, 2005, 『머나먼 진화의 여정 −사람과 돌−』 전시도록.

김은정, 2016, 「진안 진그늘유적 슴베찌르개의 제작과 사용에 대하여」, 『호남고고학보』53, 호남고고학회, pp.4-25.

이기길·김은정·김수아, 2011, 「임실 하가유적 5차 조사」, 『제11회 한국구석기학회 정기 학술대회 발표집』, 한국구석기학회.

이승원 등, 2015, 「단양 수양개 Ⅵ지구 구석기유적」, 『제주도의 구석기연구 현황과 성과』, 한국구석기학회·국립제주박물관, pp.123-127.

장용준, 2001, 『密陽 古禮里遺蹟 몸돌(石核) 硏究』, 부산대학교 대학원 석사학위 청구논문, pp.1-127.

張龍俊, 2006, 『韓國 後期 舊石器의 製作技法과 編年硏究-石刃과 細石刃遺物相을 中心으로』, 부산대학교대학원 박사학위논문, pp.1-265.

장용준, 2010, 「韓國 後期舊石器時代 刃部磨製石器 試論」, 『考古廣場』6, 부산고고학연구회, pp.1-24.

張龍俊, 2014a, 「嶺南地域 舊石器遺蹟의 特徵과 編年」, 『新羅文物硏究』6·7, pp.5-32.

張龍俊, 2014b, 「방사성탄소연대를 이용한 후기구석기시대 편년」, 『嶺南考古學』69, pp.4-46.

稻田孝司, 1994, 「水洞溝技法とルヴァロワ技法—東アジア石刃技法形成の一過程」, 『考古學硏究』41-1, pp.25~46.

木村英明, 1997, 『シベリアの舊石器文化』, 北海道大學圖書刊行會, pp.1~426.

朴英哲·徐姶男, 2004, 「密陽 古禮里 및 晉州 集賢 長興里 遺蹟」, 『영남고고학 20년 발자취』, 嶺南考古學會, pp.15-29.

小畑弘己, 2001, 『シベリア先史考古學』, 中國書店.

早田勉, 1998, 『古禮里遺蹟의 土層과 火山灰』, 부산대학교 박물관.

Richard A, Gould·Dorothy A. Koster·Ann H. L. Sontz, 1971, The Lithic Assemblage of The Western Desert Aborigines of Australia, *American Antiquity* 36(2), pp.149-169.

Semenov, S. A., 1964, *Prehistoric Technology*, London, pp.Ⅹ-Ⅺ.

Sue O'Connor, Rintaro Ono, Chris Clarkson, 2011, Pelagic Fishing at 42,000 Years Before the Present and the Maritime Skills of Modern Humans, *Science* 25, November 2011: Vol. 334 no. 6059, pp. 1117-1121.

Part 1

한반도 현생인류의 확산과 시기

방사성탄소연대를 이용한 후기구석기시대 편년

Ⅰ 서론
Ⅱ 방사성탄소연대의 보정
Ⅲ 최상부 토양쐐기(LW)의 연대
    1 중기와 후기구석기의 이행기
    2 최상부 토양쐐기의 연대
Ⅳ 방사성탄소연대를 활용한 편년
    1 단계별 연대의 검토
    2 편년
Ⅴ 소결

I 서론

구석기시대는 다양한 절대연대측정법을 이용하여 시기를 구분하거나 유적 연대를 파악한다. 방사성탄소연대측정법은 고고학자에게 가장 유용한 연대측정방법이기는 하지만, 정확성과 적용가능 시간대가 제한이라는 두 가지 한계가 있다(콜린렌프류·폴반(이희준 옮김), 2006). 구석기시대는 최소 두 배 이상의 방사성탄소 반감기를 다루므로 아주 적은 오염도 큰 측정값 오류를 유발하는 어려움이 있다(배기동, 2001). 그럼에도 불구하고 발굴현장에서 고고학자는 유적과 유물의 연대를 알기위해 연대측정을 필수적으로 실시하고 있다.

1999년까지만 해도 절대연대수치는 20여 개에 불과하였고, 동일한 층위나 유물면 내에서 다수의 탄소연대가 얻어진 예가 드물다는 한계가 있었다(배기동, 2001). 이러한 연대들은 개별유적을 중심으로 비교가 이루어졌고, 여러 연구자들에 의해 편년이 제기된바 있었다(박영철, 1992; 배기동, 2001; 성춘택, 2004; 2006; 이헌종, 2002; 2004; 2006; 장용준, 2007a; 한창균, 2003; Chang, 2013).[1] 편년연구는 절대연대, 토양쐐기, 퇴적층의 형성시기를 분석하여 종합적으로 구석기연대를 제시하였으나, 보정연대가 활용되지 못한 아쉬움이 있었다.

이런 상황에서 Seong(2011)은 후기구석기시대의 방사성탄소연대 자료 135개를 이용해 연대보정을 시도하였다. 특히 그는 핵심유적들(key sites)을 중심으로 세 개의 평가기준을 제시하고 5단계의 편년을 설정하였다. 우리나라 후기구석기시대의 방사성탄소연대 연구의 중요한 성과로 평가할 수 있다.

우리나라는 구석기 유적수가 증가하면서 다량의 절대연대자료가 증가하고 있고, 앞서 언급한 문제점들이 차츰 해소되어가고 있는 듯하다. 그럼에도 불구하고, 한반도 구석기시대 전반에 대한 편년이나 시기구분은 유적마다 다른 석기의 출토위치, 연대치의 신뢰성, 석기군 내 표지유물의 부재 등의 이유로 통일된 의견이 모아지지 못하고 있다.

구석기유적은 충청도와 강원도지역에 존재하는 석회암지대를 제외하면, 거의 모든 야

---

1 다른 시기의 시대구분에 대해서는 최성락(2013)에 잘 정리되어 있다.

외유적은 산성토양으로 이루어져 있다. 그런 이유로 야외유적에서 연대측정을 위한 목탄 등이 발견될 확률은 아주 낮고, 방사성탄소연대측정법에서 필요한 유기질의 시료 또한 부족하다. 그나마 다행스럽게도 방사성 가속질량분석법(AMS)이 도입된 이후부터 목탄, 동물뼈, 토양시료 등을 이용한 연대측정이 본격적으로 이루어졌다. 2000년대부터는 상당히 많은 유적들의 절대연대자료가 지속적으로 축적되고 있다.

여기서는 IntCal 13보정곡선(Reimer et al., 2013)을 이용한 연대를 활용할 것이다. 그 다음 후기구석기의 개시 시기, 슴베찌르개와 세석인의 출현 시기, 구석기와 신석기의 이행기, 후기구석기시대와 깊은 관련성을 지닌 지질학적 현상 등의 역연대를 알아볼 것이다. 후기구석기시대는 유적 내 문화층과 유물의 상호관련성 등의 신뢰도를 높이는 차원에서 방사성탄소연대자료와 OSL연대를 상호 비교하여 검토할 필요가 있다. 이러한 결과들을 종합하여 우리나라 후기구석기시대의 새로운 편년을 설정해보고자 한다.

II 방사성탄소연대의 보정

최근 우리나라 구석기시대 연대측정은 방사성탄소연대측정법(베타선계수법, AMS분석법)뿐만 아니라 OSL를 활용한다. 이러한 측정법들은 방사성탄소연대측정법과 동일 혹은 인접한 지점에서 채취한 시료로 연대측정을 실시하고 있다.

AMS분석법의 가장 큰 장점은 작은 샘플사이즈로 연대측정이 가능하고, 측정시간을 단축시킨 것이다. AMS를 위해 필요한 탄소량은 0.2~1mg이다. 측정 가능한 연대 한계는 베타선 계수법이 4만 년 전인데 반해, AMS는 60,000 BP이다. 측정시간은 2~4시간이다(長友恒人, 1999). 현재 방사성탄소연대측정법의 90%이상은 AMS로 측정되고 있는 것으로 알려져 있다(Fairbanks et al., 2005). 실제 연대치로서 의미를 지니는 연대측정결과를 얻기 위해서는 이용되는 시료가 가장 중요하다(兼岡一朗, 1998).

AMS로 측정가능한 시간대가 5~8만 년 전까지 소급될 것으로 기대되었으나, 실제로 이를 달성하기 어렵다는 사실이 밝혀졌다. 그 이유는 표본 오염이 중요한 요인이었다(콜린 렌프류·폴반(이희준 옮김), 2006). 그러다보니 구석기시대에 있어 전기와 중기구석기시대가 대부분의 기간을 차지함에도 불구하고, 후기구석기시대를 제외하면 방사성탄소연대측정법을 거의 사용할 수 없다. 구석기시대에 적용 가능한 이 측정법의 이용범위는 중기구석기 말 이후부터로 한정된다.

또한 AMS와 베타선 계수법에 의한 연대를 측정함에 있어 구석기시대의 시료를 활용해 연대를 측정하고자 할 경우에는 시료가 오래될수록 긴 시간동안 흙속에 있었기 때문에 일어날 수 있는 변질 또는 오염, 시료를 다루는 방법, 혹은 처리 때에 일어나는 오염, 화학처리라인과 가속기질량분석계의 백그라운드문제 등 많은 부분을 해결해야만 한다. 오랜 시료는 새로운 탄소의 오염에 대해서 민감하고 오염도가 크기 때문에 시료를 다루는데 있어 충분한 주의가 필요하다.

우리나라에서 AMS를 활용해 연대를 측정할 경우에는 반드시 염기성, 중성, 산성 부식산을 각각 측정한 후에 유적의 형성 및 퇴적상황을 함께 비교하고 검토하는 부분이 필요하다. 그래야만 의미 있는 연대로 인정할 수 있다는 의견도 있다(김명진, 2009). 오랜 시간 동안 매장 상태였던 시료는 현재 탄소(modern carbon)와 사멸 탄소(dead carbon)의 영향을 받을 수 있어 각별한 주의가 필요하다(國立文化財硏究所, 2013).

결국 연대측정으로 알게 된 연대의 의미는 이용한 방법과 대상에 따라 달라진다. 측정을 통해 얻은 연대수치와 우리가 알고자 하는 것들과의 상호 비교를 적확하게 하는 게 중요하다. 구석기유적에서 방사성탄소연대의 정확한 산출을 위해서는 채취된 시료, 유물·유구 사이의 고고학적 맥락이 일치하여만 한다.

연대신뢰성을 검토하는데 있어 중요한 사실은 하나의 시료로 얻어진 하나의 연대수치는 그것이 측정오차가 아무리 작다고 하더라도 데이터 하나만으로 이것이 우리가 알고자 하는 현상이나 유적들에 대해 의미 있는 연대치를 나타낸 것인가에 대한 신뢰성을 판단할 수는 없다는 것이다. 복수의 시료를 이용해서 그 연대치의 재현성 여부도 아주 중요하다. 이러한 문제점들을 보완하기 위해 동일 시료에 대해 다른 연대측정법으로 연대를 측정하여 그 연대들을 상호 비교함으로써 연대수치의 신뢰성을 높이는 것도 좋은 방안이다(兼岡一朗, 1998).

구석기시대의 연대에 있어 중요한 사실은 두 개의 시료에 대한 분석치의 상대오차가 0.5%로 동일하다 할지라도, 산출된 연대치의 숫자가 커질수록 연대의 오차가 커질 수밖에 없는 원리이다(예, 산출연대×상대오차=보정연대). 오랜 연대치 또는 숫자가 큰 연대치의 경우는 오차가 커질 수밖에 없는 구조로 되어 있는 것이다. 이러한 현상을 단순히 연대의 신뢰도가 떨어지는 것으로 직결시킬 수는 없다.

그럼에도 불구하고 아직까지는 절대연대를 알 수 있는 다양한 측정법 중 가장 신뢰성이 높은 것은 방사성탄소연대측정법이다. 이러한 방사성탄소연대의 정확도를 높이기 위해 보정연대가 활용되고 있다. 지금까지 주로 알려진 보정곡선과 관련한 주요 연구는 다음과 같다.

보정곡선 IntCal 04(Reimer et al., 2004)는 0~26ka cal BP밖에 구할 수 없는 문제점이 있었다. 나이테연대측정법의 경우도 12,400 cal BP로 후기구석기 말기의 측정치에 대해서만 적용할 수 있는 한계가 있다. Fairbanks et al.(2005)은 오염되지 않은 산호를 이용하여 우라늄계열의 측정법(230Th/234U/238U)과 ^{14}C를 비교해 0~50,000 BP로까지 보정범위를 확대시켰다. Fairbanks et al.(2005)의 보정곡선은 Fairbanks0805이다. 하지만 이 보정곡선은 샘플 밀도가 적어 부정확한 단점이 있었다. Weninger et al.(2007)의 보정곡선은 CalPal-2007Hulu로 0~60,000 cal BP이다. 이것은 후기구석기시대 전시기에 걸쳐 적용이 가능하며, 40,000 cal BP까지는 높은 샘플 밀도를 나타내고 있다. 구석기연구에 상당히 효과적인 보정곡선으로 생각할 수 있다.

현재 방사성탄소연대를 보정하는데 가장 많이 이용되는 Intcal 13보정곡선은 기존보다 보정범위가 50,000 cal BC로 까지 확대되었다. 우리나라 구석기유적에서 AMS로 측정 가능한 연대한계는 50,000 BP 이전을 넘지 못하므로 대부분의 연대자료를 보정할 수 있게 된 것이다. Bronk Ramsey(2009)는 ^{14}C연대는 폭넓은 유효성을 지니고 있으나, 이 연대는 동위원소의 측정양이지 연대를 뜻하는 게 아니라 주장하였다. 연대를 해석하기 위해서는 보정곡선을 사용한 통계학적 분석의 형태를 필요로 한다.

본고에서는 OxCal 4.2프로그램을 활용하여 233개의 구석기시대 방사성탄소연대 자료를 IntCal 13보정곡선으로 보정하였다(Reimer et al., 2013: 별표 1).

우선 IntCal 13을 활용해 보정하는데 있어 동일 층에 측정된 여러 개의 연대치 중에서는 신뢰성을 높이기 위해 오차범위 내 연대 값에 있어 최댓값과 최솟값의 평균값 또는 중간값이 아닌 최솟값을 채택하였다. 그 이유는 적어도 최솟값 연대보다는 해당 지층의 연대가 내려가지는 않는다는 안정성을 좀 더 보장해주기 때문이다. 기존에 보정연대에서 사용되어 온 연대의 평균값을 사용하지 않은 것은 이러한 연대가 연대범위 내에서 가장 좋은 연대를 뜻하는 것이 아니라 이 수치 역시 오차범위 내 하나의 연대수치에 지나지 않기 때문이다. 즉, 평균값이 가장 좋은 연대가 아니기 때문이다. 다만, 보정연대가 연대 폭이 너무 커서 최솟값을 선택하기 어려운 경우에는 연대 폭과 최솟값을 함께 고려하여 유적 연대를 설정하고자 하였다.

우리 고고학계는 이창희(2008)가 지적한 바와 같이 습관적으로 역연대 BP에서 단순히 1950년을 빼기를 해서 BC의 연대를 추정하는 예가 종종 있다. 그는 이러한 잘못된 방식으로 계산된 수치들은 타당한 역연대나 보정연대로 볼 수 없기 때문에 절대연대로서 아무런 의미가 없다고 주장하였다. 그의 주장은 타당하며, 우리나라 구석기유적에서 연대를 적용할 경우에 유의해야할 부분이다.

그리고 필요한 경우 토양시료보다는 탄으로 측정한 연대를 우선으로 하였다. 또한 석기가 출토된 지점의 연대자료를 중심으로 하였다. 연대자료 중 유물이 출토되지 않았으나 연대치의 신뢰도를 파악하는데 참고가 되거나 층위 간에 연대차이가 큰 경우라면 일부 선택하였다. 측정치는 있으나 정확한 측정지점이 알려져 있지 않거나 유물이 포함되지 않은 자료는 가급적 제외하였다. 작은 동물들의 활동, 재퇴적, 시료 오염 등에 의한 층위 내 연대순서의 역전현상도 고려할 필요가 있었다. 후기구석기문화층에서 신뢰할 수 없는 연대측정치는 일부 제외시켰다.

이렇게 역연대는 교정 후에 cal AD 혹은 cal BC로 표기하고, 필요한 경우 cal BP로 나타낼 수 있다. cal BP는 AD 1950년부터 거슬러 올라가는 역연대 수치로 cal BC와 cal BP는 동일한 개념이 아니므로 구분해서 사용해야 한다. 따라서 cal BC와 cal BP로 적힌 연대치는 동일한 연대가 아니다. 여기서는 특별한 경우를 제외하고는 cal BC로 통일해서 표기하고자 한다.

Ⅲ 최상부 토양쐐기(LW)의 연대

1 중기와 후기구석기의 이행기

Bae(2012)는 중기구석기를 100,000~35,000 BP로 설정하였다. 하지만, 우리나라에서는 통상적인 개념의 중기구석기시대는 12~4만 년 전으로 설정하고 있다. 한탄강·임진강유역에서 얻어진 일부의 연대자료를 제외하면 대부분의 OSL연대는 10만 년 전을 넘지 않는다.

이 시기의 석기군은 전기구석기시대의 석기전통을 기본적으로 계승한다. 또한 석재로는 어떠한 것보다도 석영암계통을 선호하고, 석핵석기의 제작은 물론 석인기법과는 다른 방식으로 제작된 소형박편석기도 사용한다. 대표 석기로는 주먹도끼를 포함한 주먹도끼류 석기, 여러면석기, 찍개 등이 있다. 임진-한탄강유역을 포함하는 한반도 중·남부지역에서 출토되는 여러면석기는 8만 년 전 이후에 집중적으로 출토되고 있다. 이것은 중기구석기시대

표 1 구석기시대 석기기술의 진화에 대한 견해(성춘택, 2007)

연구자	유물군 성격	대표 유물군	특징	기타	지속 시간대
이헌종 (2002)	돌날석기전통 격지석기전통	고례리 장년리, 죽내리 하층	돌날 중심의 석기 기술. 격지 소재 석기 제작		후기 후반 이후 후기 구석기
	자갈돌 석기전통	전곡리, 금파리, 석장리 8-9층, 병산리 하층 등	자갈돌 소재 석기		중기 구석기에 보편화, 후기까지 유지
이선복 (2000)	세석기 포함 소형석기공작	용호동 등 후기적 요소 유적	후기 구석기적인 요소들 (돌날, 세석기포함)	무문화층인 황갈색조AT 층 위에 놓은 퇴적층	후기적 요소 등장은 약 40,000BP
	주먹도끼 비포함 석기공작	전곡리 등 유적의 상부 유물군, 평창리	거칠지만 소형의 긁개, 홈날, 첨두기 등 전이적인 석기기술	황갈색층 아래의 토양쐐기 포함 적색, 적갈색층	OIS 3의 소단계
	주먹도끼 포함 석기공작	전곡리 등 임진-한탄강 유적 하부 유물군	규암 및 석영암제 주먹도끼나 거친 석기	(전곡리 등) 퇴적층 하부에서 주먹도끼 기원	OIS 5a, 또는 OIS 3의 소단계
성춘택 (2006)	잔석기 기술전통	하화계리, 월평리, 죽내리 상층, 진그늘 등	세석기(돌날, 몸돌), 밀개, 새기개, 뚜르개 중심 석기군	표토 아래층에서 토양쐐기 포함층 상부까지	OIS 2중심 (25,000~13,000)
	돌날석기 기술전통	화대리, 용호동, 용산동, 고례리	중대형 돌날, 돌날몸돌, 슴베찌르개 중심의 석기군	첫째 토양쐐기 포함층이 중심	OIS 3 (40,000~30,000)에 등장. OIS 2까지
	소형 석영암 석기 기술전통	전곡리, 가월리 상부, 평창리, 삼리 상층, 소로리	긁개, 밀개, 뚜르개, 첨두기, 톱니날, 등손질칼 등 소형 석영암 석기 중심	구석기시대 늦은 시기까지도 존속	OIS 3이 중심연대, OIS 2까지 지속
	주먹도끼-찍개 석기 기술전통	전곡리, 가월리 하부, 금굴 하층, 당하산, 죽내리 하층 등	주먹도끼-찍개-다면석기, 큼직한 격지 중심의 석기군	첫째 토양쐐기층 하부까지 존속	OIS 4까지가 중심연대

의 중요한 표지유물 중 하나이다. 영산강유역이나 낙동강유역에서는 10만 년 이전의 유적 자체가 아직 발견된 바 없다.

성춘택(2002)은 중기구석기라는 용어와 개념을 무비판적으로 사용하는 것을 지적하고, 현재 우리나라의 중기구석기시대만의 특징적 기술과 문화양상을 설정하기 어렵다고 보았다. 특히 중기구석기론을 설명하는데 있어 한국과 동아시아의 구석기가 유럽 구석기와 동일한 전기, 중기, 후기의 진화과정을 그대로 받아들이기 어려운 부분이 있다고 지적했다.[2]

---

2   또한 그는 중기구석기란 용어가 후기구석기보다 단순히 시간적으로 이르다는 뜻으로 사용되어서는 안 되며 석기의 기술적 특징을 고려해야하고, 일부 연구자는 르발루와기법과 유사한 기술을 찾

우리나라의 경우 전기와 중기구석기를 구분하는데 있어 전기구석기에 대한 시기설정에 대한 통일된 의견이 모아지지 않았고, 두 시대 간에 석기제작기술과 도구 상에 있어 분명한 문화적 변화가 뚜렷하지 않다는 문제점을 안고 있다. 이헌종(2000)의 견해처럼 후기구석기로의 전환기에도 이전 시기의 박편석기전통이 석인석기가 정착되기까지 상당기간 존속하였다. 중기에서 후기로의 이행기에 대한 연구는 추가적인 연구 성과를 기대해보아야 할 것 같다. 다만, 표1처럼 석기군에 대한 전반적인 구분과 석기군의 명칭에 관해서는 차이가 있다.

우리나라는 절대연대를 알 수 없는 유적들 중 석영계석기군은 연대를 추정하기가 힘들다. 이런 상황에서 후기구석기로의 전이층(성춘택, 2004), 중·후기구석기시대 공존문화층(장용준, 2007a), 중간문화층(이헌종 2002; 2004), 한창균(2003)의 시기구분 등과 같은 포괄적인 설명은 유적연대를 결정하는데 있어 명확한 기준을 제시하지 못하고 있다. LW포함층(특히 하부지점)에 해당하는 석기군을 모두 중기로 볼 것이냐, 후기로 볼 것이냐는 지속적으로 논란이 될 수밖에 없다. 이것이 역연대를 사용해 유적 시기를 결정할 수밖에 없는 이유이다. 우리나라 구석기유적의 출토층위가 명료하게 세분되지 않고 석기군의 세부특징이 분명하지 않는 상황에서 역연대를 기준으로 유적연대를 설정해야만 할 것이다. 그리고 아직 우리나라 구석기 연구를 진행하는데 있어 보정연대를 적극적으로 활용하자는 공감대가 무엇보다 시급하다.

2 최상부 토양쐐기의 연대

우리나라의 후기구석기시대 지층과 밀접한 관련이 있는 지질학적 현상으로는 일본의 대표적인 광역화산재인 아이라-탄자와(Aira-Tanzawa)화산재(始良Tn: AT, 町田 洋 외, 2003), 최후빙하극성기(LGM: Last Glacial Maximum), 하인리히 이벤트(Heinrich events, Heinrich, 1988), 최상부 토양쐐기(Last soil wedge: 이하 LW로 부름, 장용준, 2007a)가 있다.[3]

으려는 경향을 문제로 삼았다.

3 화산재동정에는 층위학적 방법과 암석기재적 방법(주로 실재실험)이 있다. 층위학적 방법에는 층위(층서, 연대: 각종 방사연대, 미화석연대, 문화층연대), 층상(층후, 입도, 색조, 강하유닛, 본질물질, 풍화도)이 있다. 암석기재적 방법은 암석레벨(조직, 광물조성, 화학조성)과 광물레벨(형태, 굴절률, 열자기적 성질, 화학조성)이 있다. 화산재를 많이 이용하는 이유는 다음과 같다. 첫째, 화산재는 단기간에 넓은 범위에까지 확산된다. 분출된 화산재는 상공의 바람에 의해 단시간 동안

LW는 LGM 때에 형성된 것으로 추정되지만, 문제는 LGM 시기에 대해 연구자마다 견해 차이가 있다는 점이다(장용준, 2007a).[4] Mix et al.(2001)은 LGM을 21,050~17,050 cal BC로 판단하였다(이기길·김명진, 2008). Clark et al.(2009)은 LGM을 26,500~19,000 BC로 추정하기도 했다. LGM은 하인리히 이벤트의 H1과 H2사이에 일어났다. LW는 하인리히 이벤트의 H2와 관련이 있다. H2의 끝과 H1의 시작은 방사성탄소연대로 20,400 BP와 15,000 BP인데, 보정하면 22,575~16,066 cal BC이다.

　　그러므로 LGM은 어느 특정 시점에 일시적으로 일어난 현상이 아닌 장기간에 걸친 기후 현상이었다. 이때는 기온이 낮아짐에 따라 생긴 해수면하강으로 인해 대륙이 가장 확장된 시기이기도 했는데, 그 때는 22,000~20,000 BC로 추정된다.

　　AT(Aira-Tn)화산재는 LW가 나타나는 지점의 주변을 중심으로 위와 아래에서 확인된다. 그 연대는 24,790±350 BP이며(町田洋·新井房夫, 2003), 보정연대는 27,801~26,815 cal BC이다. LW와 근접한 지점에서 확인되지만, 연대로 판단할 때는 실제 AT 발생 시기는 LW 형성 시기보다 일찍 발생한 대형 화산폭발이었음을 알 수 있다.

　　LW는 LW포함층과 더불어 후기구석기시대의 시기구분에 중요하다. 토양쐐기의 형태는 아주 다양하지만, 단면에서 볼 때 T자형으로 가로줄과 세로줄(쐐기부분)로 구성된다.[5] LW포함층은 토양쐐기 가로줄부터 토양쐐기의 세로줄, 즉 쐐기부분을 포함하는 층이다. 지층 단면에 있어 토양쐐기의 가로줄이 LW의 형성시기를 직접적으로 알려준다면, LW포함층 내 쐐기 형태는 그 모양이 다양하고 포함층의 형성과는 관계가 없어 해당 지층의 상한연대를 알려주지는 못한다.

　　먼 곳까지 운반된다. 둘째, 화산재 층에는 층상과 구성 물질에 다양한 특징이 있고 식별동정이 용이하다. 셋째, 화산재의 분출연대추정에는 많은 연대를 추정할 수 있는 참고자료를 이용할 수 있다. 화산분출의 문헌기록자료, 다른 분야의 연구성과, 형식학적 편년을 참조하는 고고학적 자료와 층위관계, 절대연대측정자료 등을 활용하여 화산재의 분출연대를 측정할 수 있다(長友恒人 編 1999; 町田洋·新井房夫, 2003).

4　　한창균(1998): 산소동위소 2기. 24,110±4,930~12,050±3,140 BP
　　韓昌均(2002; 2003): 하인리히 이벤트1(17,000~15,000 BP)
　　성춘택(2004): 25,000~22,000 BP
　　장용준(2007a): 25,000~20,000 BP

5　　쐐기의 가로줄은 유적의 형성과정, 그 이후의 삭박 등의 작용으로 인해 없는 경우도 있다.

LW를 포함하는 지층의 상한연대를 알아보기 위해서 다음의 유적 연대를 살펴보고자 한다. 봉명동(이융조·홍미영, 1999) 제1문화층 AMS연대는 58,765~43,457 cal BC (49,860±2,710 BP), 49,981~44,081 cal BC(48,450±1,370 BP)이다. 당가 제2문화층의 45,380±1,250 BP는 보정이 불가능하였지만, 44,170±1,150 BP는 47,908~43,780 cal BC이다. 기곡 3문화층(기곡A-2)의 45,800±1,600 BP는 보정할 수 없었다. 이처럼 일부 측정된 연대들 중에는 45,000 BP처럼 보정 한도를 넘어서 보정할 수 없는 경우도 있었다.

우리가 여기서 추론할 수 있는 것은 LW포함층의 상한연대는 봉명동의 58,765 cal BC가 최고치이다. 하지만, 오차범위와 다른 유적들과의 자료를 비교하면, 50,000 cal BC가 적당한 것 같다. 이러한 연대수치가 안정적이라면 유적의 문화층에 대한 절대연대를 갖지 못한다고 할지라도 LW포함층 내 유적의 상한연대는 50,000 cal BC를 넘지 않을 것이라 판단할 수 있다. LW포함층 내(특히 하부지점)에 해당하는 유적들은 중기구석기시대에 석영계석기군의 특징들을 여전히 유지한다.

LW의 형성시기는 층위 단면에서 토양쐐기 가로줄의 바로 아래 지점에서 채취한 시료로 연대를 측정한 용산동 갈색점토층의 23,477~19,707 cal BC가 있다. 그리고 신화리(2) 표준토층-1(2문화층)의 21,522~20,757 cal BC, 나주 용동(이헌종·이혜연, 2006)에서는 LW층 상부에서 측정한 AMS연대가 25,406~24,026 cal BC(22,350±350 BP)이다. LW층 상부에 해당하는 대정동 22,036~21,486 cal BC와 집현, 석평, 사창 등의 연대 등을 고려하면 LW 형성의 중심연대는 24,000~20,000 cal BC로 추정된다. LW의 하한은 20,000 cal BC로 판단할 수 있다.

이상의 결과들을 정리하면, LGM은 26,500~19,000 cal BC, AT화산재는 27,000~26,000 cal BC, LW는 24,000~20,000 cal BC이다. 지금껏 우리가 거의 같은 지점에서 확인되었기에 막연히 비슷한 연대로 파악했던 AT화산재, LGM, LW의 형성시기는 동일하지 않음을 알 수 있다(그림 7 참조). LGM 중 특히 기온이 더 낮았던 절정기가 있는 것처럼 LGM의 시작과 끝 동안의 다양한 기후변화, AT화산의 폭발의 강도와 시기의 차이, LW의 형성시기와 같은 이런 사건들은 어느 시점에서는 함께 일어났을 개연성을 가지고 있다. 그렇다고 할지라도 오랜 기간에 걸쳐 발생한 이런 사건들이 동일 시점의 지질학적 사건은 아님은 분명하며, 그 시기 또한 차이가 있음을 알 수 있다. 따라서 이러한 사건들을 동일 시기로 간주해서는 안 될 것이다.

Ⅳ 방사성탄소연대를 활용한 편년

1 단계별 연대의 검토

1) Ⅰ단계(40,000~35,000 cal BC, 그림 1)

한반도의 후기구석기시대가 어느 정도까지 소급될 것이냐는 아직도 논의 중이다. 중기에서 후기구석기로 넘어가면서 대체적으로 석기 크기는 작아진다. 이 시기 유적 중에는 갈둔처럼 절대연대와 석기군의 양상이 기존의 분류안과 다르거나, AMS연대와 OSL연대가 상이한 경우도 있어 연대를 받아들이는데 있어 신중할 필요가 있다.

절대연대 중 50,000~40,000 cal BC의 연대치(최솟값 기준)가 나온 기곡 3문화층(기곡 A-2)과 당가 제2문화층, 봉명동 제1문화층, 석장리 제8문화층, 갈둔 4유물층, 기화리동굴, 장

표 2 Ⅰ단계의 유적연대와 특징(보정연대: 95.4% 확률)

유적명	층위	측정시료	¹⁴C연대 (ysr BP)	보정연대(cal BC) 최댓값	보정연대(cal BC) 최솟값	측정법	비고	문헌
봉곡	3층 적갈색 사질점토층 (토양 샘플 2)	soil	41,500±1,500	46,715	40,852	AMS	유물포함층으로 LW포함층 하부에서 확인. 슴베찌르개 1점 출토	호남문화재 연구원 등, 2006
하화계리 Ⅲ 작은솔밭	Ⅱ문화층		40,690±1,500	46,018	40,296	AMS	석영계석기군	최복규 외, 2004
기화리 동굴	문화층		39,280±470	42,023	40,461	AMS	(동굴2)	박영철 등, 2007
갈둔	6B층 (E1N2 서벽 6B). 4유물층 (유물집중면)	sediment	37,300±400	40,432	39,204	AMS	OSL연대와 심한 연대차이. 주먹도끼, 피크 출토	
용호동	제2문화층 하부	탄	38,500±1,000	42,593	39,309	AMS	슴베찌르개 출토 지점 아래에서 채집한 나무숯시료	한창균, 2002
기곡	2문화층 (GG-B8)	charcoal	36,070±380	39,556	37,954	AMS	LW포함층. 석영계석기군. 중기-후기 이행기	강원문화재 연구소 등, 2005

기 2문화층은 모두 석영계석기군이 중심이다. 40,000 cal BC 이전 유적에서는 후기구석기의 문화양상을 확인하기 힘들어 중기구석기시대로 보아도 무방하다.

최근에는 후기구석기시대에도 주먹도끼가 출현한다는 주장이 있다. 촌곡(그림 1-5), 당가 3문화층, 우봉리 1문화층처럼 후기구석기시대에도 끝이 뾰족한 주먹도끼가 다수 출토되고 있다고 한다. 영산강유역의 구석기유적도 주변에서 쉽게 구할 수 있는 자갈돌, 특히 석영암을 이용해 석기를 만들어 주로 사용하였다(이헌종·이혜연, 2006). 갈둔 4유물층 유물집중면의 연대는 OSL과 AMS의 연대측정치가 차이는 있지만, 40,432~39,204 cal BC라는 연대로 미루어보아 주먹도끼류 석기도 후기구석기에 사용한 것이 된다.

과연 이러한 주먹도끼류 석기가 중기구석기의 전통으로 만들어진 석기인지, 후기구석기시대 사람들이 필요에 따라 만든 후기구석기 양식의 석핵석기인지는 좀 더 연구 성과를 기다려 보아야 할 것 같다. 얼마든지 이 시기에 주먹도끼와 찍개, 여러면석기는 출토될 수 있다. 오히려 이러한 사실들이 중기구석기에서 후기구석기로 전환될 때 문화적 단절이 아닌 도구의 연속성을 방증해 주고, 급속한 문화 변화를 거친 것이 아닌 점진적 교체과정을 거쳤음을 보여주는 자료이기도 하다.

I단계의 불규칙 박편석기는 석재로 석영암을 주로 사용한다. 후기구석기시대의 석영계석기군과 LW포함층 내 하부지점에서 출토되는 석영계석기군을 석기군의 특징과 제작기술을 단순 비교하여 시기차이를 밝히기란 아주 어렵다. LW포함층의 하부에 해당하는 하화계리 III 작은솔밭의 경우에도 46,028~40,296 cal BC이면서 중기구석기의 성격을 지니고 있다. 불규칙 박편 등을 사용한 석영계석기군은 기종 간에 기술적 변화를 간취하기 어렵고, 표지유물이 부족하여 석기군의 특징을 잡기가 어렵다(그림 1-16~19). 또한 이러한 석영계 석기들은 후기구석기시대 내내 사용되었다. 즉 LW포함층 내 석기군은 연대자료가 없다면 중기구석기는 물론, 후기구석기의 가능성도 상존한다. 이것이 방사성탄소연대와 같은 절대연대를 적극적으로 활용하여 석영계석기군의 연대를 설정하는 작업이 필요한 이유이다.

한편, 봉곡은 46,715~40,852 cal BC로 주먹도끼, 찍개, 여러면석기와 같은 석핵석기에는 석영계 석재를 사용하였고, 소형석기인 슴베찌르개나 석인 등은 유문암계 석재를 압도적으로 많이 사용하였다(그림 1-1~3).[6] 특히 대형석기에는 유문암계 석재가 전혀 사용되지 않았다. 석인은 모두 유문암을 이용하여 제작하였다. 슴베찌르개는 완형이 없으나 석인을 이용

---

6   주먹도끼는 보고서에 게재되어 있지 않다.

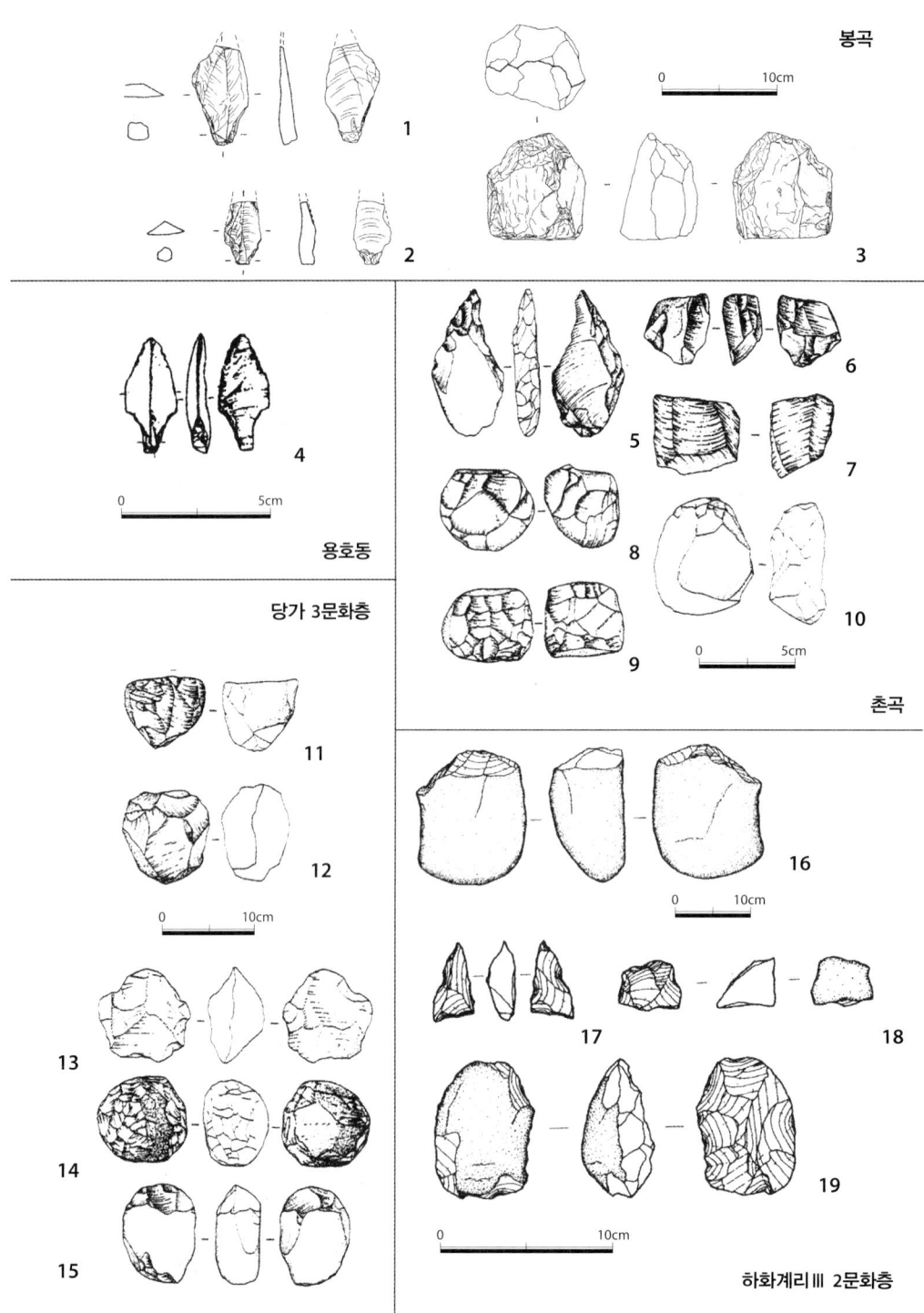

그림 1 ┃ Ⅰ단계의 석기군(40,000~35,000 cal BC)

해 기부를 분명하게 만들었다. Ⅰ-5지구의 제3층에서 출토된 슴베찌르개 2점 중 한 점은 지표에서 채집되었고 한 점은 9피트의 하강조사에서 발견되었다(호남문화재연구원·전주시, 2008).

봉곡출토품 중 한 점의 슴베찌르개는 LW포함층 내 하부에서 출토된 것으로 추정된다. 이것은 정확한 위치와 절대연대와의 관계가 불분명하여 46,715~40,852 cal BC가 확인된 층보다 상부에서 출토되었다 할지라도 이 슴베찌르개가 연대와 반드시 부합한다고 보기는 어려울 것 같다.[7]

이를 보완해 줄 자료가 용호동출토품이다(그림 1-4). 이 유적의 슴베찌르개 2점 중 한 점은 42,593~39,309 cal BC의 아래에서 발견되었고, 나머지 한 점은 그 위에서 출토되었다. 한창균(2002)은 중기구석기시대에 슴베찌르개가 출현하는 것으로 해석하였으나, 봉곡의 자료를 포함해 슴베찌르개를 석인기법이 확인되지 않는 중기구석기시대로까지 소급적용하는 문제는 시간을 두고 논의가 필요하다.

이헌종(2006)은 후기구석기 초의 자갈돌 석기 전통이 우리나라에서는 중국의 중기구석기의 석기로부터 기술형태학적 맥락이 이어지며, 현생인류가 출현하지만 석인제작의 혁명은 일어나지 않는다고 언급하였다. 후기구석기 초는 자갈돌 석기전통이라는 큰 줄기 속에 석인석기의 영향은 미약했던 것으로 파악하였다. 여기서 주의할 점은 석영계석기군을 이전 시기의 석영계 석기문화와 동일한 기술전통으로 파악해 무조건적인 연속선상에서 해석하는 것은 옳지 않다(장용준, 2007a).

Ⅰ단계는 40,000~35,000 cal BC까지로 설정하고자 한다. 40,000 cal BC이전에는 후기구석기적 요소를 찾기가 어렵다. 중기구석기와 후기구석기를 단순히 선을 그어 구분할 수는 없지만, 40,000 cal BC가 두 시대의 중요한 전환점이자 후기구석기의 시작으로 설정할 수 있다. 후기구석기의 출현기 또는 여명기라 할 수 있다. 중기구석기 전통이 남아 있는 석영계 불규칙 박편석기군이 존재한다. 봉곡이나 용호동의 슴베찌르개에서 볼 수 있는 것처럼 석인기법이 맹아적으로 나타난다. 앞으로 슴베찌르개가 40,000 cal BC 이전에도 출현할 수도 있겠지만, 현 시점에서는 그 가능성이 낮은 것 같다.

LW포함층 내 하부지점에서는 중기구석기와 후기구석기 초의 석영계 석기들이 출토되고 있다. 그런 이유로 슴베찌르개나 석인의 출현처럼 특정 기종 혹은 특별한 기법을 중요한 변화양상으로 간주하여 후기구석기의 시작으로 볼 수밖에 없는 실정이다. 클라이브 갬블

---

7 보고자(호남문화재연구원·전주시, 2008)는 슴베찌르개 상한을 35,000년 전으로 파악하였다.

(2013)은 석인은 인류혁명의 핵심 요소이므로 현생 인류와 후기구석기시대를 특징짓는 중요한 물질문화의 요소로 간주하였다.

I 단계는 후기구석기시대의 새로운 석기제작기술인 석인기법이 출현하고, 석인을 활용해 만든 자루 착장형 슴베찌르개가 처음 등장한다. 다만, 석영계석기군에서 발견되는 이른바 슴베석기라는 것들이 슴베찌르개의 기원 또는 동일한 기능을 가진 수렵도구인지는 신중한 판단이 필요하다. 특히 LW포함층의 석영계석기군 중에서 일부는 후기로 편입될 수도 있다. 이제부터라도 유적의 시기는 유물의 출토위치와 절대연대에 근거하여 시기를 구분해야만 한다.

2) II 단계(35,000~28,000 cal BC, 그림 2)

II단계는 II-1, II-1의 2개 단계가 있다.

(1) II-1단계

이 단계는 LW포함층에서 확인된 유적들이 주로 해당한다. 석영계석기군과 더불어 새로운 석인기법이 사용되면서 슴베찌르개와 같은 수렵도구가 본격적으로 등장한다.

먼저 석영계석기군에 대해 살펴보자. 여기에는 중기구석기시대로 분류된 유적 중 가월리가 34,105~31,136 cal BC로 후기구석기시대에 해당하는 연대가 확인되었다. 보고자(국방문화재연구원·경기도도로사업소, 2012)는 가월리 문화층을 방사성탄소연대와 OSL를 근거로 43,000~37,000년 전에 형성된 것으로 보고 중기구석기 말에서 후기구석기 초로 설정하였다. 특히 구석기문화층은 41,400년 전으로 판단했다. 전형적인 주먹도끼 1점, 찍개 8점, 여러면석기 2점, 주먹대패 7점 등 대부분의 석기를 규암과 석영암으로 만드는 등 중기구석기의 성격을 그대로 유지하고 있다. 기존에 절대연대가 없는 유적들을 중기구석기로 판단한 것에 대한 재검토의 필요성을 상기시켜 준다.

이곳의 구석기 문화층(해발 34m지점)에 있어 방사성탄소연대 34,405~31,403 cal BC가 측정된 지점의 20cm 아래에서 OSL 43,000±5,000 BC가 확인되었다. 보고자는 측정연대 2개가 서로 역전되었기에 불안정한 퇴적환경을 근거로 방사성탄소연대의 신뢰도가 낮은 것으로 판단하였다. 그러나 해발 32.5m(구석기문화층)의 측정치가 34,405~31,136 cal BC, 해발 33m가 34,850~31,403 cal BC이므로 탄소연대를 완전히 부정하기는 어려울 것 같다.

증산 1문화층에서도 석기제작을 위한 도구뿐만 아니라 주먹도끼류 석기, 주먹찌르개,

대형긁개, 찍개, 주먹대패, 여러면석기와 같은 석핵석기가 출토되었다(그림 2). 또한 긁개, 밀개, 톱니날 등 잔손질된 불규칙 박편석기들도 다량 출토되었다. 정장리 71-5번지(경상문화재연구원·거창군, 2011)와 같이 후기구석기시대의 전형적인 석영계석기군도 존재한다.

앞서 언급하였듯이 특히 임진·한탄강의 많은 석영계석기군이 확인된 유적을 무조건적으로 전기 혹은 중기로 판단해 버리거나 분명하지 않은 시료오염과 같은 이유로 성급하게 연대 자체를 부정해 버리는 것은 다소 문제가 있다. 후기구석기시대의 표지유물을 공반하지 않는 석영계석기군의 경우 습관적으로 중기구석기로 보려는 경향이 강해 절대연대 측정치를 객관적 근거 없이 받아들이지 않는 경우가 있다. 유적에서 측정된 절대연대를 부정할 경우에는 절대연대가 틀렸다고 주장할 만한 객관적인 근거를 제시할 필요가 있다.[8]

석영계석기군에 있어 주된 석기는 석영으로 제작하되, 일부 석기는 규질제 석재를 사용하는 예도 있다. 호평동 1문화층(3b지층)은 대부분의 석기를 석영으로 만들지만, 응회암, 유문암, 사암, 화강암 등도 드물게 사용했다. 3,023점 중 석영이 95.7%를 차지하며, 자연면 타면을 활용하여 획득한 박편을 이용해 주로 긁개, 밀개, 홈날 등을 만들었다(홍미영·김종헌, 2008). 이 문화층은 단순한 석기구성, 한정된 석재사용, 석영을 집중적으로 활용해 박편을 생산하였다. 다음 단계의 용산동에서도 이러한 경향은 그대로 이어진다.

특히 Ⅱ-1단계의 슴베찌르개 석기군은 통상적인 석기는 석영으로 제작하면서 석인을 활용해 만든 슴베찌르개는 다른 석재를 사용하는 기종별 선택적 석재 사용현상이 눈에 띈다. 즉, 화대리나 호평동처럼 규질제 단일 석재로 만든 석인석기군이 본격적으로 출현하였으나 석영계석기군도 함께 사용되었다. 아직 이암, 응회암, 혈암, 흑요석과 같은 규질제 석재만으로 석인석기를 제작한 유적은 발견된 바 없다. 이 시기의 슴베찌르개의 석기군의 특징을 잘 보여주는 부분이다. 28,000 cal BC이후가 되어야만, 고례리처럼 이암혼펠스와 같은 특정 석재만으로 석인석기군을 구성하는 현상이 등장한다.

다음으로 슴베찌르개의 본격적인 등장시기에 대해 알아보자. 슴베찌르개는 앞서 봉곡, 용호동 사례가 있기는 하지만, 출토위치가 안정적이지 않다. 한반도에서 슴베찌르개 초현기(初現期)의 것으로 볼 수 있는 가장 확실한 출토품은 화대리 2문화층, 용호동 상부 출토품, 호

---

[8] 기존에 후기구석기 초로 많이 비정되던 석장리 12층 하부(지표 아래 3.5~3.7m)의 β선으로 측정한 30,690±3,000 BP는 44,380~28,402 cal BC로 유적의 연대를 추정하기에는 연대 폭이 너무 넓어 좋은 측정치로 볼 수 없어 절대연대의 신뢰성이 떨어진다.

표 3   Ⅱ-1단계의 유적연대와 특징(보정연대: 95.4% 확률)

유적명	층위	측정시료	¹⁴C연대 (ysr BP)	보정연대(cal BC) 최댓값	보정연대(cal BC) 최솟값	측정법	비고	문헌
석장리	12층하부 (지표하 3.5~3.7m)	탄	30,690±3,000	44,380	28,402	β선	후기구석기	손보기, 1993
가월리	Ⅱ (해발고도 33m)	bulk soil	32,000±800	34,405	31,136	AMS	구석기 비포함층	국방문화재 연구원, 2012
가월리	Ⅱ (해발고도 32.5m)	bulk soil	30,500±800	34,850	31,403	AMS	구석기 문화층	국방문화재 연구원, 2012
노산리	3층	탄	31,700±900	36,296	32,191	AMS	후기구석기?	이융조, 2002
화대리	Ⅲ층 상부(2문화층)		31,200±900	35,791	31,762	AMS	슴베찌르개 출토	최복규·유혜정, 2005
정장리 (593번지)	Ⅱ지구-Cpit-동벽 상	sediment	29,760±300	32,539	31,442	AMS	제2문화층 (후기구석기 초기?)	경남발전 연구원 역사문화센터, 2004
전곡리	적갈색점토층 Ⅴ층		31,000±600	34,727	32,682	AMS	중기구석기?	Vasilchuk et al., 2002
금파리	3층		30,800±100	34,255	32,912	AMS	중기구석기?	Bae et al., 2006
호평동	3지층(3b)	탄	27,500±300	30,114	28,974	AMS	1문화층	경기문화재 연구원, 2010
호평동	3지층(3b)	탄	27,600±300	30,311	29,045	AMS	1문화층	경기문화재 연구원, 2010
호평동	3지층(3b)	탄	29,200±900	33,077	29,400	AMS	1문화층	경기문화재 연구원, 2010
호평동	3지층(3b)	탄	30,000±1,500	36,379	29,322	AMS	1문화층	경기문화재 연구원, 2010
증산	명갈색점토층 (Pit1 동벽 5층)	sediment	29,800±1,500	36,189	29,215	AMS	첫 번째 토양쐐기 끝나는 지점. 1문화층(대부분의 유물출토). 석영계석기군	호남문화재 연구원 등, 2011
갈둔	6A층(E1N2 서벽 6A). 3유물층(유물집중면)	sediment	29,900±100	32,268	31,803	AMS	OSL연대와 심한 연대차이. 중기구석기?	江原文化財 研究所, 2008

평동 1문화층이다. 우리나라의 고유한 찌르개 양식인 슴베찌르개는 후기구석기시대의 석인기법이 출현하면서 비로소 사용하게 된 석창이다.

화대리는 Ⅲ층 상부(2문화층)에서 슴베찌르개가 출토되었다(그림 2). 그 연대는 35,791~31,762 cal BC이다. 화대리의 AMS연대가 OSL연대와 비교하여도 큰 차이가 없을 뿐만 아니

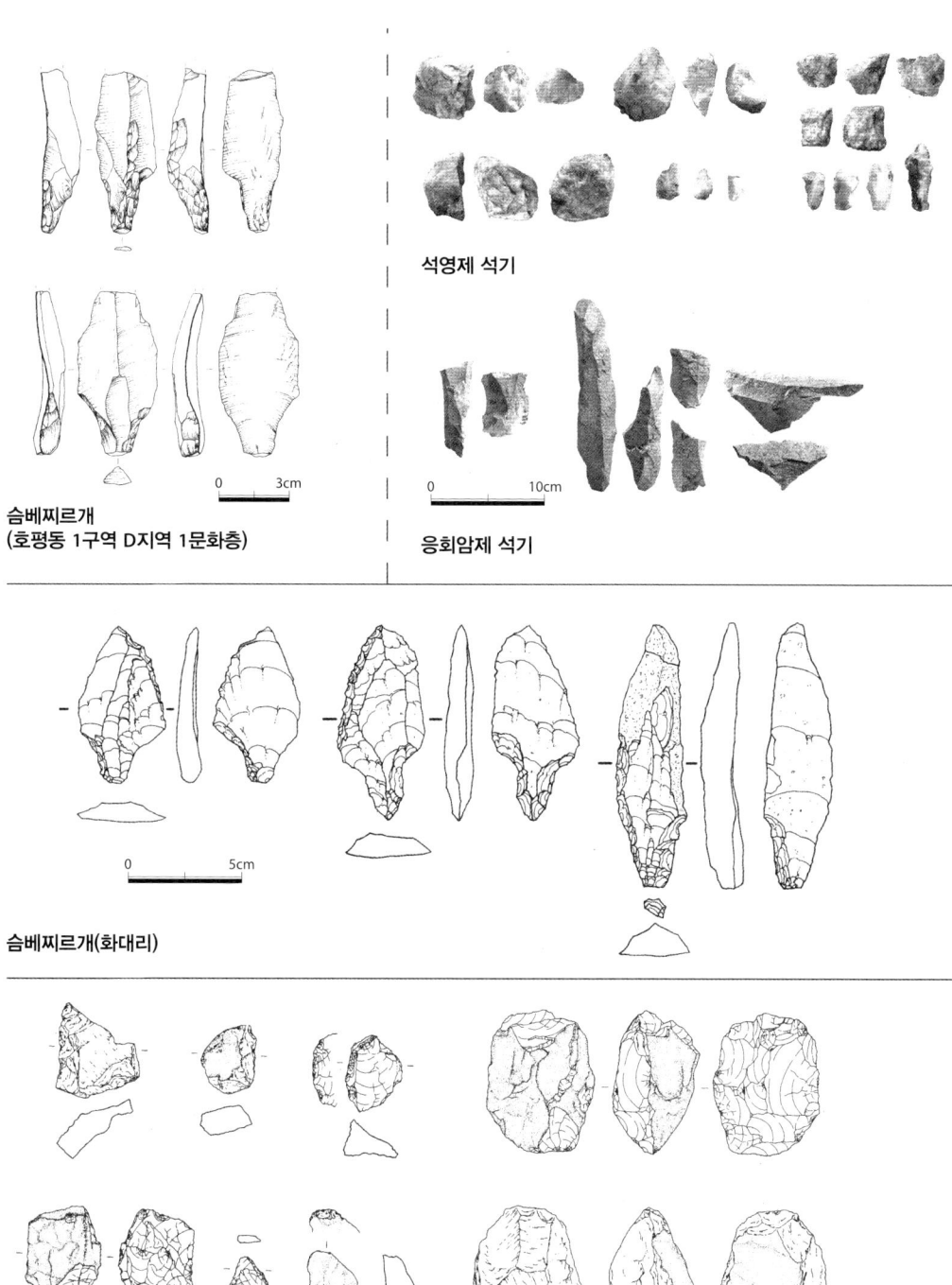

슴베찌르개
(호평동 1구역 D지역 1문화층)

석영제 석기

응회암제 석기

슴베찌르개(화대리)

석영제 석기(증산)

그림 2 Ⅱ-1단계의 석기군

라 다른 문화층의 연대측정치도 안정적이다.

호평동 1문화층(3b지층)은 응회암을 이용한 석인관련 석기가 출토되었다(그림 2). 1지역 D구역의 응회암제 석기 52점은 동일한 원석에서 제작된 것으로 추정되었다. 슴베찌르개 3점은 응회암과 유문암을 이용해 석인을 만들었다. 1문화층 4개의 연대치 범위를 정리하면 36,379~28,974 cal BC이며, 최솟값 기준으로 29,400~28,974 cal BC이다. 이 유적의 슴베찌르개 사용연대는 4개의 측정치로 볼 때 29,000 cal BC 이전이며, 최대 36,379 cal BC까지 소급될 가능성이 있다.

위의 사실들을 정리하면 Ⅱ-1단계는 새로운 수렵도구인 슴베찌르개의 본격적인 출현, 석인기법(비능조정, 능조정)의 출현, 석영계 석핵석기의 존속, 도구에 따른 석재의 차별적 사용 등이 나타난다. 슴베찌르개의 안정적인 출현연대는 35,000 cal BC이후로 보는 것이 가장 무난하다. 우리나라는 후기구석기시대의 시작과 함께 나타나는 장신구, 상징적 행위나 매장풍습 등과 관련된 유물이 아직 출토된 바 없다. 석인기법은 후기구석기시대를 나타내는 대표적인 석기제작기술이다. 그렇지만, 모비우스라인(Movius, 1944)의 서쪽에서는 전기구석기시대 이후 석인기법과 기술적으로 유사한 것이 확인되기도 해 석인기법의 출현이 단순히 현생인류의 출현과 일치하는지의 여부는 아직 확실치 않다.[9]

참고로 일본 후기구석기의 출현과 관련하여 Ⅰ~Ⅱ단계의 어느 시점에 한반도에 거주했던 현생인류가 대한해협을 건너 일본으로 건너갔다. 현재까지 일본 내 현생인류는 한반도를 거쳐갔던 사람들이다. 후기구석기시대의 현생인류의 확산은 한반도루트가 가장 유력하다. 다만, 한반도에서 건너간 현생인류가 석기제작 때 한반도와는 다른 석재(특히 흑요석, 사누카이트 등)를 사용하면서 기종의 변화가 생기면서 두 나라 간의 석기 비교는 어려움이 있다(Chang, 2013).

(2) Ⅱ-2단계(28,000~22,000 cal BC, 그림 3)

이 단계의 유적들은 LW층 상부에서 석기가 출토되지만, 일부 유적은 LW포함층 내 상부에서

---

[9] 석인은 오스트레일리아 선사시대에서 발견되지 않는다. 그리고 유럽 후기구석기시대 이전에도 석인들은 출토되는데, 서아시아의 아무디안전통의 석기군과 이스라엘 타분유적에서는 석인의 연대가 30~27만 년 전의 것으로 평가받고 있다. 아프리카 케냐의 카프투린유적은 24만 년 전, 남아프리카 호위슨스 푸트 석기군은 8~6만 년 전에 석인이 출토되었다(클라이브 갬블〈성춘택 옮김〉, 2013).

도 발견된다. 그 이유는 이 단계의 유적들은 주로 최후빙하극성기(Last Glacial Maximum)의 기간에 해당하는 유적들이고, 이는 LW의 형성이 상당히 넓은 시기에 걸쳐 이루어졌기 때문으로 추측된다. 아직 우리나라에서 추운 기후가 생계에 어떠한 변화를 야기시켰는지는 연구가 별로 진행되지 못하였다. 이 시기 유적으로 용방, 용산동, 호평동 2문화층, 진그늘이 대표적이다.

먼저 석인기법은 이전 단계에서는 찾아보기 힘들었던 능조정기법을 이용해 한층 세련된 기술로 석인을 대량 생산하였다.

용방(천권희, 2008)은 27,801~26,815 cal BC로 능조정기법을 활용해 만든 혼펠스제 석인 11점이 출토되었다. 특히 능조정 석인(crested blade)도 7점 확인되었다. 슴베찌르개는 5점이며, 그 중 4점은 혼펠스, 1점은 반암으로 만들었다. 진그늘(이기길, 2004; 이기길, 2011)은 LW층 상부에서 석기가 출토되었고, 25,776~24,426 cal BC이다. 이 유적은 25,000 cal BC 무렵에 가장 발전된 석인기법을 사용했음을 보여준다. 주로 유문암으로 슴베찌르개 99점을 만들었다. 그 외에도 대형밀개와 뚜르개도 출토되어 사냥과 가공을 함께 할 수 있게끔 도구가 구성되었다. 슴베찌르개 49점이 출토된 수양개도 능조정기법을 활용하여 많은 수량의 석인을 생산하였다. 이곳에서는 불을 사용하기 위한 화덕자리 두 곳도 확인되었다.

능조정기법을 사용한 유적은 고례리 10점, 수양개 49점, 신북 10점, 용방 5점, 진그늘 99점, 용산동 38점 등 슴베찌르개를 다량으로 제작하였다. 우리나라에서 능조정기법을 활용하여 슴베찌르개를 제작한 중심연대는 용방, 진그늘 등의 예로 볼 때 28,000~20,000 cal BC로 추정된다. LW층 상부에서도 이러한 석인기법은 지속적으로 사용되었다.

이 단계의 슴베찌르개의 특징은 크기와 석재의 차별적 사용이다.

먼저 우리나라 슴베찌르개는 석인이나 종장박편만을 예비소재로 하여 제작하였다. 크기도 7~10cm가 대부분이다(장용준, 2007a). 용산동(중앙문화재연구원, 2007)의 사례처럼 석인 233점의 평균길이는 5.0cm이고 최대 길이는 10.1cm이다. 고례리는 대형 석인으로 슴베찌르개를 충분히 제작할 수 있음에도 불구하고 10cm 이상의 슴베찌르개는 제작하지 않는 독특한 제작방식을 고수하였다. 슴베찌르개의 길이는 도구의 크기와 기능을 결정하는 중요한 요소였다(박가영, 2012; 장용준, 2007b).

그리고 슴베찌르개의 석재는 반암, 혼펠스, 유문암, 이암, 혈암과 같은 규질제 석재로 제작하였다. 특히 고례리에서는 석영계 석기가 출토되지 않았으며 이암혼펠스로 대부분의 석기를 제작했다. 용산동의 모든 석인은 혼펠스로만 만들어졌다. 이 시기 석인집단의 도구에 맞춰 특정 석재를 선택하는 현상이 있었음을 유추해 볼 수 있다.

표 4   Ⅱ-2단계의 유적연대와 특징(보정연대: 95.4% 확률)

유적명	층위	측정시료	¹⁴C년대 (ysr BP)	보정연대(cal BC) 최댓값	보정연대(cal BC) 최솟값	측정법	비고	문헌
신북	G33		25,500±1,000	29,616	25,786	AMS	망치, 갈린 판석	이기길, 2004
용방	암갈색찰흙층 (2지층, 구석기문화층)	탄	25,200±200	27,801	26,815	AMS	LW포함층	천권희, 2008
용산동	갈색점토 (시료번호: YS-2)	토양	24,430±870	28,739	25,327	¹⁴C	LW포함층이 유물중심부(LW층보다 상위에서 AT화산재 검출)	중앙문화재연구원, 2007
장흥리 (철원)	2층(제1문화층)	탄	24,200±600	27,727	25,396	AMS	아래부터 LW의 윗 지층에서 석기출토. 세석인석기군	최복규 등, 2001
장흥리 (철원)	2층(제1문화층)	탄	24,400±600	27,975	25,527	AMS	아래부터 LW의 윗 지층에서 석기출토. 세석인석기군	Vasilchuk et al., 2002
호평동	3지층(3a)	탄	21,100±200	23,916	23,008	AMS	2문화층(흑요석 집중출토), 철도부지 A구역 흑요석으로 측정한 21,120±1,820 yrs BP과 거의 일치(LW포함층)	경기문화재연구원, 2010
진그늘	노적	탄	22,850±350	25,776	24,426	AMS	후기구석기. LW포함층보다 상위 지층이 문화층. 갈색찰흙층 하부	이기길, 2004
석장리	12층노적	탄	20,830±1,880	28,693	19,371	β선	후기구석기 초	손보기, 1993

한반도에서 세석인석기군의 출현시기는 25000 BC 이후로 알려져 왔다(성춘택 2006; 장용준 2007a). 현재까지 절대연대가 확인된 세석인석기군의 연대를 검토한 결과, 한반도에 세석인기법은 집현의 최댓값인 24,812 cal BC, 장흥리의 27,707~25,396 cal BC와 27,975~25,527 cal BC를 받아들인다면 출현시기를 최대 28,000 cal BC까지 올릴 수도 있을 것이다. 그러나 집현의 중심연대와 장흥리의 석기군의 특징, LW층 상부에서 유물이 출토된 점 등을 고려할 때, 28,000 cal BC까지 그 시기를 올려 보는 것은 관련 자료가 부족하므로 그 가능성만 열어 두고자 한다.

또한 이 단계의 특징적 현상 중 하나는 흑요석의 사용이다. 한반도지역에 있어 흑요석의 사용 시기를 알 수 있는 자료는 호평동(A구역) 2문화층의 23,916~23,008 cal BC이다. 이 유적은 2문화층에서 흑요석이 집중적으로 출토되었다. 호평동 철도부지 A구역의 LW포함층에서 출토된 흑요석제 박편으로 PIXE(수화녹 연대측정법)로 연대를 측정하였다. 그 결과, 박편

(B11-233)의 연대치는 21,120±1,820 BP이었다. 우리나라는 세석인기법의 등장과 함께 흑요석이 출현한다(장용준, 2007a: 2013). 흑요석을 활용해 세석인을 만드는 행위는 28,000~24,000 cal BC가 상한으로 추정된다. 한반도에서 적어도 24,000 cal BC이전에는 흑요석과 같은 원거리에서 획득한 석재가 사용되었다는 점에서 중요한 의미를 가진다.

한편, 이 단계에 해당하는 호평동, 신북, 월평 등에는 동일 지층임에도 절대연대의 폭이 많이 차이나는 사례가 있다. 서로 다른 시기의 석기군 혹은 다른 집단에 의해 만든 석기군이 혼재되었을 가능성을 면밀히 검토할 필요가 있다. 예를 들면, 호평동 2문화층 C구역은 석영과 혼펠스제 석기들이 출토된 곳은 해발고도 차이가 있고, 두 석재 간에 시기차이가 있었을 가능성이 높다. 그 이유는 C구역에 속하는 철도부지 조사결과, 하부의 석영집중구역의 세 개의 연대자료가 26,861~24,732 cal BC로 혼펠스 석기 집중구역의 19,950~19,350 cal BC와 확연한 차이가 있었다.

신북(이기길·김명진, 2008)은 29,616~19,851 cal BC로 약 9,765년이라는 큰 연대 폭을 나타내었다. 그런 이유로 신북은 각기 시기가 다른 두 석기군이 혼재되어 있다는 주장도 제기되었고(성춘택, 2006; 小畑弘己, 2004), 보고자 역시 견해의 차이는 있으나 이를 수용하는 입장이다(이기길, 2013). 다양한 지점에서 분석된 여섯 개의 연대치는 29,616~25,786 cal BC, 24,488~23,122 cal BC, 21,124~19,707 cal BC의 크게 세 그룹으로 나누어 생각해 볼 수 있다(장용준, 2013). 이 유적의 연대자료는 슴베찌르개(그림 3-16·17)의 석인석기군과 인부마제석기를 공반한 세석인석기군이 서로 다른 시기 또는 다른 문화상일 가능성을 말해 주는 것이다. 신북의 슴베찌르개는 최솟값 기준으로 27,053~23,122 cal BC에 해당할 가능성이 높다.

또 다른 사례로 호평동 2문화층은 세석인석기군과 흑요석이 처음 사용되는 문화층이지만, 연대 폭이 너무 넓어 하나의 문화층으로 인정하기에는 분명 무리가 있다. 이것은 연대치의 문제라기보다 여러 지점에서 측정한 연대들이 각기 서로 다른 성격의 문화층 혹은 석기군이 혼재되었을 가능성이 높은 것으로 해석할 수 있다. 수렵채집을 했던 구석기인들이 한곳에 이렇게 오랜 기간 동안 점유하고 생활했다고 보기는 어렵기 때문이다.

그리고 이 단계의 슴베찌르개가 규슈[九州]지역을 중심으로 주로 발견되는 박편첨두기의 기원이 되었다. 대한해협이 해수면 하강으로 인해 한반도와 일본이 가까워지면서 한반도의 석기제작기술이 일본에도 영향을 미쳤을 것이다. 밀양 고례리의 슴베찌르개와 이와토[岩戸] D의 박편첨두기는 아주 흡사하다. 일본의 박편첨두기는 현지화과정을 거치면서 한반도의 출토품보다 더 크고 무거운 특징이 있다(Chang, 2013).

이상으로 Ⅱ-1단계의 가장 중요한 특징은 석인기법 중 능조정기법의 사용, 슴베찌르개

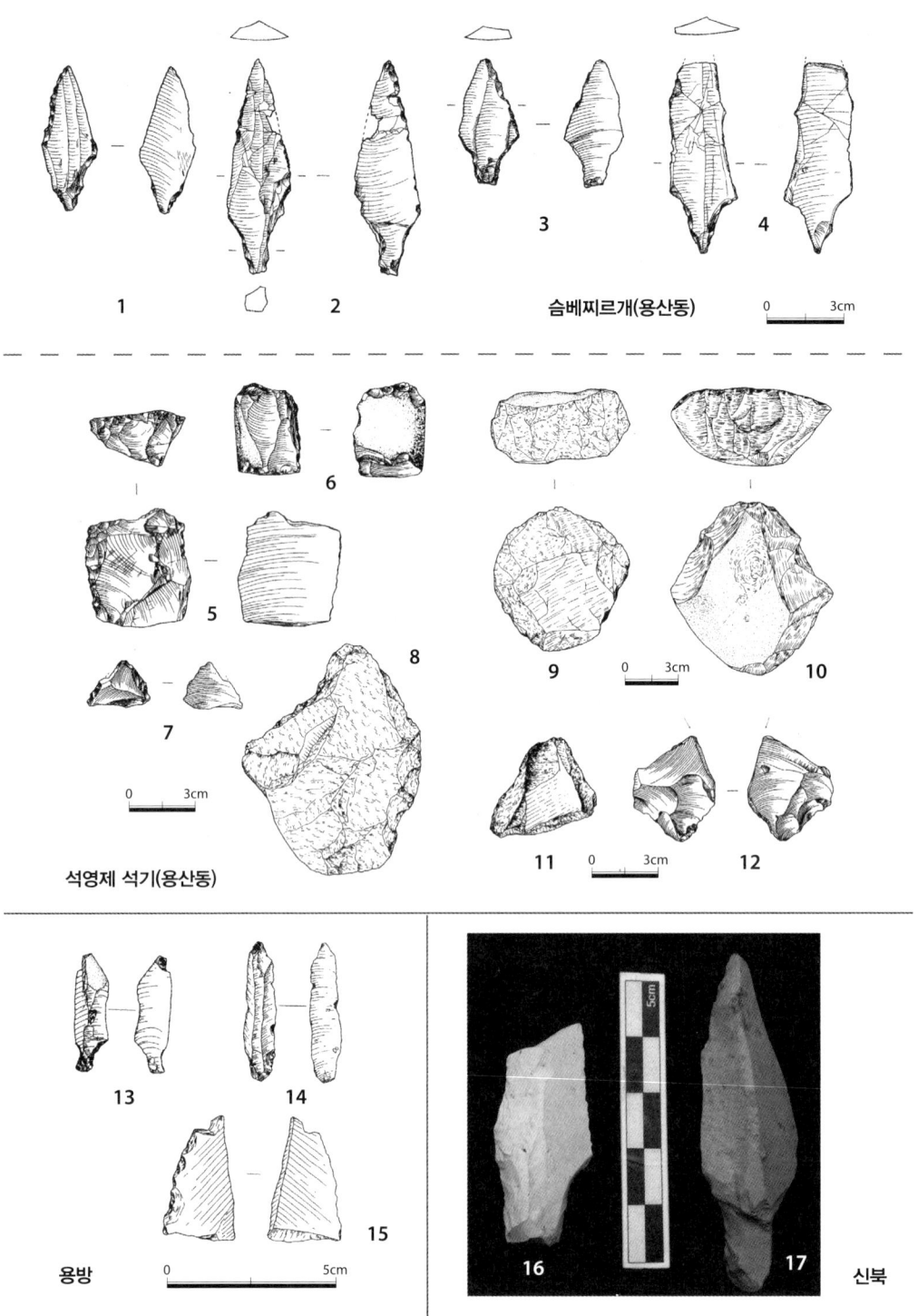

그림 3　Ⅱ-2단계의 석기군

의 대량 생산, 한반도 내 슴베찌르개의 보급화 및 일본으로의 확산, 특정 기종에 따라 맞춤형 석재 선택, 흑요석과 같은 원거리 석재 사용, 세석인기법의 출현이 그것이다.

3) Ⅲ단계: 세석인석기군(22,000~10,000 cal BC)

이 단계는 Ⅲ-1, Ⅲ-2의 두 단계로 나누어진다. Ⅲ단계에 해당하는 대부분의 유적들은 LW보다 상위에서 석기가 출토된다.

(1) Ⅲ-1단계(22,000~15,000 cal BC, 그림 4)

우선 이 단계의 초반에 슴베찌르개가 소멸하기 시작한다. 이를 파악하기 위한 가장 중요한 자료가 하가와 월평의 슴베찌르개관련 연대자료이다. 하가 문화층은 21,850~21,270 cal BC(CalPal 프로그램)이다(김명진·이기길, 2008). 월평 제3차 발굴에서 확인된 LW층 상부의 3a지층(3문화층)에서 출토된 슴베찌르개는 20,399~19,861 cal BC이다. 우리나라에서 출토된 슴베찌르개 중에서는 층위에서 발견된 가장 늦은 시기의 것들이다.

그렇다면 앞서 살펴보았듯이 슴베찌르개는 35,000 cal BC무렵에 출현한 이후 20,000 cal BC무렵에 쇠퇴하는 것으로 볼 수 있다. 그 존속기간은 15,000년 정도이다. 그리고 한반도에서 슴베찌르개는 후기구석기시대 전 기간 동안 사용된 수렵도구가 아니었던 것이다.

다음으로 세석인기법이 한반도 전역으로 확산되었다.[10] 우리나라에서 세석인석기군은 거의 모든 유적에서 LW보다 상위에 해당하는 지점에서 발견된다. 앞서 살펴보았듯이 세석인기법이 좀 더 이른 시기에 출현했을 가능성은 여전히 있다.

세석인기법의 특징은 세석핵의 예비소재 제작방식에 있어 양면조정방식(유베츠형)과 밑면쪽에 쐐기조정을 베푸는 방식을 주로 사용했다. 한반도전역에서 양면조정형 세석인기법의 전성기는 집현, 수양개, 월성동(李在景, 2008), 월평 3문화층, 호평동 2문화층을 참조하면 22,000~15,000 cal BC이다.

이 단계의 석기군에서는 세석인을 이용한 조합식 찌르개의 보급, 흑요석의 본격적인 사용에 따른 출토량 증가, 세석핵·밀개·새기개 등 주요 석기의 제작에 흑요석 이용, 인부마제석기의 출토(집현, 신북, 수양개), 양면조정찌르개·나이프형 석기·각추상석기와 같은 다양한

---

10 특히 동시베리아에서 알래스카에 걸쳐 사용되어진 유베츠[湧別]기법의 양면조정형 세석핵이 광범위하게 이용되었다.

표 5 Ⅲ-1단계의 유적연대와 특징(보정연대: 95.4% 확률)

유적명	층위	측정시료	¹⁴C년대 (ysr BP)	보정연대(cal BC) 최댓값	보정연대(cal BC) 최솟값	측정법	비고	문헌
하가			19,700±300	22,478	21,034	AMS	석인제작터 및 "주살림터", 슴베찌르개, 양면조정찌르개와 함께 각추상석기, 나이프형석기가 출토.	김종찬, 2008
			19,500±200	22,035	21,031	AMS		김명진·이기길, 2008
사창	갈색찰흙층 (2문화층, SC-14)	토양	19,610±140	22,056	21,261	AMS	석영계석기군	호남문화재연구원 등, 2007
대전 대정동	짙은 갈색점토층		19,680±90	22,036	21,486	AMS	세석인석기군	이홍종 외, 2002
집현	구석기문화층	시료2	19,640±100	22,021	21,418	14C	세석인석기군 인부마제석기	박영철 외, 2004
	구석기문화층	시료1	20,150±100	22,536	22,001	14C		
	구석기문화층	시료3	13,160±280	14,740	12,990	AMS		
			19,490±90	21,817	21,178	14C		
	구석기문화층	시료4	19,480±540	22,995	20,421	AMS		
			22,170±120	24,812	24,104	14C		
	구석기문화층	시료5	20,480±800	24,571	20,943	AMS		
			18,730±89	20,900	20,449	14C		
월평 (순천)	제3a지층	soil	18,200±100	20,399	19,861	AMS		조선대학교 박물관, 2009
호평동	3지층(3a)	sediment	16,190±50	17,791	17,402	AMS	2문화층(LW포함층)	경기문화재연구원, 2010
	3지층(3a)	탄	16,900±500	19,831	17,306	AMS	2문화층, 석영과 혼펠스 해발고도 차이 존재(LW 포함층)	
사근리	적갈색찰흙층 (토양샘플 4)	토양	18,070±140	11,110	10,620	AMS	후기(유물은 이 층의 상부에서 출토되어 이 연대보다 다소 늦음). 세석인석기군. 마제석기가 출토되었으나 교란가능성 제기	전북문화재연구원 등, 2006
갈담리	Ⅴ지층 1-1	고토양	17,900±200	20,289	19,162	AMS	LW 위. OSL 26,310±1,900, 26,710±4,000 BP로 LW층 상부임을 감안하면 오래된 연대가 나옴. 유물없음	금강문화유산연구원, 2011

유적명	층위	측정시료	¹⁴C년대 (ysr BP)	보정연대(cal BC) 최댓값	보정연대(cal BC) 최솟값	측정법	비고	문헌
수양개	문화층	탄	16,400±600	19,503	16,604	β선	세석인석기군?	이융조 등, 1996
	문화층	탄	18,630	20,641	20,433	β선	후기구석기	
	IV층 화덕자리 주변	탄	15,350±200	17,068	16,174	AMS	세석인석기군. 슴베찌르개 공반여부는 불확실	이융조·김종찬, 2006
	IV층 화덕자리 주변	탄	15410±130	16,975	16,436	AMS	세석인석기군. 슴베찌르개 공반여부는 불확실	
외록골	명갈색찰흙층 (197.00± 0.05 해발고도)	soil	15,100±100	16,656	16,115	AMS	월평 제4문화층의 밀개와 매우 유사한 밀개가 출토되었음. 후기구석기?	조선대학교 박물관, 2009
	명갈색찰흙층 (196.75± 0.05 해발고도)	soil	16,800±100	18,590	18,051	AMS	월평 제4문화층의 밀개와 매우 유사한 밀개가 출토되었음. 후기구석기?	
보성 석평	1구역-대표단면1-4지층	soil	14,450±50	15,891	15,488	AMS	3문화층(후기구석기 초). AMS연대와 석기군 성격이 다름. OSL 30,000±3,000 cal yr. BP	마한문화재 연구원, 2012
	1구역-대표단면1-5지층	soil	19,820±80	22,155	21,648	AMS	2문화층(후기구석기)	

찌르개의 출현과 같은 새로운 현상이 나타난다. 무엇보다 슴베찌르개의 쇠퇴에 따른 새로운 형식의 찌르개가 출현하는 점을 주목할 필요가 있다. 여러 원인이 있겠지만, 석인기법의 쇠퇴와 무관하지 않을 것이다. 월성동, 호평동, 늘거리, 신북에서는 세석인기법을 주도적으로 사용하지만, 석창을 제외한 다른 도구를 제작하거나 예비소재를 제작하는 작업공정에서는 석인기법을 보조 수단으로 활용하는 양상을 보이기 때문이다.

이 단계의 중요한 과제 중 하나는 슴베찌르개와 세석인의 공반 여부일 것이다. 이를 위해 수양개, 신북, 호평동의 사례를 살펴보자.

수양개 IV층은 두 개의 층으로 세분되었으나, 명확한 층위구분이 이루어지지 못하였다(이융조·김종찬, 2006). 수양개는 1983년 조사에서 화덕자리주변에서 수습된 목탄으로 AMS로 재측정한 연대를 보정한 결과, 16,075 cal BC와 16,222 cal BC로 판명되었다. 그러나 수양개의 능조정기법과 슴베찌르개의 형식을 감안할 때, 16,000 cal BC는 석인석기군이 아니라 세석인석기군의 연대로 보는 게 합당하다. 왜냐하면 수양개의 석인석기군에서는 능조정기법을 이용해 슴베찌르개를 대량으로 제작하는 양상은 25,000 cal BC 이전에 속하는 석기군의 특징이기 때문이다.

신북은 석인석기군과 세석인석기군이 구분되지만, 실제 발굴현장에서 지점은 다르나 층위구분이 어려워 여러 석기군들의 시기를 파악하기 어려웠다.[11] 하지만, 앞서 살펴본 바와 같이 석인석기군과 세석인석기군은 연대차이가 있다.

호평동 구석기유적Ⅲ에서는 동일한 지층에서 많은 측정치가 확인되었다. 호평동은 27,000~17,000 cal BC라는 넓은 범위의 연대치가 2문화층 석기군에서 확인되었다. 호평동 2문화층 중 혼펠스 석기 집중구역은 세 개의 연대치가 19,950~19,350 cal BC이다. 유문암을 이용해 세석인을 제작한 곳은 19,821~19,137 cal BC와 19,950~19,350 cal BC이다.

그런데 이 문화층에서는 석재에 따라 집중 사용된 지점과 석기제작기법에 차이가 있다. 호평동 A구역의 흑요석은 81.7%를 차지하고, C구역은 석영과 혼펠스가 많이 사용되었다(경기문화재연구원, 2010). C구역은 지속적인 석영석기제작과 더불어 20,000~19,000 cal BC에 혼펠스를 이용한 석기제작이 집중적으로 이루어졌다. 특히 혼펠스제 석기들의 대부분은 세석핵을 만드는 과정에서 발생한 기법관련 특수 박편들이다. 결국 서로 석재가 뒤섞여있는 부분은 있으나 석재별 집중도에 따라 구분하면 석영, 흑요석, 혼펠스를 사용하는 각각의 집단들이 시기차이를 두고 유적을 형성시켰을 가능성도 없지는 않은 것 같다.

이상 살펴본 바와 같이 신북, 수양개, 호평동을 포함해 하나의 문화층으로 파악해오던 동일 지층의 석기군이 반드시 동일문화층이나 동일집단으로 단정 짓지 않도록 세심한 주의가 필요하다. 한 지점 내에서 절대연대들 사이에 많은 차이가 난다면 시기가 다른 석기군일 가능성을 염두에 두어야만 할 것이다.

(2) Ⅲ-2단계(15,000~10,000 cal BC, 그림 5)

이 단계는 후기구석기시대의 종말기를 포함한다. 능조정기법에 기반을 둔 석인기법은 더 이

---

[11] 성춘택(2006)은 신북의 최대 7,000년 정도의 차이가 나는 연대치에 대해 연대자체의 신뢰성이 낮을 가능성과 2,000~3,000년에 이르는 서로 다른 사람들의 복수 점유가 몇 번에 걸쳐서 이루어졌을 가능성, 재퇴적의 가능성에 대해 문제를 제기한 바 있다.

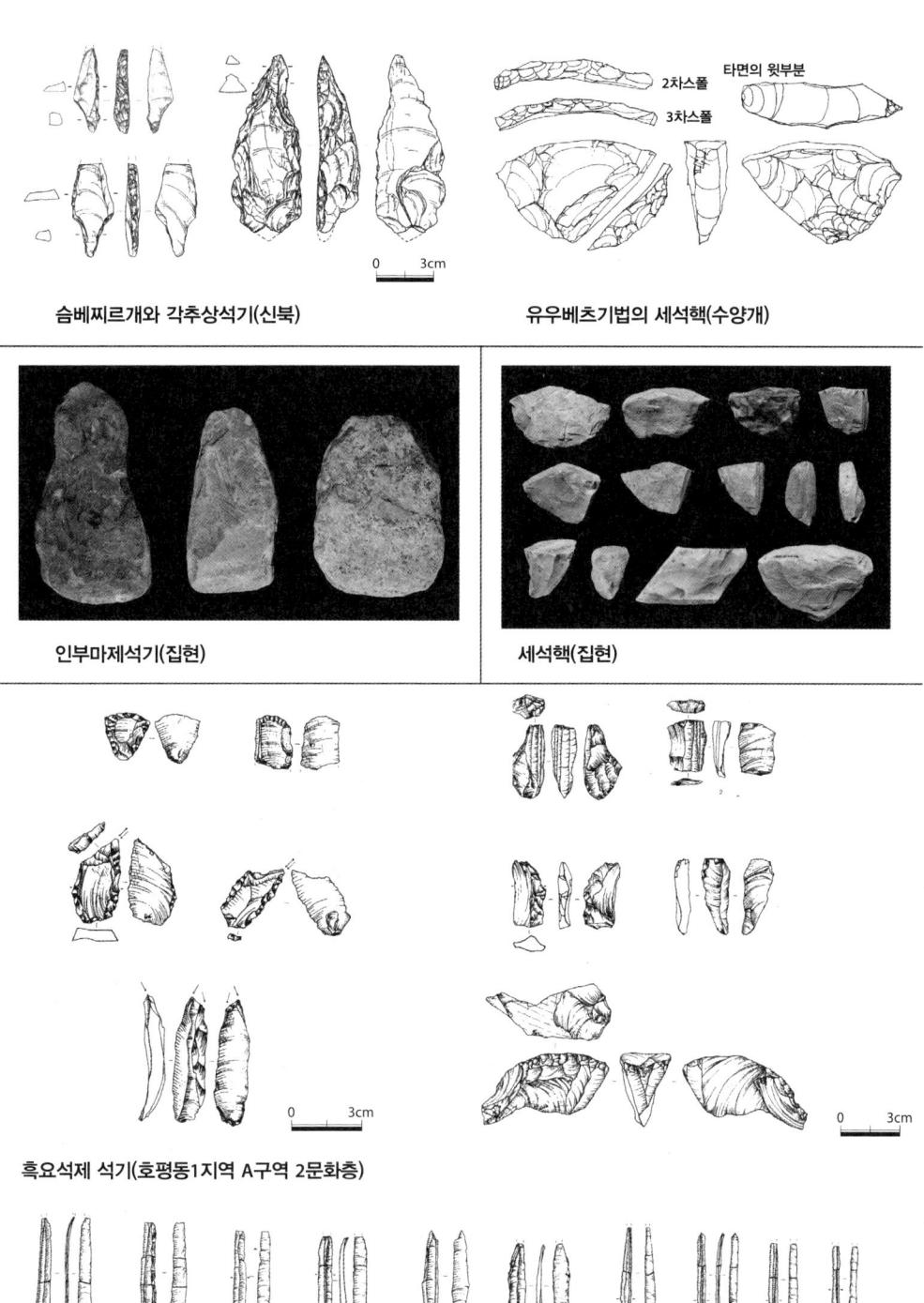

그림 4 Ⅲ-1단계 석기군

상 출현하지 않으며, 석인기법도 거의 자취를 감춘다.[12] 석인기법의 소멸 후 새로운 형식의 석창이 사용되었을 것으로 추정되지만, 석창의 종류와 특징 등을 알 수 있는 관련 자료가 부족한 실정이다.

세석인기법은 세석핵을 만드는데 있어 양면조정방식은 쇠퇴하고, 밑면조정방식에 있어 쐐기형과 비쐐기형 기법이 병용된다. 하화계리Ⅲ 1문화층은 14,356~13,941 cal BC로 흑요석을 이용한 세석인석기군이다. 양면조정방식의 세석핵이 출토되지 않으며 비쐐기형의 세석인기법이 특징이다.

표 6 Ⅲ-2단계의 유적연대와 특징(보정연대: 95.4% 확률)

유적명	층위	측정시료	¹⁴C년대 (ysr BP)	보정연대(cal BC) 최댓값	보정연대(cal BC) 최솟값	측정법	비고	문헌
하화계리Ⅲ 작은솔밭	1문화층		13,390±60	14,356	13,941	AMS	세석인석기군, 제형석기	최복규 외, 2004
봉명동	제2문화층	탄	12,260±40	12,422	12,065	AMS	세석인석기군	이융조·홍미영, 1999
사근리	적갈색찰흙층 (토양샘플 4)	토양	18,070±140	11,110	10,620	AMS	후기(유물은 이 층의 상부에서 출토되어 이 연대보다 다소 늦음). 세석인석기군. 마제석기출토되었으나 교란가능성 제기	전북문화재연구원 등, 2006
사창	명갈색 찰흙층 (3문화층, SC-3)	토양	10,760±80	10,835	10,610	AMS	후기구석기 후기, 세석인석기군	호남문화재연구원 등, 2007
월평(순천)	제2a지층	soil	10,840±350	11,518	9,801	AMS	2차조사 때 슴베찌르개, 세석핵공반 출토 주장	조선대학교박물관, 2009
기곡	1문화층 (기곡B-3)	charcoal	10,200±60	10,180	9,676	AMS	타당한 연대로 봄. 세석인석기군	강원문화재연구소 등, 2005

---

12 신화리는 두 개 문화층이 LW를 포함하는 층에서 확인되었다. 하층인 Ⅰ문화층은 40~120cm 두께로 유물이 포함층의 중간부분에 밀집되어 있었고, 상층인 Ⅱ문화층의 경우 15~28cm 두께로 포함층의 상부에 유물이 포함되어 있었다. 신화리 보고자는 1문화층은 Ⅰ기(20,000~15,000 BC), 2문화층은 Ⅱ~Ⅲ기(13,000~10,000 BC)로 보았다. 토양시료를 통한 AMS분석결과 종방향의 LW가 발달한 황갈색 실트층인 상부의 1문화층은 19,150±130 BP, 적갈색 실트층인 2문화층은 9,610±60 BP이다. 이 유적에서 세석인기법이나 슴베찌르개는 출토되지 않았다. 문화층과 LW의 관계를 고려할 때 신화리의 연대를 이용하는 데는 신중할 필요가 있다.

그 이후의 세석인기법을 알 수 있는 유적으로는 월평과 사창, 기곡이 있다(그림 5).

월평 3차 발굴의 2a지층은 제2차 발굴의 4문화층으로 11,518~9,801 cal BC이다. 2차 발굴 당시에는 연대측정이 이루어지지 않아 제3·4문화층에 대한 정확한 연대는 알 수 없었다. 4문화층은 비쐐기형 세석핵, 소형 슴베찌르개(석인제 슴베찌르개와는 다른 형식), 특이한 형태의 찌르개, 새기개, 석인 등 다양한 석기들이 출토되었다. 이러한 석기군에 대한 절대연대가 타당한지에 대한 부분은 검토의 여지가 남아 있다.

사창 3문화층의 세석인석기군에서는 세석핵과 함께 작업면 재생박편과 타면스폴이 출토되었으나, 기술적으로 상당히 퇴화된 양상이다. 기술전통은 양면조정 세석핵을 만드는 기술에서 유래한 것으로 생각된다. 연대는 10,835~10,610 cal BC이다.[13]

Ⅲ-2단계는 무엇보다 새로운 수렵도구인 마제와 타제로 제작된 석촉이 등장하여 활의 출현가능성을 추정해 볼 수 있다는 사실이다. 주수리(강원고고학연구소, 2005)와 화대리Ⅰ문화층에서는 석촉 2점이 각각 출토되었다. 기곡 1문화층에서도 석촉 3점이 확인되었다. 기곡의 10,180~9,676 cal BC라는 연대를 감안하면, 이 연대 이전에 활이 출현했을 가능성도 얼마든지 있다.

구석기시대가 끝날 무렵인 10,000 cal BC가 되더라도 세석인기법은 한반도에서 완전히 사라지지는 않는다. 석평 4문화층은 약 8,000 cal BC이지만, 세석핵, 석인, 긁개 등과 함께 불규칙한 석영계 석기들이 출토되었다.[14]

참고로 한반도 내륙지역에서 구석기시대와 신석기시대의 이행기를 논하기에는 아직까지 자료가 부족한 실정이다. 제주 고산리(박근태, 2012)의 연대가 10,180~9,476 cal BC(10,180±65 BP)로 확인되었다. 한반도 내륙지역에서 이러한 연대만큼 올라가는 신석기시대 유적은 아직 발견된 바 없다.

---

13 다만, 보고자는 3문화층을 구석기-신석기 과도기의 양상이 나타나기 이전의 유적으로 평가하였다. 그러나 3문화층의 연대를 부인할 만한 근거는 석기의 기술적 특징이외에는 없어 연대를 신뢰해도 될 것 같다.

14 다만, 변형 세석인기법(구석기시대 전통과 차이)에서 세석인 사용방식의 변화, 다시 말해 찌르개가 아닌 다른 기능을 위해 세석인을 활용했을 것으로 추정되나, 이에 대해서는 추가적인 발굴성과를 기대해 보아야 할 것 같다.

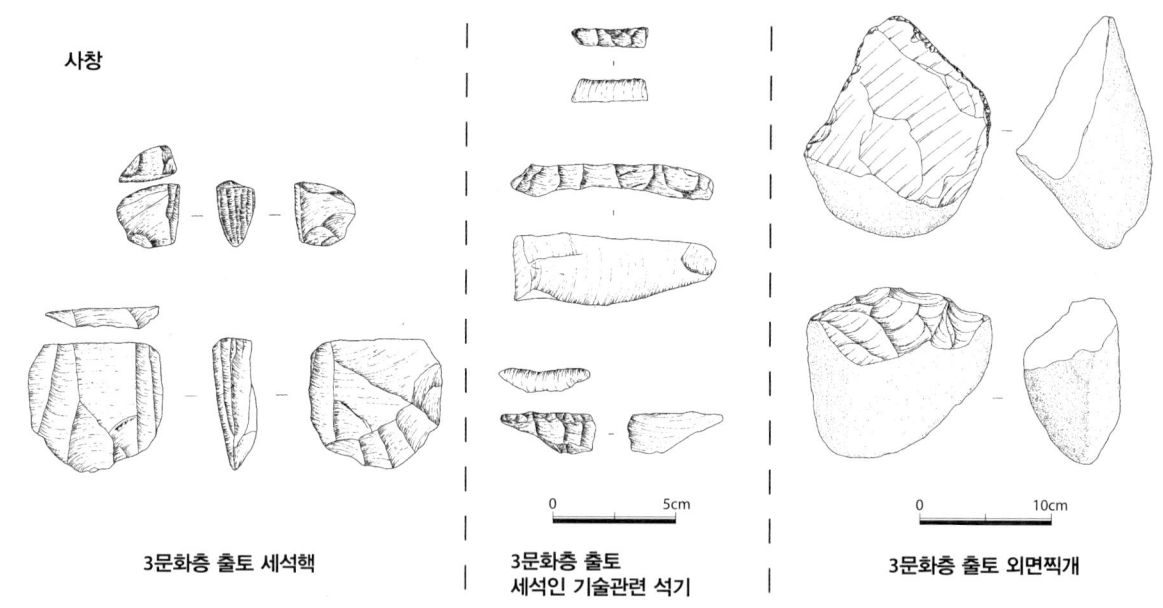
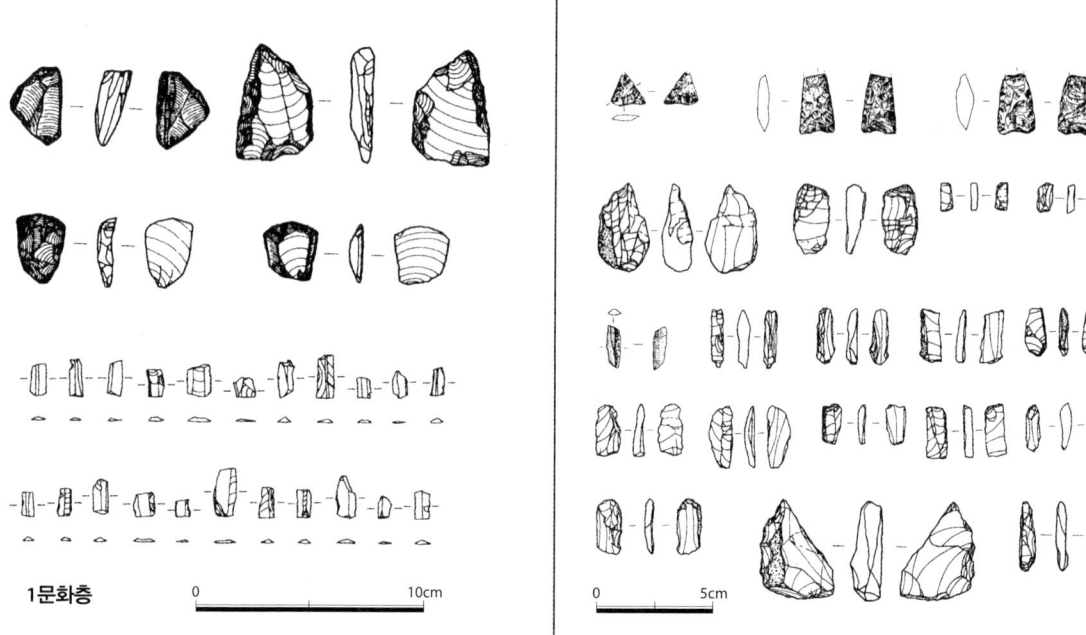

그림 5 Ⅲ-2단계의 석기군

2 편년

후기구석기의 시작을 어떠한 전제조건으로부터 출발해야 하는가에 대한 명확한 해답은 아직 없다. 인간이 도구를 만들게 된 계기가 선험적 결과인지 경험적 산물인지도 분명하지 않다. 자연환경이 후기구석기문화를 만든 것이 아니라 인류, 즉 구석기인들이 그들의 삶을 통해 여러 문화를 만든 것이다. 자연환경이 인류를 위해 무언가를 인위적으로 만들어 준 것은 하나도 없다. 따라서 자연환경만을 가지고 인류의 문화를 얘기하는 것은 자연에 인간을 예속시킴으로써 인류의 삶을 종속적 결과물로 볼 수 있을지는 몰라도 필연적인 결과물일 수는 없다. 환경을 선택하고, 적응하는 주체는 어디까지나 인간이기 때문이다. 구석기문화는 인간의 문화이지 자연환경의 문화는 아니다.

후기구석기시대는 점진적으로 발전해 온 문화를 토대로 하여 일정 단계에 이르러 다소 비약적이라 할 수 있는 새로운 석기기술이 출현하였고, 이를 이용해 새로운 도구문화가 출현했던 시기이다. 무엇보다 석기의 단순한 유사성으로만 그것의 진화나 발전을 논할 것이 아니라 도구상의 전체적인 맥락에서 도구와 기술의 비약을 파악할 필요가 있다. 후기구석기시대의 석인기술, 세석인기술이 바로 이러한 변화의 중심에 있다고 하겠다.

중기·후기구석기의 이행기유적과 후기구석기유적의 절대연대자료를 검토한 결과, 후기구석기시대는 크게 세 단계, 세분하면 5단계로 구분할 수 있다(그림 6).

○ Ⅰ단계(40,000~35,000 cal BC, LW포함층 내 하부지점)
  석핵석기(주먹도끼류 석기 등 석핵석기 잔존), 불규칙 박편석기, 슴베찌르개 출현, 석영계석기군 우위
○ Ⅱ-1단계(35,000~28,000 cal BC, LW포함층 내 상부지점)
  슴베찌르개석기군, 석인기법, 불규칙 박편석기, 석영계석기군 우위
○ Ⅱ-2단계(28,000~22,000 cal BC, LW포함층 내 상부, LW보다 상위지점)
  슴베찌르개석기군(슴베찌르개 발달, 다양한 종류의 석인제 석기), 능조정 석인기법 발달, 세석인기법의 출현, 석재의 선택적 사용
○ Ⅲ-1단계(22,000~15,000 cal BC, LW층 상부)
  세석인석기군(양면조정방식 세석인기법 발달, 조합식 찌르개의 출현, 새기개와 밀개 발달), 본격적인 흑요석 사용, 슴베찌르개의 소멸, 새로운 종류의 찌르개출현, 인부마제석기

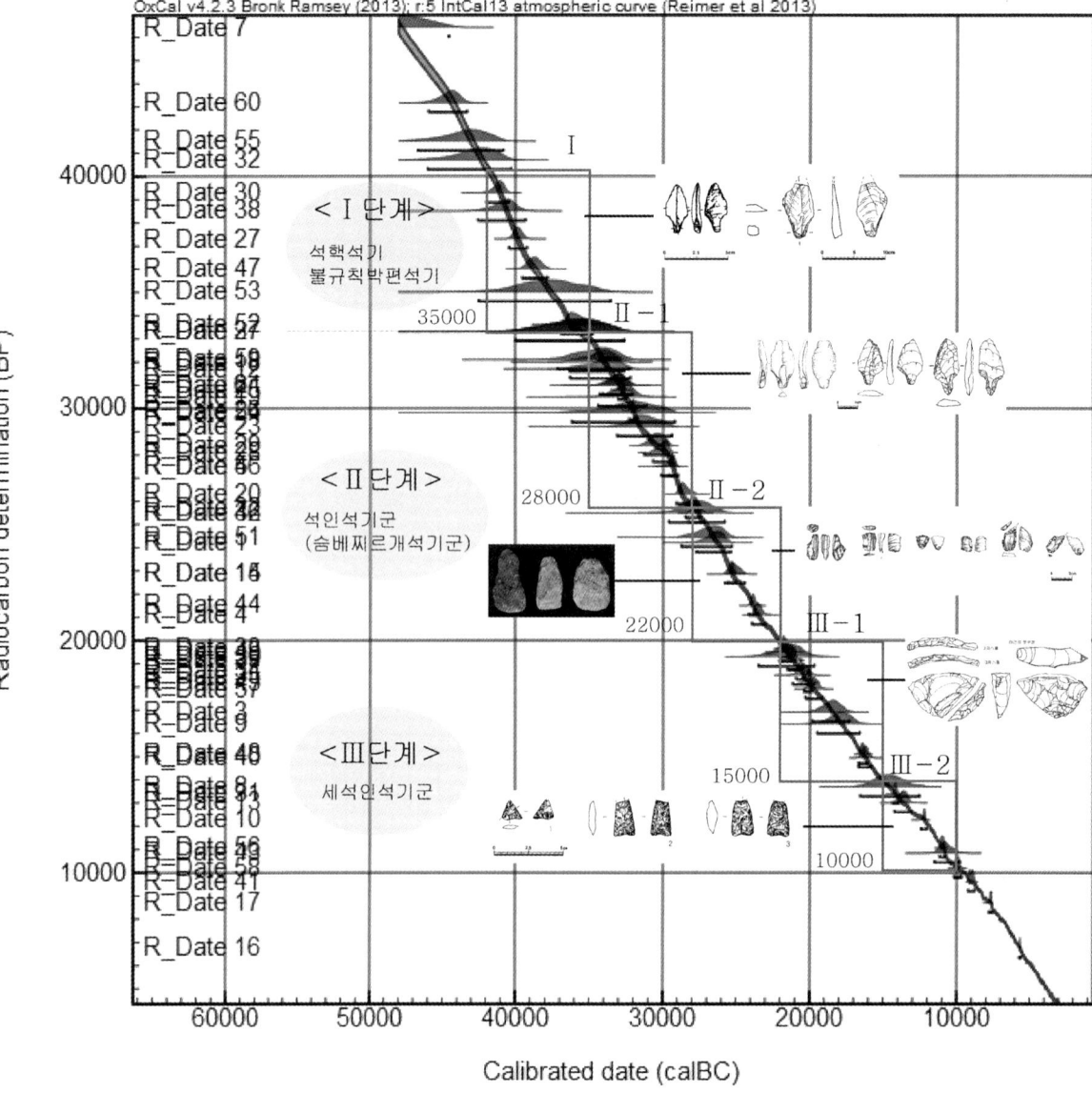

그림 6 후기구석기시대의 시기구분(보정연대: 95.4% 확률)

○ Ⅲ-2단계(15,000~10,000 cal BC, LW층 상부)

  세석인석기군(비쐐기형 세석인기법 중심), 석촉, 갈린 석기, 제형 석기, 토기 출현?

  각 단계는 방사성탄소연대의 보정결과를 토대로 유물이 LW층과 LW포함층을 기준으로 한 출토위치의 검토, 슴베찌르개와 세석인의 공반 유무, 흑요석의 존재 등을 고려해 설정하였다. 또한 그림 7과 같이 후기구석기시대의 중요한 지질학적 사건과 석기의 제작기법, 석기

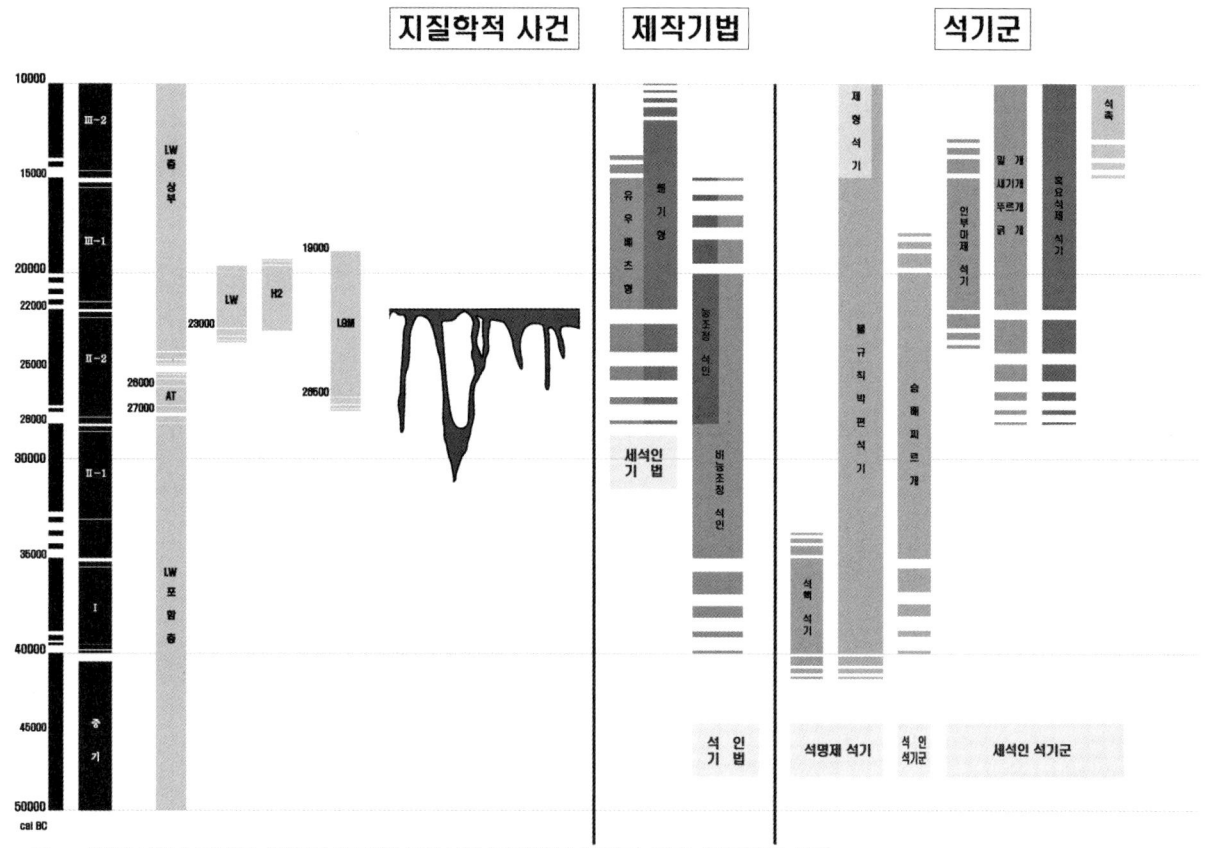

그림 7 방사성탄소연대를 이용한 후기구석기시대 지질학적 특징과 주요 석기군의 시기

의 연대비교도 하였다.

그 중 우리나라 슴베찌르개는 35,000~20,000 cal BC에 사용되었다. 현 시점에서 슴베찌르개가 15,000 cal BC이후에도 사용되었다는 근거를 절대연대를 통해서는 밝힐 수 없었다. 슴베찌르개가 쇠퇴하기 시작하는 20,000 cal BC를 전후하여 새로운 찌르개가 출현한다. 특히 세석인석기군의 출현이 슴베찌르개 소멸의 가장 큰 동인이 되었을 가능성도 있지만, 좀 더 검토의 필요성이 있다. 아직 확실치는 않지만, LGM의 쇠퇴에 따른 사냥감의 변화도 수렵도구에 영향을 미쳤을 가능성도 있다. 20,000 cal BC 이후를 기점으로 하여 슴베찌르개와 세석인이 서로 공반하지 않게 되는 것으로 보인다.[15] 두 석기의 유적 내 공반 관계를 방사성탄소연대를 중심으로 좀 더 심도 깊게 논의할 시점이 되었다.

---

15 세석인석기군에서 석인기법은 자주 확인된다. 그러나 석인석기군에서 세석인관련유물은 출토되지 않는 차이점이 있다.

참고로 구석기시대의 종말기에는 석촉의 등장, 변형 세석인기법의 출현 및 쐐기형 조정 방식의 소멸(고산리), 소형 양면조정찌르개의 출현, 제형(梯形)석기, 백두산주변에 분포하는 흑요석산지를 중심으로 구석기시대 전통의 타제석기가 존속한다. 또한 새로운 식량자원개척을 위한 어로구의 출현과 발달, 토기의 등장의 시작을 알리는 시기이다(장용준, 2007a).

V 소결

이상으로 중기·후기구석기의 이행기유적과 후기구석기시대에 해당하는 유적의 방사성탄소연대 자료 중 233개를 보정하고 검토하였다.

지금까지 비슷한 시기에 일어났던 것으로 추정한 AT화산재, LGM, LW의 형성시기는 상당한 차이가 있었다. LGM은 26,500~19,000 cal BC, AT화산재는 27,000~26,000 cal BC, LW는 24,000~20,000 cal BC로 파악되었다. 방사성탄소연대를 보정하고, 관련 석기군을 검토한 결과, 후기구석기시대는 40,000~10,000 cal BC에 해당하며, 세 단계로 편년할 수 있었다.

AMS연대의 측정한계로 인해 전기와 중기구석기시대를 이해하기 위해서는 좀 더 많은 유적의 발견과 연대측정자료의 축적이 중요한 과제이다. 앞으로 구석기시대에서 방사성탄소연대를 적용하기 위해서는 층위 내 절대연대의 역전문제, LW층을 기준으로 절대연대가 다른 경우, AMS연대와 OSL연대의 상충문제, 동일 유적 내 같은 지층에서 측정된 여러 연대들이 편차가 큰 문제, 시기를 알 수 있는 다양한 표지유물의 확보와 같은 문제들이 남아 있다.

첫째, 우리나라에서는 LW층을 기준으로 위아래 지점의 연대자료의 순서가 맞지 않는 경우가 있다. 이는 시료 오염에 기인한 연대치의 오류일 수도 있지만, LW나 지층이 형성되는 과정에서 기후와 환경여건이 지역마다 달랐던 결과일 가능성도 없지 않다. 월평 3차의 경우처럼 1~5개의 시료에 대한 결과를 보듯이 층위와 절대연대의 순서가 맞지 않는 경우이다. 김명진(2009)은 월평의 연대를 각 층준의 형성 연대로 인정하기에 적합하지 않다고 판단하였다. 이런 경우 시료오염을 포함한 동일 시료를 다른 기관에서 분석하여 상호 보완할 수 있는 자료를 통해 연대를 검증할 필요가 있다. 유적 내 절대연대를 이해하기 위해서는 유적의 퇴적과정과 퇴적 후의 변형과정에 대한 검토와 절대연대가 각 문화층의 연대를 표방하는 것인지를 판단하는 것도 중요한 과제이다(배기동, 2001).

둘째, 진그늘이나 집현의 사례처럼 LW층 상부에 해당함에도 불구하고 그 보다 아래지점에 해당하는 LW포함층의 연대보다 더 이른 연대가 나오는 경우이다. LW의 형성시기에 대한 연대 폭을 감안해야 하기 때문에 여러 유적들을 상대 편년할 때는 주의가 필요하다. LW포함층 내에서도 상부와 하부를 기준으로 유적들을 단순 나열하여 선후관계를 결정하는 것은 주의를 기울일 필요가 있다.

셋째, 갈둔 4·3유물층, 갈담리, 석평, 증산과 같이 AMS연대와 OSL의 연대가 상이한 경우이다. 이럴 경우 층위 내 석기군의 출토위치와 석기군의 양상이 유적연대의 중요한 기준이 될 수밖에 없다. 실제 석평의 경우를 보더라도 연대가 지층 순서대로 나왔음에도 불구하고, OSL연대와는 20,000년 정도의 연대차이가 확인된다. OSL연대가 없는 경우 AMS연대가 순서대로 나왔다고 해도 그대로 믿기보다 출토 정황을 종합적으로 판단할 필요가 있다. 두 연대가 비슷하게 나와 준다면 유적 연대를 결정하기에 아주 유리할 것이다. 우리는 방사성탄소연대가 반드시 유적 연대를 정확하게 반영했다고 이해하기보다 유적의 복합적인 정황을 충분히 고려하여 사용함으로써 연대의 신뢰도를 높여 나가야만 한다.

넷째, 본고를 작성함에 있어 구석기시대의 특성상 절대연대의 수치가 크고, 오차범위가 큰 예가 많아 시기구분에 어려움이 있었다. 그러한 문제점을 극복하기 위한 방법 중 하나로 보정 연대 중 최솟값을 가급적 기준으로 삼고자 하였다. 이러한 시도는 특정 석기군이나 석기에 대한 출현 연대를 고려하거나 정확도에 대한 문제를 제기할 수 있겠지만, 가장 확실한 연대 및 소멸시점을 설정하는데 매우 안정적인 자료를 제공해 줄 수 있을 것이다. 연대의 오차범위 내에서 가장 빠른 연대만을 항상 고집할 필요는 없는 것이다.

다섯째, 동일 유적 내에서 같은 지층에서 측정된 여러 연대 중 오차 편차가 큰 경우는 제외시키고 검토할 필요가 있다. 오차가 큰 연대는 보정하더라도 몇 천 년 이상의 시간 폭을 지니고 있어 후기구석기시대에는 신뢰도가 떨어져 적용하는데 무리가 있다.

여섯째, 편년설정을 위해 유물만으로 유적 연대를 추정할 수 있는 다양한 표지유물을 개발하고 연구하여야만 한다. 구석기시대 석기군 중 후기구석기시대의 슴베찌르개나 세석인과 같은 표지유물을 포함하지 않는 경우라면, 석기군이 어느 시기에 해당하는지를 분간하기란 여간 어렵지 않다. 이러한 상황에서 방사성탄소연대와 같은 역연대를 적극적으로 활용하여 우리가 관습적으로 석기만을 근거로 중기구석기로 인식해온 유적들 중에서도 후기구석기 유적을 분별해낼 필요가 있다. 특히 중·후기구석기시대 공존문화층(LW포함층 내 하부)의 석영계석기군들은 출현연대를 알기 위해 더욱 역연대를 활용할 필요성이 있다. 석영을 활용해 석기를 제작하는 석기군은 우리나라 구석기시대 전시기에 걸쳐 사용되었기 때문에 석영이 석기제작에 사용되었다는 이유가 그 유적의 연대를 결정하는 절대적인 근거가 될 수는 없다.

끝으로 구석기시대 종말기와 신석기의 공존문제, 구석기시대와 신석기시대의 시기 간의 중첩성, 두 시기의 공백과 자연스러운 이행 등의 검토가 이루어져야만 한다. 10,000~6,000년 전의 공백기간에 대한 정확한 문화양상에 대한 구체적인 설명은 부족한 실정이다. 후기구석기시대의 유적 중 토기를 공반하지 않지만, 신석기시대의 연대에 포함될 수 있는 유적들은 있다. 구석기전통이 늦게까지 존속하고, 반대로 신석기시대는 연대가 올라와야지만 두 시기가 일정기간 함께 존속하면서 신석기시대로 자연스럽게 이행해 가는 모습으로 이해할 수 있을 것이다.

위와 같은 여러 문제점이 있음에도 불구하고 구석기유적에서 방사성탄소연대는 유적연대를 결정하는데 있어 그 중요성은 높아만 가고 있다. 우리나라처럼 층위로 유적간의 상대서열을 하기 힘든 상황에서 절대연대의 사용과 이를 활용한 시기구분 및 편년은 필요불가결한 작업이다.

별표 1 우리나라 구석기시대 방사성탄소연대의 보정연대(보정연대: 95.4% 확률)

유적명	층위	측정시료	¹⁴C연대 (ysr BP)	보정연대값 최저값	보정연대값 최top값	측정법	lab.code	비고	출전
가월리	II (해발고도32.5m)	bulk soil	30,500±800	34,405	31,136	AMS		구석기 문화층(시료오염가능성 있음)	국립문화재연구원, 2012
	II (해발고도33.0m)	bulk soil	32,000±800	36,361	32,626	AMS			
갈담리	V지층1-1	고토양	17,900±200	20,289	19,162	AMS	KR09-165	토양쐐기 위. OSL 26,310±1,900, 26,710±4,000 BP로 토양쐐기 아래임을 감안하면 오래된 연대가 나옴. 유물없음	금강문화유산연구원, 2011
	V지층1-2	고토양	18,250±100	20,425	19,906	AMS	KR09-166	유물없음	
갈둔	5B층(E1N2 서벽 5)	sediment	30,400±200	32,821	32,056	AMS	SNU05-930	OSL연대와 심한 연대차이	江原文化財研究所, 2008
	6A층(E1N2 서벽 6A) 3유물층(유물집중면)	sediment	29,900±100	32,268	31,803	AMS	SNU05-929	OSL연대와 심한 연대차이	
	6B층(E1N2 서벽 6B) 4유물층(유물집중면)	sediment	37,300±400	40,432	39,204	AMS	SNU05-931	OSL연대와 심한 연대차이 주먹도끼, 찌르개 출토	
	6B층(W1S2 남벽 6)	sediment	28,000±150	30,408	29,401	AMS	SNU05-929	OSL연대와 심한 연대차이	
거두리	2층		28,100±200	30,671	29,446	AMS	SNU05-909		예맥문화재연구원 등, 2009
금파리	3층		30,800±100	33,031	32,526	AMS			Bae et al., 2006
	3층		31,400±400	34,211	32,651	AMS			
	3층		31,500±1,300	37,428	31,490	AMS			
	1문화층(기곡B-1)	charcoal	35,000±1,700	41,334	34,051	AMS	SNU02-402	재퇴적 등으로 신뢰어려움	
	1문화층(기곡B-2)	charcoal	36,600±1,500	42,326	36,496	AMS	SNU02-403	재퇴적 등으로 신뢰어려움	
	1문화층(기곡B-3)	charcoal	10,200±60	10,180	9,676	AMS	SNU02-542	타당한 연대도 봄. 세석인석기군	
	1문화층(GG-B6)	charcoal	35,230±380	38,773	36,949	AMS	Geochron	재퇴적 등으로 신뢰어려움	
기곡	2문화층(기곡B-4)	charcoal	33,500±1,200	38,942	33,397	AMS	SNU02-543	토양쐐기 형성, 석영계석기군. 중기-후기 이행기	강원문화재연구소 등, 2005
	2문화층(기곡B-5)	charcoal	32,100±1,100	37,167	32,200	AMS	SNU02-544	토양쐐기 형성, 석영계석기군. 중기-후기 이행기	
	2문화층(GG-B8)	charcoal	36,070±380	39,556	37,954	AMS	Geochron	토양쐐기 형성, 석영계석기군. 중기-후기 이행기	
	3문화층(기곡A-2)	charcoal	45,800±1,600	측정불가	44,627	AMS	SNU02-401	석영계 석기, 큰개 소량 확인	
	(기곡A-3)	charcoal	48,000이상	46,052	46,051	AMS	SNU02-541	연대측정 범위 초과	
	(GG-A4)	charcoal	43,170±610	45,943	43,344	AMS	Geochron	석영계 석기, 큰개 소량 확인	
	3문화층(GG-A5)	charcoal	37,260±820	41,026	38,329	AMS	Geochron	재퇴적 가능성. GG-A4와 동일 지점	
기화리당골	문화층		28,400±300	31,281	29,556	AMS			Park, 2008
	문화층		29,700±400	32,651	31,099	AMS			
	문화층		34,990±410	38,537	36,697	AMS			
	문화층		39,280±470	42,023	40,461	AMS			
노봉	제2문화층	탄	33,300±1,700	39,966	32,601	AMS	SNU 01-401	중기구석기?	최복규, 2002
	II 문화층		33,300±1,700	39,966	32,601	AMS		석영계석기군	최복규 외, 2003

유적명	층위	측정시료	¹⁴C연대 (ysr BP)	보정연대(cal BC) 최댓값	보정연대(cal BC) 최솟값	측정법	lab.code	비고	출전
노은동	3a층	탄	22,870±110	25,535	25,015	AMS		후기구석기	한창균 등 2000
	7층 (하층문화층)	탄	>54,720	52,772	52,771	AMS		중기구석기	
노산리	3층	탄	31,700±900	36,296	32,191	AMS	SNU 02-001	후기구석기?	이융조 2002
당가	제2문화층	탄	45,380±1,250	측정불가	44,718	AMS	GX-28666	중기구석기	이헌종 2002
	제2문화층	탄	44,170±1,150	47,908	43,780	AMS	CX-28665	중기구석기	
대전 대정동	점은 갈색점토층		19,680±90	22,036	21,486	AMS		세석인석기군	이흥종 외 2002
도원	적갈색점토층 (깊이 60~70cm)	soil	15,080±80	16,609	16,128	AMS		시굴조사 (토양 연대와 석기 연대에 대해 보고자는 의문)	전남문화재연구원 등 2007
		soil	11,060±100	11,139	10,782	AMS		시굴조사 (토양 연대와 석기 연대에 대해 보고자는 의문)	
만수리	갈색사질점토층(MS1)	토양	17,540±130	19,657	18,867	AMS	Geochron		Lee et al., 2012
	MS2	토양	26,420±240	29,147	28,191	AMS	Geochron		
석평	1구역-대표단면1-2지층	soil	6730±30	5,711	5,573	AMS		4문화층 (삼국시대 주거지-교란, 후기구석기 말기)	마한문화재연구원 2012
	1구역-대표단면1-4지층	soil	14450±50	15,891	15,488	AMS		3문화층(후기구석기)	
	1구역-대표단면1-5지층	soil	19820±80	22,155	21,648	AMS		2문화층(후기구석기)	
	1구역-대표단면2-2지층	soil	8690±40	7,813	7,594	AMS		4문화층 (삼국시대 주거지-교란, 후기구석기 말기)	
봉곡	3층 적갈색 사질 점토층 (토양 샘플 2)	soil	41,500±1,500	46,715	40,852	AMS	SNU05-836	유물포함층, 토양체가 하부에서 환인, 슴베찌르개 2점	충남문화재연구원 등 2006
	(토양 샘플 3)	soil	48,000	46,052	46,051	AMS	SNU05-837		
	(토양 샘플 4)	soil	37,000±3,000	47,192	34,886	AMS	SNU05-838		
	(토양 샘플 5)	soil	16,400±200	18,355	17,329	AMS	SNU05-839		
	암갈색 점토층 (토양 샘플 6)	soil	31,000±1,500	37,645	30,253	AMS	SNU05-840	토양체기 포함층	
봉명동	제1문화층	탄	49,860±2,710	58,765	43,457	AMS	GX-25897	중기구석기	배기동 2002
	제2문화층	탄	48,450±1,370	49,981	44,081	AMS	GX-25515	중기구석기	
	제2문화층	탄	12,260±40	12,422	12,065	AMS	GX-25513	세석인석기군	
사근리	적갈색점토층 (토양 샘플 4)	토양	18,070±140	11,110	10,620	AMS	SNU04-532	후기(유물은 이 층의 상부에서 출토되어 이 연대보다 다소 늦음). 세석인석기군, 마제석기출토되었으나 교란가능성 제기	전북문화재연구원 등 2006
	Ⅲ층 암갈색점합층 (토양 샘플 6)	토양	28,460±210	31,147	29,713	AMS	SNU04-534		
	Ⅳ층 적갈색점합층 (토양 샘플 7)	토양	30,800±300	33,411	32,196	AMS	SNU04-535		

유적명	층위	측정시료	¹⁴C연대 (ysr BP)	보정연대(cal BC) 최댓값	보정연대(cal BC) 최솟값	측정법	lab.code	비고	출전
사창	명갈색 점토층 (3문화층, SC-3)	토양	10,760±80	10,835	10,610	AMS	Geochron		충남문화재연구원 등 2007
	암갈색점토층 (2문화층, SC-6)	토양	19,970±130	22,411	21,731	AMS	Geochron		
	갈색점토층 (2문화층, SC-14)	토양	19,610±140	22,056	21,261	AMS	Geochron		
석장리	12층노적	탄	20,830±1,880	28,693	19,371	β선	AERIK-8	후기구석기초두	손보기 1972·93, 배기동 2002
	12층하부 (지표하 3.5-3.7m)	탄	30,690±3,000	44,380	28,402	β선	AERIK-5	후기구석기	
	제8문화층	탄	>50,270	48,322	48,321	AMS	Beta-60807	중기구석기?	손보기 1993, 배기동 2002
소로리 A 1구	해발 30.8m	이탄	13,010±190	14,218	13,100	AMS	GX-24334		이융조 등 1999
	해발 30.8m	이탄	14,820±250	16,673	15,519	AMS	GX-25494		
	해발3 0.8m	이탄	17,310±310	19,821	18,211	AMS	GX-25495		
소로리 da 1구	상부이탄 (해발 32.83m)	이탄	9,580±40	9,172	8,793	AMS	GX-28505		
소로리 da 15구	상부이탄 (해발 32.83m)	이탄	9,450±40	9,108	8,623	AMS	GX-28506		
소로리 ah 4구	중부이탄 (32.13-32.06m)	이탄	12,930±400	14,674	12,121	AMS	SNU 01-286		이융조 등 2000
	중부이탄 (32.13-32.06m)	벼?	12,500±200	13,411	12,051	AMS	SNU 01-293	벼? 포함	
	중부이탄 (32.13-32.06m)	이탄	12,780±170	13,859	12,518	AMS	GX-28416		
	중부이탄 (32.17-32.10m)	이탄	13,270±180	14,506	13,401	AMS	GX-28417		
	중부이탄 (32.17-32.10m)	이탄	13,010±190	14,218	13,100	AMS	GX-24334		
	중부이탄 (32.17-32.10m)	이탄	13,490±150	14,787	13,861	AMS	SNU 01-287		
소로리 ma 4구	중부이탄 (31.76-31.69m)	이탄	13,420±180	14,796	13,691	AMS	GX-28418		
	중부이탄 (31.76-31.69m)	이탄	13,600±300	15,421	13,654	AMS	SNU 01-288		
	중부이탄 (31.43-31.36m)	이탄	14,020±190	15,612	14,483	AMS	GX-28419		
	중부이탄 (31.43-31.36m)	이탄	13,700±200	15,225	14,046	AMS	SNU 01-289		

유적명	층위	측정시료	¹⁴C연대 (ysr BP)	보정연대(cal BC) 최댓값	보정연대(cal BC) 최솟값	측정법	lab.code	비고	출전
소로리 na 2구	중부이탄 (31.43-31.36m)	이탄	13,920±200	15,514	14,342	AMS	SNU 01-291		
	중부이탄 (31.76-31.69m)	이탄	14,000±190	15,584	14,454	AMS	GX-28420	벼? 포함	이융조 등 2000
	중부이탄 (31.43-31.36m)	이탄	14,800±210	16,571	15,576	AMS	GX-28421		
	중부이탄 (31.43-31.36m)	이탄	14,820±250	16,673	15,519	AMS	GX-25494		
소로리 ka 5구	하부이탄층 (해발29.0m)	이탄	16,250±50	17,888	17,504	AMS	GX-28503		
	하부이탄층 (해발29.0m)	이탄	17,320±200	19,557	18,463	AMS	SNU 01-296		
	하부이탄층 (해발28.6m)	이탄	16,680±50	18,371	17,985	AMS	GX-28503		
	하부이탄층 (해발28.6m)	이탄	17,310±310	19,821	18,211	AMS	GX-25495		
	하부이탄층 (해발28.6m)	이탄	17,300±150	19,381	18,546	AMS	SNU 01-297		
수양개	문화층	탄	16,400±600	19,503	16,604	β선	UCR-2078	세석인석기군?	이융조 등 1996
	문화층	탄	18,630	20,641	20,433	β선			
신화리(2)	B구역 표준토층-1 (2문화층)	soil	19150±130	21,522	20,757	AMS	SNU11-668	2문화층	한국문물연구원 2012
	B구역 표준토층-2	soil	15760±100	17,336	16,838	AMS	SNU11-669		
	B구역 표준토층-3	soil	14940±180	16,651	15,806	AMS	SNU11-670		
	B구역 표준토층-4 (1문화층)	soil	9610±60	9,225	8,803	AMS	SNU11-671	1문화층	
	B구역 구석기 3pit	charcoal	25500±160	28,251	27,219	AMS	SNU11-672		
아산 배방 1구역 10지점 1		Paleosol	23,700±1,000	28,352	24,153	AMS	KR07-153		충청문화재연구원 2009
		Paleosol	22,700±300	25,606	24,360	AMS	KR07-154	유물출토여부 불확실	
		Paleosol	26,700±300	29,326	28,416	AMS	KR07-155		
화동리Ⅲ (운정 5차 15지점 A2-1)	암갈색점토층	sediment	15,600±200	17,435	16,502	AMS	SNU09-204		기전문화재연구원 등 2011
화동리Ⅲ (운정 5차 15지점 A2-2)	암갈색점토층	sediment	29,600±500	32,771	30,721	AMS	SNU09-205		
화동리Ⅲ (운정 5차 15지점 A2-3)	적갈색점토층	sediment	33,600±400	36,917	34,752	AMS	SNU09-206		
화동리Ⅲ (운정 5차 15지점 A2-4)	적갈색점토층	sediment	35,600±500	39,381	37,170	AMS	SNU09-207		

유적명	층위	측정시료	¹⁴C년대 (ysr BP)	보정연대(cal BC) 최댓값	보정연대(cal BC) 최솟값	측정법	lab.code	비고	출전
외동리Ⅲ (유정 2차 16지점 F5-1)	암갈색점토층(1문화층)	charcol	12,070±230	12,947	11,504	AMS	SNU07-R026	토양쐐기 포함층	기전문화재연구원 등 2011
외목동	명갈색점질층 (197.00±0.05 해발고도)	soil	15,100±100	16,656	16,115	AMS	SNU07-406	월평 재2문화층의 밑에 매우 유사한 밀개가 출토되었음.	조선대학교 박물관 2009
외목동	명갈색점질층 (196.75±0.05 해발고도)	soil	16,800±100	18,590	18,051	AMS	SNU07-407		조선대학교 박물관 2009
용방	암갈색점질층 (2지층, 구석기문화층)	탄	22700±200	25,487	24,567	AMS		토양쐐기 포함층	천권희 2008
용방	암갈색점질층 (2지층, 구석기문화층)	탄	25200±200	27,801	26,815	AMS		토양쐐기 포함층	천권희 2008
용산동	갈색점토 (시료번호: YS-1)	토양	19310±790	23,477	19,707	14C		토양쐐기 상부	중앙문화재연구원 2007
용산동	갈색점토 (시료번호: YS-2)	토양	24,430±870	28,739	25,327	14C		토양쐐기 하부로 유물중심부 (이 층 상부의 토양쐐기 중에서 AT화산재 검출)	중앙문화재연구원 2007
용호동	2문화층(3a 지층)	숯	38,500±1,000	42,593	39,309	AMS	SNU 00-261	·습베적토계 출토 지점 아래에서 채집한 나무 숯시료. ·2지층에서 AT검출. 이 층 아래 팔문화층에서 습베적토계 출토	한남대중앙박물관2001 한창균2001
운정1지구	검은찰흙층(시료1 B3pit)	sediment	35,000±2,000	42,555	33,557	AMS	SNU09-113		
운정1지구	찰흙층(시료2 B3pit)	sediment	11,100±100	11,174	10,790	AMS	SNU09-114	의뢰자 4밑년 전의 연대에 맞지 않음	
운정1지구 (36-5지점) 여당리	갈색찰흙층 (Ⅲ지층, 토양쐐기발달)	sediment	31,660±270	34,203	33,014	AMS	SNU10-940	유물은 이것보다 이전시기에 해당. PJ-19-AMS3(북벽)	한국선사문화연구원 등 2012
운정1지구 (36-5지점) 여당리	갈색찰흙층 (Ⅲ지층, 토양쐐기발달)	sediment	30,700±350	33,406	32,066	AMS	SNU10-941	유물은 이것보다 이전시기에 해당. PJ-19-AMS3(북벽)	
장기	제2a지층	soil	10,840±350	11,518	9,801	AMS	SNU05-685		
장기	제2b지층	soil	21,500±300	24,473	23,237	AMS	SNU05-686		
월평 (순천)	제3a지층	soil	18,200±100	20,399	19,861	AMS	SNU05-687		조선대학교 박물관 2009
월평 (순천)	제3b지층	soil	27,500±150	29,598	29,131	AMS	SNU05-688		
월평 (순천)	3c지층	soil	36,000±400	39,533	37,846	AMS	SNU05-689		
장기	제2문화층		43,000±3,500	...	41,079	AMS		중말기?	Jeon 2008
장기	제2문화층		>50,000	48,052	48,051	AMS			
장흥리	문화층		24,400±600	27,975	25,527	AMS			최복규 외 2001
신부	L17		25,420±190	28,207	27,053	AMS		화덕자리	
신부	M16		20,960±80	23,606	23,122	AMS		문화층 아래지점	이기길 2004
신부	H5		18,500±300	21,124	19,707	AMS		시료 붙는 몸돌과 격지	
신부	G25		21,760±190	24,488	23,732	AMS		밀개, 찌르개(긁음날도구)	

유적명	층위	측정시료	^{14}C연대 (ysr BP)	보정연대(cal BC) 최댓값	보정연대(cal BC) 최솟값	측정법	lab.code	비고	출전
신북	G33		25,500±1,000	29,616	25,786	AMS		망치, 갈린 판석	이기길 2004
	丑30		18,540±270	21,099	19,851	AMS		문화층 중간지점	
장흥리 (철원)	2층(제1문화층)	탄	24,200±600	27,727	25,396	AMS	SNU 00-380	아래부터 토양쐐기→AT위에서 나온 연대. 세석인석기군	최복규 등 2001
		탄	24,400±600	27,975	25,527	AMS	SNU 00-381		
전곡리	V층		31,000±600	34,260	32,001	AMS		최복규 등 2001	Vasilchuk et al. 2002
	V층		35,700±3,000	46,556	33,401	AMS			
점말	IV층 (제4문화층)	탄	13,700±700	16,552	12,545	β선	AERIK-?	후기구석기?	이융조 1997
정상리 (71-5번지)	Depth 10cm	bulk soil	26,300±300	29,094	27,847	AMS		구석기 문화층	경상문화재연구원 2011
	Depth 50cm	bulk soil	31,100±600	34,350	32,056	AMS			
	Depth 100cm	bulk soil	27,400±300	29,917	28,922	AMS		오염가능성	
정장리 (593번지)	I 지구-1pit-서벽 상	sediment	25,700±150	28,446	27,481	AMS	SNU 03-001		
	I 지구-1pit-서벽 하	sediment	29,200±900	33,077	29,400	AMS	SNU 03-002		
	II 지구-Cpit-동벽 상	sediment	29,760±300	32,539	31,442	AMS	SNU 03-003	제2문화층(후기구석기 초기?)	
	II 지구-Cpit-동벽 하	sediment	28,600±300	31,524	29,745	AMS	SNU 03-004		
	III 지구-4TR-북벽 상	sediment	26,300±1,100	31,226	26,427	AMS	SNU 03-005		
	III 지구-4TR-북벽 하	sediment	29,340±700	32,811	29,752	AMS	SNU 03-006		
	III 지구-4TR-남벽 1 시료	sediment	3,060±40	1,418	1,218	AMS	SNU 03-007		
	III 지구-4TR-남벽 2 시료	sediment	22,100±300	25,166	23,893	AMS	SNU 03-008		
	III 지구-4TR-남벽 3 시료	sediment	33,500±1,200	38,942	33,397	AMS	SNU 03-009		
	III 지구-4TR-남벽 4 시료	sediment	28,600±1,000	32,771	29,046	AMS	SNU 03-010		
	II 지구 북단면 (2시료: 204.08~204.18)	sediment	>43290	44,896	44,046	AMS	GX-29402	유기질 니층	경남발전연구원 역사문화센터 2004
	II 지구 북단면 (3시료: 203.98~204.08)	sediment	>43890	45,633	44,582	AMS	GX-29403	유기질 니층	
	II 지구 남단면 (1시료: 203.85~203.95)	sediment	>43530	45,174	44,244	AMS	GX-29404	유기질 니층	
	II 지구 남단면 (3시료: 204.05~204.15)	sediment	>43290	44,896	44,046	AMS	GX-29405	유기질 니층	
	II 지구 남단면 (4시료: 204.48~204.15)	sediment	>43650	45,322	44,351	AMS	GX-29406	유기질 니층	
죽산	명갈색점토층 (Pit1 동벽 5층)	sediment	29,800±1,500	36,189	29,215	AMS	SNU09-030	첫 번째 토양쐐기 끝남 1문화층(대부분의 유물출토)	호남문화재연구원 등 2011
	갈색점토층 (Pit1 동벽 8b층)	sediment	29,600±1,100	34,187	29,417	AMS	SNU09-029	세 번째 토양쐐기 이어짐 2문화층(8유물층). *층위로 보다 연대가 늦음	

유적명	층위	측정시료	^{14}C연대 (ysr BP)	보정연대(cal BC) 최댓값	보정연대(cal BC) 최솟값	측정법	lab.code	비고	출전
죽산	명갈색사질점토층(Pit5 동벽 9층)	sediment	26,700±1,200	31,813	26,693	AMS	SNU09-032	세 번째 토양쐐기 이어짐	호남문화재연구원 등 2011
	암갈색점토층 (Pit 동벽 14층)	sediment	28,900±500	32,012	29,709	AMS	SNU09-031	2문화층. *OSL연대와 중위로 볼 때 연대치가 맞지 않음 7유물층. *OSL연대와 중위로 볼 때 연대치가 맞지 않음	
진그늘	노적	탄	22,850±350	25,776	24,426	AMS	SNU 01-028	후기구석기. 쐐기 위 문화층. 갈색찰흙층 하부	이기길 2002
	구석기문화층	시료2	19,640±100	22,021	21,418	14C	BETA		
	구석기문화층	시료1	20,150±100	22,536	22,001	14C	BETA		
	구석기문화층	시료3	13,160±280	14,740	12,990	14C	SNU		
집현	구석기문화층	시료4	19,490±90	21,817	21,178	14C	BETA		박영철 외 2004
	구석기문화층		19,480±540	22,995	20,421	AMS	SNU		
		시료5	22,170±120	24,812	24,104	14C	BETA	세석인석기군	
			20,480±800	24,571	20,943	AMS	SNU	인부마제석기	
하가			18,730±89	20,900	20,449	14C	BETA		김종찬 2008
			19,700±300	22,478	21,034	AMS		석인제작틀 및 "주실담탑" 슴베찌르게, 양끌석기와 함께 각추상석기, 나이프형석기가 출토되었음.	
			19,500±200	22,035	21,031	AMS		세석인석기군	
화화계리Ⅲ 작은솔밭	1문화층		13,390±60	14,356	13,941	AMS		제형석기	최복규 외 2004
	Ⅱ문화층		40,690±1,500	46,018	40,296	AMS		석영계 석기군	
호평동	3지층(3a)	sediment	16,190±50	17,791	17,402	AMS	GX-29424	2문화층(최상부 토양쐐기 포함층)	경기문화재연구원 2010
	3지층(3a)	탄	16,900±500	19,831	17,306	AMS	SNU02-324	2문화층, 석영과 흑요석 헤발스 혜발고도 차이(존제) (최상부 토양쐐기 포함층)	
	3지층(3a)	탄	17,400±400	20,138	18,120	AMS	SNU02-326	2문화층 (후기구석기 중기)	
	3지층(3a)	탄	17,500±200	19,774	18,679	AMS	SNU02-325	2문화층 (후기구석기 중기)	
	3지층(3a)	탄	17,710±100	19,821	19,137	AMS	OWd090305	2문화층 유문암활용 세석인제작	
	3지층(3a)	탄	17,840±110	19,950	19,350	AMS	OWd090306	흑벨석기 집중구역	
	3지층(3a)	탄	17,930±90	20,022	19,487	AMS	OWd090313	흑벨스석기 집중구역 2문화층	
	3지층(3a)	탄	17,930±100	20,048	19,461	AMS	OWd090302	2문화층 (후기구석기 중기)	

유적명	층위	측정시료	¹⁴C연대 (ysr BP)	보정연대(cal BC) 최댓값	보정연대(cal BC) 최솟값	측정법	lab.code	비고	출전
호평동	3지층(3a)	탄	18,110±110	20,338	19,688	AMS	OWd090303	2문화층 흑펠스석기 집중구역	경기문화재연구원 2010
	3지층(3a)	탄	19,860±100	22,236	21,657	AMS	OWd090315	2문화층 (후기구석기 중기)	
	3지층(3a)	탄	20,660±110	23,301	22,551	AMS	OWd090316	2문화층 (후기구석기 중기)	
	3지층(3a)	탄	20,850±130	23,581	22,706	AMS	OWd090309	2문화층 (후기구석기 중기)	
	3지층(3a)	탄	21,100±200	23,916	23,008	AMS	SNU02-329	2문화층(흑요석기 집중출토), 철도부지 A구역 흑요석으로 측정한 21,120±1,820 BP와 거의 일치.(최상부 토양쐐기포함층)	
	3지층(3a)	탄	22,200±600	25,717	23,510	AMS	SNU02-327	2문화층 (후기구석기 중기)	
	3지층(3a)	탄	23,020±220	25,766	24,901	AMS	OWd090307	2문화층 석영석기집중구역	
	3지층(3a)	탄	23,410±130	25,857	25,442	AMS	OWd090311	2문화층 석영석기집중구역	
	3지층(3a)	탄	23,540±540	26,861	24,732	AMS	OWd090310	2문화층 석영석기집중구역	
	3지층(3a)	탄	23,900±400	26,830	25,462	AMS	SNU03-841	2문화층 (후기구석기 중기)	
	3지층(3a)	탄	24,100±200	26,638	25,817	AMS	SNU03-839		
	3지층(3b)	탄	27,500±300	30,114	28,974	AMS	SNU03-840	1문화층, 대부분 석영으로 제작	
	3지층(3b)	탄	27,600±300	30,311	29,045	AMS	SNU03-842		
	3지층(3b)	탄	29,200±900	33,077	29,400	AMS	SNU03-843		
	3지층(3b)	탄	30,000±1,500	36,379	29,322	AMS	SNU03-844		
	5지층	sediment	31,000±500	34,054	32,126	AMS	SNU03-726		
	5지층	sediment	31,100±1,000	36,112	31,584	AMS	SNU02-578		
	5지층	탄	31,500±300	34,111	32,843	AMS	GX-29425		
	5지층	탄	32,100±1,500	38,530	31,790	AMS	SNU02-330		
	5지층	탄	33,200±1,900	40,450	32,169	AMS	SNU02-323		
	5지층	탄	33,400±800	37,767	33,937	AMS	SNU02-867		
	5지층(5지층 최상부)	sediment	33,900±1,000	38,851	34,140	AMS	SNU02-575		
	5지층(상부)	sediment	34,500±800	39,027	35,036	AMS	SNU02-580		

유적명	층위	측정시료	¹⁴C연대 (ysr BP)	보정연대(cal BC)		측정법	lab.code	비고	출전
				최댓값	최솟값				
호평동	6지층중부	sediment	46,400±2,000	46,400± 2,000BP. 측정범위를 넘어섬	44,601	AMS	SNU02-577		경기문화재연구원 2010
화대리	Ⅲ층 상부(2문화층)		31,200±900	35,791	31,762	AMS		숯베쟈르기	최복규 외 2005

참고문헌

江原考古學硏究所, 2005, 『江陵 珠樹里 舊石器遺蹟』.
江原文化財硏究所·韓國道路公社, 2005, 『동해 기곡유적』.
江原文化財硏究所, 2008, 『春川 錦山里 葛屯 舊石器遺蹟』.
경기문화재연구원·한국토지주택공사, 2010, 『남양주 호평동 구석기유적Ⅲ-추가발굴조사보고서-』.
慶南發展硏究員 歷史文化센터, 2004, 『居昌 正莊里 遺蹟Ⅰ(舊石器時代)』.
경상문화재연구원·거창군, 2011, 『居昌 正莊里 遺蹟-거창 정장리 일반공업지역 공장 조성부지 내 발굴조사』.
國立文化財硏究所, 2013, 「방사성탄소연대측정법」, 『韓國考古學專門事典-舊石器時代篇』
국방문화재연구원·경기도도로사업소, 2012, 『파주 가월리유적』.
금강문화유산연구원, 2011, 『龍仁 葛潭里 537番地 舊石器遺蹟』.
김명진·이기길, 2009, 「방사성탄소연대의 역년 보정과 해석」, 『임실 하가유적』, 조선대학교박물관, pp.120-125.
김명진, 2009, 「방사성탄소연대의 역년 보정과 해석」, 『순천월평유적』, 조선대학교박물관.
김종찬, 2008, 「남양주 호평동 구석기유적 출토 흑요석의 PIXE 분석」, 『남양주 호평동 구석기유적Ⅰ』, 학술조사보고 제93책, pp. 235-247, 한국토지공사·경기문화재단 기전문화재연구원.
마한문화재연구원, 2012, 『寶城 道安里 石坪遺蹟』.
박가영, 2012, 『한반도 슴베찌르개 연구』, 부산대학교대학원석사학위청구논문.
박근태, 2012, 「신석기시대 초창기 단계의 문화양상」, 『한국 신석기문화의 양상과 전개』, 중앙문화재연구원.
朴英哲·徐姶男, 2004, 「密陽 古禮里 및 晉州 集賢 長興里 遺蹟」, 『영남고고학 20년 발자취』, 제13회 정기학술발표회, pp.15-29.
박영철·최미노·김성진·정승은, 2007, 「강원도 평창군 미탄면 기화리 쌍굴유적 시굴조사의 해석」, 『한국구석기학회 제8회 학술대회 발표집』, pp. 195-207.
배기동, 2001, 「한국의 구석기유적의 탄소연대측정치와 편년문제」, 『제4기학보』15(2), 한국제4기학회.
배기동, 2006a, 「구석기시대 유적의 이해」, 『한국 매장문화재 조사연구방법론 2』, 국립문화재연구소, pp.11-37.
배기동, 2006b, 『파주 금파리 구석기 유적』, (주)신일건업·한양대학교 문화재연구소.
裵基同·金基龍, 2012, 「韓國舊石器編年硏究の現況と課題」, 『Paleo-environmental Changes and Paleolithic Chronology in Northeeast Asia』, Proceedings, Doshisha University, p.50.
성춘택, 2002, 「한국 중기구석기론의 비판적 검토」, 『韓國考古學報』제46집, pp.5-28.
성춘택, 2004, 「한국 후기 구석기유적의 시간층위 재고」, 『韓國上古史學報』제46호, pp.5-30.

성춘택, 2006, 「한국 후기구석기 문화유형론」, 『韓國考古學報』第59號, pp.4-37.

성춘택, 2007, 「구석기시대」, 『한국 고고학 강의』, pp.23-46.

손보기, 1993, 『석장리 선사유적』, 서울: 동아출판사.

예맥문화재연구원·한국토지공사, 2009, 『春川 擧頭里遺蹟』.

이기길, 2004, 「진안 진그늘유적 구석기문화층의 성격과 의미」, 『湖南考古學報』19집, pp.5-23.

이기길, 2011, 「진안 진그늘유적의 슴베찌르개연구-제작기법, 형식, 크기를 중심으로-」, 『韓國上古史學報』73호, pp.5-30.

이기길·김명진, 2008, 「장흥 신북유적의 연대에 대하여-방사성탄소연대에 근거한 편년」, 『호남고고학보』39집, pp.5-24.

이기길·김은정·김수아, 2011, 「임실 하가유적 5차 조사」, 『제11회 한국구석기학회 정기 학술대회 발표집』, 한국구석기학회.

이기길, 2013, 「장흥 신북유적의 흑요석기에 대하여」, 『동아시아의 흑요석 연구 동향』, 제13회 한국구석기학회 학술대회 발표집, pp.51-54.

이융조·홍미영, 1999, 「청주 봉명동유적 Ⅰ지구 발굴조사 개보」, 『연보 8』, 충북대학교박물관.

이융조·김종찬, 2006, 「수양개 구석기유적의 연대측정에 대하여」, 『중원지역의 구석기문화』, 충북대학교 중원문화연구소, pp.300-303.

李在景, 2008, 『大邱 月城洞 777-2番地 遺蹟(Ⅰ)-舊石器-』, 慶尙北道文化財研究員.

李昌熙, 2008, 「放射性炭素年代測定法의 原理와 活用」, 『韓國考古學報』제68집, pp.156-182.

이헌종, 2000, 「동북아시아 중기구석기문화 연구」, 『韓國上古史學報』第33號, pp.7-48.

이헌종, 2004, 「우리나라 후기구석기시대의 편년과 석기의 기술형태적 특성의 상관성 연구」, 『韓國上古史學報』第44號, pp.5-22.

이헌종, 2006, 「영산강 유역 구석기시대의 편년」, 『영산강유역의 구석기고고학과 4기 지질학』, pp.213-242.

이헌종·이혜연, 2006, 「영산강 유역의 구석기고고학」, 『영산강유역의 구석기고고학과 4기 지질학』, pp.165-209.

이홍종·최종택·박성희, 2002, 『대정동유적: 대전종합유통단지 개발사업지역 내 문화유적발굴조사보고서, 고려대학교 매장문화재연구소.

장용준, 2007a, 『韓國 後期 舊石器의 製作技法과 編年研究』, 學研文化史, pp.4-385.

장용준, 2007b, 「韓半島와 九州地域의 後期 舊石器文化의 交流-슴베찌르개(剝片尖頭器)를 中心으로-」, 『韓國上古史學報』58, pp.5-37.

장용준, 2013, 「한국 구석기시대 흑요석 연구의 현황과 과제」, 『한국구석기학보』제28호, pp.19-60.

조선대학교박물관·호남문화재연구원, 2008, 『임실 하가유적-2006년 제1차 발굴-』.

조선대학교박물관, 2009a, 『순천 월평유적-2005년 제3차발굴』.

조선대학교박물관, 2009b,『순천 외록골유적』.

전남문화재연구원·익산지방국토관리청, 2007,『무안 도원·농장유적』.

전북문화재연구원, 2006,『全州 沙根里 遺蹟』.

주학성 외, 2007,「검은모루유적의 짐승류화석에 대한 재고찰」,『조선고고연구』, 사회과학출판사.

중앙문화재연구원, 2007,『大田 龍山洞 舊石器遺蹟』.

천권희, 2008,「청원 용방 구석기 유적의 석기 연구」,『한국구석기학보』17호, pp.17-32.

최성락, 2013,『한국 고고학의 새로운 방향』, 주류성.

콜린렌프류·폴반(이희준 옮김), 2006,『현대 고고학의 이해』, 사회평론.

崔福奎·崔三鎔·崔承燁·李海用·車在動, 2001,『長興里 舊石器遺蹟』, 江原考古學硏究所, pp.1-243.

崔福奎·安聖民·柳惠貞, 2004,『洪川 하화계리 Ⅲ 작은솔밭 舊·中石器遺蹟』, 江原考古學硏究所.

崔福奎·柳惠貞, 2005,『抱川 禾垈里 쉼터舊石器遺蹟』, 江原考古學硏究所.

클라이브 갬블(성춘택 옮김), 2013,『기원과 혁명-휴머니티 형성의 고고학-』, 사회평론.

한국선사문화연구원, 2012,『淸原 老山里 舊石器遺蹟 : 3·4·5地點』.

韓昌均, 2002,「대전 용호동 구석기유적」,『東北亞細亞舊石器硏究』, 漣川郡·漢陽大學校 文化財硏究所, pp.163-172.

한창균, 2003,「한국 구석기유적의 연대 문제에 대한 고찰-절대연대 측정결과와 퇴적층의 형성시기에 대한 검토를 중심으로-」,『한국구석기학보』제7호, 한국구석기학회, pp.1-39.

한국철도시설공단·한국문물연구원, 2012,『彦陽 新華里遺蹟(2)』, 古蹟調査報告 第25冊.

한국토지공사·경기문화재단 기전문화재연구원, 2008,『남양주 호평동 구석기유적』Ⅰ·Ⅱ.

湖南文化財硏究員, 2007,『和順 沙倉遺蹟』.

호남문화재연구원·한국도로공사, 2011,『高敞 甑山 舊石器遺蹟』.

湖南文化財硏究員·全州市, 2006,『全州 鳳谷 舊石器遺蹟』.

홍미영·김종헌, 2008,『남양주 호평동 구석기유적 Ⅰ·Ⅱ』, 한국토지공사·기전문화재연구원.

兼岡一朗, 1998,『年代測定槪論』, 東京大學出版會.

小畑弘己, 2004,『極東および環日本海における更新世~完新世の狩獵道具の變天硏究』平成14年度~平成15年度科學硏究費補助金基盤硏究報告書, pp.1-179.

長友恒人 編, 1999,『考古學のための年代測定學入門』.

町田洋·新井房夫, 2003,『新編 火山灰アトラス』, 東京大學出版會.

佐藤宏之(安齊正人編), 2004,「舊石器時代」,『現代考古學事典』, 同成社, pp.71-77.

Bae et al., 2006, *Report of Excavation of the Kumpari Paleolithic Site Section C, D and E*. Hanyang Cultural Properties Research Series Vol.11, Institute of Cultural Properties, Hanyang University.

Bae Kidong, 2012, "Korean Paleolithic Archaeology Today; a new perspective fro 21st century", 『한국구석기학보』제25호, pp.119-135.

Bronk Ramsey, C., 2009, "Bayesian analysis of radiocarbon dates", *Radiocarbon 51(1)*, 337-360.

Chang, Y.J., 2013, "Human Activity and Lithic Technology between Korea and Japan from MIS 3 to MIS 2 in the Late Paleolithic Period", *Quaternary International*(2013) Vol.308-309, pp.13-26.

Clark P.U. *et al.*, 2009, "The Last Glacial Maximum", *Science 325*, 710, pp.710-714.

Fairbanks *et al.*, 2005, "Radiocarbon calibration curve spanning 0 to 50,000 years BP based on paired 230Th/ 234U/ 238U and 14C dates on pristine corals", *Quaternary Science Reviews 24*, pp.1781–1796.

Heinrich, H., 1988. "Origins and consequences of cycle ice rafting in the northeast Atlantic Ocean during the past 130,000 years", *Quaternary Research 29*, pp.142-152.

Lee *et al.*, 2012, "Meaning of Investigation of Mansuri Paleolithic Site, Cheongwon, Korea", *Paleo-environmental Changes and Paleolithic Chronology in Northeeast Asia*, Proceedings, Doshisha University, pp.51-55.

Movius, H. L. J. 1944. *Early Man Pleistocene Stratigraphy in Southern and Eastern Asia*. Peabody Museum Paper 19.

Reimer *et al.* 2004, "IntCal04 Terrestrial radiocarbon age calibration, 0-26 cal kyr BP", *Radiocarbon 46(3)*, pp.1029-1058.

Reimer, PJ, Bard, E, Bayliss, A, Beck, JW, Blackwell, PG, Bronk Ramsey, C, Buck, CE, Cheng, H, Edwards, RL, Friedrich, M, Grootes, PM, Guilderson, TP, Haflidason, H, Hajdas, I, Hatté, C, Heaton, TJ, Hoffmann, DL, Hughen, KA, Kaiser, KF, Kromer, B, Manning, SW, Niu, M, Reimer, RW, Richards, DA, Scott, EM, Southon, JR, Staff, RA, Turney, CSM, van der Plicht, J & Hogg, A, 2013, "IntCal13 and Marine13 radiocarbon age calibration curves 0-50,000 years cal BP", *Radiocarbon 55(4)*, pp.1869-1887.

Seong, Chuntaek, 2011, "Evaluating Radiocarbon Dates and Late Paleolithic Chronology in Korea", *Arctic Anthropology 48(1)*, pp.93-112.

Vasilchuk Yurij K. et al., 2002, "AMS-dating of Macrocyclic Ground Veins near Chongokni, South Korea", *Journal of the Korean Palaeolithic Society* 6, pp.181-196.

Weninger *et al.*, 2007, CalPal-2007. Cologne Radiocarbon Calibration & Palaeoclimate Research Package.

Part 2

한반도 현생인류의 일본열도로의 확산

Part 2

한반도 현생인류의 일본열도로의 확산

일본 나이프형 석기의 비판적 검토

- 연구사와 용어를 중심으로 -

Ⅰ 서론
Ⅱ 용어의 정립
Ⅲ 나이프형 석기의 검토
Ⅳ 나이프형 석기와 첨두기류의 비교
Ⅴ 소결

The spread and exchange of modern humans in Northeast Asia

I 서론

일본에서 구석기에 대한 관심은 일찍부터 있었다. 大山栢(1933)은 '日本舊石文化存否硏究'라는 저서에서 일본 내 구석기에 대한 인식과 연구부족을 비판하였다. 그는 외국의 구석기연구 방법은 물론, 구석기와 관련된 분야의 기초 자료들을 소개하면서 연구자가 혹시라도 몰라서 구석기를 발견하지 못하거나 앞으로도 확인을 못하는 경우에 대비하여 경각심을 불러일으켰다.

이러한 노력이 결실을 맺게 된 것은 相澤忠洋이 1946년 繩文시대의 유물을 포함한 흑색토보다 아래에 있는 황갈색 풍화 화산재 층으로부터 토기를 공반하지 않은 석기군이 최초로 발견하면서부터이다. 그 후 1949년 杉原莊介와 芹澤長介가 群馬縣 岩宿유적을 발굴하면서 구석기에 대한 본격적인 연구가 비로소 시작되었다.

岩宿유적의 발견을 계기로 전국에서 많은 구석기유적이 발굴 조사되었고, 현재 15,000여 개소의 유적이 확인되었다. 이를 통해 關東롬층에 대한 화산재층은 인간이 살지 않았던 갱신세 화산활동의 퇴적물이었음을 알 수 있게 되었다. 그 후 東京都 茂呂유적과 長野縣 茶臼山유적, 北海道 樽岸유적 등 繩文문화 이전의 유적이 각지에서 발견되어 일본에서도 토기를 공반하지 않은 석기시대가 존재하였음이 확실해졌다.[1]

1953년 明治대학의 杉原莊介는 靑森縣 金木유적, 1962~66년 山內淸男 등의 大分縣 丹生유적(5차례 조사), 1964년부터 東北대학 芹澤長介의 大分縣 早水臺유적·栃木縣 星野유적·群馬縣 岩宿유적 D지점을 조사하였다.[2] 이런 과정에서 芹澤長介의 전기구석기 존재에 대한

---

1   岩宿유적이 발견되었을 당시에는 구석기시대가 先繩文문화, 無土器문화로 불리었고, 그 이후 先土器시대, 岩宿시대로 부르던 시기도 있었지만, 현재는 구석기시대가 일반적으로 이용되고 있다(稻田孝司, 2005). 일본 東京국립박물관에서는 구석기시대를 先繩文시대로 기재하고 있다. 날조사건 이후 구석기라는 용어자체에 대한 일정 부분의 반감이 반영된 것으로 추측할 수 있다.

2   이곳에서 출토된 석기들은 아직도 석기의 진위여부가 판가름 나지 않은 상태이다. 대체로 부정적인 견해가 우세하다.

회의적 시각이 논란이 되면서 '前期舊石器存否論爭'이 있기도 하였다(岡村道雄, 2000).

1981년 宮城縣 座散亂木유적에서 4만 년 전의 석기가 발견되었고, 일본 전역에서 중기구석기가 보고되었다. 그 중 上高森유적은 50만 년 전까지 거슬러 올라가고 그 외도 많은 전·중기 구석기시대 유적들이 조사되어 일본열도에서도 중기 구석기시대를 넘어 전기 구석기시대가 존재하였던 것으로 알려지기도 하였다. 하지만 2000년 藤村新一의 구석기날조사건 이후, 그가 관련한 유적의 검증과정에서 후기 구석기 이전에 해당하는 거의 모든 유적이 날조된 것으로 판명되었다. 지금은 일본에서 누구나 인정하는 전·중기 구석기유적은 아직까지 알려진 바 없다.

따라서 구석기날조사건 이후 일본 구석기시대를 대표하는 나이프형 석기 또는 나이프형 석기문화는 더욱 중요하게 되었다. 나이프형 석기는 일본의 구석기연구사와 그 궤를 같이 하였다고 해도 과언이 아니다. 하지만, 일본 내에서도 그 개념과 적용방식에 대한 여러 연구자의 비판이 있었다. 특히 安斉正人(2007·2008)는 나이프형 석기에 대하여 분류방식, 용어정의, 개념 등의 문제점을 제기하였다.

본고에서는 일본 후기구석기를 대표하는 나이프형 석기에 관해 1950~1960년 초까지의 연구사를 중심으로 용어의 정립과정을 검토하고자 한다. 이를 통해 1950년대 당시, 한정된 자료에 의해 설정된 나이프형 석기가 현재에 이르러 그 개념이 무분별하게 사용되고 있는 문제점을 지적하고자 한다. 또한 나이프형 석기와 첨두기(point) 등의 관계 등을 살펴보고 그 대안을 제시하고자 한다.

Ⅱ 용어의 정립

일본 후기구석기를 대표하는 '나이프형 석기'라는 용어가 어떠한 과정으로 출현하게 되었는지를 살펴보자.

杉原莊介 등(1952)은 '첨두기용 석인(pointed blade)'에 대해 整形 혹은 손에 쥐기 좋도록 세부가공한 것을 '등조정된 석인(Backed blade)'으로 명명하였다(그림 1 참조).

杉原莊介(1953)은 岩宿문화Ⅰ → 岩宿문화Ⅱ → 茂呂문화 → 上平문화 → 縄文문화를 설정하였다. 그 중 茂呂문화에는 석인이 중심이고 잡기 용이하도록 조정한 등조정된 석인이 포함되어 있었다. 上平문화는 흑요석을 이용해 눌러떼기로 만든 첨두기(Point)가 주체이었다. 긁개(Scraper)문화 → 등조정된 석인(Backed blade)문화 → 첨두기(Point)문화로 변화하며, 유럽지역의 후기구석기문화의 변화양상과 유사하다고 주장하였다. 이러한 시기구분은 후에 나이프형 석기문화와 첨두기문화를 구분하는 단초를 제공하였다.

芹澤長介·麻生優(1953)은 縱長박편의 예리한 인부를 일부 남기고 다른 한 쪽에는 거친 잔손질(retouch)을 가하여 선단이 뾰족하게 만들어진 것을 나이프용 석인(knife blade)으로 정의하였다. 그 중 '茂呂形 나이프용 석인'을 설정하고, 특히 기부와 선단부 모두가 뾰족한 것을 '杉久保形 나이프용 석인(knife blade)'으로 구별하였다(그림 2).[3] 그들은 첨두기(Point)는 나이프용 석인을 제외한 양면조정첨두기(柳葉形)만을 지칭하였고, 나이프용 석인과 첨두기는 기술적으로 다르다고 주장하였고, 석인제 첨두기만을 나이프용 석인으로 분류하였다. 다만, '杉久保形'의 경우 첨두기의 기능도 있을 수 있음은 언급하였다.

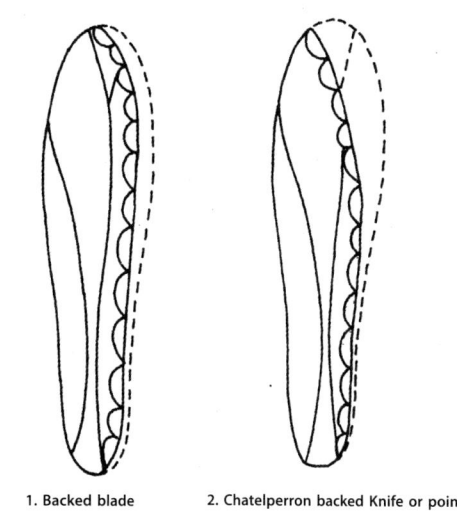

1. Backed blade 2. Chatelperron backed Knife or point

그림 1　유럽의 석인제 등조정된 석기(Bordaz, 1970)

茂呂유적에서 출토된 석기군은 茂呂석기문화로 파악되었고, 그 중 일부는 차후에 '茂呂形 나이프형 석기'로 불리게 됨과 동시에 나이프형 석기에 있어 하나의 지표적인 역할을 하였다(織笠昭, 2005). 물론 '나이프형 석기'라는 명칭은 유적을 발견할 당시에는 사용되지 않았다.

杉原莊介·大塚初重(1955)은 繩文문화 이전에 해당하는 關東롬 층에서 확인된 석기문화의 단계가 석인에서 첨두기로 변천한다고 주장하였다(그림 3 참조). 이 때를 기점으로 하여 첨두기(point)라는 용어가 석기형식이 아닌 특정 문화나 시기를 대변하는 용어로 자리 잡게 되는 출발점이 되었다는데 중요한 의의가 있다.

戶澤充則(1957)은 '나이프형 첨두기모양 석기(ナイフ形 ポイント様 石器), 등조정된 석인(バックドブレイド), 나이프용 석인(ナイフ ブレイド)'이라는 용어를 사용하였다. 그는 '切出形石器'

3　본고에서는 나이프형 석기와의 구분을 위해 나이프형 석기라는 용어가 출현하기 이전의 나이프형 석기에 대해서는 나이프용 석기로 구분하여 사용하고자 한다. 또한 초기에는 나이프형 석기의 지역명+'形'이 사용되었으나 지금은 形대신에 型을 사용하고 있다.

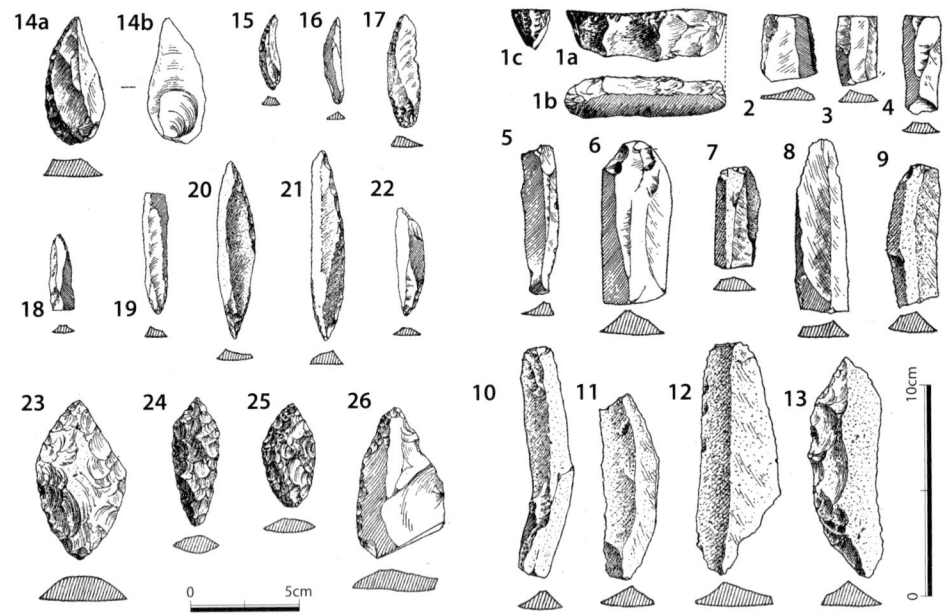

그림 2 杉久保形 나이프 석기군(芹澤長介·麻生優 1953: 15-22. 杉久保形 나이프형 석기)

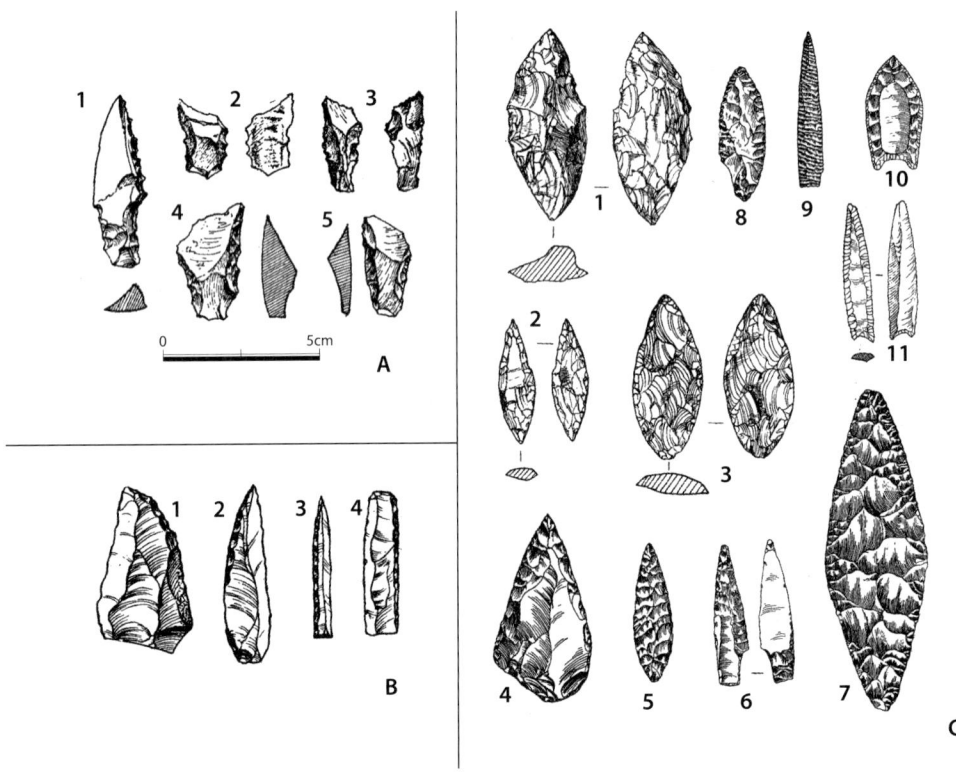

그림 3 선사시대의 석기(芹澤長介, 1957)

A. 절출형석기 | B. 버킷(Burkitt)의 나이프용 석기 | C. 첨두기형 석기

라는 용어를 새롭게 창안하였다. 이것은 가로로 긴 두터운 박편을 이용해 타면부분과 그 반대의 끝을 조정해 切出形으로 만든 것이었다. 그 중에는 지금 사용하고 있는 臺形樣석기도 포함되어 있었다. 나이프용 석인이란 석인 혹은 종장박편을 이용해 칼의 몸체에 가까운 모양으로 완성한 것(茂呂型 나이프용 석인, ナイフ・ブレイド)이었다.

그런데 芹澤長介(1957)는 「先史時代」라는 저서에서 切出形石器는 나이프형 석기에 포함된다는 언급을 전혀 한 바 없다(그림 3).[4] 그럼에도 불구하고 나중에 이것은 臺形석기, 臺形樣석기, 펜끝(ペン先)形 나이프형 석기, 今峠型 나이프형 석기, 切出形 나이프형 석기, 立野ヶ原型 나이프형 석기 등으로 다시 세분화되었다. 지금은 절출형석기는 소재의 형상과 이용방법, 블런팅기술에 의해 나이프형 석기로 연구자간에 인식되고 있다. 하지만 이것은 관련 논문이 적고 출현, 성행, 쇠퇴 등의 편년 위치에 대한 애매한 부분이 많다. 실제 형식명이 정착된 것은 1989년으로 비교적 늦게 이루어졌다(鎌田洋昭, 1999). 切出形石器라는 용어가 등장하였을 당시에는 나이프형 석기와 아무런 연관이 없었음에도 차츰 시간이 지나면서 '나이프형 석기'의 한 부류가 되어 버린 것이다.

戶澤充則(1958)도 나이프용 석기를 예리한 刃器로서 파악하였으나 '나이프형 석기'라는 용어는 사용하지 않았다.

杉原壯介 등(1959)은 1959년 東京都 茂呂유적 보고서에서 芹沢長介의 용어이었던 '小刀狀刃器(knife blade)'을 사용하였다(그림 4). 그들은 이 석기의 세부가공이 날을 만들기 위함이 아니라 쥐기 쉽도록 날을 무디게 만든 것(刃潰し)으로 예리한 자연날을 이용해 자르고 다듬는 용도에 사용하였다'고 주장하였다. 또 이 유적의 석기를 예로 들어 기부를 정

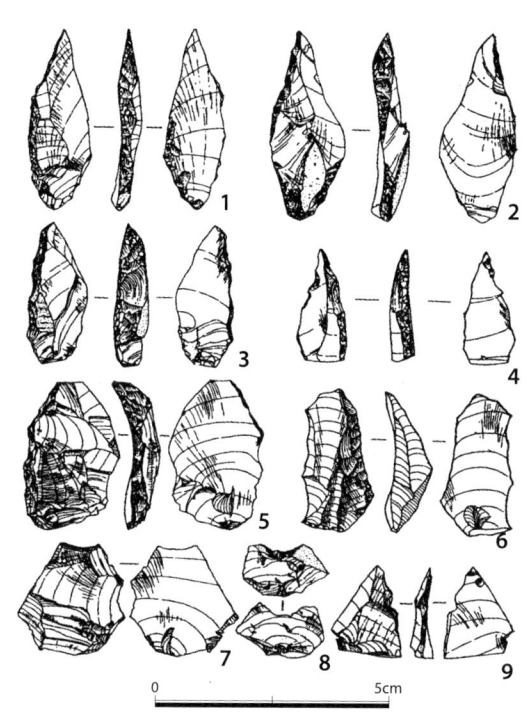

그림 4 茂呂型 나이프형 석기군(杉原莊介 등, 1959)

---

4 '切出型ナイフ形石器, 切出形ナイフ, 切出狀ナイフ形石器'로도 불린다.

성스럽게 가공한 것은 자루에 착병시키기 위한 것으로 파악하였다.

그러다가 芹澤長介(1959)가 작성한 神山유적 발굴조사 보고서에서 '나이프형 석기'라는 용어가 처음으로 등장한다. 현재까지 확인된 자료 중에서는 가장 빠른 용례이다. 芹澤長介(1960)는 그의 저서에서도 나이프형 석기를 사용하였다.

그러다가 八幡一郞(1959)와 芹澤長介(1959)는 1959년 6월에 발간된 「世界考古學大系」에서는 나이프형 석기로 통일되게 사용하였다.[5] 1950년대는 '나이프형'이 아닌 '나이프용' 석기에 대해 형식명과 석기문화의 개념이 정립되지 않았던 시기이었다. 이 때의 나이프라는 것은 자르는 기능을 가진 도구라는 뜻으로 사용되었다.

나이프형 석기라는 용어가 1950년대에는 논문제목에 사용된 적이 없었으나, 滝沢浩 (1962; 1964a; 1964b)의 논고의 예와 같이 1960년대부터 이것이 들어간 제목이 눈에 띄기 시작한다.[6] 그 이전에도 나이프와 관련된 많은 용어들이 사용되어 왔었지만, 현재 일본에서 사용하는 '나이프형 석기'의 개념의 출발점은 이 때로 생각된다.

결국, 나이프형 석기라는 용어가 정립된 것은 1950년대 말에서 1960년대 초의 일이었다.

Ⅲ 나이프형 석기의 검토

1 용어와 기능의 관계

'나이프형 석기'가 1959년 神山유적의 보고서부터 사용된 이후 '나이프형 석기=나이프'가 일본 내 연구자의 상식이 되었다. 그 와중에 1962년 滝沢浩가 나이프형 석기는 나이프만이 아

---

5   加藤稔(1961)는 동북지방의 석기를 다음과 같이 단계를 설정하였다. 1)석인·종장박편을 주로 하는 것, 2)나이프형 석기를 주로 하는 것, 3)첨두기를 주로 하는 것, 4)세석기를 주로 하는 것으로 분류하였다.

6   滝沢浩(1964b)가 언급한 나이프형 석기는 茂呂型 나이프형 석기문화에 해당하는 것으로 나이프가 아닌 일종의 첨두기로 창의 기능을 가진 것을 의미함을 강조하였다. 이 글에서는 나이프형 석기문화라는 용어가 사용되고 있다.

니라 일종의 첨두기라는 주장이 있은 이후, 두 기능을 모두 염두에 둔 채 사용되고 있다.

竹岡俊樹(1978)는 나이프형 석기라는 명칭이 엄밀히 말해 제작자가 분류한 기종이 아님을 강조하였다. 이것은 소재, 이차가공, 형태 및 그것들 삼자간(三者間)의 관계를 기준으로 한 것으로 연구자가 분류한 기종을 지칭하는 것도 아니며, '박편을 소재로 한 양면가공의 석기'라는 명칭과 같은 수준의 개념영역을 가진 명칭에 불과하다고 주장하였다. 지금도 나이프(knife)로서의 나이프형 석기와 창끝에 부착하는 첨두기라는 이항적 기능관이 연구자간에 암묵적으로 공유되고 있다(安斉正人, 2007: 12).

일본 연구자는 나이프형 석기를 구석기시대의 일정한 단계를 나타내는 것으로도 사용하였다(芹沢長介, 1969). 이것은 과도기적인 현상으로 특징적 석기를 지표로 한 어느 시기나 단계로 구분하였던 학사적 수준에서 완전히 탈피하지 않았음을 보여준다. 그 때문에 무엇을 기준으로 구분하느냐에 따라 어떤 경우는 나이프형 석기 '문화', 또 어떤 때는 첨두기 '문화'에 속하는 나이프형 석기가 등장하게 된 것이다.

구석기유적의 유물수량이 증가하면서 유적명이나 석기형태를 이용한 나이프형 석기의 형식은 끊임없이 창출되었다. 이것들은 일본 구석기연구를 지탱하는 매우 중요한 개념이자 핵심용어로 자리를 잡았다. 지금까지도 나이프형 석기의 정의와 형식분류가 통일되지 않았음에도 연구는 계속 되어오고 있다. 나이프형 석기라는 형식분류의 틀을 마치 유지·보수하는 방식으로 몇 십 년간 사용하여 온 것이다.

석기 형식명을 설정할 때는 그 석기를 생산하는데 필요한 소재획득에서부터 제작·사용·보수·폐기에 이르는 과정은 물론, 기능적인 측면까지도 포함시켜 검토하여야만 한다. 기능의 혼동을 주는 잘못된 용어를 사용하고 조정방식을 중심으로 모든 석기를 분류한 후 그것을 기준으로 지역성을 구분하는 것은 석기를 정확히 이해하고 집단의 사회적 성격을 파악하는 데 한계가 있다.

그리고 '나이프형 석기'라는 용어 뒤에 통상적으로 문화 혹은 이와 유사한 용어를 덧붙여야 하지만, 석기군의 일정한 결합, 혹은 그것을 통합하는 개념으로서 문화를 이용하는 것에 대해서는 일본 내에서도 의견이 분분하다. 그렇다면 다른 개념의 용어를 써야겠지만, 현 상황에서는 나이프형 석기를 그대로 사용할 수 밖에 없다. 다만, 그 의미하는 바가 단순히 나이프형 석기만이 아니라 그것이 양적(量的)으로 주체를 점하는 석기군 전체 혹은 석기군 총체로서의 사회를 뜻하는 것임을 분명히 해두고자 한다.

2 나이프형 석기의 지역성

나이프형 석기는 박편이나 석인을 소재로 하고 그 예리한 날 부분을 남기고 다른 부분에 대해서는 날을 이지러뜨리는 이른바 블런팅(blunting)기술이 사용된다.[7] 연구 개시기에는 나이프형 석기의 경우 출토유적의 이름을 차용하여 형식을 분류하기도 하였다. 넓은 의미의 나이프형 석기에는 박편첨두기

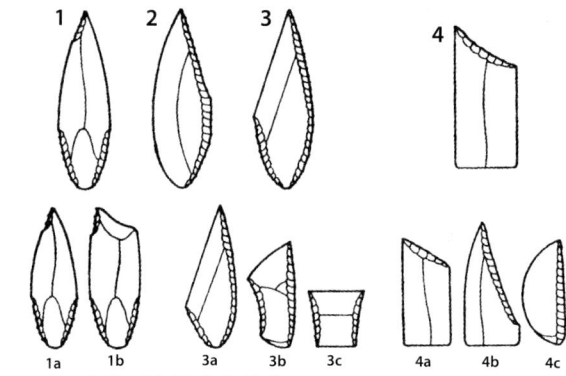

그림 5 나이프형 석기의 형태(安蒜政雄 1988)
1. 基部加工(1a 直線稜形, 1b 三叉稜形) | 2. 一側緣加工 |
3. 二側緣加工(3a 茂呂系, 3b 切出形 3c 臺形狀) | 4. 部分加工(4a 先斷形, 4b 斜斷形, 4c 側斷形)

(기부가공나이프의 일종), 나이프형 석기, 立野ヶ原型 나이프형 석기, 펜끝形 나이프형 석기, 臺形樣석기, 臺形석기가 해당한다(岡村道雄, 1990).[8] 나이프형 석기의 형태는 安蒜政雄(1979)의 분류법이 가장 많이 사용되고 있다(그림 5). 그는 나이프형 석기를 소재의 특징, 블런팅을 베푸는 위치, 전체 형상에 따라 구분하였다.

현재 일본에서는 나이프형 석기가 독자적으로 출현하였다는 시각이 우세하다. 또한 이것은 지역마다 다양한 형태로 출현한다는 것이다. 물론 일본 열도가 넓어 형식의 지역적 특징이 두드러지는 현상은 분명히 있다.

그런데 일본열도의 구석기연구방식에는 독특한 연구경향이 보인다. 그것은 바로 한 지역의 특징적 석기(형식)가 다른 지역에 가면 다른 형식의 석기로 분류되거나 유사 형식으로 취급받게 된다는 점이다.

일본에서 나이프형 석기의 지역성은 이른바 나이프형 석기를 조성하는데 주도적으로 사용된 석기군이 그 내용과 관련해서 장소적 특성을 지니는 범위에 한정하여 사용하여야 하는 개념이다. 그렇기 때문에 지역성의 파악에는 기본적으로 지역차의 인식이 깔려있어야 하고, 그것을 토대로 각 지역의 독자적인 특징이 무엇이며, 이러한 지역에서 무엇을 통하여 공통성이 출현하는가를 판단하여야 한다(小林達雄, 1967; 1969).

---

[7] 블런팅이라는 용어가 적절치 않다는 지적도 있다. 하지만, 일본의 경우 나이프형 석기와 블런팅은 불가분의 관계이므로 용어의 혼선을 막기 위해 그대로 사용하고자 한다.

[8] 좁은 의미의 나이프형 석기는 형태형식과 기술형식으로 세분되기도 한다.

그러나 나이프형 석기문화가 지역적으로 구분된 기층(基層)문화와 비교하여 어떤 유사점과 계통 차이가 있는가에 대한 설명은 거의 검토되지 못하였고 설명하기도 어렵다. 구석기시대에는 이동생활을 주로 하기 때문에 현재를 기준으로 나눈 임의적이고 편의적인 지역설정을 이용하여 그 영역을 벗어났다고 하여 다른 연구자에 의해 또 다른 형식으로 분류되는 것은 타당하지 않다.

특히 한 유적에서 출토된 석기나 석기군을 다른 지역의 것과 비교할 때 유사한 것과 동일한 것은 전혀 다르게 해석될 수 있다. 일단 규정된 하나의 형식은 지역과 상관없이 적용가능 한 포괄성과 통일성을 가지고 있어야 한다. 동일한 석기가 각 지역에서 새로운 석기형식으로 불리운다면, 항상 석기의 공통성보다 차별성이 부각되기 마련이다. 그로 인해 동일한 석기군도 다른 석기군 혹은 이질적인 문화로 이해될 가능성이 크다.

安齊正人(2000; 2007)은 너무 광범위하게 확대시킨 감이 있는 나이프형 석기 형식관을 재검토하고 새로운 분류체계의 구축을 시도하였다. 즉, 발생계통론적 관점에서 석기분류법을 제시하고 실제 잘 맞지 않는 모든 형식의 개념을 고치고 계통론적 관계성을 명시할 것을 주장하였다. 그 중 기부가공 나이프형 석기를 첨두형 석기(기부가공 첨두형 석인석기)로 부르자고 제안하였다.

이러한 문제의식은 나이프형 석기가 일본의 현지화된 석기형식이라는 사고가 연구자들에게 너무 크게 영향을 미치어 형식분류가 지나치게 세분화되는 것을 경계한 것이다. 앞서 지적한 것처럼 특정 형식의 석기가 지나치게 강조되면 석기계통을 파악하는데 공통점보다 차이점이 강조됨으로 인해 연구하는데 있어 장애가 될 수 있다.

지금까지 나이프형 석기는 나이프형 석기군과 거의 동일한 개념으로 사용되면서 그 개념이 점점 확대 재생산되어 왔다. 나이프형 석기는 다음 단계의 첨두기가 등장해도 소멸되지 않는다. 그런 의미에서 나이프형 석기는 첨두기의 변화된 형태로 파악하는 게 옳다. 하지만, 일본에서 첨두기는 나이프형 석기가 출현한 이후에 등장하는 양면조정된 柳葉形첨두기를 지칭하는 경우가 대부분이다. 나이프형 석기가 첨두기라는 용어변화의 결과가 아닌 첨두기에서 첨두기로의 기능성유지에 따른 형식변화의 산물로 파악하려는 노력이 절실하다.

3 조정방식의 모호한 기준

나이프형 석기가 분류되는 기준은 매우 다양하지만, 크게 소재의 이용방법과 조정방식이 있다. 두 기준 중 나이프형 석기의 조정방식을 세 가지로 나누어 살펴보고자 한다.

첫째, 일측연(一側緣) 또는 이측연(二側緣) 조정기술이다(그림 5).[9] 일측연 조정은 종장박편이나 석인의 한 쪽을 배면에서 등면으로 조정하는 것이다. 이측연 조정은 일측연 조정과 거의 동일하지만, 조정부위가 더 넓고 선단부에서 이어지는 자연날을 제외한 모든 부분을 조정한다. 이렇게 제작된 석기는 주로 쥐고 사용하기 위한 것이라기 보다는 착장시켜 첨두기로 사용한다. 때로는 조정 후에 톱니날의 형상인 경우도 많아 이 부분을 사용하기도 한다. 茂呂型 나이프형 석기가 대표적인 예이다.

하지만, 小管將夫(1991)는 나이프형 석기를 종장(縱長)박편과 횡장(橫長)박편으로 나누고, Ⅰ~Ⅲ류로 나누고 모두 8가지로 분류하였다. 이를 이용해 關東지방의 Ⅹ~Ⅵ층까지의 나이프형 석기의 변천과정을 설명하였다(그림 6). 문제는 Ⅹ~Ⅸ층에서 출토되는 기부가공석기가 기부와 선단부의 아주 약한 조정만 있을 뿐 실제로는 블런팅 조정과 같은 것은 베풀어지지 않음에도 나이프형 석기의 범주에 포함시키고 있다는 점이다. 이것들은 나이프형 석기와 비교하여 소재박편의 박리기술이나 조정부위의 공통점이 있지만 조정강도만으로 계통성을 파악할 수는 없을 것이다.

둘째, 손에 쥐고 사용하기 좋도록 소재의 날카로운 날을 무디게 하는 이른바 블런팅(blunting)이라 부르는 조정기술이다. 二宮忠司(1975)는 블런팅으로 가공된 부분이 나이프형 석기를 규정하는 첫 번째 조건으로 꼽았다.[10] 이 기술은 다양한 형태의 석기를 나이프형 석기로 분류하는 중요한 기준이었다.

그런데 일반 박편이나 석인에 조정된 블런팅은 석기제작을 위한 조정·가공기술인 반면, 瀨戶內기법의 조정흔은 소재를 박리하기 위해 베풀어진 산형(山形)조정의 결과가 블런팅과 유사하게 된 것이다. 다시 말해 조정형태가 동일하다 할지라도 박리기법의 결과물과 이차가공의 결과물은 그 의미가 전혀 다를 수 있음에 주의하여야만 한다.

셋째, 블런팅 기술 중 마주보고 베풀어지는 이른바 백킹(backing)이라 불리는 조정기술이다. 이것은 교호(交互)조정방식으로 블런팅에 의해 만들어지는 양상과 방향의 차이는 있지만, 기술적으로는 거의 동일하다.

---

9 측연은 석기의 가장자리를 뜻하며, 대개는 연속적으로 조정되는 경우가 많다.

10 나이프형 석기에 등조정된 것은 특별한 목적이 있었고, 이것이 주로 자르는 기능으로도 사용되었지만, 석기 형태에 따라서는 첨두기로 사용되었을 것이다.

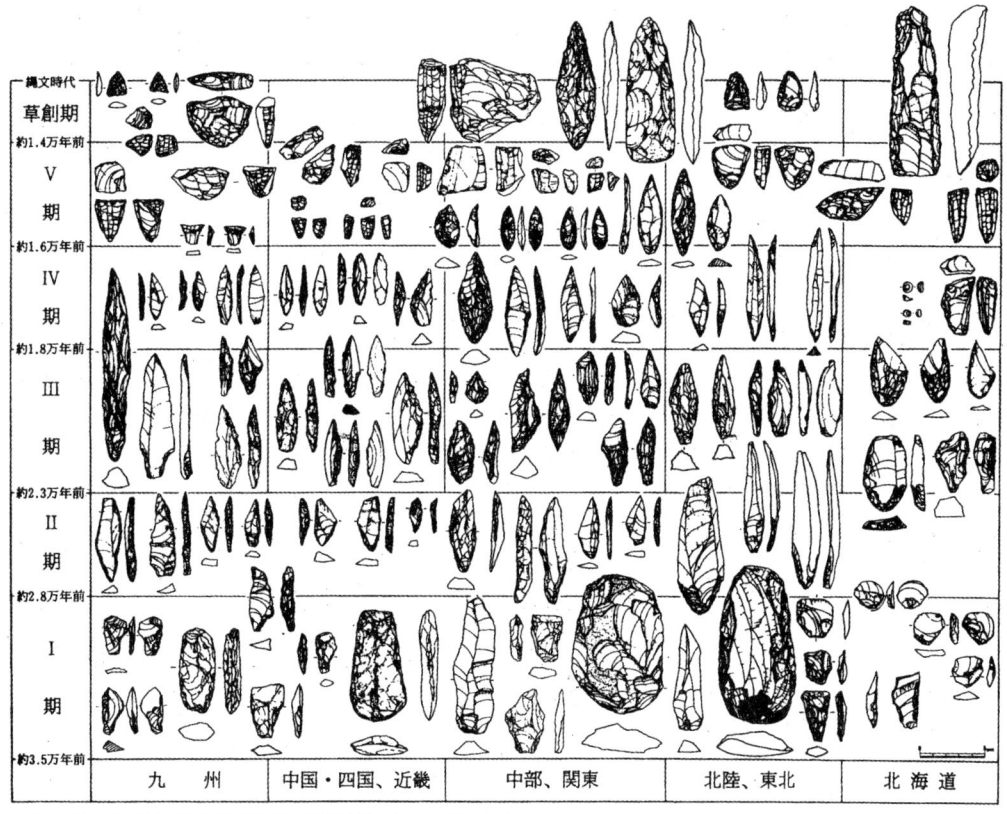

그림 6 나이프형 석기의 편년과 지역별 나이프형 석기(小管將夫, 1991)
Ⅰ~Ⅳ기까지가 나이프형 석기문화

그러므로 위의 세 가지 조정방식이 형식 분류의 절대적 기준이 될 수 있느냐는 점이다. 석기형식은 작업자가 동일한 이미지 또는 설계도를 가지고 있다고 할지라도 작업과정에서 예상치 못한 변수로 인하여 수정이 불가피하고 그러한 상황에서 석기변형은 언제나 일어날 수 있다. 이러한 이유들로 발생하게 된 다양한 석기들이 계통차이를 대변하는 직접적인 증거는 아니라는 점이다. 또한 아무리 제작자가 우수한 기술을 보유하였더라도 획득 가능한 석재의 종류, 제작도구의 차이, 작업의 숙련도, 상황에 따른 용도의 차이 등으로 인한 석기의 변형은 항상 생길 수 있다.

결국, 블런팅 기술이 나이프형 석기를 구분하는 중요한 기준임을 부인하기 쉽지 않지만, 그러한 조정이나 흔적이 관찰된다고 해서 모두 나이프형 석기로 볼 수는 없다. 이것은 다양한 이차가공기술 중의 하나일 뿐이다. 나이프형 석기의 여러 형식 중 이러한 양상이 관찰되는 사례도 특정 형식에 한정되어 있다. 이차조정과 블런팅 조정이 과연 어떠한 차이가 있는지에 대한 개념정의가 선행되어야만 한다.

4 '나이프형 석기문화'와 박리기술

1950년대 당시 만해도 구석기관련 자료가 부족하였고, '나이프형 석기'와 '나이프형 석기문화'라는 용어가 사용되지 않았음은 앞서 살펴보았다.

1960년대부터 나이프형 석기를 통한 각 지역의 독자적인 석기문화가 설정되었다(芹澤長介, 1960; 小野 昭, 1969). 일본열도 내 나이프형 석기문화는 九州지방, 近畿·中國·四國지방, 關東·中部지방, 東北지방으로 세분되고 있다(그림 6). 나이프형 석기문화는 북해도를 제외한 일본 전역에 걸쳐 확인된다(鈴木忠司, 1984).[11]

佐藤達夫(1970)는 나이프형 석기라는 하나의 정형(定型)이 소재 변화, 거주지 변화 등과 같은 여러 외부적인 요인이 있을지라도 그 조건을 극복하고 전통적인 기법에 의해 석기를 만들려는 예로 보기도 하였다. 이 시기만 하더라도 나이프형 석기의 계통은 동남아시아계통설과 북방계통설로 나누어져 있었다.

나이프형 석기문화는 나이프형 석기가 주체를 차지하는 석기군으로 흔히 정의된다.[12] 특히 白石浩之·荒井幹夫(1976)는 구석기시대의 석기제작기술은 나이프형 석기제작기술이 석기제작의 총체임을 주장하였다. 1970년대를 전후해서는 나이프형 석기문화가 橫打(횡타, 횡장박리)기법이나 석인기법과 같은 특정한 박리기법과 결부되기 시작하였다.

1960~70년대는 나이프형 석기가 특정 시대를 대표하는 표지적인 석기로 설정됨과 동시에 석인문화와 유사한 개념으로 사용되기 시작하였다.

安蒜正雄(1983)은 나이프형 석기를 '박편박리'와 '조정가공'의 두 공정으로 파악하였다. 그는 소재박편을 나이프형 석기로 만들기 위한 조정가공은 인부를 조정한 후에도 소재박편의 형상이 유지되는 것과 소재박편의 형상이 대폭 바뀌는 형상수정적인 것이 있다고 주장하였다. 織笠昭(1985)는 나이프형 석기를 박편박리기술, 조정가공기술, 형상이라는 세 가지 관점에서 설정하였다.

하지만, 나이프형 석기에 있어 소재의 사용방식, 박리기술, 조정방식은 후기구석기시대

---

[11] 최근에는 북해도로의 확대가능성이 논의되고 있다.
[12] 여기에는 나이프형 석기, 臺形樣석기, 切出形석기가 포함된다. 이것은 다시 刺突系석기, 切裁系석기로 나누어지기도 한다(戶田正勝, 1999). 특히 나이프형 석기는 槍先形(양면조정첨두기)첨두기가 출현하기 이전 시기의 석기군을 지칭한다.

의 박편석기군에서 얼마든지 관찰 가능한 현상들이다. 다시 말해 이러한 내용들이 나이프형 석기문화에만 적용되는 것은 아니라는 점이다. 특히 박리기술이 다른 석기는 그 조정양상의 유사성을 떠나 계통이 달라질 가능성이 높다.

그 예로 近畿지역의 瀨戶內기법이 사용된 國府型 나이프형 석기, 동북지역의 석인기법으로 만들어진 東山型 나이프형 석기(高橋郁父, 1978), 중부지역의 杉久保型 나이프형 석기는 동일한 석기군으로 볼 수 없다.[13] 그럼에도 불구하고 나이프형 석기문화 속의 나이프형 석기의 일종으로 인식함으로서 동일한 석기문화로 포함시키는 오류가 발생하였다.[14]

덧붙여 일본 열도(북해도제외) 내에서 關東롬X~Ⅲ층에 해당하는 나이프형 석기문화가 첨두기문화가 출현하기까지 약 1.5만 년 간에 걸쳐 지속적으로 발전하였는지,[15] 나이프형 석기문화가 문화적 통일성 혹은 일련성을 암시하는 것인지, 나이프형 석기는 주변지역의 어떠한 영향도 받지 않고 오랜 기간동안 지속적으로 유지·사용되어 온 이유가 무엇인지 등에 대한 의문은 설명할 수 없는 구조이다.[16]

물론 나이프형 석기를 이극구조(二極構造)로 파악하여 종장박편을 소재로 하는 것과 횡장(橫長)·광폭(廣幅)의 박편을 소재로 하는 것으로 나눌 수도 있다(佐藤宏之, 1993). 하지만 九州지역의 예만 보더라도 나이프형 석기문화에 속한 석기군에서 주류를 차지하는 석기들은 나이프형 석기와는 전혀 무관한 것들이 많다. 그러한 예로는 박편첨두기, 각추상석기, 불규칙 박편석기 등이 있다. 여기에는 切出形석기도 포함된다.[17] 심지어 白石浩之·荒井幹夫 (1976)가 분류한 茂呂系 나이프형 석기의 형식에는 후기구석기시대에 확인되는 거의 모든 석

---

13 東山型 나이프형 석기가 발견되었을 당시, 석인기법을 지닌 杉久保型 나이프, 종장박편을 소재로 한 茂呂型 나이프, 횡장박편을 소재로 한 國府型 나이프의 세 종류가 알려져 있었다(高橋郁父, 1978).

14 瀨戶內기법이 석인기법의 제작개념을 채용하여 현지화시킨 기법으로 볼 수도 있겠지만, 확실치는 않다.

15 일본 관동지역에 분포하는 武藏野롬과 下末吉·多摩롬의 하층에서는 확실한 석기의 출토예가 보고된 바 없다. 석기의 출토층위는 立川롬에 한해 후기구석기가 확인되고 있을 뿐이다(鈴木次郞, 2001).

16 나이프형 석기문화의 종말기에는 석기의 형태가 소형화와 기하형화하는 양상이 확인되고 있다.

17 나이프형 석기와 많은 공통점을 지니고 그것과 동일한 기준으로 분류하자는 의견도 있다(鈴木美代子, 2007).

기가 포함되어 있다.

실제 각추상석기의 기능, 切出形석기의 광역분포, 나이프형 석기의 기능, 나이프형 석기와 첨두기의 절충형태, 나이프형 석기의 소형화의 문제는 단순히 나이프형 석기문화와 관련된 개별적인 문제가 아니라 일본 열도 구석기시대의 구조와 그 변동과 관련이 있음이 지적되기도 한다(安齊正人, 2008).

나이프형 석기문화가 지닌 이러한 문제점들은 당시에 사용되었던 석기제작의 기반이 되는 박리의 기술양상이나 기능을 기준으로 삼기보다 특정 형태나 조정양상에 집착함은 물론, 용어로서 문화를 구분하고자 한 오류의 결과이다. 특히 각 지역 박리기술의 기반은 지역마다 특징이 있다. 박리기술의 기반에 차이가 있음에도 불구하고 나이프형 석기문화라는 공통된 문화가 일본열도에 걸쳐 후기구석기 초부터 세석인이 출현하기 전까지 확산·전개되었는지는 외부 시각으로 볼 때 쉽게 납득하기 어렵다.

결론적으로 나이프형 석기문화는 후기구석기문화(세석인출현 이전)와 차이를 분간하기 힘든 포괄적 개념인 것이다.

5 한반도출토 나이프형 석기

지금까지 일본에서는 나이프형 석기를 일본 내에서 발생한 독자적인 석기로 인식하였고, 단편적으로는 중국에서 확인되는 것으로 보고되었다(加藤眞二, 2000). 하지만, 일본지역의 나이프형 석기는 유물의 분류기준을 어떻게 보느냐에 따라 한반도에서도 확인될 가능성이 높다. 우리나라에서 슴베찌르개로 분류된 유물 중 상당수는 일본의 나이프형 석기와 매우 유사하다. 다만 어느 지역의 나이프형 석기와 비교할 것이냐에 따라 나이프형 석기가 될 수도 있고 아닐 수도 있다. 앞서 언급하였듯이 이것의 적용 기준이 지역과 연구자마다 다르기 때문에 판단이 쉽지 않은 게 사실이다.

임실하가유적에서 나이프형 석기로 추정되는 석기가 1점 출토되었다(이기길, 2008).[18] 이

---

18 한편으로 하가유적의 나이프형 석기는 슴베찌르개(박편첨두기)의 한 변형으로 보는 것을 검토할 필요가 있다. 아울러 한반도에서 출토된 나이프형 석기의 검토는 하가유적, 고례리유적 등의 보고서가 발간된 후 별고에서 중점적으로 다루고자 한다.

것은 지금까지 확인된 석기들 중 가장 나이프형 석기에 가까운 것으로 평가받고 있다. 따라서 지금까지 한반도에서 박편첨두기가 전해져왔다고 보았으나, 수양개유적의 각추상석기와 더불어 교류의 관점에서 본다면 일본 구주지역에서 한반도 남부에 영향을 미친 것으로 추정할 수 있다.19 수양개유적 (이융조·공수진 2002)에서 출토된 슴베찌르개와 이와 유사한 석기들에 대한 재검토가 필요하다. 고례리유적(張龍俊, 2001)에서도 나이프형 석기로 볼 수 있는 석기가 몇 점 출토되었다. 용산동유적(그림 7)의 슴베찌르개 중에는 기부가공 나이프형 석기 및 이측연 가공 나이프형 석기와 유사한 것이 있다. 아마도 일본에서 출토되었다면 어떠한 형식이든 간에 나이프형 석기로 분류될 수 있다.

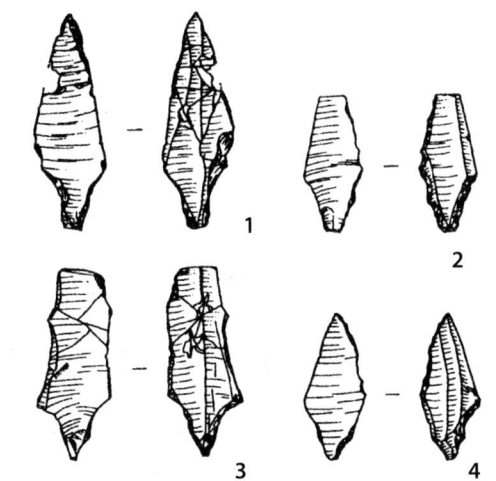

그림 7 용산동유적의 슴베찌르개(김환일 2004, 1번: 11cm)

나이프형 석기는 기준이 무엇이냐에 따라 한반도나 중국에서 얼마든지 나이프형 석기는 확인될 가능성이 높다. 또한 그 기준에 따라 나이프형 석기의 기원이 어디인가도 달라질 수 있을지 모르겠다.

Ⅳ 나이프형 석기와 첨두기류의 비교

1 나이프형 석기와 첨두기

일본에서는 구석기가 발견된 이후부터 나이프형 석기와 첨두기를 구분하여 사용하였다(杉原莊介 등, 1952; 芹澤長介, 1957; 滝沢浩, 1964a; 杉原莊介, 1965; 1967). 하지만 용어는 차이가 있어도

---

19 신북유적에서 일본 腰岳산 흑요석이 출토되는 점(이기길, 2007)도 이를 뒷받침해준다.

자돌구로 사용가능하다는 공통점이 있다(滝沢浩, 1964b; 安斉正人, 2007).

1952년 杉原莊介 등은 버킷(Burkitt)과 리키(Leakey)의 견해를 참조하여 '첨두기형 석인(pointed blade)' 중 정형(整形) 혹은 손에 쥐기 좋도록 한 것을 '등조정된 석인(Backed blade)'으로 호칭하였다. 왜냐하면 1933년 초판이 나온 버킷(Burkitt, 1973: 그림 3-B)의 책에 실려 있는 샤텔뻬로니안(Châtelperronian)의 '나이프용 석인(Knife blade)'를 참조하였기 때문이다.

그런데 문제는 이 책에서 언급된 나이프용 석인을 다른 책에서는 다른 이름으로 부른다는 점이다. 1949년에 초판이 나온 오클리(Oakley, 1976)의 저서에도 동일한 석기를 '그라베티안 나이프용 첨두기(Gravettian knife-point)'라 부르고 있다. 그는 그라베티안 단계의 특징적인 프린트제 도구는 '펜모양 나이프(pen-knife)'와 같은 형태의 '폭 좁은 첨두기모양 석인(narrow pointed blade)'으로 보았다.

브뢰일(Breuil, 1906)는 샤텔뻬로니안의 첨두기라는 용어를 사용하였고 그 소재는 석인이었다(Brézillon, 1968). 1961년 보르드 형식분류(36번)의 '자연날을 사용하면서 다른 쪽은 급경사로 날을 조정한 형식(couteaux à dos typiques)'이 여기의 나이프용 석인에 해당될 수 있다. 하지만 보르드의 타입리스트는 전기와 중기구석기문화의 석기를 대상으로 한 것으로 직접적으로는 비교할 수 없는 것이다.

나이프용 석인은 후기구석기시대의 석인으로 만들어진 석기의 일종(Bordaz, 1970: 그림 1)으로 엄밀히 말해 석인이 아닌 일반 박편을 소재로 만든 석기에는 사용할 수 없는 용어이다. 다시 말해 석인제 도구의 일종이다. 버킷이나 오클리는 석인에 한해 이러한 형식명을 사용하였으나, 일본에서는 모든 박편석기로 까지 그 범위를 확대시켜 나이프형 석기라는 용어를 사용한 것이다.

아울러 '나이프용 석인(knife blade)'과 茂呂型 나이프형 석기는 기부조정만 있는 석기가 아니라 최소한 한쪽 측연의 전체나 그 이상을 조정한 경우를 언급한 것이었다. 특히 연구개시기에는 현재의 기부가공 첨두기나 박편첨두기는 이러한 범주에 포함되지 않았었다.

후기구석기시대의 석기는 손느빌 보르드(Sonneville-Bordes)와 페롯(Perrot)의 분류가 일반적이고, 여기서도 '나이프(knife)'보다는 '첨두기(point)'의 수량이 더 많다(藤本強, 1976). 일본에서 나이프형 석기로 분류되는 것 중 석인 또는 종장박편으로 만들어진 석기의 상당수가 그들의 분류를 참조하면 '첨두기(point)'의 범주에 해당함을 쉽게 알 수 있다.

일본에서 '첨두기'는 창선(槍先) 또는 양면조정첨두기를 뜻하며 엄밀히 말해 '유엽형(柳葉形) 양면조정 첨두기(Bifacial foliates, leaf-shaped points)'이다. 이러한 석기에만 한정시켜 '첨두기'라는 용어를 사용하는 것은 근본적으로 문제가 있다. 杉原莊介(1965)도 첨두기라는 용어가 하나의 시대에 한정하거나 특정 문화를 결정짓는 석기가 아니며 용어의 의미에도 특정 개념은 부여되지 않은 것으로 파악하였다. 아마도 岩宿유적을 발견하였을 당시, 양면조정첨두기는 석인제 석기와 구분하기 위해 '첨두기'라는 용어를 사용한 것이 문제의 출발점이었다.

결국 연구개시기의 나이프형 석기는 茂呂유적과 杉久保유적에서 출토된 특징적인 형태를 유럽의 석기형식에 대비시키는 과정에서 '첨두기'개념을 배제한 '나이프용 석인(knife blade)'을 정의하면서 특정 석기에 집착한 결과이다. 아울러 '첨두기'라는 석기형식을 양면조정첨두기에만 한정시킴으로써 중기, 후기구석기시대의 첨두기를 후기구석기시대 후반의 특정 시기에 출현하는 '첨두기'로 제한시켜버리는 오류를 초래하였다. 실제 초기의 이러한 분류법은 석기편년구축을 위해 의도적으로 이루어진 것이었다.

즉, 후기구석기시대에 있어 시기구분의 의미로써 첨두기문화가 설정됨으로써 일본에서 후기구석기 중반까지 첨두기라는 용어와 개념이 사라져버리게 되었다.[20] 비록 이 시기가 양면조정기술이 출현하는 중요한 전환점임에는 틀림없지만, 첨두기가 한정적인 용어로 사용되는 문제점을 야기시킨 것이다.[21]

그러나 후기구석기시대의 석기 중 수렵구는 시기에 상관없이 지속적으로 제작되어왔기 때문에 첨두기라는 보편적 기능을 암시하는 용어를 특정 시기로 한정하는 것은 옳지 않다. 사실 첨두기라는 용어는 넓은 의미에서 끝이 뾰족하여 자돌(刺突)의 역할을 하는 것이라면 어디에든 적용하여도 문제가 없다. 그런 차원에서 나이프용 석인 역시 샤텔뻬로니안 첨두기(그림 1)로 불리었던 것이다.

현재 일본에서 이루어지고 있는 분류방식은 분류법 A이다(그림 8). 즉, 형상에 따라 다양하게 형식분류를 설정한 것이다. 분류법 A는 각각의 첨두기에 형식명을 부여한 것으로 통합적인 차원에서의 첨두기의 개념이 아니다. 첨두기로 사용되었을 가능성은 있지만, 첨두기로 분류할 수 없는 모순점이 있다. 따라서 분류법 B와 같이 실제로 무엇을 만들고자 하였는지에 대한 범주 속에서 공통된 기능을 확인하고 그것을 기준으로 분류가 진행되어야만 하였다.

그러므로 분류법 B처럼 한 개념 안에서 여러 변이가 존재하는 것이지 분류법 A처럼 개

---

[20] 지금까지 일본에서 첨두기의 제작수법은 3가지가 확인되었다. 양면가공, 편면가공, 그 중간적인 것이다. 석기의 형식과 명칭을 정의하면서 세 가지 석기를 구분하여 사용하기도 하였다.

[21] 양면조정첨두기가 출현하기 이전인 제1단계에 석인기법이 확립되기 이전에 나이프형 석기가 출현하고, 제2단계에 각종 나이프형 석기가 성행하였다(芹沢長介, 1969). 그 후에도 유적명이나 석기형태를 이용해 나이프형 석기의 형식은 끊임없이 창출되었다.

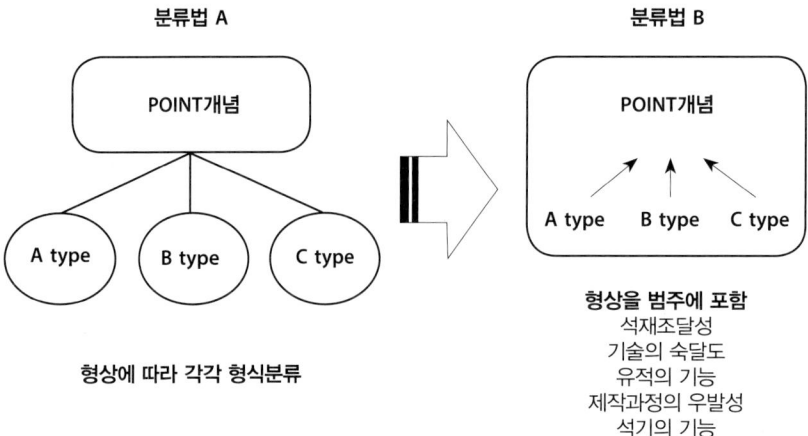

그림 8 첨두기의 분류방식에 대한 개념적 검토

념과 무관하게 형상과 기술만을 기준으로 따로 분류하는 것은 문제가 있다. 나이프형 석기처럼 여러 형식이 지역마다 있는 것이 중요한 게 아니라 형상을 범주에 포함시켜 파악해 가면서 무엇을 만들고자 했는지에 대한 제작개념이 우선시되어야 한다.

　나이프형 석기는 만드는 방법으로 분류한 것이지 용도에 의해 분류된 것은 아니라는 주장도 있다(鈴木忠司, 1984). 일본에서는 나이프형 석기가 있고 다양한 형식이 존재하지만, 나이프형 석기라는 것이 특정 형식의 분포상의 범위뿐만 아니라 그 내용인 석기의 조성, 석재, 석기제작기술들을 검토해서 정립된 개념이다(小野 昭, 1969).

　하지만, 이것들은 용어나 기능적으로 통합성이 없다. 지역마다 나이프형 석기의 다양한 형식을 설정하는 것도 좋지만, 그것보다 그 기능을 하나로 묶으면서 하위형식을 설정하는 것이 필요하다. 현재의 나이프형 석기는 형식설정만 있지 그것이 어떠한 기능적 차이가 있고, 그것이 첨두기로 사용되었는지조차 제대로 검토되지 않은 형식들이 많다.

　만약 本州, 東北지역의 석기 중 기부결입(基部抉入) 이측연가공(二側緣加工) 나이프형 석기, 기부가공 나이프형 석기 등으로 분류해온 것이 박편첨두기일수도 있다면, 일본 關東지역의 석인기법의 기원문제, 각종 나이프형 석기의 기원 및 분류 타당성문제, 國府型 나이프형 석기의 확산 문제, 일본 關東지역의 후기구석기의 편년에 대한 새로운 시각이 필요하게 된다. 이렇게 된다면, 앞으로 한국에서 출현한 슴베찌르개를 사용한 집단의 확산영역도 확대 가능성에 대해 검토하여야만 한다.

2 나이프형 석기와 박편첨두기

杉原莊介·戶澤充則(1962)는 1960년 平澤良유적의 발굴조사에서 나이프형 석기와 함께 박편첨두기를 처음으로 확인하였다(그림 9). 그렇지만 일본지역에 있어 첨두기분류의 문제 중에는 박편첨두기와 나이프형 석기를 어떻게 구분할 것인가에 대한 근본적인 문제가 해결되지 않고 있다. 특히 關東지역의 기부가공 나이프형 석기와 九州지역의 박편첨두기가 어떤 차이가 있는지에 대한 구체적인 연구는 진행된바 없다.

다만, 시기적으로 AT이전에 출토되는 기부가공 나이프형 석기에 비해 AT이후에만 나오는 박편첨두기와는 계통적으로 어떠한 관계도 없다는 것이 그 동안의 정설이었다.

그러나 연대문제를 제외한 석기의 형식만으로 본다면 구주지역의 박편첨두기와 기부가공 나이프형 석기는 박리기술이나 형태에서 유사점이 많고, 실제 비슷한 석기도 상당수 포함되어 있다. 이러한 점은 한반도와 關東지역의 석기를 비교하면 더욱 뚜렷해진다. 九州지역은 기부가공 나이프형 석기라는 이름대신에 박편첨두기가 정착되었지만, 그 외의 지역에서는 아직도 기부가공 나이프형 석기를 사용하고 있다.

일본의 석기분류에서 나이프형 석기라는 이름은 과도하게 많다. 이러한 분류는 자국내 석기문화의 양상 및 석기의 특징을 분명히 하는데 일조하였다. 하지만, 일본을 벗어난 지역과의 비교검토에서는 걸림돌이 되고 있다. 다시 말해, 일본열도만의 특징적 석기라고 인정해버리면 더 이상 주

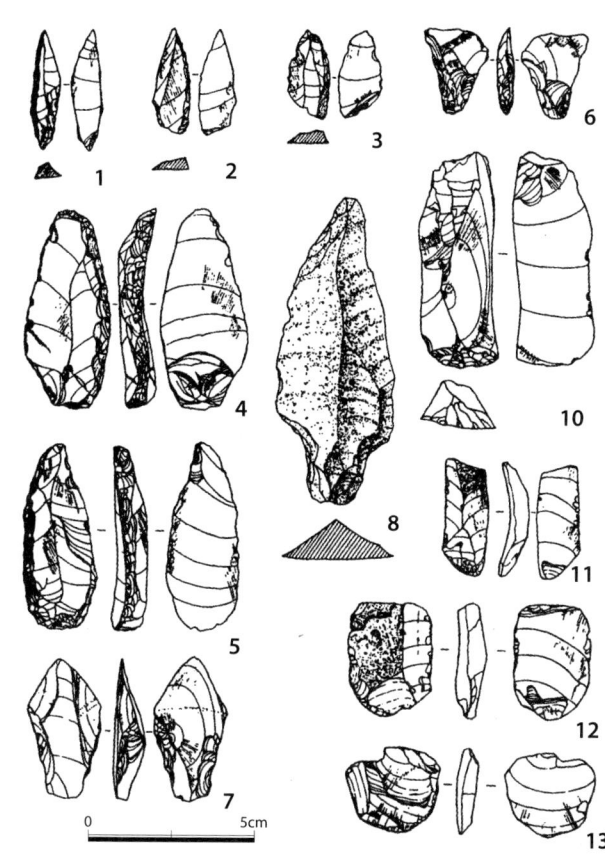

그림 9 平澤良유적에서 출토된 최초의 박편첨두기(8번)와 나이프형 석기(杉原莊介·戶澤充則, 1962)

변지역과의 비교검토는 불가능해질 수밖에 없다.[22]

일본의 경우 기존의 나이프형 석기에 박편첨두기를 포함시켜 독자적인 문화 창출을 강조하였다면, 지금은 오히려 박편첨두기를 나이프형 석기에서 분리시켜 구주지역으로만 한정시켜 출토되는 석기로 규정해버리고 있다.[23] 이로써 일본 내 나이프형 석기문화가 외부의 영향을 받았다기 보다는 재지계 발생이 더욱 강조되는 효과를 노렸던 것이다. 동일한 부류의 석기가 형식이 세분되면서 나이프형 석기라는 형식이 지나치게 많아진 것이다.

3 박편첨두기와 슴베찌르개

후기구석기시대에 한반도와 일본열도가 깊은 관계가 있음은 주지의 사실이다. 석기분류는 연구자와 나라에 따라 각기 다를 수 있다. 하지만 근거리에 위치한 한국과 일본, 두 지역의 석기분류는 출발부터 달랐다.

한국의 경우 서양의 분류법을 받아들여 지금도 여전히 사용하고 있는 반면, 일본은 연구개시기를 거치면서 나이프형 석기(문화)가 설정된 이후, 독자적인 형식명과 개념을 사용하고 있다. 그런 차원에서 한국과 일본 연구자의 분류방식에 대한 견해차이, 일본 내 연구자간의 견해차이, 나이프형 석기의 개념 및 분류기준의 차이는 두 나라의 석기를 비교하는데 있어 큰 장벽임에 틀림없다.

그 대표적인 사례가 바로 슴베찌르개(한국출토)와 박편첨두기(일본출토)의 경우이다. 한국에서 슴베찌르개는 석인이나 종장박편에 선단부조정과 함께 슴베만 있다면 슴베찌르개로 분류하는 넓은 의미의 개념을 채택하고 있다(장용준, 2006).[24] 반면, 일본은 나이프형 석기와

---

22 그 외에도 유베츠(湧別)기법은 누구나 인정하듯 동북아시아지역의 대표적인 세석인기법이다. 그것을 통해 일본열도 내에서는 北海道의 유베츠기법이 남하하여 본토의 북방계 세석인석기군을 형성시켰다고 주장되고 있다(佐藤宏之, 1992). 한반도의 유베츠기법이 일본의 그것과 어떠한 문화적 관련성이 있는지는 제대로 검토되지 못하였다. 석인기법도 중국 동북부, 한반도, 러시아, 일본지역에 분포하고 있다. 그러나 일본의 석인기법은 시간이 지나면서 현지화되었으니 당연히 지역에 적응 또는 특수화된 형식임은 당연하다. 이 부분만을 강조하면 전체를 볼 수가 없다.

23 첨두기의 출현이 나이프형 석기의 소멸을 의미하지 않음을 기억할 필요가 있다.

24 박편첨두기는 AT화산 폭발이후에 한반도로부터 영향을 받아 일본 구주지역에 출현한 석기이다.

의 구분을 위해 기부의 어느 한 쪽이라도 만곡형(彎曲形) 기부를 제작한 것만을 박편첨두기(剝片尖頭器)로 호칭하거나 대체로 구주지역에서 출토된 것만을 지칭하는 좁은 의미의 개념이다.

즉, 한국의 슴베찌르개는 일본의 박편첨두기보다 형식을 정의하는 폭이 넓다. 실제 일본 九州지역에서 출토되는 박편첨두기 및 일본 關東·東北지역 등에서 집중적으로 출토되는 기부가공 첨두기(나이프형 석기)는 한국에서는 슴베찌르개로 분류할 수 있다. 심지어 九州지역의 이측연가공 나이프형 석기도 슴베찌르개의 범주에 포함될 수 있다. 왜냐하면, 슴베찌르개는 소재의 인부에 측연조정이 이루어지는 경우도 많지만, 선단부와 기부를 제외한 조정 유무가 이것을 분류하는 절대적인 기준은 아니기 때문이다.

슴베찌르개는 연구자에 따라 분류기준의 차이가 있다. 하지만, 슴베찌르개의 기본적인 조정원칙은 소재의 형태를 가급적 건드리지 않고 기부와 선단부를 조정해 대칭적인 첨두기를 만드는 것이다(장용준, 2006).

이러한 슴베찌르개가 九州지역으로 건너가 형식적으로는 슴베찌르개 또는 박편첨두기가 맞음에도 불구하고, 그것이 아닌 나이프형 석기의 한 종류인 기부가공 첨두기나 이측연가공 나이프형 석기로 분류되고 있다. 나이프형 석기는 소재 형태에 따라 그 형상이 좌우되는 것 같지만, 형태는 잔손질과 같은 조정방식에 따라 바뀌는 경우가 흔하다.

그리고 박편첨두기가 구주이외의 지역에서 널리 인정받지 못하는 데는 다음과 같은 이유 때문이다.

우선 일본은 한국과 달리 독자적인 나이프형 석기문화를 기반으로 하여 후기구석기문화가 성립되었다는 고정관념이 강하게 작용하였기 때문이다. 그 외 일본 中·四國지역에 석인기법이 드문 점, 九州지역과 關東지역을 비교할 때 석인기법의 기술 차이, 關東과 東北지역의 석인기법이 九州지역보다 시기가 더 빠른 점이 있다. 또한 瀨戶內기법으로 생산해 낸 횡장박편으로 만든 國府型 나이프형 석기 또는 國府系 첨두기가 中·四國지역에서부터 관동지역까지 널리 분포하고 있어 이 지역에서 소량만 출토되는 박편첨두기를 독자적인 형식으로 구분하기 어려운 점도 있다.

박편첨두기의 성쇠는 다른 석기들과 달리 짧은 시기동안만 사용되면서 세석인이 출현하기 전에 사라졌다. 본고에서는 한국에서 사용되는 슴베찌르개가 일본에서 통용되는 박편첨두기와 형식적인 차이뿐만 아니라 뉘앙스의 차이가 있어 일본연구자들에게 혼동을 줄 수 있어 박편첨두기라는 용어를 그대로 사용하였다.

V 소결

나이프형 석기는 분류기준의 모순과 특정 형태나 조정부위를 강조하여 유사한 형태를 모두 나이프라 호칭함으로써 그 이름을 남용한 것이 가장 큰 문제점이다. 나이프형 석기는 일본에서 조차 모든 석기에 적용할 수 있는 명칭이 아니었다.

나이프형 석기의 발생과 발전은 일본 열도의 특수 진화적 표현형으로 이것의 성립은 자돌구라는 기능상의 요청변화를 토대로 매우 급속히 달성되었다(佐藤宏之, 1992). 일본 전역에 독특한 석기형식이 나오고 있는 것은 사실이지만, 그렇지 않은 석기도 많다. 조정방식이나 그 위치만으로 분류한다고 해도 현재까지의 유물양상으로 볼 때 통일적인 분류안을 도출하기란 쉽지 않다. 지금까지 만들어진 나이프형 석기의 형식명은 너무나 다양하고, 지역에 한정된 형식명이 과도하였다.

특히 일본의 고유한(?)이라는 표현자체는 상당히 모순적인 개념이다. 동북아시아에서 일본 내에만 한정하여 사용하는 명칭이 많아 다른 지역에서 유사한 석기가 출토되더라도 독자성과 특수성을 지나치게 강조되어 타지역과의 비교검토가 제대로 이루어지지 못하였다.

일본에서는 우리가 유엽형의 양면조정첨두기라 부르는 것만을 첨두기라 부르고 그 이외의 경우는 첨두기로 분류하지 않는다. 그로 인해 첨두기라는 기능을 가진 석기들에 대해 첨두기라는 명칭을 붙이지 못하는 경우가 발생하였다. 왜냐하면 첨두기라는 명칭은 시기적으로 한정된 용어를 뜻하고 있기 때문이다.

지금의 나이프형 석기는 애당초 나이프용 석인(knife blade)이자 첨두기(point)의 일종이었으나, '나이프'만 남아서 석기를 분류할 때 다양하게 적용되고 있다. 기능이 복합적이고 조정방식이 유사한 석기를 모두 '나이프'가 아닌 '나이프형'으로 분류 및 통합하여 사용하고 있는 것이다. 그로 인해 나이프형 석기는 일본 구석기연구에 무엇보다 중요한 위치를 차지하고 있다.

1958년 戶澤充則는 "일본의 눈과 외국의 눈(日本の眼'と'外國の眼')"이라는 글에서 '일본의 고고학 연구자가 세계적인 시야를 가져야만 하는 것은 말할 필요도 없다. 그러나 이미 만들어진 세계사적 학설에 얽매이지 않고, 일본의 안목으로 일본 고고학을 밀고 나가야함을 잊어서는 안 된다"고 강조하였다.

그 후 일본의 구석기연구는 자료정리와 연구방법에서 높은 수준에 이르렀음은 익히 알고 있는 바이다. 하지만 일본의 구석기연구가 반세기나 지난 지금, 각 지역에서의 연구적 깊이는 더해가고 있지만, 지역을 넘어, 나라를 넘어 보다 거시적인 안목을 통한 검토는 부족하였다. 구석기인의 이동범위는 연구를 거듭할수록 우리의 상상을 초월하고 있다. 석기분류는 거시적 안목과 미시적 안목이 어우러질 때 나이프형 석기도 객관적으로 평가할 수 있을 것이다.

현재 나이프형 석기에 대한 일본 연구자들의 생각이 하루아침에 바뀔 수도 없을 뿐만 아니라 바뀐다고 하더라도 자칫 연구의 혼선을 초래할 수 있다. 그러나 우리는 늦었다고 생각한 때가 가장 빠름을 알고 있다. 일본 구석기연구에서 현 시점에서 가장 필요한 것은 기존의 틀을 깨기 위한 노력과 용기이다. 나이프형 석기를 더욱 확고히 한다는 측면에서도 시험적으로나마 나이프형 석기문화의 독자성보다 공통성을 찾는 방향으로 재검토되어야만 한다.

일본 구석기연구에 있어 특징적인 형태를 이용하여 나이프형 석기로 구분하여 지역색과 지역성을 강조하는 방식은 이미 한계에 이르렀다. 이제부터는 무엇보다 주변지역과의 유사성과 관련성을 종합적으로 고려하여야만 한다. 구석기시대의 박리기법도 시기에 따라 다양하고, 그에 맞춰 석기형태도 변화하였는데 반해, 지금 연구되고 있는 나이프형 석기라는 용어는 왜 바뀌지 않고 사용되어야만 하는지를 다시 한번 생각해 볼 시점에 이르렀다.

본고의 목적이 일본 내 사용되고 있는 나이프형 석기의 문제점을 연구사와 개념을 중심으로 다루고 있어, 한반도를 포함한 동북아시아지역에서 출토된 나이프형 석기의 검토가 부족하였다. 이러한 점은 별고를 통해 보완하고자 한다.

참고문헌

加藤稔, 1961, 「東北の無土器文化研究のために-ナイフ形石器を中心に-」, 『秋田考古學』第17號, pp.2-4.
加藤眞二, 2000, 『中國北部の旧石器文化』, 同成社, pp.1-286.
岡村道雄, 1990, 『日本舊石器時代史』, 雄山閣出版.
岡村道雄, 2000, 『日本列島の石器時代』, 青木書店, pp.29-33.
鎌田洋昭, 1999, 「今峠型ナイフ形石器について」, 『人類史研究』11, 人類史研究會, pp.135-156.
高橋郁父, 1978, 「山形縣における東山型ナイフ形石器の研究」, 『山形考古』2-3, pp.25-39.
芹澤長介, 1957, 『先史時代Ⅰ』, 日本評論新社.
芹澤長介, 1959, 「ローム層に潛む文化」, 『世界考古學體系』1, 平凡社, pp.17-38.
芹澤長介, 1960, 『石器時代の日本』, 築地書館.
芹沢長介, 1969, 「先繩文文化」, 『新版考古學講座』第3券, pp.23-46.
芹澤長介・麻生優, 1953, 「北信・野尻湖底發見の無土器文化(豫報)」, 『考古學雜誌』39-2, pp.26-33.
芹澤長介編, 1959, 『神山』, 津南町教育委員會.
金煥日, 2004, 「大田 龍山洞 舊石器遺蹟 1次 發掘調査 槪報」, 『호서지역의 최근 발굴사례』제10회 호서고고학회 학술대회, 호서고고학회, pp.5-22.
大山栢, 1933, 『日本舊石文化存否研究』, 史前學會, pp.1-159.
稻田孝司, 2005, 「舊石器時代槪說」, 『日本の考古學(上)』, pp.34-48.
藤本強, 1976, 「型式と分類」, 『日本の舊石器文化』5, 雄山閣.
鈴木美代子, 2007, 「切出形石器の研究」, 『考古學集刊』第3號, pp.1-18.
鈴木次郎, 2001, 「ナイフ形石器文化前半期の樣相」, 『相模野舊石器編年の到達點』, pp.35-54.
鈴木忠司, 1984, 『先土器時代の知識』, 東京美術.
滝沢浩, 1962, 「ナイフ形石器の一考察」, 『オセド』3號.
滝沢浩, 1964a, 「埼玉県市場坂遺跡」, 『埼玉考古学会』第2卷, pp.39-56.
滝沢浩, 1964b, 「ナイフ形石器の機能」, 『下総考古学』1, 下総考古學研究會, pp.39-56.
白石浩之・荒井幹夫, 1976, 「茂呂系ナイフ形石器を主體とした石器群の變遷」, 『考古學研究』23-2, 考古學研究會, pp.9-23.
杉原莊介, 1965, 「尖頭器文化」, 『日本の考古学Ⅰ-先土器時代-』, 河出書房新社, pp.57-72.
杉原莊介, 1967, 「日本先土器時代の新編年に關する試案」, 『信濃』19-4, 信濃史學會, pp.1-4.
杉原莊介・吉田格・芹澤長介, 1952, 「東京都板橋區茂呂における關東ローム層中發見の石器について」, 『日本考古學協會第9回總會研究發表要旨』, pp.2-4.
杉原莊介・大塚初重, 1955, 「常總臺地における關東ローム層中の石器文化」, 『駿台史學』第5號, pp.57-72.
小管將夫, 1991, 「ナイフ石器の変遷」, 『石器文化研究』, 石器文化研究會, pp.75-84.

小管將夫, 1999, 「地域性の出現とナイフ形石器文化」, 『岩宿資料館資料集』, pp.55-60.

小野 昭, 1969, 「ナイフ形石器の地域性とその評價」, 『考古學研究』16-2.

松藤和人, 1987, 「海を渡った舊石器"剝片尖頭器"」, 『花園史學』8, 花園大學史學會.

安蒜政雄, 1979, 「石器の形態と機能」, 『日本考古學を学ぶ(2)』, 有斐閣.

安蒜正雄, 1983, 「縱長のナイフ形石器の製作」, 『季刊考古學』第4號, pp.43-46.

安齊正人, 2000, 『舊石器社會の構造變動』, 同成社.

安齊正人, 2007, 「ナイフ形石器文化批判(前篇)」, 『考古學』V, pp.1-32.

安齊正人, 2008, 「ナイフ形石器文化批判(後篇)」, 『考古學』VI, pp.119-135.

이기길, 2007, 「한국 서남부와 일본 규슈의 후기구석기문화 비교 연구」, 『湖南考古學報』第25輯, 湖南考古學會, pp.5-43.

이기길, 2008, 「임실하가유적의 발굴과 성과」, 『제32회한국고고학전국대회』, pp.137-153.

이용조·공수진, 2002, 「수양개유적의 슴베 연모에 대한 새로운 연구」, 『한국구석기학보』6, pp.13-24.

張龍俊, 2001, 『密陽 古禮里遺蹟 몸돌(石核) 硏究』, 부산대학교 대학원 석사학위 청구논문, pp.1-127.

張龍俊, 2006, 「韓國 後期舊石器의 製作技法과 編年硏究-石刃과 細石刃遺物相을 中心으로-」, 부산대학교 대학원 박사학위논문, pp.1-265.

佐藤宏之, 1992, 「北方系削片係細石器石器群と定住化假說」, 『法政大學大學院紀要』第29號, pp.55-83.

佐藤宏之, 1993, 『日本舊石器文化の構造と進化』, 栢書房.

佐藤達夫, 1970, 「長野県南佐久郡野邊山B5地点の石器」, 『信濃』22-4, 信濃史學會, pp.1-6.

織笠昭, 1985, 「ナイフ形石器の型式論」, 『論集日本論史』.

織笠昭, 2005, 『石器文化の研究』, 新泉社.

崔福奎·柳惠貞, 2005, 『抱川 禾坔里 쉼터舊石器遺蹟』, 江原考古學硏究所 遺蹟調査報告 第13冊, 江原考古學硏究所, pp.9-149.

八幡一郎, 1959, 「新石器文化とその先驅」, 『世界考古學體系』1, pp.1-16.

韓昌均, 2002, 「대전 용호동 구석기유적」, 『東北亞細亞舊石器硏究』, 漣川郡·漢陽大學校 文化財硏究所, pp.163-172.

戶田正勝, 1999, 『舊石器』, ニュー·サイエンス社, pp.10-12.

戶澤充則, 1957, 「切出形石器をめぐる問題」, 『貝塚』68, pp.1-2.

戶澤充則, 1958, 「'日本の眼'と'外國の眼'」, 『貝塚』72, pp.1-2.

戶澤充則, 1958, 「長野県八島遺跡における石器群の研究」, 『駿台史学』8, pp.66-97.

M.C.バーキット(酒詰仲男 譯), 1973, 『舊石器時代』, 同朋舍.

Jacques Bordaz, 1970, *Tools of the old and New Stone Age*, David & Charles Newton Abbot.

Kenneth P.Oakley, 1976, *Man the Tool-maker*, The University of Chicago Press, London, Phoenix Edition.

Michel Brézillon, 1983, *La Dénomination des Objets de Pierre Taillée*, Centre National de la Recherche Scientifique.

Part 2

한반도 현생인류의 일본열도로의 확산

일본 도호쿠(東北)지역의 석인석기군 연구

Ⅰ 서론
Ⅱ 석인석기군의 석재 이용 방식
Ⅲ 석인기법의 기술적 특징
Ⅳ 석인석기군의 출현과 확산
Ⅴ 소결

The spread and exchange of modern humans in Northeast Asia

I 서론

구석기시대 석인은 유럽과 서아시아지역 등에서 중기구석기시대에 처음 발견되었다. 석인기법의 기원은 28만 년 전까지 올려보기도 한다(McBrearty *et al.*, 1996; 2000).[1] 하지만, 서유럽, 동유럽, 중앙아시아, 아프리카 등에서 발견되는 후기구석기시대 이전의 석인은 시간적으로나 지역적으로 아주 제한되어 출토되었다. 이런 지역에서는 후기구석기시대 석인기법의 모태가 된 증거를 찾기가 쉽지 않은 것이 사실이다(安齊正人, 2004; 2005). 다만 러시아의 고르노알타이(Gorno-Altai)의 카라봄(Kara-Bom)유적에서는 무스테리안기법에서 석인기법으로의 변화 가능성이 층위적으로 확인되었다(Dereviank*et al.*, 2000).

석인기법은 중앙아시아, 중국 화북, 한반도, 일본열도 등을 포함하는 북방지역에서 주로 확인되었다(裵基同, 1999; 松藤和人·中川和哉, 1999). 이 기법은 중국 남부와 동남아시아에서는 알려지지 않고 있다. 이러한 석인기법은 우리나라에서 현생인류의 출현과도 깊은 관련이 있다(장용준, 2007; 2015; Bae, 2017). 석인기법은 후기구석기시대를 상징하는 석기제작 기법이었다. 석인기법은 연속적으로 박리하는 작업 내용이 특징이라고 연구자들은 공통적으로 인정한다(松澤亞生, 1992). 일본열도 내 능조정(crest)을 기반으로 한 정형적인 석인기법은 도호쿠(東北)와 홋카이도(北海道)지방에서 확인된다. 이 지역들에서는 석인기법과 관련한 정의는 물론, 석인을 인기(刃器)·인기용(刃器用)박편·종장박편(縱長剝片)·목적박편 등과 같은 용어사용의 문제부터 개념정리에 이르기까지 다양한 연구가 진행되어 왔다(加藤稔, 1969; 1973; 1992; 國武貞克, 2004; 吉川耕太郎·神田和彦, 2006; 大野憲司, 2001; 藤原妃敏, 1979; 1983a; 1983b; 1984a; 1984b; 藤原妃敏·柳田俊雄, 1991; 柳田俊雄, 1995; 2006; 五十嵐彰, 1991b; 宇野修平·佐藤禎宏新, 1978; 佐藤宏之·長崎潤一, 1991; 荻生田和郎 外, 1997; 會田容弘, 1992; 渡辺丈彦, 1995). 도호쿠지역 내 석인기법으로 만든 석인제 첨두기는 한국의 슴베찌르개와 유사성도 지적되고 있다(이기길, 2014; Chang, 2013).

도호쿠지역에서 2006년도까지 아오모리현(青森県)과 이와테현(岩手県)에 등록된 구석기

---

[1] 케냐의 바린고(Baringo)유적에서는 약 25만~24만 년 전, 르발르와(levallois)기법에 의해 박리된 것으로 추정되는 석인이 주먹도끼와 함께 발견되었다.

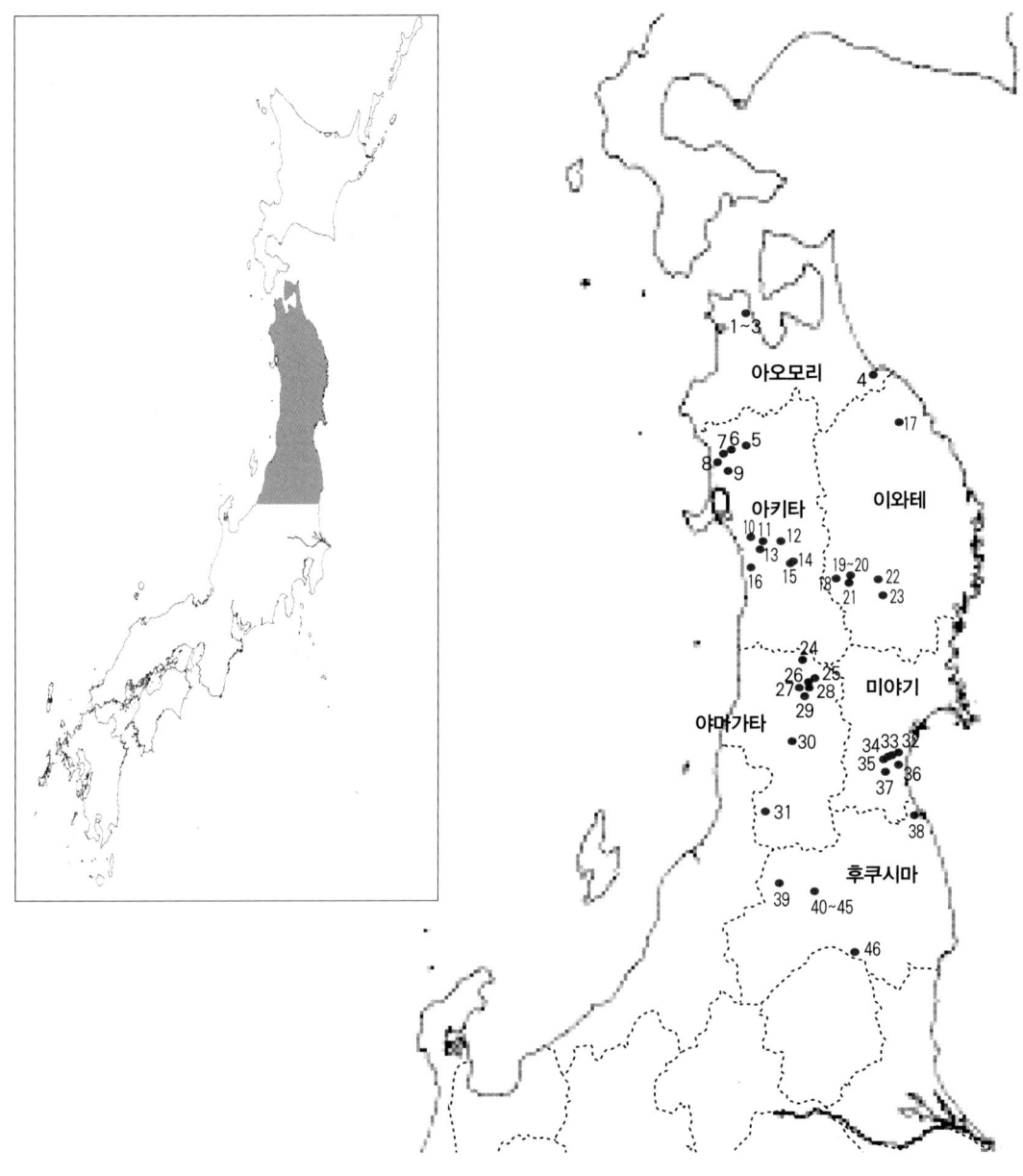

그림 1 일본 도후쿠지역 주요 석인관련 유적의 분포도

1. 大平山元Ⅲ | 2. 大平山元Ⅱ-八幡宮 | 3. 大平山元Ⅱ-集會所 | 4. 田向冷水 | 5. 上ノ野 | 6. 芹川館跡
7. 繩手下 | 8. 此掛澤Ⅱ | 9. 家の下 | 10. 下堤G | 11. 松木台Ⅲ | 12. 米ヶ森 | 13. 風無台Ⅰ | 14. 小出Ⅳ
15. 小出Ⅰ | 16. 龍門寺茶畑 | 17. 早坂平 | 18. 大渡Ⅱ | 19. 峠山牧場Ⅰ-B地區 | 20. 峠山牧場Ⅰ
21. 耳取Ⅰ | 22. 下成澤 | 23. 柏山館跡 | 24. 太郎水野2 | 25. 山屋 | 26. 亂馬堂 | 27. 上ミ野A | 28. 橫前
29. 新堤 | 30. 南野 | 31. お仲間林 | 32. 富澤 | 33. 山田上ノ台 | 34. 上ノ原山 | 35. 川添東 | 36. 野田山
37. 賀籠澤 | 38. 三貫地 | 39. 鹽坪 | 40. 笹山原No.10 | 41. 笹山原No.12 | 42. 笹山原No.16
43. 笹山原No.27 | 44. 笹山原No.8 | 45. 笹山原No.7 | 46. 一里段A

유적은 300군데 정도이다(日本旧石器学会, 2010). 하지만, 대부분의 유물들은 지표채집된 것들로 발굴조사된 사례는 적다. 특히 아오모리현 내와 이와테현 연안부에서는 발굴조사 사례가 유독 적어, 석인석기군의 구체적인 양상을 다루기가 곤란하다(米田寬, 2006). 미야기현(宮城縣)은 2005년까지 구석기유적은 86곳이다. 그중 발굴된 곳은 25곳이다. 일본의 구석기 날조사건 이후로 전기와 중기구석기시대에 명확한 유적은 발견된 바 없다. 미야기현은 양질의 석재가 많이 분포하지 않는다. 그래서인지 이 지역과 인접한 야마가타현, 후쿠시마현(福島縣), 이와테현과 비교해 보면 유적수가 도호쿠지역에서 가장 적다. 도호쿠지역에서 석인관련 유물이 출토된 곳은 모두 113곳이다. 지역별로는 아오모리현 8곳, 이와테현 12곳, 미야기현 20곳, 아키타현 25곳, 야마가타현 38곳, 후쿠시마현 10곳이다. 실제 하나의 유적을 여러 차례 학술조사한 예도 많아 조사건수로는 더 많은 유적이 보고되었다. 이런 유적 중에는 석인이 단편적으로 발견된 예도 포함하고 있어, 실제 정식 발굴조사된 유적은 많지 않다. 또한 도호쿠지방의 후기구석기시대는 층위적 출토 사례 등이 희소하여 편년을 구축하는 데 어려움이 있다.

본고에서는 도호쿠지방의 석인 또는 석인제 기부가공첨두기(나이프형 석기)가 출토된 석인석기군 중 보고서가 발행된 곳을 중심으로 40곳을 연구대상으로 선정하였다. 아키타현 14곳, 야마가타현 8곳, 이와테현 6곳, 미야기현 6곳, 후쿠시마 6곳으로 모두 40곳이다(표 1 참조).

특히 도호쿠지역 내 석인기법을 석재종류와 이용방식 등으로 나누어 살펴본다. 아울러 석인기법의 출현과 계통, 기법종류와 기술특징을 검토하여 석인석기군의 의미를 찾아보고자 한다.

II 석인석기군의 석재 이용 방식

1 석재의 종류와 산지

일본열도는 지역적으로 국한된 석재가 다양하게 존재한다. 도호쿠지역은 석기제작에 적합한 혈암(규질혈암 포함)이 집중적으로 분포한다.[2]

---

2 쥬부지역은 흑요석과 안산암, 간토우지역은 안산암, 쥬·시코쿠지역은 사누카이트, 규슈지역은 흑요석, 안산암, 유문암 등이 지역을 대표하는 석재이다.

도호쿠지역의 석인석기군에 사용된 석재는 규질혈암, 안산암, 흑요석, 유문암, 사암, 옥수, 쳐트, 마노, 이암, 응회암이었다(표 1). 그중 석인제작에 주로 사용된 암석은 규질혈암과 응회암인데, 규질혈암이 압도적으로 우세하다.

이 지역의 규질혈암은 한국에서는 찾아보기 힘든 우수한 석재로, 석인을 제작하기에 아주 적합하다. 규질혈암은 혈암과 이암 중 규산(SiO_2)을 주성분으로 하는 암석이다. 이것은 신생대 제 3기 중신세의 퇴적암의 변질작용으로서 경도가 현저하게 증가한 암석의 총칭이다. 규질혈암은 그 성분이 불명한점이 있어 외관적으로 유사한 반상조직이 발달하지 않은 유문암과 혼동되기도 한다.[3]

지질학에 있어 특정 지층의 암석 분포가 석기석재로 이용이 가능한 분포와 반드시 일치하는 것은 아니었지만(秦昭繁, 1995), 야마가타현 난카반도(南鹿半島)의 여천층의 이암과 혈암 중에서 규질혈암은 노두형태로 발견된다. 규질혈암은 야마가타현의 일부 하천을 제외하면 류큐산맥(奧羽山脈)의 서측 유역에 있는 하천에는 거의 분포하지 않는다. 태평양측의 하천에서 발견되는 층에서도 불안정하지만 규질혈암은 찾을 수 있다. 규질혈암의 남쪽 한계선은 니가타현(新潟県) 우에나미천(上浪川)과 후쿠시마현 하라천(原川), 후쿠시마시(福島市) 쿠미천(隈川) 지류이다. 양질의 대형 원석이 다량으로 분포하는 남쪽 한계선은 요네자와(米澤)분지와 관계가 있는 몇 개의 하천이다(秦昭繁, 1998)(그림 2). 야마가타현의 규질혈암이 후쿠시마현이나 미야기현에서 출토되기도 한다.

도호쿠지역은 규질혈암 이외에도 흑요석 산지가 있지만, 홋카이도, 규슈, 쥬부지역과 비교해 볼 때 유적 내에서 출토되는 수량은 미미하다. 표 1을 보면 도호쿠산 흑요석은 원석 크기가 작고 질이 좋지 않아 사용빈도가 낮았다. 흑요석으로 나이프형 석기를 제작한 사례는 람바도(亂馬堂)유적에서 출토된 한 점을 제외하곤 거의 없다. 특히 다이케이[臺形]석기의 제작에는 흑요석을 사용하지 않았다.

한편, 야마가타현에서 출토되는 옥수의 원산지는 아직 밝혀지지 않고 있다. 야마가타현

---

[3] 중기 중신세의 중기~후기 중신세의 전기, 대략 14~8Ma에 일본 연안(우리나라 동해) 등호(背弧)측의 거의 전역에 규질혈암이 퇴적한다. 우리나라 동해(일본 연안)측의 이 시기의 지층은 공통되게 주로 규질혈암으로 이루어지고 종종 응회암이 끼인다. 대부분은 현무암, 안산암, 유문암의 용암이 없지만 드물게 나타난다. 온나가와층(女川層)은 중부중신층 상부~선신총의 퇴적암류의 하나이다. 여천층은 경질, 규질혈암으로 이루어진다. 층의 두께는 400~600m이다(生出慶司 外, 1989). 흑색이면서 표면이 거친 것은 흑색혈암이다.

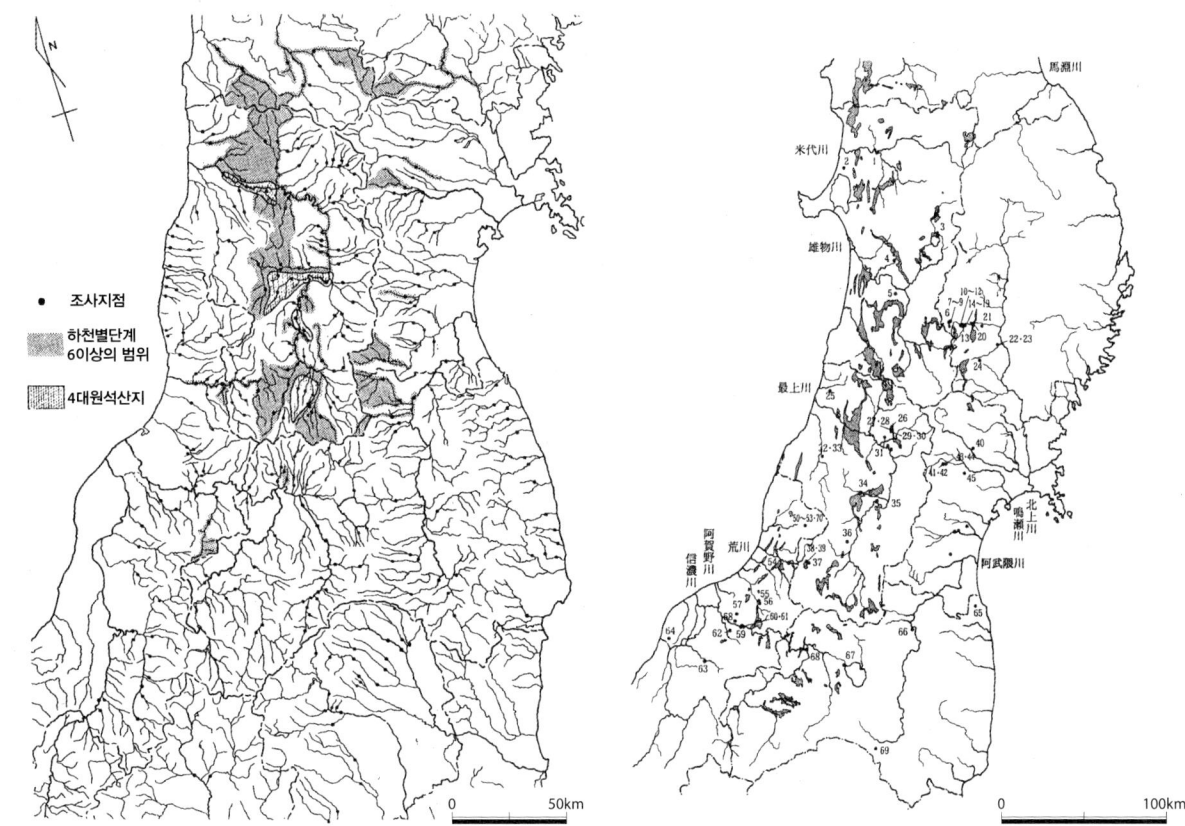

그림 2 도호쿠지역 규질혈암의 분포(秦昭繁, 1998)
좌: 석기석재로 이용 가능한 규질 혈암의 분포, 우: 온나가와층(女川 層)과 석인석기군의 분포
* 좌측 그림의 빗금친 부분이 규질혈암의 4대 원산지로 양질의 혈암이 집중적으로 분포하며, 그림 1과 비교하면 이곳을 중심으로 석인생산의 중요 거점지가 형성되었음.

표 1 도호쿠지역 주요 석인석기군의 석기조성

현	유적명	출토층위	석재	출토수량	주요 석기 (점수)	참고문헌
秋田	風無台 I	IVa층하부 ~VI층	규질혈암(주석재), 흑요석, 옥수	6,212	나이프형석기(16), 밀개(9), 국부마제석부(1), 대형양석기(5), 이차가공 석기(2)	秋埋文(1985)
	家の下	III층	규질혈암(98.4%), 쳐트(1.6%), 흑요석(0.05%)	18,305	나이프형석기(708), 밀개(21), 긁개(34), 새기개(4), 결입석기(16), 역기(3), 석인(446), 소형패각상박편(658), 석핵(713), 이차가공박편(279)	秋敎委(1998)
	此掛澤 II	III층, IV층	규질혈암(99%), 흑요석	1,750	나이프형석기(12), 새기개(1), 대형 양석기(172), 국부마제석부(1) 등	秋埋文(1984)
	下堤 G	제III층, IVa층, IVb층	규질혈암	870	나이프형석기(13), 요네가모리계 박편 및 석기(106), 석인(43), 대석(3), 역기(1), 석핵(20)	秋敎委(1983)
	鴨子台 제II군	IIb층, IIIb층	규질혈암	965	나이프형석기(10), 새기개(18), 새기개스폴(16), 밀개(5) 등	秋埋文(1992)
	松木台 III	III~V층 (유물 집중 출토지점 ^{14}C 22,750±620BP)	규질혈암(100%)	3,168	나이프형석기(32), 새기개(1), 밀개(31), 긁개(2), 박편(1,900)	秋埋文(1986)

현	유적명	출토층위	석재	출토수량	주요 석기 (점수)	참고문헌
秋田	小出 I	III층 (IIIb층과 IIIc층 상면)	규질혈암(99%), 옥수	2,089	나이프형석기(6), 대형양석기(63), 새기개(1), 밀개(5), 국부마제석부(1), 사용흔 박편(3), 나이프형석기(3), 밀개(10), 새기개	秋教委(1991)
	小出 IV	Ib층 하부 ~IIa층 (일부 IIb층)	규질혈암(99%), 흑요석, 옥수	321	(2), 긁개(1), 이차가공된 박편(2), 석인(49), 박편(191), 부스러기(55), 석핵(1), 자갈돌(1) ★ 흑요석 32점 중 1점은 새기개	秋教委(1991)
	繩手下	IV~V층	규질혈암(99%), 쳐트(4), 흑요석(2)	2,039	나이프형석기(30), 다이케이석기(64), 밀개(8), 긁개(7), 새기개(5), 잔핵(29)	秋教委(2006b)
	龍門寺茶畑	III층, IV층	규질혈암(100%)	816	나이프형석기(2), 새기개(1), 밀개(10), 이차가공된 박편(20), 석인(129), 잔핵(35), 박편(546) 등	秋教委(2004)
	芹川館	V층	규질혈암(100%)	44	나이프형석기(16), 석인(5), 박편(21), 부스러기(1)	秋教委(2006a)
	米ヶ森	2층	규질혈암(99%), 흑요석(1점)	1,000여 점	나이프형석기(34), 새기개(19), 米ヶ森型臺形石器, 석인, 부정형박 편	協教委(1971; 1976; 1977)
	上ノ野		규질혈암(99%), 흑요석(2점)	1,038	나이프형석기(8)	二ツ井教委(1998)
	二重鳥 A	z1층	규질혈암, 흑요석, 응회암, 옥수, 휘석 등	458	나이프형석기(8), 밀개(14), 긁개, 석인, 작업면재생박편 등	北秋教委(2006)
山形	南野	제2층	혈암(79.1%), 옥수 (20%), 흑요석(1점)	489	나이프형석기(57), 밀개(39), 새기개(7), 석인(124) 등	新庄教委外(1977)
	乱馬堂	제III층	혈암(92.9%), 규질 혈암(5.5%), 흑요석 (1.8%)	4,043	나이프형석기(246), 밀개(348), 裏面밀개(13), 긁개(98), 새기개(34)석인(1,240), 타면재생박편(18), 석핵(20)	新庄教委(1982)
	山屋	기재없음	혈암, 옥수, 흑요석	기재없음	나이프형석기, 새기개, 밀개, 대형석인, 주저형석기(세석핵 1), 양면조정첨두기(2)	加藤稔(1964)·新庄教委外(1977)
	新堤	제2층	규질혈암, 옥수, 흑요석	채집	나이프형석기(12), 밀개(18), 새기개(1), 양면조정첨두기(1)	宇野修平外(1978)·新庄教委外(1977)
	橫前	제2층 상부	규질혈암(대부분), 옥수	338	나이프형석기(10), 새기개(32), 밀개(7), 석인(61) 등	加藤稔(1964)
	上ミ野A	3a 층(AT 상부위치)	혈암(대부분), 흑요석, 옥수, 응회암	2,595	나이프형석기(26), 긁개(4), 밀개(32), 새기개(3), 새기개 스폴, 거치연석기(4), 홈날석기(11), 첨두기(1), 이차가공있는 석인(3), 석인(14), 석핵(23) 등	東北大(2004)
		I층, 채집, 교란, II·III층	규질혈암(3,003점: 98.7%), 옥수(35점), 硅藻土(14점)	3,772	나이프형석기(10), 자르(28), 밀개(33), 뚜르개(3), 석핵(43), 석핵조 정박편(68), 박편(3, 418), 부스러기(84), 첨두기(4) 등	阿部祥人 외(1991)
	お仲間林	III층	규질혈암(98.9%), 옥수(20점)	7,066	나이프형석기(6), 자르(9), 밀개(24), 뚜르개(3), 석핵조정박편(63), 석인(442), 박편(5,415), 부스러기(337) 등	阿部祥人 외(1995)
		III층	규질혈암	6,000여 점	나이프형석기(7), 긁개(5), 석핵, 석인 * 혈암원석	山形埋文(1995)
	岩井沢	제II층 하부부터 제III층 최상부	규질혈암(100%)	1,188	나이프형석기(4), 석핵(31), 종장박편(222), 박편과 부스러기(967) · 자연석 17점	加藤稔 외(1973)
岩手	峠山牧場 I(A지구)	4문화층 IIa층 상부	혈암	?	나이프형석기, 석인석핵, 석인, 새기개형석기, 망치돌	高橋義介·菊池 強一(1999)
		5문화층 IIa층 상반부	혈암	?	나이프형석기, 밀개, 새기개, 새기개 스폴 능조정석인, 석인, 석인석핵	高橋義介·菊池 強一(1999)
		제1문화층(최하층)	규질이암(대부분), 규질응회암, 경질응회질 이암 등	2,400여 점	나이프형석기(11), 대형양석기(2), 새기개 + 밀개(2), 새기개(3), 밀개(2), 결입석기(1), 새기개 스폴(7), 석인(14), 부스러기(2,341), 대석(1)	中川重妃外(1995)

현	유적명	출토층위	석재	출토수량	주요 석기 (점수)	참고문헌
岩手	大渡II	제2문화층	규질이암, 이암, 응회암	5,900여 점	나이프형석기(18), 새기개(5), 새기개 + 밀개(2), 밀개(8), 석추상석기(1), 새기개 스폴(6), 석인(32), 박편(8), 부스러기(5,833), 망치돌(3), 대석(2)	中川重妃外 (1995)
		제3문화층(최상위)	규질응회암질 이암, 경질니질응회암, 규질 이암, 유문암, 흑요석	400여 점	나이프형석기(19), 새기개(3), 새기개 스폴(3), 밀개(1), 석인(103), 박편(261)	
	下成澤	IIa 층		321	나이프형석기 2	石川長喜(1982)
	早坂平(1)	IV 층(제1문화층)	흑색 혈암(99%), 규질혈암제 2점	270	새기개, 이차가공있는 석기(5), 석핵(5), 능조정석인(6), 석인(35), 횡장박편(81), 종장박편(66), 새기개 스폴, 소형박편(69)	早坂平調査團 (1990)
	早坂平(2)	제문화층	흑색혈암	17,632	나이프형석기(13), 새기개(49), 새기개형석기(3), 새기개스폴(18), 밀개(85), 긁개(10), 추형석기(5), 석인(1,977), 능조정석인(388), 석인석핵(111), 석핵(66), 석핵소재(7), 망치돌(26), 대석(9) 등	北村忠昭外 (2004)
	栢山館跡	IIa 층	경질이암, 규질이암, 흑요석, 마노	291	나이프형석기(25), 새기개(2), 스폴(8), 밀개(3), 첨두기(1), 석인(32), 박편(95), 부스러기(32), 망치돌(5), 펜던트(1), 광물류(20)	岩手埋文(1996)
宮城	賀籠澤	4~5층	옥수(대부분), 흑요석, 혈암	1,330	나이프형석기, 석인석핵, 석핵, 석인	佐川正敏·大場正善(2003)
	上ノ原山	5~10 층	규질혈암		나이프형석기, 석인, 박편, 석핵, 밀개 등	鹿又喜隆(2003)
	山田上の台	6층 중심	규질응회암, 유문암, 규질혈암, 혈암, 옥수, 흑요석, 규화응회암, 철석영 등		석인, 나이프형석기(2), 박편 및 부스러기(307), 석핵(8)	佐川正敏·大場正善(2003)
	野田山		규질혈암, 옥수		나이프형석기(3), 능조정 석인(1), 석인(7), 새기개 스폴(1), 이차가공 있는 박편(2), 박편(7), 부스러기(11)	宮城(1992)
	川添東		규질혈암(5), 혈암(5), 응회질혈암(1), 벽옥(3), 석영안산암(2)		나이프형석기(1), 첨두기(1), 석인(5), 박편(14), 석핵(1)	日本旧石器学会 (2010)
	富澤		흑색혈암(84), 규질혈암(12), 응회질혈암(8), 응회암(3), 안산암(3), 유문암(1)		나이프형석기(2), 박편과 부스러기(225), 석핵(5), 망치돌(1)	日本旧石器学会 (2010)
	笹山原A(No.12)	5·6층	응회질혈암, 안산암, 점판암혈암(대부분)		나이프형석기(8), 새기개형석기(6), 긁개(1), 망치돌(3), 석핵(32), 박편(411), 부스러기(275)	柳田俊雄(1995)
	笹山原 No.8	5층	규질혈암(41%), 혈암, 응회질 혈암, 철석영, 흑요석		나이프형석기(42), 대형양석기(1), 요네가모리형다이케이석기(2), 추형석기(1), 긁개(1), 석부(4), 망치돌(4), 석핵(10), 박편(103), 파편(2), 磨石(2)	福島県立博物館 (1999)
福島	笹山原 No.10	5층에서 8층 상면	응회암(86%), 혈암(12%), 옥수, 응회질 혈암, 철석영, 유문암, 사암 등		나이프형석기(8), 새기개(1), 긁개(1), 절단조정석기(1), 박편(273), 석핵(22), 망치돌(1)	福島県立博物館 (1999)
	塩坪	IV 층	혈암(89%), 흑요석(2%), 옥수(8%)	1,778	나이프형석기(41), 새기개형석기(10), 밀개(20), 긁개(3), 그외석기(2)	藤原妃敏 (1983a)
	三貫地	제III 층	유문암	10,112	나이프형석기(112), 석핵(33), 새기개(1), 뚜르개(2), 역기(14) 등	福島県立博物館 (1999)
	一里段 A		규질혈암(69%), 혈암, 안산암, 이암, 응회암 쳐트 각 6%		나이프형석기(4), 밀개(4), 박편(25), 망치돌 등	日本旧石器学会 (2010)

* 아키타현과 야마가타현, 이와테현의 유적 중 규질혈암의 비율이 90%가 넘는 곳은 규질혈암을 집중적으로 이용한 원산지 유적임. 규질혈암의 비율이 표시되지 않은 유적은 보고서에 기재되어 있지 않음. 나이프형석기 중 상당수는 우리나라 슴베찌르개로 인식하면 이해가 용이함.

의 옥수가 후쿠시마현이나 미야기현의 옥수 산지로부터 이동해 왔을 가능성이 있다.

2 석재의 이용 방식

1) 규질혈암

도호쿠지역의 석재 이용 방식을 알기 위해서는 규질혈암 산지가 집중적으로 분포하는 서쪽과 동쪽 일부지역, 흑요석 산지가 분포하는 북쪽, 그리고 규질혈암의 원산지가 없는 동남쪽 지역으로 나누어 살펴보아야만 한다.

일본열도 내 서북쪽에 위치한 야마가타현과 아키타현 내 석인석기군의 석재 이용은 다음과 같다. 두 현에서는 규질혈암만 사용한 석기군, 규질혈암과 소량의 흑요석을 사용한 석기군, 규질혈암·소량의 옥수와 흑요석을 사용한 석기군, 규질혈암과 기타 석재(옥수, 쳐트, 휘석, 응회암)를 사용한 석기군으로 분류할 수 있다. 표 1을 살펴보면, 두 지역의 석인석기군은 다른 지역과 달리, 규질혈암을 사용한 비율이 압도적으로 높았다. 그 비율은 무려 98~100%에 이르는 곳도 있다. 도호쿠지역은 풍부한 규질혈암이 분포하고 있어 양질의 석인을 손쉽게 획득할 수 있었다.[4] 아울러 제작자들은 나이프형석기처럼 특정 석기를 만드는 데 규질혈암이 유리하다는 사실도 인지하고 있었다.

도호쿠지역 내 원산지 부근의 유적들은 석기 출토량이 많으며, 그렇지 않은 유적들을 수량적으로 압도한다(표 2 참조). 석인 제작 집단은 석인을 만들 때 전략적으로 석재를 선별하였다. 그 대표적인 예가 람바도, 오나카야마바야시(お仲間林)유적이다(阿部祥人·五十嵐彰, 1991). 이 유적들은 규질혈암의 원석을 유적 주변에서 바로 채집하였다. 그 덕분에 석기제작 때 혈암을 90% 이상이나 사용할 수 있었다. 혈암과 규질혈암을 합친 비중이 98%에 이른다(표 1). 구석기인들은 석재판별의 지식과 특정 석재를 선호하는 현상이 있었다.

일본열도 동쪽의 이와테현에 위치한 하야사카타이(早坂平)유적은 인근에서 채취할 수 있는 흑색 혈암으로 석기를 만들었다. 석핵 중에 큰 것은 최대 3.7kg에 이른다. 대부분의 석인은 대략 15cm 전후이지만, 석인의 최대 길이가 28cm인 것도 있다. 이것은 혼슈지역에서

---

4   나가노(長野)현 합푸잔(八風山)II 유적처럼 소구형(小口型) 석인기법으로 대형 석인제 석창을 광범위하게 제작하였다(須藤隆司, 2006).

발견된 최대 크기의 석인이다. 석인석핵은 대칭[兩設] 타면, 작업면의 능선 조정(crest), 타면 각도 조정 등 석인기법의 복합적인 기술이 적용되었다. 석인석핵은 능조정기법을 사용한 비율이 높았다.

도호쿠지역의 북쪽에 위치한 아오모리현과 동쪽의 이와테현의 석인석기군의 핵심 석재는 규질혈암이었다. 반면, 박편석기군은 흑요석, 규질혈암, 혈암, 흑색 혈암, 마노, 옥수, 쳐트, 응회암을 다양하게 이용하였다. 제작자는 어떤 석기를 만들 것이냐에 따라 석재를 대체로 달리하였다.

아오모리현과 이와테현지역의 구석기유적은 규질혈암 산지와 거리가 멀었기 때문에 혈암 사용의 빈도는 낮았다.

도호쿠지역의 동쪽에 위치한 태평양측 연안에는 규질혈암이 산출되지 않는다. 미야기현과 후쿠시마현의 석인석기군은 혈암의 주요 산지가 비록 원거리에 분포하고 있었음에도 불구하고, 규질혈암을 사용한 석인석기군이 발견되었다. 이와테현지역에서 출토된 갈색의 규질혈암은 야마가타현지역에서 반입된 것이었다. 다만 유적 내에 원석 형태로 반입된 예는 알려지지 않았다(米田寬, 2006). 따라서 이 지역의 규질혈암으로 만든 석기는 사람의 이동 또는 교환 등의 과정을 거치면서 서쪽으로부터 동쪽의 일본연안 쪽으로 반입된 것으로 추정할 수밖에 없다(大場正善 외, 2006).

도호쿠지역 내에서 규질혈암 산지와 가까운 곳에 위치한 석인관련 유적들은 능조정 석인기법을 주로 활용하였다. 표 2의 주요 석기에서 보듯, 이런 석인석기군에서는 우리나라의 슴베찌르개의 한 부류로 분류할 수 있는 기부가공첨두기 또는 나이프형석기를 공통적으로 제작하였다. 밀개, 새기개와 같은 가공구도 함께 제작하였다. 결국 규질혈암은 석인석기군의 핵심적인 석재이었고, 도호쿠지역에서 조달이 가능한 지역 내 석재의 활용 양상을 잘 보여준다.

석인석기군 중 그림 2의 규질혈암의 원산지로부터 원거리에 있는 후쿠시마현이나 미야기현, 이와테현 동부지역의 유적들에서는 규질혈암에 의존하지 않고, 현지 석재를 혼용하여 사용하였다(표 1 참조). 미야기현 내 석인석기군에는 원격지 석재인 규질혈암제의 석기군과 현지 석재를 이용한 석인석기군이 있다. 후자의 석기군은 규질혈암에 대한 의존도가 낮고 현지에서 채집이 가능한 석재를 더 많이 사용했다. 드물지만 나이프형석기와 같은 도구는 혈암을 최대한 활용한 원산지 유적이 형성되기도 하였다.[5]

---

5 나이프형석기는 두꺼운 형태에서 얇은 형태로 변화함과 동시에 이측연 가공기술이 사용되는 것으로 알려지고 있다(佐久間光平·小野章太郞, 2008).

표 2 도호쿠지역 석인석기군의 주요 석기 출토수량(보고서 내 출토수량 기준)

현	유적명	나이프형석기	밀개	새기개	긁개	다이케이요우석기	기타
아키타현	風無台 I	16	9	0	0	5	6,182
	小出 I	6	5	1	0	63	2,014
	繩手下	30	8	5	7	64	1,896
	鴨子台	10	5	18	0	0	932
	松木台 III	32	31	1	2	0	3,162
	小出 IV	3	10	2	1	1	254
	龍門寺茶畑	2	10	1	0	0	639
	此掛澤 II	12					
이와테현	大渡 II(1)	11	4	3	0	2	
	大渡 II(2)	18	10	5	0	0	
	大渡 II(3)	19	1	3	0	0	
	早坂平 (1)	0	0	2	0	0	
	早坂平 (2)	13	85	49	10	0	
	栢山館跡	25	3	2	0	0	
야마가타현	南野	57	39	7	0	0	
	亂馬堂	246	361	34	98	0	
	新堤	12	18	1	0	0	
	橫前	10	7	32	0	0	
	上ミ野A	26	32	4	4	0	
	お仲間林 (1차)	26	33	0	0	0	
	岩井澤	4	0	0	0	0	
후쿠시마현	笹山原 A (No.12)	8	0	0	1	0	
	笹山原 No.8	42	0	0	1	3	
	笹山原 No.10	8	20	1	3	0	
	塩坪	41	20	10	3	0	
	三貫地	112	0	1	0	0	
	一里段 A	4	4	0	0	0	
미야기현	山田上の台	2	0	0	0	0	
	野田山	3	0	0	0	0	
	川添東	1	0	0	0	0	
합계		798	715	182	130	138	

특히 미야기현과 후쿠시마현의 규질혈암제 석인석기군 중 우에노하라야마(上ノ原山)유적과 노다야마(野田山)유적에서는 규질혈암으로 석인석기를 제작하였지만, 일련의 제작 공정이 모두 확인되지는 않았다. 특히 우에노하라야마유적은 규질혈암, 응회암, 안산암, 옥수, 유문암, 흑요석 등 다양한 석재를 사용하였다(大場正善外, 2006). 후쿠시마현의 사사야마하라

(笹山原) No.10 유적(5층에 서 8층 상면)은 응회암(86%)이 석인제작에 많이 사용된 반면, 혈암(12%)의 출토빈도는 낮았다. 이 유적은 옥수, 응회질 혈암, 철석영, 유문암, 사암 등 다양한 석재를 사용하였다. 이러한 작업방식은 규질혈암을 대신할 만한 양질의 석재를 구할 수 있느냐에 따라 석기의 제작방식과 석재종류의 차별화가 발생하였다.

결국, 미야기현, 후쿠시마현 내 석인석기군 중 석기 수량에 비해 석재가 다양한 이유는 안성맞춤인 석재 수급이 제대로 이루어지지 않게 되자 석재 종류가 다양해졌다. 이는 석기제작에 필요한 석재의 부족함을 극복하고자 했던 구석기인들의 생존방식의 결과였다. 그럼에도 불구하고 그들은 중요하거나 부족한 석재는 다른 집단과의 교류로 수급하였다.

2) 흑요석

도호쿠지역의 석인석기군은 흑요석의 사용빈도가 낮았다. 야마가타현, 아키타현, 아오모리현, 이와테현 내 석인석기군에서 흑요석이 석기군 내에서 주요 기종이나 핵심적인 석재로 사용된 예가 거의 없다. 이와테현, 미야기현, 후쿠시마현은 아키타현과 야마가타현과 비교할 때, 흑요석 사용빈도가 월등히 떨어진다. 그 이유는 이 지역에 흑요석 원산지가 드물기 때문이다. 도호쿠지역의 주요 흑요석 산지는 14곳이며, 후카우라(深浦), 오가(男鹿), 코자카자와(小赤澤), 유노쿠라(湯ノ倉) 등이다. 도호쿠지역의 석인석기군은 규질혈암을 주로 사용하였고, 흑요석은 석인을 만드는 중요한 석재로 자리 잡지 못하였다. 석인석기군에서 흑요석은 적은 양만이 선별적으로 사용되었다. 흑요석제 기부가공첨두기가 드문 이유도 중대형석기를 만들 수 있는 석재 여건이 구비되지 않았기 때문이다.

구석기시대에 도호쿠지역에서 석기제작에 사용된 대부분의 흑요석은 아오모리현 후카우라산이다. 야마가타현 오가산이 그 다음 순으로 출토되었다. 그 예로, 토게야마보쿠조(峠山馬場)ⅠA에서 출토된 흑요석 61점을 산지분석한 결과, 60점은 후카우라 원산지, 1점은 오가 원산지였다. 미미토리(耳取)ⅠB에서 분석한 1점은 오가산이었다. 하야사카타이라(早坂平)유적에서는 6점을 분석하였는데 모두 후카우라산이었다(吉川耕太郎, 2007a; 北村忠昭外, 2004).

또한 흑요석과 규질혈암 등 원격지석재로 도호쿠 내 서쪽 연안의 것이 동쪽이나 북쪽으로 이동되었다. 이와테현의 흑요석 산지는 키타카미천유역의 시즈쿠시(雫石), 오리이(折居), 하나이즈미(花泉)에 있다(吉川耕太郎, 2007b). 이것들의 크기는 3~5cm이다. 아키타현 오가산 흑요석도 직경 5~8cm 정도의 소형 원력(圓礫)에 지나지 않는다. 이렇게 원석의 크기가 작은

사진 1 아키타현 男鹿반도 金ヶ崎 출토 흑요석 원석(필자 촬영)

것들은 석인을 제작하기에는 적합하지 않았으며, 실제로도 사용되지 않았다.[6]

따라서, 도호쿠지역의 석인 제작 집단은 흑요석을 선호하지 않았다. 일본열도의 다른 지역과 비교해 볼 때, 원석 크기가 작고 질이 좋지 않기 때문이다 (사진 1). 도호쿠지역에서 흑요석은 후기구석기 후엽의 세석인단계에서 흑요석의 사용 빈도가 증가한다. 야마가타현에 출토된 후기구석기시대의 시라타키(白滝)산과 오케토(置戸)산 흑요석은 즈가루해협의 해수면 하강 때 건너온 것이다. 우리는 일본열도에서 흑요석이 석기제작에 많이 사용된다고 인식하지만, 홋카이도, 쥬부지역의 일부를 제외하면, 흑요석은 대부분 10cm 전후의 석인 또는 소형 박편을 만드는 데 주로 이용하였다. 흑요석으로 만든 15cm 이상의 대형(大形)석기나 석인은 홋카이도지역과 혼슈 일부지역 이외는 발견되지 않는다.

III 석인기법의 기술적 특징

1 비능조정 석인기법

1) 소재제작

비능조정 석인기법은 석핵의 예비조정과정에서 능조정(crest)을 하지 않고 석인을 박리하는

---

[6] 이 지역의 석기군 중에서 흑요석의 출토량은 다음과 같다. 고노카케자와(此掛沢)II 유적 원석 19점, 가모노코다이(鴨子台)유적 박편 1점, 가미노노(上の野)유적 나이프형석기 2점, 나와테시타(縄手下)유적 박편 1점과 다이케이석기 1점, 후타에도리(二重鳥)A유적 원석 1점, 박편 41점, 석인 5점, 나이프형석기 1점, 이차가공석기 1점, 이에노시타(家の下)유적 잔핵 1점, 박편 4점, 나이프형석기 1점, 다이케이석기 3점, 가자나시다이(風無台)II 유적 다이케이석기 4점, 고이데(小出)IV 유적 박편 31점, 새기개 1점이다.

기법이다. 일본에서는 비능조정 석인기법을 소구면형(小口面型) 과 주연형(周緣型)으로 구분하기도 한다(安齊正人, 2004; 國武貞克, 2004). 소구면형 석인기법은 석핵의 좁은 측면을 주요 박리면으로 이용하는 것이다. 주연형은 석핵의 타면을 돌아가면서 박리를 하는 방식이다. 도호쿠지역에서 많이 확인되는 소구면형(小口面型) 석인기법은 규질혈암을 주로 이용했다. 도쿄도(東京都)의 무사시다이(武蔵台)와 다마란자카(多摩蘭坂)유적에서도 이 기법이 사용되었다. 나가노현(長野縣) 합푸산(八風山)II 유적에서는 소구면형 석인기법으로 만든 대형 석인제 석창이 대량으로 출토되었다(須藤隆司, 2006).[7] 석인제 자돌구의 수요 증대에 대응하여, 소구면형은 간토우, 쥬부, 도호쿠에서 폭넓게 확인되었다.[8]

도호쿠지역에서 소구면형 석인기법이 확인되는 유적은 이에노시타, 가자나 시다이I, 고노카케자와II 유적 등이 있다. 이 기법은 소형 잔자갈급인 아원력(亞圓礫) 중 네모난 것들을 선호하였다. 석재의 자연면은 본격적인 석인 박리를 하기 전에 제거하였다. 비능조정 석인기법과 관련된 석핵은 능조정 석인석핵보다 크기가 더 작다.

비능조정 석인관련 유적들에서는 길이 10cm 이내 크기의 석재를 공통적으로 사용하였다. 능조정 석인기법이 15~30cm에 이르는 대형 석재까지도 활용하여 석인을 만든 것과는 대조된다. 그런 이유로 비능조정 석인기법으로 만든 석인은 크기가 작다. 석재의 절리면 등을 활용해 종장박편을 만들기도 했다. 비능조정 석인석핵은 박리면의 평탄타면을 주로 이용하였다(그림 3). 표 3을 봐도 알 수 있듯이, 석인석핵에서 석핵의 모양을 다듬거나 작업면을 수정하는 경우, 타면을 다시 떼어내는 기술은 찾아보기 어렵다. 고이데(小出)I유적에는 대형 박편을 이용하여 타면을 제작한 뒤 측면 모서리부터 시작하여 연속적으로 박리하여 긴 박편을 생산하였다.

그러므로 도호쿠지역 내 비능조정 석인기법은 지역 내 석재에 맞춘 현지 적응형 석인기법으로 평가할 수 있다. 비능조정 석인석기군은 원석이 아닌 박편을 석인석핵의 소재로 사용하였고, 하나의 석재에서 여러 석기의 예비소재를 획득하였다. 원석을 깨뜨려 소재를 만드는 방법은 석재수급이 원활하지 않았거나 소형의 목적 박편을 얻기 위함이었다. 이런 제작 집단들은 도호쿠지역에 있는 규질 혈암의 원산지의 위치나 그 존재를 잘 알지 못하였을 가능성이 높다.

---

7   會田容弘(1993)은 기존의 나이프형석기로 불리우던 것을 박편첨두기로 바꾸어 불렀다.

8   한국의 경우 소재에 따라 2가지 방식이 석재에 대응하면서 적절히 발달하는 양상이지 하나의 유적=하나의 석인기법이라는 공식은 성립되지 않는다.

표 3 비능조정 석인석기군의 기술 특징

현	유적명	출토층위	석인기술									요네가모리
			능조정	타면생성	타면재생	분할	두부조정	타면전이	밑면조정	점타면	
秋田	風無台 I	IVa 층~VI 층	×	○	×	○	×	○	○	×	×
	小出 I	III 층	×	○	×	○	○	○	○	×	×
	家の下	III 층	×	○	×	○	○	△ 소량	○	×	○
	下堤 G	제III층, IVa층, IVb 층	×	○	×	△	○	×	?	×	○
	縄手下	IV~V층	×	○	×	○	○	○	×	×	○
山形	下成澤	IIa 층	×	○	×	○	×	×	×	×	×
福島	笹山原 No.8	5층	×	○	×	○	×	×	△	×	○
	笹山原 A (No.12)	5·6층	×	○	×	○	×	×	○	×	×
	笹山原 No.10	5~8층	×	○	×	○	○	○	△	×	×
	三貫地	제III 층	×	○	○	○	×	○	○	×	×
宮城	上ノ原山	5~10 층	×	○	×	○	○	×	○	×	×
岩手	下成澤	IIa 층	×	○	×	○	×	○	×	×	×

2) 제작기법

비능조정 석인기법이 사용된 그림 3의 이에노시타(家の下)유적의 석핵을 보면, 원석의 자연면 중 평탄한 면이나, 큰 박편을 떼어낸 뒤 이것의 배면을 타면으로 삼았다. 타면은 특별한 잔손질을 하지 않았다. 그 대신, 석핵은 타면머리조정을 베풀어, 타격 때 타면에 힘이 제대로 전달되게끔 하였다. 대부분의 석핵들은 타면이 하나이다.

그림 3처럼, 박편을 소재로 한 석핵은 단면이 비대칭의 V자이다. 비능조정 석인기법은 석인의 말단이 뾰족한 것을 선택하였다. 그 이유는 석인을 연속박리 할 때 말단부분을 벌어지지 않게 하고, 원석의 자연면을 제거하기 위함이었다. 카자나시다이I유적에서 나이프형석기에 사용된 석인은 특별한 잔손질을 베풀지 않았는데도 선단부가 뾰족한데, 석핵을 밑면 V자 형태로 다듬었기 때문이다.

석핵의 밑면조정방식은 이에노시타·카자나시다이I(비능조정) → 카모노고다이(능조정 병행)·마츠키다이(松木台)III 유적(능조정)으로 변화한다(그림 4). 별다른 조정기법이 확인되지 않는 석인석기군은 이소야마(磯山)유적, 이와이자와(岩井沢)유적이 있다. 비능조정 석인기법은 자연면 제거 → 타면 생성 → 밑면 V자형 조정 → 타면머리조정 → 박리의 공정을 거쳐 석인

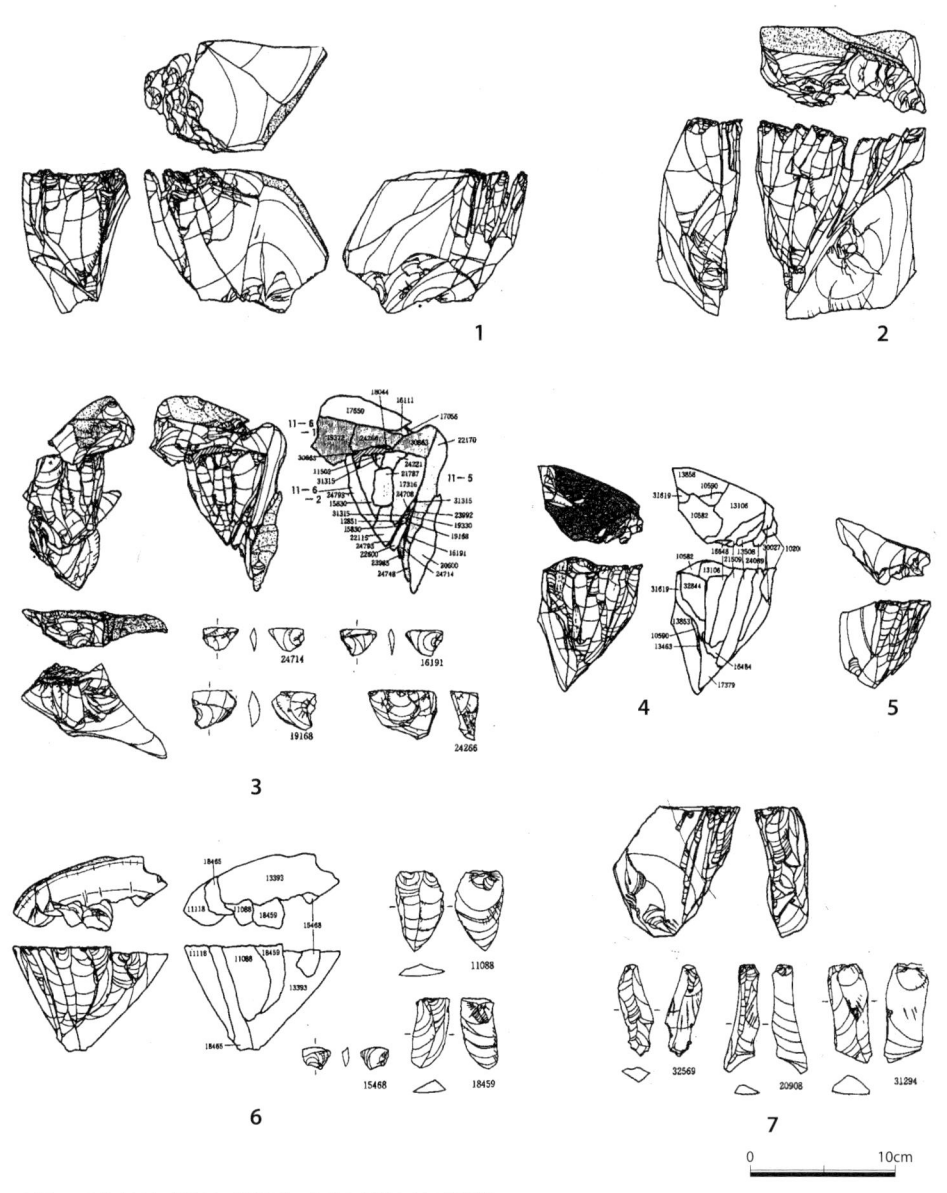

그림 3 비능조정 석인기법이 사용된 단면 V자형 석인석핵(아키타현 이에노시타 유적)
석핵은 박리타면을 이용하였으며 타면은 하나임. 단면은 V자형이지만 대부분 비대칭임.

을 떼어냈다.

 카노코다이유적의 박리기법은 석인(종장박편)을 목적으로 박리하는 유형1 과 폭이 넓은 박편을 박리하는 유형2가 있다. 유형1의 경우 원석의 모서리면 제거 → 원석의 측면제거 → 종장박편의 박리 → 소형 종장박편의 박리 및 모서리면 제거 → 원석의 측면제거 → 석인(종장박편)박리와 원석 분할 → 소형 석인(종장박편)의 박리가 있다. 유형2는 원석 분할 → 타면생

 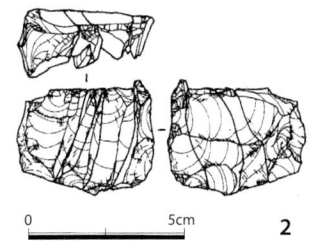

성 → 폭이 넓은 석인(박편)의 박리이다.

그림 4 비능조정 석인석핵(마츠키다이 유적)

후지와라 히토시(藤原妃敏, 1979; 1983a; 1983b; 1984a; 1984b)와 시부야 타카오(渋谷孝雄, 1992)는 석핵의 타면형태와 타면위치를 중심으로 박리기술을 분석하였다. 석인기법은 조정기술의 발달정도를 토대로 조정기술이 발달하지 않은 것(도치기현 이소야마유적, 야마가타현 이와이자와유적)으로부터 기술이 발달하는 쪽으로 변화한 것으로 파악하였다.[9] 즉, 석인석기군은 AT층 하부에서 확인된 조정기술이 발달하지 않은 석인기법으로 인해 예리한 날이 있는 도구류[利器類]가 제대로 만들어지지 못하는 석기군에서 석인기법의 조정기술이 발달하였다. 양질의 석인 소재의 선택 기준이 명확한 석기군으로 변화하였다(鹿又喜隆, 2004).

그런데, 마츠키다이유적에서는 박리작업의 공정을 파악할 수 있는 16개의 모암 개체가 확인되었다. 석인기법과 더불어 정형성이 떨어지는 박리기술을 이용하였다(그림 4). 이 석인기법은 일정한 모양을 갖춘 석인을 연속적으로 박리할 수는 없었다. 타면을 다시 만들고, 타면의 위치를 바꾼다고 할지라도 작업면에 능을 형성시키기 위한 능조정기술을 사용하지 않았다. 이것이 능조정 석인기법과는 다른 비능조정 석인기법만의 가장 큰 특징이다.

이러한 비능조정 석인기법은 엄밀한 의미에서의 석인기법으로 인정하기 어렵다. 무엇보다 비능조정 석인기법은 석인을 이용하는 개념이 정립되지 않았기 때문이다. 석인이 기부가공첨두기의 제작에 부분적으로 사용되긴 하였지만, 그 외의 도구제작에 석인은 거의 활용되지 않았기 때문이다. 특히 석인으로 만든 밀개나 새기개가 출토되지 않는다. 따라서 이러한 석기군을 도호쿠지역의 능조정 석인석기군과 계통적으로 직접 연관시키기는 곤란하다.

---

9   會田容弘(1984; 1987; 1992; 1993)은 통계학적 수법을 이용하여 도호쿠지방 석인석기군에 있어 박편제작기술을 미시적인 관점에서 복원하였다.

2 능조정 석인기법

1) 석재 이용

능조정 석인석기군은 석재의 이용방식을 추가로 살펴볼 필요가 있다.

능조정 석인석기군은 하나의 원석을 이용해 석인을 다량으로 획득하였다. 석재 크기도 비능조정 석인석기군과는 비교가 되지 않을 정도로 몇 배나 컸다. 하나의 규질혈암을 집중적으로 활용하는 특징이 있다. 제작자는 대형 원석을 자유롭게 다룰 줄 알았기에 양질의 석인을 박리할 수 있었다. 박리기법에 있어 석재는 형태에 따른 제약이 가장 심하였고, 석질과 크기의 차이는 그 다음 문제였다(森本晉, 1989).

능조정 석인석기군이 발달한 시기는 유적 주변에서 구할 수 있는 석재를 사용하는 비율이 높다. 야마가타현 석인석기군은 채취되는 규질혈암의 원석의 양도 많았고, 크기도 대형이었다. 표 1을 보면 야마가타현을 중심으로 한 석인관련 집단들은 석기 제작 기술이 유사하고, 도구의 형식과 조성이 공통된다. 석재의 이용 방식도 아주 유사하다. 이런 점 등으로 미루어 볼 때 집단 간의 정보 교환이나 동일 집단 내 활발한 이동행위를 가늠해 볼 수 있다. 특히 여러 유적에서 석기조성과 도구형식, 박리기법이 흡사한 석인석기군이 확인된다. 이와 함께 혈암과 같은 양질의 석재는 원산지를 벗어난 지역으로도 폭넓게 퍼져나갔다.

2) 제작기법

① 능조정기법

일본에서는 능조정 등 석인기법의 전반적인 석핵조정이 이루어지는 경우를 진정한 석인기법(藤原妃敏, 1979; 國武貞克, 2004), 신석인기법(竹岡俊樹, 2002), 능조정기법(張龍俊, 2002), 정제석인생산(國武貞克, 2004)으로 정의하고 있다. 브뢰일(Breuil, 1928)은 능조정기법을 이용한 석인석핵은 "서로 엇갈리는 형태[交互]의 타격에 따른 지그재그 능조정"이며, "이 타입의 능(稜)은 석핵에서 박리되는 제일 첫 번째 석인이다"라고 설명했다(稻田孝司, 1994 에서 재인용).

제작자는 능조정기법으로 양질의 석인을 박리하기까지 훈련이 필요하다. 지속적으로 좋은 석인을 떼어내는 수준에 이르기까지는 약 2주간의 훈련이 필요하다. 석핵의 예비조정은 석핵 성형(Preforming the core), 능조정 준비(Preparing the ridge), 타면 준비(Preparation of the strikingplatform)가 있다. 하지만 이러한 연습시간은 어디까지나 현대인을 기준으로 해서 걸리는 시간일 뿐이다(松澤亞生, 1992). 실제 제작자가 원하는 좋은 형태의 석인을 얻기까지는 더 많은 시간과 노력이 필요하다.

석인기법은 조정기술을 활용하면 석인 생산율이 높아진다(鹿又喜隆, 2003). 도호쿠지역 내 석인기법의 연구에 있어 다른 지역의 자료보다 석인석핵과 석기의 접합 비율이 높다. 그 덕택에 석인기법의 복원이 잘 이루어졌다. 도호쿠지역에서 능조정석인기법이 확인된 중요한 유적들의 기술적 특징을 표4로 정리하였다.

표 4 도호쿠지역의 석인석기군의 기술 특징

현	유적명	출토층위	석인기술								요네가모리
			능조정	타면생성	타면재생	분할	타면 머리 조정	타면 전이	밑면 조정	점타면	
秋田	松木台 III	III~V층	○	○	○	○	○	○	○	×	×
	此掛澤 II	III층, IV층	○	○	○	○	○	×	○	×	○
	米が森	2층	○	△	○	△	△	○	△	×	○
	龍門寺茶畑	III층, IV층	○	○	○	○	○	×	×	×	×
	芹川館	V층	○	△	△	○	○	○	○	×	×
	上ノ野		○	○	○	○	×	○	○	×	×
	小出 IV	Ib층 하부~IIa층	○	○	○	○	○	○	×	○	×
	鴨子台제II군	IIb층, IIIb층	○	○	○	○	○	○	○	○	×
山形	二重鳥 A	z1층	○	○	○	×	○	○	×	×	×
	大渡 II	제1문화층	○	○	△	×	○	○	○	×	○
	峠山牧場 I (A지구)	4문화층	○	○	○	○	○	○	○	×	×
	(A지구)	5문화층	○	○	○	○	×	○	×	×	×
	早坂平 (1)	제1문화층	○	○	○	×	×	○	○	×	×
	早坂平 (2)	제I문화층	○	○	○	×	×	○	○	○	×
	大渡 II	제2문화층	○	○	△	×	×	○	×	×	×
	大渡 II	제3문화층	○	○	△	×	×	○	×	×	×
	栢山館跡	IIa층	△	△	△	△	×	○	△	△	×
福島	一里段 A		○	○	×	×	○	○	×	×	○
	塩坪	IV층	○	○	○	×	○	×	○	×	×
宮城	賀籠澤	4~5층	○	○	×	×	○	○	×	×	×
	野田山		○	△	△	×	△	○	×	×	×
岩手	大渡 II	제1문화층	○	○	△	×	○	○	○	×	○
	峠山牧場 I (A지구)	4문화층	○	○	○	○	○	○	○	×	×
	(A지구)	5문화층	○	○	○	○	×	○	×	×	×
	早坂平 (1)	제1문화층	○	○	○	×	×	○	○	×	×
	早坂平 (2)	제I문화층	○	○	○	×	×	○	○	×	×
	大渡 II	제2문화층	○	○	△	×	×	○	×	×	×
	大渡 II	제3문화층	○	○	△	×	×	○	×	×	×
	栢山館跡	IIa층	△	△	△	△	×	○	△	△	×

석인기법으로 유명한 오나카마바야시유적(山形県埋藏文化財センター, 1995)은 도호쿠지역 내 석인석기군 중에서 기술이 가장 최적화된 곳이다. 이가라시 아키라(五十嵐彰, 1988; 1991a)는 오나카마바야시의 석인석핵을 토대로 석인기법을 연구했다. 여기서 출토된 석인석핵은 능조정을 기본 방식으로 채택하였다. 석인석핵의 능선은 능과 거의 직각에 가까울 정도의 가로 방향으로 조정하여 만들었다. 능조정은 박편을 제거하기 위한 타면 조정과 더불어 석인을 상당히 얇게 떼어내려고 실시했다. 실제로 능조정된 박편의 두께는 아주 얇은 편이다. 이것의 타면은 면적이 좁고, 경사진 타면을 선호하였다. 표 4를 보면, 능조정 석인기법의 중요한 특징 중 하나는 석핵에 있어 타면재생을 반드시 행하였다. 박리 전에는 미세하게 타면을 조정하여 타격의 정교함도 높였다.

석재에 있는 거친 자연면은 제거하지 않은 채 그대로 사용하기도 하였다. 원석의 자연면 중 제거할 필요가 없는 것은 그대로 남겨두었다. 석인제작자는 선택한 원석 형태를 비교적 납작하고, 타면과 능선제작이 용이한 것으로 선별하였다. 석인석핵 중 큰 것은 30cm가 넘는 것도 있다. 석인석핵에서 최초박편을 떼어낼 때는 능조정을 베풀지 않았고 석재의 자연 능선을 그대로 이용하기도 했다.

능조정 석인석핵의 타각은 85도부터 70도 전후이었다. 타각이 90도를 넘으면 석인을 연속적으로 뗄 수 없기 때문에 적절한 각도를 유지하였다. 그런 이유로 석인석핵에서는 타면을 경사지도록 하여 연속적으로 박리하였다. 작업면은 석인을 떼어낸 뒤 계속 쓰기 위해 타면재생과 조정을 반복적으로 실시하면서, 좋은 타면을 관리하였다. 석인석핵은 대칭되는 두 개의 타면을 채택하였다(그림 5).

제작자들은 석인석핵이 박

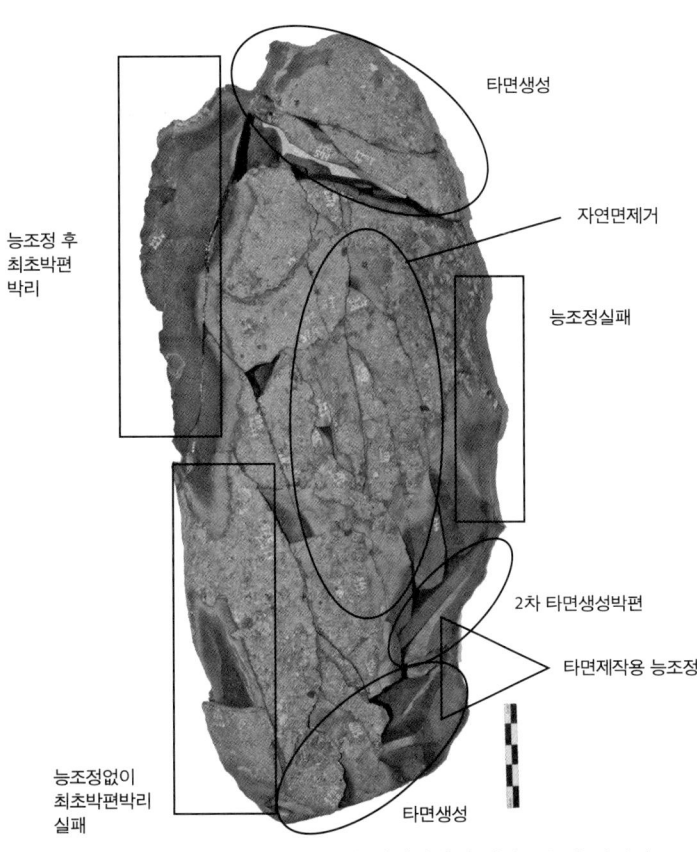

그림 5 오나카마바야시유적의 능조정 석인석핵의 접합유물과 석인기법의 기술 특징

리가 진행될수록 타면이 차츰 뒤로 물러나면 그때 마다 타면을 계속 조정하였다. 이것은 망치돌로 타격할 때 일어날 수 있는 타격 실수를 방지할 뿐만 아니라, 적절한 타각을 형성시키기 위함이다. 박편의 타면은 반드시 타면조정을 실시하였다. 타격 때 힘을 모으기 위해 산(山)모양의 타면을 만들기도 하였다. 석인석핵에는 타면머리조정은 베풀지 않았다(그림 5).

따라서 오나카마바야시유적을 중심으로 본 도호쿠지역의 정련된 능조정기법의 특징은 다음과 같다. 석인석핵에 있어 작업면의 능선과 타격방향은 일치한다. 석핵은 양쪽 방향으로 능을 조정하여 만들었다. 능선은 박리면을 생성시켜 조정함과 동시에, 한쪽은 능을 정교히 만들어, 전체적으로는 석인 석핵의 측면 능선을 직선화시켰다(그림 8). 석인석핵에서 능조정된 범위가 최대 30cm에 이르는 것도 있다. 능조정기법의 특징은 자연면 제거, 작업면의 능선 형성, 타면의 재생과 이에 따른 타면 및 타각의 적절한 확보이다. 석인을 박리하는 데 있어 타면을 재생하는 것은 박리를 위한 타각과 타면의 공간을 확보가 필요할 때 이루어졌다.

오나카마바야시유적과 비견할 수 있는 야마가타현의 람바도유적의 능조정 석인석핵은 중소형 크기이다. 석인석핵은 대칭타면을 가지고 있고, 타면재생 작업도 하였다. 이로 인해 석인석핵에는 원석의 자연면이 거의 남아있지 않다. 이 유적에서도 대형의 능조정된 석인이 출토되었다. 출토된 능조정 석인과 비교하면, 석핵은 크기가 훨씬 줄어들어 있었다. 양질의 석인석핵은 원산지에서 1차가공을 한 뒤에 사용지로 가져와서 필요한 만큼의 석인을 생산하기도 하였다. 석인 석핵의 형태가 중앙 부분이 대부분 볼록한 것은 대칭적으로 마주보면서 박리작업이 이루어졌기 때문이다.

② **타격형태**

능조정 석인기법과 관련된 유적의 석기조성의 특징은 제작도구인 망치돌이 아주 드물다는 점이다. 오나카마바야시유적과 같은 제작지 유적에서조차 망치돌은 거의 발견되지 않았다. 다른 유적도 상황이 다르지 않다. 경질망치가 아닌 연질망치는 제작장에 유기되었다 할지라도 산성토양인 조건에서 잔존할 가능성은 없다. 돌을 이용한 경질망치는 강가나 주변에서 구할 수 있다. 하지만, 뿔, 녹각 등을 이용해 만든 연질망치는 구하기가 쉽지 않다. 연질망치와 돌망치는 석기제작자의 관리대상 도구로 제작자가 소지한 채 유적 밖으로 벗어났을 가능성이 있다.

도호쿠지역의 석인기법관련 석기들의 타면 특징은 경질망치로만 제작하였다고 보기 어려운 사례가 있다. 석인을 박리할 때 펀치(punch)를 사용하였다는 주장은 입증하기 쉽지 않다. 구석기시대에 그 같은 방법은 실물자료로서 입증된 바가 없고, 유럽의 중석기시대에서 조차도 확인되지 않기 때문이다(山中一郞, 2004). 그 대신에 연질망치로 직접 타격하였을 가능성이 높다.

도호쿠지역 내 능조정 석인기법이 확인된 유적에서 출토된 석인의 타면크기는 아주 작은 점타면이 독특하게 관찰된다(표 2, 그림 6). 타면 크기가 5mm이 하인 점타면은 카모노코다

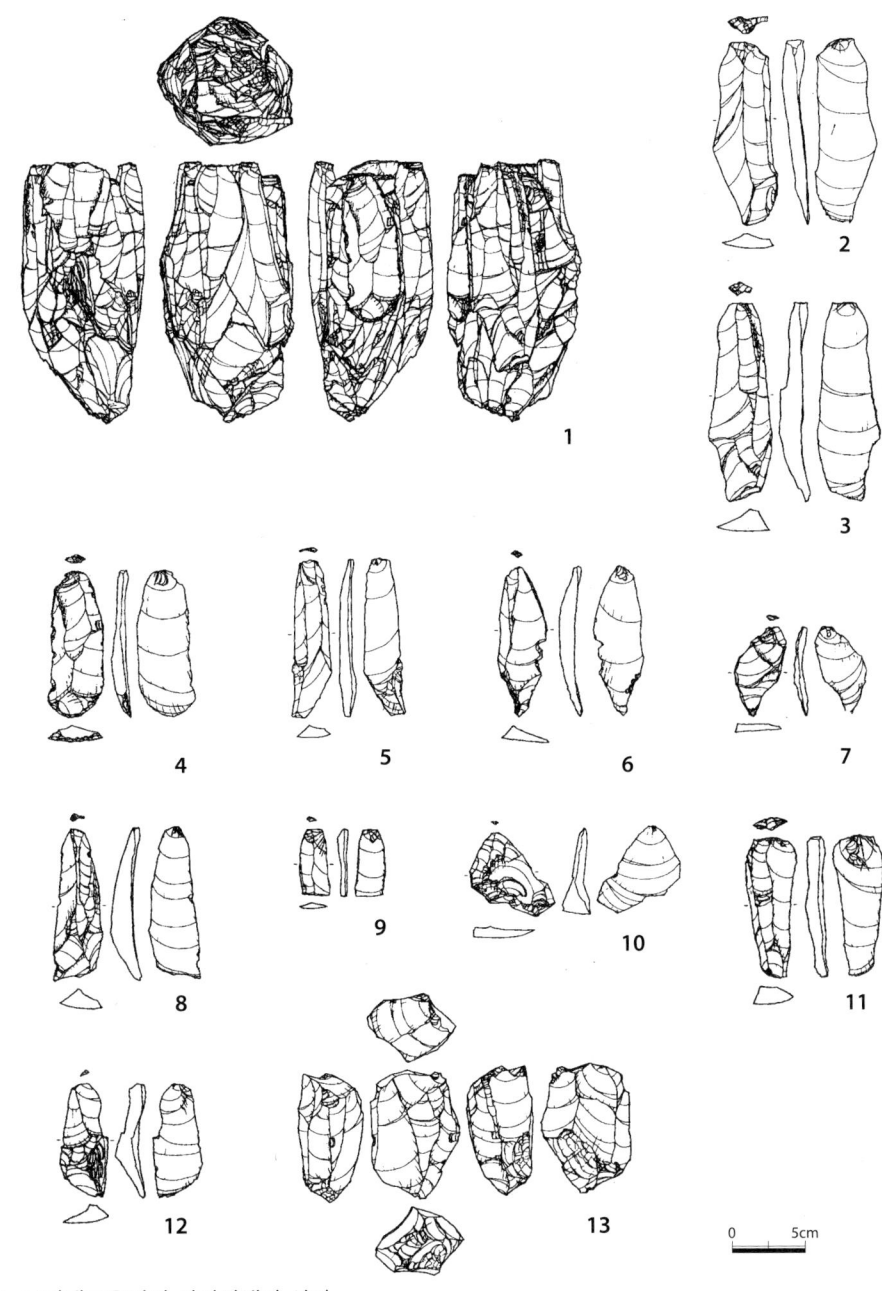

그림 6 고이데IV유적의 석인석핵과 석인
박리가 진행될수록 타면의 크기가 작아지고 있음

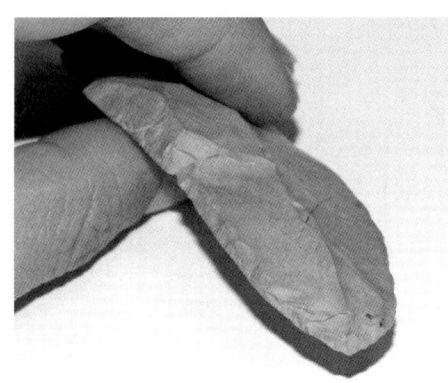

그림 7 요코마에유적의 석인제 첨두기에서 관찰되는 점타면
타면길이가 3mm 내외로 작고 립(lip)이 있음

이유적 제 II군, 고이데 IV, 후타에도리 A, 야마야(山屋), 신츠츠미(新堤), 카미노(上ミ野)A, 오나카마바야시, 미나미노(南野), 요코마에(横前), 람바도 등에서 발견된다.

석인석핵은 초기 단계에서는 경질망치로 조정하였는데, 능조정 석인기법에서 확인되는 점타면을 가진 석인들은 연질망치를 사용하였을 가능성이 높다. 석인의 타면에서 배면 쪽에 위치한 곳에 립(Lip)이 생기는 것이 연질망치로 타격했을 때의 특징이다(Crabtree, 1972; Newcomer, 1971)(그림 7). 그리고 경질망치와 연질망치로 타격하였을 때 석인의 배면에서 혹(bulb)의 두께와 최대 두께에서 차이가 생긴다. 연질망치로 타격된 것이 훨씬 혹이 발달되지 않고, 박편의 두께도 얇다. 경질망치가 연질망치보다 혹 크기는 약 3배나 더 컸다. 대체로 연질망치를 사용하였을 때 타면부위가 이지러지는 현상이 일어나지 않고, 타면 면적이 작으면서 점타면인 경우가 흔하다.

표 3처럼 도호쿠지역의 석인석기군 중 능조정 기술이 확인되지 않는 유적에서는 점타면을 발견할 수 없다. 이것은 능조정 석인기법을 이용한 집단이 기술 전문성이 뛰어났고, 다양한 재질의 망치를 능숙하게 다룰 줄 알았음을 방증한다. 점타면처럼 타면 크기가 작은 석인의 생산은 능조정기법이 출현하고 난 뒤에 등장하였다.

③ **조정방식(타면재생·타면전이·석재분할·밑면조정)**

박리작업에 있어 기법의 공통성은 도구의 기능적인 공통성과 함께, 하나의 기법이 다양한 목적에 맞춰져서 이루어진다는 석기제작기술의 다면성을 반영한다(Inizan *et al.*, 1998). 이는 기법의 기능적이고 가변적인 측면을 지적한 것이다. 원석에서 석인을 떼어내기 위해서는 몇 가지 필수적인 공정을 거쳐야만 한다. 그런 과정을 거치면서 본래 크기에 비해서 원석의 크기도 점차 작아진다. 제작자들은 그러한 공정들을 거치면서 숙련된 기술을 습득하게 된다. 그런 기술 덕택에 석기제작자는 작은 크기의 원석을 이용하더라도 박리의 실패율을 낮추면서 원하는 석인을 더 많이 얻을 수 있는 역량을 가지게 된다. 박리 과정은 항상 순서대로 지켜지기보다는 원석의 종류와 형태, 제작자의 기술 수준, 제작 시간 등 여러 요인에 의해 제작 단계가 생략 또는 추가된다.

석인기법의 기술요소를 반영한 석기로는 석인석핵과 석인을 비롯해, 타면 재생박편, 타면조정박편, 최초 능조정박편(first crested flake), 최초박편(first flake), 내반박편, 부스러기 등이 있다. 표 4를 보면, 도호쿠지역의 능조정 석인석기군에서는 기술박편인 타면조정박편, 타면재생박편, 능조정박편이 모두 출토되었다.

능조정 석인석기군에서는 석핵의 타면을 중요시하였다. 그 예로 타면전이를 실시해 타면을 2개 이상 활용함으로써 석인박리의 생산성을 높였다(표 4). 석인 작업면은 그대로 둔 채 타면만 상하를 번

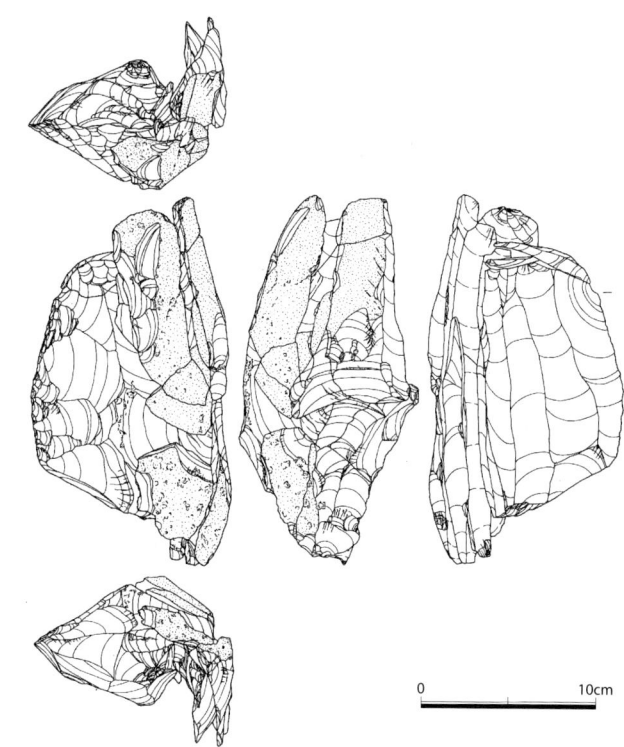

그림 8 오나카마바야시유적의 대형 석인석핵의 접합유물

갈아 가면서 작업하였다(그림 8). 이와 달리 비능조정 석인기법에서는 타면재생과 타면을 바꾸는 타면전이(打面轉移)를 진행하지 않았다. 석핵에서 드물게 타면전이를 하였더라도, 능조정 석인석핵에서 동일한 작업면을 이용하기 위한 목적이 아닌 남은 석재를 마저 사용하기 위한 의도의 불규칙적인 타면 전환 행위였다.

타면재생과 타면전이는 석핵의 수명을 결정하는 중요한 요소이다. 야마가타현의 석인석기군처럼 규질혈암으로 석인을 생산한 대규모 원산지 유적에서는 석인석핵의 활용도를 높이고, 양질의 석인을 생산하기 위해 타면재생과 타면전이의 작업을 더 많이 수행하였다(그림 5·8). 고이데 IV 유적(그림 6)에서는 박리공정 중 타면재생을 많게는 윗 타면 5번, 아랫 타면 4번, 타면전이는 윗쪽 타면 6번, 아랫쪽 타면은 5번을 실시하였다. 하야사카다이라유적은 석인석핵의 타면의 생성방법과 각도, 능조정 방식, 2개의 대칭타면, 점타면의 현상이 관찰된다. 길이 15cm 이상의 석인석핵은 주작업면을 한쪽만 사용하는 등 모든 면에서 오나카마바야시유적과 기술적으로 공통점이 있다. 다만 하야사카다이라유적은 오나카마바야시유적보다 석인의 폭이 전반적으로 좁은데, 사용된 석재의 두께와 관련이 있다. 특히 점타면이 아주 발달하였다.

석인석핵은 20cm가 넘는 대형 원석을 이용하였다. 대칭적인 두 개의 타면을 사용하였고, 필요시 재생작업으로 하여 지속적으로 타면을 재사용하였다. 작업면은 최초 박리 때는 원석의 자연면 능선을 그대로 활용하였다. 그 뒤 능조정을 하여 자연면을 제거하고 석인 박리를 위한 직선적인 능선을 형성시켰다. 위쪽과 아래쪽에서 박리가 계속 가해지면서 석인석핵의 중앙부분이 〈처럼 변하였다.

능조정 석인기법에서는 석재분할과 밑면조정을 하지만, 비능조정 석인기법보다는 그 횟수나 이용방식에서 차이가 있다. 석핵의 밑면조정은 비능조정 석인 기법에 폭넓게 사용하였다. 특히 아키타현의 석인관련 유적에서 많이 이용하였다. 일부 석재를 분할하는 이유는 석핵의 아래쪽을 V자로 만들기 위함이다.

석기 형식은 예비소재의 형태, 이용할 수 있는 석재의 획득유무, 석재의 소비 전략에 따라 완성도가 달라진다. 일부 석재를 깨드려 석핵으로 사용하는 방식은 석재를 효율적으로 이용하기 위한 것이다. 도호쿠지역에서 석재를 분할하는 것은 원산지 유적에서는 보기 힘든 특징이다. 이는 도호쿠 일부 지역에서 현지화된 제작기법으로 판단된다. 능조정기법을 사용한 유적에서 다이케이요우(臺形樣)석기 또는 요네가모리석기는 발견되지 않는다. 왜냐하면 석인기법과 소형박편을 위한 박리기술의 기술지향점이 달랐기 때문이다.

Ⅳ 석인석기군의 출현과 확산

1 출현 시기

일본열도는 후기구석기시대가 35,000년 전부터 시작한다. 일본에서 후기구석기시대 초의 석인기법은 도호쿠·쥬부·간토우지방에서 확인된다. 홋카이도나 일본 동해지역에서 이 시기의 석인석기군은 발견되지 않고 있다. 남간토우지방에서 가장 오래된 석인석기군은 32,000년 전 이전에 해당하는 간토우(関東)롬 X층 단계의 것들이다. 인부마제석부(刃部磨製石斧)도 함께 출토되고 있다. 이 지역은 석기제작에 있어 채집할 수 있는 원석 크기가 작아서 대형 석인은 생산하지 못했다. 그로 인해 석창은 대부분 소형이다. 특히 대형 석인으로 만든 석창은 출토되지 않는다.

도호쿠지역에서 석인석기의 변천양상을 파악하기 어려웠던 이유는 한 유적에서 층위에 따른 석기군의 분류가 어렵기 때문이다. 여러 층위를 가진 유적이 발굴조사된 예가 많지 않았기 때문이다(加藤稔, 1965; 藤原妃敏, 1979). 이 지역은 주빙하 기후지역으로 구조토가 발달하여 층위교란이 심하여 편년연구가 진척되기 어려웠다. 석인관련 유적들 중 절대연대가 밝혀진 유적이 드문 것도 이유 중 하나이다. 특히 도호쿠지역 내 구석기유적에서 AT층이 얇거나 발견되지 않기 때문에 석인기법의 출현 시기를 파악하기가 더욱 쉽지 않다.[10] 최근 이러한 자료부족이 해소되고 있다. 아울러 제작지유적과 소비지유적 간의 석인의 형상도 거의 차이가 없다(熊谷亮介, 2018).

홋카이도지역의 석인관련 유적은 도호쿠지역보다 연대가 오래되지 않다. 간토우지역의 구석기층위 중 X층과 IX층에서 나오는 30,000년 전 전후의 길이가 긴 박편을 얻기 위한 박리기술은 지역적인 특수성이 강하다. 여기서 생산된 석인으로 만든 첨두기는 기부조정방식이나 소재 형태에서 도호쿠지역의 능조정 석인기법으로 생산한 첨두기와는 차이가 있다. 일본열도에서 후기구석기시대 초에 만들어진 기부가공석기는 능조정 석인기법과는 무관한 석기형식이다.

도호쿠지역 내에서 AT 층위의 아래쪽에서는 석인석기군이 별로 발견되지 않는다. 이와테 오오와타리II 유적 1문화층과 도게야마보쿠조 I유적 A지구의 2문화층은 AT층 아래에서 석인이 출토되었다. 오오와타리 II 유적 1문화층에서는 능조정 석인기법으로 생산한 석인으로 나이프형석기를 만들었다. 이것들과 함께 다이케이요우석기, 밀개, 새기개가 출토되었다. 도게야마보쿠조 I유적 A지구의 2문화층에서는 석인제 나이프형석기가 출토되었다.

도호쿠지역 내 석인석기군은 AT층 상부에서 대부분 확인되었다. 오오와타리II, 카미노 A3a층(東北大學, 2004), 마츠키다이III, 오나카마바야시, 다이시린(太子林)II 유적 등이 대표적인 유적들이다. 이런 유적들은 능조정 석인기법으로 석인을 생산하였다.

도호쿠지역은 절대연대가 확인된 유적이 많지 않지만, 그중 마츠키다이III유적은 목탄을 이용해 ^{14}C연대를 측정했다. 절대연대는 22,750±620BP이며, 보정 연대로는 26,192~23,912 cal BC(OxCal4.2, 95.4%)이다. 오오와타리II 유적은 AT층 상부에서 석인석기들이 출토되었다(古環境研究所 1995). 베타선에 의한 측정치이지만, 제 3문화층을 덮은 제2이탄층의 ^{14}C 연대는 18,940±370BP로 보정연대는 21,821~20,090 cal BC(OxCal4.2, 95.4%)이

---

10 AT(Aira-Tn)화산재 연대는 24,790±350BP로 보정연대는 27,801~26,815 cal BC이다(장용준, 2015).

다(木越邦彦 1995).

야마가타현의 카미노 A유적의 AT층 상부(3a층)에서 기리다시(切出)형 나이프형석기, 람바도형 첨두기가 출토되었다. 오나카마바야시유적에서도 람바도형 석기군이 발견되었다.[11] 나가노현 다이시린 II유적은 람바도형 첨두기, 석인제 밀개가 함께 출토되었다. 능조정 석인기법을 기반으로 만들어지는 기부가공첨두기의 한 형식인 람바도형 석기군은 AT층 상위에서만 발견되고 있다.[12]

도호쿠지역에서 조정기술이 발달된 석인석기군은 대략 31,000~23,000 cal BC에 집중된다(米田寬, 2006). 도호쿠지방의 석인기법 출현기의 석기군을 검토 한 시부야 타카오(渋谷孝雄, 1992)는 고이데(小出)I유적 → 마츠키다이(松木台)III 유적 → 가자나시다이(風無台)I유적 → 고노카게자와(此掛沢)II 유적 순으로 편년했다. 석인기법이 없는 다이케이요우석기가 중심인 가자나시다이II 유적, 마츠키다이II 유적, 고노카게자와II 유적, 지조우다이(地藏田)유적 등을 고이데I유적보다 이르다고 보았다.[13]

즉, 도호쿠지역의 능조정 석인기법은 27,000 cal BC 이후에 본격적으로 등장하였다. 능조정 석인기법으로 생산한 석인으로 만든 착병식 첨두기류는 AT층 상부시기부터 본격적으로 출현하였다. 규슈지역을 포함한 서일본지역에서 석인기법과 같은 길이가 긴 박편을 얻는 박리기술이 발달한 시기와도 일치한다. 이런 착병식 첨두기류는 박편첨두기와 형태적으로 아주 유사하다. 첨두기의 형태가 좌우 대칭이고, 자루에 끼우기 위한 기부를 제대로 조정한 첨두기는 AT층 하부의 석기군에서는 거의 출토되지 않는다.

---

11 B-KH 람바도형 석기군의 최상위 층에서는 A-KSU, B-KSU 스키쿠보형 석기군은 AT층 상부에서 출토된다.

12 한국에서이런 람바도형 나이프형석기는 슴베찌르개로 분류된다.

13 다이케이요우석기에 대한 비판적 견해도 있다. 그 대표적인 예로 谷和隆(2000)와 內山ひろせ(2004)가 있다. 그들은 다이케이요우석기는 형태적으로 매우 다양하기 때문에 기종분류를 행할 때에 어디까지 다이케이요우석기로 해야할지 매우 어렵고, 분명히 기능과 용도가 다르다고 생각되는 석기도 이것에 포함된다고 주장하였다. 아울러 다이케이요우석기를 다이케이석기, 패각상인기, 밀개모양 석기로 분류하였다.

2 확산과정과 특징

도호쿠지역 내 석인기법의 기원은 여전히 논란거리이다. 석인기법의 출현과정을 이해하는 데 필요한 석기군이 다른 지역에서는 드물기 때문이다. 여기서는 석인기법이 대륙으로부터 유래된 것인지 자체 발생한 것인지에 대하여 살펴보고 자 한다.

먼저 홋카이도와 아오모리현의 사이에 있는 즈가루해협(津軽海峡)을 건너는 루트가 있다. 최대빙하극빙기 때도 바다가 육지로 변하지 않아 배를 타거나 일시적인 육교형성 시기 때에만 건널 수 있었다. 이 시기에 해수면 하강이 있었지만 육교는 생기지 않았다. 그렇다보니 혼슈도(本州島)에 홋카이도(北海道)산 흑요석이 최초로 확인된 것은 1985~86년에 조몽(繩文) 후기 후엽의 다이라다테 무라시이리(平舘村尻)유적 출토 아카이가와산(赤井川産) 석촉이다. 반대로 홋카이도에 아오모리현의 흑요석이 확인되는 가장 오래된 유적은 조몽 조기중엽의 하코다테(函館) 나카노(中野)A유적 후카우라산이다(福田友之, 2003). 구석기시대 때 홋카이도에서 혼슈로 내려온 시기는 17,000~16,000 cal BC로 보고 있다(吉川昌伸, 2018).

후기구석기시대에 도호쿠지역에서 홋카이도산 흑요석이 일본열도로 반입된 사례가 보고되었지만, 반대로 홋카이도에서 일본 도호쿠지역 흑요석이 발견된 예는 거의 없다. 석인기법이 주로 사용된 30,000~20,000년 전에 그런 사례는 없다. 따라서 홋카이도의 석인기법의 영향을 받아 도호쿠지역의 석인기법이 출현했다고 보기는 시간적으로나 기법적으로 인정할 수 없다.

다음으로 한반도와 일본 규슈지역을 포함하는 서쪽루트를 통해 이동해 온 인류에 의해 석인기법이 전해진 경우이다.

혼슈지역에서 박편첨두기가 출토된 유적에서 고후계 석기나 각추상석기는 함께 출토된다. 대표적인 사례가 나가노현 히가 시우라(東裏)H2II와 니이가타현(新潟県) 다루쿠치(樽口)유적, 사카노사와(坂の沢)유적의 첨두기이다. 히가시우라 HII에서는 석인기법과 함께 세토우치기법(瀬戸内技法)이나 횡장(橫長)박편 박리기법이 확인되었다. 고후계 나이프형 석기, 박편첨두기, 다이케이석기가 공반되었다(長野県埋藏文化財センター, 2002). 다루구치유적 A-KSE 문화층(AT 층보다 상부에 위치)과 사카노사와(坂の沢)유적에서는 석인석기군에 횡장박편을 이용한 고후계 나이프형 석기가 공반되었다. 특히 소재 타면이 기부가 되는 형식은 아니지만 한반도의 슴베찌르개나 규슈에서 출토되는 박편 첨두기와 매우 유사한 첨두기이다. 이런 사례들은 박편첨두기의 출토중심지인 규슈지역으로부터 영향을 받았기 때문이다.

도호쿠지역에서 석인석기군의 발달은 자루 착장 방식의 수렵용 석창의 제작에서 이유

표 5　도호쿠지역 나이프형석기(기부가공첨 두기)의 출토 수량

현	유적명	나이프형 석기
아키타	風無台 I	16
	此掛澤 II	12
	小出 I	6
	繩手下	30
	鴨子台제II 군	10
	松木台 III	32
	小出 IV	3
	芹川館	16
	米が森	34
	龍門寺茶畑	2
야마가타	南野	57
	亂馬堂	246
	新堤	12
	橫前	10
	上ミ野A	26
	お仲間林 (1차)	26
	岩井澤	4
이와테	大渡 II(1)	11
	大渡 II(2)	18
	大渡 II(3)	19
	早坂平 (1)	0
	早坂平 (2)	13
	栢山館跡	25
미야기	山田上の台	2
	野田山	3
	川添東	1
	富澤	2
후쿠시마	笹山原 ANo.12	8
	笹山原 No.8	42
	笹山原 No.10	8
	塩坪	41
	三貫地	112
	一里段 A	4
	彌明	3
	합계	854

를 찾을 수 있다. 도호쿠지역은 기부 가공첨두기가 854개나 출토되었다(표 5).[14] 대표적으로 람바도형 나이프형석기(또는 기부가공첨두기)가 그 예다. 이러한 정형성이 뛰어난 첨두기는 좋은 혈암 산지가 있는 야마가타현에서 아주 많이 제작되었다. 각추상석기, 박편첨두기 등의 영향을 받아 첨두기의 착장방식이 자루에 석기를 묶기만 하는 결박형 뿐만 아니라 자루에 홈을 파서 끼운 뒤 묶어서 고정하는 소켓형으로 만들어졌다.

한반도에서 시작된 슴베찌르개와 일본 규슈지역에서 현지화 과정을 거친 박편첨두기도 이러한 자루에 석기를 결박시켜 만드는 석기이다. 규슈지역의 박편첨두기는 일본열도 동쪽으로 확산되었고, 그 과정에서 도호쿠지방의 여러 나이프형 석기들 중에 한반도계 슴베찌르개가 포함되어 있다(이기길, 2014; 장용준, 2007; 2014; 2015; Chang, 2013). 도호쿠지역의 석인기법과 함께, 슴베찌르개와 동일하게 제작되는 첨두기는 한반도와의 관련성도 생각해 볼 필요가 있다.[15]

일본 내 능조정기법을 토대로 한 석인기법은 한반도로부터 규슈지역, 쥬·시코쿠지역의 관문인 야마구치현(山口県)으로 유입되었을 가능성, 한반도의 석인 기법을 보유한 인류가 규슈지역을 거치지 않고 연안을 따라 도호쿠지역까지 이동했을 가능성이 있다. 현재까지는 두 가지 가능성을 모두 열어두고 싶다.

그러므로 도호쿠지역 내 석인기법의 계통이 비능조정 석인기법으로부터 능조정기법으로 변화하여 발전되었다고 보기 어렵다. 능조정기법의 기원이 간토우 지역의 비능조정 석인기법으로 볼 수 있는 기술적인 연결고리를 찾을 수 없었기 때문이다. 즉, 도호쿠지역 내 석인 석기군은 비능조정 석인기법과 능조정 석인기법이 계통이 달랐다.

---

14 이러한 석인기반 나이프형석기는 차츰 중·소형 석인을 생산하는 스키쿠보(杉久保)형 석기군으로 바뀐다. 히가시야마(東山)계 나이프형석기는 '소재의 타면을 남기고 기부양측연을 조정'한 나이프형석기이다. 선단부는 '등면에 역방향으로부터의 박리면을 남긴 것'으로 정의하였다(加藤稔·佐研木洋治, 1978). 도호쿠지역 출토 나이프형석기의 두께를 측정한 결과, 히가시야 마석기군에서는 수치가 크고, 스키쿠보(杉久保)석기군과 이측연가공 나이프형석기를 주체로 하는 석기군에서는 작게 나왔다. 스키쿠보석기군은 중앙치가 5mm 미만이다(澤田敦, 2006).

15 한반도계 석인기법은 일본열도에서 종장제 석인을 기반으로 한 박편첨두기(한국의 슴베찌르개), 기부조정첨두기, 이측연가공 나이프형 석기를 출현시키는 기폭제가 되었다.

V 소결

구석기시대에 비로소 일본열도에 처음 도달한 인류는 아프리카를 여러 차례 벗어난 인류 중 늦게 출발한 현생인류의 한 부류로, 한반도를 거쳐 간 인류일 가능성이 높아지고 있다(Bae et al., 2017; Bae, 2017; Chang, 2013).[16]

일본 석인석기군은 30,000년 전 무렵에 간토우지역에서 처음 등장하였다. 이 시기 석기군은 박편을 소재로 하여 석인을 생산하는 비능조정 석인기법이 사용되었다. 이 지역의 비능조정 석인기법은 도호쿠지역과 간토우지역을 제외한 일본열도, 한반도, 러시아, 중국지역에서는 찾아볼 수 없는 독특한 기법이었다.

후기구석기시대 초, 도호쿠지역은 간토우지역과 달리 석인제 슴베찌르개(박편첨두기)처럼 자루에 끼우는 방식의 착병형 첨두기는 없었다. 27,000년 전 이전에 도호쿠지역과 그 주변지역은 능조정기법을 사용하지 않았다. 이 시기에 홋카이도지역과 러시아 사할린지역에서도 비능조정 석인기법관련 유적은 발견된 바 없다.[17] 그러므로 이 기법은 도호쿠지역의 (규질)혈암이라는 석인제작에 안성맞춤인 석재환경에 맞춰서 갑작스레 등장한 기법이었다.

도호쿠지역의 석인기법은 풍부한 혈암을 토대로 후기구석기시대 중엽인 AT층을 전후한 시기부터 본격적으로 사용되었다. 석인집단은 다른 지역의 석기군과 달리, 소규모 원석으로만 발견되는 흑요석을 중·대형의 석인제작에 사용하지 않았다. 나이프형석기로도 만들지 못하였다. 석인집단은 지역마다 사용이 가능한 석재를 파악하고 있었고, 그에 맞춰 도구와 기법을 창안 또는 새로운 기술을 받아들였던 것이다.

도호쿠지역의 석인기법은 타면과 작업면을 어떻게 제어하여, 양질의 석인을 박리할 것인지를 고민한 기술이었다. 비능조정 석인기법이 다른 지역에서는 발견하기 힘든 일본열도 내 고유한 기법인데 반해, 능조정 석인기법은 도호쿠지역에서 돌발적으로 등장하였기에 그

---

16 Bae(2017)는 동아시아지역의 후기구석기시대는 수상 기술, 사냥용 함정, 슴베찌르개와 박편첨두기, 갈린 석기의 사용이 특징이지만, 석인기법의 유무나 절대 연대에 기반으로 하기보다 행위적 분할에 근거를 둘 것을 주장했다. 이러한 견해에도 불구하고 한반도와 일본열도의 후기구석기시대가 석인기법과 밀접한 관련이 있는 것은 분명하다.

17 홋카이도 신미치(新道)유적에서는 석인기법과 두 가지 형식의 세석인기법이 하나의 원석에서 나온 소재를 사용하였다(松澤亞生, 1992).

기원지를 추정하기가 어려웠다. 일본열도 내 에서도 출현시기가 다른 홋카이도를 제외하면 능조정 석인기법은 사용되지 않기 때문이다. 어느 지역이든 제작 조건만 갖춰지면 능조정 석인기법이 출현할 수 있다고 주장할 수 있겠지만, 그렇지 않았다. 동북아시아지역에서 능조정 석인기법은 지역적으로나 시기적으로 상당히 특징적인 박리기법이었다.

도호쿠지역의 능조정 석인집단은 새로운 제작기술과 수렵정보를 도구에 접목시켰다. 대량으로 생산된 석인은 착장형 수렵구(기부가공첨두기)를 제작하는 데 우선적으로 사용하였다. 반면, 비능조정 석인석기군은 제대로 된 수렵도구와의 상관성을 찾기가 힘들었다. 두 기법을 사용한 석인집단은 수렵도구의 제작수준, 도구사용의 방식 등에서 분명한 차이가 있었다.

도호쿠지역 내 능조정 석인관련 유적들의 도구조성을 조사한 결과, 수렵(첨두기), 가공(밀개, 나이프), 도구제작(새기개)에 사용되는 석기들이 함께 출토되었다. 특히 가장 좋은 형태의 석인은 첨두기를 만드는 데 먼저 사용하였다. 이를 통해, 이 집단이 수렵과 밀접한 관련이 있는 전문적인 수렵집단이었음을 유추할 수 있었다. 석인석기는 집단의 구성원 전체가 고도의 박편박리기술을 지니고 있었던 것이 아니라 집단 내에 우위적인 기술을 지닌 전문제작자가 제작하였을 가능성이 높다(Pigeot, 1990).[18] 특히 야마가타현지역의 능조정 석인집단의 등장 이후부터 석기제작, 수렵행위, 사냥감의 해체와 가공을 유적 내에서 할 수 있는 기반을 갖출 수 있었다.

인간이라는 사냥꾼은 다른 어떤 동물보다도 사냥감을 오랫동안 추적할 수 있다(로버트 켈리, 2014). 도호쿠지역의 구석기인들은 석인으로 만든 여러 도구로 개별 또는 집단 사냥을 하였다. 구석인들은 석인덕택에 이동의 효율성이 높아졌고, 도구의 기능성도 좋아졌다. 혼자서 살아가기 힘든 환경 속에 생존의 가능성이 높아진 것이다. 도호쿠지역의 석인석기군은 구석기인들이 생존을 위해 개발하였고, 그들의 기술적 재능과 생존 역량을 보여주는 자료이었다.

향후, 도호쿠지역의 석인기법의 계통을 연구하기 위해서는 한반도지역, 러시아의 연해주지역의 석인기법과의 비교 검토가 반드시 필요하다.

---

18 석재채취, 박편박리, 조정, 폐기라는 과정 전체에 걸쳐 집단적 경제와 개인적 경제를 구별하고 있다. 집단적 경제는 전문가에 따른 생산이다. 모양을 사전에 형성시키는 양질의 석핵에 대한 일차적이고 세련된 박편박리이다. 일반적 성질은 특대 내지 대형의 석인을 박리하고 석인생산성은 매우 높고 유용물 생산성은 중간 정도이다. 이에 대해 개인적 경제는 그 자리에서 일시 방편적 생산이고 소형의 원석과 이미 깨뜨려진 석핵에 대한 편의적으로 박편박리를 한다. 일반적으로는 소형석인을 박리하고 석인생산성이 낮지만, 유용물의 생산성은 높다(森本晉, 1989).

참고문헌

로버트 켈리(성춘택 옮김), 2014, 『수렵채집사회』, 사회평론.
이기길, 2014, 「일본 토호쿠(東北)지방 슴베찌르개의 연구」, 『고문화』83집, pp.7-30.
장용준, 2007, 『韓國後期舊石器의 製作技法과 編年研究』, 學研文化社.
張龍俊, 2014, 「방사성탄소연대를 이용한 후기구석기시대 편년」, 『嶺南考古學』第69號, pp.4-46.
장용준, 2015, 「한국과 일본출토 석인과 세석인의 비교연구」, 『한국구석기학보』31, pp.2-43.

加藤稔, 1964, 『山屋·東山遺蹟』, 新庄市教育委員會.
加藤稔, 1965, 「東北地方のナイフ形石器文化」, 『歷史教育』13-3, pp.22-27.
加藤稔, 1969, 「東北地方の舊石器文化 (前編)」, 『山形縣立中央高等學校研究紀要』1, pp.1-17.
加藤稔, 1973, 「東北地方の舊石器文化 (後編)」, 『山形縣立中央高等學校研究紀要』3, pp.1-29.
加藤稔, 1992, 『東北日本の舊石器文化』, 雄山閣.
加藤稔·米地文夫·渋谷孝雄, 1973, 『山形県岩井沢遺跡の研究』, pp.1-63.
加藤稔·佐研木洋治, 1978, 「山形県小國町東山發見の舊石器群」, 『山形考古』2-3, pp.84-96.
高橋義介·菊池强一, 1999, 『峠山牧場Ⅰ遺跡A地區發掘調查報告書』.
谷和隆, 2000, 「日向林Ⅰ石器文化の剝片石器」, 『日向林B遺蹟·日向林A遺蹟·七ツ栗遺蹟·大平B遺蹟·舊石器時代本文編』, 日本道路公團·長野県教育委員會·長野県文化財センター, pp.262-267.
國武貞克, 2004, 「石刃生產技術の適應論的考察」, 『考古學』Ⅰ, pp.90-91.
宮城県教育委員会, 1992, 「野田山遺跡」, 『宮城県文化財調査報告書』45.
吉川耕太郎, 2007a, 「石器原料の獲得·消費と移動領域の編成」, 『舊石器研究』3, 日本舊石器學會, pp.35-58.
吉川耕太郎, 2007b, 「もうひとつの石材 -秋田県域の舊石器時代遺蹟における黑曜石の利用形態について」, 『秋田考古學』3號, 秋田考古學會, pp.14-20.
吉川耕太郎·神田和彦, 2006, 「秋田県の石刃石器群 -後期舊石器後半期相當の石刃石器群を中心として」, 『東北日本の石刃石器群』, 第20回東北日本の舊石器文化を語る会豫告集, pp.122-145.
吉川昌伸, 2018, 「舊石器時代から繩文時代草創期における東北日本の植生史研究と課題」, 『東北日本の舊石器時代』, 六一書房, pp.19-33.
內山ひろせ, 2004, 「'臺形樣石器'の諸問題」, 『考古論集』, 河瀬正利先生退官記念事業會編, pp.1-6.
大野憲司, 2001, 「秋田空港周邊の舊石器」, 『第15回東北日本の舊石器文化を語る会豫告集』, pp.3-23.
大場正善·小野章太郎·安倍奈研子, 2006, 「宮城·福島の石刃石器群」, 『東北日本の石刃石器群』, 第20回東北日本の舊石器文化を語る会豫告集, pp.92-121.
渡辺丈彦, 1995, 「お仲間林遺跡における石刃技法の檢討」, 『お仲間林遺跡の研究―1992年發掘調査―』, 慶應義塾大学文学部民族学考古学研究室小報11, pp.118-123.

稲田孝司, 1994,「水洞溝技法とルヴァロワ技法―東アジア石刃技法形成の一過程」,『考古学研究』41-1, pp.25-46.

東北大學, 2004,『最上川流域の後期舊石器文化の研究 1-上ミ野A遺蹟―第1・2次發掘調査報告書』.

藤原妃敏, 1979,「東北地方における石刃技法を主體とする石器群研究の問題點」,『考古学ジャーナル』167, pp.36-38.

藤原妃敏, 1983a,『塩坪遺蹟發掘調査概報』, 福島縣教育委員會.

藤原妃敏, 1983b,「東北地方における後期舊石器時代石器群の技術基盤―石刃石器群を中心として―」,『考古学論集』I, pp.63-90.

藤原妃敏, 1984a,「米ヶ森技法」,『考古學ジャーナル』229, pp.30-33.

藤原妃敏, 1984b,「東北地方における石刃石器群について」,『大平臺史窓』3, pp.36-53.

藤原妃敏・柳田俊雄, 1991,「北海道・東北地方の樣相」,『石器文化研究』3, pp.151-163.

鹿又喜隆, 2003,「名取市野田山遺蹟出土石刃石器群の研究」,『宮城考古學』第5號, 宮城考古學會, pp.1-17.

鹿又喜隆, 2004,「石刃技法における調整技術の效果」,『舊石器考古學』65, pp.17-29.

柳田俊雄, 1995,「會津笹山原遺蹟の舊石器時代石器群の研究」,『群山女子大學研究紀要』第31集第2號, pp.1-227.

柳田俊雄, 2006,『東北地方の地域編年』, 同成社, pp.142-172.

勉誠出版・中川重妃外, 1995,『大渡 II遺跡發掘調査報告書』, 岩手県文化振興事業團埋藏文化財調査報告書 215集.

木越邦彦, 1995,「學習院大學放射性炭素年代測定結果」,『大渡 II遺跡發掘調査報告書』, 岩手県文化振興事業團埋藏文化財調査報告書 215集, p.278.

文化を語る会予稿集.竹岡俊樹, 2002,『圖説日本列島舊石器時代史』.

米田寬, 2006,「本州島北端東部の石刃石器群」,『東北日本の石刃石器群』, 第20回東北日本の舊石器文化を語る会豫告集, pp.72-91.

裵基同, 1999,「朝鮮半島における舊石器時代考古學の最近の成果」,『舊石器時代の考古學』, 日本の考古學シンポジウム, 學生社, pp.307-329.

福島県立博物館, 1999,『福島県の舊石器時代遺蹟』.

福田友之, 2003,「津軽海峡を巡る黒曜石石器の動向」,『第17回東北日本の舊石器文化を語る会豫告集』, pp.3-9.

北村忠昭外, 2004,『早坂平遺跡發掘調査報告書』, 岩手県文化振興事業團埋藏文化財センター.

北秋田市教育委員會, 2006,『森吉B遺蹟・二重鳥A遺蹟』.

山中一郎, 2004,「日本考古學の若干の問題」,『山形考古』7-4, 山形考古學會, pp.7-18.

山形県埋藏文化財センター, 1995,『お仲間林遺跡發掘調査報告書』.

森本晉, 1989,「ニコルピジョー'エチオルのマドレーヌ人剝片剝離の經濟と社會組織」,『考古學研究』

36-1, pp.126-133.

渋谷孝雄, 1992, 「東北地方における石刃石器出現期の石器群について」, 『加藤稔先生還暦記念東北文化論のための先史學歷史學論集』, pp.173-208.

生出慶司外, 1989, 『日本の地質―東北地方―』, 公立出版株式會社.

石川長喜, 1982, 『下成澤遺蹟』, 岩手県文化財調査報告書 第72集.

松藤和人·中川和哉, 1999, 「石刃技法の展開」, 『旧石器考古学』 58, pp.89-98.

松澤亞生, 1992, 「石刃技法における前處理, 稜線づくりおよび第1石刃について」, 『加藤稔先生還暦記念東北文化論のための先史學歷史學論集』, pp.111-128.

須藤隆司, 2006, 『石槍革命―八風山遺蹟群―』, 新泉社.

新庄市教育委員會外, 1977, 『南野遺蹟發掘調査報告書』.

新庄市教育委員會外, 1982, 『乱馬堂遺蹟發掘調査報告書』.

阿部祥人·岡澤祥子·工藤敏久·渡辺丈彦編, 1995, 『お仲間林遺跡の研究―1992年發掘調査―』, 慶應義塾大学文学部民族学考古学研究室小報 11.

阿部祥人·五十嵐彰編, 1991, 『お仲間林遺跡 1986』, 慶應義塾大学文学部民族学考古学研究室小報 8.

安齊正人, 2004, 「石器から見た人の行動的進化」, 『考古學』 II, pp.78-128.

安齊正人, 2005, 「考古學から見た現代人ホモ·サピエンスの行動的進化」, 『考古學』 III, p.129.

岩手県文化振興事業團埋蔵文化財セン―古環境研究所, 1995, 「岩手II遺蹟出土試料の放射性炭素年代測定結果」, 『大渡 II遺跡發掘調査報告書』, 岩手県文化振興事業團埋蔵文化財調査報告書 215集, p.278.

岩手県文化振興事業團埋蔵文化財センタ―, 1996, 『栢山館跡發掘調査報告書』.

五十嵐彰, 1988, 「石核に関する-分析-お仲間林遺蹟の資料を用いて」, 『村上徹君追慕論文集』, pp.1-8.

五十嵐彰, 1991a, 「II群(石核)」, 『お仲間林遺蹟 1986』, 慶應義塾大学文学部民族学考古学研究室小報 8, pp.75-108.

五十嵐彰, 1991b, 「早坂平遺跡における石刃石器群の技術的側面」, 『早坂平遺跡―原石産地遺跡の研究―』, pp.71-81.

宇野修平·佐藤禎宏新, 1978, 「山形県新庄新堤遺蹟の舊石器 (1)」, 『山形考古』 第2巻第 2號, 山形考古学会, pp.7-18.

熊谷亮介, 2018, 「頁巖製石刃の製作遺蹟と消費遺蹟に関する形態學的研究」, 『東北日本の舊石器時代』, 六一書房, pp.205-218.

二ツ井教育委員會, 1998, 『二森ツ井遺跡發掘調査報告書』.

日本旧石器学会, 2010, 『日本列島の旧石器時代遺跡―日本旧石器先土器·岩宿)時代遺跡のデータベ――』, 日本旧石器学会編·発行.

長野県埋蔵文化財センタ―, 2002, 『裏ノ山遺跡·東裏遺跡·大久保南遺跡·上ノ原遺跡旧石器時代』.

張龍俊, 2002,「韓半島の石刃技法と細石刃技法」,『九州舊石器』第6號, 九州舊石器文化研究會, pp.24-44.

荻生田和郎外, 1997,『笹山原遺蹟群發掘調査概要報告書 II 群山女子大學研究紀要』, 福島縣會津若松建設事業所・會津若松市教育委員會.

早坂平遺跡發掘調査團, 1990,「岩手県山形村早坂平遺跡發掘調査概報」,『先史考古學研究』第3號, pp.99-103.

佐久間光平・小野章太郎,「舊石器時代」,『宮城考古學』第10號, pp.9-26.

佐藤宏之・長崎潤一, 1991,「早坂平遺跡の構造」,『早坂平遺跡—原石産地遺蹟の研究—』, pp.7-26.

佐川正敏・大場正善 2003,「賀篭沢遺跡 2003年度発掘調査の成果」,『第7回東北日本の旧石器

秦昭繁, 1995,「山形県における珪質頁巖分布と地域内の石材流通」,『福島考古』第36號, pp.33-46.

秦昭繁, 1998,「珪質頁巖とその分布」,『考古学ジャーナル』432, pp.31-35.

秋田市教育委員會, 1983,『秋田臨空港新都市開発関係文化財発掘調査報告書—下堤G遺跡—』.

秋田県教育委員會, 1991,『東北横断自動車道秋田線発掘調査報告書 VII—小出 I・II・III・IV遺跡—』.

秋田県教育委員會, 1998,『家の下遺跡 (舊石器時代編)』.

秋田県教育委員會, 2004,『龍門寺茶畑遺蹟・向山遺跡』.

秋田県教育委員會, 2006a,『芹川館遺蹟』.

秋田県教育委員會, 2006b,『縄手下遺蹟』.

秋田県教育委員会.澤田敦, 2006,「東北日本石刃石器群におけるナイフ型石器の検討」,『東北日本の石刃石器群』, 東北日本の舊石器文化を語る会, pp.33-52.

秋田県埋蔵文化財センター, 1984,『此掛澤II遺跡・上の山II遺跡發掘調査報告書』.

秋田県埋蔵文化財センター, 1985,『七曲台遺跡群発堀調査報告書』, 秋田県教育委員会.

秋田県埋蔵文化財センター, 1986,『東北横断自動車道秋田線発掘調査報告書 I—松木台 III遺跡—』.

秋田県埋蔵文化財センター, 1992,『一般國道 7號琴丘能代道路建設事業に係る埋蔵文化財發掘調査報告書 III—鴨子台遺跡・八幡台遺蹟』,

協和井教育委員會, 1971,『米ヶ森遺跡發掘調査報告書』.

協和井教育委員會, 1976,『米ヶ森遺跡概報』.

協和井教育委員會, 1977,『米ヶ森遺跡發掘調査報告書』.

會田容弘, 1987,「後期舊石器時代の比較研究へ向けて」,『舊石器考古学』34, pp.63-78.

會田容弘, 1992,「東北地方における後期舊石器時代石器群の剝片剥離技術の研究 -接合資料をもとにした剥片剥離技術分析の試み」,『加藤稔先生還暦記念東北文化論のための先史學歷史學論集』, pp.209-292.

會田容弘, 1993,「頁巖製石刃石器群の比較研究」,『考古學雜誌』79-2, pp.1-30.

Inizan *et al.*(大沼克彦・西秋良宏・鈴木美保訳), 1998,『石器研究入門』, クバプロ.

Bae, Christopher. J. Katerina Douka・Michael D. Petraglia, 2017, On the origin of modern humans: Asian perspectives, *Science* Vol. 358.

Bae, Christopher. J. 2017, Late Pleistocene Human Evolution in Eastern Asia: Behavioral Perspectives, *Current Anthropology* Volume 58, NumberS 17, pp.514-526.

Chang, Y. J., 2013, Human Activity and Lithic Technology between Korea and Japan fromMIS3 to MIS2 in the Late Paleolithic Period, *Quaternary International*(2013) Vol. 308-309, pp.13-26.

Crabtree, Don E., 1972, The Cone Fracture Principle and the Manufacture of Lithic Materials, *Tebiwa* 15(2), pp.29-42.

Derevianko, A. P.*et al.*, 2000, The Kara-Bom site and the characteristics of Middle-Upper Paleolithic transition in the Altai, *Archaeology, Ethnology & Anthropology of Eurasia* 2(2), pp.33-52.

McBrearty, Sally *et al.*, 1996, Variability in traces of Middle Pleistocene hominid behavior in the Kapthurian Formation, Baringo, Kenya, *Journal of Human Evolution* 30(6), pp.563-579.

McBrearty, Sallyetal., 2000, The revolution that wasn't: a new interpretation of the origin of modern human behavior, *Journal of Human Evolution* 39(5), pp.453-563.

Newcomer, M. H., 1971, Some Quantitative Experiments in Hand axe Manufacture, *World Archaeology* 3(1), pp.85-93.

Pigeot Nicolle, 1990, Technical and Social Actors: Flint knapping Specialists and Apprentices at Magdalenian Etiolles, *Archaeological review* from Cambridge Volume 9:1, pp.126-141.

Part 2

한반도 현생인류의 일본열도로의 확산

일본 구주(九州)출토 각추상석기의 기술적 기원
- 남부를 중심으로 -

Ⅰ 서론
Ⅱ 관련기법과 석기의 비교
Ⅲ 각추상석기의 기술적 기원
Ⅳ 각추상석기 제작유적의 특징과 의의
Ⅴ 소결

I 서론

후기구석기시대에 일본 九州지역은 박편첨두기를 대체하여 각추상석기가 중요한 수렵도구로 사용되었다. 九州지역에서 각추상석기는 姶良Tn(AT)화산재층 위에서만 출토되며, 그 아래층에서는 출토되지 않는다(萩原博文, 1997; 張龍俊, 2009). 이것의 기능은 수렵구로서 자돌구의 기능뿐만 아니라 두터운 날을 활용한 긁개의 가공구로서의 기능도 최근 주목받고 있다(森先一貴, 2007; 安部 敬, 2007)

우리나라에서는 각추상석기의 경우 제작방식의 기원과 출현배경에 대한 연구를 시작하고 있다(이기길, 2011; 張龍俊, 2007; 2009).[1] 대부분의 일본 연구자들은 각추상석기가 한반도에서 몇 점 확인되었다고 할지라도, 특히 대형 각추상석기는 출토수량이나 형태적 특징이 九州지역에 월등히 많아 九州 재지의 석기형식으로 인식하고 있다. 그러한 배경에는 각추상석기가 등면 조정이 빈번하여 소재 형태를 추측하기 어렵고, 예비소재를 생산한 제작관련 유물, 그 중에서도 석기생산의 중요한 잔존물 중 하나인 석핵이 거의 발견되지 않고 있기 때문이다.

그러한 이유로 박편첨두기와 각추상석기의 기술적 연관성은 파악하기 어려웠고, 각추상석기는 中·四國지역으로부터 횡장계(橫長系) 박리기술과 같은 외부로 부터의 기술적 영향도 받아 九州지역에서 새롭게 출현한 형식의 석기로 해석할 수밖에 없었다.

각추상석기의 기원에 대해서는 다양한 설이 있다. 첫째, 박편첨두기 소멸 후에 일본 九州에서 자체적으로 발생한 것, 둘째, 거의 비슷한 시기에 동시다발적으로 九州에서 關東지역에서 발생하였고 박편첨두기와는 무관한 것, 셋째, 한국의 각추상석기에서 유래한 것, 넷째, 한국의 주저형(舟底形) 세석핵에서 기능전환을 통해 자돌구로 변하여 일본으로 전해져 온 것, 다섯째, 박편첨두기의 기술적 기반에서 유래한 것이라는 견해가 있다(張龍俊, 2009; 比田井民子, 1990; 森先一貴, 2010). 하지만, 각추상석기의 제작과정과 출현배경에는 정확하게는 알 수 없지만, 九州지역 내 석기제작에 대한 급변적인 환경변화와 같은 중요한 계기가 있었을 것이다.

---

1 지면관계상 각추상석기의 연구사와 용어 등에 대해서는 장용준(2009)의 논고를 참조하기 바란다.

본고는 일본 九州지역에서도 박편첨두기와 각추상석기가 가장 많이 출토되는 남부지역, 즉 鹿兒島縣과 宮崎縣의 주요 유적을 대상으로 위의 문제들을 검토하고자 한다. 특히 각추상석기의 소재 차이에 따른 석기 제작기술의 변화양상과 기술적 기원에 대해 살펴보고자 한다. 그리고 이러한 기술로 인해 각추상석기 석기군의 제작유적의 특징과 의의도 함께 다루어 볼 것이다.

II 관련기법과 석기의 비교

1 九州 남부의 석인기법

1990년대 후반 이후 鹿兒島·宮崎縣에서는 고속도로 건립과정에서 대규모 발굴조사를 실시하였고, 석기군이 층위적으로 확인됨은 물론 다양한 편년안이 제시되었다(馬籠亮道, 2009).

九州지역의 경우에 석인기법은 석핵의 소재종류에 따라 원석과 박편을 이용하는 것으로 구분할 수 있다. 원석을 이용한 석핵은 자연능선을 이용하는 것과 능조정으로 생각되어지는 것이 아주 드물지만 확인되고 있다(張龍俊, 2006).[2]

九州지역에서는 원석으로부터 분할된 박편을 소재로 사용한 석인석핵에 있어 박편측면의 인부를 능선으로 이용하는 것과 그 능선을 이용하되, 드물지만 능조정으로 판단할 만한 것들이 있다. 박편제 석인석핵의 형태는 대체로 밑면이 V자형이다. 원석이나 박편을 이용한 석핵의 공통점은 원석에 있는 자연면을 소재를 획득하기 위한 박리 전에 기본적으로 제거한다는 점이다. 석핵은 기본적으로 석인석핵의 예비소재에 따라 별도로 제작하는 경우도 있지만, 석인기법을 보유한 집단에서는 현지의 석재수급 상황과 석재의 형태적 특성에 맞춰 적절히 제작하였다.

그림 1의 山田(야마타)유적의 접합유물을 보더라도 접합된 9점의 종장박편 중 박편첨두기로 사용된 것은 2번의 한 점뿐이다(宮崎県埋蔵文化財センター, 2007). 그것도 기부의 형태가

---

2 이러한 석기들은 佐賀縣의 岡本(오카모토)A유적 등 佐賀지역의 多久産 안산암을 이용한 것이 가장 대표적이다. 하지만 九州 서북부지역 이외에서 이러한 양상이 확인된 곳은 거의 없다.

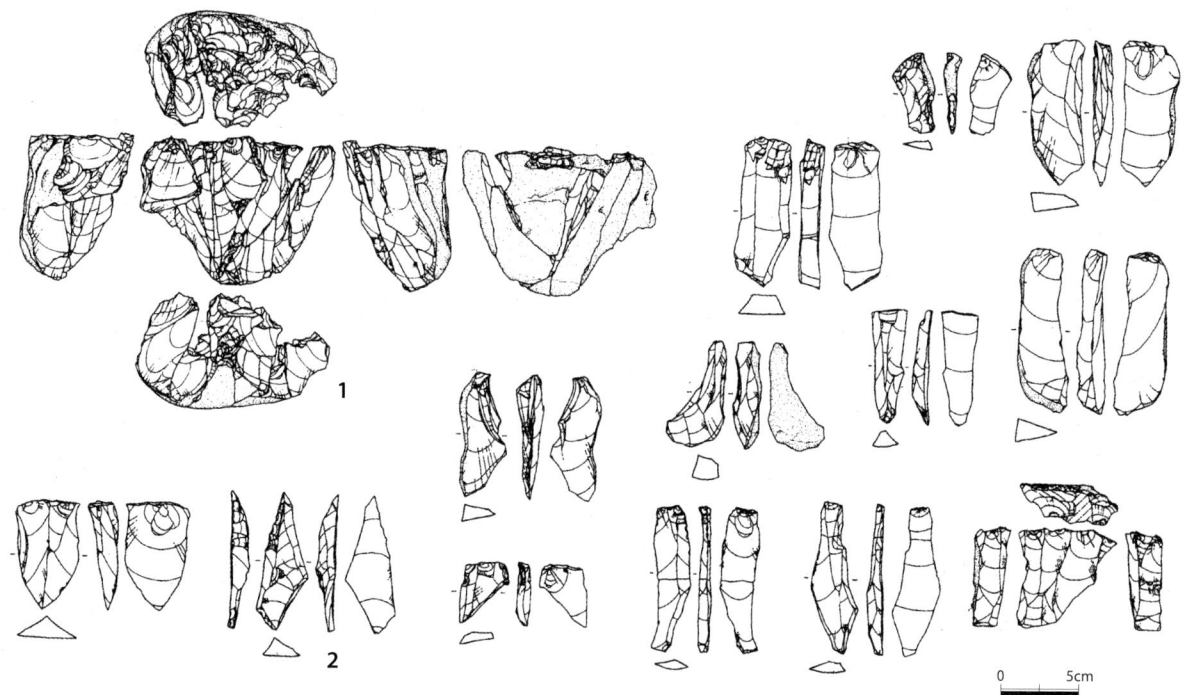

그림 1 山田유적의 석인석핵과 박편첨두기의 접합유물

온전하지 못하다. 이것은 기부를 제작하는 과정에서 파손되어 폐기된 박편첨두기로 실패품이다. 대부분의 석인관련유적에서 그러하듯, 박리과정에서 나온 석인들 중에서 도구의 소재로 사용하는 것은 극히 일부에 지나지 않는다. 박편첨두기 제작집단은 소재 선택에 대한 특별한 보수성과 고집스러움이 있었다. 첨두기의 소재로 사용하는 것은 대부분 모양, 두께, 대칭성 등이 뛰어난 양질의 소재였다. 또한 나머지 박편들은 다른 도구를 만드는 소재로 사용하기 보다 폐기시키는 경우가 더 많다.

그런데, 박편첨두기에 사용되지 않는 이러한 석인이나 종장박편 등은 사실 도구를 만들거나 각추상석기의 소재도 충분히 사용할 수 있는 것들이다. 각추상석기는 통상적으로 두꺼운 박편에 예비소재를 얻기 위한 특별한 박리기법이 확인되지 않는다는 게 일반적인 견해이다(白石浩之, 1974; 織笠昭, 1988; 森先一貴, 2007). 이러한 측면에서 박편첨두기 석기군과 각추상석기 석기군의 소재에 대한 인식차이를 다소나마 유추해 볼 수 있다.

九州지역에서 각 지역마다 석인기법의 기술적 차이가 발생하는 요인은 다양하다. 석재자원의 차이, 집단 혹은 개인의 능력차이, 생태환경에 따른 도구필요성의 차별화, 기술유입시기의 차이로 생각해 볼 수 있다. 특히 기후환경의 변화에 따른 거주형태의 차이가 있는 이동형과 정착형의 석기군처럼 유적에 따른 석기군의 성격에 따라서 기술 차이는 얼마든지 생길 수 있다. 이동형 집단의 석기군은 이동에 따른 다양한 집단과의 활발한 접촉, 현지화된 수렵도구의 제작, 다양한 형태의 석기개발과 모방, 석재 교환, 정보 교환, 석재 원산지의 개발, 석재 획득 비용의 증가와 같은 현상이 발생한다. 정착형 집단의 석기군은 무엇보다 안정적인 석재 수급과 더불어 석기제작에 있어 하나의 형식으로 부터 여러 형식이 출현하기도 한다.

九州지역의 경우 석인기법의 중요한 기술적 속성의 하나인 능조정(crest)을 이용해 석인을 획득한 기술이나 그 부산물을 찾기란 쉽지 않다. 그런 이유로 이 지역에서 석인기법의 능조정기법은 대체로 사용되지 아니하고, 박편첨두기나 각추상석기와 함께 능조정석인은 유적에서 출토되지 않는 것으로 인식되어 왔다(장용준, 2007).

그런 이유로 이 지역에서 석인석핵, 능조정석인, 타면재생박편 등과 같은 석인기법의 박리부산물들이 거의 출토되지 않고, 소형박편을 위한 석핵만이 확인되는 경우가 많아 각추상석기의 제작공정을 밝히는 일 또한 난해한 작업이다.

그러나 박편첨두기 석기군이 능조정(crest)기법을 사용하지 않았다고 하더라도 새로운 환경에 대응하고 박편첨두기를 대체할만한 대형 수렵구를 발명하기 위해서는 도구제작에 대한 새로운 개념 전환을 통해 소재로 사용하지 않던 부산물을 도구 제작에 활용하거나 능조정기술을 도구 조정에 사용하였을 가능성이 있는 것이 있다.[3] 이에 대해서는 뒤에서 좀 더 자세히 알아볼 것이다.

2 박편첨두기와 각추상석기의 기술 관련성

九州지역에서는 박편첨두기의 출현 시기를 AT화산재가 폭발한 이후부터 각추상석기가 출현하기 이전인 후기구석기시대 중반으로 보고 있다.[4] 九州 동남부의 자료를 참조하면, 층위가

---

[3] 특이한 사실은 九州지역에서 박편첨두기가 많이 출토되는 곳 중 하나인 九州 서북지역의 경우 각추상석기가 성행하지 않았다. 아마도 소재의 수급이 원활하게 이루어졌기 때문으로 추측된다.

[4] 하지만, 宮崎縣의 여러 사례를 보면 반드시 그렇지만도 않다. 그리고 AT층 아래에서 박편첨두기가 출토되지 않는 이유가 나이프형석기와 박편첨두기의 형식 분류에 대한 한국와 일본의 시각 차이일 가능성도 배제할 수 없다. 이러한 문제는 박편첨두기와 각추상석기의 중간 형태의 것에

얇아 출현시기를 다소 파악하기는 어렵지만, 대체로 AT층 바로 상부에서 박편첨두기는 출토되지만, 각추상석기는 출현하지 않는다(宮田英二, 2006; 2007). 그 다음 단계는 박편첨두기와 함께 西丸尾(니시마루오)유적에서 각추상석기와 유사한 것이 등장한다. 그 후 박편첨두기가 사라지고 나면 東畦元(히가시우네하라) 제1유적처럼 각추상석기가 본격적으로 사용되기 시작한다. 이때가 대략 2.0~2.2만 년 전으로 추정된다.

각추상석기가 사용되는 시점에 瀬戸内기법과 國府型석기가 최대빙하극성기(LGM) 기간 동안에 九州와 中·四國지역이 육교로 연결되었기에 이를 통해 中·四國지역으로부터 九州지역으로 기술정보와 관련 석기가 유입되면서 여러 정보를 취합할 수 있게 되어 각추상석기의 기술 개량은 더욱 가속화되었다(張龍俊, 2009). 그 이유는 각추상석기가 가진 조정방식의 다양성과 어떤 소재라도 대응이 가능한 기술적응성이 높았기 때문이다. 다만, 九州남부지역에 瀬戸内지역의 집단이 직접적으로 이주한 것으로 보지 않고 있다(森先一貴, 2011).

박편첨두기와 각추상석기 중에는 형태적으로 분간하기 어려운 것들이 다수 존재한다(그림 2). 이러한 양상은 오히려 두 석기가 기술적으로 깊은 연관성이 있다고 볼 수 있다(張龍俊, 2007; 2009). 그 주된 이유는 각추상석기가 등면에 조정빈도가 많아 박리흔이 복잡하게 얽혀 있어 제작방식의 규칙성을 찾기 힘들고, 예비소재로 사용된 석기의 원래 모습을 추측하기 어렵기 때문이다. 그리고 유적 내에서 각추상석기의 예비소재를 생산하는 과정에서 발생하는 제작관련 석핵의 부산물을 발견하기 힘들기 때문이다. 이러한 내용들은 박편첨두기의 석기군에서도 크게 다르지 않다.[5]

결국, 하나의 유적 내에서 두 형식의 석기가 공반되기도 하지만, 어떠한 기술적 상관관계가 있는지를 파악하지 못하였기에 박편첨두기와는 전혀 다른 이질적이면서도 소위 일본 고유의 형식 또는 새로운 형식의 석기가 출현한 것으로 해석할 수밖에 없었다(木崎康弘, 2000).

출현 초기의 각추상석기의 대부분은 종장박편을 사용하여 만들었고, 형태도 박편첨두기보다 크거나 대등한 것이 많다. 석인기법과 무관하다면, 좋은 예비소재를 얻기 힘들었을

대한 형식 분류의 문제로 이어지고 있다.

5 박편첨두기는 제작과정에서 소재박편의 형태를 중시하므로 석인 혹은 종장박편을 주로 사용하지만, 때때로 소재가 좋지 않은 것도 사용하여 그것들을 제작하였다. 특히 제작 초기에 비해 기부가 결입 정도가 약화되는 현상이 나타난다. 일부 유물에서는 등면에 능조정흔이 남아있는 소재를 사용하기도 한다. 그로 인해 박편첨두기 석기군 중에는 박편첨두기와 각추상석기의 중간적인 형식의 유물이 확인되는 것이다.

텐데 어떻게 박편첨두기보다 더 큰 석기를 제작할 수 있었을까는 의문을 가질 수밖에 없다. 석인의 생산기술에 있어서는 박편첨두기 석기군에 비해 각추상석기 석기군의 기술수준이 퇴보된 것만은 분명하다.

이런 상황에서 박편첨두기와 각추상석기의 중간적인 형태 혹은 일종의 각추상석기가 정착되기 전의 과도기적인 형태의 것들이 長薗原(나가손바루), 木脇(키사키)유적, 前ノ田村上(마에노무라카미우에)제1기, 立野(타테노) 제5유적, 野首(노쿠비) 2유적 제5기 등에서 발견된다(그림 2).[6]

특히 과도기의 각추상석기는 결입식 기부가 명확하고 대부분 박편첨두기와 공반되는 게 특징이다. 그림 2-3·5의 배면을 보면, 기부조정을 위해 배면 하단부에 평탄조정을 통해 기부를 제작하는 양상은 각추상석기의 기부제작에서도 흔히 사용되는 기술로 측연을 조정하는 기술뿐만 아니라 기부조정방식에 있어도 박편첨두기와 각추상석기가 기술적으로 연결되어 있음을 추론할 수 있다. 이러한 배면쪽의 '평탄조정 기부제작기술'은 우리나라의 슴

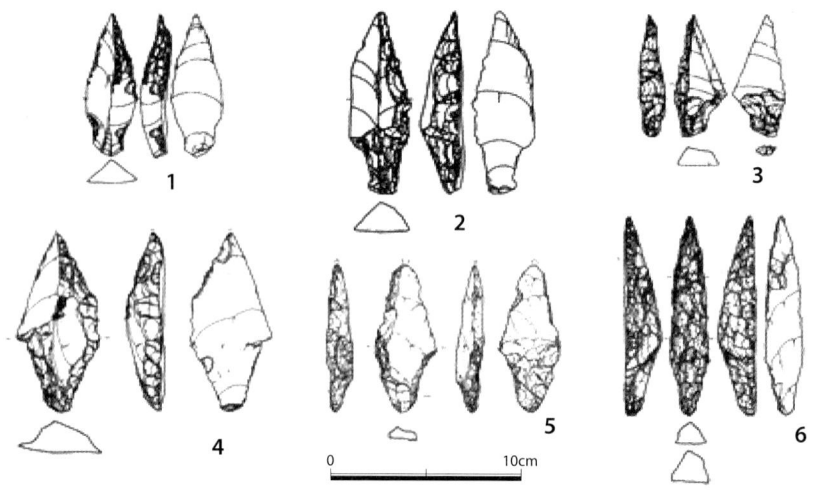

그림 2 박편첨두기에서 각추상석기로 넘어가는 과도기의 석기
박편첨두기(1. 木耳取Ⅰ | 2. 前ノ田村上 제1기 | 3. 小牧A | 4~5. 長薗原) | 각추상석기(6. 長薗原)

---

6 野首(노쿠비) 2유적 제5기는 각추상석기의 변천과 관련한 자료로써 종장박편소재의 이측연 가공 나이프형석기를 중심으로 한 석기군이다. 형태적으로는 나이프형 석기로 분류될지라도 측연의 한 편에 소재의 예리한 연변을 남기는 것 이외에도 능조정모양의 조정과 배면으로의 기부조정 등 각추상석기와 공통의 가공기술을 채용하고 소위 박편첨두기와 각추상석기의 중간적인 양상을 나타내는 석기군이다(馬籠亮道, 2009).

베찌르개에서는 관찰할 수 없는 구주출토 각추상석기의 매우 특징적인 기부조정방식으로 주목할 필요가 있다.[7] 또한 그림 2-2~4와 같이 슴베찌르개에서도 자주 베풀어지는 '측연조정'도 각추상석기의 중요한 기술로 계승된 것으로 생각된다.

3 횡장계(橫長剝片製) 각추상석기

각추상석기 중 횡장계 각추상석기의 성행기는 종장박편제보다 시기적으로 늦게 나타났다(張龍俊, 2009; 森先一貴, 2010). 이러한 각추상석기는 기존에 알려진바 대로 國府係 나이프형석기가 성행한 지역인 瀨戶內海지역과 밀접한 관련이 있다(多田 仁, 1997). 다만, 九州 남부에는 협의의 國府석기군은 분포하지 않고 國府系 석기군이 전개되고 있다(松本 茂, 2011). 여기서는 종장박편이나 석인이 아닌 횡장박편을 이용한 각추상석기의 조정양상에 대해 살펴보자.

그림 3을 보면, 구주에서 출토된 횡장계의 경우 석기 크기가 대부분 10cm 이내로 중·소형이 많다. 九州 남부 이외의 지역에서도 10cm 이상되는 횡장계 각추상석기를 발견하기는 쉽지 않다. 박편첨두기가 쇠퇴하고 각추상석기가 성행하는 시기의 횡장계 각추상석기는 크기가 대부분 5cm 전후로 오히려 더 작아진다. 瀨戶內기법으로 國府係 나이프형 석기를 제작한 近畿지역에서도 길이 5~10cm 정도가 제일 많다.[8] 결국, 횡장박리를 통해서는 대형 첨두기의 제작에 적합한 예비소재를 획득하기 어려웠다.

또한 일반적인 각추상석기와 달리 횡장계 각추상석기의 경우 선단부와 말단부, 즉 석기의 위아래의 양끝이 측면에서 보면 양끝이 올라가 다소 휘어지는 단점이 있다. 횡장박편을 이용하면 첨두기가 기본적으로 갖추어야 곧바른 형태가 나오기 어렵다(그림 3-1·3·4·6). 물론 종장박편도 말단부로 갈수록 측면에서 볼 때 휘는 경우가 종종 있지만, 횡장박편에 비해서는 그 정도가 약하고 빈도도 적다. 대체로 첨두기 중에서도 박편첨두기의 소재로 사용되는

---

[7] 이 때 중요한 문제는 전형적인 박편첨두기 이외에 예비소재의 선택기준 변화로 인해 석기형태가 변화된 것을 어떻게 분류할 것인가의 여부이다. 일본에서는 박편첨두기의 변형으로 볼 수 있는 것들도 나이프형 석기 또는 각추상석기로 분류하여 우리나라와는 전혀 다르게 분류되고 있기 때문이다.

[8] 10cm 이상이 되는 國府係 나이프형 석기는 사누카이트의 원산지인 二上山근처의 유적군에서는 발견되지만, 길이가 15cm이상은 거의 없다.

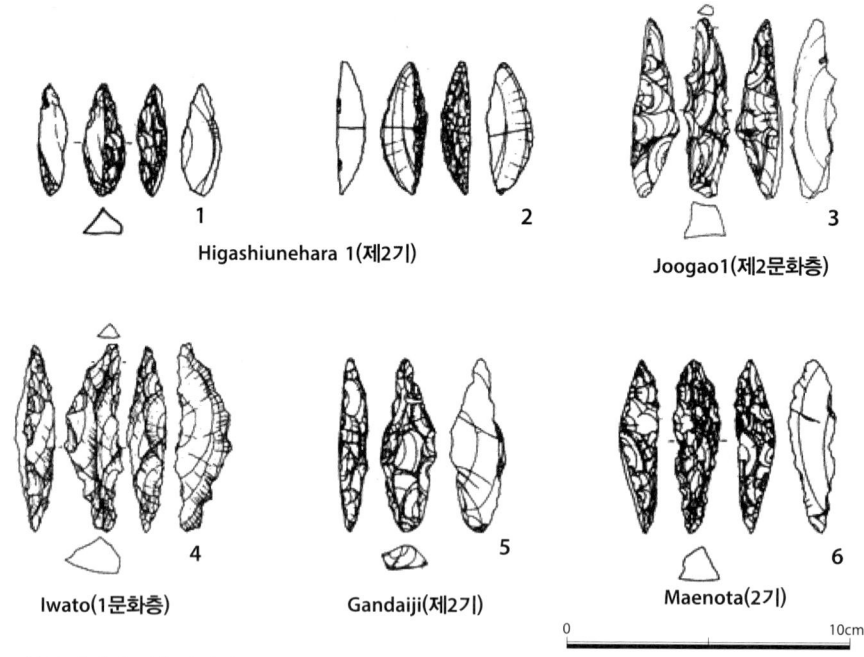

그림 3　橫長박편제 각추상석기
1·2. 東畦原 ｜ 3. 城ヶ尾 ｜ 4. 岩戶 ｜ 5. 勘大寺 ｜ 6. 前ノ田

종장박편은 휘지 않은 것을 선택하였다.[9]

　　종장박편이 아닌 횡장/일반 박편을 사용하면 인부(인부)刃部가 톱니날과 같은 거치연(鋸齒緣)이 됨은 물론, 석기의 대칭성도 떨어져 횡장박편 중 낮은 빈도의 좋은 소재를 제외하면 대칭적인 첨두기제작은 기대하기 어렵다. 그로 인해 횡장계 각추상석기는 등면의 능선을 기준으로 석기의 좌우 대칭성이 부족하다.

　　또한 석기의 단면 형태도 부위별로 일정하지 않다. 단면 형태가 일정하다는 것은 애당초 소재의 등면에 능이 잘 형성되어 있었음을 방증해주는 것으로, 횡장계에서는 능조정이 정연한 것도 드물게 존재하지만 대부분은 그렇지 못하다(그림 3-3~6). 결국, 횡장박편을 이용하면, 종장박편과 달리 석기의 대칭성이 떨어지는 결정적인 단점이 있다.

　　그림 3의 석기들의 등면 능선은 중앙에서 인부 방향으로 잔손질을 베푼 경우가 드물다. 물론 그림 3-4~6처럼 조정하기도 하지만, 각추상석기의 중요한 특징 중 하나인 중앙 능선이 직선적이면서 연속적으로 조정된 예는 거의 발견하기 어렵다. 석인 또는 종장박편으로 만든

9　한반도의 사례를 보더라도 석인 중 측면이 휘어진 형태가 소재로 선택된 경우는 찾아보기 어렵다. 첨두기의 중요한 속성 중 측면의 직선지향은 매우 중요하고, 각추상석기도 예외는 아니다.

각추상석기의 일반적인 능조정 양상과 명확한 차이가 있다.

그러므로 九州지역의 대형 각추상석기의 등면에서 관찰할 수 있는 지그재그식의 능조정기술의 출현은 기본적으로 횡장계의 영향으로 보기 어렵다. 다만, 한쪽 측연만을 이용해 서로 마주보고 조정되는 교호(交互)조정은 횡장계 또는 기존의 나이프형 석기의 영향으로 박편첨두기와 각추상석기에 영향을 미쳤을 가능성이 높다. 각추상석기는 國府係 석기군이 유입되는 시점에 즈음하여, 소재획득의 새로운 공급처로써 횡장박편을 사용하였으나, 횡장계의 조정방식이 각추상석기의 조정에 큰 변화나 영향을 미치지는 못하였고, 그리 오랜 시간동안 사용되지는 않았다.

Ⅲ 각추상석기의 기술적 기원

1 능조정관련 석인과의 비교

석인기법에서는 그림 4처럼 등면에 능조정이 남게 되는 경우가 개념상으로는 몇 종류가 되지 않는다. 하지만, 실제 석인석핵을 조정하는 경우에 발생할 수 있는 능조정의 사례, 특히 부분적으로 등면에 능조정을 남기는 경우를 고려하면 좀 더 많은 사례가 나올 수 있다.

그림 5·6을 보면 이것들의 등면에 남아있는 능조정 양상이 일정하지 않고, 그 크기나 형태도 매우 다양하다. 그 이유는 등면에 있는 능선과 능선의 간격, 능선 위치, 조정방식 등이 석핵의 상황에 맞춰 임기응변식으로 능조정되었기 때문이다. 우리는 능조정을 베풀어 박리된 석기의 형태는 능선 모양이 그림 4와 같이 정연하고 모양도 일정하다고 생각하지만, 그림 5·6의 예

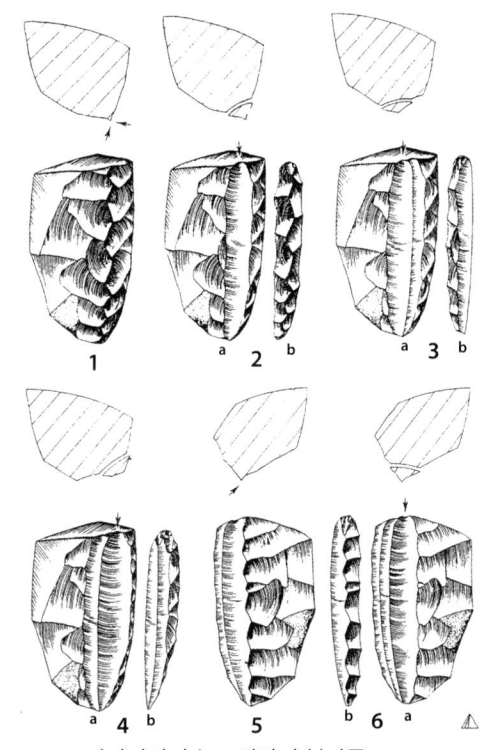

그림 4 석인기법의 능조정관련 부산물(Inizan 외, 1999)

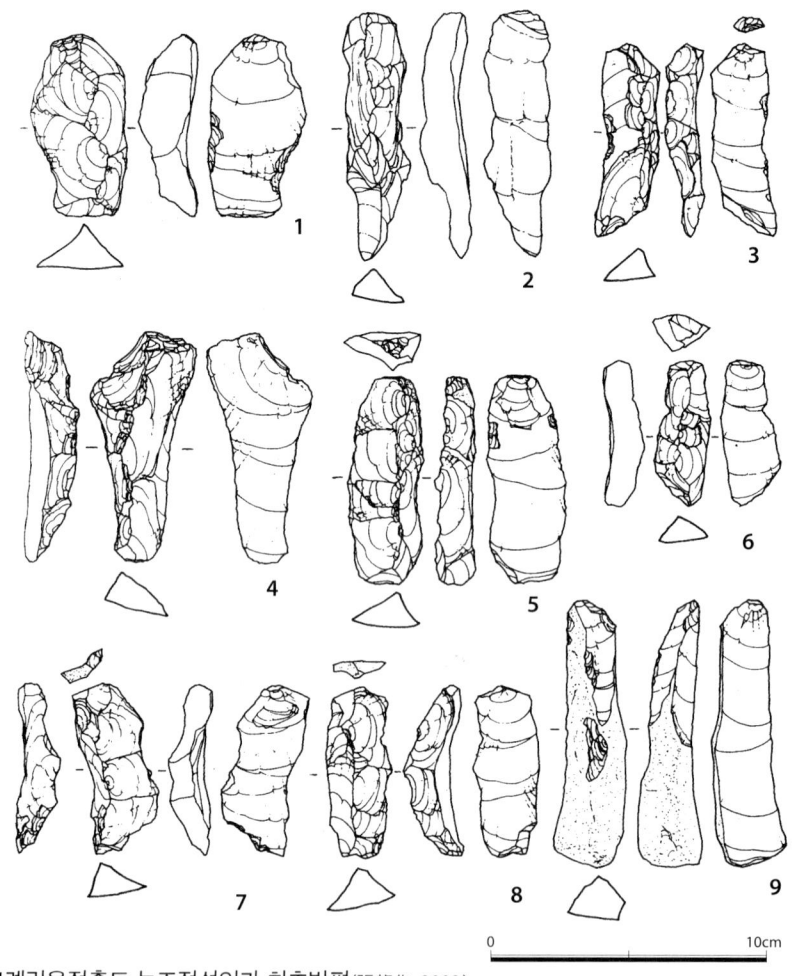

그림 5 고례리유적출토 능조정석인과 최초박편(張龍俊, 2002)
1~5. 양방향조정 | 6~8. 양방향조정 및 종장박리흔 | 9. 자연능선을 이용한 최초박편

그림 6 실험으로 제작한 다양한 형태의 능조정석인
전체적인 형태의 차이, 등면에 남아있는 능선 형태와 능조정의 위치, 선단부의 모양 등 매우 다양함.

를 보듯이 능조정이 있는 석인이나 종장박편의 형태가 일정하지 않고 아주 다양하다는 점이다.

그림 5·6은 석인기법으로 제작하고 나온 능조정관련 부산물이다. 이러한 것들을 소재로 활용해 첨두기로 만들기 위해서는 기본적으로 능조정된 능선이 도구의 기준축이 되고 양측연을 집중적으로 조정하여 첨두기 모양을 갖추어야만 수렵구로 만들 수 있다.

특히 수렵구의 필수적인 요소 중 하나인 대칭적인 형태를 만들기 위해서는 예비소재가 비대칭적이거나 모양이 좋지 않은 경우에는 배면에서 등면쪽으로 조정이 많이 가해짐에 따라 예비소재의 원래 형태가 사라지면서 석기 형태가 잡혀가는 것이다.

앞서 언급하였듯이 九州지역에서 능조정기법은 지금까지 확인된 사례가 드물다. 이런 상황에서 각추상석기가 능조정석인을 소재로 이용했는가를 알아보기 위해 각추상석기로 분류된 것들 중에서 능조정석인이나 최초박편을 석기 소재로 이용했을 가능성이 있는 게 그림 7이다.

그림 7을 보면 10cm 이상이 되는 대형 각추상석기는 종장박편이 많다. 그림 5·6의 능조정석인과 그림 7을 비교하면 등면 모습과 형태가 상당히 유사하다.

좀 더 구체적으로 살펴보면, 그림 7-1은 원석의 자연면을 이용하여 박리한 최초 박편일 가능성이 있어, 그림 5-9와 비교할만하다. 그림 7-2·3는 전형적인 능조정석인으로 그림 5-1~5와 동일하다. 그림 7-4는 그림 5-7·8과 동일하다. 무엇보다 그림 7-4는 배면에 타면이 그대로 남아 있고 우측인부가 조정되지 않고 그대로 거의 남아 있는 점, 등면의 능조정부위가 크고 넓고, 지그재그상의 능선이 있는 점은 그림 5-1과 그 양상이 동

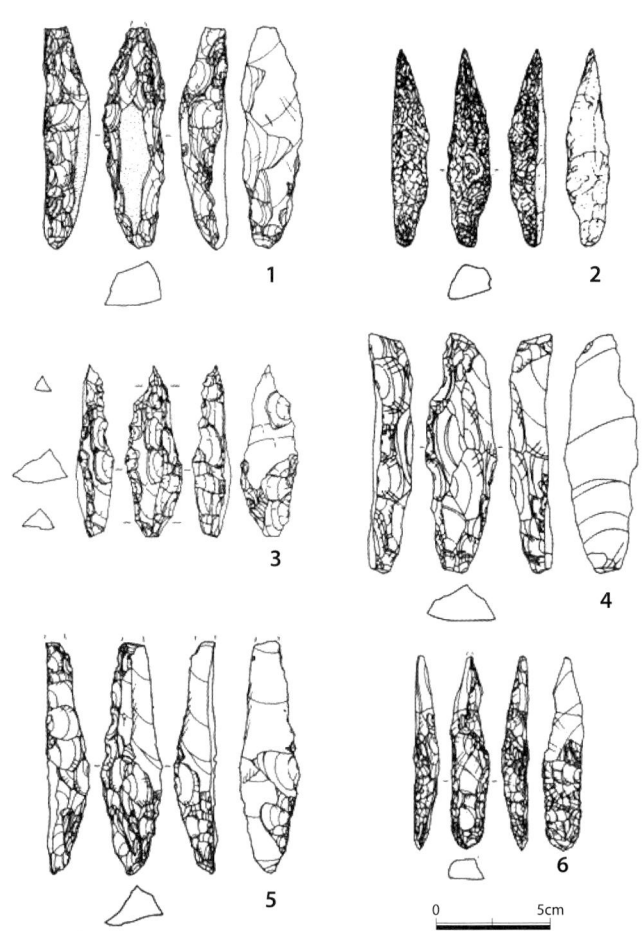

그림 7 석인기법의 부산물로 만든 것으로 추정되는 다양한 형태의 각추상석기

1. 前山 | 2. 長薗原 | 3·6. 勘大寺Ⅱ기 | 4. 前ノ田村上2기
5. 東畦原1

일하다. 특히 배면에 타점이 있는 위치로 보아 원래부터 소재박편의 폭은 넓지 않았다. 그림 5-8과 그림 7-5는 등면에 석인을 박리한 뒤의 세로 방향의 박리면이 남아있는 양상이 아주 유사하다.

그림 7-6은 능조정 이후, 석인박리 때 석핵에서 능조정석인을 완전히 박리시키지 못하고 일부만 박리되었기에 등면 능선이 잘려나간 것이다. 이러한 양상을 단순히 각추상석기의 조정으로만 볼 수 없는 것은 능조정과 박편의 박리면 박리순서 중에서 능조정이 먼저 이루어졌기 때문이다.

각추상석기의 소재 중 그림 7-5와 같이 석인 또는 종장박편을 이용해 제작한 것이 있다. 이러한 경우 등면의 능조정 양상에 차이가 있고, 특히 소재가 가진 인부를 그대로 이용하였기에 전면(三面) 가공된 각추상석기에 비해 측연 조정의 범위가 제한적이라는 차이가 있다.

그림 7의 각추상석기에서 보듯이 선단부가 별도 조정에 의해 뾰족해진 경우도 있지만, 기본적으로 첨부(尖部)가 세장한 형태를 지니고 있었으며, 이러한 양상은 석인이나 종장박편을 소재로 사용했을 경우에 생기는 특징 중 하나로 볼 수 있다.

그러므로 그림 5·6의 것들을 각추상석기의 소재로 활용한다면, 그림 7·8처럼 조정에 의해 그 형체를 알 수 없고 등면의 특징적인 능선만이 흔적으로 남게 되는 것이다.

2 각추상석기 조정방식의 특징

출현기를 거치면서 각추상석기는 가장 많이 사용되었던 시기에는 대부분 종장박편을 사용하고, 크기도 박편첨두기보다 크거나 대등한 것이 많다(그림 8). 무엇보다도 각추상석기는 박편첨두기보다 두께가 두텁고 무거워, 던져서 사냥을 할 경우에는 박편첨두기보다 사냥감에 가해지는 위력이 훨씬 큰 장점이 있다.

각추상석기가 출토된 유적에서는 석인석핵이 발견되지 않고 소형의 박편석핵만이 출토되는 경우가 많아 석인기법과의 관련성을 밝히는 것은 쉽지 않다. 그러한 이유에는 석인이나 종장박편을 박리한 뒤의 버려진 석핵을 소형 박편을 획득하는 석핵으로 재사용하기 때문이기도 하다.

각추상석기에 있어 등면의 조정양상은 능을 기준으로 한 면 능조정 또는 양면 능조정을 하였고, 그 능선은 대체로 직선적이다.

이러한 조정양상들에 대해 석인기법의 능조정기술과 각추상석기의 조정을 어떻게 구분할 수 있느냐는 문제가 있다. 특히 예비 소재의 능선에 추가적인 능조정이 가해졌다면 더욱 그러하다. 만약, 각추상석기에 능조정기술이 적용된 것이라면, 박리순서가 각추상석기의 인부 쪽에서 등면조정한 것과 선단부조정보다는 박리순서가 늦어야만 한다. 그런데 대개 유물은 인부조정을 거치면서 석기의 형태가 변하여 이러한 사실을 알기 힘든 경우가 많다. 하지만 일부 유물에서는 능조정이 먼저 베풀어졌을 가능성이 높은 것들이 확인되었다. 그러한 대표적인 사례가 그림 9의 각추상석기이다.

그림 8 다양한 소재로 만든 각추상석기(前ノ田村上유적 출토)

능조정박편을 이용했을 것 같은 각추상석기는 대체로 단면 삼각형이거나 이등변삼각형이지만, 능선이 중앙이 아닌 한쪽으로 치우친 ◁형도 확인된다(그림 5-3~5·7의 능선 참조). 이

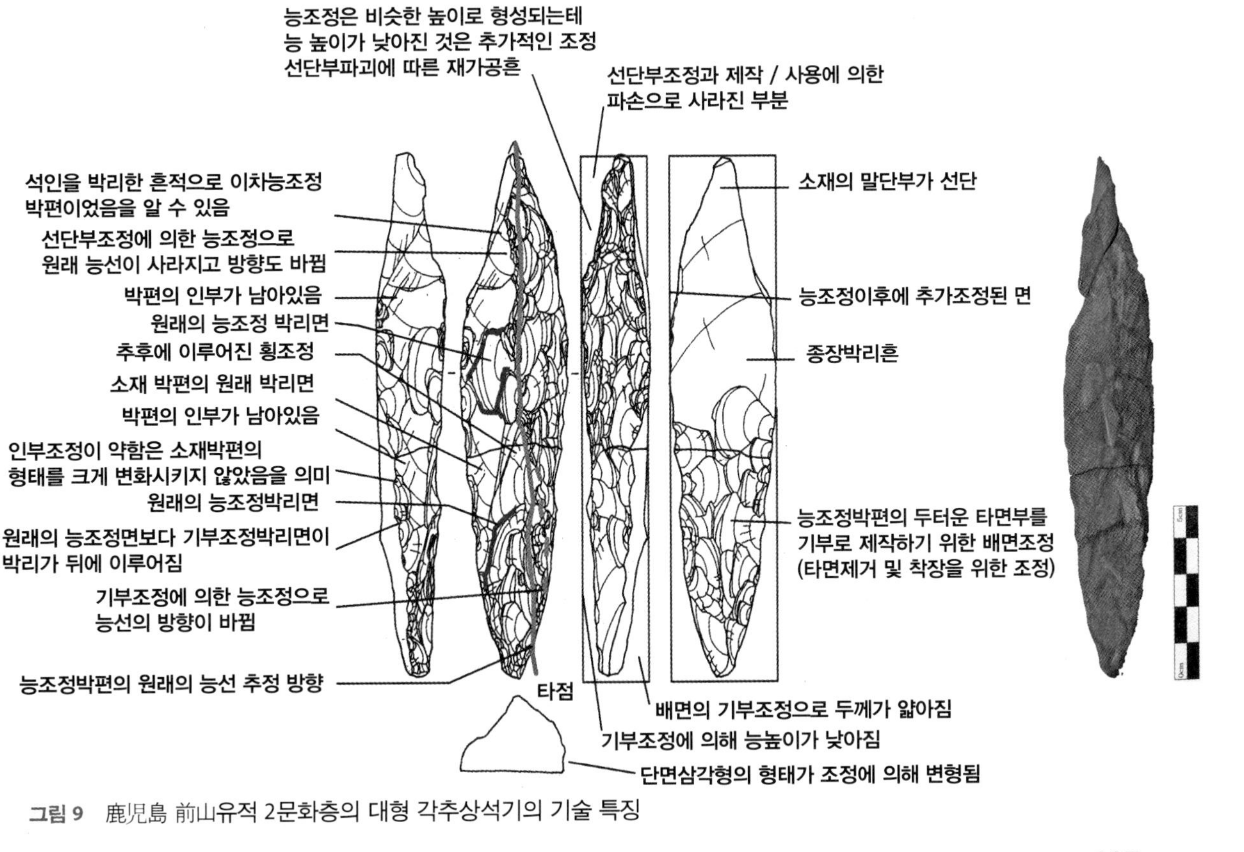

그림 9 鹿児島 前山유적 2문화층의 대형 각추상석기의 기술 특징

것은 분명 소재박편 자체의 능선이 한쪽으로 치우친 상태에서 박리되었기 때문이다. 宮崎縣 山田유적의 박리기술 사례를 보더라도 원석을 분할한 뒤 박편의 배면(박리면)을 석핵의 주요 박리면으로 하여 능선을 따라 박리한 경우 소재의 능선이 중앙보다 한쪽으로 치우치는 경우가 다수의 종장박편에서 확인된다. 長薗原(나가손바루)유적에서 능조정박편 중 힌지가 생겨 폐기된 유물이 있다. 이것에 남아있는 능조정과 소재형태는 각추상석기의 것과 동일한 것이다. 그리고 왜 각추상석기의 등면이 한쪽은 조정되고 다른 것은 모두 조정되지 않느냐는 바로 소재박편의 형태에 원인이 있기 때문이다(그림 10-1·2·3·5·8·9).

　　능조정박편을 이용해 제작했을 것으로 추정되는 각추상석기는 몇 가지 특징이 있다(그림 10). 우선 능선이 한쪽으로 치우친 경우가 많고 그 능선은 박리축과 도구축이 일치한다. 각추상석기의 출현기에는 종장박편을 사용하는 예가 많이 나오고, 능조정이 도구축과 일치한다. 능선이 타면부터 선단까지 그대로 이어진다.[10]

　　능조정 박편으로 만든 것으로 추정할만한 각추상석기는 통상 삼릉조정첨두기와 비교해 능조정방식과 측연조정에서 차이가 있다. 이것의 중앙 능선이 일직선인 것은 도구제작을 위한 목적이었다. 특히 중앙 능선이 있어도 인부쪽에 배면에서 등면으로 조정되지 않는 경우도 있다. 각추상석기의 조정 과정에서 능선형태와 도구축이 바뀌는 경우가 있어도 기본적으로 박리축과 도구축이 일치한다. 이 경우는 전형적인 각추상석기의 형태가 잡히지 않고, 배면에서 등면쪽으로의 측연조정도 확실하게 정립되지 않는다.

　　능조정 박편이 본격적으로 각추상석기의 소재 중 하나로 사용되는 시기는 박편첨두기와 함께 사용되었다. 능조정을 이용해 석인과 종장박편을 생산해 각추상석기를 만든다는 것은 각추상석기가 박편첨두기와 밀접한 관련이 있음을 시사해준다.

　　실제 각추상석기를 보면 10cm이상의 각추상석기는 대체로 종장박편을 이용하고 타면부분이 기부가 된다. 특히 소재의 타면을 제거함과 동시에 배면쪽으로 기부조정하는 현상이 확인된다. 각추상석기 중 기부조정의 결입정도가 약한 이유는 소재의 폭이 좁고 단면이 두터워 결입식 기부를 제작하기에 적합하지 않고 제작과정에서 파손될 수 있기 때문이다. 각추상석기는 인부 쪽의 조정 빈도가 많아서 이기도 하겠지만, 석기의 폭이 대부분 좁은 게 특징이

10　이 경우 횡장박편은 그렇지 못하다. 선단부분에 일부 능선이 있기는 하지만 계속 능선이 이어진다. 국부형 각추상석기는 중앙 능선을 형성시키지 않는다. 대체로 측연을 중심으로 형태가 결정된다. 초기에 각추상석기는 결입식기부가 확인되는데 이것은 석인제 박편첨두기의 영향으로 생각된다.

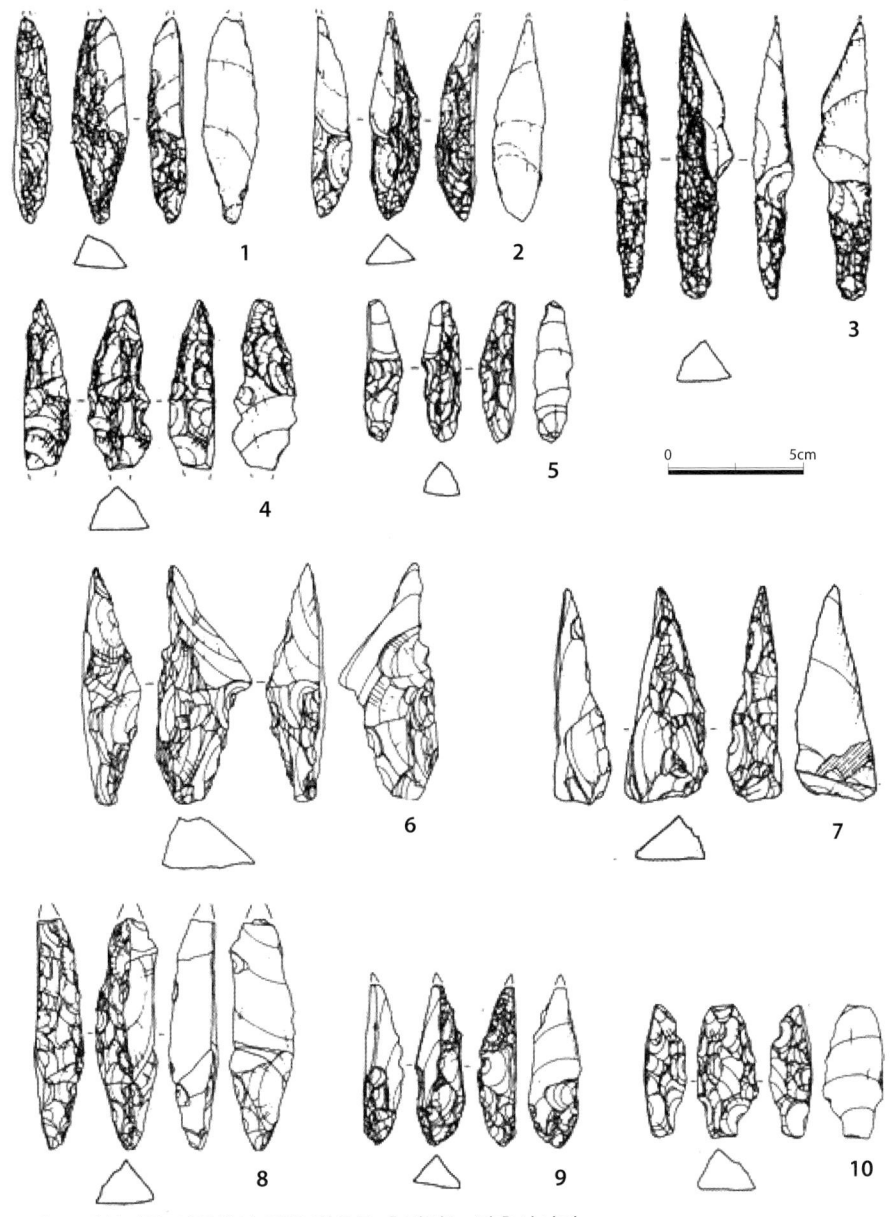

그림 10 능조정석인을 이용하여 만든 것으로 추정되는 각추상석기

1~5. 下屋敷 | 5~6. 勘大寺 2기 | 7. 東畦原1 | 8~9. 野首 제5기 | 10. 立野 제5기

다. 횡장박편의 각추상석기는 대부분 5cm 전후한 소형이면서 능선이 직선적이지 않거나 없는 사례가 많다. 역설적으로 등면 중앙의 능형성은 석핵의 박리기술과 깊은 관련이 있다. 능조정석인제 각추상석기는 등면에 도구조정을 추가적으로 베풀었기 때문에 조정박리의 순서가 맞지 않았던 것이다.

Ⅳ 각추상석기 제작유적의 특징과 의의

1 소재생산 부산물의 부재(不在)와 재활용(再活用)

우리나라에서는 수양개, 하가, 삼리, 외우유적 등에서 각추상석기가 출토되었다(이기길, 2011). 하지만, 일본 내에서 각추상석기는 九州지역뿐만 아니라 本州지역까지도 출토되는 석기로 각추상석기를 제작한 집단이 박편첨두기를 점차 사용하지 않으면서 새로운 형식의 첨두기로 자리잡았다고 생각하는 연구자가 여전히 많다.

한국과 달리 九州지역에서 출토된 박편첨두기나 각추상석기의 출토양상을 참조하면, 석재의 원산지유적 또는 제작관련 유적이 확인된 유적 수에 비해 거의 발견되지 않는다. 특히 박편첨두기의 제작과 관련된 부산물이 드문데, 九州 남부의 宮崎縣과 鹿兒島縣을 중심으로 살펴보자.

AT층 상위에서 출토되는 박편첨두기가 발견된 유적에서는 석기의 제작과 사용이 분리되는 양상이 특징적이다(張龍俊, 2001a). 다만 유적 중에는 사용 후에 파손된 것을 가지고 돌아와 캠프나 주거지에서 여러 방식으로 재가공하는 등의 박편첨두기 리덕션행위가 鹿兒島 前ノ田村上유적 등에서 확인되기도 한다. 즉 박편첨두기가 출토되는 유적에서는 제작과 사용·보수가 장소를 달리하는 경향이 강한 게 특징이다. 이러한 양상은 초기 각추상석기를 공반하지 않는 박편첨두기 석기군의 중요한 생활패턴 중 하나이다.

한반도지역은 물론, 일본 동북지역, 북해도지역, 러시아지역에서 석인기법의 부산물인 능조정석인을 도구의 소재로는 거의 사용하지 않았으며, 기본적으로 능조정석인은 폐기된 부산물이다. 각추상석기와 관련된 유적 내에서 석기제작과 관련한 부산물이 확인되지 않는 이유가 이것의 소재로 능조정박편을 사용했을 가능성을 고려할 필요가 있다(그림 10).

특히 박편첨두기와 각추상석기가 집중적으로 출토되는 九州지역에서 석인생산관련 유물이 매우 드문 것은 특별한 이유가 있었을 가능성이 있다.[11] 대형수렵구가 특별한 목적에 의해 제작되기 시작하면서, 소재획득에 어려움을 겪으면서 소재박편의 활용에 대한 제작자

---

11 九州지역의 각추상석기가 한반도에서 유래했을 가능성은 있지만, 현 시기에서는 九州 적응형식으로 보는 게 맞을 것 같다.

의 사고전환을 불러온 것으로 추측된다.

　　물론 각추상석기의 제작지와 소비지가 달라 유적 내에 부산물이 반입되지 않았을 가능성도 있지만, 앞서 살펴본 바와 같이 최소한 각추상석기 단계에서는 석인과 함께 능조정석인을 포함한 여러 형태의 종장박편을 석기제작의 소재로 상당수 사용하였다. 각추상석기로 가기 직전의 단계로 생각되는 堂園平유적의 박편첨두기는 혈암, 흑요석 등 다양한 석재로 만들어졌다. 이것은 조정방식도 다양하지만, 소재가 좋지 않아 완성된 박편첨두기의 모양도 일정하지 않다.

　　결국 九州지역에서는 첨두기의 수요는 증가하였으나 유적 내에서 소재박편이 귀해지고, 실제 필요한 수량보다 첨두기의 수급이 부족해지면서 새로운 수렵구를 확보하려고 했던 것이다. 특히 석인기법에서 박리가 진행될 때 가장 긴 종장박편은 바로 최초박편이고, 그 다음으로 능조정석인이다(그림 6). 이것은 대형 첨두기가 필요한 사람들에게 버리기 아까운 소재이었다. 그리고 능조정석인은 양쪽 모두 능조정이 있는 경우와 한 쪽만 있는 경우가 있지만, 실제 인부의 날들은 석기와 비교해서 효용성면에서 전혀 뒤쳐지지 않는다.

　　아울러 九州지역의 제작집단은 석인석핵에서 석인을 더 이상 박리시키기 어렵다고 판단되면 석핵을 폐기시키는 한국과 달리, 기존에 보유하고 있던 소형박편 박리기술 등을 이용해 박편을 획득함으로써 석인석핵의 재사용에 의해 그것의 원래 형태는 사라지고 불규칙 박편석핵만이 유적에서 출토되는 양상이다.

　　즉, 석인기법에 의해 생산된 예비소재와 부산물은 도구로 사용될 뿐만 아니라, 석인석핵도 종장박편에서 소형박편까지 박리한 후에 폐기시켰다. 그로 인해 석인석핵의 형태가 변화하여 유적 내에는 부산물, 석인석핵 등의 석인관련 유물은 모두 사라지게 된 것으로 추정할 수 있다.

　　결국 九州지역에서 박편첨두기만 사용하던 시기와 달리 각추상석기 제작집단은 석인을 박리하고 사용하고 리덕션하는 등 다양한 소재를 종합적으로 사용하는 패턴을 아주 중시하였다.

2　능조정기술의 재해석

九州지역에서는 한국과 달리 왜 박편첨두기 단계에 능조정석인이 출토되지 않는가 하는 점은 상당히 특징적이다. 우선 석인기법과 관련된 제작지가 거의 확인되지 않으며, 석인기법과 관련된 유물 중에서도 능조정기법을 찾기란 쉽지 않다. 그렇지만 九州지역에 석인기법이 존재하지 않는 것은 아니다.[12]

능조정박편은 각추상석기의 제작에 사용했을 것으로 추정되지만 이것도 많은 조정이 가해지면서 석기 고유의 형태가 변형되었다. 누구나 인정할만한 능조정박편이 드물다는 측면을 고려하면, 현시점에서 능조정 석기를 그대로 각추상석기에 사용되었다고 주장하기에는 관련자료 등의 부족으로 시기상조임을 지적할 수도 있다.

하지만 석인기법 중 능조정기법은 고례리, 수양개, 진그늘 유적 등 한반도지역에서 널리 사용되었다. 이러한 기술로 만들어진 한국의 슴베찌르개가 한반도에서 일본 九州지역 또는 本州지역으로 전해진 점을 감안하면, 단순히 박편첨두기와 관련된 기술 정보만 전해졌다고 보기는 어렵다. 석인기법이 전해지면서 그와 관련된 능조정기술도 함께 전해졌을 가능성이 높다.

九州지역 사람들은 능조정기술의 제작 정보를 받아들여 그 기술을 자체 기술과 접목시켜 각추상석기를 출현시켰다. 박편첨두기가 쇠퇴할 무렵 각추상석기가 더욱 발달하는 것은 박리기술의 쇠퇴가 진행되더라도 그들이 필요한 석기는 반드시 공급되어야 했고, 그보다 더 큰 수렵도구를 생산하기에는 새로운 박리기술의 습득이 필수적으로 요구되었다. 구주지역은 한반도에서 유래한 박편첨두기의 급속한 쇠퇴가 그들이 원하는 수렵도구로서의 기능을 100% 충족시키지는 못했기 때문일 가능성이 높다. 박편첨두기의 출현만큼이나 각추상석기의 출현도 급격하고 빠른 속도로 확산되고 九州 전역으로 퍼져 나갔다. 그리고 박편첨두기가 출토되는 범위가 九州지역 전체이듯, 각추상석기의 출현범위도 九州전체인 점을 감안할 때 두 석기는 밀접한 상관관계가 있다.

중요한 사실은 석인기법을 적용하는데 있어 다양한 기술적 변이가 발생한다는 점이다. 고례리유적를 예로 들면, 양쪽을 모두 조정하여 지그재그상의 능선을 만드는 것이 가장 일반적인 방법이다(그림 5). 그러나 소재가 되는 원석에 능선이 있으면 능조정을 하지 않았으며, 한 쪽이 평탄하면, 다른 한 쪽만 조정하고 양쪽모두를 조정하지는 않는다. 그리고 필요할 경우 말단부의 일부만 능조정하는 경우도 있다(張龍俊, 2001b). 이러한 능조정 양상은 각추상석

---

12 한반도의 고례리, 수양개, 진그늘의 사례를 보더라도 석인석핵의 예비조정에 반드시 능조정이 베풀어지는 것은 아니기 때문이다. 아마도 한반도와 九州지역은 석기제작에 대한 정보교환이 있었을 가능성이 높다.

기의 능선에도 그대로 반영되어 첨두기제작을 위한 곧은 형태의 도구제작에 미세조정이 베풀어진다. 이러한 기술개량은 박편첨두기의 소멸, 석인기법의 붕괴에 매우 중요한 변화를 야기시켰다.

각추상석기의 제작 단계에서 박편첨두기와 함께 한반도에서 유입된 다양한 석기제작기술 중 석인기법의 능조정방식이 석핵의 예비조정 방식의 기능이외에도 도구 제작의 조정방법으로 변화하게 되었다. 또한 도구의 소재로 사용되지 않았던 부산물들을 도구소재로 사용함으로써 석재효율성을 제고하였다.[13]

3 새로운 제작기술의 변형과 적응

유적 내에서 동일한 석기형식이라 할지라도 다음의 상황에 따라 석기형태가 달라질 수 있다. 특히 석기조성은 다양한 요인에 의해 영향을 받는다. 빈번한 사용과 수정에 의한 석기의 축소·형태변화, 이용하는 석재의 양질정도에 맞춰 박편박리기술의 쉽고 어려움, 고품질석재의 입수가능성(석재산출지로의 접근성 수준), 다른 환경과 자원상태에 대한 적응형태, 박편박리기술의 개인적 능력 등 국소적 내지 개별적인 요인에 따라 강하게 영향을 받는다(安斉正人, 2003: 52).

후기구석기시대 중반인 25,000년 무렵에 한반도로부터 유입된 박편첨두기의 출현은 九州지역에 석기제작기술에 있어 많은 변화를 가져왔다. 수렵활동과 기후변화는 후기 전반기의 수렵집단에게 광역이동과 석재의 자원개발을 가속화시켰을 것으로 생각된다. 한 유적에서 國府係 석기군, 각추상석기군, 박편첨두기의 공유가 바로 이를 방증한다. 광범위한 이동과 정보교환이 후기 후반기에 들어 더욱 활발해지고 특정 석기와 석재가 결합하는 방식으로 기술전략이 변화한다.

AT화산폭발 이후에 해당하는 시기의 이런 상황에서 석기제작의 지역성 대두라는 개념이 해당지역의 문화를 독자적이면서 특징적으로 구분하는 방안이 될 수도 있고, 재지계 석재를 이용한 석기제작을 독려하는 차원의 광범위한 확산을 촉발시킨 부분도 있다. 이러한 석기

---

13 동일한 석재가 동일한 형식의 석기를 반드시 창출하지는 않는다. 여기에는 다양한 변수가 작용한다. 제작자의 기술수준, 작업시간, 석재의 질, 목적박편의 종류, 원하는 도구의 종류 등 다양하다.

군의 확산을 촉발시킨 광역석기군은 바로 박편첨두기이다. 비록 구주지역에서 박편첨두기의 존속기간이 후기구석기시대 중 3천 년 내외의 짧은 시기에 해당하지만, 한반도에서 건너온 이 석기가 기본적으로 이동성을 담보로 하여 폭넓게 분포함은 물론, 이동식 생활에 매우 적합한 것임을 부인할 수 없다.

박편첨두기가 출현하기 이전까지만 해도 九州지역에서 이 지역 전체 혹은 九州를 벗어난 지역에서 확인되는 석기형식은 매우 드물었다. 이 지역의 박편첨두기의 출현은 단순히 석기기술의 전파나 박리기술의 정보교환의 일환보다 생계방식의 변화를 야기시킨 것으로 생각되는 이유이다. AT화산재층 이전 시기에 확인되지 않는 10cm를 전후한 대형수렵구가 박편첨두기가 등장하면서 출현한다는 사실은 석기에 담겨진 무형의 생존정보가 九州지역에 전달되었고 그 기술적 파급효과와 영향력은 컸다. 특히 수렵도구의 기본 개념과 생존전략을 바꾸는 아주 의미있는 것이었다. 석재자원의 개발방식이나 수렵기술의 획득측면에서 박편첨두기의 출토의의가 있다고 생각된다. 이런 전통은 각추상석기의 사용집단으로 이어졌다.

박편첨두기의 출현이후 석기군 내 다각적 자원개발과 다수종의 자원에 따른 계획적, 효율적 이용하려는 경향이 나타난다. 가장 대표적인 사례는 능조정석인을 이용해 각추상석기의 소재로 사용하거나, 석인석핵을 소형박편을 획득하기 위한 석핵으로 재활용하는 경우이다. 박편첨두기의 경우 파손될 경우 재가공해서 다시 사용하거나, 새기개나 밀개로 기능을 전환되기도 한다. '九州리덕션'의 가장 중요한 개념은 석인기법이라고 석인 중심으로 도구를 만드는 방식이 아닌 석인기법에서 나오는 다양한 소재를 활용해 여러 형식의 도구를 지역화시켰다는 그 의의가 있다.[14]

이렇게 되면 특정 석기를 제외한 석기의 경우 그런 석인으로만 도구를 제작했다기 보다는 필요로 하는 석재를 우선 생산하고 제작과정에서 나오는 부산물을 이용해 여타의 석기도 제작할 수 있다. 그러한 대표적 사례가 박편첨두기와 수峠型나이프형석기가 공반된 桐木耳取Ⅰ문화층, 堂薗平유적에서 동일 시기에 공통된 석재와 석기 소재를 차별적으로 사용하는

---

14 한반도의 석인기법은 완성된 기법으로서 한반도에 출현하여 현지화의 과정을 거친 것으로 생각된다. 한국 석인기법에서 능선이 나란하고 폭과 길이의 비례뿐만 아니라 도구제작을 위한 소재는 자연면을 제거해야된다는 개념을 지닌 것이 더욱 중요하다. 특히 수렵구로 사용되는 소재의 경우 등면에 자연면이 없다. 한국과 일본의 거의 모든 수렵구가 그러하다. 박리기술의 변화가 근본적인 이유는 단순한 석인획득의 목적뿐만 아니라 자연면이 없는 양질의 종장지향의 소재획득이라는 개념이 중요하였고 동북아시아에서는 이러한 생각이 광범위하게 자리 잡고 있었다.

현상이 관찰된다. 이러한 사실은 각종 석기에 맞추어서 소재박편을 생산했다면, 하나의 석기에 하나의 박리기법이 뒷받침되어야 한다. 실상은 유적 내에서 보편적인 박리기법의 틀 속에 특정 박리기법이 사용되는 것이다. 여러 형식의 석기가 다양한 박리기법을 기반으로 만든 소재를 이용해 여러 종류의 석기를 만들었다는 것은 몇몇 특수한 사례에 해당하는 것이지 유적 전체의 기술기반을 지배했다고 말하기 어렵다.[15]

각추상석기 제작집단이 능조정 박편을 그대로 사용하지는 않았을지라도 여러 기술을 적절히 융합시켜 첨두기를 만든 것이 九州리덕션의 출발이며, 아울러 여기에는 장용준(2009)에서 지적했듯이 일본 고유의 석기제작기법이 반영된 복합기술의 총체가 바로 각추상석기로 볼 수 있다.

V 소결

이상으로 출현초기의 각추상석기의 특징은 다음과 같다. 예비소재로 능조정석인 또는 종장박편을 이용하였고, 초기 출토품은 단면삼각형 중 이등변삼각형의 형태가 많다. 석기의 크기는 10cm이상의 대형이 많고, 15cm가 넘는 것도 다수 출토되지만 성행기가 지나면서 크기가 소형화된다. 또한 각추상석기는 조정방식에서 삼면가공을 취하기보다 기부조정이 많고, 배면에는 기부쪽에 한정하여 조정하는 평탄조정 기부제작기술이 등장한다. 석기의 측연조정은 측연 전체가 이루어지는 경우도 있지만, 그렇지 않은 경우도 있다. 등면에는 종장박리흔이 남아있는 경우가 많고, 소재에 따라 적절하게 대응하면서 조정범위를 결정하였다. 각추상석기는 박편첨두기와 대부분 공반된다.

후기구석기시대 중요한 수렵구 중 하나인 각추상석기의 예비소재는 단순히 불규칙박편을 이용하였고, 석기 정형을 위해 조정하면서 조정빈도가 증가하는 경향이 나타났다고 생각되어져 왔다. 하지만, 여러 형식의 각추상석기 중 일부 석기에는 석인기법에서 보이는 능조정기술과 관련성이 있는 것도 확인되었다. 이러한 조정방식은 유적 내 예비 소재의 부족에

---

[15] 특히 유적 중 제작지유적과 소비지유적에서의 박리기술과 도구제작기술이 차이도 있다.

따른 능동적인 사고 전환의 일환으로 九州사람들의 새로운 적응력의 일환으로 생각되어진다. 현생인류의 다양한 석기제작능력이 다시 한 번 입증된 것으로 볼 수 있다.

각추상석기의 능조정관련 기술의 사용과 석인관련 부산물의 사용가능성은 박편첨두기에서 각추상석기로 넘어가는 중요한 기술적 변화로 볼 수 있다. 아울러 유적 내에서 석인기법관련 유물이 확인되지 않았던 이유가 바로 능조정석인이 각추상석기의 소재로 사용되었을 가능성을 앞으로 적극적으로 검토해야만 한다.

향후 구주지역에서 박편첨두기의 제작 때 능조정기술이 사용되지 않았을 가능성도 배제할 수는 없다. 하지만, 박편첨두기를 제작한 집단이 능조정기술을 몰랐기 때문에 사용하지 않았느냐와 그 기술을 알고서도 제작의 필요성 혹은 석재자원환경과 수렵여건과 같은 특별한 이유에 의해 그 기술을 사용하지 않았느냐는 또 다른 문제이다. 한국의 석인제작 집단의 성격으로 볼 때 박편첨두기 집단이 능조정기술을 알고 있었고, 그러한 기술을 각추상석기 제작집단과 그 정보를 공유하였을 가능성이 크다.

결론적으로 박편첨두기와 각추상석기는 일본에서 흔히 말해지는 것처럼 서로 관련성이 없는 석기가 아닌 박편첨두기의 소재획득과 현지적응화를 통해 나타난 그 당시 상황을 가장 잘 반영하여 만들어진 석기로 구주지역에 최적화된 첨두기의 일환으로 보아야 한다.

참고문헌

宮崎縣埋蔵文化財センター, 2001, 『木脇遺跡』.

宮崎縣埋蔵文化財センター, 2002a, 『長薗原遺跡』.

宮崎縣埋蔵文化財センター, 2002b, 『下屋敷遺跡』.

宮崎縣埋蔵文化財センター, 2006, 『東畦原第1遺跡(第三·四次調査)』.

宮崎縣埋蔵文化財センター, 2007a, 『山田遺蹟』.

宮崎縣埋蔵文化財センター, 2007b, 『野首第2遺跡』.

宮田英二, 2006, 「九州東南部の地域編年」, 『舊石器時代の地域編年的硏究』, 同成社, pp.242~273.

宮田英二, 2007, 「剝片尖頭器と三稜尖頭器の出現及び展開」, 『九州舊石器』第11號, 九州舊石器文化硏究會, pp.11~24.

多田 仁, 1997, 「中·四國地方における角錐狀石器の樣相」, 『九州舊石器』第3號, 九州舊石器文化硏究會, pp.73~92.

鹿児島縣立埋蔵文化財センター, 1992, 『西丸尾遺跡』.

鹿児島縣立埋蔵文化財センター, 1996, 『小牧3A遺跡·岩本遺跡』.

鹿児島縣立埋蔵文化財センター, 2003, 『城ヶ尾遺跡Ⅰ』.

鹿児島縣立埋蔵文化財センター, 2004, 『桐木遺跡』.

鹿児島縣立埋蔵文化財センター, 2005, 『桐木耳取遺跡Ⅰ』.

鹿児島縣立埋蔵文化財センター, 2006, 『堂園平遺跡(日置市東市來町)』.

鹿児島縣立埋蔵文化財センター, 2007a, 『仁田尾A·B遺跡』.

鹿児島縣立埋蔵文化財センター, 2007b, 『前山遺跡』.

馬籠亮道, 2009, 「南九州のナイフ形石器文化後半期の石器群について」, 『南九州の舊石器時代石器群』 日本舊石器學會第7回講演·硏究發表シンポジウム豫稿集, 日本舊石器學會, pp.55~58.

木崎康弘, 2000, 「박편첨두기의 출현과 규슈石槍문화」, 『九州舊石器』第4號, 九州舊石器文化硏究會, pp.109~124.

白石浩之, 2000, 「角錐狀石器の分布論的硏究」, 『九州舊石器』第4號, 九州舊石器文化硏究會, pp.125~138.

比田井民子, 1990, 「角錐狀石器の地域的動態と編年的考察」, 『古代』90, 早稻田大學考古學會, pp.1~37.

森先一貴, 2007, 「角錐狀石器の廣域展開と地域間變異」, 『舊石器硏究』3, 日本舊石器學會, pp.85~109.

森先一貴, 2010, 『舊石器社會の構造的變化と地域適應』, 六日書房.

森先一貴, 2011, 『國府系石器群の多樣性』, 『舊石器考古學』74, 九州舊石器文化硏究會, pp.49~59.

松本 茂, 2011, 「九州における國府石器群の特質とそ背景」, 『舊石器考古學』74, 九州舊石器文化硏究會, pp.1~11.

安部 敬, 2007, 「角錐狀石器の行動的背景」, 『考古學』Ⅴ, pp.33~72.

安斉正人, 2003, 『舊石器社會の構造變動』, 同成社.

岩谷史記, 1997, 「九州尖頭器石器群の中に見る三稜尖頭器の位置」, 『九州舊石器』第3號, 九州舊石器文化研究會, pp.47~62.

이기길, 2007, 「한국 서남부와 일본 규슈의 후기구석기문화 비교 연구」, 『湖南考古學報』第25輯, 湖南考古學會, pp.5~43.

이기길, 2011, 「舊石器時代の韓·日交流-新資料を中心として」, 『日本舊石器時代の始まりと古さ』no.618, pp.27-31.

張龍俊, 2001a, 「韓半島出土剝片尖頭器の特徵と編年」, 『季刊考古學』第74號, pp.80-84.

張龍俊, 2001b, 「密陽 古禮里遺蹟 몸돌(石核) 硏究」, 부산대학교 대학원 석사학위 청구논문, pp.1-127.

張龍俊, 2007, 「韓半島와 日本 九州地域의 後期 舊石器文化의 交流-슴베찌르개(剝片尖頭器)를 中心으로-」, 『韓國上古史學報』제58호, 韓國上古史學會, pp.5-37.

張龍俊, 2009, 「後期 舊石器時代 角錐狀石器의 硏究」, 『한국민족문화』33, 부산대학교 한국민족문화연구소, pp.289-337.

張龍俊, 2010, 「일본 나이프형석기의 비판적 검토」, 『韓國考古學報』第74輯, 韓國考古學會, pp.116-141.

織笠昭, 1998, 「角錐狀石器の形態と技術」, 『東海史学』22, 東海大學史學會, pp.1~48.

萩原博文, 1997, 「AT降灰前後の石器群」, 『九州舊石器』第3號, 九州舊石器文化研究會, pp.11~22.

Inizan M.L. *et al.*, 1999, 『Technology and Terminology of Knapped Stone』, Nanterre:CREP, pp.5-189.

Part 2

한반도 현생인류의 일본열도로의 확산

일본 구주(九州)지역 각추상 석기의 연구

Ⅰ 머리말
Ⅱ 정의와 분류
Ⅲ 출현시기와 변천
Ⅳ 출현배경과 성립과정
Ⅴ 소결

4

The spread and exchange of modern humans in Northeast Asia

I 머리말

후기구석기시대에 日本 九州지역은 鹿児島県에 위치한 姶良Tn(아이라탄자와: AT)화산폭발 이후에 국부형(國府型) 나이프형석기, 박편첨두기(剝片尖頭器, 슴베찌르개), 角錐狀石器, 창선형첨두기(槍先形尖頭器) 등 다양한 종류의 첨두기(尖頭器)가 출현하였다.[1] 그 중 각추상석기는 다른 석기들과 달리 西日本지역부터 東日本지역까지 매우 광범위하게 출토되는 주요 기종으로 1970년대 이후부터 두 지역을 비교할 수 있는 시준(視準)석기의 역할을 하고 있다.

角錐狀石器는 九州지역에서 삼릉첨두기(三稜尖頭器), 中·四國·近畿지역은 선저형석기(船底形石器), 中部에서 東日本지역(동쪽최대범위: 山形県 越中山유적 K지점)은 각추상석기로 불리고 있다.[2] 이것은 대체로 나이프형석기와 더불어 일본 고유의 첨두기형식으로 파악되어 왔다. 그러다가 우리나라 수양개유적에서 박편첨두기와 함께 각추상석기가 확인된 이후, 경기도 삼리유적, 임실 하가유적에서 출토되어 한반도와 일본의 교류관계를 파악하는데도 중요한 유물로 인식되었다.[3]

---

1 한국에서는 박편첨두기를 슴베찌르개로 통상 부르고 있으나, 구주지역의 박편첨두기는 각종 나이프형석기와 관련해서 한국의 슴베찌르개에 비해 협의의 개념으로 사용하고 있다. 따라서 본고는 내용상의 혼동을 주지 않기 위해 일본 구주지역 출토유물은 박편첨두기라는 명칭을 사용하고, 우리나라 출토유물은 슴베찌르개로 호칭하고자 한다. 아울러 일본지역 구석기용어를 그대로 사용한 것은 고유명사로서 사용되고 있는 용어를 잘못 번역하여 의미전달이 오해가 생길 수 있어 명칭 그대로를 사용하고자 한다.

2 荻 幸二, 「三稜尖頭器の成立について」, 九州舊石器 第11號, 九州舊石器文化硏究會, 2007, pp.25-40.

3 충북대학교 박물관(이융조), 『단양 수양개 구석기유적 발굴조사 보고-忠州댐 水沒地區 文化遺蹟 掘調査報告書』, 1984; 충북대학교 박물관(이융조), 『단양 수양개 구석기유적 발굴조사 보고-忠州댐 水沒地區 文化遺蹟 延長掘調査報告書』, 조사보고 제16책, 1985; 경기문화재단부설기전문화재연구원·광주시·2001년 세계도자기엑스포조직위원회, 『광주 삼리구석기유적』, 학술조사

지금까지 일본에서는 각추상석기에 관한 많은 연구가 이루어졌다.

각추상석기의 형식분류와 제작기술,[4] 舟底形石器[각추상석기]의 정의와 분류를 통한 편년,[5] 각추상석기의 기원,[6] 구주지역 각추상석기의 석재소비전략의 파악,[7] 각추상석기와 국부계 석기군과의 비교,[8] 각추상석기의 지역성과 분포론적 검토,[9] 구주지역부터 관동지역까지 문화관계 검토[10] 등이다. 물론 초보적인 단계이지만, 각추상석기를 통한 한반도와 구주지역의 관련성에 대한 연구가 있었다.[11]

보고 제39책, 2003; 이기길, 「임실하가유적의 발굴과 성과」, 『제32회 한국고고학전국대회』, 韓國考古學會, 2008. 하가유적출토 각추상석기에 대해 부정적인 의견도 있다(張龍俊, 2007).

4 織笠昭, 「角錐狀石器の形態と技術」, 『東海史学』22, 東海大學史學會, 1988, pp.1-48; 松尾吉高, 『老松山遺跡』, 佐賀県教育委員会, 1989, pp.35-114; 森先一貴, 「九州地方における國府系石器群の傳播と形成」, 『考古學ジャーナル』575, 2008, pp.10-14.

5 松藤和人, 「西日本における船底形石器の編年的豫察」, 『舊石器考古學』22, 舊石器文化談話會, 1981, pp.1-26; 萩原博文, 「九州における角錐狀石器の編年と地域的特徵」, 『古代文化』46-9, 古代學協會, 1994, pp.31-40; 岩谷史記, 「九州尖頭器石器群の中に見える三稜尖頭器の位置」, 『九州舊石器』第3號, 1997, pp.47-62.

6 荻 幸二(2007)의 앞의 논문, 張龍俊, 「韓半島와 日本 九州地域의 後期 舊石器文化의 交流 -슴베찌르개(剝片尖頭器)를 中心으로」, 『韓國上古史學報』58, 韓國上古史學會, 2007, pp.5-37.

7 安部 敬, 「角錐狀石器群の行動的背景」, 『考古學』V, 2007, pp.33-72.

8 森先一貴, 「角錐狀石器の廣域展開と地域間變異」, 『舊石器研究』3, 日本舊石器學會, 2007, pp.85-109.

9 白石浩之, 「角錐狀石器の分布論的研究」, 『九州舊石器』第4號, 九州舊石器文化研究會, 2000, pp.125-138; 萩原博文, 「ナイフ形石器文化後半期の集團領域」, 『考古學研究』51-1, 2004, pp.35-54.

10 小林達雄, 「槪說」, 『日本の旧石器文化』3, 雄山閣, 1976; 比田井民子, 「角錐狀石器の地域的動態と編年的考察」, 『古代』90, 早稻田大學考古學會, 1990, pp.1-37.

11 이기길, 「한국 서남부와 일본 규슈의 후기구석기문화 비교 연구」, 『湖南考古學報』第25輯, 湖南考古學會, 2007, pp.5-43; 이기길(2008)의 앞의 논문; 이융조·우종윤, 「수양개유적의 발굴과 그 의미」, 『중원지역의 구석기문화』, 2006, pp.358-375. 張龍俊, 「韓國 後期舊石器의 製作技法과 編年研究-石刃과 細石刃遺物相을 中心으로-」, 부산대학교 대학원 박사학위논문, 2006, pp.1-

지금까지 각추상석기는 AT층 아래에서는 출토된바 없고, AT층 위에서만 출토되었다. 이러한 출토양상은 박편첨두기와 비슷하며, 세석인을 공반하지 않는 것도 동일하다. 특히 나이프형석기문화의 전반기와 비교해 석기와 석재조성에서 큰 차이가 있는 것으로 파악하고 있다.[12]

그러나 구주지역은 전반적으로 층위상태가 양호하지 못하여 AT층 상부에서 출토되는 다양한 종류의 첨두기들에 대한 성립과정과 확산현상을 제대로 파악하기가 어려웠다.

그 이면에는 짧은 기간 동안에 새로운 석기들(특히 첨두기)이 갑작스레 출현하거나 소멸하는 과정이 혼재되어 나타났고, 이러한 일련의 과정이 지역마다 시간 차이가 있었기 때문이다. 이런 흐름 속에서 각추상석기가 어떤 배경 속에서 출현하였고, 왜 단시간에 구주전역에 확산되어 주요한 첨두기로 자리매김하였는지에 대한 논의는 당연히 부족할 수밖에 없었다.

무엇보다도 구주 동부지역에서 瀨戶內海지역과의 교류나 구주지역과 한반도의 문화적 관계에 대해서는 자세히 검토되지 못하였다.

본고에서는 각추상석기의 형식분류와 공반유물의 검토를 통해 출현시기와 변천단계를 설정하고자 한다. 이를 통해 후기구석기시대에 있어 구주지역 각추상석기의 출현배경과 성립과정을 도출해 보고자 한다.

II 정의와 분류

1 각추상석기의 정의

각추상석기라는 용어는 西川 宏·杉野文一이 1959년 岡山県 宮田山西지점의 보고에서 형식학적인 정의와 더불어 처음 사용되었다(그림 1-1).[13] 鎌木義昌은 이것을 북해도의 舟底形

265; 松藤和人, 「海を渡った舊石器"剝片尖頭器"」, 『花園史學』8, 花園大學史學會, 1987.

12 萩原博文, 「AT降灰前後の石器群」, 『九州舊石器』第3號, 九州舊石器文化研究會, 1997, pp.11-22.

13 西川 宏·杉野文一, 「岡山県玉野市宮田山西地点の石器」, 『古代吉備』3, 古代吉備研究會, 1959, pp.1-9.

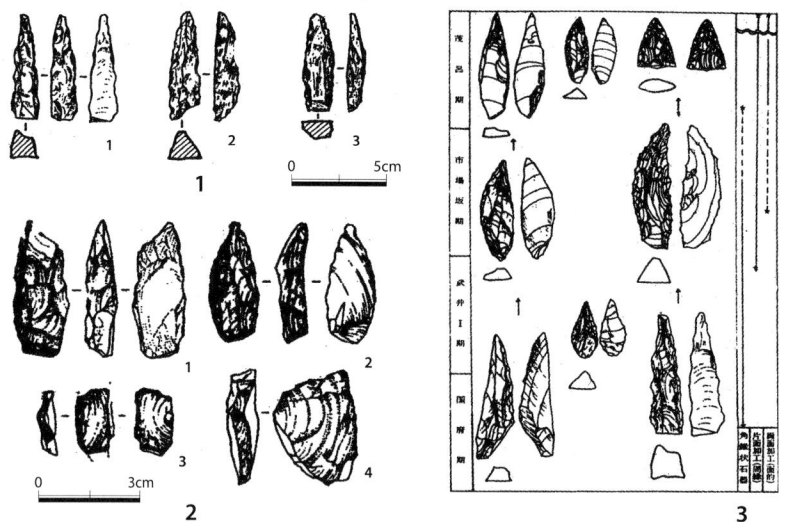

그림 1 연구 개시기의 각추상석기
1. 西川 宏·杉野文一(1959)가 최초로 보고한 각추상석기 | 2. 佐藤達夫(1970a)의 논문에 언급된 각추상석기와 국부계석기 | 3. 白石浩之(1974)의 첨두기의 출현과 그 변천에서 언급한 각추상석기

石器와 유사하다고 보고 舟底樣石器로 불렀다.[14] 현재 角錐狀石器는 연구자와 지역에 따라 '尖頭器樣石器', '尖頭形石器', '尖頭狀石器', '三稜尖頭器', '舟底形石器' 등으로 다양하게 불리고 있다. 이러한 용어사용에 대해 織笠昭는 연구사적 의의, 첨두기와의 관련성유무, 세석핵과의 혼동가능성, 신조어라는 점 등을 이유로 '각추상석기'라는 명칭을 사용할 것을 주장하였다.[15]

각추상석기는 두터운 박편으로 제작되지만, 드물게는 扁平한 자갈돌 등을 소재로 하여 대부분의 側緣(예비소재의 날부위)을 정성들여 가공하여 鋸齒狀(톱니날)으로 만들어진 단면이 두꺼운 석기로 정의할 수 있다.[16] 특히 소재를 얻기 위한 박편박리기술이 별도로 존재하지 않으며, 창선형첨두기가 눌러떼기로 조정하는데 비해 각추상석기는 직접떼기로 조정하는 차이점이 있다.[17] 석기에 따라서는 소재의 배면이 가공되지 않는 것도 있으며, 단면은 대체로

---

14 鎌木義昌, 「香川縣城山遺蹟出土の石器」, 『古代學』8-3, 古代學協會, 1960, pp.300-307.

15 織笠昭(1988)의 앞의 논문. 필자 역시 이러한 생각에 공감하는 바이다. 물론 구주지역의 경우 삼릉첨두기가 가장 많이 사용되지만, 본고에서는 각추상석기를 사용하고자 한다.

16 白石浩之(1974)의 앞의 논문, 織笠昭(1988)의 앞의 논문, 森先一貴(2007)의 앞의 논문

17 荻 幸二(2007)의 앞의 논문.

삼각형내지 사다리꼴(臺形)이다. 등면의 중앙에 있는 한 개의 능선을 중심으로 양측을 조정하기 때문에 등면전체가 조정되는 경우가 많으며 배면에도 조정이 가해진다. 이러한 특징은 각추상석기와 나이프형석기의 기술적 차이이기도 하다.

1960년대 초만 해도 각추상석기의 기능을 두고 연구자들 사이에 의견이 분분하였다. 그러다가 鎌木義昌·高橋 護가 각추상석기를 특수한 찌르개모양의 주저형석기로 주장하면서 이것이 처음으로 찌르개의 한 종류로 인식되기 시작하였다.[18] 佐藤達夫는 나이프형석기의 계통을 논하면서 각추상석기라는 용어를 직접적으로 사용하지는 않았지만, 국부계석기군과의 계통문제를 포함해 東日本과 瀨戶內지역과의 관련성을 지적하였다.[19] 이러한 견해는 두 지역 간의 교류관계를 파악하는 매우 중요한 전환점으로 평가받고 있다(그림 1-2).

그 후 白石浩之는 첨두기의 출현과 변천과정을 설명하면서 각추상석기를 다섯 가지의 기술 근거를 토대로 수렵구로 주장하였고, 南關東지역의 한쪽 면(片面)가공의 기원을 각추상석기에서 찾았다(그림 1-3).[20] 그는 당시 이것을 나이프형석기의 한 종류로 보려는 荒井幹夫 등의 견해에 대해 기술적 양상이 전혀 다른 석기라고 반박하였다.[21]

현재, 각추상석기는 첨두기 이외에도 긁개, 뚜르개의 기능이 있는 것으로 추정되고 있다. 각추상석기는 석재마다 형태적 차이가 명료하여 혈암제가 대형이고 흑요석제가 소형인 경우가 많다.[22] 특히 赤沢 威 등은 각추상석기와 유사한 석기 중 '단면삼각형첨두기(斷面三角形尖頭器)'와 '복인후형삭기(復刃厚形削器)'로 분류하기도 했다.[23]

결국, 각추상석기는 형태가 다양하지만, 선단부와 기부가 충실히 제작된다는 점에서 자돌구(刺突具)로서의 기능이 가장 중요한 것으로 생각한다. 다만, 이것이 긁개와 뚜르개의 기능도 수행가능하므로 각추상석기의 기능을 무조건적으로 수렵도구로 한정시키는 것은 주의해야 한다.

18　鎌木義昌·高橋 護,「瀨戶內地方の先土器時代」,『日本の考古学』1, 1965; 九州舊石器文化硏究會 編,『九州尖頭器石器群の樣相』, 1996.

19　佐藤達夫,「長野縣南佐久群野邊山B5地点の石器」,『信濃』22-4, 信濃史學會, 1970a, pp.1-6; 佐藤達夫,「ナイフ形石器の編年的一考察」,『東京國立博物館紀要』5, 1970b, pp.21-76.

20　白石浩之(1974)의 앞의 논문.

21　荒井幹夫·實川順一·織笠昭,「大宮臺地の先土器時代新資料(續)」,『Prehistory』25, 1971.

22　森先一貴(2007)의 앞의 논문.

23　赤沢 威 등(1980)의 앞의 논문.

2 형식 분류

각추상석기의 형식분류는 1980년대 이후부터 본격적으로 진행되어 왔다.

松藤和人(그림 2-1)은 近畿·瀨戶內지방의 자료를 근거로 舟底形石器[각추상석기]에 대하여 한 쪽면은 제1차 박리로 생긴 박리면을 남기고 두면(二面)의 양측연에 끝을 뾰족하게 만들기 위한 급한 각도의 정형과 박리공정을 베푼 석기로 총칭하였다.[24]

織笠昭(그림 2-2)는 南關東지역의 각추상석기의 형태적 특징 중 석기 하반부가 대형인 점을 보편적인 형태적 특징으로 파악하였다.[25]

萩原博文(그림 2-3)은 각추상석기의 지역성을 설명하면서 4종류로 분류하였다.[26] A류(三面가공첨두기), B류(通常型), C류(서북구주형), D류(남구주형)이다.

多田 仁(그림 2-4)은 구주지역이 아닌 中·四國지역에서 출토된 각추상석기를 조정 방향과 단면 형태에 따라 4가지로 나누고, 모두 8가지 형식으로 분류하였다.[27]

桑波田 武志는 각추상석기를 크기에 따라서 소형(2~4cm), 중형(4~6cm), 대형(6cm 이상)으로 구분하였다.[28] 南九州의 경우 대형과 중형으로 구성되는 것이 특징이었다.

荻 幸二는 소재와 가공부위에 따라 두 가지로 나누었다. 높은 臺形(높은 사다리꼴)이 되는 경우(Ⅰ류)와 낮은 臺形(낮은 사다리꼴)이 되는 경우(Ⅱ류)이다.[29]

森先一貴(그림 2-5)는 각추상석기의 길이와 폭의 관계, 첨단부의 유무, 조정가공의 특징, 좌우대칭성의 변이폭을 근거로 각추상첨두기, 복인후형삭기, 후형석추(厚形石錐)로 분류하였다.[30]

張龍俊(그림 2-6)은 박편첨두기의 기부조정을 참고하여, 각추상석기가 기본적으로 첨두

---

24 松藤和人(1981)의 앞의 논문.

25 織笠昭(1988)의 앞의 논문.

26 萩原博文(1994)의 앞의 논문.

27 多田 仁,「中·四國地方における角錐狀石器の樣相」,『九州舊石器』第3號, 九州舊石器文化硏究會, 1997, pp.73-92.

28 桑波田 武志,「ナイフ形石器文化後半期南九州の狩獵具的樣相」,『九州舊石器』第8號, 九州舊石器文化硏究會, 2004a, pp.47-58.

29 荻 幸二(2007)의 앞의 논문.

30 森先一貴(2007)의 앞의 논문.

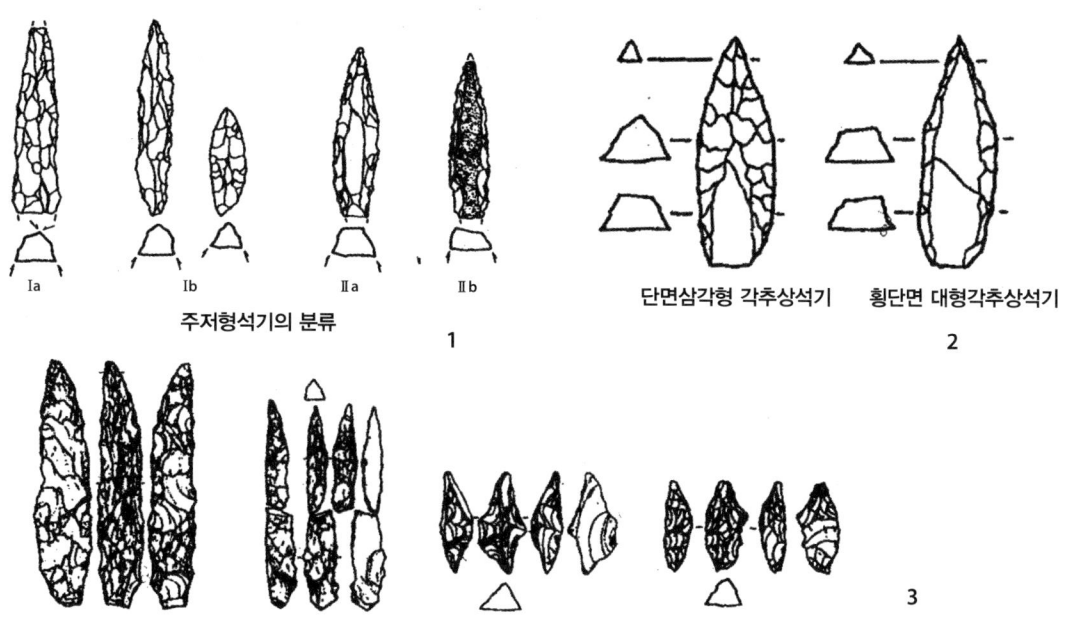
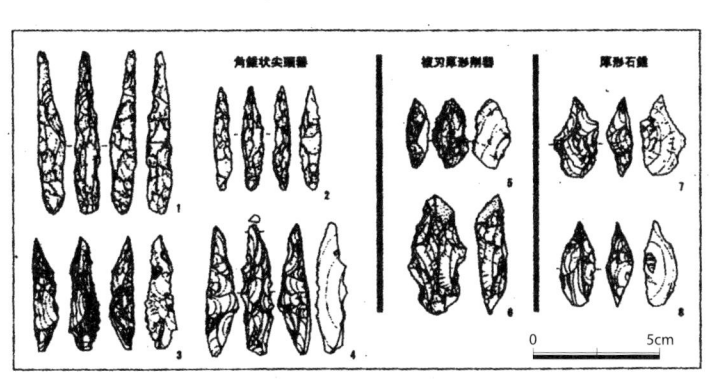
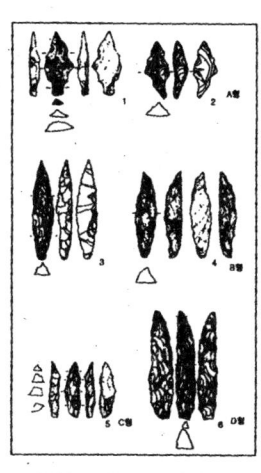

그림 2 각추상석기의 분류
1.松藤和人(1981) | 2.織笠昭(1988) | 3.萩原博文(1994) | 4.多田 仁(1997) | 5.森先一貴(2007) | 6.張龍俊(2007)

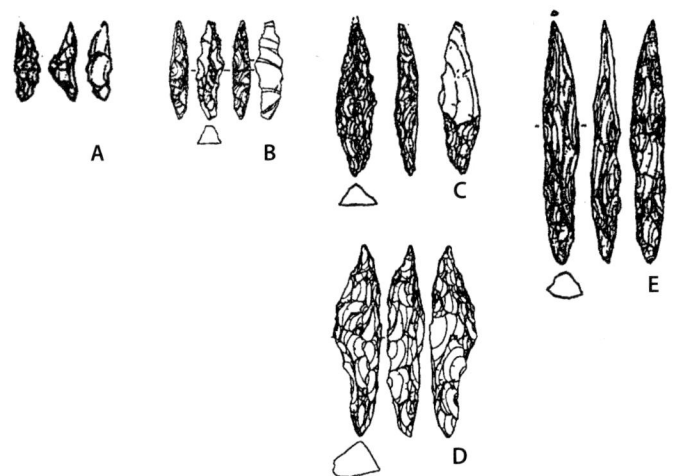

그림 3　각추상석기의 형식분류

기임을 전제로 해서 기부조정의 형태에 따라 A~D형으로 분류하였다.[31]

　이상의 내용으로 볼 때, 각추상석기를 형식 분류하는데 있어 가장 중요한 속성은 기형, 조정방향, 단면형태, 크기, 기부조정임을 알 수 있다. 본고 역시 그러한 속성 중 각추상석기의 등면조정의 범위와 기부조정유무를 근거로 하여 다섯 형식으로 분류하였다(그림 3).

　A류는 소형박편을 이용해 측연을 거치상으로 조정 형식으로 횡장(橫長)박편으로 제작하기도 한다. 석기가 소형이고 대칭성이 떨어져 첨두기의 기능이 있었는지는 확실치 않다. B류는 등면 전체를 조정(능선을 기준으로 양쪽으로 조정하는 의미에서 二面가공)하여 소재의 박리면을 거의 제거한다. 측연에는 거치상(鋸齒狀) 조정이 발달하였다. 하지만, 배면조정은 베풀지 않는다. 대부분의 중·소형 각추상석기가 여기에 해당한다.

　C류는 등면에 이면(二面)조정을 베푸는 것은 B류와 동일하지만, 배면에 눌러떼기와 유사한 기법으로 평면가공하여 기부를 만드는 특징이 있다. 삼면(三面)가공을 하기 전의 형식으로 판단된다. D류는 삼면조정하였으나, 대칭성이 떨어진다. 기부조정(彎曲式)은 A류처럼 만곡식이고, 기부형태가 비대칭적이다. E류는 삼면가공을 하여 세장형(細長形)으로 만들었고, 기부(基部)와 신부(身部)의 구분이 명확하지 않다.

31　張龍俊(2007)의 앞의 논문.

Ⅲ 출현시기와 변천

1 출현시기

구주지역은 동남부지역을 제외하곤 석기가 출토되는 층위의 퇴적정도가 얇다. 그로 인해 석기군이 혼재해서 출토되는 경우가 많고 유적간의 층위 비교가 쉽지 않다. 특히 서북구주지역은 퇴적토가 얇고 화산재층도 명확하지 않다.[32] 이런 상황 속에서도 활발한 연구활동 덕택으로 각추상석기의 출현시기를 포함한 다양한 편년안이 제기되었다(표 1).

구주부터 관동지역까지 출토되는 각추상석기는 AT층보다 위에서 출토됨은 분명하지만, 대체로 그것의 변천과정과 유물의 공반관계에 대해서는 구체적인 논의의 필요성을 대체로 인정하고 있다.

특히 구주지역의 각추상석기군은 단일 단계가 아닌 복수의 문화기를 상정할 수 있다. 물론 이 지역은 각추상석기의 편년에 있어 지역성이 강해 하나의 편년을 모든 지역에 적용하기 어렵다는 시각도 있다.[33] 아울러 박편첨두기와 각추상석기의 세부 편년안에 대한 비판적인 견해도 있다.[34]

구주지역은 AT층 이후의 시기에 각추상석기와 박편첨두기가 주요한 수렵도구로서의 위치를 차지하였음은 분명하다. 다만, AT층 형성 직후에 두 석기가 바로 출현하는가에 대해서는 견해가 엇갈리고 있다. 즉, 바로 출현하지 않고 한 템포늦게 출현한다는 견해[35]와 이와 달리 박편첨두기와 각추상석기가 존재하지 않는 시기를 부정적으로 보는 견해[36]가 그것이다.

또한 東日本지역의 경우 AT층 형성 직후의 층에서는 각추상석기의 출토예가 드물어 서

---

32 萩原博文(1994)의 앞의 논문.

33 荻 幸二(2007)의 앞의 논문.

34 松本 茂, 「九州地方における國府石器群の來歷と傳播論」, 『傳播を巡る構造變動』, 2008, pp.32-47.

35 劉 昌信, 「AT(姶良Tn火山灰)上位のナイフ形石器文化」, 『史學論叢』 第21號, 1990; 宮田英二, 「九州東南部の地域編年」, 『舊石器時代の地域編年的研究』, 同成社, 2006, pp.242-273.

36 松藤和人, 「南九州における姶良Tn火山灰直後の石器群の評價をめぐって」, 『考古學と生活文化』, 1992.

일본지역이 시기적으로 좀 더 앞서는 것으로 보기도 하고,[37] 西日本지역과 南關東지역의 출현시기를 거의 같은 것으로 파악하기도 한다.[38]

각추상석기의 출현과 관련된 특징 중 하나는 국부계석기군, 즉 횡장박편(橫長剝片, 길이보다 폭이 넓은 박편으로 주로 瀨戶內기법으로 박리되는 경우가 많은 박편)을 생산하는 박리기술이 확인된다는 점이다(표 1참조). 각추상석기의 기원이 어디인지는 아직 확실치 않지만, 두 석기군이 상당한 기술적 연관성을 가지고 있음을 알 수 있는 부분이다.

최근 구주 동남부지역에서 층위를 토대로 10단계 편년론이 제기되었다. 宮田英二는 박편첨두기 이후의 석기군을 층위적으로 확인이 가능한 유일한 지역으로 평가받고 있는 鹿兒島縣 大隈半島지역의 층서구분을 시도하였다.[39] 그리고 秋成雅博은 宮崎縣 宮崎평야부의 층서를 기준으로 하였다.[40]

宮田英二는 桐木耳取Ⅰ유적을 이용하여 동일한 층(Ⅴ층)이라 하더라도 출토지점과 공반관계를 분석하여 시기를 구분하였다. 대형·대형양(臺形·臺形樣)석기는 장형형(長狹形) 박편첨두기, 今峠型 나이프형석기와 공반하지만, 박편첨두기와 今峠型 나이프형석기는 공반하지 않으므로 시기가 다르다는 것이다.

이를 토대로 기종별 변화로는 鹿兒島縣 大隈半島지역의 AT층 상위의 석기군을 AT층 바로 위층의 狸谷형나이프형석기 → 박편첨두기주체의 석기군 → 今峠型 나이프형석기 → 枝去木型과 臺形樣석기 → 각추상석기 → 기부가공나이프형석기 → 臺形석기와 소형나이프형석기로 설정했다.

하지만 박편첨두기와 각추상석기의 선후관계는 구주 서부지역에서 박편첨두기만 출토되는 유적이 존재함과 동시에 공반되는 경우도 있어 획일적으로 받아들이기 어렵다는 비판도 있다.[41] 구주 남부지역에서는 두 석기의 전파편차를 고려해도 현 시점에서 출현시기의

---

37 比田井民子(1990)의 앞의 논문.

38 松藤和人(1981)의 앞의 논문; 萩原博文(1994)의 앞의 논문.

39 宮田英二(2006)의 앞의 논문.

40 秋成雅博, 「宮崎10段階編年の槪要」, 『九州舊石器』第9號, 九州舊石器文化硏究會, 2005, pp.9-11.

41 吉留秀敏, 「九州における剝片尖頭器の出現と展開」, 『九州舊石器』第6號, 九州舊石器文化硏究會, 2002, pp.61-75.
吉留秀敏, 「九州地域の樣相」, 『中·四國地方舊石器文化の地域性と集團關係』, 2004, pp.99-108.

표 1 각추상석기의 출현과 편년에 대한 제견해

연구자	시기구분(AT상부)	단계구분
矢島国雄 외(1976) 神奈川県教育委員会 외(2008)	Ⅲ기: 국부계석기군, 각추상석기, 切出形나이프형석기, 출현기의 창선형첨두기 Ⅳ기 전반: 창선형첨두기, 나이프형석기, 각추상석기 소멸, 국부계석기군 소멸	神奈川県相模野台地의 층위이용 (Ⅰ~Ⅴ기)
諏訪間 順(1988·2001)	단계 Ⅴ(相模野 제Ⅲ기, 武蔵野 제Ⅱa기, 武蔵野臺地 Ⅴ층상부~Ⅳ층중부): B2L하부~B2U까지로 切出形나이프형석기, 각추상석기, 국부형나이프형석기가 전반기, 첨두기가 후반기에 공반	神奈川県相模野台地의 층위이용 (Ⅰ~Ⅻ기)
織笠昭(1988) 諏訪間順(1988)	관동지방의 경우 각추상석기는 武蔵野 제Ⅱa기의 후반에 출현. 국부형나이프형석기보다 조금 늦은 단계	
木崎康弘(2000)	박편첨두기, 각추상석기, 창선형첨두기는 AT층 이전의 나이프형석기가 아닌 외부 영향으로 출현. 각추상석기는 창선형첨두기와 관련. 박편첨두기와 무관	구주석창문화기
吉留秀敏(2004)	2기: 전형적인 횡장박편과 국부형나이프형석기 출현. 박편첨두기 출현. 각추상석기는 확실치 않음 3기: 전형적인 횡장박편. 국부형나이프형석기 없음 4기: 세토우치기법소멸. 박편첨두기의 소멸. 나이프형석기와 각추상석기의 소형화	1기~3기(2002) 1~4단계(2004)
杉原敏之(2004)	Ⅰ기: 첨두기석기군의 출현. AT이전의 이측연가공나이프형석기와 석인기법존재. 대형석인제 박편첨두기 Ⅱ기: 박편첨두기 조성비증가. 각추상석기 대량 생산 Ⅲa기: 박편첨두기 소형화. 횡장박편박리기술의 영향 Ⅲb기: 박편첨두기소멸. 각추상석기에 기부가공흔적 Ⅳ기: 각추상석기의 종말단계. 삼면가공과 흑요석제 소형 각추상석기	Ⅰ~Ⅳ기로 설정 (첨두기석기군)
桑波田武志(2004a)	구주 남부지역 Ⅲ기: 박편첨두기와 각추상석기가 광범위하게 확산. 대형 각추상석기가 탁월. 국부형나이프형석기와 창선형첨두기가 등장 Ⅳ기: 박편첨두기 소멸	6단계(Ⅰ~Ⅵ)로 구분
萩原博文(2006)	구주 서북부지역 제3기: 박편첨두기, 각추상석기, 狸谷型나이프형석기, 原の辻型나이프형석기, 국부형나이프형석기출현. 후반에 박편첨두기 소멸 제4기: 각추상석기 대형화, 小木3A형 첨두기, 今峠型나이프형석기 등 지역성 강화	3기~5기
宮田英二(2006)	AT층 이전의 3단계(Ⅰ~Ⅲ), AT층 이후의 나이프형석기문화기의 4단계(Ⅳ~Ⅶ), 세석인문화기의 3단계(Ⅷ~Ⅹ, 죠몽초창기 포함)로 정리. 각추상석기는 Ⅴ·Ⅵ단계에 해당	Ⅰ~Ⅹ단계로 설정
荻幸二(2007)	후기구석기후반기에 출현 제 1단계는 狸谷형 切出형석기가 중심. 각추상석기와 박편첨두기가 공반하므로 출현시기는 제2단계로 상정	

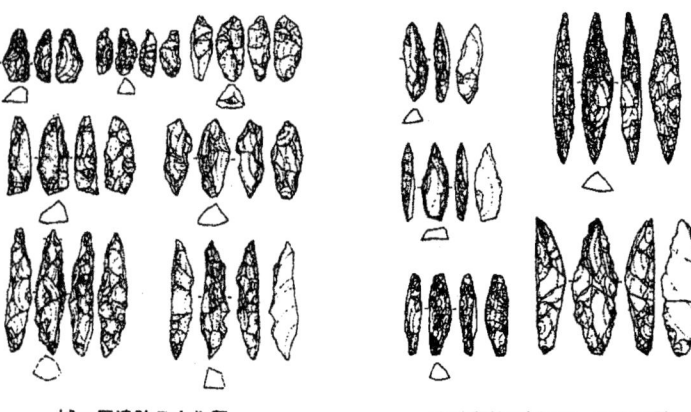
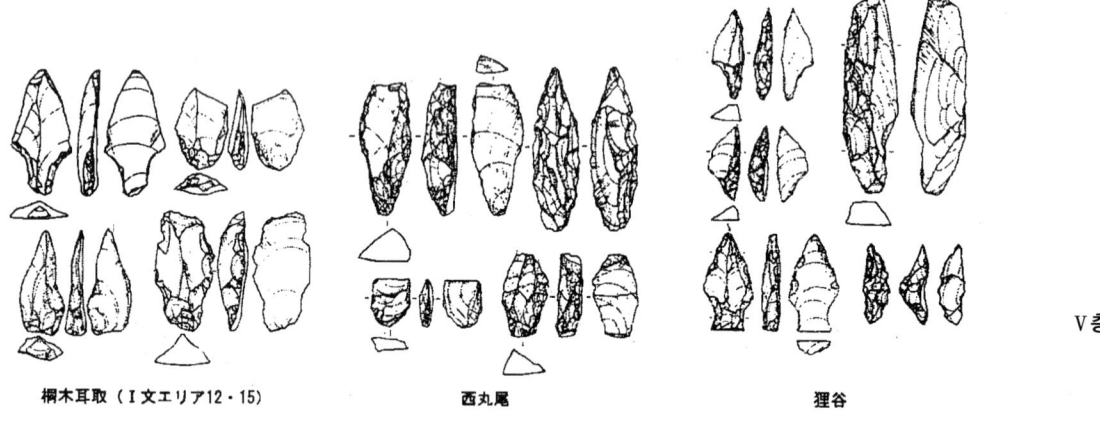
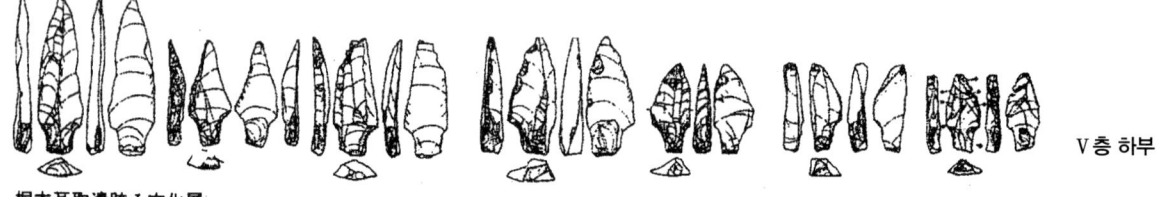

그림 4 宮田英二(2006)의 편년을 토대로 작성한 각추상석기군의 출토층위

차이를 적극적으로 파악하기 어려운 것도 사실이다.[42] 따라서 이러한 공반양상은 매우 枝葉的인 양상을 일반화시킨 결과로 볼 수 있다.

그렇지만 10단계 편년론의 경우 동일층에서 출토된 석기군을 제외하고는 층위를 토대

---

[42] 桑波田 武志(2004a)의 앞의 논문.

로 하였기 때문에 이러한 전반적인 시간 순서는 구주 전역에 적용가능할 것으로 생각된다(그림 4).

　이러한 변화의 설정은 AT층(24,500BP)부터 시작하는 鹿児島県 桐木耳切유적 제Ⅰ문화층 area1~7의 박편첨두기 주체의 석기군에서 23,000BP의 연대치가 확인되었고, 桜島P-17 화산재 아래에서 검출된 것이 편년설정에 큰 도움을 주었다.[43] 적어도 大隈半島 북부지역에서는 박편첨두기의 출현시기가 AT층 상부부터 桜島P-17화산재 아래임이 분명해졌다.[44] 각추상석기도 桜島 P17화산재와 桜島 P15화산재 사이에 출현하고 성행한 석기임을 알 수 있게 되었다. 다만, 쇠퇴시기의 경우는 지역에 따라 차이가 있는 것으로 파악하였다.

2 변천

구주지역에서 박편첨두기와 각추상석기의 공반유무, 宮崎縣 10단계 편년 등을 참조하여, 각추상석기의 형식분류에 따른 변천을 근거로 각추상석기를 4단계(세부 6단계)로 설정하고자 한다. 변천단계는 0단계 각추상석기 여명기, Ⅰ단계 출현기, Ⅱ단계 발달기, Ⅲ단계 완성기, Ⅳ단계 쇠퇴기이다(그림 5).

1) 0-1단계: 각추상석기 여명기(박편첨두기 출현기)

AT층 형성직후의 층에 해당하며, 박편첨두기는 출현하지만, 각추상석기는 아직 출현하기 이전 단계이다. 박편첨두기는 횡장박리기술을 토대로 기부조정을 중심으로 제작하는 게 특징이다. 臺形석기와 이측연(二側緣)가공 나이프형석기가 종종 공반된다.[45]

43　鹿児島県立埋蔵文化財センター, 『桐木耳取遺跡Ⅰ』, 2005.

44　宮田英二(2006)의 앞의 논문.
　　宮田英二, 「剝片尖頭器と三稜尖頭器の出現及び展開」, 『九州舊石器』第11號, 九州舊石器文化研究會, 2007, pp.11-24. 화산재의 연대는 P-15가 21ka, P-17은 23ka, AT는 24.5ka이다.

45　二側緣 가공기술은 關東롬 Ⅸ층에서 출현하여 Ⅶ층, 즉 AT층 바로 아래가 되면 전국적으로 확인된다. 이 시기까지는 나이프형석기가 지역적으로 분화하는 양상을 보이지 않는다. 또한 나이프형석기는 기본적으로 소재도 중요하지만 급한 각도로 연속해서 조정하는 이른바 블런팅

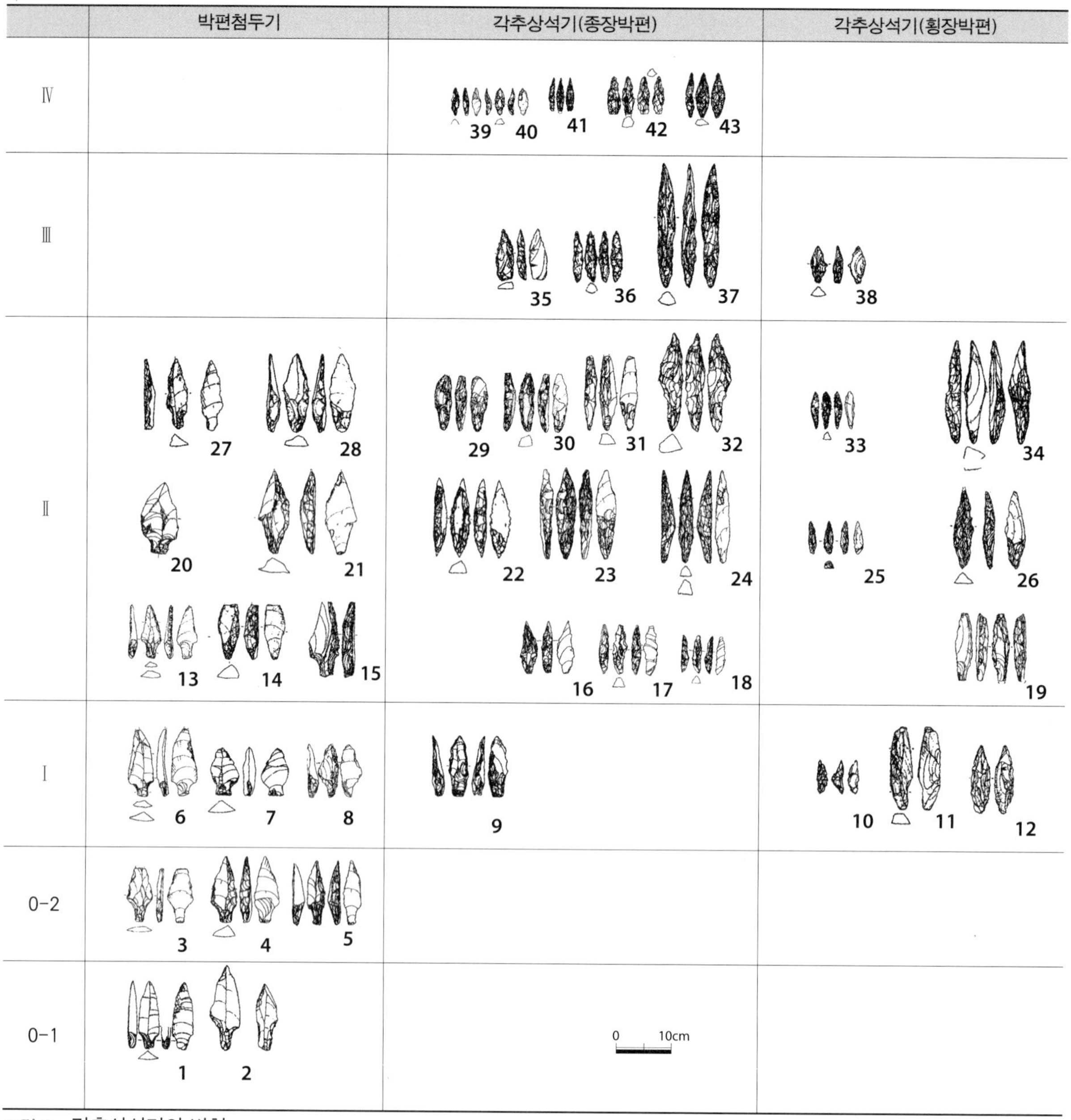

	박편첨두기	각추상석기(종장박편)	각추상석기(횡장박편)
Ⅳ		39 40 41 42 43	
Ⅲ		35 36 37	38
Ⅱ	27 28 20 21 13 14 15	29 30 31 32 22 23 24 16 17 18	33 34 25 26 19
Ⅰ	6 7 8	9	10 11 12
0-2	3 4 5		
0-1	1 2		

그림 5 각추상석기의 변천

1. 有田 6차 | 2. 岩戶D | 3. 唐原平 2A기 | 4·5. 前ノ村上제2(下) | 6. 赤木 | 7·8. 船塚 | 9. 前山 Ⅱ문화층 | 10·11. 狸谷 | 12·14. 西丸尾 Ⅷ층 | 13. 赤木 | 15~18·20. 駒方池迫 | 19. 宮ヶ迫 | 21·24·25. 長園原 | 22·28·34. 野首野2 Ⅴ기 | 23·29·30. 前山 Ⅱ문화층 | 26·27. 隈·西小田 | 31·32·33. 前ノ村上제2(上) | 35. 百枝 | 36. 城ヶ尾 Ⅱ문화층 | 37·38. 宗原 | 39~42. 前山 Ⅲ문화층 | 43. 下城

大分県 駒形津室迫유적처럼 切出形 나이프형석기만 출토되고 박편첨두기가 공반되지 않는 경우는 대체로 석인기법이나 종장박리기술을 확인하기 쉽지 않다.[46] 특히 이런 유적일수록 10cm 이상의 종장박편은 AT층 이전이나 이후에도 찾아보기 어렵다.

0-1단계에 슴베찌르개가 한반도로부터 구주지역으로 유입된다.[47] 현재까지의 자료로 볼 때 구주 서북지역에서 박편첨두기가 가장 먼저 출현했을 가능성이 높다.[48] 시기가 이른 박편첨두기는 모두 구주 북부지역에 분포하고 있기 때문이다. 이 단계를 편의상 박편첨두기의 구주 1차 확산기로 설정하고 싶다. 한편으로 구주 서북지역의 有田 6次유적과 枝去木山中유적처럼 AT층 아래에서 출토된 이측연가공석기와 狸谷型(切出形) 나이프형석기의 기술의 영향을 받은 석기와도 공반한다.[49] 지역에 따라서는 0단계 전반의 유적이 확인되지 않는 곳도 있다. 대략 25,000년 전을 전후한 시기이다.

2) 0-2단계: 각추상석기 여명기(박편첨두기 확산기)

구주 북부지역에서 처음 출현한 박편첨두기가 구주 동남부지역인 鹿児島県과 宮崎県으로 확산되었다. 桐木유적 2지역 I 문화층,[50] 當圓平유적 IIa기유적에서는 今峠型 나이프형석기(臺形석기)와 함께 박편첨두기가 출토되었다.[51] 瀬戸内海의 大分県 津留유적 III문화층에서도

(blunting)조정을 철저하게 지킨다. 다시 말해, AT층 이전의 나이프형석기문화의 전통이 이 단계에서는 아직 남아 있는 상태이다. 이 단계는 한국형 첨두기(슴베찌르개)로 소재생산을 중요시했던 박편첨두기와 일본형 첨두기로 소재보다 조정방식을 더 중요시했던 나이프형석기가 처음으로 접촉한 시기이다.

46　大野町教育委員會, 『駒形津室迫遺蹟·夏足原遺蹟(O地區)』, 1992.

47　張龍俊, 「韓半島の石刃技法と細石刃技法」, 『九州舊石器』第6號, 九州舊石器文化研究會, 2002, pp.24-44.

48　張龍俊(2007)의 앞의 논문; 吉留秀敏, 「剝片尖頭器」, 『九州舊石器』第3號, 九州舊石器文化研究會, 1997, pp.39-46; 吉留秀敏(2002)의 앞의 논문.

49　唐津市神教育委員會, 『枝去木山中遺跡』, 1990.

50　鹿児島県立埋蔵文化財センター, 『桐木遺跡』, 2004.

51　鹿児島県立埋蔵文化財センター, 『堂園平遺跡(日置市東市来町)』, 2006.

박편첨두기가 단독으로 출토되었다.[52] 따라서 구주 전역에서 박편첨두기가 출토되는 시기가 있었음을 알 수 있다.

박편첨두기가 구주 전역으로 급속히 확산됨과 동시에 출토유물의 수량도 증가하고 크기도 대형화된다. 이 단계에 박편첨두기의 특징은 기부조정만 하는 전형적인 형태뿐만 아니라 측연조정을 鋸齒狀[톱니날]으로 조정한 것이 두드러지므로 첨두기 이외의 기능을 가졌을 것으로 생각되는 것이 많다. 박편첨두기는 시간이 지날수록 전반적으로 조정의 빈도수가 증가하는 양상이다.

박편첨두기가 출현하기 이전의 동남부지역은 횡장박리기술로 예비소재를 획득하여 수렵구를 제작하는 기술이 매우 취약하였다. 아마도 이런 이유로 이 지역에서는 박편첨두기를 대형 수렵구로서 급속히 채택하였다. 각추상석기는 아직 출현하지 않았으며 국부계석기군의 자료도 드물다. 특히 구주 서북부지역의 예를 참조하면, 박편첨두기가 가장 성행하는 시기에는 국부계석기군 관련 자료가 가장 적다.[53]

3) Ⅰ단계: 각추상석기 출현기(국부계석기 유입기)

구주지역에 박편첨두기, 각추상석기, 國府型 나이프형석기라는 세 가지 형식의 첨두기가 동시에 출현하는 단계로 桜島P17화산재의 바로 위의 층에 해당한다. 기존의 박편첨두기는 지속적으로 사용되지만, 지역에 따라 종장박편생산이 어려워지기 시작하면서 석기형식의 변화가 오기 시작한다.

석기군에 따라서는 국부형석기군을 주축으로 하는 瀨戶內집단이 전해 준 기술정보를 활용해 소재박편을 생산하였다. 각추상석기 중 A류·B류가 사용되고 삼면가공의 D류·E류는 확인되지 않는다. 구주지역에서는 기존의 종장박편기술 이외에도 횡장박편박리기술을 보유할 수 있게 되었다.

다만, 출현기의 각추상석기는 1면가공에 횡장박편 또는 종장박편을 함께 이용하였다. 특히 A류는 횡장박편을 이용하였는데, 각추상석기의 출현과 국부계석기군이 관련되어 있음을 입증해준다. 비록 관련유적 수는 많지 않지만, 국부계석기군이 확인되는 경우 첨두기의 조정빈도가 증가하는 현상을 쉽게 관찰할 수 있다. 박편첨두기와 나이프형석기의 영향으로

---

52   大野川先史文化研究會, 『大野川舊石器時代資料集』, 1981, pp.1-81.

53   松本 茂(2008)의 앞의 논문.

국부계석기군에 기부조정방식이 도입되었다(그림 3-A). 특히 박편첨두기, 각추상석기, 국부계석기가 모두 확인되는 宮崎県 小牧3A유적에는 박편첨두기에서 찾아보기 힘든 기부쪽 배면을 조정한 배면기부 박편첨두기가 여러 점 확인된다.[54]

이 단계에서 소형 각추상석기가 출현하지만, 대칭성이나 형태로 보아 첨두기로서의 기능이 의문시된다. Ⅰ단계의 늦은 시기가 되면 중간 크기형태로 이면(二面)가공과 거치상조정을 하는 각추상석기가 집중적으로 제작된다. E류는 아직까지 출토되지 않는다. 이면가공된 각추상석기 중 배면을 조정하지 않는 것은 대부분 박편첨두기를 공반한 경우이다. 大分県 駒形池迫유적에서는 거치상의 각추상석기가 출토되었다. 공반유물 중에는 박편첨두기가 출토되지 않았고, 그 대신 국부계석기군의 횡장박편과 나이프형석기가 공반되었다.[55] 瀬戸内海 지역과 접한 大分県의 경우 中·四國지역의 각추상석기가 직접적으로 유입되었을 가능성을 배제할 수 없는 이유 중 하나이다.

熊本県 狸谷Ⅱ문화층에서는 각추상석기 4점과 함께 박편첨두기 2점, 횡장박편소재 나이프형석기(박편첨두기일수도 있음)가 출토되었다.[56] 부정형박편을 이용해 거치상 조정형태의 소형 각추상석기가 제작되었다. 특히 횡장박편을 이용해 기부조정하여 첨두기를 만들려는 시도가 나타난다. 이러한 기부조정은 박편첨두기, 切出形나이프형석기, 臺形석기의 기부에서 영향을 받은 것으로 생각된다.[57]

宮崎県 赤木유적 1문화층에서는 박편첨두기, 각추상석기, 횡장박편(瀬戸内기법), 切出形나이프형석기가 확인되었다.[58] 桐木耳取1유적, 그 외 西丸尾유적·前山유적 Ⅱ층 박편첨두

---

54 鹿児島県立埋蔵文化財センター,『小牧3A遺跡·岩本遺跡』, 1996. 동일한 시기로 보고되었으나 유물공반관계와 석기형식으로 볼 때 석기군이 동일한 시기는 아닌 것 같다.

55 기부조정이 있어 박편첨두기로 보고되었으나, 종장박편을 이용하지 않아 선단부가 명확하지 않다.

56 熊本縣教育委員會,『狸谷遺跡』, 1987. 보고서에는 각추상석기가 5점이나, 삼면가공된 1점은 지표채집품으로 시기가 다른 것으로 추정된다.

57 다만, 중·사국지역의 각추상석기가 연대적으로 구주보다 조금 더 빠르다는 주장도 있어 각추상석기 자체가 구주지역으로 유입되어 제작기술에 영향을 미쳤을 가능성에 대해서는 계속 검토해야 한다.

58 宮崎県埋蔵文化財センター,『赤木遺跡第8地点(第二次調査)』, 2007.

기석기군, 宮ヶ迫유적 1문화층, 佐賀県 船塚유적 Ⅶ문화층이 해당한다.[59]

4) Ⅱ단계: 각추상석기 발달기

구주전역에서 각추상석기가 확인된다(B류~D류). 각추상석기는 거치상 조정이 활발하며, 석기 소재는 종장박편이나 횡장박편을 가리지 않고 사용하였다. 각추상석기의 대형화가 진행되면서 박편첨두기는 크기가 다양해지고 조정빈도수가 급격히 증가하는 양상이다. 박편첨두기의 기부조정위치가 신부(身部)중앙까지 확장되기도 한다. 下屋敷, 野首 第2유적이 박편첨두기의 쇠퇴양상과 함께 각추상석기의 전형적인 발달기를 보여준다.[60]

東畦原제1유적 Ⅳ기의 경우 각추상석기는 대부분 이면가공이며, 명확한 박편첨두기나 삼면가공 각추상석기는 확인되지 않는다.[61]

각추상석기 중 배면 쪽에 기부조정을 하는 배면기부 각추상석기(C류)가 발달한다(垂水제2유적 제1문화층, 隈·西小田, 岩戸1, 前山, 下屋敷, 野首 第2유적).[62] 이것의 기부는 배면에 기부를 조정하여 만드는 것과 기부를 만곡식(彎曲式)으로 제작하는 형식(D류)이 있다(前ノ田村上 제2유적). 이러한 현상은 중·대형 각추상석기에서 쉽게 찾아볼 수 있다. 특히 박편첨두기와 공반되는 각추상석기에서 자주 확인되며, 박편첨두기에도 배면기부가 확인된다.[63]

그러므로 기부가 뚜렷한 대형 각추상석기는 박편첨두기의 기부조정기술을 계승한 것으로 생각된다. 한편 수양개유적의 각추상석기가 C형에 속하므로 구주 2차 확산기가 이 단계에 해당될 가능성이 높다.

中·四國지역출토 각추상석기의 경우 소재면의 배면은 대부분 조정하지 않고 그대로 사

59　鹿児島県立埋蔵文化財センター, 『西丸尾遺跡』, 1992; 鹿児島県立埋蔵文化財センター, 『前山遺跡』, 2007; 松元町教育委員會, 『宮ヶ迫遺跡』, 2000; 神崎町教育委員会, 『船塚遺跡』, 1984.

60　宮崎県埋蔵文化財センター, 『下屋敷遺跡』, 2002; 宮崎県埋蔵文化財センター, 『野首第2遺跡』, 2007.

61　宮崎県埋蔵文化財センター, 『東畦原第1遺跡(第三·四次調査)』, 2006. 보고서에서는 후기구석기시대를 Ⅰ~Ⅵ기로 분류하였다. 하지만, 繩文시대의 석촉이나 종말기의 세석핵 등이 서로 다른 층에서도 공반되는 등 층위가 다소 안정되지 못한 양상이다.

62　柳田俊雄, 「大分県岩戸Ⅰの瀬戸内技法」, 『舊石器考古學』 22, 舊石器文化談話會, 1985, pp.1-26.

63　한반도의 경우 화대리유적, 고례리유적 등에서 등면에서 배면으로 조정된 기부가 확인된다.

용하고, 대부분 박편첨두기와 공반되지 않는다. 瀨戶內海의 大分県 津留유적 Ⅳ문화층은 박편첨두기와 함께 횡장박편, 각추상석기가 함께 출토되고 있다. 기부제작을 위한 배면 조정은 매우 드물며, 아마도 구주지역의 영향으로 발생한 것으로 보인다. 따라서 배면기부 각추상석기와 삼면가공 대형 각추상석기는 구주지역의 독특한 석기형식으로 보아도 무방하다.

각추상석기의 등면조정(二面가공과 稜線조정)이 Ⅰ단계보다 정교해지면서 단면 △형이 두드러진다. 박편첨두기의 제작이 줄어들면서 기부형태가 만곡식에서 V자형으로 바뀌고 각추상석기의 기부도 비슷한 형태로 변화한다. Ⅰ단계에서 각추상석기의 기부는 V자형이 거의 확인되지 않는다.

Ⅱ단계에서는 박편첨두기와 각추상석기가 공반됨은 물론, 조정기술을 분간하기 어렵고, 형태도 유사한 혼합형태의 석기가 자주 등장하여 석기 분류가 어려운 경우가 많다. 나이프형석기의 비중이 매우 낮아지고, 소재생산기술이었던 10cm 이상의 종장박편의 박리기술이 급격히 쇠퇴한다. 좋은 소재를 생산해 석기를 제작하는 방법에서 조정을 중시하는 쪽으로 개념 전환이 일어난 것으로 판단된다.

한편, 木脇유적처럼 박편첨두기와 함께 적은 수량이지만 삼면가공 각추상석기가 Ⅱ단계의 늦은 시기에 출현한다.[64]

5) **Ⅲ단계: 각추상석기 완성기**

이 단계는 桜島P-15화산재층을 포함하는 층이거나 그 아래에 해당하는 층이 해당한다. Ⅱ단계의 C류가 쇠퇴하고 E류가 본격적으로 제작된다. 박편첨두기는 출토수량이 급격히 줄어들면서 차츰 소멸되고 각추상석기가 구주지역의 대형수렵구로 독보적인 위치를 차지하게 된다. 석기의 소재는 특정 형태에 제한을 두지 않고 다양하게 사용된다. 국부계 석기군의 횡장박리를 이용한 박편기술은 존속한다. 박편첨두기가 소멸된 이후 각추상석기가 대량 생산되는 상황이 구주 전역에서는 확인된다고 하였으나,[65] 실제로는 수량은 적지만, 박편첨두기가 공반되는 사례도 드물게 확인된다.

---

64 宮崎県埋蔵文化財センター, 『木脇遺跡』, 2001. 유적의 층위구분은 분명치 않지만, 박편첨두기(8점)와 각추상석기(9점)으로 이전 단계와 달리 대등한 수량이 출토되었다.

65 萩原博文, 「ナイフ形石器文化後半期の集團領域」, 『考古學硏究』51-1, 2004, pp.35-54; 萩原博文, 「九州西北部の地域編年」, 『舊石器時代の地域編年的硏究』, 同成社, 2006, pp.208-240.

각추상석기는 삼면가공을 한 대형 각추상석기를 비롯해 대칭성이 뛰어난 각추상석기가 집중적으로 제작된다. 宗原유적, 城ヶ尾유적 Ⅱ문화층, 百枝遺跡 C지구가 대표적이다.66

다양한 크기의 각추상석기가 제작되고 각추상석기에 거치상 조정과 배면기부 각추상석기의 형식은 쇠퇴한다. B류가 형태를 달리해 제작된다. 단면이 사다리꼴[臺形]인 각추상석기가 출현한다. 이 석기가 첨두기의 기능을 하였는지는 추가적인 검토가 필요하다. 소재에 구애받지 않는 각추상석기의 특징을 살린 다양한 크기 및 형태가 많이 출토된다. 城ヶ尾유적 Ⅱ문화층의 경우 다양한 형식의 각추상석기가 다량으로 출토되었다. 소량이지만 국부형석기와 박편첨두기(기부편)도 출토되었다.

한편, 대형 삼면가공 각추상석기는 박편첨두기와 비슷한 시기에 성행한 것으로 파악되어 왔다. 百枝遺跡 C지구는 그 동안 제Ⅱ문화층에서 출토된 이른 형식의 박편첨두기와 삼면가공첨두기 등이 공반된다는 이유로 구주지역의 삼면가공 대형첨두기가 일찍부터 출현하는 것으로 편년되기도 하였다.67 특히 宗原유적의 각추상석기는 제3층과 AT층이 포함된 제4층 최상부에서 출토되는 것으로 보고되었다. 그런데 AT층은 한반도와 유사하게 일정 두께의 층으로서 확인된 것이 아니라 토양시료를 분석한 결과이다. 한반도의 사례가 그러하듯 토양시료 내에서 확인된 AT층의 경우 참고자료로만 활용해야지 그것을 AT층 바로 직후에 형성된 석기군으로 단정짓는 것은 위험할 수 있다.68

Ⅲ단계는 桜島P-15화산재층의 상부층으로 각추상석기와 국부계석기군이 소멸한다.

6) Ⅳ단계: 각추상석기 쇠퇴기

각추상석기 중 Ⅳ단계의 E류가 소멸하면서 이전 단계에 비해 크기가 소형화된다. 구주 북부지역은 동남부지역에서 출토되는 것과는 달리 크기가 소형이면서 기능적으로 첨두기에만

66　福岡敎育委員會, 『宗原遺跡』, 1994; 鹿兒島縣立埋藏文化財センター, 『城ヶ尾遺跡Ⅰ』, 2003; 三重町敎育委員會, 『百枝遺跡 C지구』, 1985.

67　萩原博文(1994)의 앞의 논문. 제Ⅰ~Ⅲ문화층의 유물의 공반관계(특히 이측연가공 나이프형석기)와 접합유물의 단면위치 등을 고려한다면, 층위가 불안정했음을 알 수 있다. 그러므로 이 유적에서 출토된 박편첨두기와 각추상석기는 서로 다른 시기로 보는 편이 좋을 것 같다.

68　아마도 이러한 자료를 근거로 AT층 형성 직후에 대형 삼면가공 각추상석기가 출현하는 것으로 판단하는 것은 다른 유적의 사례를 보더라도 이해하기 어렵다.

표 2 　구주지역 각추상석기의 편년표

단계		유 적 명
IV단계 (쇠퇴기)		前山 Ⅲa층(중·소형 각추상석기군), 堤西牟田 3층(각추상석기), 唐園平 Ⅲa기·東畦原1 Ⅴ기, 下城Ⅱ 1문화층
Ⅲ단계 (성행기)		宗原, 城ヶ尾 Ⅱ문화층, 百枝 C지구, 老松山, 百枝
Ⅱ단계 (확산기)		下屋敷, 野首 2, 東畦原1 Ⅳ기, 垂水2 제1문화층, 隈·西小田, 岩戸1, 前山, 木脇, 長園原
Ⅰ단계 (출현기)		狸谷Ⅱ문화층, 赤木 1문화층, 桐木耳取1(각추상석기), 西丸尾, 前山 Ⅱ층 박편첨두기석 기군, 宮ヶ迫 1문화층, 船塚 Ⅶ문화층, 駒形池迫, 小牧3A
0단계 (여명기)	0-2	桐木 2지역 Ⅰ문화층(박편첨두기), 當圓平 Ⅱa기, 津留 Ⅲ문화층
	0-1	有田 6次, 枝去木山中

한정되지 않는다. 유적 내에서 출토수량도 급격히 줄어든다. 특히 각추상석기의 형태 중 소형이면서 가늘고 긴 형태의 것이 제작된다.

前山유적 Ⅲa층의 중·소형 각추상석기군, 長崎県 堤西牟田유적 3층출토 각추상석기, 宮崎県 唐園平유적 Ⅲa기·東畦原제1유적 Ⅴ기처럼 실질적으로 석기의 정형성이 떨어지면서 첨두기로서의 기능을 서서히 상실하면서 쇠퇴하는 단계이다.[69] 下城遺跡Ⅱ유적 1문화층의 경우를 보면 박편첨두기가 완전히 소멸되었고, 각추상석기의 크기도 대체로 5cm 전후한 크기의 三面加工 각추상석기가 높은 비율을 차지한다.[70]

창선형첨두기가 출현하기 이전에 각추상석기는 소멸하는 것으로 추정된다. 명확한 연대는 지역에 따라 다르고 분명치 않지만, 대략 세석인문화가 출현하기 전인 2.0~1.8만 년 전 사이일 것으로 추정된다.

이상으로 각추상석기의 출현을 4단계(세부 6단계)로 나누어보았다(표 2 참조). 물론, 구주 북부지역과 동남부지역이 AT층 형성이후에 퇴적양상이 다르고 공반유물의 차이가 있어 직접적인 비교가 힘든 것이 사실이다. 특히 많은 발굴조사에도 불구하고 절대연대가 확실한 유적이 드물어 유적 간의 연대비교가 매우 어렵다.

또한 AT층 바로 상부에 해당하는 시기부터 다양한 종류의 첨두기가 공존하므로 구체적인 시간을 제시하기 어려운 단점도 있었다. 아마도 그러한 이유에는 한반도와의 접촉을 통한

69 　平戸市敎育委員会, 『堤西牟田遺跡』, 1985. 보고자는 여러 층으로 나누고 있으나, 1984년 발굴 당시의 연구성과가 부족하여 층위별 유물공반관계가 제대로 분석되지 못한 것으로 판단된다.

70 　熊本縣文化財保護協会·熊本縣敎育委員會, 『下城遺跡Ⅱ』, 1980.

박편첨두기와 종장박리기술의 유입, 中·四國지방(瀨戶內海)으로 부터의 국부계석기와 瀨戶內기법의 유입이 변화를 불러일으켰기 때문으로 생각된다.

다시 말해 한 지역에서 박편첨두기를 사용하고 있을 때 다른 지역은 새로운 기술을 받아들이고 있었다. 그런 한편으로는 박편첨두기는 각추상석기로의 변화를 모색하고 있었기 때문에 제작기술의 변화속도가 빠르면서 다양한 석기제작체계가 존재하게 되었던 것이다. 이것이 구주지역 각추상석기의 변천이 지역에 따라 매우 복잡하고 다양한 양상으로 나타난 원인이었다.

Ⅳ 출현배경과 성립과정

1 출현배경

1) 박편첨두기의 영향

각추상석기는 서일본지역에서 AT층 형성 직후에 가장 성행하였다. 현재까지 박편첨두기는 각추상석기보다 선행해서 구주지역에 유입되었음은 분명하다. 유물공반관계와 기술양상으로 볼 때 가장 가능성이 높은 가설이다. 그런 측면에서 張龍俊은 한반도의 각추상석기와 구주지역의 각추상석기를 비교검토하여 중·대형의 각추상석기의 제작기술의 원류가 한반도에 있음을 주장하기도 했다.[71]

구주지역에서 출현기의 각추상석기는 대체로 岩戶 D유적의 유물로 보고 있다.[72] 반면, 杉原敏之는 박편첨두기, 각추상석기, 국부계석기군이 거의 동시기에 출현한 것으로 파악하고 이것들은 독립된 기술구조를 지니고 서로 다른 계보를 가지고 출현하였다고 주장하였다.[73]

---

71 張龍俊(2007)의 앞의 논문.

72 木崎康弘, 「박편첨두기의 출현과 규슈石槍문화」, 『九州舊石器』第4號, 九州舊石器文化研究會, 2000, pp.109-124; 萩原博文(2006)의 앞의 논문; 荻 幸二(2007)의 앞의 논문.

73 杉原敏之, 「AT降灰後の西北九州」, 『九州舊石器』第8號, 九州舊石器文化研究會, 2004, pp.77-88;

각추상석기가 출현하기 전(Ⅰ단계)에 박편첨두기는 구주 전역으로 급속히 확산되었고, Ⅱ·Ⅲ단계의 유물의 공반관계 등으로 미루어 볼 때 각추상석기의 사용집단과 기존의 박편첨두기 사용집단이 상당한 친연관계가 있었음을 추측케 해준다(그림 6).

각추상석기가 출현기에 종장박편소재를 우선적으로 사용한 점, 소멸될 때까지 기부가공을 중요한 속성으로 유지한 점, 첨두기로서의 대칭성이 강조된 점, 출현초기에 대형첨두기를 지향한 점 등을 미루어 볼 때 박편첨두기에 많은 영향을 받았다. 또한 각추상석기와 박편첨두기의 중간적인 형식의 석기가 적지 않고 이측연가공 나이프형석기 중에도 두 기종의 기술이 혼합된 것 같은 형태도 출토된다(그림 6).[74]

또한 국부계 석기군(國府型 나이프형석기 포함)이 유입되더라도 어디까지나 박편첨두기 집단이 주도권을 가지고서 기술적으로 받아들일 부분만 받아들이는 취사선택방식을 유지하고 있었다. 박편첨두기 제작자들은 도구의 기술향상이라는 목적을 가지고 긍정적 방향으로의 변화를 모색한 것으로 해석할 수 있다. 출현기의 각추상석기가 박편첨두기와 거의 공반되고 박편첨두기보다 출토수량이 적은 것도 이를 뒷받침한다. 각추상석기는 종장박편과 횡장박편을 소재로 사용하지만 박편첨두기는 종장박편을 고집하는 차이점에서도 알 수 있다.

이런 상황에서 한반도의 석인기법을 토대로 구주지역에 출현한 박편첨두기는 석기원산지에 대한 개발을 자극하고 대형 첨두기제작에 적합한 석인기법 또는 종장박리기술을 촉발시켰다. 그 이전까지만 해도 주로 소형의 박편이나 종장박편을 이용하는 수峙型 나이프형석기 또는 대형양(臺形樣)석기가 후기구석기시대 전반기에 널리 사용되었다. 박편첨두기단계 이후부터는 다각적인 자원개발로 석기기종이 다양해지고, 여러 종류의 석재를 사용하기 시작한다.

하지만 다각적인 석재자원개발이 있었다고 할지라도 점차 석인기법은 쇠퇴하고 소재박리기술에 의존하기보다는 조정기술에 의존하는 양상으로 점차 바뀌게 된다. 원하는 예비소재의 획득이 어려워지면서 박편첨두기는 서서히 기부조정에만 그치지 않고 조정의 빈도와 범위가 넓어지며 중·소형의 형태가 증가한다.[75]

杉原敏之,「列島西部における角錐狀石器の出現」,『地域と文化の考古学Ⅰ』, 2005.

[74] 반대로 이로 인해 각추상석기, 박편첨두기, 나이프형 석기의 형식구분이 어려워진 게 사실이다.

[75] 吉留秀敏(2002)의 앞의 논문. 박편첨두기와 각추상석기가 공반되는 경우 이 두 석기에는 조정빈도수가 급격히 증가하는 양상을 확인할 수 있다. 이것은 석기제작의 양대 축이라 할 수 있는 박리기술이 붕괴되고 조정기술이 강조되는 쪽으로 기술변화가 일어나고 있었음을 시사한다.

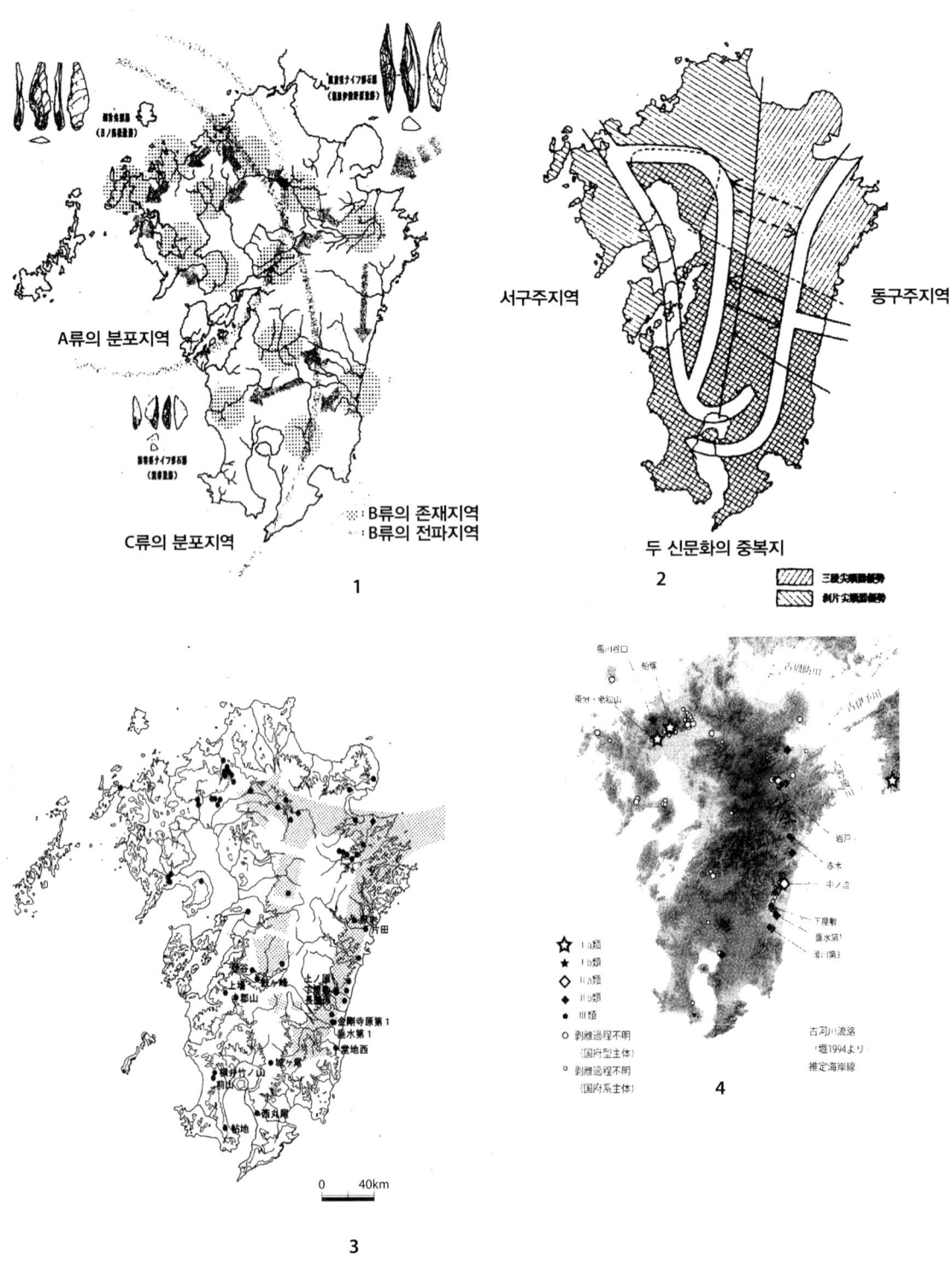

그림 6 국부계 석기군의 유입과 확산에 대한 가설
1. 桑波田 武志(2004a) | 2. 荻 幸二(2007) | 3. 岩谷史記(1997) | 4. 森先一貴(2006)

한 가지 주의할 사실은 유적 내에서 석재가 다양하게 이용되었다고 해서 그것이 바로 기술의 발전으로 연결되지는 않았다는 점이다. 단지 박편첨두기보다 조금 더 늦게 각추상석기가 첨두기로 재편되는 양상을 보일 뿐이다. 각추상석기가 한반도의 배모양세석핵에서 유래한 것이라는 주장도 있으나, 현재까지의 자료로 볼 때는 구주지역 각추상석기의 출현단계와 박편첨두기의 생계방식이 크게 다르지 않다. 각추상석기가 박편첨두기 이후 시기에서 자돌구로 우세를 점했던 것은 사실이지만, 이것이 박편첨두기보다 기술적으로 우수하고 발전된 양상으로 보기는 어렵다.

결국 박편첨두기의 소멸은 다양한 석재자원을 사용하여 구주지역에 맞는 또 다른 방식의 생계활동이 출현했음을 의미하고 각추상석기가 현지에 적응한 결과로 볼 수 있다. 이것이 구주지역에서 석인기법을 포기함으로써 얻게 된 새로운 적응방식이다. 지금까지의 연구방식대로 박편첨두기는 급격히 소멸한다는 사실에만 초점을 맞춰 이것의 출현과 소멸을 구주지역에 국한되는 한시적인 문화현상으로 치부해서는 안 된다. 왜냐하면, 박편첨두기는 하나의 석기형식을 전한 게 아니라 한반도에서 유행하던 석기제작기술과 생존전략을 전수했을 가능성이 높기 때문이다.

2) 中·四國지역의 國府系 석기군의 영향(그림 6)

국부계 석기군은 瀨戶內지역에 있어 國府型 나이프형석기로 대표되는 國府석기군과 瀨戶內기법과 기술적 유사성이 인정되는 석기군을 지칭한다.[76] 특히 國府型 나이프형석기는 횡장박편을 연속적으로 박리하여 생산해낸 소재를 선단 쪽이 가늘고 중앙 쪽이 폭넓은 유엽형(柳葉形)의 중·대형 자돌구로 완성한 것이다.[77]

구주지역에서 瀨戶內기법의 존재는 鎌木義昌·高橋 護가 福井동굴 Ⅸ층에서 처음 확인하였다.[78] 그 뒤 국부형 나이프형석기는 1974년 松藤和人이 橫隈山유적의 자료를 통해 처음 소개하였다. 국부계 석기군은 1960~70년대부터 그 존재가 알려져 있었지만, 실질적인 연구의 시작은 松藤和人이 大阪市 평야주변의 국부석기군과 구주지방 국부계 석기군의 관련성

---

[76] 이것은 국부계석기군, 국부석기군, 瀨戶內계 석기군 등 다양하게 불리고 있다.

[77] 森先一貴(2008)의 앞의 논문.

[78] 鎌木義昌·高橋 護(1965)의 앞의 논문.

을 지적하면서 부터이다.[79] 그 후 구주지역에서 中·四國지역의 국부계 석기군과의 관계에 대해 지속적으로 연구가 이루어졌다.[80]

그러한 일환으로 국부계 석기군이 어떤 경로로 구주지역에 유입되었고 확산경로는 어디인가에 대한 논의가 많이 진행되었다. 그 중 구주지역 국부계석기기군의 기원에 대해서는 구주 기원설과 中·四國지역 기원설이 있다.

먼저 구주 기원설은 淸水宗昭가 주장하였다.[81] 그는 구주 서북부에 위치한 船塚유적과 百花臺유적의 AT층 아래에서 국부계석기(瀨戶內系석기)가 출토되어 구주지역에서도 발생했을 가능성과 더불어 한국 수양개유적의 슴베찌르개와 각추상석기를 근거로 한반도로부터 영향을 받았을 것으로 생각하였다. 구주지역의 국부계석기군이 柳田俊雄와 松藤和人이 지적처럼 瀨戶內지역의 것과 공통점도 있지만 차이점도 존재한다. 하지만 이 주장은 기본적으로 구주 서북지역의 층위가 안정되지 않은 것이 문제점으로 지적되었고, 관련 자료가 부족하여 널리 인정받지 못하였다.

한반도로부터 박편첨두기와 瀨戶內기법이 함께 유입되었다면, 한반도의 박편첨두기 편년을 참조할 때 규격성이 뛰어난 박편첨두기가 공반되거나, 박편첨두기가 성행한 시기에 瀨戶內기법이 확인되거나 한반도에서 瀨戶內기법이 출현해야 하지만, 상황은 그렇지 않다. 각추상석기가 구주 서북지역에 위치한 北松浦반도와 東松浦반도에 가장 늦게 출현하는 점도 고려해야 한다. 현 시점에서는 자료가 부족하므로 구주 서북지역이 각추상석기의 기원지가 될 가능성을 남겨두고자 한다.

다음으로 中·四國지역 기원설은 가장 많이 지지받는 가설이다. 즉, 愛媛縣의 佐田岬반도와 大分縣 佐賀關반도의 루트이다(그림 6-1~3). LGM시기에 육지였을 것으로 추정되는 瀨戶內海를 건너 구주지역에 도달했다는 것이다. 현재 가장 많은 연구자가 이 루트를 주장하고 있다.[82] 또한 松藤和人은 구주지역의 국부계 석기군은 瀨戶內지역에서 직접 전파된 것이 아

---

79 松藤和人, 「瀨戶內技法の再檢討」, 『舊石器考古學』30, 舊石器文化談話會, 1985, pp.119-134.

80 柳田俊雄(1985); 吉留秀敏(2004); 松本 茂(2008); 森先一貴(2008)의 앞의 논문. 桑波田 武志, 「鹿兒島縣における瀨戶內技法關聯資料」, 『鹿兒島考古』第38號, 鹿兒島縣考古学会, 2004b, pp.7-23; 佐藤宏之, 『日本舊石器文化の構造と進化』, 柏書房, 1992.

81 淸水宗昭, 「九州地方の瀨戶內系石器に關する一考察」, 『列島の考古學』渡辺誠先生還暦記念論集 刊行會, 1998, pp.47-62.

82 桑波田 武志(2004a); 岩谷史記(1997); 荻 幸二(2007)의 앞의 논문.

니라 북구주에 일단 전파된 국부계 석기군의 문화적 변용으로 파악하였다.[83]

中·四國지역 기원설을 주장하는 연구자 중 森先一貴는 愛媛県과 大分県사이의 佐田岬 반도쪽이 아닌 북구주 루트를 새롭게 제기하였다(그림 6-4).[84] 그는 구주 서북지역은 국부형 나이프형석기, 특히 大形 국부형 나이프형석기가 많이 출토되고 있고, 구주지역에서는 가장 이른 시기의 국부계 석기군이라는 점을 근거로 하여 瀬戸内海 방면에서 일정 수의 사람이 직접 관여하여 구주 서북지역의 국부계 석기군이 형성되었다고 주장하였다. 하지만, 국부계 석기군의 분포양상을 보면, 北九州지역에 관련 석기군이 희소하고, 中·四國을 연결하면서 반도가 있어 가장 가까운 거리인 大分·愛媛県루트가 아직까지는 유효한 것으로 생각된다.

이러한 국부계 석기군이 각추상석기의 출현에 어떠한 영향을 미쳤는지는 각추상석기의 출현시기에 국부계 석기군 내에 각추상석기가 있었는지를 검토할 필요가 있다. 국부계 석기군(횡장박편의 瀬戸内기법)과 각추상석기가 함께 구주지역으로 유입되었다면, 이른 시기의 국부계석기군에서 두 석기는 반드시 공반하여야 한다.[85] 이를 알기 위해서는 구주지역에서 각추상석기군 출현기의 공반유물을 살펴보자.[86]

첫째, 횡장박편은 있으나 각추상석기가 없는 경우이다. 宮崎평야의 杉木原유적(횡장박편 나이프형석기 1점+박편첨두기 1점), 五ヶ瀬유역의 藏田유적(횡장박편 나이프형석기 2점+박편첨두기 5점), 薩摩반도의 帖地유적(횡장박편 나이프형석기 2점+박편첨두기 5점)이 있다.

둘째, 박편첨두기와 각추상석기는 함께 출토되지만, 횡장박편관련 석기가 없는 경우이다. 宮崎평야의 北牛木 제1문화층(박편첨두기 2점+각추상석기 1점), 薩摩반도의 今里유적(박편첨두기 1점+각추상석기 8점), 人吉분지의 大丸·藤迫하층유적(박편첨두기 4점+각추상석기 1점), 巖淸水 하층유적(박편첨두기 19점+각추상석기 1점), 白鳥平A유적(박편첨두기 4점+각추상석기 5점), 北松浦반도의 中山 하층유적(박편첨두기 8점+각추상석기 1점)이다.

결국, 상당수의 유적에서 박편첨두기, 횡장박편(국부계) 나이프형석기, 각추상석기가 공

---

83 松藤和人(1985)의 앞의 논문. 柳田俊雄(1985)도 大分県 岩戸유적 제1문화층의 석기군은 瀬戸内기법과 차이가 있음을 주장하였다. 그 이유는 다음과 같다. 소재획득방법의 규칙성이 강하지 않고, 타면조정기술의 미발달, 목적박편의 생산성이 낮고, 瀬戸内기법의 의존도가 낮다.

84 森先一貴(2008)의 앞의 논문.

85 석기군의 구성차이에는 여러 이유가 있지만, 아마도 유적의 기능차이도 있을 것이다. 하지만, 현실적으로 이러한 분류에는 어려움이 있음을 양해해 주기 바란다.

86 荻 幸二(2007)이 정리한 내용을 참조하여 재작성하였다.

반되고, 박편첨두기와 횡장박편 나이프형석기가 공반되는 경우도 적지 않다. 따라서 무조건 적으로 각추상석기가 국부계 석기군의 영향으로 출현했다는 주장은 무리가 따른다. 실제 각추상석기가 출현하는 초기에 주도권을 쥔 것은 縱長박리를 선호하는 박편첨두기 석기군이었다. 그러므로 국부계 석기군이 유입되었다고 하더라도 급격하게 석기군의 교체와 같은 일은 발생하지 않았다.

3) 한반도와의 교류

구주지역에서 한반도지역과 관련이 있는 석기로 언급되는 것은 박편첨두기, 각추상석기, 국부계석기, 舟底形석기[배모양세석핵]이다. 박편첨두기의 기원이 한반도에 있음은 주지의 사실이므로 여기서는 나머지 석기들에 대해 살펴보고자 한다.

먼저 각추상석기에 대해 알아보자. 구주지역의 출토상황을 본다면 공반유물 중 각추상석기가 없는 것으로 보아 박편첨두기가 유입될 당시에는 각추상석기가 들어오지 않았을 것으로 판단된다.

만약, 두 지역에서 관련유물이 확인된다면, 한반도와 일본열도가 가까워진 LGM시기 동안에 2차례 이상의 교류가 있었음을 뜻한다. 다시 말해 구주 1차 확산기 때는 박편첨두기(석인기법 포함)만 전해졌으며, 구주 2차 확산기 때 박편첨두기와 각추상석기가 함께 전해지거나 각추상석기만 독자적으로 전해지는 것이다. 왜냐하면 한반도출토 각추상석기의 출현연대는 하가, 삼리, 수양개유적의 연대를 고려할 때 박편첨두기보다 늦기 때문이다.[87]

구주 1차 확산기 이후 구주지역의 박편첨두기는 구주 전역으로 급속히 확산되었다. 그 후 구주에서는 박편첨두기와 종장박리기술의 사용, 대형수렵구의 제작, 석재의 전략적 이용, 석재 다원화현상의 가속화, 소재제작공간과 사용공간의 분리현상이 나타났다. 박편첨두기 이후에 각추상석기가 출현하는 것은 한국 쪽의 사례를 보더라도 큰 무리는 없을 것 같다.

하지만, 문제는 구주 2차 확산기 또는 교류의 유무이다. 앞서 살펴보았듯이, 현재까지 각추상석기의 출현은 특정 석기의 전래로 보기 어려울 정도로 그 출현과정이 복잡하고 출토지역도 매우 광범위하였다. 만약, 한반도의 각추상석기가 구주지역으로 전해졌다면, 그 시기는 최초 도래보다 늦은 시기인 2.3만 년 전을 전후한 시기로 생각된다.

---

87 다만, 각추상석기에 대한 한국 쪽 자료가 부족하므로 이에 대한 자료증가를 기대해 볼 필요가 있다. 2.5만 년 전까지 소급될 가능성은 있는 것으로 생각된다.

한국에서 각추상석기의 출토예가 적기는 하지만, 하가유적(19,700±300BP)에서 각추상석기와 함께 유사 나이프형석기가 확인되었고,[88] 밀양 고례리유적에서도 등면조정된 석기가 출토되고 있어 각추상석기가 한반도에서 일본으로 건너갔을 가능성을 현 단계에서 완전히 배제할 수는 없다.

한편, 佐藤宏之는 한국의 세석인석기군에서 출토되는 舟底形석기[배모양세석핵]이 일본열도에 유입된 뒤 자돌구로 기능을 전환하여 각추상석기가 출현하였다고 주장하였다.[89] 다만, 구주지역의 각추상석기는 세석인을 박리한 흔적이 없는 석기인데 반해, 우리나라 배모양세석핵은 수양개, 집현, 석장리유적의 사례를 보면 세석인을 박리한 흔적이 남아있다.[90] 그리고 배모양세석핵은 세석인단계 중에서도 2만년 이후에 주로 출토되고 있어 구주지역 각추상석기의 출현연대보다 늦다는 문제점이 있다.

그러나 우리나라의 배모양세석핵과 구주지역의 각추상석기가 형태나 기술적으로 매우 유사한 것은 분명한 사실이다. 앞으로 이 부분에 대해 우리나라에서도 각추상석기의 출현시기와 기술양상에 대한 구체적인 논의가 필요할 것으로 생각된다.

이상 살펴본바와 같이 일본 구주지역은 박편첨두기가 도래한 이후 LGM(Last Glacial Maximum 최대빙하발달기)이 끝나기 직전에 한반도 남부지역과의 2차 교류가 있었을 가능성이 높다. 그러므로 한국과 일본 두 지역은 LGM기간 동안 빈번하지는 않더라도 여러 차례 접촉이 있었을 가능성을 열어두어야 한다. 현재까지는 각추상석기가 횡장박편 박리기술의 유입과 밀접한 관련이 있는 점 등으로 미루어 볼 때 한반도의 직접적인 영향을 말하기에는 아직 시기상조인 것 같다.

2 성립과정

박편첨두기의 출현시기가 약 3천 년 동안(2.5~2.2만 년 전)으로 후기구석기시대 기간 동안에 차지하는 비중은 낮지만, 이러한 석기군의 확산을 촉발시킨 광역석기군이 바로 박편첨두기

---

[88] 이기길(2007)의 앞의 논문.

[89] 佐藤宏之,「日本舊石器文化의 課題」,『季刊考古学』100號, 2007a, pp.19-22; 佐藤宏之,「第一部道具 第1章 分類と形式」,『ゼミナール舊石器考古学』, 2007b, pp.15-31.

[90] 국립대구박물관,『사람과 돌-머나먼 진화의 여정-』특별전 도록, 2005.

집단이라는 점에서 주목할 필요가 있다. 구주지역에서 AT층 이전 시기에는 확인되지 않는 10cm를 전후한 대형수렵구인 박편첨두기가 등장하면서 출현한다는 사실은 석기제작은 물론, 석기에 담겨진 무형의 생존정보가 한반도로부터 구주지역에 전달되었음을 시사한다.

구주지역에서 박편첨두기의 출현은 단순히 석기기술의 전파나 박리기술에 대한 정보교환의 일환보다 생계방식의 변화를 야기시켰다는 점에서 매우 중요하다. 지역화라는 개념이 해당지역의 문화를 독자적이면서 특징적으로 구분하는데 사용될 수도 있겠지만, 오히려 재지계(在地系) 석재를 이용한 석기제작을 독려하는 차원의 광범위한 확산을 촉발시킨 부분도 고려할 필요가 있다.

후기구석기 전반기의 광역이동과 석재의 자원개발은 후기구석기 후반기에도 멈추지 않고 지속적으로 이루어졌다. 예를 들면, 국부계석기(횡장박편 박리기술과 국부형 나이프형석기)와 각추상석기의 공유, 박편첨두기의 공유가 그것이다. 박편첨두기가 출현하면서부터 광범위한 이동과 정보교환이 더욱 활발해지고 특정 석기와 석재가 결합하는 방식으로 기술전략이 변화해 가기도 했다.[91]

한반도의 사례를 볼 때 자원개발전략 역시 박편첨두기는 특정 석재를 고집하는 매우 보수적 성향을 지니고 있었다. 일단 선택된 석재가 구해지면 대량으로 석기를 제작하고 박편박리의 기술수준 또한 높았다. 佐賀縣지역에서 국부계석기군이 발달한 것은 사실이지만, 반면 岡本A지역처럼 종장박편을 이용한 박편첨두기의 출토비율 또한 매우 높다. 단순히 이 지역의 석재자원이 횡장박편을 주로 하는 국부계 석기군에 의해 개발되었다고 단정지을 수 없는 이유이다. 구주 동남부지역의 유명한 석재산지는 모두 박편첨두기와 관련이 있다. 오히려 이곳의 석재는 박편첨두기 석기군이 먼저 개발한 것으로 볼 수 있다.

지금까지 각추상석기의 경우 특정 지역에서 출현했다기보다는 북해도를 제외한 지역에서 거의 동시다발적으로 등장한 석기로 이해되어 왔다. 그 중 구주지역은 박편첨두기의 성행 및 쇠퇴와 궤를 같이하면서 가장 중요한 수렵도구로 평가되고 있다.

그리고 大分縣에서는 國府型과 瀨戸內型 각추상첨두기가 확인된다. 宮崎縣은 大分縣과 그 양상이 유사하면서 九州的 양상과 環瀨戸內적 양상을 함께 지니면서 구주 남부지역과는 또 다른 지역성을 형성하였다. 특히 국부계석기가 출토되는 유적에서는 관련 유물이 소량만 출토되는 경우가 많은 점으로 볼 때 瀨戸內 집단이 전해준 기술적 정보는 그들과의 직·간접

---

91 구주지역에 흑요석이 많이 분포해도 박편첨두기와 국부계나이프형석기는 주로 안산암(사누카이트)을 이용한다.

적 접촉을 통해 구주 재지집단이 각 지역 나름대로의 적합한 기술방식으로 변환하여 수용한 것으로 생각된다.

그러한 이유 중에는 석재자원의 분포에 따른 석기군의 다양성도 한 요인이지만, 구주 중앙부에 위치한 산악지대로 인해 교류에 장애가 발생하였고 서북구주 이외에 瀨戶內 집단의 진출이 확인되지 않는 등 확산경로도 다양하고 유적에서 차지하는 비중도 차이가 있기 때문이다.[92]

박편첨두기는 구주지역에 석재자원의 개발방식과 수렵기술을 전수했다는 측면에서 출현 의의가 있다. 이런 전통은 각추상석기의 사용집단에게도 계승되었다. 석기형식의 변화는 소재박편이 다양해서 석기형태가 다양해졌다기 보다는 각종 석기를 나누어 만들기 위한 박편모드가 중시되었기 때문이다. Ⅱ~Ⅲ단계에서 보았듯이 다각적이면서 효율적인 자원개발 전략이 폭넓은 기술적 재편을 통해 前시기보다 발전하였다.

中·四國지방에서 각추상석기를 만드는데 사용되는 석재는 宇部臺地유적군을 참조할 때 재지의 석재와 구주지방의 흑요석과 佐賀縣 多久産 사누카이트와 冠産 안산암이 이용되었다. 즉, 中·四國지방의 서부에서 각추상석기에 사용되는 석재는 재지계의 것과 외래계의 것이 보완적으로 사용되었다.[93] 이러한 사실은 이것이 확산되는 과정에서 일정량의 석재도 함께 유통되었음을 의미한다. 서일본지역의 각추상석기는 각 지역에서 이용가능한 석재가 모두 사용된다(松藤和人, 1981).

구주이외의 지역을 보면, 環瀨戶內 동부에서는 석인모드가 발달하지 않는다. 그러나 瀨戶內지역에서도 석인기법으로 볼 수 있는 유적도 있다. 물론 종장박편과 석인기법의 정의를 어떻게 설정할 것인지는 일본 내에서도 지금도 논란이 되고 있는 문제이다. 中·四國지역이라도 AT층 이후시기에 횡장박편만 생산하는 것이 아니라 종장박편도 다수의 유적에서 확인되고 있는 것은 분명하다. 다만 이러한 지역에서 박편첨두기가 거의 공반되지 않는다는 점에서 구주지역과의 교류양상은 명확하지 않다.

그런 와중에도 구주지역을 벗어난 山口縣 宇部지역의 南方, 富士尾, 常磐池유적에서 박편첨두기와 함께 각추상석기가 출토되었다.[94] 아울러 香川縣 大浦유적에서는 소량의 각추

92　森先一貴(2008)의 앞의 논문.

93　多田 仁(1997)의 앞의 논문.

94　小南裕一, 「山口縣西部」, 『中·四國地方舊石器文化の地域性と集團關係』, 2004, pp.65-74.

상석기와 함께 종장박편을 주체로 하여 박편첨두기(5점)를 제작하였다.[95] 보고서에는 나이프형석기로 분류하였으나, 이 유적에서 명확한 횡장박편을 이용해 국부형 나이프형석기가 검출되지 않았고 구주지역 박편첨두기의 기술방식과 크게 다르지 않은 점 등으로 미루어볼 때 박편첨두기의 확산범위는 넓어질 가능성이 높다. 아울러 西方유적에서도 박편첨두기와 유사한 기부가공 첨두기가 출토되었다.[96]

따라서 기술유입의 흐름이 어느 한쪽에서 일방적으로 이루어진 것만은 아님을 알 수 있다.

V 소결

구주지역은 AT층 형성 이후에 생존을 위한 중·대형의 수렵구의 제작이 급증하였던 시기이었다.

박편첨두기의 경우 구주지역 내 제작지나 공방이 확인된바 없기 때문에 대체로 소재생산지와 석기사용지가 다른 석기군으로 받아들여지고 있다.[97] 그리고 석인기법과 같은 특정 박리기술과 결부된 박편첨두기의 제작방식은 다양한 형태의 수렵도구를 원했던 구주지역 후기구석기인에게는 불만스러운 것이었다.

그들은 보다 손쉽게 제작가능하고 소재생산이 용이한 형태의 첨두기를 원하였다. 그런 와중에 구주지역은 기존의 종장박리기술과 더불어 瀨戶內海로 부터 국부계 석기군이 유입되면서 다양한 방식의 박리기술을 보유하게 되었다. 그 덕택으로 구주지역에서는 여러 조정기술이 적용된 다양한 형식의 수렵구가 출현하였다.

각추상석기의 경우 특별한 형태의 예비소재를 고집하지 않았기 때문에 형태가 다양하

---

[95] 香川縣教育委員會·本州四國連結橋公團, 『瀨戶大橋建設に伴う埋藏文化財發掘調査報告Ⅳ-大浦遺蹟-』, 1981.

[96] 香川縣埋藏文化財研究會, 『瀨戶大橋建設に伴う埋藏文化財發掘調査報告Ⅳ』, 1985. 大浦와 西方 유적은 층위가 뒤섞여 여러 시기의 유물이 혼재되어 출토되었다. 하지만 박편첨두기가 다른 지역의 경우를 참고해도 세석인과 실질적으로 공반될 확률은 거의 없다.

[97] 張龍俊(2002)의 앞의 논문. 松藤和人, 『日本列島における後期舊石器文化の始原に關する基礎的研究』, 平成12~15年度科學研究費補助金基盤研究(C)(2) 研究成果報告書, 2004, pp.1-143.

고 지역적인 차이가 두드러지는 원인을 제공하였다. 이러한 현상은 구주지역 내 석재자원의 독특함, 석기를 제작하는 집단 혹은 개인에 있어 기술능력의 차이, 생태환경에 따른 도구필요성의 차이, 새로운 기술의 도입유무와 그 시기 차이 등으로 이해할 수 있다.

아울러 구주지역의 각추상석기가 형식이 다양하고 여러 형식의 첨두기와 상존하면서 석기조성에 규칙성을 찾아보기 힘든 복잡한 구조를 지니게 된 데에는 다음과 같은 원인을 생각해 볼 수 있다.

첫째는 서북구주에서 동남쪽으로 내려오는 박편첨두기의 확산속도(일부는 中·四國지역 이상으로 확산되었을 것으로 추정됨)와 박편첨두기보다 늦게 中·四國지방에서 유입되어 온 국부계 석기군이 동남쪽으로 부터 북부구주로 향하는 확산속도에서의 차이와 함께 두 석기군에 있어 사용시기의 차이, 둘째는 기존에 사용되었던 나이프형석기 제작기술의 잔존, 셋째는 구주 내 각 지역별로 분포하는 석재의 종류의 차이, 넷째는 지역별로 다른 각추상석기의 소멸속도, 다섯째는 각추상석기의 기능에 따른 형태의 차이이다.

구주지역의 각추상석기 제작집단은 자기 방식만을 고집하지 않고 다양한 박리기술을 적극적으로 수용함과 동시에 재지의 석재에 맞는 석기형식을 찾기 위해 노력하였다. 이런 사실은 각추상석기가 박편첨두기, 국부형 나이프형석기, 切出形 나이프형석기와 같은 다양한 형식의 첨두기와 공반되는 점에서도 알 수 있다.[98]

그런 의미에서 각추상석기는 한반도지역과의 1·2차(잠정적)에 걸친 접촉을 통해 받아들여진 슴베찌르개 혹은 각추상석기, 瀨戶內海의 국부계 석기군의 제작기술, AT층 이후의 나이프형석기 제작기술 등이 융합되어 출현하였다(그림 7). 이것이 구주지역의 각추상석기를 단순히 새로운 수렵구의 출현으로만 볼 수 없는 이유이다.

결론적으로 구주지역에서 AT화산폭발이후 변화된 주변 환경은 구석기인들의 생존에 대한 자칫 부정적인 반향을 불러일으킬 수도 있었을 것이다. 그런 상황에서도 구주 구석기인들은 새로운 환경에 적응하기 위해 새로운 생존방식을 모색하였다. 그 일환으로 한반도로부터 슴베찌르개를 받아들이고, 새로운 수렵구와 그에 따르는 수렵기술의 습득하고자 노력하였다. 이러한 노력은 생존능력을 향상시켜 준다는 집단 내부의 긍정적 반응을 이끌어내었고 변화의 속도는 더욱 가속화되었다. 구주지역에서 각추상석기의 출현은 현지의 석재환경에 적합한 가장 구주적인 수렵구를 개발하였다는데 그 의의가 크다.

---

98 물론 각추상석기가 석재운용상의 제약과 생태환경의 차이로 인해 다양하게 발달하면서 현저한 지역차가 형성되었을 수도 있다. 佐藤宏之(1992)의 앞의 논문. 森先一貴(2007)의 앞의 논문.

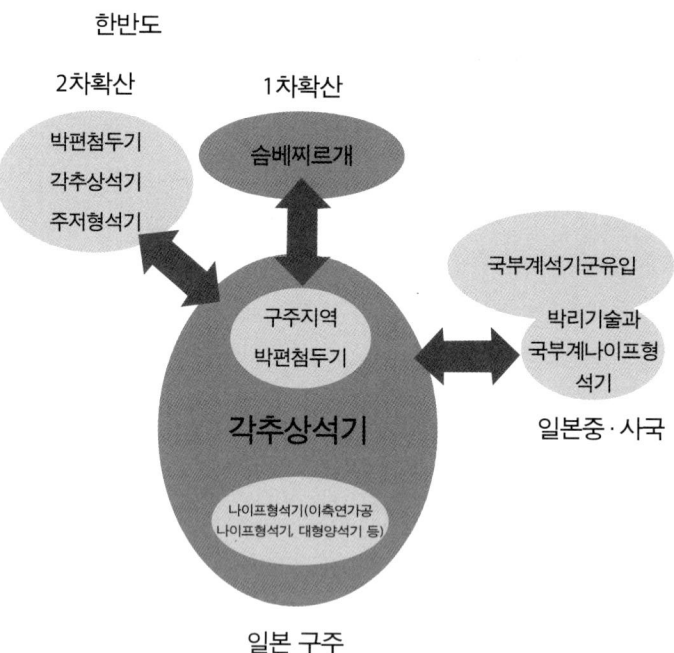

그림 7   일본 각추상석기의 출현모델

　현 단계에서 한반도와 구주 중 어느 쪽에서 더 빨리 각추상석기가 출현하였는가는 분명히 밝힐 수는 없었다. 그 이유는 한반도의 각추상석기에 대한 자료가 절대적으로 부족하기 때문이다.

참고문헌

경기문화재단부설기전문화재연구원·광주시·2001년 세계도자기엑스포조직위원회, 2003, 『광주 삼리 구석기유적』, 학술조사보고 제39책.

국립대구박물관, 2005, 『사람과 돌-머나먼 진화의 여정-』특별전 도록.

이기길, 2007, 「한국 서남부와 일본 규슈의 후기구석기문화 비교 연구」, 『湖南考古學報』第25輯, 湖南考古學會, pp.5-43.

이기길, 2008, 「임실하가유적의 발굴과 성과」, 『제32회 한국고고학전국대회』, 韓國考古學會, pp.137-154.

張龍俊, 2002, 「韓半島の石刃技法と細石刃技法」, 『九州舊石器』第6號, 九州舊石器文化硏究會, pp.24-44.

張龍俊, 2006, 「韓國 後期舊石器의 製作技法과 編年硏究-石刃과 細石刃遺物相을 中心으로-」, 부산대학교 대학원 박사학위논문, pp.1-265.

張龍俊, 2007, 「韓半島와 日本 九州地域의 後期 舊石器文化의 交流-슴베찌르개(剝片尖頭器)를 中心으로」, 『韓國上古史學報』58, 韓國上古史學會, pp.5-37.

충북대학교 박물관(이융조), 1984, 『단양 수양개 구석기유적 발굴조사 보고-忠州댐 水沒地區 文化遺蹟 掘調査報告書』, 충북대학교 박물관.

충북대학교 박물관(이융조), 1985, 『단양 수양개 구석기유적 발굴조사 보고-忠州댐 水沒地區 文化遺蹟 延長掘調査報告書』, 조사보고 제16책, 충북대학교 박물관.

鎌木義昌, 1960, 「香川縣城山遺蹟出土の石器」, 古代學 8-3, 古代學協會, pp.300-307.

鎌木義昌·高橋 護, 1965, 「瀨戶內地方の先土器時代」, 『日本の考古学』1.

九州舊石器文化硏究會編, 1996, 『九州尖頭器石器群の樣相』.

宮崎縣埋藏文化財センター, 2001, 『木脇遺跡』.

宮崎縣埋藏文化財センター, 2002a, 『長薗原遺跡』.

宮崎縣埋藏文化財センター, 2002b, 『下屋敷遺跡』.

宮崎縣埋藏文化財センター, 2006, 『東畦原第1遺跡(第三·四次調査)』.

宮崎縣埋藏文化財センター, 2007a, 『野首第2遺跡』.

宮崎縣埋藏文化財センター, 2007b, 『赤木遺跡第8地点(第二次調査)』.

宮田英二, 2006, 「九州東南部の地域編年」, 『舊石器時代の地域編年的硏究』, 同成社, pp.242-273.

宮田英二, 2007, 「剝片尖頭器と三稜尖頭器の出現及び展開」, 『九州舊石器』第11號, 九州舊石器文化硏究會, pp.11-24.

吉留秀敏, 1997, 「剝片尖頭器」, 『九州舊石器』第3號, 九州舊石器文化硏究會, pp.39-46.

吉留秀敏, 2002, 「九州における剝片尖頭器の出現と展開」, 『九州舊石器』第6號, 九州舊石器文化硏究會, pp.61-75.

吉留秀敏, 2004, 「九州地域の樣相」, 『中·四國地方舊石器文化の地域性と集團關係』, pp.99-108.

多田 仁, 1997,「中·四國地方における角錐狀石器の樣相」,『九州舊石器』第3號, 九州舊石器文化硏究會, pp.73-92.

唐津市神教育委員会, 1990,『枝去木山中遺跡』.

大野町教育委員會, 1992,『駒形津室迫遺蹟·夏足原遺蹟(O地區)』.

大野川先史文化研究會, 1981,『大野川舊石器時代資料集』, pp.1-81.

鹿児島県立埋蔵文化財センター, 1992,『西丸尾遺跡』.

鹿児島県立埋蔵文化財センター, 1996,『小牧3A遺跡·岩本遺跡』.

鹿児島県立埋蔵文化財センター, 2003,『城ヶ尾遺跡Ⅰ』.

鹿児島県立埋蔵文化財センター, 2004,『桐木遺跡』.

鹿児島県立埋蔵文化財センター, 2005,『桐木耳取遺跡Ⅰ』.

鹿児島県立埋蔵文化財センター, 2006,『堂園平遺跡(日置市東市來町)』.

鹿児島県立埋蔵文化財センター, 2007a,『仁田尾A·B遺跡』.

鹿児島県立埋蔵文化財センター, 2007b,『前山遺跡』.

柳田俊雄, 1985,「大分県岩戸Ⅰの瀬戸内技法」,『舊石器考古學』22, 舊石器文化談話會, pp.1-26.

木崎康弘, 2000,「박편첨두기의 출현과 규슈石槍문화」,『九州舊石器』第4號, 九州舊石器文化硏究會, pp.109-124.

白石浩之, 2000,「角錐狀石器の分布論的硏究」,『九州舊石器』第4號, 九州舊石器文化硏究會, pp.125-138.

福岡教育委員會, 1994,『宗原遺跡』.

比田井民子, 1990,「角錐狀石器の地域的動態と編年的考察」,『古代』90, 早稻田大學考古學會, pp.1-37.

森先一貴, 2008,「九州地方における國府系石器群の傳播と形成」,『考古學ジャーナル』575, pp.10-14.

森先一貴會, 2007,「角錐狀石器の廣域展開と地域間變異」舊石器研究 3,『日本舊石器學』, pp.85-109.

杉原敏之, 2004,「AT降灰後の西北九州」,『九州舊石器』第8號, 九州舊石器文化硏究會, pp.77-88.

杉原敏之, 2005,「列島西部における角錐狀石器の出現」,『地域と文化の考古学Ⅰ』.

三重町教育委員會, 1985,『百枝遺跡C지구』.

桑波田 武志, 2004a,「ナイフ形石器文化後半期南九州の狩獵具的樣相」,『九州舊石器』第8號, 九州舊石器文化硏究會, pp.47-58.

桑波田 武志, 2004b,「鹿児島県における瀬戸内技法関連資料」,『鹿児島考古』第38號, 鹿児島県考古学会, pp.7-23.

西川 宏·杉野文一, 1959,「岡山県玉野市宮田山西地点の石器」,『古代吉備』3, 古代吉備研究會, pp.1-9.

小南裕一, 2004,「山口県西部」,『中·四國地方舊石器文化の地域性と集團關係』, pp.65-74.

小林達雄, 1976,「概說」,『日本の旧石器文化』3, 雄山閣.

松藤和人, 1974,「ナイフ形石器について」,『橫隈山遺蹟』, 小郡市教育委員會.

松藤和人, 1981,「西日本における船底形石器の編年的豫察」,『舊石器考古學』22, 舊石器文化談話會,

pp.1-26.

松藤和人, 1985,「瀨戶內技法の再檢討」,『舊石器考古學』30, 舊石器文化談話會, pp.119-134.

松藤和人, 1987,「海を渡った舊石器"剝片尖頭器"」,『花園史學』8, 花園大學史學會.

松藤和人, 1992,「南九州における姶良Tn火山灰直後の石器群の評價をめぐって」,『考古學と生活文化』.

松藤和人, 2004,『日本列島における後期舊石器文化の始原に關する基礎的硏究』平成12~15年度科學硏究費補助金基盤硏究(C)(2)『硏究成果報告書』, pp.1-143.

松尾吉高, 1989,『老松山遺跡』, 佐賀縣敎育委員會, pp.35-114.

松本 茂, 2008,「九州地方における國府石器群の來歷と傳播論」,『傳播を巡る構造變動』, pp.32-47.

松元町敎育委員會, 2000,『宮ヶ迫遺跡』.

矢島国雄·鈴木次郎, 1976,「相模野台地における先土器時代研究の現狀」,『神奈川考古』1, 神奈川県考古同人会, pp.1-30.

神崎町敎育委員会, 1984,『船塚遺跡』.

神奈川県敎育委員会·綾瀬市敎育委員会, 2008,『発掘された石の道具』.

安部 敬, 2007,「角錐狀石器群の行動的背景」,『考古學』V, pp.33-72.

岩谷史記, 1997,「九州尖頭器石器群の中に見える三稜尖頭器の位置」,『九州舊石器』第3號, pp.47-62.

熊本縣敎育委員會, 1987,『狸谷遺跡』.

熊本縣文化財保護協会·熊本縣敎育委員會, 1980,『下城遺跡Ⅱ』.

劉 昌信, 1990,「AT(姶良Tn火山灰)上位のナイフ形石器文化」,『史學論叢』第21號.

荻 幸二, 1988,「九州地方のナイフ形石器文化Ⅱ」,『舊石器考古學』36, 舊石器文化談話會, pp.55-66.

荻 幸二, 2007,「三稜尖頭器の成立について」,『九州舊石器』第11號, 九州舊石器文化研究會, pp.25-40.

佐藤宏之, 1992,『日本舊石器文化の構造と進化』, 柏書房.

佐藤宏之, 1999,「中國·朝鮮半島の舊石器時代と日本」,『岩宿發掘50年の成果と今後の展望』, 笠懸町敎育委員會·岩宿フォーラム實行委員會, pp.37-43.

佐藤宏之, 2007a,「日本舊石器文化の課題」,『季刊考古学』100號, pp.19-22.

佐藤宏之, 2007b,「第一部道具 第1章 分類と形式」,『ゼミナール舊石器考古学』, pp.15-31.

佐藤達夫, 1970a,「長野県南佐久群野邊山B5地点の石器」,『信濃』22-4, 信濃史學會, pp.1-6.

佐藤達夫, 1970b,「ナイフ形石器の編年的一考察」,『東京國立博物館紀要』5, pp.21-76.

佐賀縣敎育委員會, 1989,『老松山遺跡』.

織笠昭, 1988,「角錐狀石器の形態と技術」,『東海史学』22, 東海大學史學會, pp.1-48.

清水宗昭, 1998,「九州地方の瀨戶內系石器に関する一考察」,『列島の考古學』, 渡辺誠先生還暦記念論集刊行會, pp.47-62

諏訪間 順, 1988,「相模野台地における石器群の変遷について」,『神奈川考古』24, 神奈川県考古同人会, pp.1-30.

諏訪間 順, 2001, 「相模野旧石器編年の到達点」, 『相模野旧石器編年の到達点』, 神奈川県考古学会, pp.1-20.

秋成雅博, 2005, 「宮崎10段階編年の概要」, 『九州舊石器』第9號, 九州舊石器文化研究會, pp.9-11.

萩原博文, 1994, 「九州における角錐狀石器の編年と地域的特徵」, 『古代文化』46-9, 古代學協會, pp.31-40.

萩原博文, 1997, 「AT降灰前後の石器群」, 『九州舊石器』第3號, 九州舊石器文化研究會, pp.11-22.

萩原博文, 2004, 「ナイフ形石器文化後半期の集團領域」, 『考古學研究』51-1, pp.35-54.

萩原博文, 2006, 「九州西北部の地域編年」, 『舊石器時代の地域編年的研究』, 同成社, pp.208-240.

平戶市教育委員会, 1985, 『堤西牟田遺跡』.

香川縣敎育委員會·本州四國連結橋公團, 1981, 『瀨戶大橋建設に伴う埋藏文化財發掘調査報告Ⅳ-大浦遺蹟-』.

香川縣埋藏文化財研究會, 1985, 『瀨戶大橋建設に伴う埋藏文化財發掘調査報告Ⅳ』.

荒井幹夫·實川順一·織笠昭, 1971, 「大宮臺地の先土器時代新資料(續)」, 『Prehistory』25.

Part 2

한반도 현생인류의 일본열도로의 확산

한반도 현생인류의 일본열도로의 확산과 의의

Ⅰ 서론
Ⅱ 석재 적응 전략의 검토
Ⅲ 한반도와 일본열도의 석기 기종 비교
Ⅳ 일본열도로의 확산 과정과 의의
Ⅴ 소결

5

I 서론

현생인류(Homo sapiens)는 아프리카 오모 키비시(Omo kibish)유적을 연구한 결과, 약 20만 년 전 무렵에 출현했을 것으로 추정하였다. 근래에는 현생인류의 출현이 10만 년 이상 소급된 30만 년 전에 출현했을 가능성이 제기되었다. 북부 아프리카에 위치한 모로코 제벨 일호드(Jebel Irhoud)유적에서 발견된 현생인류의 유골과 유물, 동물뼈 등이 315,000±34,000(28.1만~34.9만 년)으로 알려졌기 때문이다(Hublin et al., 2017). 현생인류가 아프리카를 벗어나는 하한 시점은 약 52,000±27,500년 전으로 보고 있다. 현생인류의 확산과 후기 구석기로의 전이는 인류의 행위 및 문화적인 차이에 의해 일어났다(성춘택, 2010). 아프리카 기원설에 따르면, 현생인류는 10만 년 전에 아프리카를 벗어났고, 아시아에는 6만 년 전 무렵에 각 대륙과 섬으로 확산된 것으로 보고되었다(Clarkson et al., 2017; Kaifu et al., 2014).

석인과 세석인의 확산과 사용은 현생인류의 동아시아로의 확산과 깊은 관련이 있다(장용준, 2006; 佐藤宏之, 2017). 우리나라 후기구석기문화는 4만 년 전 무렵, 중앙아시아, 중국 등을 거쳐 한반도로 들어온 현생인류와 중기구석기문화를 형성했던 기존 인류에 의해 성립되었다(이헌종, 2015; 장용준, 2006; 2015).

우리나라 구석기유적은 〈『한국고고학전문사전』 구석기시대편〉에 따르면 170곳이 넘고 있다(국립문화재연구소, 2013). 최근 구석기유적의 발굴조사가 늘어나고 있고, 여기에 지표조사된 유적까지 추가하면 500곳이 넘을 것으로 추산된다. 일본열도는 1949년에 구석기유적이 처음으로 조사되었다. 그 이후로 홋카이도(北海道)부터 오키나와(沖繩)까지 수많은 구석기유적이 발견되었다. 2010년까지 구석기유적은 16,771곳에 이른다(日本舊石器學會, 2010).[1] 일본 구석기유적의 수는 한반도 내 구석기유적의 수에 비해 현격히 많지만, 모든 유적은 후기구석

---

1   일본 내 순수 구석기유적은 10,150곳이고, 문화층이 있는 유적을 포함하면 14,542곳이다. 여기에 죠몬 소소기[繩文 草創期]유적을 포함해 16,771곳이다. 최근 일본 구석기학회에서는 이러한 수치를 업데이트 중에 있다.

기시대의 것들이다.[2] 일본열도에서 후기구석기시대 초기에 해당하는 유적은 80여 곳으로 아주 적고, 그 출토지역도 제한적이다. 4만 년 전 무렵의 유적은 거의 없고, 무엇보다 이 유적들보다 오래된 전기와 중기구석기시대의 유적은 전무한 실정이다.

한반도와 일본열도의 후기구석기연구는 슴베찌르개와 박편첨두기의 교류와 계통(이기길, 2007; 2014; 張龍俊, 2007; 2009a; 2015; 吉留秀敏, 1997; 2002; 松藤和人, 1987; 2004; 木崎康弘, 1994), 세석인기법의 종류와 특징 비교(張龍俊, 2006; 大谷薫, 2016; 小畑弘己, 2003; 佐藤宏之, 1999), 흑요석의 사용과 원산지 검토(李隆助·尹用賢, 1994; 張龍俊, 2013; Lee and Kim, 2015; 木村英明, 2006; 安蒜政雄, 2010) 등이 주요 관심사였다. 반도와 섬이라는 특징적 지형 위치에 있는 한반도와 일본열도의 교류 또는 접촉은 최대빙하극성기(LGM)인 26,500~19,000 cal BC때만 있었던 것은 아니었다(Chang, 2013).

구석기 발굴조사가 늘어남에 따라 한국과 일본열도의 교류관련 자료는 증가하고 있다. 슴베찌르개는 고례리, 진그늘, 용호동, 용산동, 호평동, 용수재울, 신화리 등 분포지역과 수량이 증가하고 있다. 슴베찌르개와 함께 출토된 각추상석기가 주목받기도 했다(이기길, 2007; 장용준, 2009; 2011).[3] 각추상석기는 삼리, 하가, 수양개 VI에서 출토되었다. 한반도와 일본열도의 교류관계를 파악하는데 두 기종은 중요한 검토 대상이다. 또한 일본 나이프형 석기 중 도호쿠[東北]지방의 것들 중 일부는 한국의 슴베찌르개로 봐야한다는 의견이 있다(이기길, 2014; 장용준, 2015). 장용준(2010b)은 일본 혼슈 서부지역에 분포하는 북방계 세석인석기군, 이른바 유베쓰[湧別]기법관련 세석인기법의 기원이 북해도가 아닌 한반도에 있다고 주장하였다.[4]

지금까지 두 지역에 있어 구석기문화연구는 공통점을 찾기보다 특수성과 지역성이 더

---

[2] 일본열도 내 중기구석기시대 유적일 가능성이 있는 곳이 있지만, 그렇다고 해도 그 숫자는 극히 적다.

[3] 필자는 우리나라에서 출토된 것은 슴베찌르개, 슴베찌르개의 영향으로 일본열도에 등장한 것은 박편첨두기로 구분해서 사용하고자 한다.

[4] 이에 반해 오오타니 카오루(2017)는 혼슈의 쐐기형 세석인 석기군이 일본 연구자들의 기존 주장을 수용하여, 한반도보다 도호쿠지역의 세석인석기군과 더 깊은 관련이 있다고 보았다. 하지만, 일본 측과의 유사성만을 주장할 것이 아니라 구체적으로 한국과 일본 온바라의 쐐기형세석기군이 공반유물 이외에 어떠한 기술적 차이가 있는지에 대한 구체적인 언급을 제시하지 못하고 비교검토가 필요하다는 여지를 남겨두었다.

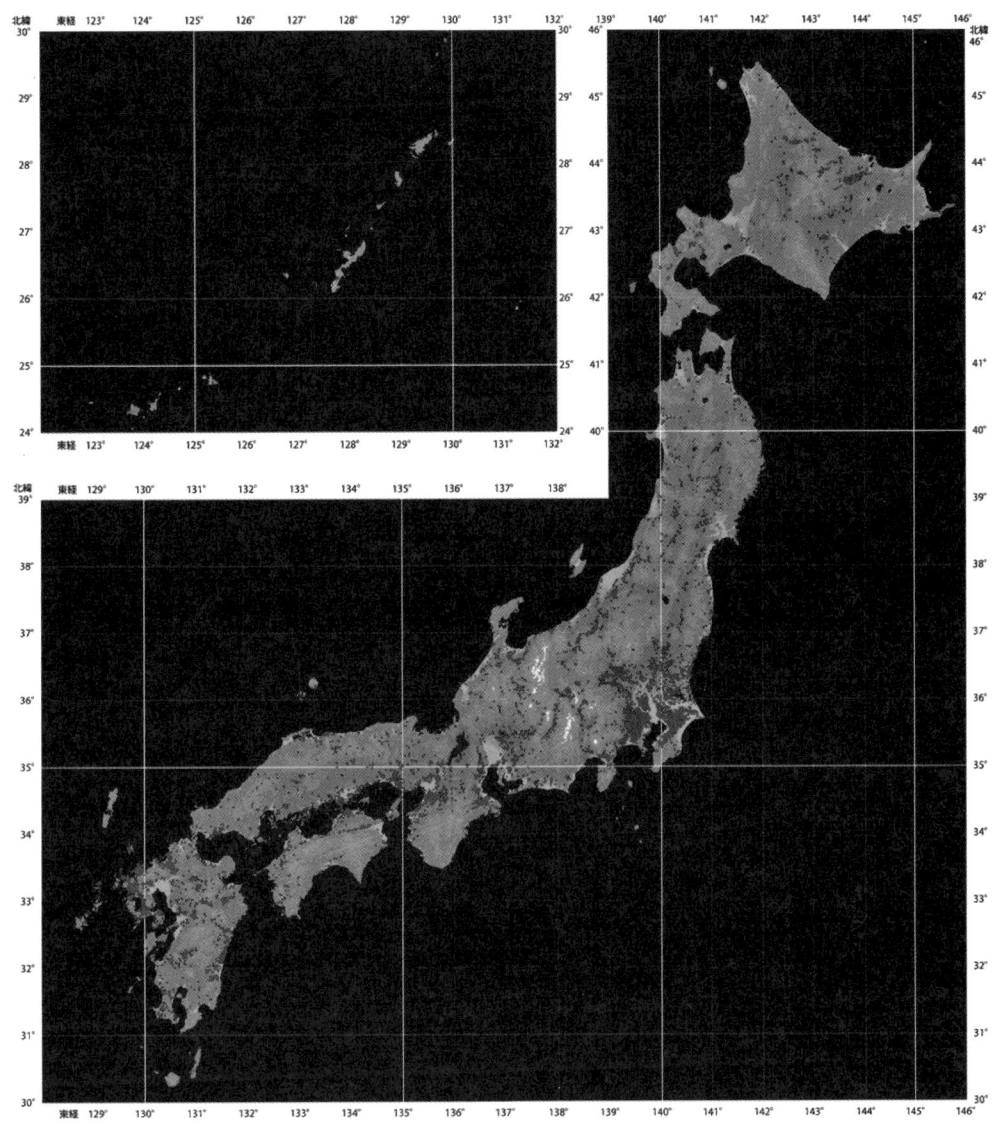

그림 1 일본 구석기유적(죠몬시대 소소기유적 포함) 분포도(日本旧石器学会, 2010을 인용)
대한해협에 위치한 쓰시마[對馬島]섬에서는 구석기유적이 아직 발견되지 않고 있어 한일구석기연구에 있어 어려움이 있음.

많이 강조되어 왔다. 대부분의 연구는 특정 석기의 단순 비교에 머무르고 있다. 한반도에 살았던 현생인류가 일본열도의 구석기문화에 어떠한 영향을 미쳤는지는 제대로 검토되지 못하였다. 한반도와 일본열도의 구석기문화는 공통점과 차이점이 병존한다. 기후와 지질 환경 등의 자연 조건의 차이는 물론, 석기의 형태나 제작방식도 지역마다 다르다. 수렵대상이 되는 동물, 주변에서 사용할 수 있는 석재도 달랐을 것이다.

이제는 한반도지역의 구석기를 연구한 관점에서 일본열도의 구석기문화를 바라볼 때이다. 일본열도에 사람이 살기 시작한 것은 후기구석기시대 이후이다. 일본열도에 건너간 최초의 인류 중에는 한반도에 살았던 구석기시대 사람이 중요한 역할을 했을 가능성이 높다.

본고에서는 두 지역의 공통 기종을 찾아 비교하고, 지역 내 석재 적응 전략과 차이를 살펴본다. 이를 통해 한반도의 현생인류가 일본열도로 유입되는 경로를 찾고, 그 확산과정과 의미를 밝혀보고자 한다.

II 석재 적응 전략의 검토

1 한반도 내 후기구석기인의 석재 적응 전략

1) 석재 적응 전략

한반도는 중국 대륙의 동쪽과 시베리아 동부지역으로부터 초기인류와 현생인류가 유입되었다. 그 정확한 시점이나 루트는 아직 분명하지 않다. 갱신세 기후변화에 상관없이 언제나 이동 가능한 육로로는 한반도 북부루트와 갱신세 때 해수면이 내려가야지만 형성되는 서해루트가 있었다. 두 루트는 한반도 내 구석기문화의 형성에 지대한 영향을 미쳤다. 중국 대륙에 살았던 구석기인들 중 석영암이나 쳐트 등으로 석기를 만들던 집단은 한반도 석영계 석기군과도 관련이 있다(이헌종 등, 2003; 장용준, 2007; 加藤真二, 2003; 佐藤宏之, 1999). 석기제작을 위한 석재를 주로 석영암과 규암으로 사용한 전기와 중기구석기문화가 특히 그러하다. 현생인류가 한반도에 도래하기까지 이전의 수십 만 년 동안 석영계 석기문화는 한반도 구석기문화의 핵심 석기군이었다. 이 같은 석영계 석기문화의 기반 위에 4만 년 전 무렵, 현생인류가 유입되면서 한반도 주변 환경에 최적화된 후기구석기문화가 출현하기 시작했다(배기동, 2009; 장용준, 2006).

우리나라는 후기구석기시대가 시작된 이후에도 중기구석기시대 문화전통은 일시에 사라지지는 않았다(손보기, 1967; 이헌종, 1998; 성춘택, 2002; 장용준, 2006; 한창균, 2003). 4만 년 전 이후의 석기군은 기존 석핵석기가 일부 잔존하면서도, 불규칙 박편석기의 비중이 높아졌고,

석인과 같은 새로운 석기가 등장하기도 했다.

구석기인에게 석기를 만들기 위한 석재 자원의 충분한 수급은 생존과 직결되는 문제였다. 석재는 제작자가 구상한 석기의 형태와 기능을 좌우하였다. 좋은 석재 원산지가 분포하는 곳은 다른 지역에 비해 다량의 석기가 만들어졌을 가능성이 높다. 한반도에서는 석영암계통의 둥근 자갈돌은 강이나 하천에서 손쉽게 채집할 수 있었다. 반면 흑요석처럼 원거리에서 구할 수밖에 없는 석재는 구하기 어려웠고, 유적 내 출토 수량도 제한적이다. 백두산 주변의 흑요석산지는 한반도 흑요석 유통의 중심 거점이었다(장용준, 2013; Lee & Kim, 2015). 백두산 흑요석은 신석기시대의 석기제작에도 사용되었다(박희현, 2015).

화산지대인 일본열도는 하천이나 산에서 석기를 만들 수 있는 석영암이나 규암을 구하기 힘들었다. 그런 이유로 두 석재는 한반도 내 구석기 제작의 핵심 석재였음에도 일본열도의 구석기유적에서는 거의 출토되거나 사용되지 않았다. 반면, 흑요석과 안산암은 일본열도의 각지에 산지가 있어 널리 사용되었지만, 한반도에서는 별로 사용되지 않거나 수량이 적은 차이가 있었다. 석기제작용 석재의 양과 질은 지역마다 차이가 있었다. 즉, 어떤 석재를 사용하느냐에 따라 석기의 형태와 제작방식이 바뀌었고, 기종을 변화시킨 요인이 되었다.

구석기시대 때 한반도지역에서 석영암은 가장 중요한 석재 중 하나였다. 석영암 계통의 석기들은 도구로서 내구성이 있었다. 오랫동안 구석기인들이 이 석재를 선호했다는 사실만으로도 다른 종류의 석재가 줄 수 없는 장점이 있었다. 그들은 다른 석재를 선택하지 않고, 수 십 만년 동안 이 석재를 유독 고집했다. 중기구석기시대에는 석영암과 규암의 비율이 월등히 높았지만, 후기구석기시대에는 석영암의 비중이 점차 줄어들었다. 이암, 혈암, 응회암, 유문암, 흑요석 등 여러 암질을 석재로 이용했다.

구석기인이 석재를 다양하게 활용할 수 있다는 사실은 그만큼 석재수급에 어려움이 있었다는 의미와 함께, 어떠한 석재로도 석기를 만들어 낼 수 있다는 기술적인 자신감의 발로일 수 있다. 한반도의 석인과 세석인석기군 내에서는 석인과 세석인을 제외한 기종의 제작에는 주로 석영암을 사용하였다. 우리나라 후기구석기유적 중 흑요석이 출토된 기곡 B지구, 하화계리유적군, 상무룡리, 화대리, 장흥리, 호평동, 포일2지구, 늘거리 등의 유적에서는 석영암을 중요한 석재로 이용하였다(장용준, 2013). 즉, 세석인을 제작한 집단이라 할지라도 석영계 석기를 많이 사용하였다. 사토우 히로유키[佐藤宏之, 2017]는 작은 석인과 세석인의 조직적인 이용이 각지의 자원 환경에 적응한 수렵전략의 행동 다양성을 의미한다고 보았다.

우리나라 후기구석기시대 때 석재 전략은 다음과 같다. 첫째, 용호동, 화대리, 신화리, 용산동 등처럼 규질제 석재로 슴베찌르개를 만들었지만, 석영계 석기를 기반으로 하였다. 둘째, 석인석기군과 세석인석기군 중에는 응회암, 이암, 혈암과 같은 규질제 석재를 전략적으로 사용했다. 특히 석인과 세석인을 제작할 때 이런 경향은 강하였다. 월성동의 세석인과 세석핵을 만들 때는 혼펠스 81.17%, 혈암 14.80%, 흑요석 2.76%을 사용하였는데(이재경, 2008), 이 유적의 규질계 석재의 비율은 98.73%를 차지하였다. 그 대신에 석영암은 거의 이용하지 않았다. 셋째, 구석기유적들 중 용수재울, 수양개Ⅵ지구, 신북, 하화계리Ⅲ 작은솔밭에서는 10종 이상의 석재들을 활용하였다. 넷째, 세석인 집단 중에서는 신북이나 월성동 등처럼 원거리 석재인 백두산 흑요석을 최대 700km 이상이나 옮겨와 사용하였다.

2) 한반도 내 일본산 흑요석의 사용

한반도에서 출토된 모든 흑요석이 분석을 통해 원산지 동정이 이루어진 것은 아니다. 한반도 북부, 중부, 중남부지역의 후기구석기시대에 사용된 흑요석은 백두산이 원산지일 것으로 추정하고 있는 실정이다.

동북아시아지역의 구석기유적에서 흑요석제 석기들은 중국 동남부지역을 제외한 한반도, 일본, 러시아 동부(특히 극동지역), 중국 동북부에서 광범위하게 발견되고 있다. 현재까지 우리나라에서 흑요석이 출토된 구석기유적은 30곳이 넘는다(장용준, 2013). 동북아시아지역에서 중기구석기시대 때 사용된 흑요석은 아직 보고된 바 없다. 한국과 일본열도의 후기구석기인들은 흑요석을 중요한 석재로 인식하고 이를 석기제작에 활용했다는 공통점이 있다.

한반도에서는 아직 4만 년 전 이전의 흑요석제 석기가 출토된 바 없다. 일본열도는 간토우[關東]지역 무사시다이[武藏臺]에서 출토된 3만 년 전의 흑요석제 국부마제석부가 최초로 사용된 흑요석제 석기였다. 주·시코쿠[中·四國]지역 석기군은 오키[隱岐]산 흑요석으로만 석기를 만들었다. 이 흑요석은 구석기시대 때 한반도에서 출토된 바가 없고, 한반도의 백두산 흑요석이 일본열도에서 보고된 사례도 없다.

이런 상황에서 전남의 신북유적에서 일본산 흑요석이 보고되었다(Lee & Kim, 2015). 이 유적에서 출토된 28개 중 흑요석 23개를 분석한 결과, 4그룹의 산지 중 두 개의 그룹은 백두산 기원(PNK1, PNK2), 나머지 두 그룹(Yodohime, Koshidake/Hariojima)은 일본 규슈 기원이었다.[5] 대구 월성동 구석기 중 흑요석 366점이 백두산 원산지로 밝혀졌는데, 600km이상 이동

---

5 Lee & Kim(2015)은 일본에서 온 7개의 흑요석제 박편(고시다케/하리오지마 5개, 요도히메 1개, 요도히메/시바카와 1개)은 한반도와 일본열도 사이에 30,000 cal BP에 상호 교류의 가능성을

한 거리이었다(김종찬·장용준, 2016). 월성동 흑요석 중에는 일본산 흑요석이 없었다. 한국에서 출토된 흑요석의 85%는 PNK1과 PNK2이다. 현재까지의 자료로만 판단할 때 흑요석 사용연대는 30,000년 전 이전까지 소급되지 않는다(홍미영·니나코노넨코, 2005). 하지만, 일본열도의 사례를 볼 때 한반도지역의 흑요석 사용시기가 소급될 가능성은 있을 것으로 추정된다.

신북유적의 흑요석들은 세석인은 PNK1이 1점, PNK2가 2점이다. 밀개는 PNK2가 2점, 긁개는 PNK1이 1점이다. 즉, 흑요석제 석기 28점 중 도구류 7점 전부가 백두산 흑요석이었다. 일본산 흑요석은 박편이나 부스러기뿐이고, 도구류가 없었다. 이 유적에서 밝혀진 일본 규슈의 흑요석 산지는 모두 규슈 서북부에 위치한다. 이곳에 위치한 집단이 최대빙하극빙기와 같은 빙하기 때 한반도 남부에 있었던 집단과 교류했음을 말해 준다. 다만, 현재로서는 석기 제작자가 일본산 흑요석을 이용해 어떠한 석기를 만들고자 했는지는 정확히 알 수 없다. 일본 규슈산 흑요석이 어떤 과정으로 한반도로 반입되었는지도 중요한 과제이다. 그러나 이러한 사실을 확대 해석하여 일본 규슈지역의 구석기가 한반도 구석기문화에 상당한 영향을 주었다고 해석하는 것은 시기상조이다.

2 일본열도 내 후기구석기인의 석재 적응 전략

한반도의 중기구석기시대에는 전략적으로 사용된 석영암이나 규암은 일본열도에서 분포하지 않는다. 이것들은 석기제작에도 사용되지 않아 한반도의 석영계 석기와 비교가 어렵다. 이런 석재를 제외하곤, 일본열도는 지역별로 석기제작에 적합한 대형 원산지가 많이 분포한다(그림 2). 지금까지 확인된 흑요석 산지만도 67곳에 이른다. 흑요석, 안산암(사누카이트 포함), 혈암 등 석기를 만들 때 많이 사용된 석재들은 원산지 주변의 산과 하천에서 입수했다(鎌木義昌 등, 1984). 또한 간토우[関東]지역의 사례를 보면, 흑요석, 혈암, 안산암은 석재 유통이 활발하게 이루어졌다(小田静夫, 1996). 홋카이도[北海道]의 초대형 원산지유적인 시라타키[白滝] 유적군에서는 흑요석을 채취한 지점이 산속에서 발견되었다(木村英明, 1989). 시라타키[白滝] 산 흑요석은 세석인기법 중 란코시[蘭越]기법을 사용한 집단에 의해 남쪽방향으로 280km나 이동되었다. 유베쓰[湧別]기법 중 샷코츠[札滑]형식의 세석핵은 340km, 365km나 떨어진 사

제기했다. 신북유적의 점유시기가 ^{14}C(AMS)연대에서 30,000~22,000 cal BP였다.

할린지역에서 발견되었다. 유베쓰기법에 비해 출현시기가 늦은 오쇼로코[忍路子]기법과 샤테키야마[射的山, 広郷型]기법은 흑요석 사용의 분포범위가 50km정도로 비교적 좁았다(木村英明 2006, 佐藤宏之 등 2002, ワシリエフスキー 2006).

규슈지역에는 흑요석 산지가 21곳이 있다. 이 지역 내 흑요석 원석들은 혼슈 또는 홋카이도에 있는 흑요석들에 비해 크기가 작고 석질도 좋지 않다. 고시타케[腰岳]산을 제외한 흑요석 원석들은 큰 석기를 만들기에 적합하지 않다. 흑요석에 흰 입자가 있거나 질이 나쁘기 때문이다. 이런 원석으로는 10cm이상의 석인과 대형 종장박편의 생산이 불가능하다. 실제로 서일본지역에서 길이 10cm이상의 흑요석제 석인은 거의 출토되지 않는다.

규슈지역은 흑요석 이외에도 안산암계통의 사누카이트가 분포하며 서북부지역에 대형 산지가 있다. 사누카이트는 혼슈 내에서는 간무리야마[冠山]지역이 있는 세토우치[瀬戸内]해 주변으로 집중적으로 산지가 분포한다. 일부 흑요석 또는 안산암 원산지 주변에 형성된 유적을 제외하면, 기타 유적에서는 여러 종류의 석재가 혼용되었다. 서북 규슈는 흑요석과 무반정 안산암(사누카이트), 동부 규슈의 유문암, 중부 규슈의 남서부부터 북동부의 쳐트, 남부에는 혈암·사암·혼펠스 등의 산지가 분포한다(그림 2). 이 지역 내 석기를 제작한 사람들은 각 지역에 산재한 질좋고 특색이 있는 석재를 활용하였다. 즉, 근거리에 위치한 석재를 우선적으로 사용하는 전략을 가지고 있었다.

한편, 아이라탄자와[姶良TN: AT]화산재층 아래의 구석기 문화층에서는 서북 규슈지역의 안산암으로석기를 만들지 않았다. 그러다가 AT층을 전후한 시기에 출현한 박편첨두기의 제작집단은 안산암을 제일 중요한 석재로 선택하였고, 유문암을 보조 석재로 사용하는 등 석재이용 방식을 기존과 달리하였다. 한반도 슴베찌르개처럼 박편첨두기의 제작에 흑요석을 거의 사용하지 않기도 하였다. 반면에, 일본 현지계 기종인 이측연가공 나이프형 석기는 안산암보다는 흑요석으로 주로 만들어졌다. 제작자들이 어떤 기종을 제작할 것이냐에 따라 석재사용의 패턴이 바뀌었다. 박편첨두기와 이측연가공 나이프형 석기는 수렵구라는 기능적 공통점이 있지만, 석재의 이용과 제작방식에는 분명한 차이가 있었다.

화강암지대인 한반도와 화산암지대인 일본열도는 지질형성원인이 다르다. 그런 이유로 지표에서 이용할 수 있는 석재의 종류나 분포양상도 다를 수밖에 없다. 설사 한반도로부터 건너온 구석기인들이라 할지라도 규슈지역에 있는 석재를 이용해 석기를 만들 수밖에 없었다.

일본의 후기구석기문화에서 석재 적응 전략은 한국과 마찬가지로 현지에 분포하는 석재를 주로 이용하고, 부족한 특수 석재는 멀리서 채집하거나 교환 등으로 확보하였다(小田静夫 1997, 藁科哲男·東村武信 1983). 즉, 근거리 석재 획득 전략과 더불어, 특정 기종에는 맞춤형 석재전략을 사용하였다. 석기의 형식학적 차이는 그 소재가 되는 예비소재의 생산수준, 이용석재의 획득방법, 소비전략의 차이를 배경으로 한다(安斉正人 2003). 석기의 다양성은 여러 종류의 석재 사용과 함께 석재의 수급 불균형이 지역 간 차이를 심화시켰다고 할 수 있다.

빙하기 때 형성되었던 고혼슈[古本州]지역 내 후기구석기인들은 이런 석기들을 생계에 활용하면서 한반도 구석기 형식과는 다른 석기를 창안해내었다. 한반도와 일본열도의 구석기 비교가 힘들어진 주된 이유가 석기 제작자들의 현지화 전략으로 인한 고유 기종이 증가했기 때문이다.

특히 규슈 남부의 안산암을 이용한 종장박편제 박편첨두기, 세토우치해 주변의 사누카이트 원산지의 세토우치기법으로 만든 나이프형 석기,

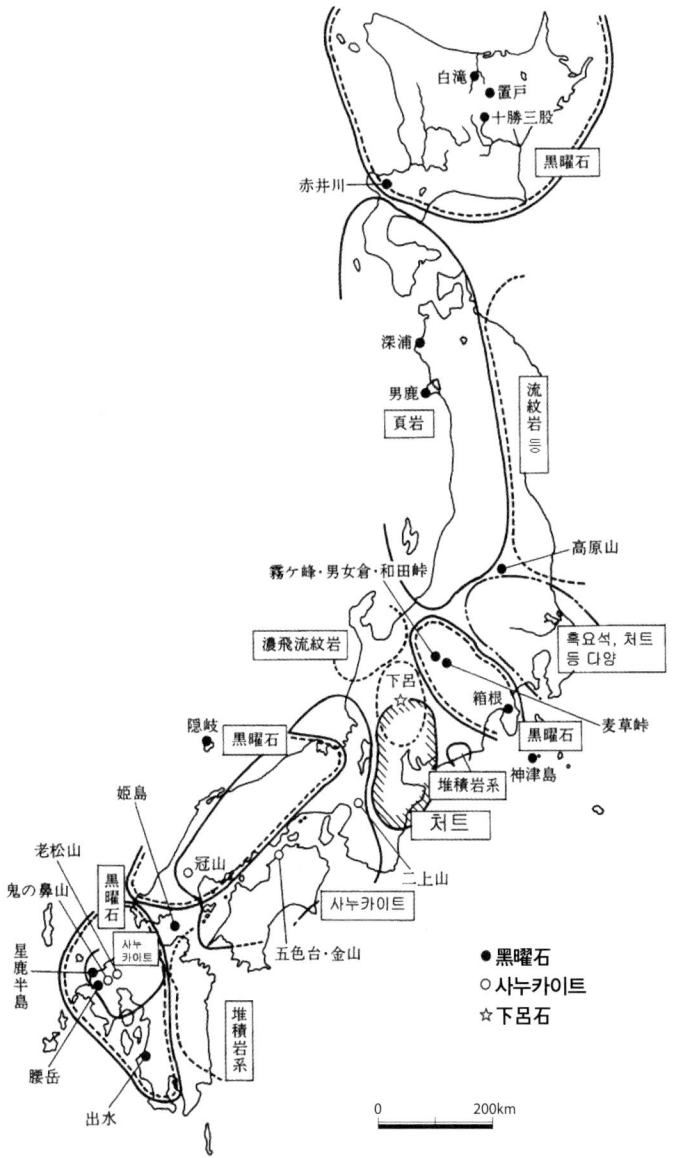

그림 2 일본 후기구석기시대 석재의 분포 및 주요 원산지(岡村道雄 1999)

홋카이도지역의 흑요석과 혈암을 이용한 석인기법과 세석인기법, 도호쿠지역의 혈암을 이용한 석인기법과 기부가공첨두기가 좋은 사례이다. 일본열도에서는 석재 종류에 맞춰 새로운 기종을 개발하고 여러 박리기법을 새롭게 활용하였다.

Ⅲ 한반도와 일본열도의 기종 비교

1 다이케이요우석기〔臺形樣石器〕와 다이케이석기〔臺形石器〕

한반도의 중기구석기 말부터 후기구석기 초의 석영계 박편석기 등을 사용했던 집단은 처음으로 대한해협을 건너 일본열도로 갔다(Chang 2013). 이 시기는 45,000~35,000년 전으로 일본열도 내 후기구석기문화의 성립과 기원을 파악하는데 중요한 시점이다. 우리나라 석영계 석기 중 석핵석기의 형식은 정리가 되었지만, 석영계 박편석기는 형식분류가 이루어지지 못하고 있는 실정이다. 석영계 박편석기는 불규칙한 박편을 소재로 해서 만들었고, 정형성도 떨어져 형식분류가 어렵다. 즉, 우리나라 석영계 박편석기는 표지적인 형식이 정립되지 못하였다. 그런 이유로 동일 시기에 해당하는 일본열도의 석기와는 비교 자체가 어려운 게 사실이다.

한반도에서는 중기와 후기구석기의 이행기 또는 후기구석기시대 개시기에는 중기구석기적인 석기 형식이 남아있는 상태에서 석인기법이 출현하였다.

일본열도에서 후기구석기시대 초의 석기군은 다이케이요우석기와 국부마제석부(局部磨製石斧)를 포함하는 다이케요우(臺形樣)석기군이 특징이다. 우리나라에서는 다이케이요우석기라 정의할만한 것은 아직 없다.[6] 그림 3-B-1이 가장 전형적인 다이케요우(臺形樣)석기로 창끝에 사용하는 수렵도구이다. 이것은 등면과 더불어 배면 쪽으로도 평탄조정을 하는 사례가 많다. 특히 다이케이요우석기는 흑요석으로 제작되어서 위쪽의 날이 날카롭다. 이 석기를 제작한 집단은 석인기법과 같은 소재생산기술은 알지 못하였다. 이 시기는 규슈를 포함한 혼슈 서부지역에서 종장박편을 기반으로 한 수렵도구가 없었다. 환상(環狀)블록군이라는 둥근 형태의 대규모 석기분포유구도 함께 확인되며, 규슈에서는 이시노모토〔石の本〕유적이 대표적이다. 이러한 양상은 혼슈지역 전체에 걸쳐 유사 사례를 찾아볼 수 있다.

또한 후기구석기시대 말에는 규슈지역을 중심으로 핫카다이형〔百花臺型〕, 에자루기〔枝去木型〕, 하루노츠지형〔原の辻型〕 다이케이석기가 출토된다. 이것들은 다이케이요우석기에 비해 크기는 작지만 규격성이 더 뛰어나다. 규슈지역의 다이케이석기는 흑요석으로 만들어졌다. 하지만 다이케이요우석기와 다이케이석기가 계통적으로 이어진다고는 보기 어렵다.

---

6 다이케이라는 형식명이 붙은 석기는 역사다리꼴이다.

A. 秋田県河辺郡河辺町風無台Ⅱ遺跡

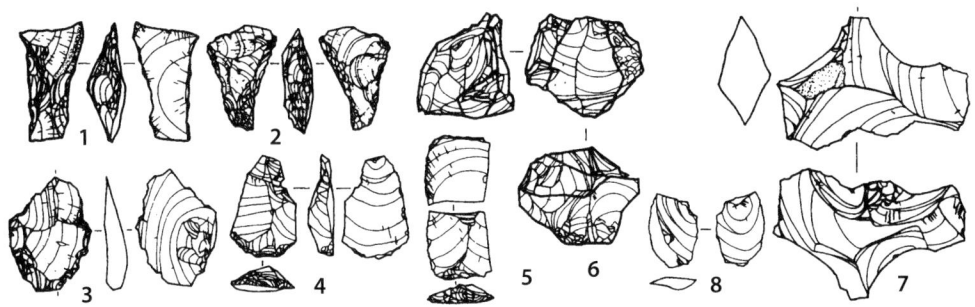

B. 長野県上水内郡信濃町日向林B遺跡

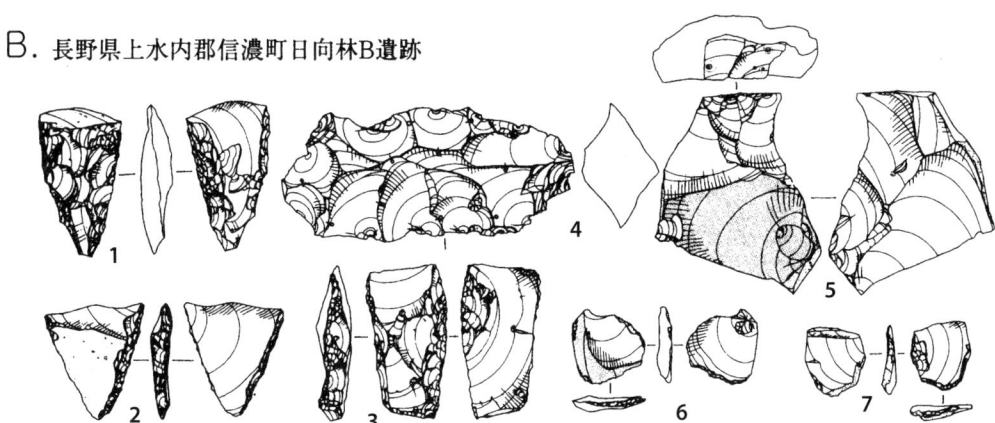

C. 千葉県成田市天神峰奥之台遺跡第10ブロック

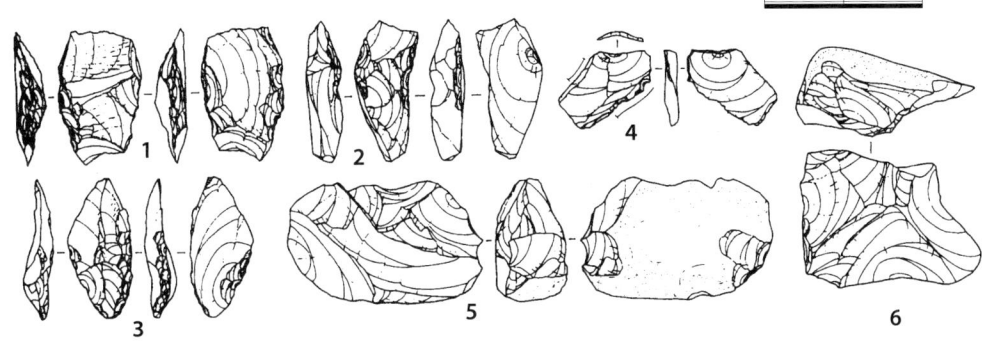

D. 熊本県下益城郡松橋町曲野遺跡

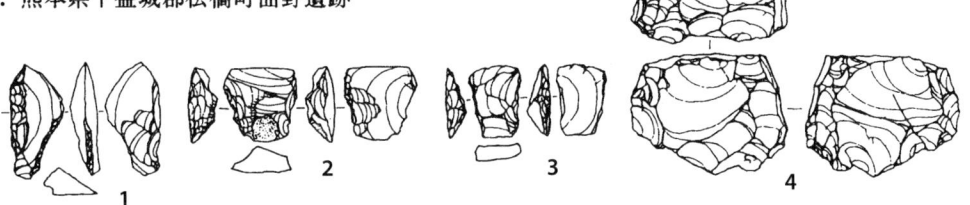

그림 3 일본열도 내 다양한 형태의 다이케이(요우)석기 (竹岡俊樹, 2003: 81 편집)

우리나라에서 다이케이요우석기 또는 다이케이석기는 그 실체가 분명하지 않은데, 석영계 석기군 중 평창리출토품이 다이케이석기와 유사하다는 주장이 있었다(이선복 등 2002). 세석인과 공반되기도 하는 석영제 제형(梯形)석기는 다이케이석기와 형태가 비슷하다(장용준 2006). 규슈지역의 정형화된 다이케이석기와는 차이가 있지만, 앞으로 그 관련성을 검토할 필요가 있다.

2 슴베찌르개와 박편첨두기

1) 기술 기반

동북아시아에서 슴베찌르개는 한반도에서 가장 먼저 출현하였다. 용호동출토품은 중기구석기시대라는 주장(한창균 2002)이 있고, 수양개VI지구 4문화층 연대는 4만 년 전까지 나오고 있다(이승원 등 2015). 북한지역을 제외한 한반도에서는 후기구석기시대 초에 석인기법과 슴베찌르개가 사용되었다(장용준 2006·2014). 슴베찌르개는 갱신세에 한국에 서식했던 동물 등을 잡기 위해 현지 맞춤형으로 특화된 수렵도구로 한반도에서 구할 수 있는 석재로 만들었다. 슴베찌르개 집단이 한반도 내에서 석기제작과 사용에 있어 적응과 확산의 시행착오를 거치는 시기가 4~3만 년 전이다. 슴베찌르개는 최상부 토양쐐기층(24,000~20,000 cal BC)을 기준으로 하부와 상부에서 출토되었다. 이 석기는 2만 년 이상이나 사용되었던 사냥과 해체에 중요한 도구였다.

일본열도는 40,000년 전 이전의 석기 제작 기반이 무엇인지를 알 수가 없다. 후기구석기 초에 석인기법은 당연히 보고된 바 없다. 규슈지역의 박편첨두기는 AT화산재층(27000~26000 cal BC) 하위에서도 일부가 출토되지만, 대부분은 이 층 상부에서 발견되었다. 규슈지역에서 AT층 하위 문화층에서는 크기 10cm 이상의 수렵구가 출토되지 않는다. 그러다가 AT층 바로 아래층이나 이 층을 전후한 지점의 석기군부터 종장박편제 나이프형 석기(이측연가공, 일측연가공, 모로[茂呂]형 나이프형 석기)가 출토되었다.

규슈지역은 후기구석기 초에 슴베찌르개와 같은 투창형 수렵구가 없다가 한반도에 기원을 둔 슴베찌르개가 일본에 유입되면서 부터 투창방식의 수렵문화가 본격화되었다. 특히 자루에 결합시킨 박편첨두기가 효과적인 수렵구로서 규슈 전역으로 짧은 시간동안 급속히 확산되었다. 그 배경에는 슴베찌르개와 함께 한반도의 석인기법을 전수받았기 때문이다. 그

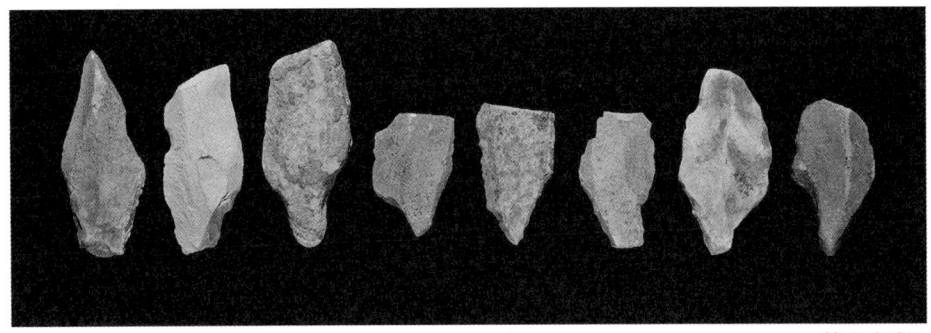

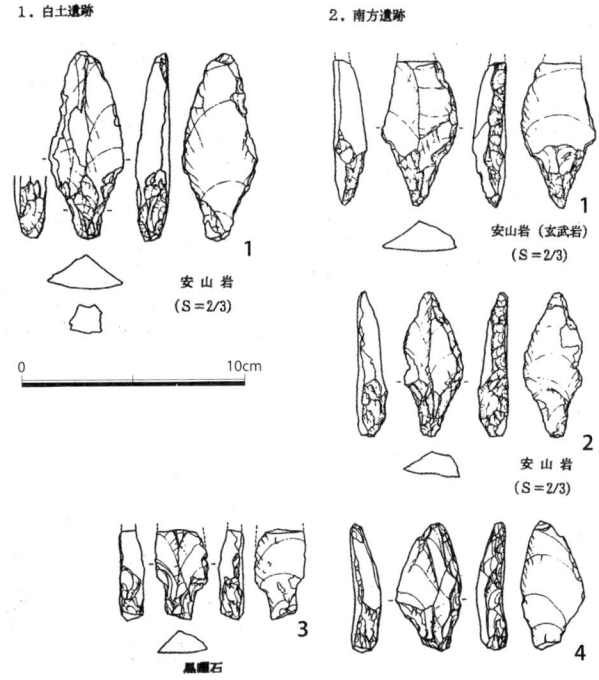

그림 4　고례리유적의 소형 슴베찌르개와 일본 혼슈 서부지역의 박편첨두기(필자 촬영, 九州舊石器文化硏究會, 1994를 편집)

예로, AT층 하부에서 발견된 오이타[大分]현 이와토[岩戶] 1차 Ⅲ문화층의 종장박편, 오이타현 고마가카고야[駒方古屋])의 유문암제 나이프형 석기, 석인, 석인석핵, 모모에[百枝]C지구 제Ⅲ문화층의 대형 석인이 후기구석기 중엽의 석인관련 석기들이다(萩原博文 2006, 竹岡俊樹 2002).

　　특이한 사실은 한국의 능조정 석인기법이 규슈지역에서는 사용되지 않았다. 하지만 각추상석기로 볼 때는 능조정기법으로 사용했을 개연성은 충분히 있다.[7] 규슈지역 내 비능조

7　능조정 석인기법은 新石刃기법(竹岡俊樹, 2002)으로 불리기도 한다.

정 석기제작기술의 특징은 다음과 같다. 석핵은 조정타면이 드물고, 석재로는 안산암을 주로 이용하였다. 석인석핵의 타면이 지그재그모양으로 뒤로 물러나는 현상이 관찰되지 않는다. 또한 서북과 남부지역의 규슈에서 출토된 석인들은 단면이 사다리꼴이거나 등면에 있는 능선이 날과 평행하면서 두께가 1cm전후인 얇은 석기가 드물다. 사누카이트로 만들어진 석인석핵은 석인을 몇 번 떼어 내고 나면, 말단부가 휘어지는 현상이 발생하여 석핵을 효과적으로 쓸 수 없어 폐기해야만 하였다. 결국 규슈지역의 석인기법은 한반도보다 기술적인 수준이 낮았지만, 현지 석재에 맞는 비능조정 석인기법을 새롭게 개발하였다.

한반도에서 석인제 슴베찌르개의 형태가 시간이 지나면서 바뀌는 이유는 석인기법이 쇠퇴하면서 예비소재를 제대로 생산하지 못했기 때문이다. 양질의 석인이 없다면 슴베찌르개나 박편첨두기의 모양은 다양해지고 정형적인 형식에서 벗어난 것들이 만들어 질 수 밖에 없다. 슴베찌르개와 박편첨두기는 형태나 기술적인 유사성 이외에도 석재 적응 전략의 공통점이 있다. 규슈에 위치한 고시다케산의 정상부에는 석인을 박리하기에 적합한 큰 흑요석 원석이 분포하였다. 하지만, 실제 구석기유적에서는 소형 원석이 주로 사용되었다. 흑요석이 풍부한 일본 열도에서 조차 박편첨두기는 흑요석을 거의 사용하지 않았고, 안산암, 유문암 등의 소재를 선호하였다.

2) 슴베찌르개(박편첨두기)의 형식

일본열도의 박편첨두기는 한반도로부터 완성된 형식의 석기가 유입된 결과물이다(松藤和人, 1987; 1999; 2004). 한국 내 슴베찌르개에는 다양한 형식이 있다(장용준, 2006). 한 유적에서 동일한 형식만 출토되는 경우는 거의 찾아 볼 수 없고, 여러 형식을 함께 제작해서 사용하였다. 규슈지역으로 슴베찌르개가 전해질 때도 여러 형식이 전해진 것으로 봐야 하는 이유이다. 실제로 그러한 증거가 규슈지역에서 확인되고 있다(그림 4·5).[8] 여기서는 소형 슴베찌르개와 측연을 톱니날처럼 조정한 슴베찌르개를 중심으로 살펴보자.

먼저 슴베찌르개는 7~12cm 정도의 중·대형의 것과 5cm 전후의 소형의 것이 있다(그림 4). 진그늘출토 슴베찌르개는 완형품과 파손품이 거의 절반씩 포함되어 있지만, 길이가 소형

---

[8] 일본 내 박편첨두기 분류를 참조하면 기부를 둥근 형태[弧狀]로 조정한 석기를 주로 일컫는다. 일본 연구자들은 박편첨두기 형식이 비록 다양함에도 불구하고, 어디까지나 규슈와 그 인접 지역에 한정된 석기형식으로 인식하는 문제점이 있다.

前ノ田村上・1

桐木

赤木1문화층

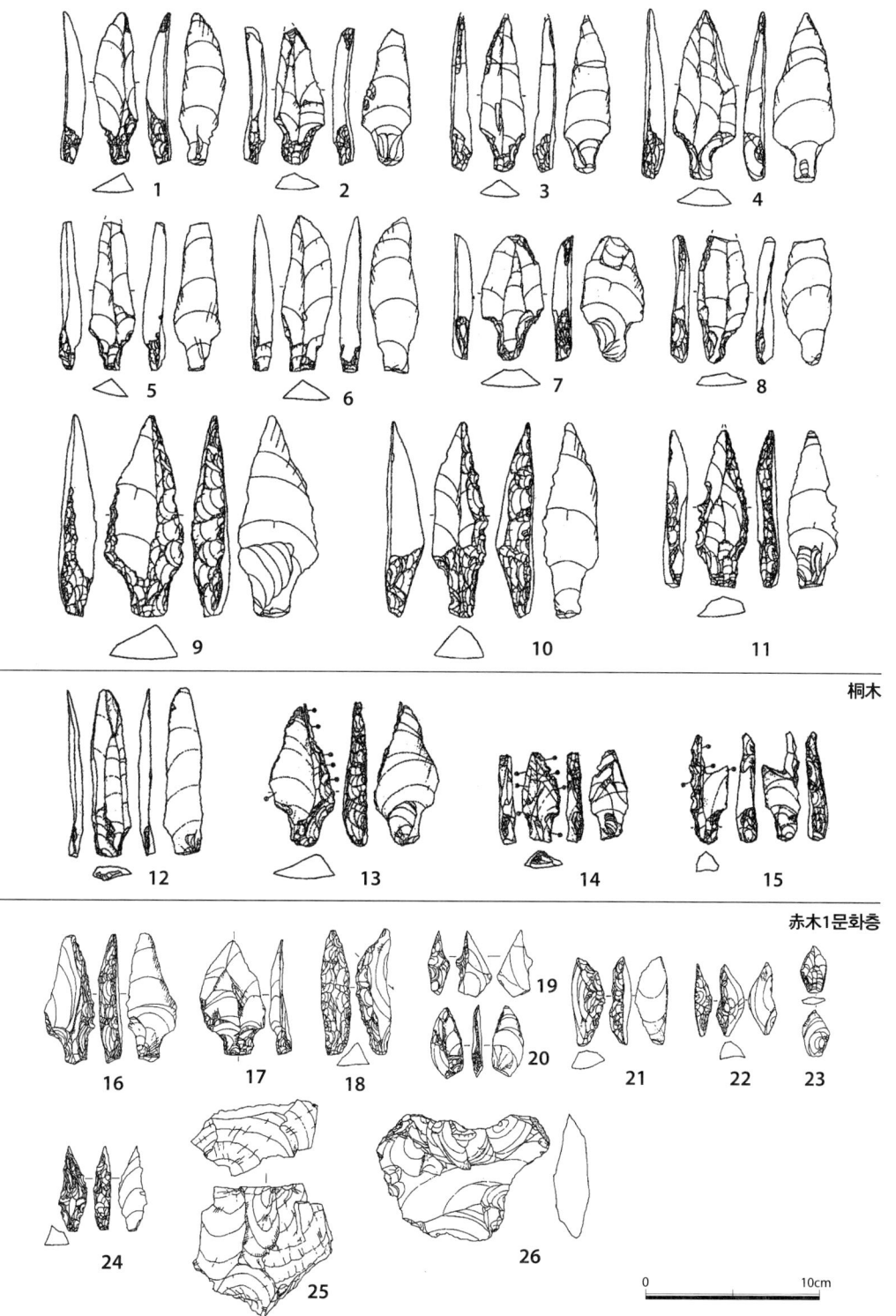

그림 5   규슈지역 박편첨두기 석기군(萩原博文, 2006; 宮田榮二, 2006를 편집)

31~40mm, 중형 45~62mm, 대형 66~80mm로 나누어진다(김은정, 2016). 고례리에서도 크기 5cm 이하의 것들이 있었다. 기부형태도 일본에서 말하는 호상(弧狀)의 기부만 있는 것도 아니다(장용준, 2007; 김은정, 2016).

이러한 슴베찌르개와 비교할 수 있는 것이 일본 주·시코쿠지역의 박편첨두기이다(그림 4). 지금까지 주목받지 못했던 일본 내 소형 박편첨두기를 살펴보아야만 한다. 규슈지역에도 소형 박편첨두기가 출토되었는데, 이것들을 보면 기부형태가 다양하고, 호상 이외의 것들이 있다.

다음으로 측연을 톱니날처럼 거칠게 조정한 형식의 슴베찌르개가 있다.[9] 이것의 톱니날은 석기모양을 다듬기 위한 목적과 더불어, 의도적으로 거칠고 날카롭게 제작했다. 이 석기의 형태는 좌우가 비대칭인 예가 많다(장용준, 2016).

이러한 형태의 박편첨두기는 규슈지역의 마에노타무라카미[前の田村上, 그림 5-9~11], 기리키[桐木, 그림 5-13~15], 아카키[赤木], 후나쓰카[船塚] 등에서 출토되었다. 쥬부지역 가미노[上ミ野]A(그림 11-11~14), 다루쿠치[樽口, 그림 11-4], 히가시우라[東裏]H2지점, 우시로타[後田] 등에서도 발견되었다. 따라서 이러한 박편첨두기는 나이프형 석기의 하나로 분류하거나 규슈지역의 고유한 석기형식의 파악해서는 안 된다.[10] 거치(鋸齒)형 또는 작살형 박편첨두기가 규슈지역을 벗어나면 다른 형식의 석기로 분류되고 있는데, 이런 식의 분류방식은 분명하게 문제가 있다.

이런 석기들은 한반도 내에서 수양개, 진그늘, 고례리, 용산동, 용호동, 하가 등에서 출토된 바 있는 전형적인 슴베찌르개의 한 부류이다. 즉, 슴베찌르개의 고유한 한 형식이다. 한반도 내 작살형 슴베찌르개의 영향을 받아 일본열도에 출현한 것으로, 일본열도의 슴베가 제작된 나이프형 석기 중에는 슴베찌르개로 분류할 수 있는 것들이 다수 존재한다. 한 가지 형식의 슴베찌르개가 아닌, 여러 형식의 것들이 한반도에서 일본열도에 전해진 결과이다. 작살형 또는 거치형 박편첨두기의 기원은 한반도지역의 슴베찌르개이다.

---

9   장용준(2011)은 박편첨두기 중 일부의 것을 각추상석기로 넘어가는 과도기의 석기로 분류했다 (木耳取Ⅰ, 前ノ田村上 제1기, 小牧A, 長薗原의 출토품). 특히 기부의 배면 쪽을 조정하는 석기가 그렇다. 그런데 이러한 형식의 석기가 고혼슈지역에서는 너무나 당연히 나이프형 석기로 분류된다는 사실이다.

10 다만, 일본연구자들은 같은 형식의 석기라 할지라도 규슈지역과 중부지역의 것을 동일한 형식으로 받아들이지 않는 경향이 있다.

3 슴베찌르개와 기부가공첨두기

일본열도는 후기구석기시대의 시작이 지역마다 차이가 있다. 나이프형 석기의 출현은 간토우[關東]지역의 사가미노대지[相模野臺地] B4층, 무사시노대지[武藏臺臺地] Ⅹ~Ⅸ층 때부터이다. 시즈오카현[靜岡縣] 富士石유적 BBⅦ층에서 확인된 석기군은 흑요석제 다이케이요우 석기와 함께 혼펠스제 대형 박편석기와 자갈돌 석기가 출토되었다. 이 유적의 교정연대는 38,690~36,620cal BP이다. 일본열도 내 후기구석기시대 개시기에 해당하는 가장 이른 연대이다. 이 시기는 석인이나 종장박편으로 만든 나이프형 석기가 발견되지 않았다. 즉, 일본열도 내에서 4~3만 년 전, 일부 간토우지역을 제외하면 종장박편제 나이프형 석기나 박편첨두기가 출토되지 않는다. 현재까지 일본열도에서 가장 오래된 후기구석기유적은 보정연대라 할지라도 38,000년 전 이상으로 소급되지는 않는다(佐藤宏之, 2017).

시라이시 히로유키(白石浩之, 2002)에 따르면, 종장박편 박리기술로 정형적인 박편소재를 생산하고, 그 소재를 절단방식으로 변형시키고, 블런팅이나 평탄박리로 나이프형 석기를 만드는 시기가 진정한 나이프형 석기 문화기이다. 그 시기가 간토우지역 무사시노대지 Ⅶ층, 사가미노대지 B3층이다. 즉, 일본열도에서는 29,000년 전 무렵부터 본격적인 나이프형 석기 문화가 시작되는 것이다. 이 때 한반도에서는 이미 석인제 슴베찌르개와 능조정 석인기법을 본격적으로 사용하고 있었던 때이다.

한반도 내 슴베찌르개 관련 자료는 계속 증가 추세에 있다. 그럼에도 불구하고, 일본열도 내 나이프형 석기의 독자성에 대한 일본 연구자들의 인식은 바뀌지 않고 있다. 일본 도호쿠[東北]지역의 AT폭발 이후에 출토되는 석인기법을 기반으로 한 기부가공첨두기는 슴베찌르개의 한 부류이다(이기길, 2014; 장용준, 2015; Chang, 2013). 현지에 분포하는 석재를 사용하였지만, 이 석기들의 기술기반과 형태, 사용방식은 슴베찌르개와 동일하다. 따라서 슴베찌르개, 박편첨두기, 기부가공첨두기는 투창이나 자돌의 기능, 나무자루에 첨두기를 장착하는 방법이 동일한 석기들이다. 특히 무게가 가벼워 이동생활에 적합한 석창이었다.

박편첨두기가 왜 규슈지역의 특수한 석기로만 인식되는가에 대한 문제는 나이프형 석기의 포괄적인 분류 기준과 깊은 관련이 있다. 나이프형 석기 문화가 지역색이 강하고, 광범위하게 분포하는 만큼 포괄적인 개념으로 석기를 분류하였기에, 다른 나라의 석기들과는 비교가 사실상 불가능하였다(장용준, 2010a). 나이프형 석기는 일본 구석기문화에 있어 고유한 석기들이지만, 동북아시아의 후기구석기시대 석기는 상호 관련성을 가지면서 그 제작자는 생계방식을 공유하였다.

규슈와 서부 혼슈지역에서는 능조정 석인기법을 거의 사용하지 않았다. 한반도의 능조정 석인기법이 두 지역에 채택되지 않았을 가능성도 배제할 수 없고, 다만, 능조정 석인기법이 규슈를 거치지 않고 바로 혼슈쪽으로 유입된 이후에 도호쿠지역으로 까지 확산되었을 가능성이 있다(그림 7). 일본열도의 도호쿠지역에서 석인기법이 유독 발달한 이유를 한반도의 석인기법에서 찾을 필요가 있다.

4 한반도의 나이프형 석기와 각추상석기

슴베찌르개의 영향으로 규슈지역에서 이측연가공 나이프형 석기가 출현했는지는 분명하지 않다. 하가와 고례리에서 나이프형 석기로 분류할 만 한 것이 출토되었다. 수양개, 삼리, 하가에서는 각추상석기가 출토되었다. 하가출토품은 일본지역에서 출토되는 나이프형 석기, 각추상석기와 유사하지만, 일본에서 수입되어 온 석기가 아니다. 그 이유는 한반도 산지의 유문암으로 한반도 내에서 제작된 것이기 때문이다(장용준, 2015). 한반도 내륙지역에 위치한 수양개나 삼리의 각추상석기 출토사례를 참조하더라도, 한반도 내륙지역까지 규슈지역의 영향을 받아 이것들이 제작되었다고 보기 어렵다. 슴베찌르개와 각추상석기는 한반도에서 자체 발생한 형식일 가능성이 높다.

한반도지역에서 이른바 일본식 나이프형 석기가 주도적인 석기형식으로 사용된 적은 없다. 우리나라 슴베찌르개를 나이프형 석기의 형식에 대입시키기보다, 여러 형식의 슴베찌르개들이 제작여건과 필요에 의해 만들어졌고, 그 형식변이 중 하나가 나이프형 석기와 유사한 것으로 이해하는 편이 합당하다.

5 월계수잎모양찌르개와 유설첨두기

1) 월계수잎모양찌르개(兩面調整尖頭器, 柳葉形尖頭器)

한반도에서는 온전한 형태의 조합식 찌르개가 실물자료로 출토된 바가 없다. 조합식 찌르개는 시베리아지역 내 출토 사례와 세석인의 분포범위를 감안하면(木村英明, 1997), 동북아시아 지역에서 폭넓게 사용되었다. 눌러떼기로 만들어진 월계수잎모양찌르개는 20,000 cal BC

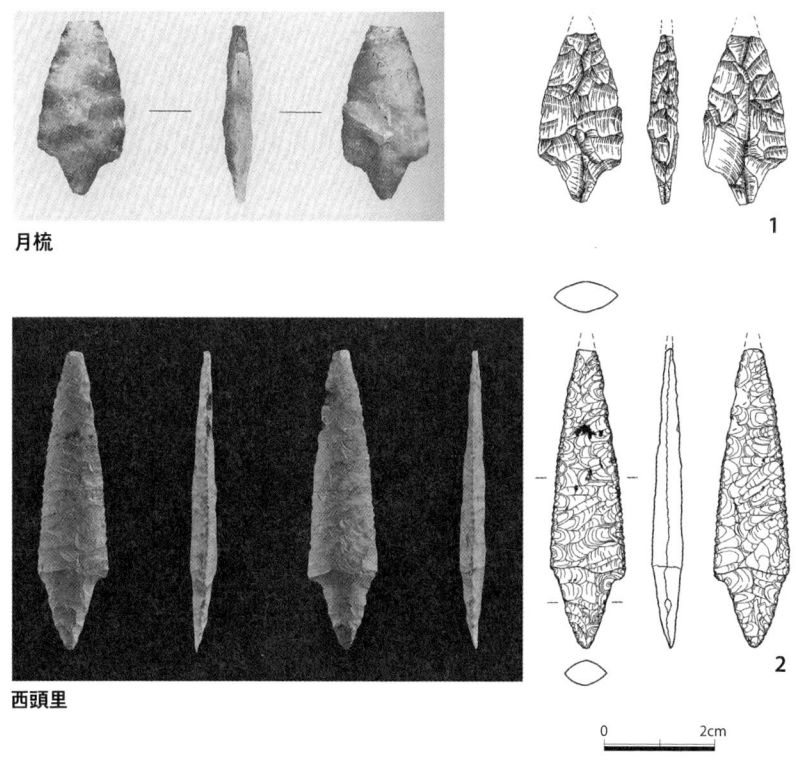

그림 6 한반도 유설첨두기(1. 월소 | 2. 서두리2유적)
예맥문화재연구원 등(2010), 호남문화재연구원 등(2013)

이후에 출현한다. 후기구석기시대의 월계수잎모양찌르개는 한반도와 일본열도에서 세석인과 더불어 사용되었다. 모든 세석인석기군 속에서 월계수잎모양찌르개가 출토되는 것은 아니며, 집단 내에서 어떤 찌르개를 사용할 것인가라는 사용목적에 따라 제작되었다.

우리나라에서 월계수잎모양찌르개는 수량이 적어 아직 구체적인 형식 분류를 하기가 곤란하다. 이것은 석창형과 화살촉형으로 분류할 수 있다. 석창형의 월계수잎모양찌르개는 기부와 신부가 덜 분명하다. 신북, 석장리, 월평 등에서 출토되었는데 동일한 시기의 것인지는 확실치 않다. 신석기시대의 화살촉과 유사한 화살촉형 찌르개는 기곡, 화대리, 세종리, 청주 재너머들에서 출토되었다. 재너머들의 찌르개처럼 화살촉형은 창끝에 부착되거나 화살촉으로 쓰였을 가능성이 있다(충청북도문화재연구원 등, 2009). 특히 규암제와 혼펠스로 만들어진 2점의 무경식 찌르개는 직접떼기와 눌러떼기로 만들었다. 간석기가 없고 토기를 공반하지 않았지만 어망추를 포함하고 있어 구석기시대 종말기의 특징을 가지고 있다.[11]

---

11 사천동 재너머들유적의 절대연대는 유물포함층의 불탄흙과 나무숯을 이용해 방사성탄소연대를

2) 유설첨두기(有舌尖頭器)

익산 서두리2유적에서 일본의 유설첨두기 또는 유경첨두기(有莖尖頭器)로 분류할 수 있는 것이 출토되었다(호남문화재연구원 등, 2013). 기부가 있는 유설첨두기는 우리나라 슴베찌르개의 개념으로 보면 이 석기의 개념에 포함시킬 수 있다. 다만, 석인제 슴베찌르개는 기부와 측연 일부만을 조정해 석기를 완성시켰다. 이에 반해, 유설첨두기는 몸체[身部]를 눌러떼기나 직접떼기로 조정하여 만든다. 슴베찌르개는 소재를 잘 만든 뒤 조정을 최소화하는 방식으로 석기를 만들었지만, 월계수잎모양찌르개나 유설첨두기는 소재보다는 조정에 중심을 두어 만들어졌다. 이러한 찌르개들은 동일한 투창도구이지만, 만드는 방식에서 구별된다. 유설첨두기는 15,000년 전 이후에 등장한다. 유경식 유설첨두기는 동해 월소, 서두리2에서 출토되었다(그림 6).

익산 서두리2유적(가구역 1문화층)의 유설첨두기는 유문암계 박편으로 만들었으며(그림 6-1), 석인으로 만들어졌는지는 조정으로 인해 알 수 없다. 이것은 최상부 토양쐐기의 상부로 부터 세석핵과 함께 출토되었다. 보고자는 전주 중동유적의 유사사례를 참조하여 서두리2유적(1문화층)의 연대를 15,000BP로 상정하였다. 서두리2유적 출토품은 전체 길이 51.2×13.4×5.4mm, 기부 길이 12mm이다. 찌르개의 선단부 각도는 30도이다. 이것은 일본 내 나카바야시[中林]형과 고세가사와(小瀬ヶ沢)2형의 유설첨두기와 비교해 볼 때 형태와 제작 기법이 아주 유사하다. 나카바야시형은 토기를 공반하지 않는다. 나카바야시, 타자와[田澤], 나루카오[鳴鹿]출토 유설첨두기가 대표적이다(增田一裕 1981). 특히 **그림 6-1**과 **그림 7-10~13, 그림 6-2와 그림 7-3·4·15~22**은 아주 유사하다.

일본에서 유설첨두기는 크기가 대체로 대형에서 소형으로 변화했다. 긴키지역의 유설첨두기는 서두리2, 월소출토품과 유사하다(그림 6·7). 이것들은 일본 유설첨두기의 특징인 몸체에 사선으로 조정하는 병행박리[斜狀並行剝離] 및 기부 형상이 닮았다. 몸체와 기부의 비율도 비슷하다. 다만 한국에 비해 일본 쪽 유설첨두기의 출토 사례가 월등히 많기 때문에 일본열도의 것들이 크기와 기부형태가 더욱 다양할 수밖에 없다. 유설첨두기의 또 다른 형식적인 특징으로는 몸체가 얇고, 기부가 미늘이 있는[逆刺] 것이 있다(그림 7-7). 아직 우리나라에서 신부와 기부가 만나는 지점에 역자형(逆刺形) 기부형태는 출토된 바 없다. 한편, 그림 8의

측정한 결과, 9,640±80BP(Oxcal 3.10을 이용한 보정연대는 9,560~9,720BP)였다(충청북도문화재연구원, 2009).

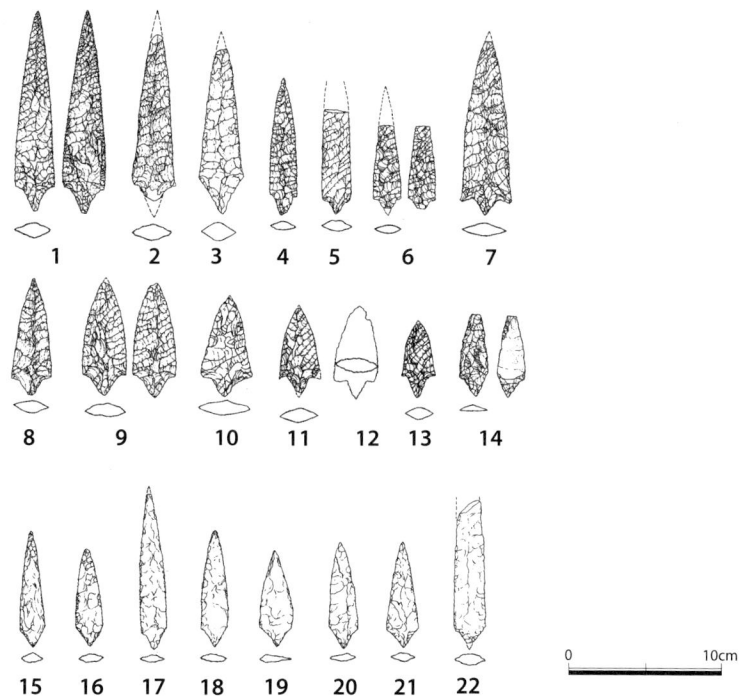

그림 7 긴키지방의 유설첨두기

1. 京都府 井手 | 2. 京都府 小橋川床 | 3. 和歌山縣 小野田東村 | 4. 三重縣 下ノ川 | 5. 三重縣 石榑南 | 6. 三重縣 中大野 | 7. 大阪府 長原 | 8. 奈良縣 川西 | 9. 滋賀縣 大谷河原 | 10. 大阪府 東池尻 | 11. 三重縣 長澤 | 12. 三重縣 三臼山 | 13. 三重縣 西鷹 | 14. 三重縣 深谷 | 15~22. 福井縣 鳴鹿　＊増田一裕(1981)에서 편집

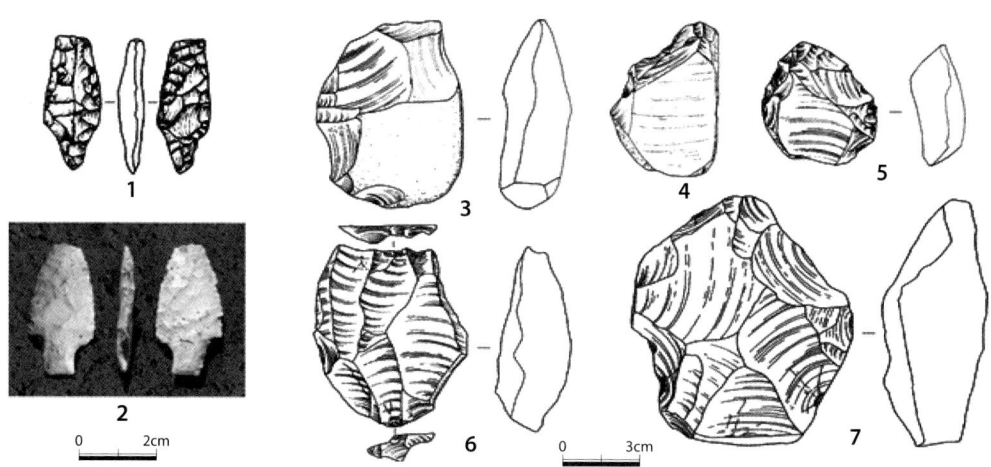

그림 8 곡성 오지리유적의 석기 (이헌종, 2008을 편집)

1·2. 유설첨두기 | 3. 석핵 | 4·5. 밀개 | 6. 석인석핵 | 7. 석핵

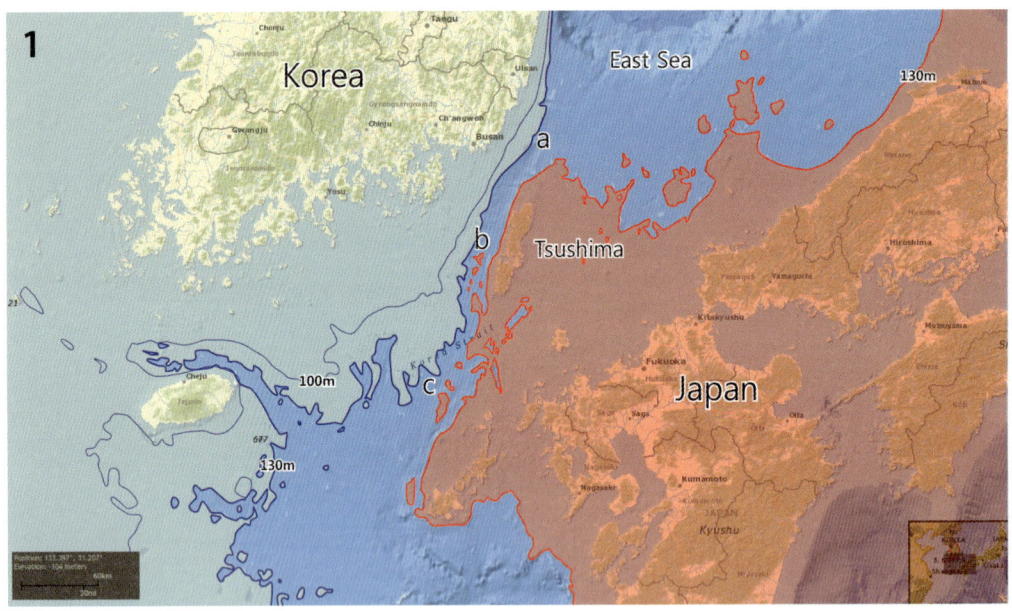

그림 9 후기구석기시대 한반도와 일본열도의 지형변화(미국 국무부 산하 국립해양대기청(NOAA)과 Park et al., 2000를 토대로 필자 작성)

1. 최대빙하극빙기(25,000~20,000년 전) 때 한반도와 일본열도의 해수면이 −130m 하강했을 때의 지형 변화. 육지가 되지 못한 두 지역 사이로 쿠로시오해류(고쓰시마해류)가 흘렀음. 쓰시마 좌측으로 작은 섬들이 생겨나 구석기인들의 도해(渡海)에 도움을 주었음. b와 c를 통하는 길이 가장 도해하기 좋았던 지점으로 추정. 한반도는 서해와 남해, 제주지역까지 육지가 되었음. 일본열도는 −130~100m에는 지속적으로 규슈, 시코쿠, 혼슈가 하나의 열도로 이어져 있었음

2. 35,000, 27,000, 16,000, 12,000년 전에, 해수면이 −100로 하강했을 때의 지형. 1번의 −130m로 내려갔을 때보다, 한반도와 일본열도사이의 a~c가 더 멀어졌으나 도해가 불가능했던 것은 아님.

곡성 오지리에서도 2점의 유설첨두기가 출토되었다. 그 중 그림 8-2는 일본 지역에서는 거의 발견되지 않는 독특한 기부형태이다.

서두리2유적 출토품은 눌러떼기의 조정과정에서 생기는 톱니날모양의 날을 가지고 있다. 월소출토품은 그림 7-9~13과 비슷하다. 유설첨두기는 아직 한반도의 자료가 빈약하여 명확한 계통 연구를 진행하기가 곤란하다. 또한 일본열도에서 유설첨두기가 서일본지역이 아닌 동일본지역에 주로 분포하는 이유도 검토가 필요하다. 향후 유설첨두기는 월계수잎모양찌르개가 함께 출토되는 홋카이도지역의 세석인석기군과의 관련성도 함께 검토되어야만 한다.

일본은 15,000년 전을 전후하여 간토우, 쥬부[中部], 도호쿠지역 내 오다이라야마모토[大平山元], 히가시우치노[東內野], 나카무라[中村]유적 등에서 창선형 첨두기(槍先形 尖頭器, 월계수잎모양찌르개)가 출토되었다. 한반도지역 내 유설첨두기와 월계수잎모양찌르개는 토기를 공반하지 않으면서 20,000~15,000년 전에 출현하였다. 한반도 내에서 만들어지는 찌르개의 검토는 앞으로의 자료 증가가 필요하다.

Ⅳ 일본열도로의 확산 과정과 의의

유라시아대륙으로부터 온 현생인류가 일본열도로 유입될 수 있는 루트는 한반도루트, 홋카이도루트, 류큐[琉球]제도루트, 동해루트가 있다. 다만, 동해루트는 수심이 깊어 해수면이 하강하더라도 육로가 형성되지 않아 도보로 건널 수 없다(Lambeck et al., 2004, 그림 9). 반드시 배나 뗏목이 필요한 루트이다. 구석기시대 때 이 루트를 이용해 인류가 교류했다는 고고학적 증거는 아직 밝혀진 바 없다.[12]

---

12   아프리카에 위치한 제리말라이유적은 42,000년 전에 참치와 상어 등 원양 어로를 했다(Sue O'Connor et al., 2011). 즉, 배를 타고 항해를 한 것이다. 일본에서 고즈시마섬[神津島]은 내륙에서 50~100km떨어진 곳에 위치한 흑요석 산지이다. 육지에서 이 섬까지 가기위해서는 해수면이 하강하더라도 반드시 배가 필요하다. 4만 년 전 이후부터 배나 뗏목을 타고 흑요석을 채취했을 것이라는 견해가 나오는 이유이다. 세계적인 추세를 보더라도 후기구석기시대 무렵부터 배나 뗏목을 사용했을 가능성이 높아지고 있다.

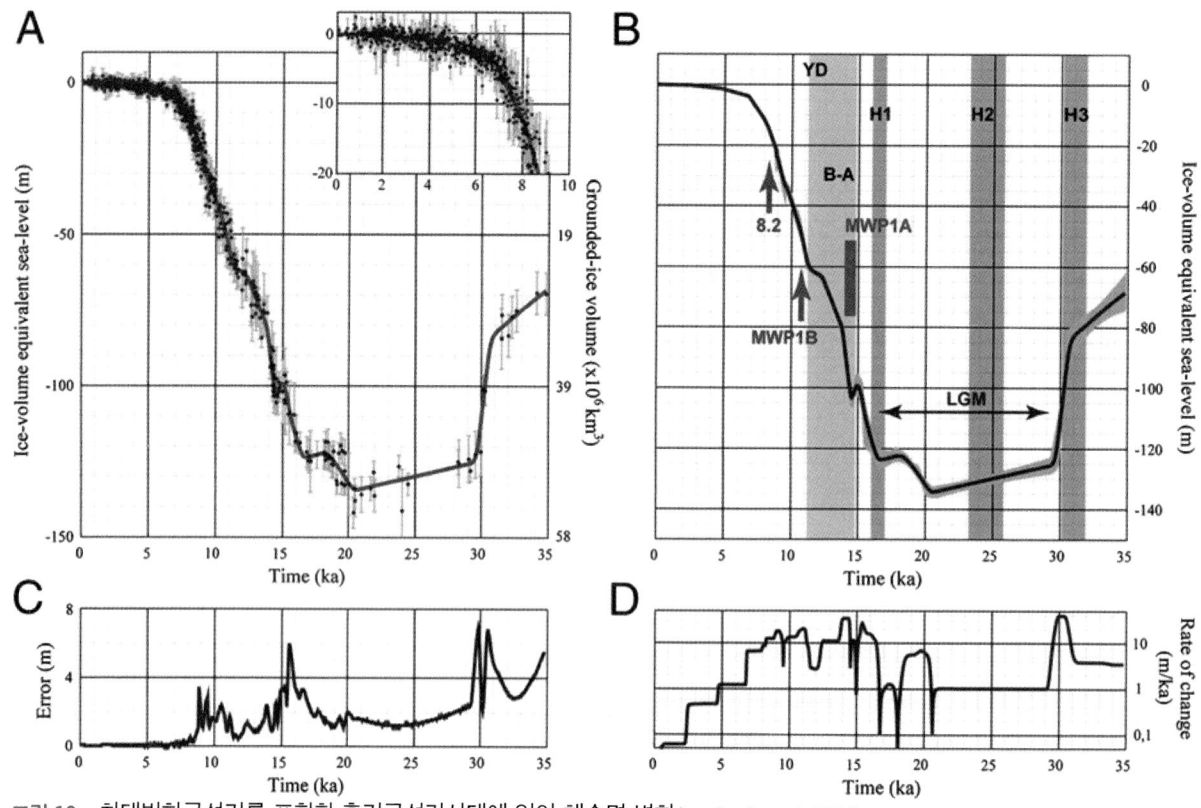

그림 10 　최대빙하극성기를 포함한 후기구석기시대에 있어 해수면 변화(Lambeck et al., 2014)

일본열도의 규슈지역 아래쪽으로 형성된 류큐제도루트는 류큐제도와 남중국 이남, 규슈 남부 및 오키나와[沖縄]를 잇는 루트이다. 유전인류학과 현생인류의 확산가설에 근거한 루트이다. 오키나와의 시라오사오네타바루동굴[白保竿根田原洞穴遺跡]에서 후기구석기시대에 사람의 두개골 일부 등이 출토되었다. 이 인골은 중국 남부와 동남아시아 사람들과 공통적인 유전자를 가지고 있었다. 일본인의 선조가 남방으로부터 왔을 가능성을 보여주는 자료라고 보고되었다(Kaifu et al., 2015).[13]

하지만, 동남아시아와 대만, 오키나와를 포함한 류큐지역에서는 3만 년 전 전후의 소형 박편석기군 자체가 드물기 때문에 규슈지역 내 후기구석기초 석기군과의 비교가 어렵다. 이 루트 역시, 빙하기 때는 물론, 뗏목을 타고 항해가 가능했다는 전제가 필요하다. 이런 이유로 후기구석기시대 초에 류큐제도루트를 통해 동남아시아 쪽의 현생인류가 일본으로 유입되었

13 　뼈에서 추출된 시료로부터 절대연대를 측정한 결과, 20,030~18,100 BP, 22,890~22,400 BP, 24,990~24,210 BP가 확인되었다.

다는 가설은 검토가 더 필요하다.

러시아 사할린을 거쳐 홋카이도로 이어지는 홋카이도루트 역시, 3만 년 전 이전의 구석기유적이 존재하지 않는다. 이 시기에 해당하는 홋카이도와 혼슈지역의 석기군 비교 자체가 곤란하다. 한반도와 홋카이도는 지리적으로 거리가 멀어 직접적인 석기비교는 어렵다. 여기서는 한반도를 기점으로 한 루트를 중심으로 자세히 살펴보자.

1 확산과정

후기구석기시대 때 한반도의 현생인류가 일본열도에 첫 발을 내디딘 사람들임이 점차 유력해지고 있다(Chang, 2013; 松藤和人, 2004; 佐藤宏之, 2009). 그들은 항해기술을 알고 있었다. 지리적으로나 고고학적인 자료로 볼 때 규슈지역과 혼슈서북지역에 처음으로 인류가 도달하였을 가능성이 높다(그림 9).[14]

한반도루트는 후기구석기시대 초기에 형성된 이후, 지속적으로 일본열도와 밀접한 관련이 있었다. 지금까지 두지역의 접촉 또는 교류, 이동과 관련한 루트는 한반도 남부로 부터 시작하여 규슈를 거쳐 혼슈로 이어지는 것을 상식으로 생각해 왔다. 그러나 한국 내 구석기유적이 증가하고 새로운 형식의 석기들이 출현하면서 좀 더 다양한 루트를 설정할 필요성이 생겨났다.

후기구석기시대 동안, 한반도와 일본열도의 교류루트는 2가지로 상정할 수 있다. 여러 연구에서 중기와 후기구석기시대 동안에 한반도와 일본열도 사이에 있는 대한해협이 육지가 된 적은 없었다. 25,000~15,000 BP시기에 해수면은 현재보다 90~130m가 낮은 수준을 유지했다(그림 9·10: Lambeck et al., 2014; Park et al., 2000). 다만, 이 지역은 해수면이 100m 이하 정도로 낮아졌을 때는 수로 폭이 20km 내외로 좁아졌다. 한반도 구석기인들이 바다 속 지형에 따라 그림 9-a~c의 수로에 형성되었던 섬들을 거치거나, 멀리 항해하지 않아도 되었다. 육안으로도 확인될 정도로 거리가 가까워지다 보니 도보나 뗏목 등으로 건널 수 있었다.[15] 대한해협에 생긴 이 수로를 건너 한반도 구석기인들은 일본열도로 갔다. 그림 10-b를

---

[14] 또 다른 가능성은 중국 남부지역과 류큐제도를 이용한 것이다. 한반도로부터 현생인류가 유입되었을 가능성이 현재까지는 가장 높다.

[15] 지금도 부산이나 거제도에서 쓰시마섬은 육안으로도 볼 수 있다.

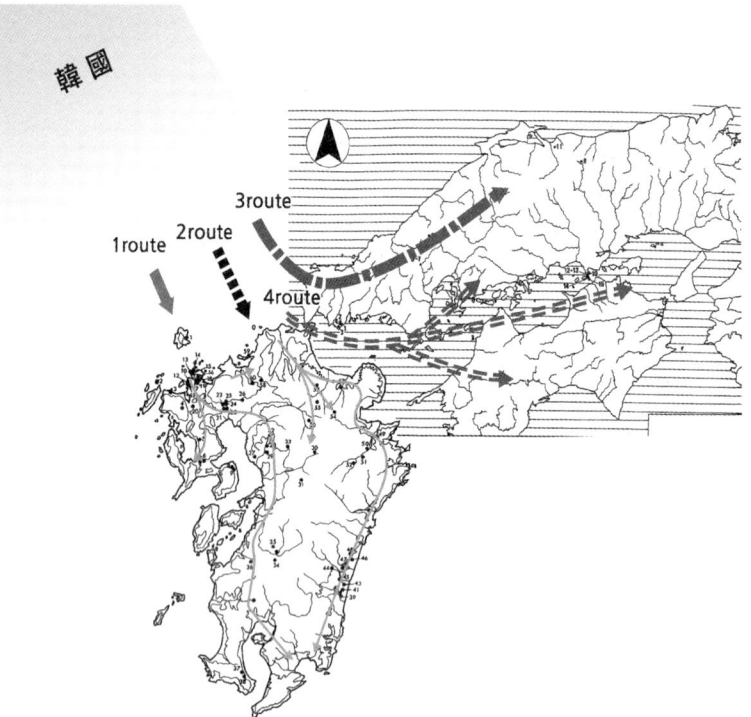

그림 11 한반도에서 일본열도로의 확산 과정(한반도 루트)

보면, 30,000년 전 이전부터 해수면이 100미터 아래로 내려간 적이 있다. 또 하인리히 이벤트(H1~H3) 때는 급격히 해수면이 하강하였다. 우리가 설정하는 최대빙하극성기(LGM)가 특정 기간이 아닌 10,000년 이상 지속되었을 수 있고, 이때를 이용해 대한해협을 건넌 인류가 일본열도에 도달했다. 한반도에서 출발한 인류는 4개 루트로 일본열도에 유입된 것으로 추정된다(그림 11). 이 루트들은 동시에 발생했을 수도 있고, 시기를 달리했을 수도 있다.

1) 한반도와 규슈루트(제1·2루트)

후기구석기시대 동안 한반도 구석기문화는 단속적이지만, 여러 차례에 걸쳐 일본으로 전해졌다. 한반도 후기구석기인은 남부지역의 해안가에서 출발하여 주요 루트로 규슈에 이르렀다(그림 11). 규슈루트는 제1루트와 제2루트가 있다.

(1) 제1루트

제1루트는 구석기시대에 한반도로부터 일본열도의 규슈 서북지역으로 들어가는 루트이다. 빙하기동안 해수면이 하강했던 어느 시기에 한반도의 거제를 기점으로 쓰시마[対馬]섬, 이끼

[壱岐]섬을 거치면 규슈지역에 최단거리로 도착할 수 있다(그림 9-1). 물론 그 외의 시기도 항해가 가능했을 것이다. 그러나 이것은 최단거리일 뿐, 실제 구석기인들이 이곳을 지나갔는지는 현재까지 자료로는 파악하기 힘들다. 그 이유 중 하나는 거제도에 구석기유적이 드물고, 쓰시마섬에서 구석기유적이 발견된 바가 없었기 때문이다.

규슈 서북지역은 한반도에서 유래한 박편첨두기가 다량으로 출토된 곳이다. 규슈지역에 박편첨두기가 채택된 것은 집단 내 사회통합을 강화하고 네트워크를 강화시키기 위한 공유형식으로 보기도 한다(森先一貴, 2009). 규슈지역은 후기구석기시대 중엽에 터진 AT화산폭발 이후, 열악한 자연환경 속에서 한반도로부터 현생인류와 동물이 다시 유입되었다. 기존과는 다른 생태환경이 새로운 석기 형식인 박편첨두기가 급속도로 확산되는 기반을 제공했을 가능성이 크다. 이 루트로 유입된 박편첨두기는 규슈 서쪽해안과 중심부로 퍼져나갔다.

한편, 규슈 서북쪽에는 석기를 만들 수 있는 흑요석 원산지가 11곳이나 분포한다. 규슈 동북지역의 내륙에는 흑요석 원산지가 없고, 히메시마[姬島]에 있다. 앞서 언급하였듯이 신북의 일본산 흑요석의 출토사례(Lee & Kim, 2015)로 볼 때, 한반도 서남부지역과 서북규슈와의 접촉은 인정되지만, 그 외 교류관련 유물은 구체적으로 파악할 수 없다.

슴베찌르개가 규슈지역에 전역으로 전파되고, 박편첨두기로 확산·정착하는 과정에서 일어난 현지화된 기술 특징은 다음과 같다. 먼저, 석기 소재는 석인 또는 종장박편을 사용했고, 석재는 한반도의 이암이나 혈암을 대신하여 안산암과 응회암을 이용했다. 흑요석은 박편첨두기 제작에 거의 사용하지 않았기에 출토품이 몇 점 되지 않는다. 기부는 자루에 삽입하기 좋은 모양으로 만들었으나 방형인 경우가 더 많다. 이때 슴베와 몸체사이의 형태는 곡선[弧]을 이루거나 직선적이고, 몸체에는 톱니날처럼 조정된 박편첨두기가 출토되었다.

규슈 서북지역에 위치한 네비이케[根引池], 류오우[龍王]유적 구라치가와[倉地川]지구의 경우, 석인으로 만든 나이프형 석기 중에는 슴베찌르개로 판단할만 하다. 이러한 유적들은 석인기법을 기반으로 생산한 양질의 석인으로 찌르개를 만들었다. 이측연가공 나이프형 석기 중 일부는 슴베찌르개로 분류가 가능한 것이 있다. 흑요석으로

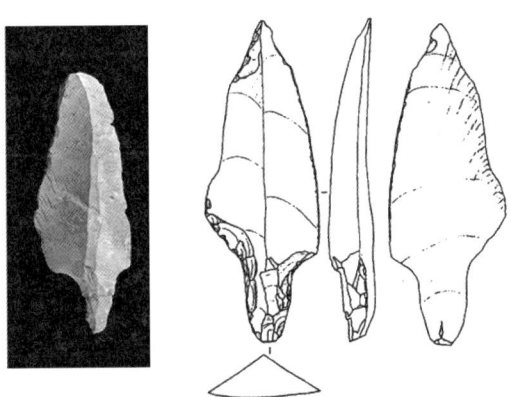

그림 12 한국 고례리유적(좌: 길이 7.7×3.0×1.1cm)과 일본 규슈 이와토[岩戸D]유적(우) D문화층에서 출토된 슴베찌르개(12.8cm) 일본 내 박편첨두기 중 한국 슴베찌르개와 흡사한 석기로 평가 받고 있음.

주로 만들어지는 이측연가공 석기는 박편첨두기와는 다른 형식의 석기이다. 슴베찌르개가 규슈지역으로 유입된 이후, 이측연가공 나이프형 석기는 박편첨두기와는 차별화된 제작 전략을 사용하였다.

(2) **제2루트**

제2루트는 한반도에서 출발하여 북규슈와 규슈 동북쪽으로 유입되는 루트이다. 오이타[大分]현의 이와토(岩戶)D유적의 박편첨두기는 한반도의 고례리출토 슴베찌르개와 크기만 다를 뿐, 제작기법과 형태가 흡사하다. 이와 유사한 박편첨두기가 일본열도는 물론, 규슈지역에서 흔치 않다. 이 박편첨두기는 규슈의 서북지역에서 동북지역으로 확산된 결과가 아닌, 한반도 동남부의 고례리유적의 사람들과 규슈 동북지역의 이와토(岩戶)D유적의 사람들이 직접적으로 상호 접촉한 결과물이다(그림 12).

제2루트를 이용해 일본열도로 유입된 한반도 도래집단은 규슈 미야자키[宮崎]현과 가고시마[鹿兒島]지역까지 동쪽해안을 따라 확산되는데 영향을 미쳤다. 규슈는 중앙과 남부에 걸쳐 높은 산들이 형성되어 있다. 석기양상이 석재와 기종에서 동쪽과 서쪽의 경계가 비교적 뚜렷하다. 미야자키현은 규슈지역에서 많은 박편첨두기가 출토된 곳이다. 규슈 동쪽루트를 따라 남부지역까지 박편첨두기가 확산되었다. 그 뒤 미야자키현의 박편첨두기 집단은 가고시마현의 박편첨두기 집단과 접촉하여 크고 무거우면서 안산암으로 주로 만드는 박편첨두기들을 집중적으로 제작하였다.

규슈지역은 박편첨두기 이후에 각추상석기가 출현하는데, 각추상석기는 박편첨두기, 고후[國府]형 나이프형 석기, 기리다시[切出]형 나이프형 석기와 함께 출토된다. 한반도로부터 슴베찌르개가 전해질 때, 일부 집단은 각추상석기도 함께 받아들였을 가능성이 있다. 규슈 동남부지역은 박편첨두기와 각추상석기가 유독 많이 공반된다. 하가유적의 슴베찌르개, 각추상석기, 나이프형 석기(필자는 슴베찌르개의 한 부류로 판단)로 구성되는 공반 양상은 규슈 중·서부지역의 출토 양상과 비슷하다. 미야자키현의 각추상석기와 박편첨두기가 단순히 층위가 얇아 뒤섞였을 가능성과 더불어, 향후 박편첨두기 제작 집단이 한반도의 각추상석기를 함께 제작했을 가능성도 제기하고 싶다. 각추상석기가 일본 고유의 석기 형식으로 자리 잡기 이전의 최초 형식은 한반도에서 유래했을 가능성이 있다.

2) 한반도와 주·시코쿠〔中·四國〕루트(제3루트)

빙하기 중 후기구석기시대에 −130~80m이상으로 해수면이 하강하면, 규슈지역과 주·시코쿠지역은 하나의 땅으로 변하였다. 이 시기는 두 지역 간에 육지와 바다의 구분이 없었다.

대한해협에 위치한 쓰시마섬으로부터 규슈까지의 거리에 비해, 규슈지역과 주·시코쿠지역 사이의 거리는 훨씬 가깝다. 한반도를 떠난 구석기시대 수렵채집민이 규슈지역으로 반드시 먼저 들렀을 가능성이 가장 높지만, 일본열도의 동쪽방향인 주·시코쿠쪽으로도 방향을 잡았다. 우리가 고정관념처럼 생각했던 일본열도 내 한반도 관련석기의 확산루트가 반드시 규슈를 거쳐야만하는 것은 아니다(그림 9~11).

제3루트는 한반도 구석기인들이 주·시코쿠지역으로 방향을 잡은 경우이다. 실제 지도상에서 이 지역은 규슈 서북지역보다 위도상으로 1도 정도 더 위쪽에 위치하며, 거리도 차이가 없다. 빙하기 때 해수면하강이 있었다면, 쓰시마섬까지 걸어서 갈 수 있다. 이러한 루트를 설정한 배경에는 한반도와 깊은 관련이 있는 박편첨두기(슴베찌르개), 북방계 세석인석기군, 유설첨두기가 규슈지역이 아닌, 주·시코쿠지역(세토우치해주변 포함)에서 모두 확인되고 있기 때문이다. 특히 북방계 세석인석기군은 규슈지역에서 거의 확인되지 않았지만, 이 지역에서는 사용되었다.

이 지역의 박편첨두기는 규슈지역의 재지화된 박편첨두기보다는 한반도의 것들과 유사성이 더 강하다. 야마구치〔山口〕현 우베(宇部)지역의 미나미가타〔南方〕, 후지오〔富士尾〕, 도키와이케〔常磐池〕유적. 가가와〔香川〕현 오우라〔大浦〕유적에서는 박편첨두기 5점이 출토되었다(그림 5). 아직 규슈지역 내 박편첨두기 중 가장 오래된 것들은 규슈 북부지역 출토품들이다.[16] 주·시코쿠지역에서는 제3루트로 한반도계 석기들을 받아들이는 한편, 제4루트로 규슈지역 내 석기군과도 관련성을 맺었다. 유베쓰기법으로 대표되는 북방계 세석인석기군은 제2루트를 이용해 규슈를 제외한 채, 주·시코쿠지역으로만 유입되었다(그림 13). 즉, 주·시코쿠지역은 규슈는 물론, 한반도 구석기문화의 영향도 받았던 것으로 추정된다.

일본 후기구석기시대의 북방계 세석인기법의 기원은 연해주 → 홋카이도 → 고혼슈로 이어지는 루트만으로 밝힐 수 없다. 지리적으로나 기술적으로 일본 열도의 서쪽에서 확인되는 북방계 세석인석기군의 기원은 홋카이도가 아닌 한반도와 관련이 더 깊다(장용준, 2010;

---

16 향후 정식 조사가 이루어진다면, 혼슈 출토 박편첨두기가 규슈지역의 것보다 연대가 올라갈 개연성도 있다.

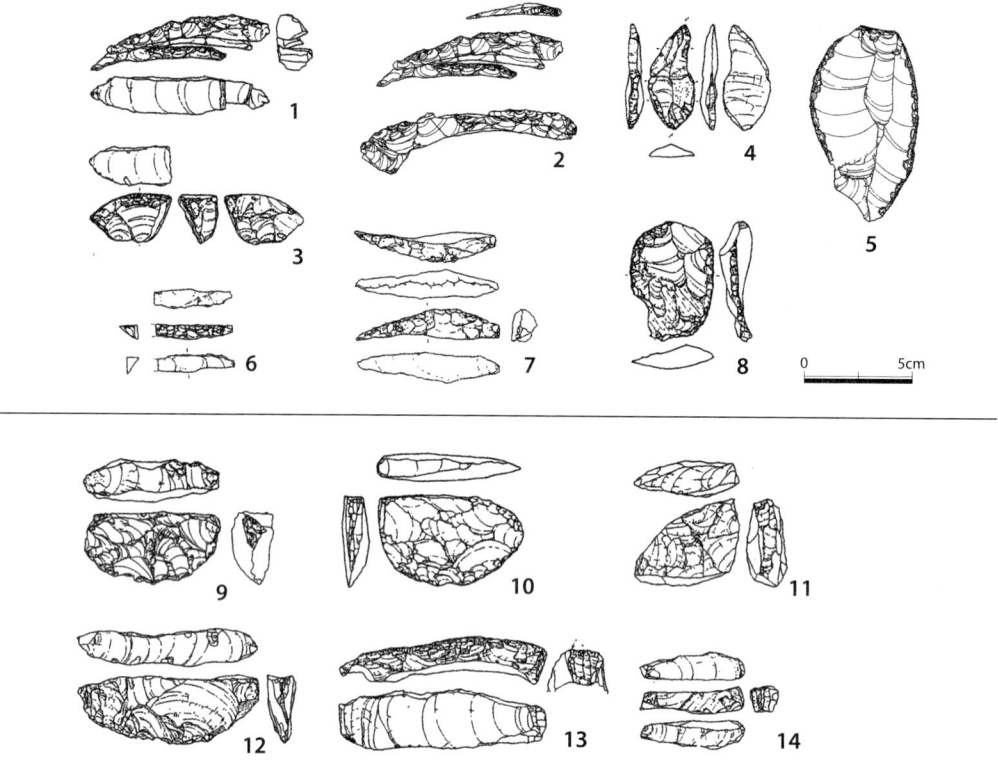

그림 13 우리나라 유베쓰기법의 세석핵과 관련이 있는 산인, 주코쿠, 세토우치해지역의 세석인관련 석기 (稲田孝司, 1996; 吉井雅勇, 1991을 편집)

상단: 산인[山陰]·주코쿠[中國]산지의 유베쓰기법 석기군

1·2·6·7. 유베쓰기법의 삭편 | 3. 유베쓰형 세석핵 | 4. 아라야[荒屋]형 새기개 | 4. 긁개

* 1~5·8. 온바라[恩原]2유적 | 6·7. 시마네[島根]현 스기타니[杉谷]유적

하단: 세토우치해지역 유베쓰기법의 세석핵

9~12. 유베쓰형 세석핵 | 13·14. 삭편

* 9. 야마구치현 川津 | 10. 히로시마현 간무리[冠] | 11. 香川현 羽佐島유적 | 12. 오사카부 譽田白鳥 | 13. 오사카부 新池 제2지점 | 14. 효고현 南大塚고분출토

Chang, 2013).

한반도에서는 28,000 cal BC부터 세석인기법이 출현하고 있지만, 출현시기는 소급될 가능성이 있다. 한국의 세석인문화는 동북아시아지역 내 세석인문화와 기술적으로 같은 뿌리에 있다. 세석인은 한반도 내에서 사용할 수 있는 규질계 석재를 이용해 제작했다. 한반도 석재 사정에 맞춰, 자체적인 기술개량도 이루어졌다. 한반도 내 세석인기법 중 양면조정된 예비소재(blank)를 이용하는 유베쓰방식은 핵심 제작기법 중 하나이다.

한국은 그 외에도 유적마다 기법적 변이가 다양하다. 하나의 기법으로 정의내리기가 어럽다. 일본 주·시코쿠지역의 관문인 야마구치[山口]현과 세토우치해 주변 지역에는 북방계 세석인기법이 사용되었다. 우리나라 동해와 접한 시마네현[島根縣]의 쇼겐지하라[正源寺原], 스기타니[杉谷], 이치바[市場]유적에서는 유베쓰방식의 세석인기법이 확인되었다 (그림 13). 또한 배모양세석핵이 출토된 가즈와[上神] 51호도 있다(藤野次史, 2006).

홋카이도로부터 전래되었다고 주장되어 온 북방계 세석인석기군(湧別기법)의 대표 유적인 온바라[恩原]유적은 혈암 원산지가 도호쿠지역이고, 아라야형 새기개가 있어 도호쿠와 관계가 있다고 하더라도, 주·시코쿠지역 내 모든 북방계 세석인석기군이 홋카이도로부터 유래했다고 볼 수 없다.

지금처럼 온바라유

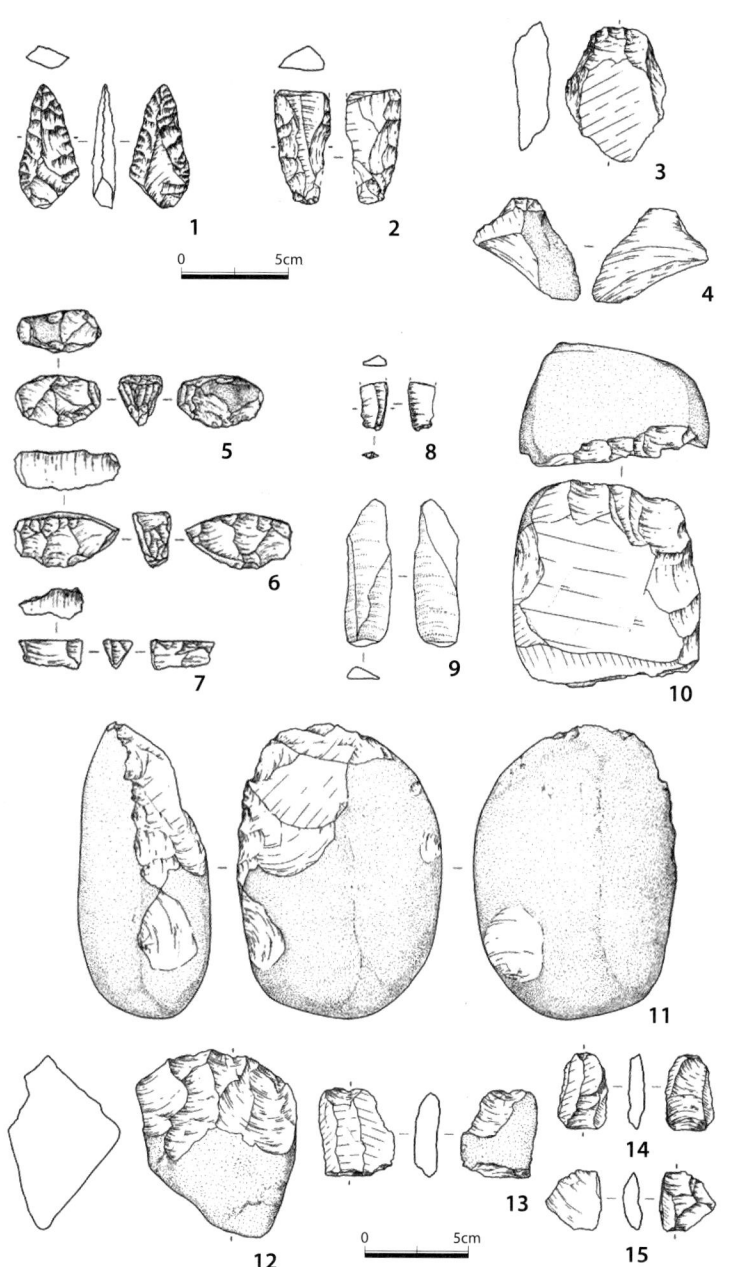

그림 14 세종 세종리 석기군(중앙문화재연구원·한국토지주택공사, 2015에서 편집)
1. 찌르개(석영암) | 2. 슴베석기(혼펠스) | 3. 밀개(석영암) | 4. 밀개(응회암) | 5~7. 세석핵 | 8. 석인(혼펠스) | 9. 석인(응회암) | 10. 석핵 | 11. 찍개(규암) | 12. 주먹찌르개(석영암) | 13~15. 쐐기형석기(양극떼기, 석영암)

적이 북방계 세석인석기군의 핵심 거점 지역으로 평가받고, 기술적 거점 장소로서 평가하는

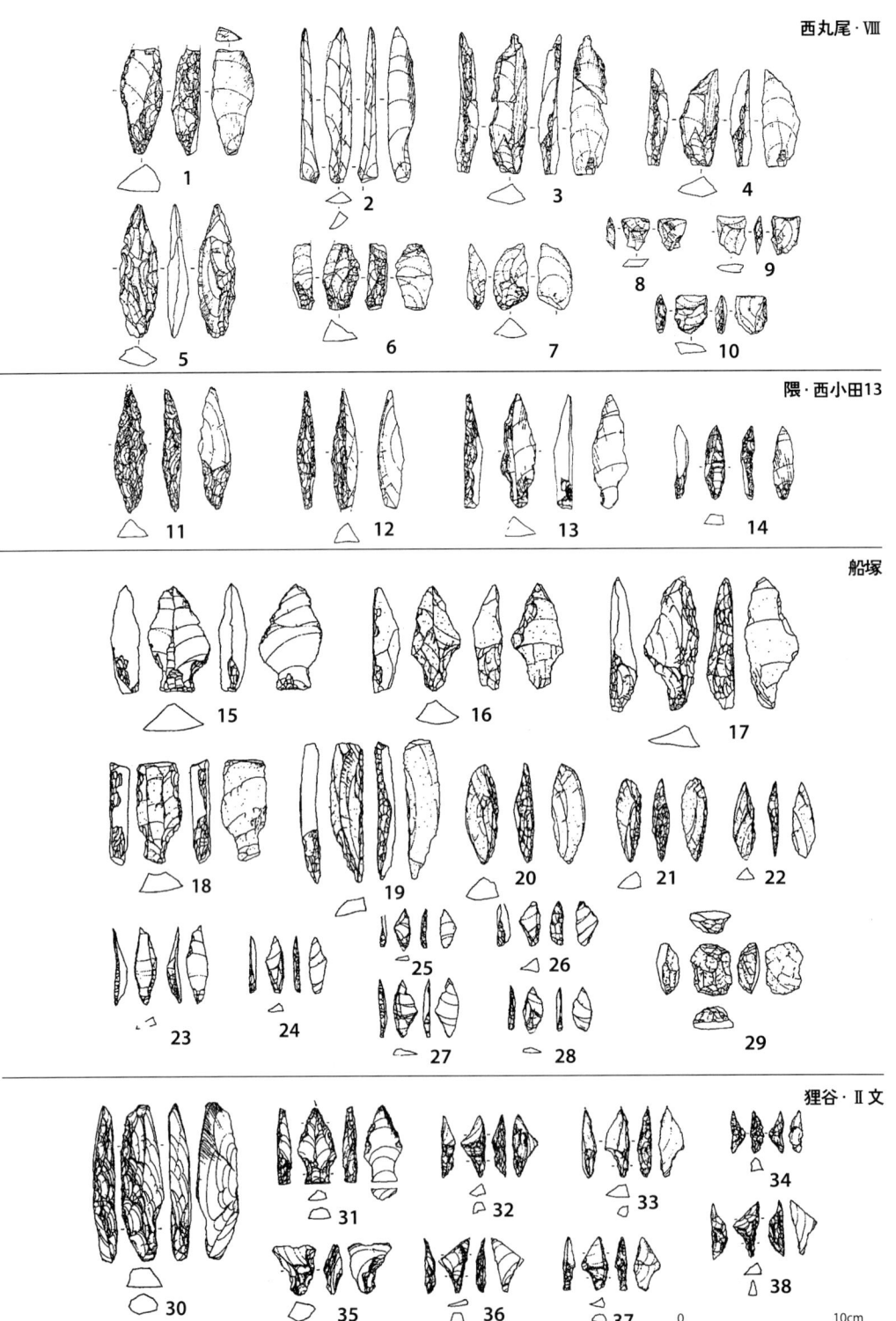

그림 15　규슈지역 박편첨두기 석기군(宮田榮二, 2006를 편집)

시각을 재검토해야만 한다(장용준, 2010; 2015). 특히 이 유적은 월성동처럼 석인제 대형 긁개를 다수 포함하고 있기도 하다. 그림 13-13·14의 타면박편(spall)을 재활용해서 세석인을 박리하는 방식은 우리나라 수양개, 석장리유적 등에서 확인되는 독특한 세석핵이다.

한편, 규슈지역 내 양면조정방식의 세석인기법도 한반도에서 유사한 사례는 찾을 수 있다. 전형적인 기법이란 결국 연구자들이 만든 틀에 불과하다. 한반도 세석인기법은 세석인 생산과 사용방식이라는 핵심 개념을 기반으로 하여, 여러 석재에 맞춰 다양한 적응을 한 결과물이다. 홋카이도처럼 석기제작수량이 많지 않고, 기법적으로 완성도가 떨어지는 한반도 세석인기법을 한마디로 정의하긴 곤란하다. 접합유물도 적어 박리기술을 과학적으로 입증하기 어려운 점도 있다.

한반도의 세석인기법은 유베쓰기법이 사용되지 않는 규슈지역과의 비교 검토가 힘든 것이 사실이다. 한국측 자료가 증가할수록 규슈지역의 석기들 중에는 한반도와 관련성이 늘어날 수 있다. 앞서 살펴보았듯이 제3·4루트로 한반도와 주·시코쿠지역은 직접적인 교류가 있었다. 한반도로부터 건너온 북방계 세석인석기군 집단이 세토우치해를 중심으로 혼슈로 확산되었을 가능성과 유경첨두기의 확산도 이 루트를 이용하였을 수 있다. 그림 14의 세종리 석기군을 보면 첨두기와 함께 세석인석기군과 석영계 석기를 사용하였다. 만약, 이런 석기군이 일본에 영향을 주었다면 현 단계에서 일본과의 교류양상을 밝히기는 어려움이 있을 것이다. 그럼에도 불구하고 이에 대한 검토는 계속 이루어져야만 한다.

3) 규슈와 주·시코쿠(고혼슈): 제4루트

제4루트는 한반도와 상관없이 규슈와 주·시코쿠(고혼슈)지역이 하나로 되었을 때 형성되었다.[17] 세토우치해는 평균수심 37.3m밖에 되지 않는다. 박편첨두기가 우세했던 규슈지역과 세토우치기법이 우세한 주·시코쿠지역의 석기군이 상호 영향을 미쳤다.

고혼슈지역에서 나이프형 석기나 고후계 석기보다 수량이 적은 박편첨두기의 확산은 고후계 석기군과 세토우치[瀬戶內]기법의 확산과 무관하지 않다. 긴키[近畿]와 세토우치지역에서 만들어진 사누카이트제 고후[國府]형 나이프형 석기는 간토우에서 도호쿠지방(야마가타[山形]현 엣츄우야마[越中山]유적 K지점)에까지 확산되었다. 효고[兵庫]현 이타이샤[板井社]유적

---

17 이 루트는 한반도와 직접적인 관련이 없지만, 이곳으로 박편첨두기 등이 확산되었기에 새로운 루트로 설정했다.

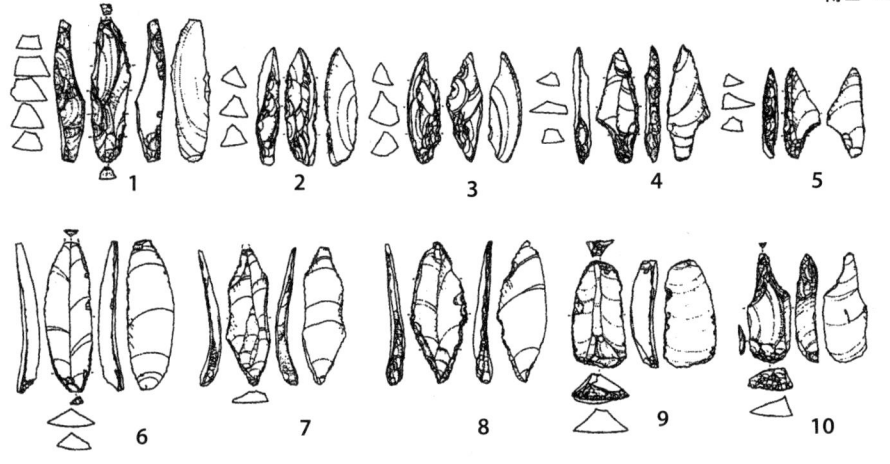
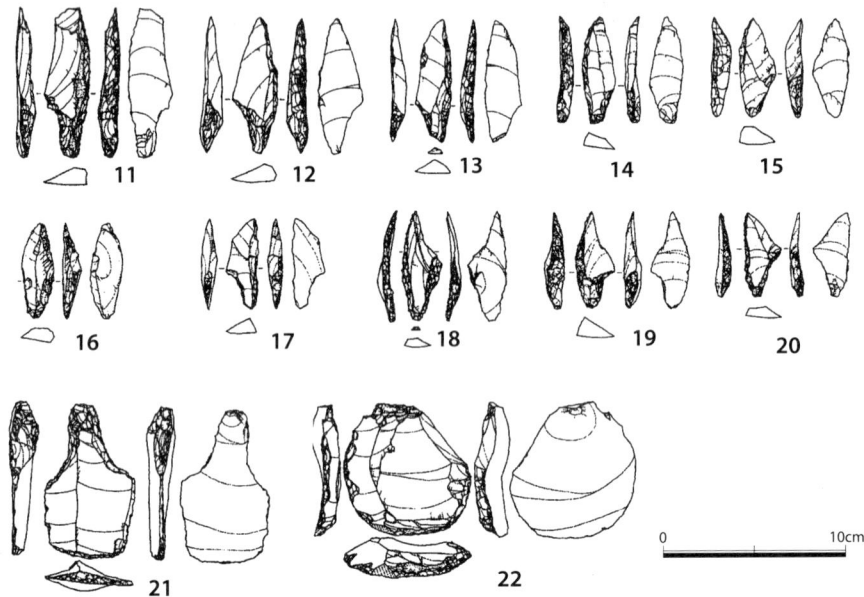

그림 16 일본 쥬부[중부]지역 박편첨두기 석기군(竹岡俊樹, 2002; 宮田榮二, 2006를 편집)

하층에서는 AT층 이전 문화층에서 만들어진 세토우치기법과 유사하게 횡장(橫長)박리된 석핵이 출토되었다. 야마가타현 엣츄야마유적 K지점에서는 사누카이트가 아닌 혈암제 고후형 나이프형 석기가 출토되었다. 이러한 석기들은 석기형식은 유지한 채, 현지 석재를 이용해 만들었다. 규슈에서 혼슈 동쪽으로 확산되는 흐름 속에서 규슈지역처럼 박편첨두기가 우세하지는 않지만, 혼슈 일부지역까지 박편첨두기는 확산되었다(그림 15).

호쿠리쿠[北陸]와 니이가타[新潟]지역의 고후(國府)계 석기군에는 각추상석기가 포함되어 있다. 세토우치지역의 고후계 석기군은 사람이 동쪽으로 이동하면서 확산되었기 때문이다.[18] 세토우치기법으로 만든 고후형 나이프형 석기와 횡장박편으로 만든 고후계 나이프형 석기도 마찬가지이다. 규슈부터 도호쿠지역까지 폭넓게 확인된다. 특히 각추상석기는 규슈, 긴키·세토우치지역, 간토우지역에서 수백여 점이 확인된다.[19]

일본열도에서는 각추상석기와 고후계석기군의 분포권은 상당히 일치한다. 여기에 박편첨두기로 판단할 수 있는 석기들이 앞선 두 석기의 분포권과도 일정 부분이 겹친다. AT화산이 폭발하고 난 이후인 25,000~20,000년 전에 나이프형 석기와 더불어 박편첨두기, 각추상석기, 고후계 석기는 함께 사용되었다. 군마[群馬]현 우시로타[後田], 히가시우라[東裏] H2지점 등 규슈 이외지역에서 출토되는 석인제 기부가공첨두기는 나이프형 석기가 아닌 박편첨두기의 한 부류로 보아야만 한다(그림 16). 단순히 기부 형태라는 하위 속성에만 매달려 슴베찌르개나 박편첨두기와는 다른 석기로 판단했기 때문에 전파과정이 제대로 파악되지 않았다.

타루구치[樽口] A-KSE와 가미노[上ミ野]A(1·2)차 유적을 비교하면 고후계 석기, 측연조정(톱니날)형 박편첨두기, 기부가공첨두기가 출토되었다. 규슈지역에 기부조정된 형식의 밀개도 동일하게 확인된다. 이런 석기조합과 유사한 석기는 규슈 니시마루오[西丸尾]Ⅷ, 구마니시오다치쿠[隈·西小田]13, 후나즈카[船塚], 다누키타니[狸谷] Ⅱ문화층이 있다. 그 외에도 많은 유사한 유적들이 있다.

2 확산 의의

구석기시대에 한반도와 일본열도에 살았던 인류는 후기구석기시대에 바다를 건너 처음으로 교류하였다. 전기와 중기구석기시대는 일본열도 내에 한반도와 비교 대상이 되는 유적이 아직 밝혀진 바 없다. 다행히 일본열도 내 후기구석기유적들에서 한반도와의 다양한 접촉이 있었다.

한반도와 일본열도의 비교할 만한 석기는 찌르개류와 기법적으로는 석인기법과 세석인

---

18 일본 도카이[東海]지방 중부와 동부, 간토우지방에서는 세토우치기원의 사람들의 영향을 거의 받지 않았다(森先一貴, 2009). 고후계 석기는 기본적으로 세토우치지역의 사람들의 영향을 받아 형성된 석기이다.

19 혼슈전역에서 출토되는 각추상석기가 지역을 달리 해도 형식명이 바뀌지 않지만 박편첨두기와 나이프형 석기는 철저히 분류한다.

기법이 있다. 한반도출토 찌르개류는 슴베찌르개, 각추상석기(추형찌르개), 월계수잎모양찌르개, 유설첨두기가 있다. 일본열도의 찌르개류는 나이프형 석기, 박편첨두기, 각추상석기, 기부가공첨두기, 월계수잎모양찌르개, 유설첨두기 등 다양하다. 일본열도 내 모든 찌르개가 한반도의 영향을 받아 등장하지 않았다. 두 지역의 찌르개류의 공통점은 자루에 부착하는 크기 5~15cm정도의 석기를 자루에 매달아 만든 착장형 찌르개란 사실이다. 홋카이도, 혼슈 중부 등 일부 지역에서 출토된 20cm전후의 대형 월계수잎모양찌르개를 제외하면, 찌르개 크기는 10cm를 전후한 것이 우세하다. 이러한 특징은 두 지역에서 투척방식에 따른 석창 크기를 엄격히 제한하고 사용했을 개연성이 있다. 즉 집단 내부에서 전통적으로 찌르개류의 크기를 관리하고 있었다고 이해할 수 있다.

한반도 슴베찌르개석기군은 슴베찌르개 단독으로 출토되는 석기군과 슴베찌르개와 각추상석기(추형찌르개), 슴베찌르개와 세석인 함께 출토되는 석기군이 있다. 일본 규슈에는 앞선 두 유형의 석기군이 전달되었는데, 사용 시기는 달리하였다.

현재까지 한반도 내 각추상석기의 출토 수량이 적기 때문에 일본열도로의 정확한 확산 과정은 파악하기 어렵다. 규슈지역에서는 박편첨두기 이후 시기부터 각추상석기가 집중적으로 사용되었다. 각추상석기는 규슈지역에서는 대형 찌르개로 사용되었으나, 혼슈지역으로 확산되면서 소형 각추상석기로 변모하였다. 박편첨두기처럼 각추상석기도 현지화과정을 거쳤다.

한반도의 월계수잎모양찌르개는 시베리아지역의 석기 전통으로부터 영향을 받았을 가능성이 있다. 월계수잎모양찌르개보다 몸체와 기부가 명확히 구분되는 유설첨두기는 그동안 일본 고유의 찌르개로 알려져 왔다. 나카바시형[中林型] 등의 유설첨두기는 규슈, 시코쿠, 긴키지역 등에서 확인되었다. 다만, 일본은 소소기[草創期]에 토기가 확인되었고, 유설첨두기 중에는 토기와 함께 출토되기도 한다. 우리나라에서는 이 시기에 토기가 발견되지 않은 채 석기만 출토되는 공반관계의 차이점이 있다.

제3·4루트로는 슴베찌르개, 유설첨두기, 북방계 세석인기법이 서로 시기를 달리한 채 유입되었다.[20] 일본열도는 석인 또는 종장박편을 기반으로 만들어지는 박편첨두기가 여러 루트로 규슈 전역 및 혼슈 서북지역을 중심으로 확산되었고 각 지역에서는 소재박편을 만들

---

[20] 박편석기는 정형화되지 않은 석기들이기 때문에 실제 한반도와 일본열도의 석기를 비교하기는 어렵다. 하지만 계속 비교 검토는 이루어져야만 한다.

기 위한 기술도 변화가 일어났다. 특히 규슈 남부지역의 박편첨두기는 출현기의 것과 비교해 형태가 많이 바뀌었다. 일본에서 박편첨두기와 각추상석기는 규슈지역에서 도호쿠지역 일부까지 출토되는 광역으로 확산된 기종들이다. 일본열도의 혼슈 쥬부 또는 도호쿠지역 내 종장박편이나 석인을 기반으로 하는 기부가공첨두기의 기원은 나이프형 석기와 분리해서 찾을 필요가 있다.

박편첨두기는 일본 쥬부지역까지 출토된다.[21] 한국의 슴베찌르개나 유베쓰기법은 규슈지역을 거치지 않고 도호쿠지역까지 확산되었다. 이러한 집단들은 도호쿠지역에 이르러서는 혈암으로 박편첨두기(일본에서는 기부가공첨두기로 분류)를 만들었다.

우리나라에서 후기구석기시대 이전에도 투창기술은 있었을 수 있다. 하지만, 투창용 찌르개의 형식을 갖춘 석기가 본격적으로 출현하는 것은 후기구석기시대부터이다. 투창(投槍)용 수렵도구는 도구진화사에서 큰 진전이었다. 동북아시아지역에서 실물자료로는 출토된 바 없는 투창기는 찌르개의 종류와 상관없이 던지는 것이 가능하다. 슴베찌르개로 만든 창부터 소형 화살까지 날릴 수 있다.[22] 사람의 팔 힘으로 긴 창을 던지면 64m가량 날아가지만, 실제 동물을 죽일 수 있는 범위는 대략 13.7m이다. 투창기를 이용해 창을 던지면 137m나 날아가고 동물을 죽일 수 있는 범위는 27.4m에 이른다. 사람이 팔로 창을 던지는 것보다 수렵이 가능한 거리가 두 배 이상 늘어난다(Lambert & the Diagram Group, 1987).

진화생물학자인 폴 빙엄 박사는 던지는 행위가 인류의 뇌 크기와 관련이 있다고 주장했다(NHK 특별취재반, 2014). "던지는 행위에서는 사냥감과 자신의 거리, 상대의 움직임, 돌이 중력으로 떨어지는 작용, 자신의 근육 움직임을 순간적으로 계산해야 한다. 중량. 물건을 뭔가에 맞혀 떨어뜨리거나 치명상을 줄 수 있는 종은 우리 인간 외에는 한 종류 밖에 없다"라고 했다. 투창이란 행위는 인지능력, 축적된 수렵기술의 산물이다. 한일 두 나라 후기구석기문화가 이러한 유사하거나 공통된 찌르개양식으로 수렵을 했다는 것은 의미하는 바가 크다.

AT화산 폭발 이후 규슈지역은 급격히 줄어든 육상동물을 대체할 어류와 같은 새로운 식량원도 필요한 상황이었다. 규슈지역에서 박편첨두기가 가장 번성했던 시기의 식생은 온

---

[21] 홋카이도에도 슴베찌르개와 형태적으로 유사한 것이 시라타키[白瀧]유적군에서 출토되고 있다. 다만, 기부를 제작하는 방식에서 눌러떼기를 활용하는 방법이 슴베찌르개와 다르다.

[22] 다만, 한국에는 투창기가 출토되지 않고 있다. 실제 후기구석기인들이 이것을 사용했으나, 보존환경이 좋지 않아 출토되지 않는 것으로 추정된다.

대침엽 혼교림과 난온대 낙엽광엽수림이었다. 주·시코쿠지역의 사누카이트가 분포하는 특징을 감안해도, 박편첨두기의 분포권역과 식생은 상당히 일치한다. 박편첨두기로 사냥할 만한 특수한 동물의 서식환경이 형성되었을 가능성을 엿볼 수 있다. 한반도에서 슴베찌르개가 일본의 박편첨두기로 정착하는 과정에서 사냥과 어로기술, 사냥감의 해체나 보관방식 등과 같은 생활양식도 함께 전해졌던 것으로 추정된다.

V 소결

현재까지 한반도를 출발한 현생인류가 일본열도에 첫 발을 내딛은 시점은 4만 년 전 이후이다. 이 시기의 현생인류는 형질인류학적으로나 문화적으로 중기구석기시대 보다 상당히 발달된 문화를 가지고 있었다.

한반도의 후기구석기시대 사람은 대한해협을 건넜고 일본열도의 후기구석기문화를 형성하는데 지대한 영향을 미쳤다. 제4기 빙하기 동안 한반도와 일본열도는 기후변화로 인한 해수면하강 때 여러 차례의 단속교류가 있었다(Chang, 2013). 한반도와 일본열도는 해수면이 최대 130m까지 하강했던 시기에도 하나의 대륙으로 이어진 적이 없었다. 즉 한반도에 살았던 현생인류는 수영이나 뗏목 등을 이용해 바다를 건넜을 것으로 생각한다.[23] 한반도지역의 중기구석기시대 말부터 후기구석기시대에 살았던 현생인류가 대한해협을 건넌 최초의 사람들이었다. 일본열도의 모든 석기와 인류가 한반도로 부터 유래하지 않았음은 자명하지만, 여러 루트들을 통해 한반도로 부터 일본 쪽으로 석기문화가 전해졌다.

후기구석기시대에 한반도와 일본열도에는 여러 형식의 찌르개가 사용되었고, 박리 기술도 다양하였다. 한반도의 수렵용 석창 유형은 출현 시기를 기준으로 슴베찌르개, 각추상석기, 조합식찌르개, 월계수잎모양찌르개, 유설첨두기, 화살촉형 찌르개의 순으로 변모하였다.

---

[23] 6.5만 년 전 바다를 최초로 건너 호주로 건너간 현생인류, 4만 년 전 아프리카 제리말라이유적의 배를 타고 물고기를 잡은 사람들, 일본에서 3만 년 전에 고즈시마 흑요석을 배를 타고 가서 흑요석을 가지고 온 사람들처럼 후기구석기시대에는 도보가 아니더라도 바다를 건넜던 증거는 계속 확인되고 있다.

우리나라 후기구석기시대에 사용된 찌르개들은 자루에 삽입 또는 부착할 수 있도록 슴베형태[有莖式]로 만들었다. 찌르개 몸체(특히 석인)의 소재와 제작방식은 다양해도 자루에 장착할 수 있는 슴베가 있도록 만드는 것이 중요한 제작 기준 중 하나였다. 아울러 찌르개 크기도 전반적으로 5~10cm정도의 중형이다. 두 지역 모두 15cm를 넘는 대형 찌르개는 아주 드물었다. 이러한 특징은 사람이 손으로 창을 던지고, 투창기를 사용하기 위한 전체적인 창의 크기가 고려되었기 때문이다.

한반도에서 일본열도로 전해진 찌르개 사용기술은 '창을 던져 사냥하는 수렵방식' 이었다. 한반도와 일본열도의 구석기인들은 창으로 찌르고, 던지는 방식으로 사냥을 했다. 활이 등장하기 전인 구석기시대에 원거리 사냥을 위한 투창행위는 중요한 수렵기술이었다. 찌르개는 무엇보다 움직임이 빠른 사슴이나 이보다 작은 동물을 잡는데 적합했다. 후기구석기시대부터 한반도와 일본열도(일부 홋카이도의 대형찌르개 제외)에서는 10cm전후한 찌르개를 만들어 원거리에서 사냥하는 수렵 문화를 공유하고 있었다. 또한 이런 찌르개는 칼로도 사용할 수 있어 수렵과 가공이 모두 가능한 다목적 도구였다.

일본열도는 한반도의 영향을 받아 후기구석기시대가 형성되었지만, 그 지역 내 석재와 환경에 맞는 석기를 창안해 내었다. 대륙으로부터 석인기법과 세석인기법도 받아들이면서도 석기의 형식과 기술은 현지화가 이루어졌다. 그 대표적인 사례가 한반도에서는 거의 출토되지 않는 다이케이요우석기와 나이프형 석기이다. 특히 25,000년 전을 전후해 사용된 세토우치해주변의 사누카이트를 이용한 세토우치기법은 일본 고유의 박리기술이다. AT층 상부에 해당하는 25,000년 전을 지나면, 석기제작기법과 석기형태는 지역색이 더욱 뚜렷해졌다. 지역마다 석재 맞춤형 박리기술과 석기형식이 더욱 빠르게 정착된 것이다. 이 당시 인구도 5,000명이 넘었을 것으로 추산하였다. 즈즈미 타카시(堤隆, 2011)는 이러한 지역성이 강조되는 석기군의 출현 현상을 수렵채집과 석재자원획득 등의 생업활동, 이동생활에 대한 집단의 영역의식이 형성되었기 때문으로 해석했다.

슴베찌르개와 박편첨두기는 기술기반과 출현과정이 다르다. 즉, 두 석기는 기술적 기원과 기반에 차이가 있다. 한반도에서 출현한 슴베찌르개는 석영계 석기와 함께 사용되면서도 석인기법에 기반한 현지 적응형 수렵도구이다. 반면, 박편첨두기는 한반도로 부터 완성형 형태로 수입되었고 정립된 석기기술이 전달된 산물이다. 슴베찌르개는 재지 출현품이고 박편첨두기는 도래 적응품이라는 측면에서 두 석기를 이해하여만 한다. 한반도의 후기구석기문화는 일본열도 내 후기구석기문화의 성립과 발전에 초석이 되었다. 다만, 두 지역의 구석기문화는 공통점과 더불어 차이점 또한 분명하였다. 그 이유로는 석기를 만들 수 있는 석재가

지역마다 달랐고, 석재 적응 전략에도 차이가 있었기 때문이었다. 각기 다른 자연환경에 맞추었기에 석기 형태도 바뀌었다.

일본열도 내 유설첨두기의 기원이 한반도에 있을 가능성을 확인할 수 있었다. 주·시코쿠지역의 관문인 야마구치현과 세토우치해 주변지역은 한반도와 관련된 석기들이 있었다.[24] 한국과 일본은 구석기시대의 단속교류를 인해 공통된 석기문화와 더불어, 각 지역의 문화가 중첩되면서 지역적인 차이도 분명한 석기문화를 갖게 되었다. 한반도의 후기구석기인들이 일본열도를 건너가게 된 이유는 명확하지 않다.[25] 여러 가능성에 대해 지속적인 관심과 연구가 필요하다.

---

[24] 일본열도는 약 15,000년 전이 되면, 우리나라에는 출현하지 않는 토기가 등장해, 소소기가 시작된다. 세석인문화가 그대로 이어지면서도 새로운 토기가 등장하여 실생활에 많은 변화가 생겼지만, 제주도를 제외한 한반도에서는 약 8,000년 전까지 토기가 출현하지 않았다. 구석기 전통의 석기제작이 기술을 달리하여 계속 이어지고 있었다(장용준, 2006).

[25] 한반도 구석기인들이 일본으로 도래를 한 원인은 다음과 같이 추정해 볼 수 있다. ①기후변화에 따른 도래 여건 형성: 한반도 극한기 때 좀 더 따뜻한 지역인 일본열도로 도보로 집단 또는 개별 이주 ②인류가 가진 보편적인 호기심: 부산 등지에서 날씨가 맑은 날이면 볼 수 있는 쓰시마섬처럼 미지의 장소에 대한 동경 ③수렵대상을 따라 이동: 사냥감을 따라 함께 남쪽으로 이동 ④새로운 석재를 확보하는 과정에서의 원거리 이동: 아프리카 수렵민의 행동영역은 반경 50km이고 연간 평균 300km에 이르고 있어 원거리이동이 일상화되어 있었을 것으로 추정. ⑤식량확보를 위한 이동: 한반도 내에 찾아온 추위로 식용식물의 채집여건 등의 악화로 식량을 찾아 이동했을 가능성이 있다.

참고문헌

김은정, 2016, 「진안 진그늘유적 슴베찌르개의 제작과 사용에 대하여」, 『호남고고학보』53, 호남고고학회, pp.4-25.

김종찬·장용준, 2016, 「대구 월성동유적 흑요석제 석기 및 원산지 분석」, 『대구 월성동유적 흑요석 원산지 및 쓴자국 분석』, 국립대구박물관, pp.23-64

박희현, 2015, 「영종도 송산 유적 출토 신석기시대 흑요석제 석기의 산지 분석」, 『백산학보』103호, 백산학회, pp.57-85.

배기동, 2009, 「한반도 후기구석기공작의 기원과 편년의 문제점」, 『아시아문화연구』16권, 경원대학교 아시아문화연구소, pp.117-157.

성춘택, 2002, 「한국 중기구석기론의 비판적 검토」, 『韓國考古學報』46, 韓國考古學會, pp.5-28.

成春澤, 2010, 「後期 舊石器 革命 再考: 現生人類 進化의 行爲·文化的 背景」, 『韓國考古學報』77집, 韓國考古學會, pp.191-221.

손보기, 1967, 「층위를 이룬 석장리 구석기문화」, 『역사학보35·36합집』, 역사학회.

예맥문화재연구원 등 2010, 『東海 墨湖津洞 月梳遺蹟』.

오오타니 카오루, 2017, 「대구 월성동 유적으로 본 한·일 세석기문화」, 『한국구석기학보』제35호, pp.35-58.

이기길, 2007, 「한국 서남부와 일본 규슈의 후기구석기문화 비교 연구」, 『湖南考古學報』第25輯, 湖南考古學會, pp.5-43.

이기길, 2011, 「진안 진그늘유적의 슴베찌르개연구-제작기법, 형식, 크기를 중심으로-」, 『韓國上古史學報』73호.

이기길, 2014, 「일본 도호쿠(東北)지방 슴베찌르개의 연구」, 『고문화』83집, 한국대학박물관협회, pp.7-30.

이기길·김은정·김수아, 2011, 「임실 하가유적 5차 조사」, 『제11회 한국구석기학회 정기 학술대회 발표집』, 한국구석기학회.

이승원·안주원·한승철·장형길, 2015. 「단양 수양개 Ⅵ지구 구석기유적-단양 수중보건설사업구역 내 유적 발굴조사-」, 『제15회 한국구석기학회 학술대회: 제주도의 구석기 연구 현황과 성과』, 113-128, 한국구석기학회·국립제주박물관.

李隆助·尹用賢, 1994, 「한국 좀돌날몸돌의 연구-수양개수법과의 비교를 중심으로-」, 『先史文化』2, pp.133-229.

이재경, 2008, 『大邱 月城洞 777-2番地 遺蹟(1)-舊石器-』, (재)경상북도문화재연구원.

이헌종, 1998, 「우리나라 舊石器時代 자갈돌 石器傳統의 保守的 性向에 대한 試考」, 『慶熙史學』第22輯, 慶熙史學會, pp.1-14.

이헌종, 2008, 「곡성 오지리유적과 후기구석기 후기의 돌날석기문화 연구」, 『역사학연구』제33집, pp.1-22.

이헌종, 2009, 「동북아시아 현생인류의 등장과 사냥도구의 지역 적응에 대한 연구」, 『한국구석기학보』, 제20집, 한국구석기학회, pp.23-42.

이헌종, 2015, 「우리나라 후기구석기문화'공존모델'의 특징과 복잡성 연구」, 『한국구석기학보』제32호, pp.36-69.

이헌종·한창균·黃慰文·A.P.데레비얀코, 2003, 『동북아시아구석기시대의 자갈돌석기 전통에 대한 연구』, 학연문화사, pp.1-607.

張龍俊, 2006, 『韓國 後期 舊石器의 製作技法과 編年研究-石刃과 細石刃遺物相을 中心으로』, 부산대학교대학원 박사학위논문.

張龍俊, 2007, 「中國 東北地域 後期舊石器 製作技術의 變遷과 系統 研究」, 『동북아역사논총』제15호, 동북아역사재단, pp.313-377.

張龍俊, 2009, 「韓半島 - 九州の旧石器時代石器群と文化の交錯」, 2009年度日本旧石器学会, 日本旧石器学会・九州旧石器文化研究会.

장용준, 2009, 「後期 舊石器時代 角錐狀石器의 研究」, 『한국민족문화』33, 부산대학교 한국민족문화연구소, pp.289-337.

장용준, 2010, 「일본 나이프형석기의 비판적 검토」, 『韓國考古學報』第74輯, 韓國考古學會, pp.116-141.

장용준, 2011, 「日本 九州出土 角錐狀石器의 技術的 起源-南部를 中心으로-」, 『考古廣場』제9호, pp.1-23.

張龍俊, 2013, 「한국 구석기시대 흑요석 연구의 현황과 과제」, 『한국구석기학보』제28호, pp.19-60.

張龍俊, 2014, 「방사성탄소연대를 이용한 후기구석기시대 편년」, 『嶺南考古學』第69號, pp.4-46.

장용준, 2015, 「한국과 일본출토 석인과 세석인의 비교연구」, 『한국구석기학보』31, pp.2-43.

중앙문화재연구원·한국토지주택공사, 2015, 『世宗 世宗里遺蹟』.

차재동, 2017, 「인제 부평리 후기구석기 문화층의 석기군」, 『2017년 한국구석기학회 학술대회』, 한국구석기학회, 73-95.

충청북도문화재연구원·시티라이프 알앤디, 2009, 『청주 사천동 재너머들 유적』.

韓昌均, 2002, 「대전 용호동 구석기유적」, 『東北亞細亞舊石器研究』, 漣川郡·漢陽大學校 文化財研究所, pp.163-172.

한창균, 2003, 「한국 구석기유적의 연대 문제에 대한 고찰-절대연대 측정결과와 퇴적층의 형성시기에 대한 검토를 중심으로-」, 『한국구석기학보』제7호, pp.1-40.

호남문화재연구원 등, 2013, 『益山 西頭里2·寶三里遺蹟』.

홍미영·니나코노넨코, 2005, 「남양주 호평동 유적의 흑요석제 석기와 그 사용」, 『한국구석기학보』제12호, 한국구석기학회, pp.1-29.

Clarkson, Chris; Jacobs, Zenobia; Marwick, Ben; Fullagar, Richard; Wallis, Lynley; Smith, Mike; Roberts, Richard G.; Hayes, Elspeth; Lowe, Kelsey; Carah, Xavier; Florin, S. Anna; McNeil, Jessica; Cox, Delyth; Arnold, Lee J.; Hua, Quan; Huntley, Jillian; Brand, Helen E. A.; Manne, Tiina; Fairbairn, Andrew; Shulmeister, James; Lyle, Lindsey; Salinas, Makiah; Page, Mara; Connell, Kate; Park, Gayoung; Norman, Kasih; Murphy, Tessa; Pardoe, Colin (19 July 2017). "Human occupation of northern Australia by 65,000 years ago". Nature. 547 (7663), pp.306–310

Gikil Lee & JongChan Kim, 2015, Obsidians from the Sinbuk archaeological site in Korea – Evidences for strait crossing and long-distance exchange of raw material in Paleolithic Age, Journal of Archaeological Science: Reports 2(2015), pp.458-466.

Hublin et al. 2017, New fossils from Jebel Irhoud, Morocco and the pan-African origin of Homo sapiens, *Nature 546*, 289–292.

Kaifu, Yousuke et al., 2014, "Pleistocene Seafaring and Colonization of the Ryukyu Islands, Southwestern Japan". In Kaifu, Yousuke et al. Emergence and Diversity of Modern Human Behavior in Paleolithic Asia. Texas A&M University Press.

Kim Kyeong Ja, Lee Yung-jo et al., 2015, Comparison of Cultural Layers with Radiocarbon Dates among Archeological Sites: The Suyanggae Sites and Gunang-gul Cave, Danyang, South Korea, The 20th(2) International Symposium of Celebration of the 30th Anniversary 1st Site Excavation: SUYANGGAE and Her Neighbours in Korea, pp.271-282.

Kurt Lambeck, Hélène Roubya, Anthony Purcella, Yiying Sunc, and Malcolm Sambridgea, Author Affiliations, 2014, Sea level and global ice volumes from the Last Glacial Maximum to the Holocene, PNAS, vol. 111 no. 43,

Lambert David & the Diagram Group, 1987, 『The Cambridge Guide to Prehistoric Man』, Cambridge University Press.

NHK 특별취재반(오근영 옮김), 2014, 『Human』, 양철북출판사.

SC Park, DG Yoo, CW Lee, EI Lee – Geo-Marine Letters, 2000, last glacial sea-level changes and paleogeography of the korea (tsushima) strait, Geo-Marine Letters, September 2000, Volume 20, Issue 2, pp 64–71.

Sue O'Connor, Rintaro Ono, Chris Clarkson, 2011, Pelagic Fishing at 42,000 Years Before the Present and the Maritime Skills of Modern Humans, Science 25,Vol. 334,pp.1117-1121.

Suh ho-sung, Lee yung-jo et al., 2015, Measurement of Dimension and its Related Measurands of the Pebble Stone with Engraved Lines Excavated from Loc.Ⅵ of SUYANGGAE Site, Korea, The 20th(2) International Symposium of Celebration of the 30th Anniversary 1st Site Excavation: SUYANGGAE and Her Neighbours in Korea, pp.283-297.

Yongjoon Chang , 2013, Human Activity and Lithic Technology between Korea and Japan from MIS 3 to MIS 2 in the Late Paleolithic Period, Quaternary International(2013) Vol.308-309, pp.13-26.

加藤真二, 2003, 「中國における後期舊石器時代初頭の文化」, 『後期舊石器時代のはじまりを探る』日本舊石器學會 第1回シッンジウム豫告集, 日本舊石器學會, pp.74-79.

岡村道雄, 1999, 『日本舊石器時代史』, 雄山閣出版.

鎌木義昌·東村武信·藁科哲男·三宅 寛, 1984, 「黒曜石サヌカイト製石器推定による古文化交流の研究」, pp.333-359.

藁科哲男·東村武信, 1983, 「石器原材の産地分析」, 『考古学と自然科学』9, pp.59-89.

九州舊石器文化研究會, 1994, 『九州舊石器時代關係資料集成Ⅲ-剝片尖頭器編』.

宮田英二, 2006, 「九州東南部の地域編年」, 『舊石器時代の地域編年的研究』, 同成社, pp.242~273.

吉留秀敏, 1997, 「剝片尖頭器」, 『九州舊石器』第3號, 九州舊石器文化研究會, pp.39-46.

吉留秀敏, 2002, 「九州における剝片尖頭器の出現と展開」, 『九州舊石器』第6號, 九州舊石器文化研究會, pp.61-75.

吉井雅勇, 1991, 「中ッ原第5遺跡B地点における細石刃剝離技術について」, 『中ッ原第5遺跡B地点の研究』, 八ヶ岳旧石器研究グループ, pp.127-138.

稲原昭嘉, 1986, 「剝片尖頭器に關する一考察」, 『舊石器考古學』32, pp.33-54.

稲田孝司, 1996, 「恩原に居住した旧石器時代の回帰遊動集団と植民集団」, 『恩原2遺跡』, 岡山大学文学部考古学研究室, pp.182-226.

藤野次史, 2006, 「中·四國地方, 近畿地方の地域編年」, 『舊石器時代の地域編年的研究』, 同成社, pp.174-206.

木崎康弘, 1988, 「九州ナイフ形石器文化の研究-その編年と展開-」, 『舊石器考古學』37, 舊石器文化談話會, pp.24-45.

木崎康弘, 1994, 「剝片尖頭器と石器文化について」, 『九州舊石器時代關係資料集成Ⅲ-剝片尖頭器編-』, 九州舊石器文化研究會, pp.174-190.

木村英明, 1989, 「北海道紋別郡白瀧村幌加澤遺蹟遠間地點における考古學的調査-第二次調査概報-」, 『札幌大學木村英明ゼミナール論集』第15號, pp.57-115.

木村英明, 1997, 『シベリアの舊石器文化』, 北海道大學圖書刊行會, pp.1-426.

木村英明, 2006, 「總論」, 『考古學ジャーナル』540, pp.3-6.

白石浩之, 2001, 『石槍の研究』, ミユゼ.

白石浩之, 2002, 『舊石器時代の社會と文化』, 山川出版社.

森先一貴, 2007, 「角錐狀石器の廣域展開と地域間變異」, 『舊石器研究』3, 日本舊石器學會, pp.85~109.

森先一貴, 2009, 『古本州島における後期舊石器時代前半期/後半期移行期の構造變動研究』.

森先一貴, 2010, 『舊石器社會の構造的變化と地域適應』, 六日書房.

森先一貴, 2011, 「國府系石器群の多樣性」, 『舊石器考古學』74, 九州舊石器文化研究會, pp.49~59.

小谷龍司, 1990, 「剝片尖頭器の研究-主として統計學的手法による分析」, 『舊石器考古學』40, pp.23-41.

小田靜夫, 1996, 「黒曜石の道」, 『武蔵野』74-1, pp.168-17.

小田靜夫, 1997, 「伊豆諸島・神津島の黒曜石」, 『堅田直先生古稀記念論文集』, 同刊行会, pp.81-90.

小畑弘己, 2004, 「九州島および朝鮮半島における石刃技法と石材」, 『石刃技法の展開と石材環境』, 日本舊石器學會 第2回 シンポジウム豫稿集, pp.7-12.

松藤和人, 1987, 「海を渡った舊石器"剝片尖頭器"」, 『花園史學』8, 花園大學史學會, pp.20-34.

松藤和人, 1999, 「東北アジアにおける初期石刃技法の出現と擴散」, 『考古學に學ぶ-遺構と遺物-』同志社大學考古學シリーズ Ⅶ.

松藤和人, 2004, 『日本列島における後期舊石器文化の始原に關する基礎的研究』, 平成12~15年度科學研究費補助金基盤研究(C)(2) 研究成果報告書.

松本 茂, 2011, 「九州における國府石器群の特質とそ背景」, 『舊石器考古學』74, 九州舊石器文化研究會, pp.1~11.

岩谷史記 1997, 「九州尖頭器石器群の中に見える三稜尖頭器の位置」, 『九州舊石器』第3號, pp.47-62.

岩谷史記 2004, 『日本列島における後期舊石器文化の始原に關する基礎的研究』, 平成12~15年度科學研究費補助金基盤研究(C)(2) 研究成果報告書, pp.1-143.

日本旧石器学会, 2010, 『日本列島の旧石器時代遺跡-日本旧石器 先土器・岩宿)時代遺跡のデータベース-』, 日本旧石器学会編・發行.

張龍俊, 2010, 「西日本地域における湧別技法の系統-恩原假設を中心に-」, 『日本考古學』, 第30號, 日本考古學會, pp.1-19.

堤隆, 2011, 『舊石器時代』, 河出書房新事.

佐藤宏之, 1999, 「中國・朝鮮半島の舊石器時代と日本」, 『岩宿發掘50年の成果と今後の展望』, 笠懸町教育委員會・岩宿フォーラム實行委員會, pp.37-43.

佐藤宏之, 2000, 「アジアの後期旧石器時代開始期研究の現状と課題: スヤンゲ遺跡第6地点第3~4文化層石器群を考える」, 『한국구석기학보』 제35호, pp.5-20.

佐藤宏之, 2017, 「日本列島後期舊石器文化のフレームと北海島及び九州島」, 『九州舊石器』第4號九州舊石器文化研究會, pp.71-82.

竹岡俊樹, 2002, 『日本列島旧石器時代史』, 勉誠出版.

竹岡俊樹, 2003, 『旧石器時代の型式学』, 学生社.

增田一裕, 1981,「有舌尖頭器の再檢討」,『舊石器考古學』22, 舊石器文化談話會, pp.27-52.
萩原博文, 2006,「九州西北部の地域編年」,『舊石器時代の地域編年的研究』, 同成社, pp.236-238.
A.A.ワシリエフスキー, 2006,「サハリンと日本の旧石器」,『考古學ジャーナル』540, pp.19-24.

Part 3

환동해안지역 현생인류의 교류와 형성과정

Part 3

환동해안지역 현생인류의 교류와 형성과정

한국과 일본출토 석인과 세석인의 비교 연구

Ⅰ 서론
Ⅱ 한국의 석인과 세석인
Ⅲ 일본열도에 현생인류와 석인의 등장
Ⅳ 일본열도의 석인과 세석인
Ⅴ 소결

I 서론

석인과 세석인은 우리나라와 일본에서 후기구석기를 대표하는 석기이다. 1990년대 후반부터 석인과 세석인관련 유적은 증가 추세에 있다. 우리나라 후기구석기시대 유적 중 석인이 출토된 유적은 20곳을 넘지 않아, 석영계 석기관련 유적수에 비해 아직은 적은 편이다. 석인과 세석인은 석영암계통의 석재를 이용해 만든 석기군 속에서도 단편적으로 확인되고 있다.

일본열도에서는 홋카이도(北海道)부터 오키나와(沖繩)까지 구석기유적이 발견되고 있다. 2010년까지 조사된 구석기유적은 16,771곳이며, 구석기유적은 14,542곳이고 죠몽시대(繩文時代) 소소기(草創期)는 2,526곳이다. 그 중 나이프형석기문화에 속하는 것은 9,681곳이며, 세석인문화에 속하는 것은 1,834곳이다(日本舊石器學會, 2010). 이 유적들은 모두 후기구석기시대에 해당한다. 그만큼 석인과 세석인이 출토된 유적과 관련 자료도 방대하며, 출토유물의 수량도 많다. 그리고 각 지역별로 특화된 석재들을 이용함으로써 석기들의 특징도 뚜렷한 편이다. 다만, 이러한 자료를 여기서 모두 다루는 것은 현실적으로 어렵다.

두 나라의 구석기연구를 비교·검토하는데 있어 석인과 세석인, 그리고 그것을 활용한 도구들은 후기구석기시대의 중요한 표지석기로 활용하고 있다. 그런 측면에서라도 석인에 대한 개념과 구분은 향후의 연구를 위해 검토가 필요하다.

지금까지 한반도와 일본열도의 구석기연구는 슴베찌르개와 박편첨두기의 관련성, 흑요석원산지에 대한 검토, 일본 세석인기법의 종류와 특징이 주요한 관심이었다. 특수한 지리적 상황에 위치한 한반도와 일본의 후기구석기시대 석기군, 특히 석인기법과 세석인기법의 비교는 중요한 문제이다. 기법들과 연관된 기부가공첨두기, 슴베찌르개와 박편첨두기의 관계를 통해 이러한 도구들의 전파와 확산과정, 현지화의 양상을 알아보고자 한다. 한반도와 일본열도와의 교류 또는 접촉이 최후빙하극성기(LGM)때만 있었던 것이 아니라 현생인류의 확산은 물론, 여러 시기에 걸쳐 접촉이 있었을 가능성도 살펴보고자 한다. 이로써 두 지역 간의 교류양상은 물론, 석인과 세석인에 있어 차별적인 특징과 형성과정도 유추해 볼 수 있을 것이다.

II 한국의 석인과 세석인

1 석인

1) 석인의 개념과 구분

우리는 유적에서 출토된 구석기 가운데 석인을 선별하고, 그에 따라 유적 성격을 결정한다. 석인석기군으로 분류하기 위해서는 석인에 대한 통일된 기준이 필요하다. 향후 특정 유적의 출토품을 석인으로 분류하거나 석인석기군으로 설정하는데 있어, 이러한 문제는 중요할 수밖에 없다.

우선 석인의 개념과 특징을 알아보자. 석인기법은 기본적으로 계획적인 박리기술이다. 여기서 생산된 석인은 제작자가 분명한 목적을 가지고 만든 것이다. 석인기법은 제작자가 앞으로 어떻게 석인을 사용할 것인지에 대한 도구계획성을 내포하고 있고, 그것을 실행하는 박리 기술이다. 특히 이러한 석기를 제작하는 데는 연습과 교육이 필요하다. 그러다보니 개인의 석기기술일지라도 집단의 기술적 특성이 반영되기도 한다. 석인제작자들은 석인과 같은 예비소재를 활용한 '도구의 후제작 개념'을 채택함으로써 다양한 석기종류를 얻을 수 있었고, 도구의 높은 완성도와 일정 수준이상의 규격성을 가지게 되었다(장용준, 2001).

석인기법은 단순히 석재를 절약하기 위한 것만이 아니다. 그것이 새로운 기술의 탄생을 반드시 예견해주는 것도 아

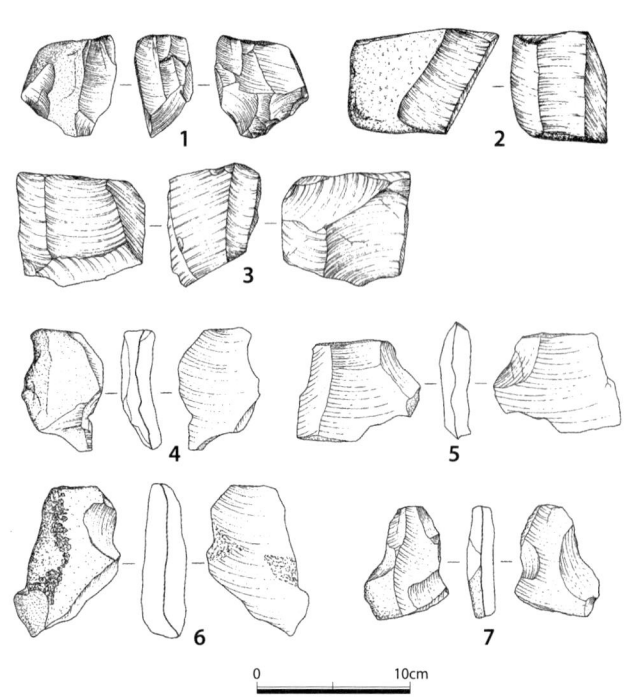

그림 1 촌곡 유적 출토 석인석핵으로 본 측면몸돌과 석인으로 주장(이헌종·이상석, 2014)되는 박편

니다. 그렇지만, 이 기법은 많은 돌 중 적합한 석재를 찾아내 효과적으로 사용함으로써 현지에서 가장 알맞은 석기형식을 탄생시키는 데 일조할 수 있다. 석기 제작에 있어 좋은 석재가 부족하다면 오히려 새로움보다는 변이가 더 많이 일어난다. 이 경우 석기의 세련화보다는 변형이 더 많이 나타나는 경향이 있다.

우리가 석인으로 판정할 때는 석기 모양만을 분류의 절대적 기준으로 삼지 않는다. 석기분류는 기법과 관련된 박리의 기술적인 산물로서 석기의 특징적인 형태, 석기군 내 기종구성, 석인과 석인석핵의 모양, 석인사용방식에 대한 개념정립여부, 석재의 종류와 채택 방식 등을 종합적으로 검토해야만 한다.

그런데 일부 연구자는 우리나라의 석기군에서 석영제 석인이 존재함을 주장하기도 한다. 그 중 이헌종(2008)과 이헌종·이상석(2014)은 정장리출토 석인 3점, 촌곡출토 규암제 석인 4점을 분류하고, 제작기술을 분석하였다(그림 1). 그 기준은 이헌종(2004)이 주장한 시베리아와 극동지역의 석인기법에서 관찰되는 측면박리의 출현, 석핵의 고정, 재사용의 흔적이 있기 때문이라는 것이다. 따라서 앞선 유적의 석기들은 우발적인 석인이 아니라 제작자의 의도에 의해 계획된 것으로 평가하였다.

하지만, 이러한 주장에는 우리나라 석인석기군의 특징을 감안할 때, 몇 가지 고민해 볼 부분이 있다.

우선 측면박리의 출현문제이다. 석인기법에서 측면박리가 나타나지만, 이것은 석인기법을 판별하는 절대적인 기준이 아니다. 촌곡의 석인(돌날격지) 4점을 비롯한 측면박리된 석핵은 석인석핵으로 보기 어렵다. 그 이유는 석핵에서 측면의 선택은 박리의 용이성과 원석 형태에 따라 적용되는 포괄적인 개념이지, 반드시 시기성을 대표한다고 할 수 없다. 측면박리는 후기구석기시대에만 관찰되는 것도 아니다.

다음으로 석인석핵의 타면은 작업이 계속되면 지그재그모양으로 연속적으로 후퇴하게 되거나, 석핵의 둘레를 따라 타면이 후퇴한다. 이러한 현상이 석영제 석인석핵이라 주장되는 것들에서는 관찰할 수 없다. 석인석핵의 타면에서 보이는 박리면과 박리면사이의 돌출부는 새로운 석인의 타면으로 이용된다. 석영계 석기군에서 출토된 석인은 물론, 촌곡, 정장리 등의 석인석핵으로 주장된 것들에서도 이런 특징을 발견하기는 어렵다. 특히 석핵에 밑면조정이 일어났다고 석인박리에 고정도구를 사용했음을 주장했다. 하지만, 이러한 조정은 박편이 박리되면서 선단부쪽으로 갈수록 벌어지는 것을 막기 위한 용도일 수도 있어 반드시 고정도구의 사용흔적으로 볼 수 없다.

일반적으로 석인은 길이와 폭이 2:1이상인 것을 근거로 많이 구분한다.[1] 이 기준은 너무 광의의 개념이다. 우발적으로 생기는 박편들까지 고려한다면, 한 유적에서 이러한 기준에 드는 석기는 어렵지 않게 찾아낼 수 있다. 석인은 기술적 측면으로 볼 때 박편 중에서 등면의 능선 중 하나 또는 그 이상이 양측의 날과 나란하며, 단면형태는 삼각형이나 사다리꼴이다. 그림 1을 보면 전혀 이런 특징이 없다.

촌곡과 정장리에서 석영제 석인으로 분류된 것들은 촌곡 4점, 정장리 4점으로 출토수량이 아주 적다. 구석기유적에서 석인과 유사한 것이 우발적으로 만들어져 출토된다고 할지라도 이 정도의 수량만으로 석인과 석인석핵으로 판단하는 것은 무리가 있다. 석인으로 만든 석인제 석기도 없어, 당연히 두 유적은 석인관련 유적으로 볼 수 없다. 즉, 무엇을 위해 석인을 생산한 것인지에 대한 제작자의 의도를 알 수 없기 때문이다.

지금까지 석영제 석인석기군으로 설정된 유적들에 대해서는 재검토가 반드시 필요하다. 앞으로 석인으로 분류하거나 특정 유적을 석인석기군으로 설정하려면, 앞서 언급한 내용들이 반영되어야만 한다. 석영제 석인이 석인기법의 기원으로 자리 잡으려면 면밀한 검토와 신중한 접근이 필요하다. 현재까지는 그러한 주장의 명확한 근거를 찾을 수 없다.

한편, 정장리, 침곡리처럼 석영암, 규암 등을 이용해 만든 슴베찌르개는 슴베가 있는 찌르개 또는 석기로 분류할 수 있을지는 몰라도, 석인 또는 종장박편을 활용해 만든 슴베찌르개와는 구분해야만 한다. 우리가 통상적으로 인식하는 슴베찌르개의 범주에 이러한 석기류를 포함시키면 석인석기의 특성을 이해하는데 혼란을 줄 수 있기 때문이다.

2) 석인석기군의 특징

우리나라 석인기법의 주요 연구성과는 다음과 같다.

석인관련 개별유적을 대상으로 검토한 것은 고례리 석인석핵과 기술적 부산물의 분석(장용준, 2001), 용산동의 석인기법 연구(김환일, 2004), 오지리의 석기 특징 연구(이헌종, 2007), 진그늘의 석인기법의 특징 연구(이기길, 2011) 등이 있다. 석인기법 등을 기법적 특징과 시간적 추이 등을 종합적으로 연구한 것으로는 이헌종(2004), 이헌종·이상석(2014), 장용준(2007; 2014), Chang(2013), 張龍俊(2001), 小畑弘己(2004)가 있다. 박가영(2012), 이기길(2011), 장용준(2007), 최철민(2014), 松藤和人(1987; 2004)은 슴베찌르개를 중심으로 석인기법을 검토하였다.

---

[1] 여기서는 세석인은 제외한 것이다.

또한 석인기법과 관련한 시간에 따른 변화양상을 검토한 연구가 있다. 성춘택(2006)은 후기구석기 유물군의 유형을 고례리유형(중·대형의 석인, 석인석핵에 슴베찌르개 중심의 석기군)과 수양개유형(슴베찌르개-세석인이 공반하는 석기군)으로 나누었다. 이헌종·이상석(2014)은 석인기법을 2단계로 구분했다.[2] 장용준(2014)은 우리나라의 후기구석기시대를 Ⅲ단계로 편년하면서 석인석기군은 Ⅱ단계로 설정했다.

우리나라의 석인관련 유적은 석인만 출토된 곳과 석인과 세석인이 함께 출토되는 곳으로 나눌 수 있다. 본고에서는 세석인을 공반하지 않은 석인만 출토된 곳이 검토 대상이다. 관련 유적으로는 고례리, 금굴, 봉곡, 수양개, 신화리, 오지리, 죽내리 4문화층, 용방 B-1지점, 용산동, 용호동, 지사, 진그늘, 호평동(1문화층), 화대리이다.[3]

석인관련 유적들은 석기군 내에서 규질제 석재로 석인을 만든 비율이 아주 높은 '석인중심석기군', 규질제 석인과 석영계 석기가 함께 출토되는 '석인과 석영계 석기의 혼합석기군'으로 나눌 수 있다.

'석인중심석기군'은 고례리, 수양개, 오지리, 진그늘이 있다. 이 석기군은 하가(이기길 등, 2011)를 제외하고는 능조정방식의 석인생산유적이다.[4] 능조정기법을 활용해 석기를 제작한 중심연대는 28,000~20,000 cal BC이다(장용준, 2014). 능조정을 활용한 석인기법은 타면재생박편, 능조정박편, 작업면 재생박편, 내반박편과 같은 부산물들이 석인과 함께 발견된다.

특히 석인중심석기군은 특정 석재를 활용하는 비중이 높다. 고례리는 이암, 수양개는 혈암, 진그늘과 하가는 유문암을 집중적으로 이용하였다.[5] 우리나라 석인석기군에서는 흑요석을 이용해 석인을 만든 예가 드문 것도 석재 사용의 특징이다(장용준, 2013). 그 이유는 후기구석기시대에 한반도 남부지역에 있어 흑요석이라는 석재가 귀했고, 석인기법으로 석인을 만들 만큼은 적당한 크기의 흑요석 원석을 구하기 어려웠기 때문으로 추정된다.

---

2   1기는 자갈돌석기전통의 문화에 부분적으로 석인석기관련 석기들과 석핵이 공반하는 시기 (35,000~30,000)로 호평동과 촌곡이 해당한다. 2기는 전형적인 석인석기 제작기술체계를 잘 보여주는 시기(30,000~15,000)로 용산동, 고례리, 진그늘, 죽내리, 오지리, 신화리가 해당한다.

3   신북과 하가에서는 석인과 세석인이 공반되지만, 두 석기군의 시기차이는 좀 더 검토가 필요하다. 수양개는 석인과 세석인이 공반되었으나 두 유물의 공반관계에 대한 검토 여지가 있으나 유적 중요성을 감안하여 본고에서는 포함시켰다.

4   수양개의 절대연대에 대한 자세한 내용은 장용준(2014)을 참조하기 바란다.

5   하가는 박편과 석인 제작에 관련된 석기들이 92.6%를 차지한다(이기길 등, 2008).

'석인과 석영계 석기의 혼합석기군'은 죽내리 4문화층, 용산동, 용호동, 화대리, 용방 B-1지점 다, 봉곡, 호평동 1문화층, 신화리가 있다. 비능조정기법을 주로 사용하지만, 용산동처럼 능조정기법도 사용했다. 용호동은 석인제 슴베찌르개를 제외하면 석인관련 유물이 없어 석기군의 특징을 알기는 어렵다. 석기조성에 있어서는 석인보다는 석영계 석기가 수량 면에서 훨씬 많다.

이 석기군에서 석영암을 석재로 많이 사용하더라도, 석인은 규질제 석재로 제작했다. 응회암은 호평동, 유문암은 봉곡·죽내리·신화리, 혼펠스는 용산동·신화리로 석영암계통은 석인제작에 이용하지 않았다.

'석인중심석기군'과 '석인과 석영계 석기의 혼합석기군'에서는 석인으로 주로 슴베찌르개, 긁개, 새기개, 밀개 등을 제작하였다.[6] 슴베찌르개는 35,000~20,000 cal BC에 주로 사용되었다(장용준, 2014). 진그늘에서는 슴베찌르개의 몸체로 길이 8cm이하의 유문암제 석인을 이용하였다. 진그늘, 수양개, 용산동에서 출토된 슴베찌르개의 크기비율을 분석한 결과, 크기가 상당히 일정하고 편차가 작았다(이기길, 2011). 이러한 결과는 슴베찌르개가 정형성이 높고, 그 이면에는 좋은 석인을 선택해서 제작했기 때문이다. 무엇보다 일정한 길이로 제작하려한 의도를 담고 있다.

2 세석인

세석인기법은 유라시아지역에 걸쳐 광범위하게 확인된다. 우리나라에서도 후기구석기시대 중·후반의 가장 중요한 제작기술이다. 시베리아 극동지역의 세석인석기군의 기원은 5~4만 년 전의 중기구석기 또는 후기구석기 초로 보는 견해가 있다(加藤博文, 2003; Kuzmin, 2007). 하지만, 환동해지역에서 후기구석기 초로 볼 수 있는 세석인유적은 아직 확인된 바 없다(장용준, 2006; Chang, 2013; Seong, 2008; 加藤眞二, 2008; 木村英明, 2005; 小畑弘己, 2001).[7]

중국 연구자들은 동북 3성지역의 세석인문화의 기원과 계통이 화북지역에 있는 것으로 주장하였다(賈蘭坡·蓋培·優玉柱, 1972; 安志敏, 1978; 陣淳, 1983; 王益人·王建, 2000; 高星 등, 2002; 侯

---

6   슴베찌르개가 확인된 유적은 32곳이며, 석인으로 만들지 않은 곳까지 포함한다(최철민, 2014).
7   환동해지역에 대한 개념과 배경은 Chang(2013)을 참조하기 바란다.

亞梅, 2003; 王幼平, 2004). 하지만 화북지역의 세석인석기군이 동북 3성의 세석인을 탄생시킨 증거가 부족하다(장용준, 2007). 동북 3성의 세석인석기군은 요하(遼河)지역을 중심으로 분포하며, 그 연대는 1.5만 년 전 이후이다.

우리나라 세석핵에 대한 중요한 연구는 이융조·윤용현(1994)의 성과를 꼽을 수 있다. 장용준(2007)은 우리나라의 세석인기법을 7가지로 분류했다.8 小畑弘己(2004)는 세석핵을 모두 Ⅰ류~Ⅷ류로 분류했다. 한반도의 세석핵을 이용한 세석인기법과 일본과의 관련성 연구는 그리 많지 않다(張龍俊, 2010; Chang, 2013; 大谷 薫, 2010; 小畑弘己, 2004).

우리나라에서 세석인석기군은 한반도 전역에 걸쳐 분포한다. 대부분 유적에서 최상부 토양쐐기층보다 위에서 출토된다. 세석인기법의 출현은 28,000~24,000 cal BC로 생각된다. 대부분의 세석인유적은 2.0만 년 전 이후의 것들이다(장용준, 2014).

세석인기법은 양면 또는 단면조정 예비소재를 이용해 스폴(제1차 스폴, 제2차 스폴)을 떼서 타면을 만드는 스폴(삭편)계, 양면조정 블랭크를 만들지 않고 스폴을 떼지 않는 능주계(稜柱系), 스폴과 박편 등을 이용해 배모양세석핵을 만드는 주저계(舟底系)로도 크게 나누어 볼 수 있다.

세석핵 제작에 있어 구체적인 특징은 다양한 기법이 적용되더라도 공통적인 기술요소가 있다. 타면은 편평하게, 세석인을 생산하는 작업면은 직선이 되게, 몸체의 전면과 후면은 평탄하도록 한다. 기법과 기술에 따라 예비소재의 박리면과 자연면을 적절히 활용하여 제작한다.

세석핵의 예비소재 제작방식에 있어서는 양면조정방식(유베쓰형)과 밑면쪽에 쐐기조정을 베푸는 방식을 주로 사용했다. 초기의 세석인석기군은 양면조정 예비소재를 이용한 유베쓰기법을 사용한 곳이 많다. 그러한 예로 수양개, 신북, 집현, 호평동, 대정동, 곡천, 해운대 중동, 월성동유적이 있다.

유베쓰기법은 양면조정하여 타원형의 예비소재(blank)를 만들고, 타면스폴을 박리하여 타면을 만드는 것이 기술 핵심이다. 양면조정된 예비소재는 다른 형식의 세석핵에서도 적용되므로 굳이 유베쓰기법에만 적용할 수가 없다. 하지만, 타면스폴은 기술적으로 독특한 특징을 가지므로 양면조정된 이후의 단면삼각형의 1차스폴과 길쭉하면서 단면 직사각형의 2차

---

8   수양개기법(양면조정 블랭크, 유베쓰(湧別)기법), 석장리기법(박편의 배면이용), 집현기법(舟形 細石核: 타면에서 측변쪽으로 조정), 하화계리기법(방형의 흑요석 원석이용: 양면자연면), 상무룡리기법(석인이용), 금성기법(원추형 세석핵), 장흥리기법(소형 삼각형 세석핵)으로 분류하였다.

스폴이 기술과정에 있어 중요한 부산물이다. 만약 유베쓰기법의 유무를 판단할 때 2차스폴 중 스키모양스폴의 존부는 중요한 기준이 될 수 있다.

한반도전역에서 양면조정형 세석인기법의 전성기는 집현, 수양개, 월성동, 월평 3문화층, 호평동 2문화층을 참조하면 22,000~15,000 cal BC(LW층 상부)이다. 이 시기는 세석인석기군(양면조정방식 세석인기법 발달, 조합식 찌르개의 출현, 새기개와 밀개의 발달), 본격적인 흑요석 사용, 슴베찌르개의 소멸, 새로운 종류의 찌르개 출현, 인부마제석기가 출토된다. 15,000~10,000 cal BC(LW층 상부)에 세석인석기군은 양면조정방식의 세석핵이 드물며, 비쐐기형의 세석인기법이 특징이다(장용준, 2014).

한반도의 세석인기법은 석재를 다양하게 선택해 사용하는 석재혼용방식이 많다. 기법도 단일 기법보다는 여러 기법을 석재 종류에 따라 적절히 적용시키는 현지적응방식을 채택했다. 세석핵의 제작에서도 석영암을 제외한 특정 석재를 이용하는 경향이 강하다. 이러한 현상은 맞춤형 석기제작을 위한 석재 수급전략의 일환으로 볼 수 있다.

세석핵에 이용된 흑요석의 사용 시기는 25,000 BC 이상으로 소급되지는 않는다. 세석인석기군에서 흑요석을 이용하였지만, 석기군 전체로 보면 세석핵과 세석인 등 일부 석기를 제외하고는 다른 석기를 제작할 때 석영암을 주로 사용했다.

한반도 내 세석인기법의 기술다양성은 제작자마다 다른 기법에 관한 선호도의 차이, 집단 내 복수 기술의 보유유무, 제작자의 기술수준차이, 지역 내 자체 조달이 가능한 석재의 질과 종류 차이 등이 원인일 수 있다.

우리나라는 현재로서는 세석인기법이 석인기법에서 자체적으로 발생했다고 말하기 어렵다. 그 이유는 석인기법에서 세석인기법으로 이어지는 연결고리를 밝힐 자료를 찾기가 쉽지 않기 때문이다. 이러한 수렵·박리·도구제작기술과 같은 새로운 기술은 한반도 쪽으로의 사람의 유입과 이동, 기술정보의 확산과정에서 출현한 것이었다. 비록 기법 자체는 외부에서 영향을 받아 다른 지역과 유사하지만 다른 나라에서 발견할 수 없는 정형화되지 않은 변형된 기법으로 만든 세석핵이 출토되는 것도 특징 중 하나이다.

III 일본열도에 현생인류와 석인의 등장

1 현생인류의 출현과 석기의 기술 기반

한국과 일본뿐만 아니라 동해를 둘러싼 환동해지역의 석기군에 대한 연구가 진행되고 있다 (Chang, 2013; 安蒜政雄, 2010). 이 지역은 반도, 대륙, 열도, 섬 등으로 이루어진 특수한 지정학적 위치에 있다. 일본열도는 크게 네 개의 섬으로 이루어져 있고 바다가 있어, 구석기시대에 있어서는 특정한 기후환경 속에서만 사람의 이동이 가능했던 것으로 추정된다.

일본의 규슈(九州), 쥬·시코쿠(中·四國)지역에는 간몬(関門)해협과 호요(豊予)해협이 있다. 이 해협들은 평상시에는 규슈, 혼슈(本州)의 쥬코쿠(中國), 시코쿠(四國), 세토우치(瀬戸內)해의 섬 등으로 이루어진다(그림 2). 세토우치해는 평균수심 37.3m, 최대 수심 105m인 내해(內海)로 LGM 동안에는 해수면이 낮아져 육지로 변화하였다.

하인리히 이벤트(Heinrich Events, Heinrich, 1988)에 해당하는 기간 중에는 해수면이 70~130m까지 하강하였다. 후기구석기시대 기간 동안에는 해수면이 변하면서 규슈와 쥬·시코쿠지역이 육지로 이어졌다가 분리되었다를 반복하였다(Chang, 2013). 3만 년 전부터 1만 년 전 사이에는 한반도와 일본열도 사이에는 여러 차례 교류가 있었던 것으로 추정된다(그림 3).

그림 2 일본의 지역구분(공의식 등, 2005)

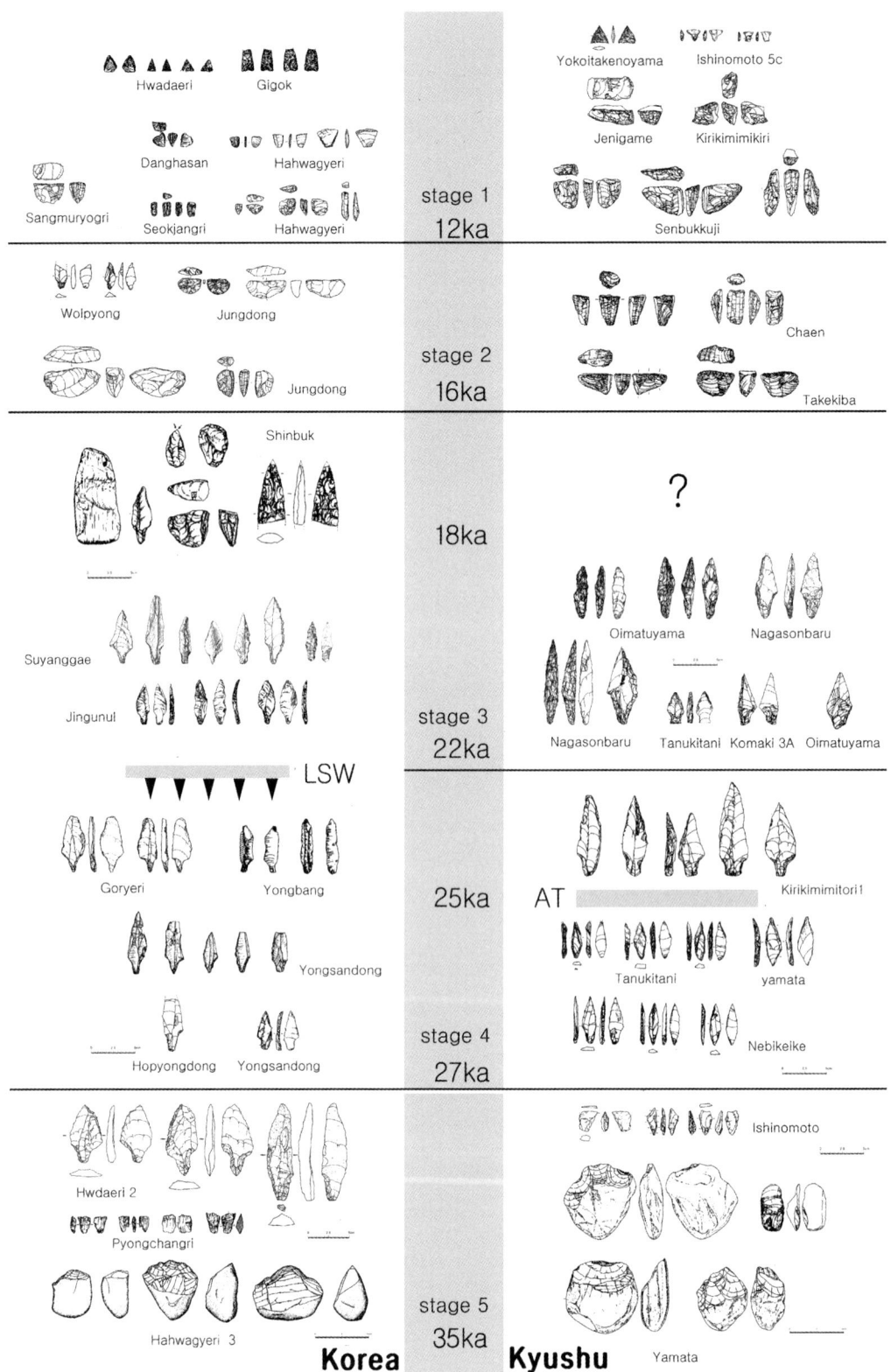

그림 3 한반도와 일본 규슈의 교류시기와 관련 석기(Chang, 2013)

* AT 연대는 27,000~26,000 cal BC. LSW: Last Soil Wedge

일본열도의 구석기문화는 4만 년 전 이후에 출현하였다. 일본은 2001년 구석기 날조사건 이후, 누구나 인정하는 중기구석기시대 유적은 발견되지 않고 있다.[9] 추후의 발굴성과에 따라 중기구석기에 해당하는 유적이 발견될 수도 있겠지만, 현재까지는 후기구석기 이전에는 사람이 살지 않았던 것 같다. 이곳에 가장 먼저 출현한 사람은 한반도를 통해 일본으로 건너간, 이른바 한반도루트를 거쳐 간 후기구석기시대의 현생인류이었을 가능성이 가장 높다. 현생인류가 출현하기 이전이므로 일본열도 내에서 석기제작의 흔적은 발견된 적이 없다.

우리나라와 중국을 비롯한 유라시아대륙에서는 중기구석기시대에 석핵석기 등과 같은 기술전통이 후기구석기에도 영향을 미쳤다. 그러나 일본에는 중기구석기에서 후기구석기로 이어지는 석기제작의 기술기반이 없었다. 즉 주먹도끼와 같은 석기는 일본열도에 출토된 바 없다. 일본은 양질의 석영암도 드물어 석기제작에 별로 사용되지 않았다. 일본열도에는 현생인류가 유입되고 난 뒤 신구(新舊) 석기군 간의 융합이 없었던 것이다. 기술의 전파양상과 기술기반의 차이는 한반도와 일본열도의 독자적인 석기형식과 박리기술의 성립에 중요한 영향을 미쳤다.

한반도를 경유한 현생인류가 바다를 항해해서 일본열도에 첫발을 내디딘 지역은 규슈지역 중 서북일본지역일 가능성이 가장 높다.[10] 한반도의 중기구석기말 또는 후기구석기 초의 석핵석기를 보유한 집단도 이 구간을 통해 규슈지역으로 유입되었을 것으로 추측된다. 한반도와 일본 규슈지역은 일본열도의 후기구석기문화의 성립에 아주 중요한 지역이다. 빙하기의 사이클에 따라 교류와 단절이 반복되면서 여러 차례 접촉이 이루어졌다.

만약 두 나라 간에 이러한 교류나 접촉이 없었다면, 일본열도 내 현생인류의 유입과정, 석인과 세석인의 기원은 파악할 수 없다. 이 지역의 교류는 연속적으로 이루어진 것이 아닌 단속적 교류(斷續的 交流)였던 만큼 두 지역의 석기 특징에서도 차이가 날 수 밖에 없다. 이제부터 우리 관점에서 보는 일본열도의 석기군에 대한 적극적인 해석이 필요한 이유이다.

---

9   2014년 현재, 일본의 도쿄(東京)국립박물관 등을 비롯한 대부분의 구석기학자를 포함한 고고학자들은 후기구석기시대 이전의 구석기유적의 실체에 대해서는 공식적으로 인정하지 않고 있다. 몇몇 연구자들이 지속적으로 중기구석기시대의 존재가능성에 대해 주장하지만, 학계에서 공인받지 못하고 있다. 그 이유는 날조사건 이후 석기감정에 대해 더욱 신중해진 입장이 작용하고 있는 것으로 여겨진다.

10   또 하나의 가능성은 중국 남부지역과 류큐열도를 이용한 것이다. 한반도로부터 현생인류가 유입되었을 가능성이 현재까지는 가장 높다.

2 석인기법의 출현시기

환동해지역에서 석인기법은 4만 년 전을 넘지 않는다. 중국 동북 3성지역은 석인관련자료가 매우 드물고, 석인기법과 관련된 것은 아직 보고된 바 없다(장용준, 2007; 李超榮, 2004).

한국은 슴베찌르개로 볼 때 석인기법이 40,000~35,000 cal BC에 출현했다. 35,000~

표 1 석인석기군의 절대연대(보정연대: 95.4% 확률, 장용준, 2014를 편집)

유적명	층위	측정시료	^{14}C연대 (ysr BP)	보정연대(cal BC) 최댓값	보정연대(cal BC) 최솟값	측정법	비고	문헌
봉곡	3층 적갈색 사질점토층 (토양 샘플 2)	soil	41,500±1,500	46,715	40,852	AMS	유물포함층으로 LW포함층 하부에서 확인. 슴베찌르개 1점	호남문화재연구원 등 (2006)
용호동	제2문화층 하부	탄	38,500±1,000	42,593	39,309	AMS	슴베찌르개 출토지점 아래에서 채집한 나무숯시료	한창균(2002)
화대리	III층 상부 (2문화층)		31,200±900	35,791	31,762	AMS	슴베찌르개	최복규·유혜정(2005)
호평동	3지층(3b), 1문화층	탄	27,500±300	30,114	28,974	AMS	슴베찌르개 3점	경기문화재연구원 (2010)
		탄	27,600±300	30,311	29,045	AMS		경기문화재연구원 (2010)
		탄	29,200±900	33,077	29,400	AMS		경기문화재연구원 (2010)
		탄	30,000±1,500	36,379	29,322	AMS		경기문화재연구원 (2010)
신북	G33		25,500±1,000	29,616	25,786	AMS	망치, 갈린 판석	이기길(2004)
용방	암갈색찰흙층 (2지층, 구석기문화층)	탄	25,200±200	27,801	26,815	AMS	LW포함층 슴베찌르개 5점, 혼펠스제 석인 11점, 능조정 석인 7점	천권희(2008)
용산동	갈색점토 (시료번호: YS-2)	토양	24,430±870	28,739	25,327	14C	LW포함층이 유물중심부 (LW층보다 상위에서 AT화산재 검출)	중앙문화재연구원 (2007)
진그늘	노적	탄	22,850±350	25,776	24,426	AMS	후기구석기. LW포함층 보다 상위 지층이 문화층. 갈색찰흙층 하부	이기길(2004)

유적명	층위	측정 시료	¹⁴C연대 (ysr BP)	보정연대(cal BC)		측정법	비고	문헌
				최댓값	최솟값			
하가	위문화층 (2지층)		19,700±300	22,478	21,034	AMS	슴베찌르개, 각추상석기, 나이프형석기 (산성화강암 299점, 석영맥암 58점, 화강암 질편마암 3점)	김종찬(2008), 김명진·이기길(2008), 이기길 등(2008)
			19,500±200	22,035	21,031	AMS		

28,000 cal BC(LW포함층 내 상부지점)에 슴베찌르개와 석인기법이 확인되지만, 불규칙 박편석기와 석영계 석기의 석기구성이 석인석기보다 우위를 차지한다.[11]

일본열도에서는 3.5만 년 전 이전의 석인석기군이 아직 발견된 바 없다. 석인기법과 관련한 가장 이른 시기의 자료는 나가노(長野)현 합푸잔(八風山)Ⅱ이다(佐久市敎育委員會, 1999). 이곳은 방사성탄소연대가 32,000BP이다. 석기군은 나이프형석기, 밀개, 긁개, 인부마제석인 등이다.

일본의 후기구석기초 유적 중 석인기법이 확인된 곳은 무사시노(武蔵野)대지 X층을 기준으로 관련유적은 아주 적다. 당연히 박편첨두기, 일측연·이측연가공 나이프형석기도 발견되지 않는다. 대체로 Ⅸ층부터 이러한 양상이 확인된다(그림 4·5). 사가미노(相模野)대지 제Ⅱ기(B4층) 중에서도 상부에 해당하는 층인 네시타(根下) 제Ⅳ문화층, 하시모토(橋本) 제Ⅵ문화층에서 기부가공석기는 확인된다.

규슈지역의 석인기법은 아이라탄자와화산재(AT: 始良丹沢火山灰, Aira-Tn, 町田 洋·新井房夫, 2003)층 바로 아래의 이측연가공 나이프형석기군에서 확인할 수 있다. 연대는 2.7만 년 전을 올라가지 못한다. 홋카이도(北海道)지역은 2.5만 년 전 이전의 석인관련 유적이 알려진바 없다(佐藤宏之, 2003). 홋카이도와 긴키(近畿), 규슈지역은 층위가 불안정한 곳이 많고 절대연대가 부족하여 유적의 연대를 가늠할 수 있는 자료가 드문 것이 약점이다.

결과적으로 일본열도는 한반도보다 늦은 시기에 석인기법, 석인제 또는 종장박편제 첨두기가 출현하였다.

---

[11] LW층은 최상부토양쐐기층을 의미한다.

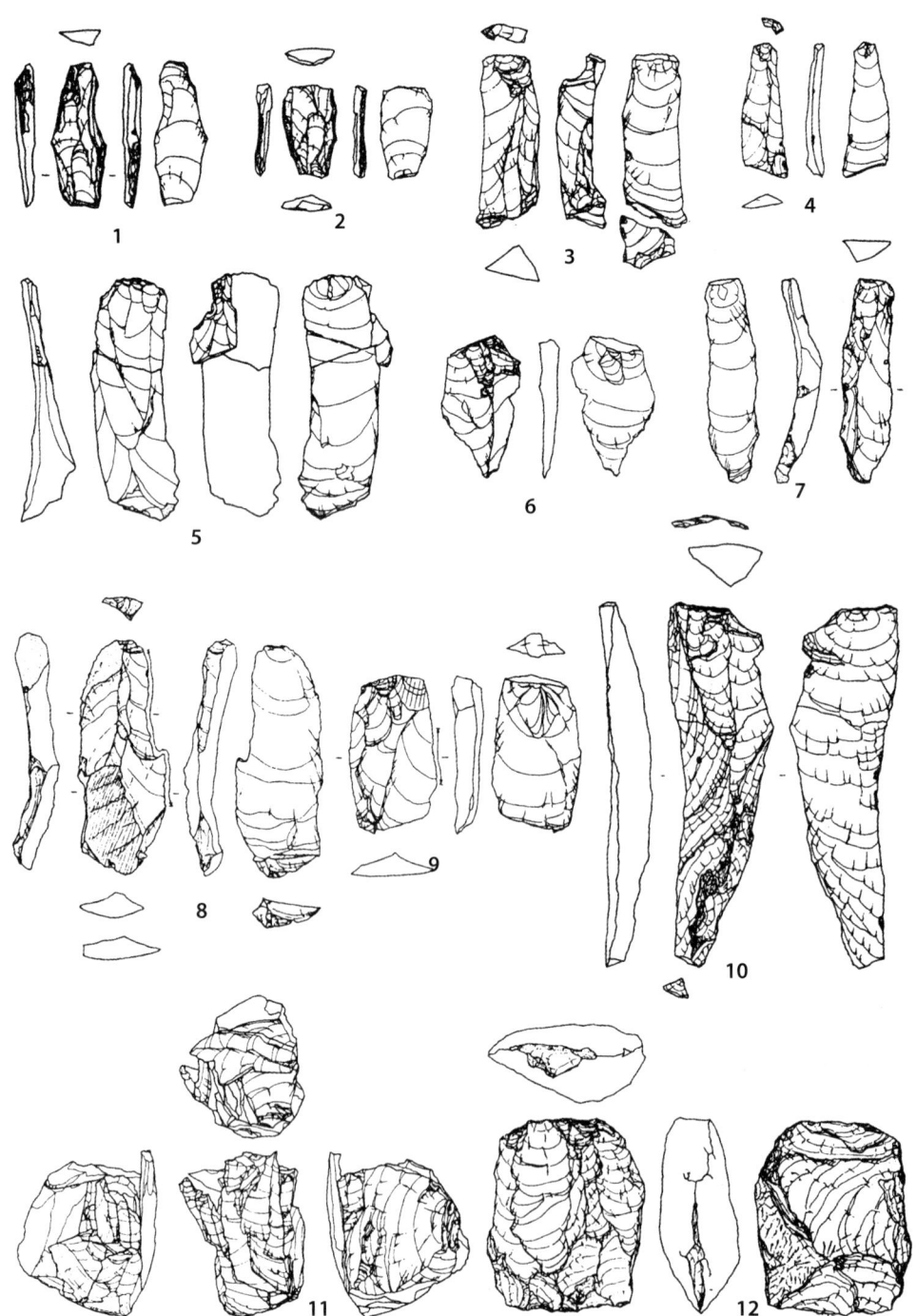

그림 4 무사시노대지유적 IX중층의 석인석기군(早川·河內 編, 1984)

그림 5 무사시노대지유적 IX중층의 석인

IV 일본열도의 석인과 세석인

1 지역별 석인석기군의 특징

1) 규슈(九州)지방

규슈지역에는 다양한 석재가 확인된다. 서북 규슈는 흑요석산지와 무반정 안산암(사누카이트) 산지, 동부 규슈의 유문암, 중부 규슈의 남서부부터 북동부의 쳐트, 남부에는 혈암·사암·혼펠스가 분포하고 있어, 각 지역의 석기제작에 있어 주요 석재로 이용되었다. 서북 규슈지역에는 흑요석과 사누카이트, 동·남부 규슈의 유문암과 쳐트 등 그 외에도 다양한 지역에 석재원산지가 분포한다.

규슈지역은 AT층 하부석기군 중 출현기의 석인석기군의 존재가 명확하지 않다. 다만, 종장박편의 흔적은 확인된다. 하지만, 이것을 도구로서 활용하는 방법을 잘 알지 못했던 것 같다. 규슈지역은 간토우지역과 달리, 후기구석기시대 초에 석인기법이 등장하지는 않는다. 小畑弘己(2004)는 이 지역의 종장박편을 기부가공첨두기와 관련지울 수는 없다고 보았다. 규슈지역은 후기구석기 초반에는 수렵구로 볼 수 있는 석기형식이 명확하지 않다.

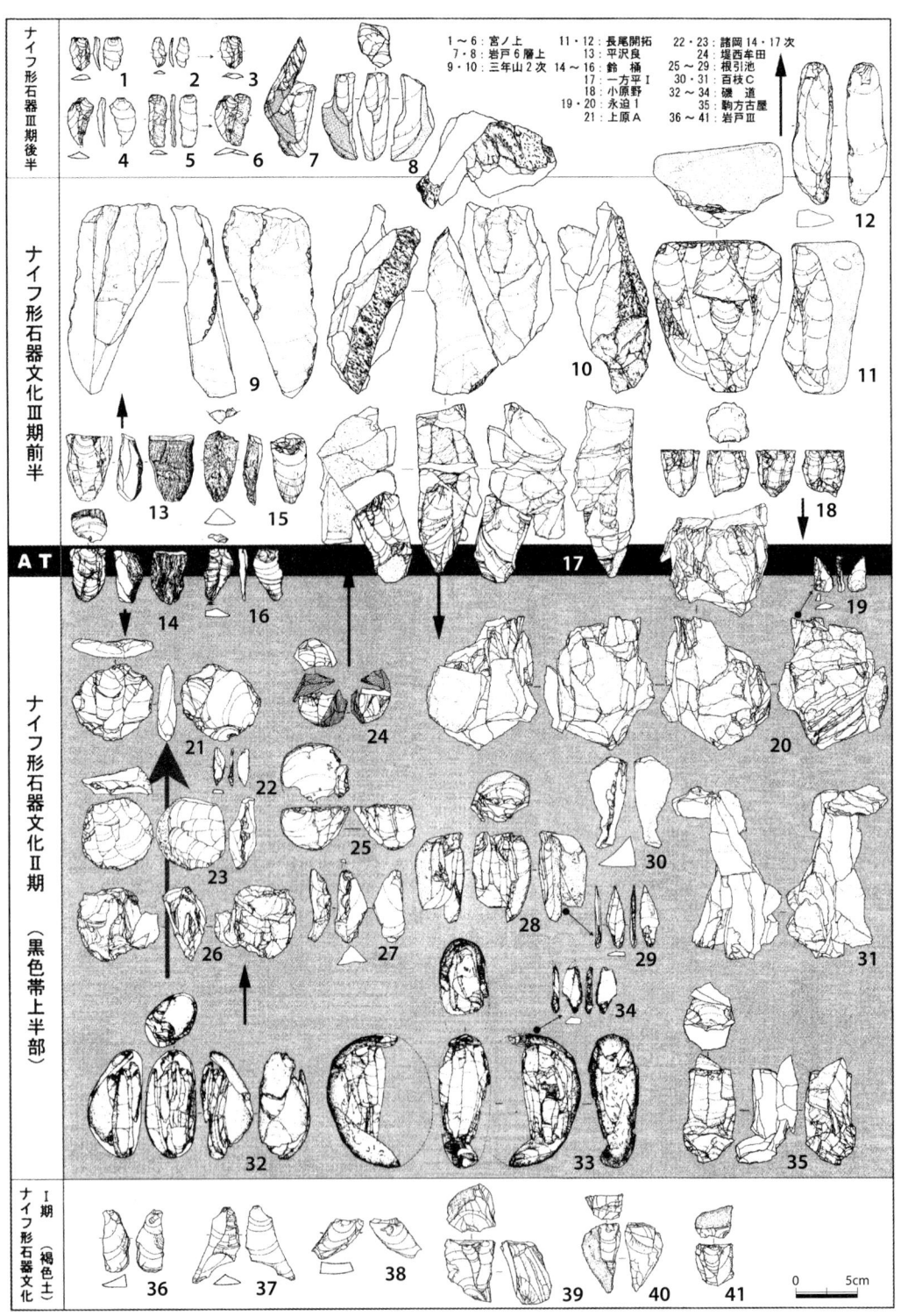

그림 6 규슈지방의 석인기법변천도(小畑弘己, 2004)

나이프형석기문화 Ⅰ기 | 나이프형석기문화 Ⅱ기 | 나이프형석기문화 Ⅲ기 전반 | 나이프형석기문화 Ⅲ기 후반

규슈지역은 AT층 하부에서 발견된 오이타(大分)현 이와토(岩戶) 1차 Ⅲ문화층에서 출토된 종장박편이 이른 시기의 것 중 하나이다(小畑弘己, 2004; 松藤和人, 1987). 신석인기법(新石刃, 竹岡俊樹, 2002)으로 불리는 능조정기법은 규슈지역에서 거의 보이지 않는다. 오이타현 고마가타고야(駒方古屋)유적에서 유문암제 나이프형석기, 석인, 석인석핵이 출토되었다. 이 유적에서 출토된 석핵에는 타면재생과 양설타면이 확인된다. 그 외 모모에다(百枝) C지구 제Ⅲ문화층이 있고, 대형 석인이 생산되었다(그림 6).

그러다가 AT층 바로 아래층이나 AT화산재와 관련있는 층위에 해당하는 석기군을 보면 종장박편을 이용한 나이프형석기(이측연가공, 일측연가공, 모로(茂呂)형 나이프형석기)가 출토되기 시작한다. 즉 수렵구의 제작이 본격화되는 시기가 바로 AT층을 전후한 시기이다. 일반적으로 규슈지역에서 AT층 아래에 해당하는 문화층에서는 10cm 이상되는 수렵구가 출토되지 않는다.

이러한 양상 속에서 한반도에 기원을 둔 슴베찌르개의 영향을 받아 박편첨두기가 규슈지역에서 AT층을 전후한 시기에 출현한다. 하지만, 이 석기가 본격적으로 출토되는 것은 AT층 상부층 부터이다(그림 6).

AT층 상부의 석인기법의 특징은 안산암제의 석인이 박편첨두기의 소재로 이용되었다는 사실이다. 서북 규슈에 위치한 사가(佐賀)현 다쿠(多久)·오기(小城)주변에서 안산암을 이용해 석인을 제작했다. 각각의 유적이름을 따서 나가오카이타쿠(長尾開拓)기법, 산넨야마(三年山)기법, 오카모토(岡本)기법으로 부르기도 한다.[12] 산넨야마와 오카모토A유적은 박편첨두기의 소재생산과 관련한 중요한 유적이다(張龍俊, 2001). 이 유적들의 석인석핵은 좁은 면을 이용해 길이 10cm를 넘는 석인을 생산했다. 석인 또는 완성된 석기는 유적 밖으로 반출된 것으로 추정되며, 석인은 박편첨두기의 소재로 이용되었다.

규슈지역의 박편첨두기 생산에서 가장 큰 특징은 소재가 되는 석인을 생산하고 남은 석핵들이 거의 유적 내에 남아있지 않다는 점이다. 규슈지역에 비해 유적수가 적은 우리나라가 오히려 석인생산유적의 발견 비율이 오히려 더 높다.

이 지역에서 박편첨두기가 최초로 출현하는 곳은 북규슈지역이다. 이 출토품들은 한반도의 슴베찌르개의 모습을 많이 가지고 있다. 특히 이와토(岩戶)D유적의 박편첨두기는 고례리출토품과 흡사하다. 그러다가 차츰 시간이 흐르고 박편첨두기가 규슈 전역으로 확산되면

---

[12] 산넨야마유적은 1960년 메이지대학이 규슈에서 처음 구석기유적으로 발굴조사를 실시한 학사적으로 의미있는 석기제작지 유적이다.

서, 소재박편 생산기술에 변화가 생기고 석재특성의 차이 등으로 남부 규슈지역의 박편첨두기는 출현기의 슴베찌르개와 비교할 때 형태 변화가 심해졌다.[13]

규슈지역에는 11곳 정도의 주요한 흑요석 원산지가 산재하며, 석기의 석재로 이용되었다(橘 昌信, 2009). 주로 규슈의 서쪽편에 위치하며, 동부 규슈에는 육지에 석재원산지가 없고 히메시마(姬島)에 흑요석 원산지가 존재한다.

2) 쥬코쿠(中國)·시코쿠(四國)지방

쥬·시코쿠지역 중 야마구치(山口)현, 시마네(島根)현, 돗토리(鳥取)현과 긴키(近畿)지역에서는 다른 지역에 비해 구석기유적이 적은 편이다. 그 중 우리나라 동해(일본의 일본해연안)와 접한 곳에 위치한 유적 중 3만 년 전을 전후한 유적은 드물다. 이런 양상은 규슈와 쥬부(中部)지역과의 관련성을 연구하는데 걸림돌이 되고 있다. 쥬·시코쿠지역의 박편박리기술에 있어 그 특징은 석핵조정이 발달하지 못했다는 점이다. 판상(板狀)의 석핵소재의 좁은 면을 타면으로 설정해 긴 측면을 작업면으로 설정해서 종장박편을 연속적으로 박리하는 특징을 지닌 것을 佐藤良二(1987)는 비산세토(備讚瀨戶)형 석인기법으로 설정했다. 석인기법이 세토우치기법과 공반하는 예도 있다. 오사카(大阪)시 나카하라(中原)유적(大阪市文化財協會, 2008)은 AT층 하부에서 능조정기술의 사용흔적이 관찰된다,

무엇보다 한반도와 쥬·시코쿠지역간의 교류는 거의 연구 또는 언급조차 되지 않고 있다. 그렇지만 이 지역에서도 박편첨두기가 출토되고 있으므로 한반도와 관련이 있음은 부인할 수 없다. 박편첨두기는 야마구치(山口)현 우베(宇部)지역의 미나미가타(南方), 후지오(富士尾), 도키와이케(常磐池)유적에서 발견되었다(小南裕一, 2004). 심지어 가가와(香川)현 오우라(大浦)유적에서는 각추상석기와 박편첨두기 5점이 함께 출토되었다(香川縣敎育委員會, 1981).

각추상석기는 규슈지역과 쥬코쿠·시코쿠·긴키지역은 물론, 도호쿠지역(동쪽최대범위: 야마가타(山形)현 에츄야마(越中山)유적 K지점)까지 확인되었다. 반대로 규슈지역에서 쥬·시코

---

[13] 특히 규슈지역에서 2만 년 전 이후에 박편첨두기가 소멸되면서 작은 지역단위에서 독자의 석기 제작시스템이 발달한다. 각추상석기, 창선형(槍先形)첨두기, 가기자키(柿崎)형 나이프형석기, 이마토우게(今峠)형 나이프형석기, 에자루기(枝去木)형 다이케이(台形)석기, 핫카다이(百花台形)석기 등 같은 기능을 지닌 복수의 석기제작 서브시스템이 발달한다. 이것들에 대한 세부편년은 분명하지 않다(萩原博文, 2006).

쿠지역의 영향을 받은 스기노키바루(杉木原), 구라타(藏田), 죠치(帖地)유적 등에서 횡장박편제 나이프형석기와 박편첨두기가 공반된다(장용준, 2009). 이러한 교류는 대략 2.2~1.8만 년 전에 주로 이루어졌다.

규슈지역과 간토우지역의 석기군을 직접적으로 비교 검토하기는 쉽지 않다. 그 이유 중에는 세토우치해주변에 널리 분포하는 사누카이트라는 석재가 석인과 종장박편보다는 횡장(橫長)박편을 생산하기에 적합한 석재이기 때문이다. 어쩌면 일본 내 횡장박편 박리기술의 근본적인 출발이 석인기법 또는 종장박편기술이었는데, 현지 석재를 이용하면서 기술변화가 생긴 것일 가능성도 있다.

3) 쥬부(中部)지방

쥬부지역은 규질혈암, 옥수, 철석영, 유리질 흑색안산암의 산지가 있는 지역이다(須藤隆司 2006). 3만 년 전을 전후하여 박편의 모서리를 이용해 획득한 석인으로 기부조정첨두기를 제작한다(佐久市敎育委員會 1999, 須藤隆司 2006). 합푸잔Ⅱ유적의 석인기법에서는 능조정기법이 확인되지 않는다(그림 7). 석재는 유리질의 흑색안산암이 99%를 차지한다. 석인기법의 석핵은 자갈돌을 쪼갠 것(分割礫)과 박편을 소재로서 이용했다. 석인석핵은 폭 좁은 소재의 측

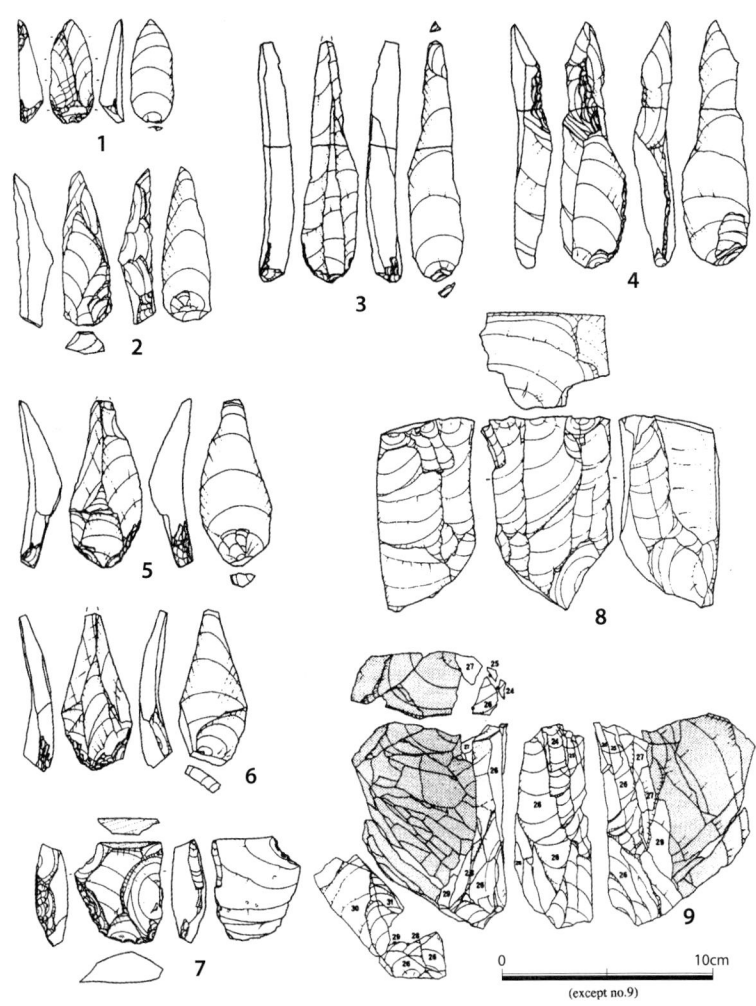

그림 7 합푸잔Ⅱ의 기부가공첨두기와 석인접합유물(佐久市敎育委員會, 1999)

변을 작업면으로 삼아 석인을 박리하고 타면전이도 이루어졌다. 도야마(富山)현의 우리나라 동해연안에 접한 석인석기군과 나가노현의 노지리(野尻)호수의 유적군 등에서도 석인기법이 확인되며, 기부가공 나이프형석기도 출토되었다.

4) 간토우(關東)지방

간토우지역은 석인기법을 석기제작의 기반으로 삼았다. 석인으로 만든 나이프형석기, 새기개, 밀개를 기본적인 도구구성으로 하는 유적이 많이 확인되었다. 무사시노대지유적 IX층에서는 능조정박편이 확인되는 등 이 시기 석인생산의 기준자료로 중요하다(그림 5).

나카야마신덴(中山新田) I 유적은 남간토우지역에 있는 시모우사(下總)대지 IX층에 해당한다. 석기군은 석인으로 만든 나이프형석기를 만드는 석기군과 부정형·종장박편을 소재로 한 기부가공 박편을 위주로 한 석기군이다. 전자의 석기군에서 석인기법의 능조정석인과 타면재생박편이 확인되었다. 이렇게 생산된 석인으로 기부가공첨두기를 제작했다.

보소(房總)반도의 다치가와(立川)롬 X층에서 IX층 하부까지는 기부가공첨두형 석인이 주체를 이룬다. 하지만, VII층이 되면 세부조정으로 선단부를 만드는 나이프형석기가 주체가 된다. 사가미노(相模野) 제II기 후반, 무사시노 제Ic기, 무사시노대지 VI층~V층 하부에서는 이측연가공 나이프형석기와 그것을 양산하기 위한 석인기법이 깊은 관계를 지니는 단계이다.

게이오(慶應)SFC유적 제V문화층(AT층 상부)은 흑요석제 나이프형석기가 다량으로 출토되고, 이측연가공 나이프형석기가 대부분이다. 특히 기부가공석기가 특징적이다. 석핵조정을 정성들여 베푼 양설타면석핵은 전형적인 석인기법이 사용되었다. 특히 박편첨두기로 볼 수 있는 석기도 포함되어 있다. 종장박편을 이용한 첨두기가 발달한 시기이다.

5) 도호쿠(東北)지방

도호쿠지역에서 초기 석인기법은 간토우지역(X층~IX층)의 석인기법과 기술상으로 유사하다. 이 지역의 AT화산재 이전의 석인석기군으로는 이와테(岩手)현 오와타리(大渡)II 제1문화층과 야마가타(山形)현 다루쿠치(樽口) A-KH문화층이 있다. 두 유적에서는 석인제 나이프형석기, 새기개, 밀개 등이 출토되었다. AT화산폭발 이후에는 고후(國府)형 석기군, 란마도(亂馬堂)형 석기군이 확립되었다. 각추상석기의 전형적인 형태는 거의 출토되지 않는다(須藤隆司, 2006).

6) 홋카이도(北海道)지방

도호쿠지역의 석기군이 3만 년 전까지 존재하는데 반해, 홋카이도지역에서는 이러한 시기의 석기군 양상이 불분명하다. 홋카이도지역의 석인기법은 2.5만 년 전 이상으로 소급되지 않는다. 러시아 아무르강유역의 자료를 참조해도 한반도와 일본열도보다 연대가 빠른 것은 없다. 홋카이도의 히로사토(廣鄕)형 첨두형석기군은 도호쿠지방의 기부가공첨두형 석인석기군의 기술구조가 후기구석기시대 전반기 후엽의 한 시기에 홋카이도 내에 수용된 것으로 보기도 한다(佐藤宏之, 2003).

2 석인기법과 첨두기

1) 기부가공첨두기

安齊正人(2004)과 國武貞克(2004)은 간토우지방과 도호쿠지방의 석기군을 토대로 후기구석기시대의 석인기법을 소구면형(小口面型)과 주연형(周緣型)으로 구분하였다(그림 8). 소구면형은 필요로 하는 석인의 길이가 석핵으로 사용되는 소재박편의 폭에 해당하기 때문에 석핵소재가 되는 원석의 크기가 크다. 주연형은 소형의 아원력(亞圓礫)으로 석인생산을 가능케 하는 기술이다. 남간토우지방의 대지에 아주 드물게 분포한다.

주연형을 기초로 두 양상이 명확히 나누어지는 것은 간토우지역 Ⅸ층 중부이다. 주연형의 경우 선단부가 가늘고 뾰족한 석인을 소구면형의 석인과 달리 거의 제작할 수 없다.[14]

소구면형 석인기법은 규질혈암이라는 양질의 석재를 이용한 도호쿠지역은 물론, 도쿄(東京)의 무사시다이(武蔵台), 다마란자카(多摩蘭坂)유적에서 확인된다(須藤隆司, 2006). 석인기법이 확인된 유적에서 출토되는 유물 중 가장 특징적인 것이 첨두기이다. 각 지역에는 독특

---

14 이 시기에 주연형이 세련되었던 것은 기술적으로는 이 점에 기인할 가능성이 있다. 결국 석인제 자돌구의 수요 증대에 대응한 것이다. 다치가와(立川)롬 Ⅸ층 하부에서는 석인은 정제석인생산과 조제석인생산으로 제작되었다. 그러나 Ⅸ층 상부와 Ⅶ층 하부가 되면 정제석인생산기술로 만들어진 석인형태가 조제석인생산의 그것과 구별이 어려워지고, 두 가지 기법의 구분이 모호해진다. 석인석재는 거의 변화가 없다(国武貞克, 2004). 무사시노대지의 Ⅵ층과 Ⅳ층상부에서 이측연가공 나이프형석기가 발달했다.

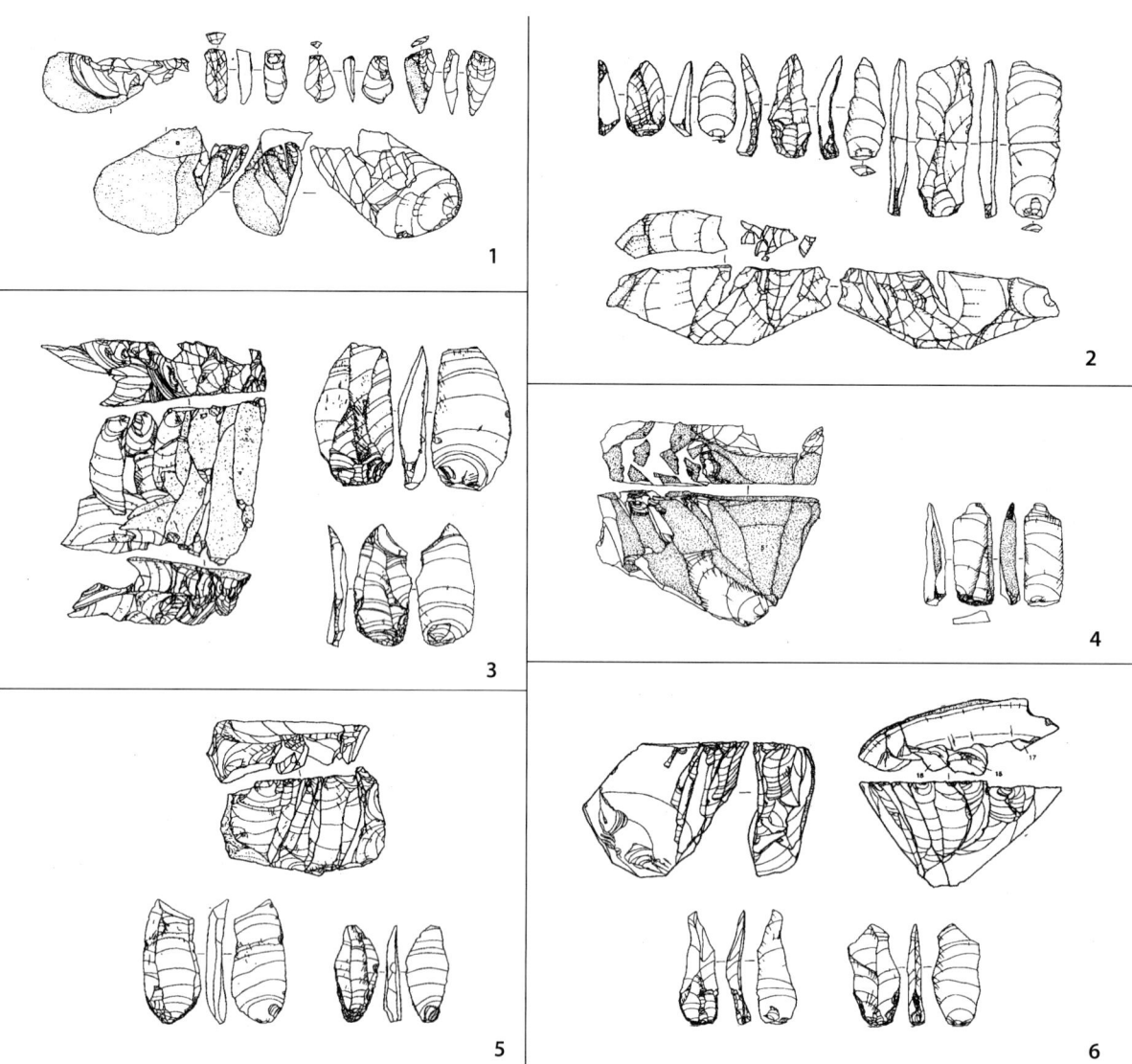

그림 8 간토우지역과 도호쿠지역의 비능조정형(소구면형) 석인석핵
1. 東京 武藏臺Xb문화층 | 2. 長野縣 八風山 | 3. 秋田縣 松木臺Ⅲ | 4. 福島縣 笹山原A | 5. 秋田市 此掛澤Ⅱ
6. 秋田縣 家の下

한 형태의 첨두기를 제작했다. 그리고 이것들에는 자루착장이 가능한 기부를 제작하는 공통점이 있다.

각 지역별로 석인기법 혹은 종장박리기술이 보급되면서 그것을 활용하여 다양한 형태의 첨두기가 제작되었다. 한국은 슴베찌르개, 일본은 기부가공첨두기·박편첨두기·나이프형석기가 대표적이다. 석인기법의 출현과 더불어 수렵구의 제작이 본격화된다고 말할 수 있다.

간토우와 도호쿠지역에서 집중적으로 출토되는 기부가공첨두기는 일본의 후기구석기시대 초에 종장박편 또는 석인을 이용해 만든 석기이다. 이것은 박편첨두기와 달리, 선단부 조정을 거의 하지 않고 소재의 날을 그대로 사용한다. 후기구석기시대 초의 기부가공첨두기 중 일부는 소재 형태가 일정하지 않고 측면에서 보았을 때 일직선이 아니고 휘어진 사례가 많다. 첨두기의 가장 기본적인 속성 중 자루에 석기를 장착했을 때 일직선을 이루는 것인데, 이것들은 그렇지 못한 예가 많다. 한반도의 석인제 슴베찌르개와의 분명한 차이점이다. 기부가공첨두기는 나이프형석기의 조형이면서 일본열도에서 가장 빠른 석인기법으로 만들어진 것으로 인식되기도 한다.

　　합푸잔(八風山)Ⅱ의 기부가공석기(그림 7-1~6)는 한국에서 통상적으로 인식하는 능조정 기반의 전형적인 석인기법으로 만들어진 석인을 이용하지 않았다. 이것의 예비소재는 자연면타면을 이용하고 전형적인 석인석핵의 형태는 아니다. 기부가공석기는 타면이 비교적 크고, 타면이 등면에서 배면쪽으로 경사가 져 있다. 옆에서 보면 석기는 휘어져 있다. 단면은 사다리꼴이면서 두껍다. 기부가공석기의 형태는 정형성이 떨어진다. 이것은 박편첨두기와 달리 오목한 기부를 가진 예가 거의 없다. 종장박편 중 끝이 뾰족한 것을 선택한 뒤 기부를 가공했다는 것 말고는 석기들 간에 공통점이 별로 없다. 소재는 타면머리 조정흔적을 찾을 수 없다.

　　기부가공석기가 처음 출현했을 때는 석핵에서 타면머리조정(頭部조정)이 미약하지만, 기법이 정형화될수록 타면머리조정이 확실하게 나타난다. 이 조정의 유무에 따라 타면형태가 달라진다.

　　한편, 간토우지역의 X층의 석기군이 어디서 유래했는지에 대해서는 여전히 논의 중이다(島田和高, 2009). 이 석기군이 다른 지역에서 유래한 것이라고 단정할만한 근거는 여전히 부족하다. 하지만, Ⅸ층에서 Ⅶ층사이의 기부가공석기와 기술양상을 고려한다면 분명 외부로부터 기술적 영향도 일부 수용했을 것으로 추정된다.

　　한국과 일본열도에서 석영암으로 석인과 세석인을 만든 사례는 아주 드물다는 공통점이 확인되었다. 한국에서는 세석인을 석영암으로 만든 예가 있기는 하다. 그렇지만, 두 지역에서 석영암은 석인과 세석인제작에 있어 적합하지 않은 석재임은 분명하다.

2) 슴베찌르개·박편첨두기에 있어 박리기술의 비교

한반도와 일본, 두 지역의 석기군에 대해서는 석인기법, 슴베찌르개(박편첨두기)의 특징과 계통 등을 중심으로 활발히 비교·연구되어 왔다(장용준, 2002; 2007; 박가영, 2013; 이기길, 2011; 최철민, 2014; Lee·Yun, 1992; Chang, 2013; Fujiki, 2008; 橘昌信, 1970; 高木正文·淸水宗昭, 1971; 淸水宗

昭, 1973; 萩原博文, 1980; 稲原昭嘉, 1986; 荻 幸二, 1987; 吉留秀敏, 1997; 2002; 松藤和人, 1987; 木崎康弘, 1988; 1999; 小谷鏞司, 1990; 萩原博文, 1996; 安蒜政雄, 2010; 小畑弘己, 2004).

한반도와 규슈지역의 대표적인 교류유물은 슴베찌르개와 박편첨두기이다.[15] 박편첨두기는 규슈지역에서는 AT화산재층보다 상부에서만 확인되며 2.0만 년 전까지 사용되었다(장용준, 2006; 松藤和人, 2004).[16]

규슈지역에서 박편첨두기는 남부에서 위치한 아이라(始良)칼데라의 화산폭발로 생존환경이 급격하게 변화된 이후에 출현했다. 화산쇄설물이 많은 곳은 두께 약 10m이상, 최대 약 150m에 이를 정도로 쌓여, 그 당시에는 사람이나 동물이 화산주변에서는 살기가 불가능하였다. 입호화쇄류(入戸火砕流, pyroclastic flow)의 피해중심지에서 출현한 최초의 석기는 다누키다니(狸谷)형 나이프형석기 또는 박편첨두기·다이케이(臺形)석기 등으로 파악하고 있다(藤木聡 2014). 규슈 동남부지역에 박편첨두기 관련유적이 집중적으로 분포하고 그 수량 또한 많다.

일본열도 내에서 규슈에 집중 출토되는 박편첨두기는 흑요석을 주로 만든 크기가 작은 나이프형석기와는 달리, 안산암 등의 석재를 주로 이용한다. 이러한 석재사용의 전통은 흑요석보다는 규질제 석재를 주로 이용하는 한반도 슴베찌르개의 제작전통을 계승한 것이다.

한반도와 규슈지역에서 출토된 슴베찌르개를 생산한 석인기법에는 차이가 있다. 일본의 박편첨두기석기군의 특징 중 하나는 최근 일부 유적(그림 9)에서 생산과정을 알 수 있기는 하지만, 석기생산되는 지점과 석기를 사용하고 버리는 지점에 차이가 있다는 것이다(張龍俊, 2001; 藤木 聡, 2014).

석인관련 기술부산물의 출토가 드문 규슈 중·남부지역에서는 원석을 이용해 석인 또는 종장박편을 생산하기 보다는 박편을 이용한 경우가 많다. 한반도의 석인기법에서도 원석과 박편을 이용해 만든 석인석핵이 출토되고 있다. 이러한 기술이 규슈지역에 영향을 미쳤을 가능성을 고려할 수 있는 부분이다. 원석을 이용할 경우에 주로 이루어지는 능조정기술이나 타면재생기술, 작업면 재생기술이 박편을 소재로 작업하면 조정 시간이 단축된다. 이럴 경우 석인석핵에서 타면전이도 적어진다.

규슈지역은 박편첨두기가 출현하기 전인 AT층 하부의 석기군은 소형박편을 중심으로 제

---

15 두 석기는 형태와 기술기반이 유사하지만, 기술적인 차이점도 있기 때문에 논지 전개를 위해 본 고에서는 두 석기를 구분해 사용하고자 한다.

16 AT층은 1998·2001년 C-14(AMS)에 의한 동위체 보정(同位体 補正)으로 24~25kaBP라는 연대를 현재 가장 많이 사용하고 있으며, 역년으로 교정하지 않은 것이다(町田 洋·新井房夫, 2003).

작된 소형 나이프형석기가 주축을 이루고 있었다. 종장박편을 이용한 석기는 거의 보이지 않았다. 대개 완성된 나이프형석기의 크기도 5cm 전후한 것이 우세하였다. 그러다가 박편첨두기가 출토된 기리키미미토리(桐木耳取) I문화층, 기리키(桐木) I문화층, 도우조노비라(堂園平), 미야가사코(宮ヶ迫)유적 등에서 첨두기가 대형화되기 시작했다. 미야자키(宮崎)현 야마타(山田)유적에서는 석인접합유물과 함께 다량의 박편첨두기가 출토되었다(그림 9·10). 한반도에서 건너온 슴베찌르개가 단순히 석기의 형태가 아닌 석인기법과 함께 전해졌음을 알 수 있게 해주는 부분이다

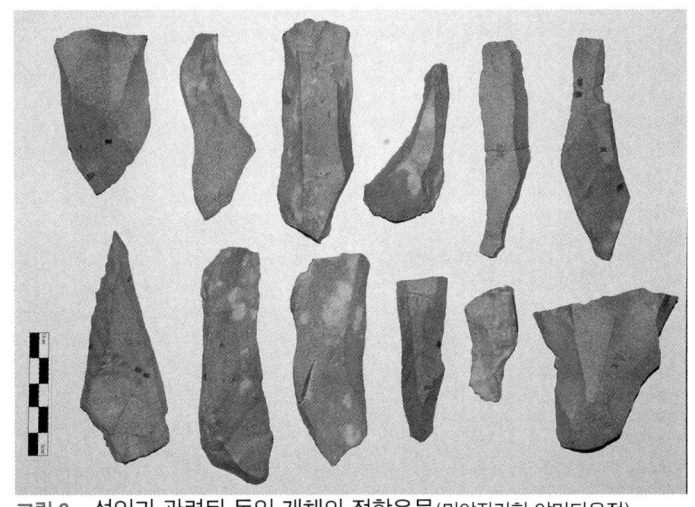

그림 9 석인과 관련된 동일 개체의 접합유물(미야자키현 야마타유적)

그림 10 박편첨두기(미야자키현 야마타유적)

이러한 양상으로 볼 때 한반도와 일본열도에서 엿볼 수 있는 기술다양성이란 기술적용방식의 차이, 집단 내 복수기술의 보유여부와 기술기반의 차이, 제작자의 수준차이, 지역 내 조달가능한 석재의 질과 종류에 영향을 받았다.

우리나라 하가유적의 박편첨두기, 각추상석기, 나이프형석기의 공반양상은 중·서부 규슈지역과 유사하다. 이 유적의 출토품 중 나이프형석기나 각추상석기는 석재가 규슈산이 아니기 때문에 한반도에서 제작된 것이 분명하다. 즉 하가의 교류관련석기들은 일본산 수입품이 아닌 국내산이다. 따라서 규슈지역으로부터 기술적인 영향을 받았거나 이 지역 사람들이 제작했을 수도 있지만, 석기재료는 한반도가 원산지임이 분명하다.

그리고 나이프형석기가 박편첨두기의 변형인지도 다시한번 살펴볼 필요가 있다. 신북유적에서도 일본산 흑요석이 출토되므로 규슈사람들과 접촉을 통해 나이프형석기의 기술적인 정보를 받아들였을 가능성도 충분히 있다.

3) 일본열도 내 박편첨두기의 확산과정

슴베찌르개가 일본열도에 전해진 뒤, 어떤 과정을 거쳐 현지화 및 확산과정을 거쳤는가는 중요한 문제이다. 박편첨두기의 규슈내 확산루트는 잘 알려져 있지만, 한반도의 슴베찌르개집단이 규슈뿐만 아니라 일본열도의 해안(우리나라 동해쪽)을 따라 움직인 새로운 혼슈루트도 있었을 것으로 추정된다. 쥬부지방의 나가노현의 히가시우라(東裏) H2지점에서는 나이프형석기와 함께 박편첨두기가 출토되었다(坂城町敎育委員会, 1984: 그림 11). 이 루트로 쥬부지역, 도호쿠지역으로 확산되어, 그곳의 석인기법과 히가시야마(東山)형 나이프형석기에 영향을 미쳤던 것으로 추측된다.

먼저 박편첨두기를 공반한 석기군이 동쪽으로 확산되어 도호쿠지역 석인기법의 기원이 되었을 가능성이 있다. 그러한 예로 오나카바야시(お仲間林: 阿部祥人·岡澤祥子·工藤敏久·渡辺丈彦, 1995; 山形県埋藏文化財センター, 1995), 란마도유적(新庄市敎育委員會, 1982: 그림 12)이 있다. 도호쿠지역의 석인기법은 야마가타현을 중심으로 20cm 이상의 대형 원석을 이용했기에 능조정기법이 대단히 발달하였다. 여기서 생산된 양질의 석인을 이용해 질 좋은 첨두기 또는 나이프형석기를 대량으로 제작하였다. 그 이유는 이 지역에 아주 좋은 규질혈암이 분포하고 있었기 때문에 가능하였다(秦 昭繁, 1998).

지금까지 혼슈를 비롯한 일본열도 내 석기군은 지역성이 두드러진 독자적인 나이프형석기가 주체를 이루는 것으로 주장되어 왔다(安蒜政雄,

그림 11 나가노현 히가시우라유적의 박편첨두기(좌측)와 기부가공첨두기

그림 12 도호쿠지역 란마도유적의 첨두기

2010). 그로 인해 지역화의 지나친 세분과 나이프형석기라는 형식학적 기준을 광범위하게 적용시켜 지역 간의 교류가 거의 이루어지지 않은 것 같은 인상을 주었다(장용준, 2010).

일본의 기부가공 나이프형석기나 기부조정첨두기 중 상당수가 우리나라의 슴베찌르개로도 분류가 가능하고, 혼슈지역까지 박편첨두기가 출토되고 있다. 이 석기를 규슈지역에 국한된 석기로 보아서는 곤란하다. 安蒜政雄(2010)가 주장하는 것처럼 단순히 기부가 오목한 형태로 한정된 박편첨두기의 확산만의 문제가 아니다. AT층 아래에서 박편첨두기가 정말로 출토되지 않는 것인지, 도호쿠지역의 히가시야마(東山) 나이프형석기는 박편첨두기와 과연 무엇이 다른지, 그리고 이러한 석기들이 형식분류의 문제로 인해 서로 다른 문화나 석기군으로 파악되지는 않았는지를 검토해야만 한다. 이것이 제대로 연구되지 않았기 때문에 한반도와 일본의 석기군이 더욱 차별적으로 여겨졌던 것이 사실이었다. 박편첨두기와 나이프형석기의 형식분류 및 개념에 대한 재검토는 반드시 필요하다.

쥬·시코쿠지역은 다른 지역에 비해 석인으로 만든 박편첨두기나 나이프형석기의 출토량이 훨씬 적다.[17] 사누카이트라는 독특한 석재가 분포하고, 타 지역과의 석기제작에 대한 다양한 교류가 있어도 각지에 산재하는 현지 석재를 이용하는 방식은 석기형식의 다양화와 박리기술의 차별화에 큰 영향을 미칠 수밖에 없다. 사누카이트로 만든 고후(國府)형 나이프형석기는 한반도 남부지역, 홋카이도지역에서는 출토되지 않는다.

박편첨두기가 출현하기 이전에 도호쿠나 간토우지역에서는 종장박리기술이 사용되고 있었다. 따라서 석인기법과 박편첨두기에 있어 일본열도 내 출현시기를 동일하게 볼 것이 아니라 따로 분리해서 본다면 일본 도호쿠지역에서 박편첨두기가 출토된다고 해도 시기적으로 문제가 될 것은 하나도 없다.

3 세석인의 유입과 확산

일본의 홋카이도지역에서 세석인기법의 출현은 가시와다이(柏臺) I 유적의 방사성탄소연대측정치(16,850~20,790 BP)가 가장 이르다(寺崎康史, 1999). 일본에서 홋카이도를 제외한 지역에

---

[17] 사누카이트는 안산암의 일종으로 길이가 긴 박편보다 가로가 긴 박편이 얻어지는 것이 특징이며, 이러한 석재의 특징을 이용한 박리기법이 세토우치(瀬戸內)기법이다.

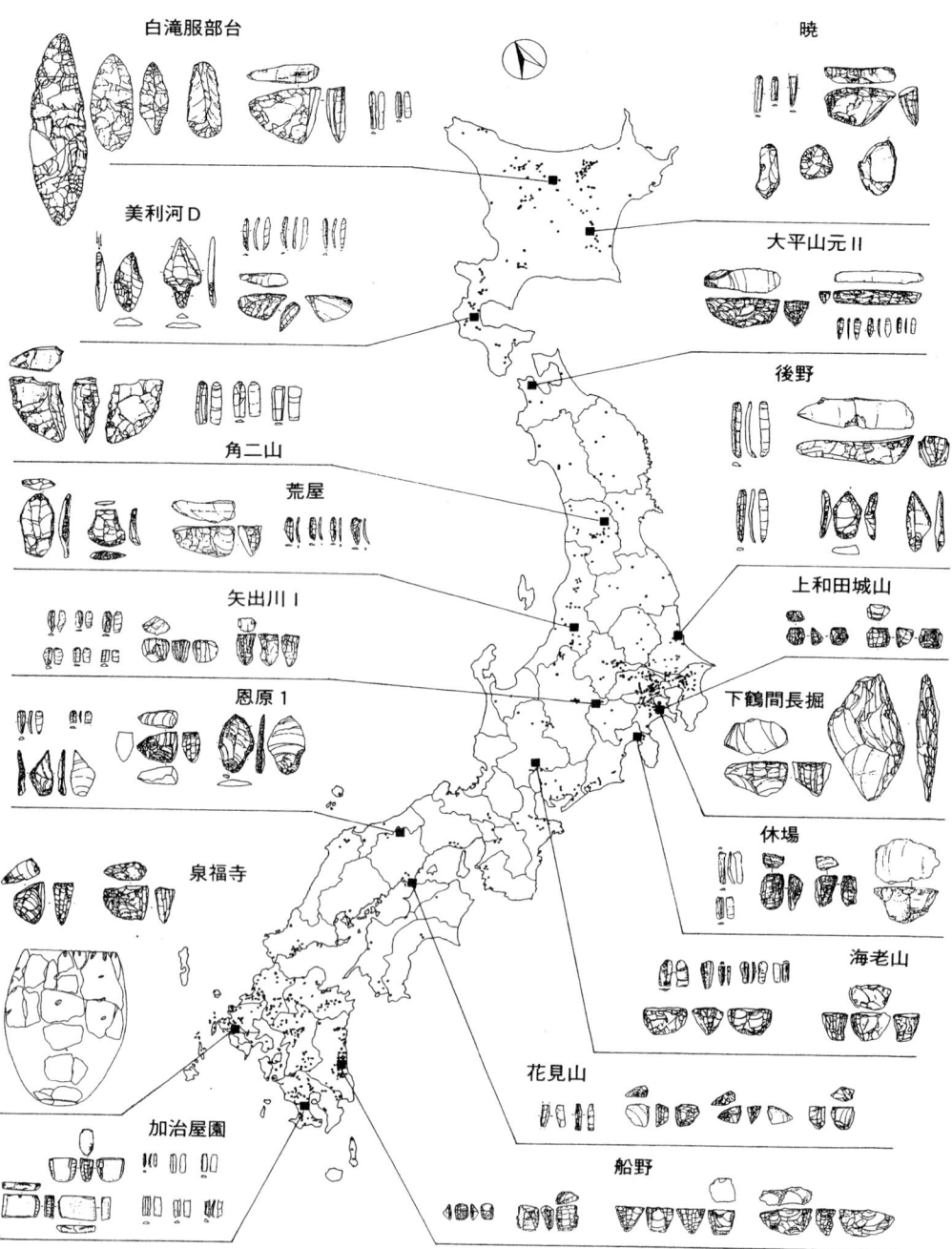

그림 13 일본열도의 세석인석기군(堤隆 2004)

서 2만 년 전 이상의 연대를 가진 세석인유적은 없다. 혼슈지역에서 가장 빠른 것으로 알려진 요시오카(吉岡)유적군 B구(區)의 연대는 적게는 12,960±120BP(AMS), 많게는 16,860±160BP(AMS)이다(工藤雄一郎, 2003). 연대치의 폭이 커서 그대로 받아들이기에는 어려움이 있다. 대체로 혼슈지역에서 보정하지 않은 연대로 세석인석기군의 가장 빠른 연대는 1.6만 년 전 이후이다.

일본열도는 홋카이도지역을 제외하면 환동해지역에서 가장 늦은 시기에 세석인기법이 출현했다.[18] 시코쿠, 긴키, 간토우, 쥬부, 도호쿠 일부지역에서는 세석인을 공반하지 창선형 첨두기문화가 먼저 출현한 뒤에 세석인기법이 사용되었다. 이 시기에 있어 창선형첨두기문화는 환동해안지역에서는 일본지역의 상당히 독특한 특징 중 하나로 볼 수 있다.

諏訪間順(1991)은 쥬부지역의 사가미노(相模野)대지의 변천을 참조하여, 「세석인문화 1단계: 노다케(野岳)·야스미바(休場)형 세석핵만 사용 → 2단계: 노다케·야스미바형 세석핵+후나노형 세석핵 → 3단계: 삭편계 세석핵만 사용 → 4단계: 미코시바(神子紫)계 첨두기+삭편계세석핵」이라는 단계를 설정했다.

규슈지역에는 모두 700곳 이상의 세석인석기군이 확인되며, 하천주변이나 분지지역에 많이 분포한다. 규슈지역 내 세석인석기군의 기원은 종말기 소형 나이프형석기군에 기술적 기원을 찾는 견해와 규슈 자생설의 견해가 있으나 어느 쪽이든 확실치 않은 실정이다(杉原敏之, 2003). 현재로서는 한반도와 중국 대륙 쪽의 세석인 박리기술의 영향을 받아 출현했을 가능성이 가장 높다. 세석인석기군 중에는 스폴(spall)계도 존재하지만, 대부분 비(非)스폴(spall)계 세석인석기군이다.

일본의 세석인기법은 북방계로 불리는 스폴(삭편)계 세석인석기군과 비스폴계 세석인석기군으로 대별된다(그림 13~15). 하지만 스폴계 세석인석기군을 제외한 세석인기법에 대한 기원에 대해서는 아직 통일된 의견을 모으지 못하고 있다.

일본의 세석인기법은 10가지로 세분되기도 한다(舊石器文化談話會, 2007). 도호쿠지방에서는 유베쓰기법과 호로카기법이 기반이 되었다. 1.5~1.2만 년 전에는 규슈부터 간토우지역까지를 중심으로 반원추형의 노타케야스미바(野岳·休場)형 세석인기법이 이용되었다. 세석인 중 일부는 1.5만 년 전 이후에 시작되는 소소기의 토기, 석촉과 함께 출토되는 것도 있어 우리나라와 차이를 나타낸다. 특히 규슈지역에서도 세석인과 함께 융기선문(隆起線文)토기와 조형문(爪形文)토기가 함께 출토되기도 한다.

일본열도의 세석인유적은 홋카이도 동부지역, 혼슈 중앙부, 규슈 북부, 규슈 남부의 4개

---

18   연해주지방의 경우 50여 곳의 구석기유적이 확인되었지만, 대부분은 세석인석기군이다(出穗雅實, 2006).

지역에 집중적으로 확인되는 특징이 있다. 대체로 이러한 지역은 흑요석 등 석재수급이 원활한 지역과 밀접한 관련이 있고 다른 지역과는 달리 생존환경이 좋았던 것으로 추정된다. 홋카이도에서는 대규모 흑요석산지에서 구할 수 있었던 흑요석을 비롯해 혈암으로 다양한 기법으로 세석인을 대량 제작하였다. 홋카이도와 가까운 아오모리(靑森)현에서 스폴계 세석인석기군은 규질혈암을 이용하고, 그렇지 않은 경우는 소형 흑요석을 이용하는 차이점이 확인된다(川口潤, 2003). 시코쿠와 세토우치지역에서는 세석인기법에 따른 석재의 차별적 사용은 확인되지 않으면서, 현지의 석재를 적절히 활용하였다. 세석인기법도 대체로 현지에서 조달가능한 석재를 중심으로 하면서 흑요석이나 혈암 등은 200km이상의 원거리에 위치한 원산지의 것들도 사용했다.

환동해지역의 세석인기법 중 광역성이 확인된 기법은 유베쓰기법(木村英明, 1997; 2006; 稻田孝志, 2001)과 히로사또기법(김상태, 1998; 佐藤宏之, 2002)이 있다.

유베쓰기법은 한반도, 연해주 오호츠크해 연안, 시베리아 내륙부, 일본 홋카이도에서 혼슈(本州)까지 분포한다(木村英明, 2006). 유베쓰기법의 지역적 경계는 서쪽으로는 바이칼호 주변, 동쪽으로는 알래스카반도까지이다.[19] 동북아시아지역에서 유베쓰기법은 폭넓게 사용되었지만, 중국 남부, 일본의 규슈지역과 혼슈의 일부에서는 발견되지 않는다. 한반도나 홋카이도에 있어 세석인기법의 출현기에는 시베리아 알타이지역 등의 영향으로 스폴계 세석인석기군이 주로 발견된다.

홋카이도지역은 일본 내에서 가장 먼저 유베쓰기법(북방계 세석인)의 연구가 이루어졌다. 이 기법을 사용한 이른바 북방계 세석인석기군은 1.5만 년 전 이후에 쓰가루(津輕)해협을 건너 일본 본토로 유입되었다(그림 14·15).

혼슈지역에서 유베쓰기법관련 유적은 오카야마(岡山)현 온바라(恩原)Ⅰ·Ⅱ유적을 비롯해 십 여 개 정도 알려져 있다(稻田孝志, 2001). 이 기법은 아라야(荒屋)유적을 표지유물로 하는 아라야형(荒屋型)새기개와 자주 공반된다.[20]

---

[19] 중국 동북3성지역 중 요령성지역에서는 유베쓰기법과 관련된 유물이 아직 발견되고 있지는 않지만, 추가 조사에 따라 충분히 발견될 것으로 기대해 본다.

[20] 아라야형 새기개는 베르홀렌스카야산유형 새기개(Verkholenskaya Goratype burin)의 일종으로 쐐기형세석핵과 더불어 시베리아와 동북아시아 기타지역 간의 문화적 관계를 설정하는데 중요한 증거로 사용되기도 하나, 이 새기개는 바이칼주변의 남부 시베리아에서만 확인되므로 두 지역의 문화전파의 결과로 보기 어렵다는 견해도 있다(이선복, 1993).

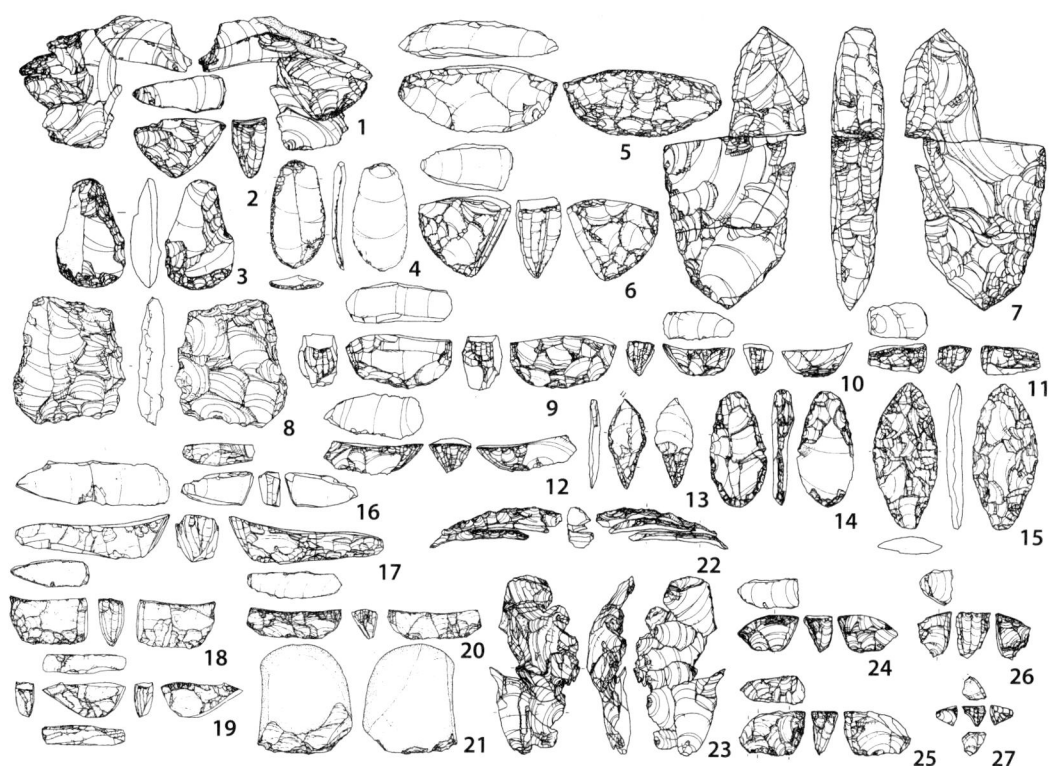

그림 14 혼슈지역 삿코츠(札滑)형 기술(스폴계 세석핵)의 세석핵(須藤隆司, 2009)
1·3. 角二山 | 4~6. 中土 | 7. 狸崎B | 8~15. 荒屋 | 16·17. 後野 | 18~21. 鳥取福藏寺Ⅱ | 22·27. 恩原2

그러나 혼슈지역의 북방계 세석인석기군을 모두 홋카이도의 유베쓰기법의 영향으로 보기 힘들다. 혼슈의 가장 서쪽에 위치한 히로시마(広島)현 칸무리(冠) 4지점 등과 같은 긴키지역의 세석핵관련 유물들로 볼 때 한반도로 부터 규슈 서북부지역이나 긴키지역으로 유입되었을 가능성이 매우 높다. 실제 거리로도 한반도 쪽이 훨씬 가깝다(張龍俊, 2010).

온바라에서 출토된 세석핵은 기술적으로도 예비소재 제작방법은 물론, 타면스폴의 타면머리 조정방식이 한국의 신북, 집현, 수양개에서 출토된 1차 혹은 2차스폴의 것과 동일하다. 문제는 혼슈의 동과 서를 연결하는 혼슈의 중앙부(나고야(名古屋) 등)에는 북방계 세석인석기군이 거의 발견되지 않는다는 점이다. 즉 홋카이도를 비롯한 간토우지역의 북방계 세석인석기군은 러시아의 사할린지역의 영향을 받았으며, 서쪽의 북방계 세석인석기군은 한반도의 세석인기법으로 부터 영향을 받았을 가능성이 높다(張龍俊, 2010: 그림 14·15). 그러므로 일본열도 내 북방계 세석인석기군은 동쪽과 서쪽으로 나누어지거나 교차되었을 가능성이 있다.

히로사또기법은 홋카이도지역의 세석인석기군에서 아주 발달하였다. 석인기법을 활용해 히로사또형 세석핵의 소재를 제작했다. 홋카이도, 연해주, 한국의 상무룡리Ⅱ에서 발견되었지만, 일본 본토와 사할린에서는 발견되지 않았다. 유베쓰기법보다는 출토지역이 제한적

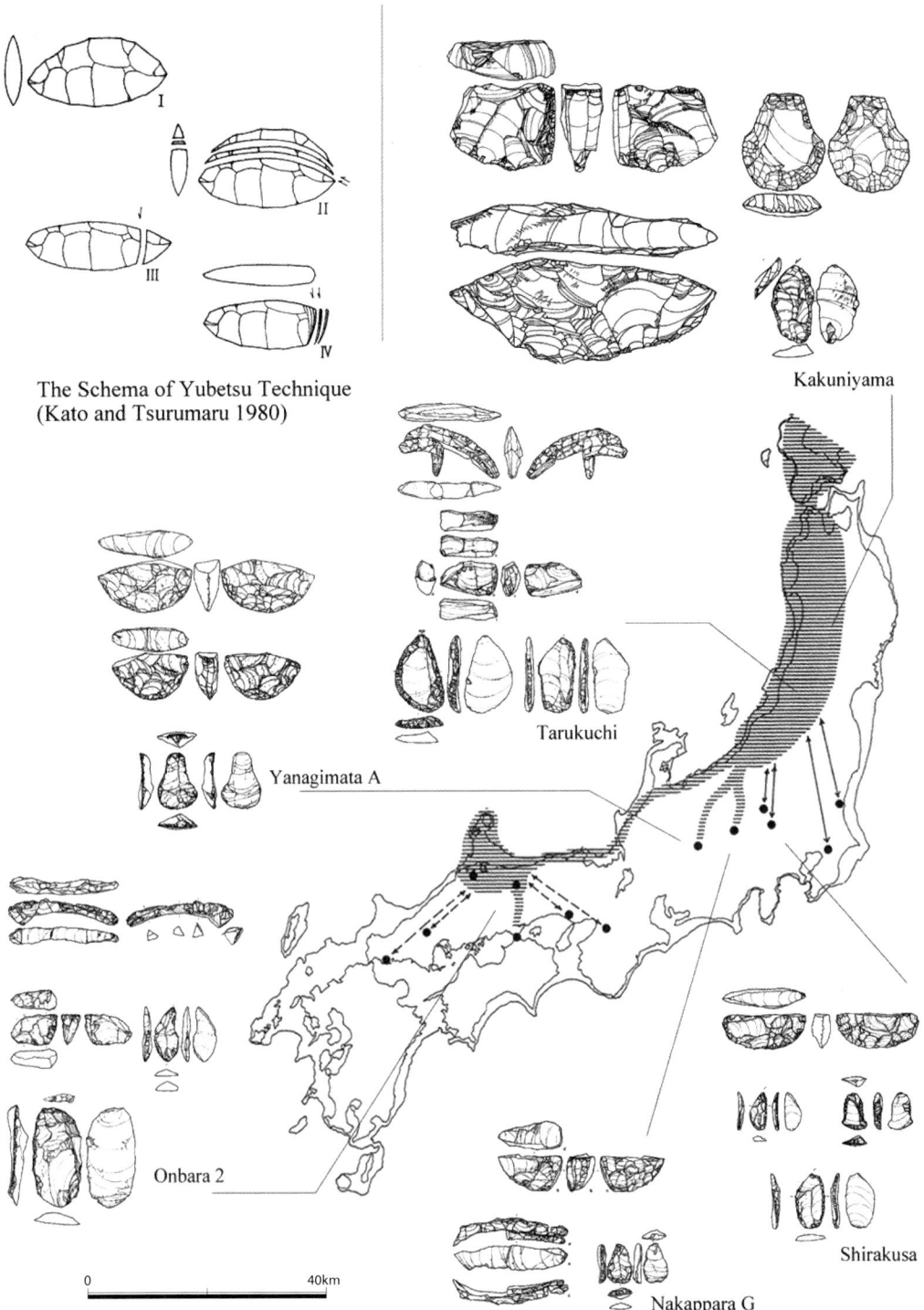

그림 15 LGM동안의 일본열도와 스폴계(북방계) 세석핵의 확산과정(Anzai, 2009)

이다.

러시아의 남부 연해주에 전개된 흑요석제 세석인석기군은 주로 현지의 작은 원석을 사용했지만, 적은 수량이지만, 석인을 이용한 히로사토형 세석핵에 백두산 원산지의 흑요석을 이용하였다. 상무룡리Ⅱ유적의 출토유물 중 흑요석제 새기개가 히로사토형 세석핵일 가능성은 집단의 직접적인 이동이나 간접방식의 교류가 있었을 가능성이 있다(佐藤宏之, 2002).

한편, 세석핵 중 수양개, 석장리, 집현에서 확인되는 소형배모양세석핵에 주목할 필요가 있다. 이러한 세석핵은 예비소재를 기준으로 스폴을 이용한 것과 박편을 이용한 것이 있다. 스폴을 이용한 배모양세석핵은 유베쓰기법에서 생산되는 스폴을 이용한 것이 수양개의 세석핵에서도 확인된다. 이러한 세석핵들은 중국 동부지역에서도 확인되고 있어 비교검토할 필요성이 있다.

한반도와 일본열도의 세석인기법을 비교할 때 일본에서는 박편첨두기와 세석인이 공반하지 않지만, 한반도의 경우 슴베찌르개의 존속기간이 길고 세석인기법의 출현시기가 빨라 두 석기군이 같은 문화층에서 출토되는 차이점을 보인다.

끝으로 일본의 세석인석기군의 지역별 특징 중 하나는 밀개의 출토빈도의 차이이다. 홋카이도에서는 총유적의 60%가 밀개를 보유했지만, 도호쿠지역은 50%, 쥬부·간토우지역은 30~20%, 긴키부터 큐슈의 서일본은 10%미만이 확인되었다. 이것은 일본열도 내 고위도지역에서 밀개를 이용한 피혁이용시스템이 작동해 한랭한 환경에 대비한 기술적응으로서 방한기능을 할 수 있는 모피혁제품을 많이 제작을 했기 때문으로 밝혀졌다(堤隆, 2009). 이러한 사실은 우리나라 세석인석기군에서도 밀개가 대부분 공반되는 현상을 설명하는데 도움이 될 것 같다.

Ⅴ 소결

한반도와 일본열도의 석인과 세석인에 관한 지역별 특징과 과제를 정리해 보고자 한다.
첫째, 두 지역은 석기문화의 성립에 있어 전파 또는 상호 교류하는 루트에서 차이가 있었다. 즉, 석기제작에 있어 기술유입의 루트가 달랐다.

한반도는 지형적으로 남북으로 길면서 바다와 접해있다. 구석기시대에는 기후변화에 따라 서해가 육지가 되기도 하여 아시아대륙의 동쪽 끝에 해당할 때도 있었다. 반면 일본은 동서로 길게 형성된 열도로 바다로 둘러싸여 있었다. 구석기시대에 기후변화로 해수면이 내려간다 할지라도 일본열도가 대륙과 하나가 된 적은 없었다.

후기구석기시대는 현생인류가 수렵채집을 위해 이동하고, 상황에 따라서는 다른 시대와 비교할 수 없을 정도로 활동영역도 넓었을 것이다. 그러다보니 한반도와 일본열도는 다양한 기술을 지닌 현생인류의 유입경로가 달랐고, 기술적인 영향을 받는 석기형식에도 차이가 있을 수밖에 없었다. 우리나라는 현생인류가 유입되기 전에 먼저 거주하던 인류가 있었다. 중국과 접한 서해 쪽 루트와 한반도 북부루트는 한반도 남부지역의 석기제작에 영향을 미친 중요한 루트였다. 반면 한반도 내 석기군 중 일본열도의 석기군으로 부터 영향을 받은 유적이 몇 곳을 제외하고는 거의 없다.

일본열도는 해수면변동에 따라 4개 또는 5개의 인류이동의 루트가 형성되었던 것으로 추정된다. 한반도루트, 중국남부루트, 류큐제도(琉球諸島)루트, 연해주루트가 그것이다. 일본열도의 석기전통을 이해하기에 앞서 이러한 지형적 특수 상황을 먼저 고려할 필요가 있다.

둘째, 후기구석기인들에게 석인과 세석인은 필요에 의해 채택된 기술로 선택적 도구라는 점이다. 다시 말해 석기 제작 때마다 필수적 혹은 반드시 채택해야만 하는 제작기술이 아니었다.

한반도에서 석인과 세석인이 출토된 유적은 그렇지 않은 유적수보다 훨씬 적다. 일본의 경우도 전체 유적 수는 많지만 양상은 비슷하다. 그리고 석기조성에 있어 석인과 세석인으로만 구성된 예도 전체 유적수와 비교하면 아주 적다. 그럼에도 석인과 세석인유적이 많게 느껴지는 것은 후기구석기유적에서 중요유적으로 부각되고 시기를 대표하는 유적으로 부각된 데 따른 착시현상이다. 일본 내에서도 능조정기술이 사용된 석인기법은 일본 도호쿠, 홋카이도지역이 중심권역으로 출토범위는 비교적 제한적이다.

셋째, 일본의 간토우·도호쿠지역에서 출토되는 석인기법을 기반으로 한 기부가공나이프형석기 중 슴베찌르개(박편첨두기)와 유사한 것들은 재검토가 필요하다. 그리고 두 나라의 분류방식에 대한 격차도 좁힐 필요가 있다. 이는 일본열도의 석인기법이 외부에서 유래한 것인지 내적발전론의 산물인지와도 연관된 문제이다. 현생인류가 일본열도에 정착한 시점부터 나이프형석기가 바로 출현했다는 것은 신뢰하기 어려운 부분이다. 분명 석기형식은 일정 시점이 지난 뒤에 현지화가 이루어졌을 것이다.

그리고 일본 내에서 나이프형석기는 다양한 형식으로 나누어져 있다. 그 주된 기능은 첨두기임은 주지의 사실이다.[21] 한국에서 적용되는 슴베찌르개 개념과 일본에서 상당히 국한시켜 분류되고 있는 박편첨두기의 개념은 다르다. 슴베찌르개와 유사한 기부가공 나이프형석기나 기부조정첨두기의 해석문제 등은 한일 두 나라의 석기연구에 있어 가장 중요한 걸림돌이다. 일본 열도 전체 내 나이프형석기의 형식은 물론, 지역별 또는 특정 유적으로 나누어진 형식분류에 대해 조금은 큰 안목에서 포괄적으로 접근할 필요가 있다. 일본지역에서 석인 또는 종장박편으로 만드는 수렵도구는 한반도로부터 석인기법이 유입된 이후에 본격화된 것으로 추정된다.

특히 한반도와 일본열도의 교류를 밝히는 데 있어 쥬코쿠·시코쿠지역, 쥬부지역의 우리나라 동해에 접한 지역의 유적수가 적은 한계를 극복해야만 한다. 이를 위해 한국과 일본의 교류관계를 입증할 수 있는 중간고리역할을 할 수 있는 유적의 발견을 기대해본다.

넷째, 한국과 일본을 포함하는 환동해지역의 문화적 특징은 양 지역 혹은 여러 지역 간에 비슷한 수준으로 주고받는 것이 아니라 한쪽이 일방적으로 기술을 전해주고, 이를 수용하는 방식이 많았다(Chang, 2013). 석인기법이나 세석인기법이 구체적으로 일본에 어떻게 전해졌는지는 명확히 알 수는 없지만, 한반도를 거쳐 일본열도에 이러한 기법이 전해졌음은 부인할 수 없다. 다만, 한반도루트를 거쳐 일본열도에 세석인기법이 전해진 시기는 20,000~15,000년 전으로 생각된다.

아울러 홋카이도의 유베쓰기법이 도호쿠지역에 전해지지만, 이 지역의 석인석기군이 홋카이도에서 발견되지 않는 점, 규슈의 각추상석기와 나이프형석기가 한반도에서 거의 출토되지 않는 점, 긴키지역의 세토우치기법이 이 지역에서도 확인되지만 쥬부지역의 흑요석이 긴키지역에서는 확인되지 않는 점 등 그 사례는 아주 많다.

다섯째, 일본열도의 후기구석기시대에는 지역의 특수한 석재에 맞춰진 석기군이 형성되었다. 석기의 형식학적 차이는 직접적으로는 그 소재가 되는 예비소재의 제작기술의 차이, 이용석재의 획득·소비전략의 차이를 배경으로 한다(安斉正人, 2005).

한반도에서 석기에 많이 사용된 석영암은 일본에서는 석기제작에 거의 사용되지 않았다. 일본에서 석기를 만들 수 있는 대형 원산지를 고려할 때 흑요석, 안산암(사누카이트포함), 혈암이라는 한반도와는 다른 석재환경은 석기형태에 큰 영향을 미쳤다. 이러한 석재는 구석기시대에 적극적으로 활용되었다. 석재에 맞는 특화된 기종이 형성되었고 생계에 적극적으

---

[21] 나이프형석기와 첨두기는 경우에 따라서는 칼처럼 가공구로도 사용될 수 있다.

로 활용했다. 반면 우리나라는 석영암과 함께 하나의 석기군에서 다양한 석재가 발견되기도 한다. 규질계 석재(응회암, 이암, 혈암)는 석인이나 세석인과 같은 특정 석기의 제작 목적으로 선택되었다.

즉 일본열도는 각 지역에 산재한 석재를 이용해 현지화된 독창적인 박리기술과 도구를 개발하였다(표 2). 석재의 특성과 분포량은 박리기법과 석기의 형태를 결정짓는 중요한 요소였다.

여섯째, 우리나라의 세석인기법에 대한 통일된 기법명칭을 정립할 필요가 있다. 물론 다양한 세석핵은 일본에 비해 일정한 기준에 의한 정립된 기법으로 비정하기가 쉽지 않다. 세석핵의 형태가 다양하며 정형성이 떨어지고, 여기에 적용된 박리방식도 다양하기 때문이다. 한반도는 일본보다 면적도 좁고 대륙의 끝에 위치하기도 하여 그만큼 교류의 빈도가 잦아든 것으로 보이며, 지역색을 분간하기가 현 단계에서는 쉽지 않다. 그렇다고 하더라도 향후의 연구를 위해서라도 연구자들이 공유할 수 있는 공통된 기법을 정리해 나갈 필요가 있다.

한국의 세석인문화는 초기에는 시베리아지역의 영향을 강하게 받았지만, 차츰 한국의 석재에 맞게끔 세석인기법을 발전시켜 나갔다. 후기구석기시대의 후반이 되면 중국 동남부 지역과 접촉하면서 기존의 쐐기형세석핵이나 스폴계 세석인석기군은 쇠퇴하였다.[22] 또한 이러한 세석핵은 일본 규슈지역과도 연관을 맺었던 것으로 추정된다. 우리나라 세석인문화는 외부의 영향을 받아 출현하였다. 세석인은 한반도 내에서 사용할 수 있는 규질계 석재 등을 이용하여 탄생한 것이다. 자체적인 기술개량은 물론, 지속적으로 외부와 제작기술 등을 상호 교환하면서 발전 및 변모하였다.

정리하면, 한국과 일본의 후기구석기문화는 석인과 세석인기법, 공통양식의 석기 등과 같은 것들이 확인된다는 점에서 유사한 뿌리에서 출발하였다(표 2). 그렇지만 석기를 만드는 데 사용되는 석재에는 분명한 차이가 있었다.

지역 간의 교류가 있었다고 할지라도 그 계통이나 방향성을 설정하기란 쉽지 않다. 그 이유 중 하나는 후기구석기시대동안에 지속적으로 사용되었던 박편석기의 기원이 되는 형식을 찾기 어렵기 때문이다. 이에 반해 석인기법과 세석인기법은 박편석기군과 관련을 맺으

---

[22] 한편 大谷 薰(2010)은 한반도의 세석기문화를 구성하는 요소로서 유베쓰계 세석인석기군과 그 것과는 다른 능주형세석핵에 주목하고 일본열도의 "야데가와(矢出川)계"세석인석기군과의 비교 검토가 필요하다고 보았다.

표 2 환동해지역의 주요기법과 관련석기의 공유범위

기법/석기/석재 지역	제작기법의 공유와 범위						도구의 범위						석재의 이동범위와 한계				
	석인기법		세석인기법				찌르개문화				새기개	마제석기	흑요석				사누카이트
	능조정	비능조정	유베쓰기법	히로사또기법	주저계	능주계	슴베찌르개·박편첨두기	나이프형석기	고후계나이프형석기	양면조정첨두기	아라야형새기개	국부마제석부	백두산	홋카이도	규슈	쥬부	긴키
중국 동북		△	○	○	△	○		△					○				
한반도	○	○	○	○	○	○	○	△		○	○	○	○		○		
일본 규슈	△	○	△	○	○	○	○	○	○		○			○		○	○
일본 쥬부	○	○	○		○	○	○	○	○		○	○				○	○
일본 간토우	○	○	○		○	○	○	○	○		○	○		○		○	○
일본 도호쿠	○	○	○	○	○	○	○	○	○		○	○		○			
일본 홋카이도	○	○	○	○	○		△	△			○	○		○			
러시아 사할린		○	○								○	○		○			
러시아 아무르	○	○	○	○							○	○					
러시아 연해주	○	○	○	○	○		○				○		○	○			

면서도 독특한 기법과 형태를 가지고 있어 지역 간의 관련성을 비교하기가 용이하다. 그런 측면에서 석인과 세석인은 후기구석기시대의 대표 석기로서 계속 주목받을 수밖에 없다.

환동해지역은 석인문화와 세석인문화라는 공유문화와 여기서 파생된 지역문화가 중첩되면서 하나의 문화권을 형성시켰다(Chang, 2013). 여기서 말하는 지역문화중첩이라는 개념은 확산과 다르다. 확산은 하나의 중심영역에서 다른 지역으로 해당 문화가 퍼져나가는 것으로 볼 수 있으나 중첩은 단순히 퍼져나가는 개념뿐 만아니라 반대로 유입되는 것, 재지의 지역문화가 겹쳐지는 것도 포함한다. 단순히 특정 지역에서 다른 지역으로 전해지는 형식의 전파와도 구분되는 개념이다. 가까운 지역끼리의 일부 문화를 공유하는 접촉과도 다르다. 기층문화의 중층적인 발전 속에서 여러 문화가 거듭해서 겹쳐지고 포개어지면서 새로운 문화요소가 기존의 문화요소를 변화·발전·소멸시킴과 동시에 지역별로 독자적인 문화를 가지고 있는 지역문화가 발생하게 되는 것이다. 한반도와 일본열도에서 출토되는 석인과 세석인은 지역문화중첩의 특징을 잘 반영한 것으로 판단된다.

참고문헌

공의식 등, 2005, 『새로운 일본의 이해』.

김상태, 1998, 「상무룡리Ⅱ유적의 좀돌날석기」, 『科技考古研究』4, 아주대학교 박물관, pp.7-26.

박가영, 2012, 「한반도 슴베찌르개 연구」, 부산대학교대학원 고고학과 석사학위논문.

이기길, 2007, 「한국 서남부와 일본 규슈의 후기구석기문화 비교 연구」, 湖南考古學報 第25輯, 湖南考古學會, 5-43쪽.

이기길, 2011, 「진안 진그늘유적의 슴베찌르개연구-제작기법, 형식, 크기를 중심으로-」, 『韓國上古史學報』73호.

이기길·김은정·김수아, 2011, 「임실 하가유적 5차 조사」, 『제11회 한국구석기학회 정기 학술대회 발표집』, 한국구석기학회.

이헌종, 2007, 「곡성 오지리유적과 후기구석기 후기의 돌날석기문화 연구」, 『역사학연구』33, 호남사학회, pp.1-22.

이헌종, 2009, 「동북아시아 현생인류의 등장과 사냥도구의 지역 적응에 대한 연구」, 『한국구석기학보』20호, pp.23~42.

이헌종·노선호·이혜연, 2004, 『나주 당가·촌곡리 유적』, 목포대학교박물관.

李憲宗·宋章宣, 2008, 『谷城梧枝里遺蹟-後期舊石器時代-』, 谷城郡·馬韓文化研究員.

이헌종·이상석, 2014, 「우리나라 돌날몸돌 제작기술체계의 특징과 변화 시고」, 『한국구석기학보』제29호, pp.21-48.

張龍俊, 2006, 『韓國 後期舊石器의 製作技法과 編年研究-石刃과 細石刃遺物相을 中心으로-』, 부산대학교 대학원 박사학위논문, pp.1-265.

張龍俊, 2007a, 「中國 東北地域 後期 舊石器 製作技術의 變遷과 系統 研究」, 『동북아역사논총』15호, 동북아역사재단, pp.313-377.

張龍俊, 2007b, 「韓半島와 日本 九州地域의 後期 舊石器文化의 交流-슴베찌르개(剝片尖頭器)를 中心으로-」, 『韓國上古史學報』58, 韓國上古史學會, pp.5-37.

張龍俊, 2009, 「後期 舊石器時代 角錐狀石器의 研究」, 『한국민족문화』33, 부산대학교 한국민족문화연구소, pp.289-337.

장용준, 2010, 「일본 나이프형석기의 비판적 검토」, 『韓國考古學報』第74輯, 韓國考古學會, pp.116-141.

장용준, 2013, 「한국 구석기시대 흑요석 연구의 현황과 과제」, 『한국구석기학보』제28호, pp.19-60.

張龍俊, 2014, 「방사성탄소연대를 이용한 후기구석기시대 편년」, 『嶺南考古學』第69號, pp.4-46.

최철민, 2014, 『후기구석기시대 슴베찌르개 고찰』, 경희대학교대학원 사학과 석사학위논문.

한창균, 2003, 「한국 구석기유적의 연대 문제에 대한 고찰-절대연대 측정결과와 퇴적층의 형성시기에 대한 검토를 중심으로-」, 『한국구석기학보』제7호, pp.1-40.

加藤眞二, 2008, 「華北細石刃文化調査から-華北地域における細石刃石器群の出現-」, 『第10回北アジア調査研究報告會』, 北アジア調査研究報告會實行委員會, pp.37-40.

工藤雄一郎 2003, 「細石刃石器群の年代に關する諸問題」, 『日本の細石刃文化Ⅱ』, 八ヶ岳舊石器研究グループ, pp.193-209.

舊石器文化談話會, 2007, 『舊石器考古學辭典』, 學生社, 東京.

国武貞克, 2004, 「石刃生産技術の適應論的考察」, 『考古學』Ⅱ, pp.76-92.

国武貞克, 2008, 「回廊領域假說の提唱」, 『舊石器研究』4, 日本舊石器學會, pp.83-98.

宮田榮二, 2006, 「九州東南部の地域編年」, 『舊石器時代の地域編年的研究』, 同成社, pp.242-273.

橘 昌信, 2009, 「九州島の細石刃石器群における西北九州産黒曜石の流通」, 『駿台史学』135, 駿台史學會, pp.91-116.

吉川耕太郎, 2007, 「石器原料の獲得・消費と移動領域の編成」, 『舊石器研究』3號, 日本舊石器學會, pp.35-58.

大谷 薫, 2010, 「細石器文化研究の新潮流」, 『季刊考古學』第113號, pp.17-20.

大阪市文化財協會, 2008, 『長原遺蹟發掘調査報告ⅩⅥ』.

島田和高, 2009, 「黒曜石利用のパイオニア期と日本列島人類文化の基源」, 『駿台史学』135, 駿台史學會, pp.91-116.

稲田孝志, 2001, 『遊動する舊石器人』, 岩波書店.

藤木 聰, 2014, 「素描:九州島の石刃技法と遺跡群」, 『九州舊石器時代の人類文化と遺跡群の成り立ち』九州舊石器文化研究會第40回記念大會, pp.23-34.

柳田俊雄, 2006, 『東北地方の地域編年』, 同成社, pp.142-172.

木埼康弘, 2001, 「九州地方の剝片尖頭器」, 『第6回 國際學術會議 수양개와 그 이웃들』, 丹陽郡・忠北大學校 博物館・丹陽鄕土文化研究會, pp.100-139.

木村英明, 1997, 『シベリアの舊石器文化』北海道大學圖書刊行會, pp.1-426.

木村英明, 2006, 「總論」, 『考古學ジャーナル』540, pp.3-6.

福井淳一編, 1999, 『千歳市柏臺1遺蹟』, 北海道埋藏文化財センター.

寺崎康史, 1999, 「北海道細石刃石器群理解への一試論」, 『先史考古學論集』第8集, pp.71-88.

山形縣埋藏文化財センター, 1995, 『お仲間林遺跡發掘調査報告書』.

杉原敏之, 2003, 「九州北部地域の細石刃文化」, 『日本の細石刃文化Ⅰ』, 八ヶ岳舊石器研究グループ, pp.321-367.

小南裕一, 2004, 「山口県西部」, 『中・四國地方舊石器文化の地域性と集團關係』, pp.65-74.

小畑弘己, 2001, 『シベリア先史考古學』, 中國書店, pp.1-522.

小畑弘己, 2004, 「九州島および朝鮮半島における石刃技法と石材」, 『石刃技法の展開と石材環境』, 日

本舊石器學會 第2回 シンポジウム豫稿集, pp.7-12.

小畑弘己, 2009, 「サハリン·シベリアの黑曜石」, 『駿台史学』135, 駿台史學會, pp.1-23.

松藤和人, 1987, 「海を渡った舊石器"剝片尖頭器"」, 花園史學 8, 花園大學史學會.

松藤和人, 1999, 「石刃技法の展開」, 『舊石器考古學』58, 舊石器文化談話會, pp.89-96.

須藤隆司, 2006, 「細石刃技術 －環日本海技術と地域技術の構造と組織－」, 『舊石器研究』第5號, 日本舊石器學會, pp.67-98.

須藤隆司, 2006, 「中部地方の地域編年」, 『舊石器時代の地域編年的硏究』, 同成社, pp.104-140.

新庄市敎育委員會, 1982, 『乱馬堂遺蹟發掘調査報告書』.

安蒜政雄, 2010, 『舊石器時代の日本列島史』, 學生社.

安斎正人, 2005, 「考古學から見た現代人ホモ·サピエンスの行動的進化」, 『考古學』Ⅲ, p.129.

日本舊石器學會, 2010, 『日本列島の舊石器時代遺跡―日本舊石器(先土器·岩宿)時代遺跡データベース―』.

張龍俊, 2001, 「韓半島出土剝片尖頭器の特徵と編年」, 『季刊考古學』第74號, pp.80-84.

張龍俊, 2010, 「西日本地域における湧別技法の系統―恩原假設を中心に―」, 『日本考古學』, 第30號, 日本考古學會, pp.1-19.

町田 洋·新井房夫, 2003, 『新編 火山灰アトラス-日本列島とその周邊』, 東京大學出版會, pp.3-336.

堤隆 2004, 「日本列島の細石刃遺蹟と細石刃資料」, 『日本の細石刃文化Ⅲ』, 八ヶ岳舊石器研究グループ, pp.86-87.

堤隆, 2009, 『舊石器時代ガイドブック』, 新泉社.

佐久市敎育委員會, 1999, 『八風山遺蹟群』發掘調査報告書75集.

佐藤宏之, 1999, 「中國·朝鮮半島の舊石器時代と日本」, 『岩宿發掘50年の成果と今後の展望』, 笠懸町敎育委員會·岩宿フォーラム實行委員會, pp.37-43.

佐藤宏之, 2002, 「環日本海における廣郷型細石刃の分布」, 『內蒙古細石器文化の硏究』平成10年度~平成13年度科學研究費補助金基盤研究(C)(2)研究成果報告書, pp.160-168.

佐藤宏之, 2003, 「北海道の後期舊石器時代前半期の樣相-細石刃文化以前の石器群」, 『古代文化』第55卷 第1號, 古代學協會, pp.3-16.

竹岡俊樹, 2002, 『日本列島舊石器時代史』, pp.321-325.

川口 潤, 2003, 「東北北部地域の細石刃文化」, 『日本の細石刃文化Ⅰ』, 八ヶ岳舊石器研究グループ, pp.53-71.

諏訪間順, 1991, 「細石刃石器群を中心とした石器群の變遷に關する豫察」, 『第13回長野縣舊石器文化研究交流會-發表資料-』.

萩原博文, 2006, 「九州西北部の地域編年」, 『舊石器時代の地域編年的硏究』, 同成社, pp.236-238.

坂城町敎育委員會, 1984, 『東裏遺跡』.

香川縣教育委員會·本州四國連結橋公團, 1981, 『瀨戶大橋建設に伴う埋藏文化財發掘調査報告Ⅳ-大浦遺蹟-』.

李超榮, 2004, 「中國北方舊石器時代晚期文化」, 『日本列島における後期舊石器文化の始原に關する基礎的な研究』, pp.37-64.

Chang, yongjoon, 2013, Human Activity and Lithic Technology between Korea and Japan from MIS 3 to MIS 2 in the Late Paleolithic Period, *Quaternary International(2013)* Vol. 308-309, pp.13-26.

Seong Chuntaek, 2008, Tanged points, microblade and Late Palaeolithic hunting in Korea, *Antiquity* 82(318), pp.871~883.

Part 3

환동해안지역 현생인류의 교류와 형성과정

동북아시아의 구석기시대와 슴베찌르개

Ⅰ 동북아시아 최초의 인류와 도구
Ⅱ 한국의 구석기연구
    1 한국의 구석기연구 약사
    2 한국의 형식분류의 검토
Ⅲ 한국의 슴베찌르개
    1 출토유적과 유물수량
    2 슴베찌르개의 석재와 예비소재
Ⅳ 슴베찌르개의 출현과 변화

The spread and exchange of modern humans in Northeast Asia

I 동북아시아 최초의 인류와 도구

인류 중에서 도구를 가장 먼저 사용한 것으로 추정되는 것은 250만 년 전의 오스트랄로피테쿠스 가르히이다. 호모 하빌리스도 도구를 사용하였지만, 시기적으로 가르히가 더 빨리 석기를 제작해 사용하였다. 호모 에르가스케르도 호모 하빌리스보다 진보된 석기를 사용했다는 주장도 있다. 인류의 도구사용은 약 250만 년 전부터 시작되었다.

호모 에렉투스는 180~10만 년 전에 생존하였고, 아프리카를 떠난 최초의 인류이다. 히말라야를 넘어 아시아로 진출한 것으로 추정되며, 아프리카, 유라시아, 동남아시아 등에서 광범위하게 확인된다. 그들은 무엇보다 주먹도끼와 같은 정교한 석기를 만들고, 불을 사용할 줄 알았다.

아시아에서는 호모 에렉투스 단계의 인도네시아 자바인, 중국의 위안머우인, 베이징인으로 잘 알려져 있다. 그러나 자바 원인과 함께 석기는 발견되지 않았다.

동북아시아 구석기연구는 1929년 베이징원인의 발견에서 시작되었다고 할 수 있다. 동아시아에서 가장 오래된 인류와 석기는 중국학자들의 견해를 받아들인다면, 약 170만 년 위안머우 원인[元謀猿人]으로 호모 에렉투스의 초기 단계이다. 중국 학자는 불에 탄 점토가 발견되어 이들이 불을 사용할 줄 알았고 석기도 제작하였다고 주장하였다. 가장 오래된 불의 사용은 150만 년 전 남아프리카 스왈시크란스 동굴, 140만 년 전 동아프리카 케냐의 체소완자 유적이다. 그러나 외국학자는 위안머우 원인을 170만 년 전이 아닌 100만 년 전으로 보기도 한다. 또한 세계적으로 확실한 불의 사용은 약 80만 년 전으로 추정하고 있어 중국학자와는 견해 차이가 크다. 바이써[百色]유적에서는 70~80만 년 전의 석기가 출토되었다. 따라서 동아시아에서 구석기의 사용과 고인류의 출현은 적어도 100만 년 전 이전일 가능성이 높다.

한반도와 인접한 북경지역에서 50만 년 전 이전의 구석기유적이 존재하고 있었다. 중국 라오닝지역을 경유해 한반도로 인류가 유입되는 길도 있지만, 한국의 서해, 중국의 황해가 빙하기시기 중 해수면 하강으로 인해 육지가 되었고, 이때를 통해 인류의 이동이 이루어졌을 것이다. 북한학자는 평양의 검은모루유적을 100만 년 전으로 유적의 연대를 올려 보기도 하지만 그 근거는 약하다. 한국의 경우 청원 만수리와 연천 전곡리유적을 참고로 할 때 30

만 년 이전에 사람이 살았을 수 있다. 전곡리유적의 아슐리안형 주먹도끼는 동아시아에서 처음 발견된 것으로 비록 유럽의 아슐리안형 주먹도끼와는 석재와 제작기법, 형태에서 다소 차이는 있지만, 세계 구석기 학계에 큰 파장을 불러왔다.

고인류학계에서는 아프리카에서 대륙으로의 확산경로에 대해 아시아로 향하는 인류는 모두 인도 등 남쪽 해안선을 따라 이동했다고 보고 있다. 현생인류의 일부가 빙하기에 얼어붙은 강을 따라 북쪽 내륙으로 확산했을 가능성도 제기하고 있고 지금의 메콩강과 양쯔강이 유력한 후보로 꼽히고 있다(이상희, 2011). 현생인류의 경우 유물의 양상이나 출현시기 등을 고려할 때는 유라시아 대륙을 관통해서 중국, 한반도, 일본, 시베리아지역으로 확산되었을 가능성도 충분히 있다.

Ⅱ 한국의 구석기연구

1 한국의 구석기연구 약사(略史)

한반도에서 구석기가 최초로 발견된 것은 1935년 발굴조사된 동관진유적으로 주로 알려져 왔다. 그러나 그 뒤 한반도에서 구석기가 발견될거라도 믿었던 사람은 거의 없었다. 1935년 橫山將三郞이 경기도 문산에서 구석기유물을 채집하였으나, 당시 그는 그것을 구석기로 인식하지 못하였다. 그 후 한국에서는 1964년 공주 석장리유적을 시작으로 구석기연구가 본격화되기 시작하였다.

2 한국의 형식분류의 검토

구석기시대 사람에 의해 공통된 형태와 제작기술로 만들어진 것으로 파악하는 형식에 있어 한국의 구석기 형식분류는 유럽과 미국의 영향을 많이 받았다. 외국의 100년 이상의 연구성과물을 우리나라에 적용시키는 과정에서 한국의 독특한 유물과 맞지 않는 문제가 발생하였다. 물론, 여기에는 연구자의 객관적인 분류기준이 부족했던 것도 사실이다. 이런 와중에 한

표 1 우리나라 구석기에 관한 최초의 발견 및 발굴 약사(장용준 2010)

유적명	출토유물	구석기관련 내용	관련연구자	비고
동관진	흑요석제 석기 2점	1935년 7월 발굴	德永重康 森爲三	구석기가 아님 (신석기 또는 청동기시대 유물일 가능성이 높음)
	흑요석제 석기 2점이 제 층위에서 발견되었음을 최초로 언급	1939년 보고서	德永重康 森爲三	
	흑요석제 석기 2점을 한반도 최초의 구석기로 주장	1940년 보고서 내 논문	直良信夫	
문산 (橫山將三郎자료)	찍개, 망치돌, 주먹대패 등 8점	1935년(昭和 10년) 9월 29일 채집 및 구입	橫山將三郎	한반도 또는 한국 최초의 구석기
웅기 굴포리 (서포항유적)	밀개 1점(第5區)	1962년 발견 (신석기조사 중)	사회과학원 고고학연구소	해방이후 북한 및 한반도 최초의 구석기유적으로 평가받아 옴. *구석기시대 2개 문화층 (중기구석기: 굴포문화1기, 후기구석기: 굴포문화 2기)
	석영제 찍개, 칼, 긁개, 뾰족개 등	1963·64년 발굴 (구석기층)		
공주 석장리	구석기	1964년 5월 발견	Mohr	한국(한반도 남부) 최초로 발견된 구석기유적 알려져 옴
	찍개, 밀개, 새기개, 긁개, 세석핵 등 다양한 시대의 유물 출토	1964년 11월 최초 발굴(1992년까지 12차례 발굴)	손보기 등	한국 최초의 구석기 발굴조사
연천 전곡리	규암제 주먹도끼, 박편	1978년 4월 발견	Bowen	한탄강·임진강변에서 최초로 발견된 구석기유적 아슐리안계 주먹도기 발견
	주먹도끼 등	1979년 발굴조사	서울대 등	한탄강·임진강변의 최초의 구석기 발굴조사

국의 구석기 형식분류가 정착되기도 전인 1970~80년대에 외국에서는 형식분류을 넘어 새로운 연구방법이 대두되었고, 형식학적 연구에 대한 부정적인 시각이 우세해졌다. 하지만, 이 시기만 하더라도 한국에서는 정확한 형식 분류가 더욱 필요했던 시기였다.

그러한 문제점으로 1980년대까지만 해도 한국에서 발견된 석기 중 일부 유물의 형식분류가 적절치 않은 경우가 있었다. 예를 들면, 석기의 진위여부의 논란(여전히 지속, 석장리), 석기 분류에 연구자의 작위적이고 주관적 견해가 많이 개입되거나 일부 유물의 석기분류를 제대로 인식하지 못하는 일도 있었다(능조정 석인 찾지 못함, 수양개 좀돌날 몸돌을 주먹도끼로 분류). 또한 유럽의 연구성과를 그대로 수용하여 한반도에서 르발르와 기법 등이 확인된다고 주장

383

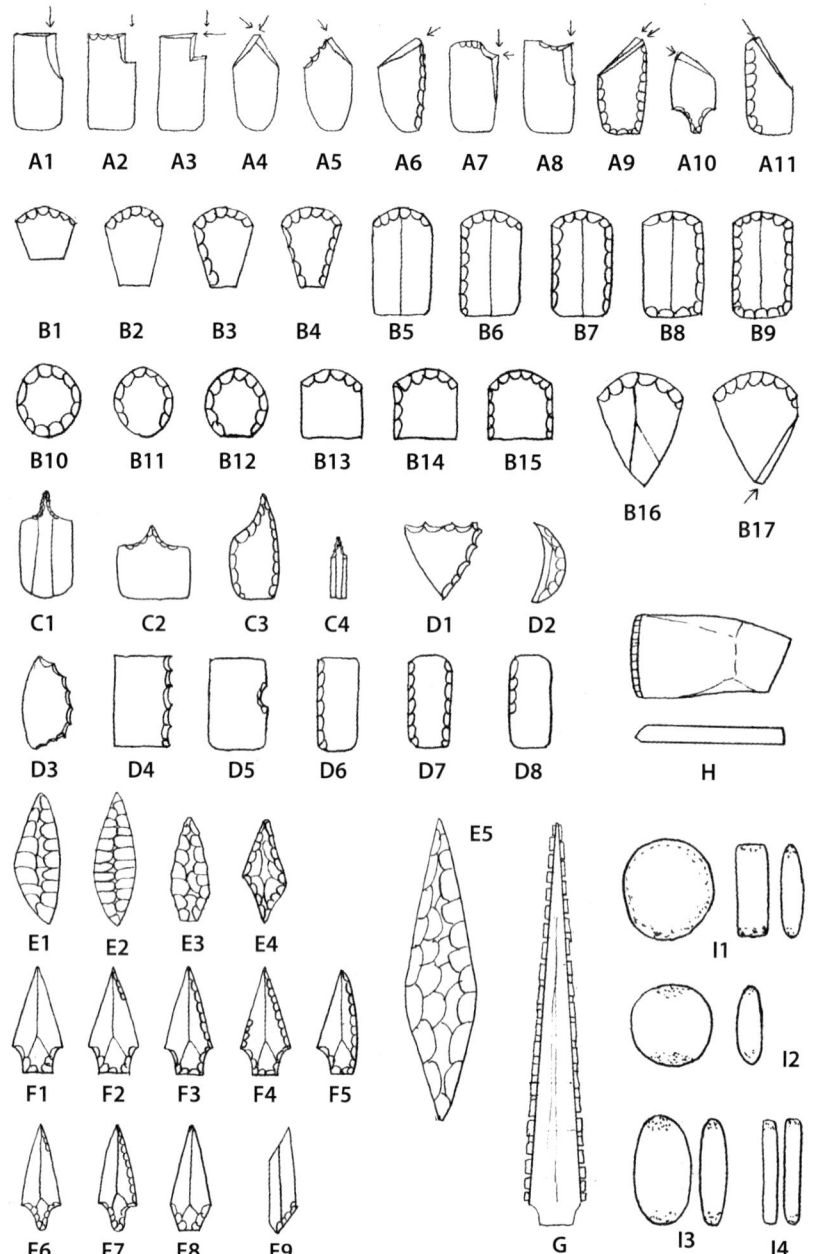

그림 1 우리나라 후기구석기시대의 석기형식

A류: 새기개 | B류: 밀개 | C류: 뚜르개 | D류: 긁개 | E류: 찌르개 | F류: 슴베찌르개
G류: 조합식(끼움식) 찌르개 | H류: 망치돌 | I류: 망치돌

하기도 했다. 석기명칭을 한글화하는 과정에서 도구와 기능이 맞지 않는 경우도 생겨났다(밀개, 새기개, 찌르개).

형식분류가 올바르지 않을 경우 고고학의 가장 중요한 1차 자료인 보고서나 논문의 신뢰성에 의심이 들 수 밖에 없고, 형식분류된 유물은 기능과도 연계되어 있어 당시 생활상을 잘못 이해할 수도 있다.

다만, 형식분류가 분류를 위한 분류가 되지 않도록 조심할 필요가 있다. 분류가 이루어지면 왜 분류하였는가에 대한 목적을 제시할 필요가 있다. 우리는 분류를 통해 고대 사회의 생활 유추와 변화양상을 고찰하고, 석기가 어떻게 사용되었는가를 해명하는 중요한 수단으로 쓸 수 있다.

이렇게 형식분류된 유물은 제작기술, 유물 조합상, 출토층위(최상부 토양쐐기 중심)를 비교·검토하게 된다. 한국에서는 구석기가 출토되는 토양이 주로 적갈색점토계로 이루어져 있어 일본과 달리 토양색깔로만 유적 간의 층위를 비교하기가 매우 어렵다. 현재 후기구석기시대의 최상부 토양쐐기층이라 불리는 층을 제외하고는 기준 퇴적층이 없는 실정이다. 이를 보완하기 위해 유적 간의 절대연대 비교(동일한 층에서 연대폭이 심한 경우 주의필요), 일본 구주기원의 화산재 비교(AT: 2.6~2.9만 년 전, 육안으로 단일 층을 구분할 수는 없음), 한반도주변지역의 석기군과 비교하거나 특정 시기에 한정되어 출토되는 유물을 참조하게 된다.

한국은 2000년대 이후 석기형식이 정착되어 가는 도중에 있으며, 유적의 증가와 연구자의 노력으로 한반도 특유의 석기형식을 밝히기 위해 지속적으로 노력하고 있다.

Ⅲ 한국의 슴베찌르개

1 출토유적과 유물수량

2012년까지 한반도에서 슴베찌르개가 출토된 유적은 대략 26곳이며, 출토수량은 277점으로 보고되고 있다. 하지만, 철원 장흥리, 거창 정장리유적의 출토품의 경우 돌날을 기반으로 하여 슴베찌르개의 가공을 했다고 보기 어려운 유물도 있어 일부 유물 중에는 슴베찌르개가 아닌 다른 석기로 재분류가 필요하다.

공주석장리유적이 1970년대에 발굴되었지만, 슴베찌르개의 존재가 부각된 것은 1983년부터 발굴조사하기 시작한 단양 수양개유적에서 대량으로 출토되면서 부터이다. 한국의

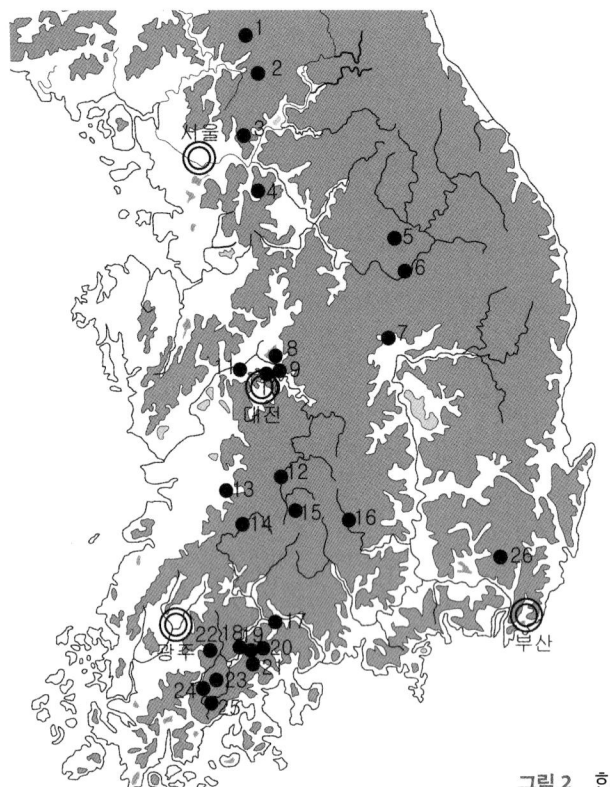

		(수량)			
1.	철원 장흥리	1	14.	임실 하가	28↑
2.	포천 화대리	4	15.	장수 침곡리	2
3.	남양주 호평동	5	16.	거창 정장리	1
4.	광주 삼리	1	17.	순천 죽내리	1
5.	제천 중말	1	18.	순천 곡천	1
6.	단양 수양개	49↑	19.	순천 죽산	1
7.	문경 반곡리	1	20.	순천 인덕	1
8.	청원 용방	5	21.	순천 월평	7
9.	대전 용호동	2	22.	화순 사창	2
10.	대전 용산동	39	23.	보성 용소	1
11.	공주 석장리	2	24.	장흥 신북	10
12.	진안 진그늘	99	25.	보성 해룡	1
13.	전주 봉곡	2	26.	밀양 고례리	10
	합계				277

그림 2 한반도 내 슴베찌르개 출토유적의 분포와 출토 수량(박가영, 2012)
* 필자는 정장리 출토품을 슴베찌르개로 보지 않음.

슴베찌르개연구에서 수양개유적의 발굴성과 덕택으로 후기구석기시대에 한국의 슴베찌르개가 일본의 박편첨두기의 기원이 되었음을 알게 되었다.

그 후 슴베찌르개가 다시 부각되고 돌날기법이 관심이 받기 시작한 것은 1996년의 밀양 고례리유적이 중요한 계기가 되었다. 그 후 2000년대에 접어들어서도 지속적으로 슴베찌르개가 출토되는 유적은 증가하고 있다. 특히 한반도 중부와 서남부지역에 유적증가가 괄목할 만하다. 하지만, 아직까지 한반도의 동부지역에서는 슴베찌르개가 출토된 적이 없다.

한반도 남부지역의 경우 일본 규슈지역으로의 슴베찌르개의 전파나 정보교환, 이주 등의 가능성을 검토하는데 매우 중요한 의미를 가지고 있다. 이런 측면에서 하가유적에서 출토된 나이프형석기와 각추상석기, 신북유적의 고시다케산 흑요석의 확인 등이 중요한 연구성과로 꼽을 수 있다.

출토유적의 분포를 보면, 한반도 남부의 서부와 서남부지역에 집중적으로 출토되고 있음을 알 수 있고, 이 지역이 구석기유적의 발굴조사와 지표조사가 구석기연구자를 중심으로 집중적으로 조사가 이루어진 덕택이다. 반면, 한반도 남부의 동부지역은 구석기조사가 많

표 2   슴베찌르개 출토 유적조사 연표(박가영, 2012)

번호	유적이름	조사연도	번호	유적이름	조사연도
1	공주 석장리	1970~72, 2010	14	거창 정장리	2002
2	단양 수양개 1지구	1983~85	15	남양주 호평동	2002~04
3	순천 우산리 곡천	1987	16	보성 대산리 해룡	2003(지표)
4	순천 덕산리 죽산	1988~89	17	장수 침곡리	2003
5	순천 죽내리	1996	18	문경반곡리	2003(지표)
6	밀양 고례리	1996	19	대전 용산동	2003~04
7	순천 이읍리 인덕	1996(지표)	20	장흥 북교리 신북	2003~04
8	순천 월암리 월평	1995~2005	21	전주 봉곡	2005
9	대전 용호동	1999~2001	22	화순 사창	2005
10	광주 삼리	2000	23	청원 노산리 용방	2005~06
11	진안 진그늘	2000	24	임실 가덕리 하가	2006~11
12	철원 장흥리	2000	25	제천 두학동 중말	2007
13	포천 화대리 쉼터	2001~03	26	보성 옥마리 용소	2008(지표)
			27	단양 수양개 3지구	1996~2011

이 진행되지 않아 밀양고례리유적을 제외하면 슴베찌르개가 출토된 곳이 없다. 그러나 아직 발견되지 않은 북한지역을 포함하더라도 한반도 전역에서 슴베찌르개가 사용되었을 것으로 추정된다.

　슴베찌르개가 출토된 유적은 한국의 구석기유적의 일반적 경향 중 하나인 강이나 하천과 인접한 곳에 위치하고 있다. 슴베찌르개가 많이 출토된 곳은 진안진그늘 유적으로 99점이 출토되었고, 그 다음으로는 단양 수양개 유적이 49점, 대전 용산동유적이 39점, 임실하가유적이 28점이다. 기타 유적은 대부분 10점 이내로 출토수량이 적은 편이다. 밀양 고례리 유적의 경우 많은 양의 돌날관련 석기가 출토되었음에도 슴베찌르개의 양이 적은 것은 완성 후에 유적 밖으로 반출되었을 가능성이 높고, 실제 출토된 유물의 상당수는 정형성이 떨어지거나 석기의 일부가 부러진 경우가 많기 때문이다.

　현 단계에서 시기변화에 따라 유적조성의 위치나 성격을 파악하기란 쉽지 않다.

　박가영(2012)은 슴베찌르개의 출토양상에 특별한 지역구분을 찾을 수 없고, 슴베찌르개의 형태 분류나 공반 유물에 있어서도 지역 간의 특징을 찾을 수 없다고 주장하였다.

2 슴베찌르개의 석재와 예비소재

한국의 슴베찌르개에 사용된 석재는 이암, 유문암, 혈암, 반암이 주로 사용되었다. 후기구석기시대에 주로 사용되는 석재들로 해당 유적의 주변에서 구할 수 있는 석재들을 주로 활용하였다. 밀양 고례리유적의 경우 석영계 석재나 흑요석은 석기제작에 거의 사용하지 않았다.

28,000년 전, 세석인이 출현하기 이전에 한반도에서는 흑요석을 발견할 수 없고, 후기구석기시대 전반과 후반에 출토되는 슴베찌르개 중에서 흑요석으로 제작된 것은 없다. 다만, 삼리유적의 출토품은 포괄적인 슴베찌르개의 개념에는 들어가지만, 통상적인 슴베찌르개의 기준에는 맞지 않는다. 일본의 박편첨두기도 흑요석으로 만들어진 것이 드문 게 특징 중 하나로 이러한 석재이용양상은 한국과 일본이 상당히 유사한 석재이용방식을 가지고 있었음을 유추할 수 있게 해준다.

한반도에서 출토되는 슴베찌르개는 소재박편의 90%이상이 돌날인 점을 감안할 때 석인기법과 밀접한 관계가 있고, 최소한의 전제조건인 좋은 형태의 돌날을 이용하면 슴베찌르개의 형태에 있어서도 좋은 석기를 만들 수 있기 때문이다. 슴베찌르개의 형태와 조정방식에서 차이가 있는 근본적인 원인은 역시 예비소재의 형태에 기인하며, 일부 기능의 다변화에 의한 결과일 수 있다.

슴베찌르개 연구에 있어 이기길(2011)의 논고가 주목할 만하다. 진안 진그늘은 정식보고서가 배포되지 않아 정확한 출토유물의 상황을 알기 어려웠다. 논문에 따르면, 진그늘유적에서는 99점의 슴베찌르개가 출토되었다. 이 정도의 출토량은 한반도에서 출토된 슴베찌르개 26개 유적의 277점의 약 35.7%에 해당하는 매우 많은 것이다. 물론 한반도에서 가장 많이 출토된 슴베찌르개 제작지이다.

그의 연구에 따르면, 진그늘유적의 슴베찌르개의 예비소재는 주로 길이 약 8cm이하의 중형과 소형의 유문암제 돌날이었다. 슴베 조정의 각도는 56~80도에 해당하는 것이 65.8%

표 3 슴베찌르개 제작을 위한 소재박편의 일반적 기준

1. 돌날 중에 대칭성이 뛰어난 돌날을 최선호. 필요한 경우 종장박편도 사용
2. 소재의 양날이 잘 남아 있는 것. 그렇지 않은 경우 조정빈도가 많아짐
3. 10cm내외의 적절한 크기
4. 두께는 1cm 내외로 얇은 것
5. 슴베찌르개의 선단이 되는 돌날의 말단부가 비교적 뾰족하거나, 예리하기 조정하기 쉬운 것
6. 측면에서 보았을 때, 돌날이나 종장박편이 휘지 않은 것

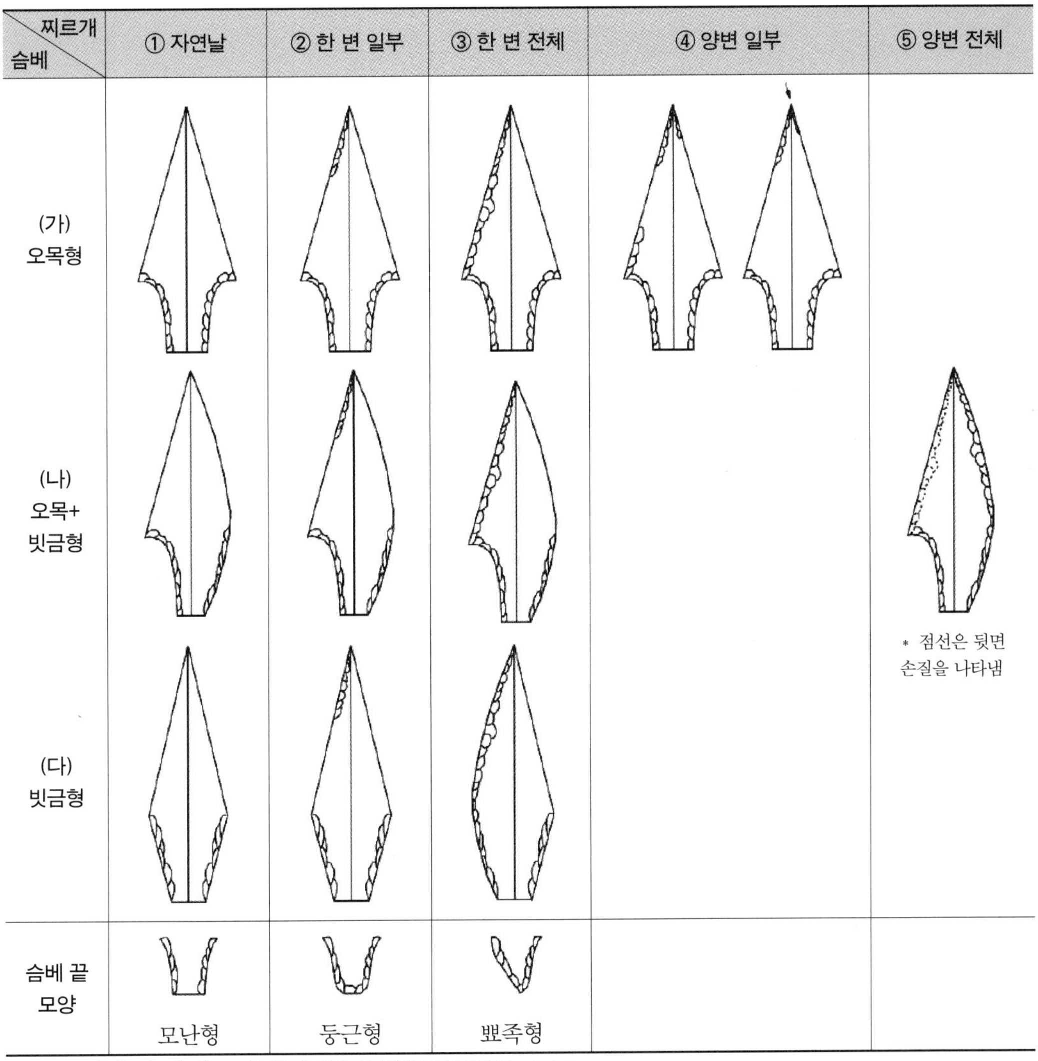

찌르개 슴베	① 자연날	② 한 변 일부	③ 한 변 전체	④ 양변 일부	⑤ 양변 전체
(가) 오목형					
(나) 오목+ 빗금형					* 점선은 뒷면 손질을 나타냄
(다) 빗금형					
슴베 끝 모양	모난형	둥근형	뾰족형		

그림 3 진안 진그늘출토 슴베찌르개 67점의 형식분류(이기길, 2011)

이다. 슴베 형태는 오목형, 오목+빗금형, 빗금형으로 분류하였다. 슴베찌르개의 선단부는 자연날을 그대로 이용한 경우, 한 변만 부분적으로 잔손질한 경우, 한변 전체를 잔손질한 경우, 양변을 부분적으로 잔손질 한 경우, 양변의 전체를 잔손질한 경우로 나누었다. 찌르개의 선단부의 각도는 44~79도가 71.7%이다. 슴베찌르개 무게는 2.0~21.4g이고 평균값은 6.8g정도로 비교적 가볍다.

    99점의 슴베찌르개 중 제대로 된 형태가 갖추어진 완형은 11점에 불과하다. 대부분의 것들은 선단부, 슴베부위, 신부가 부러진 것들이다. 결국, 밀양 고례리, 대전 용산동유적의 경우처럼 유적에는 대부분 폐기나 유기된 것들이 주로 출토되고, 완형은 사용이나 별도 보관

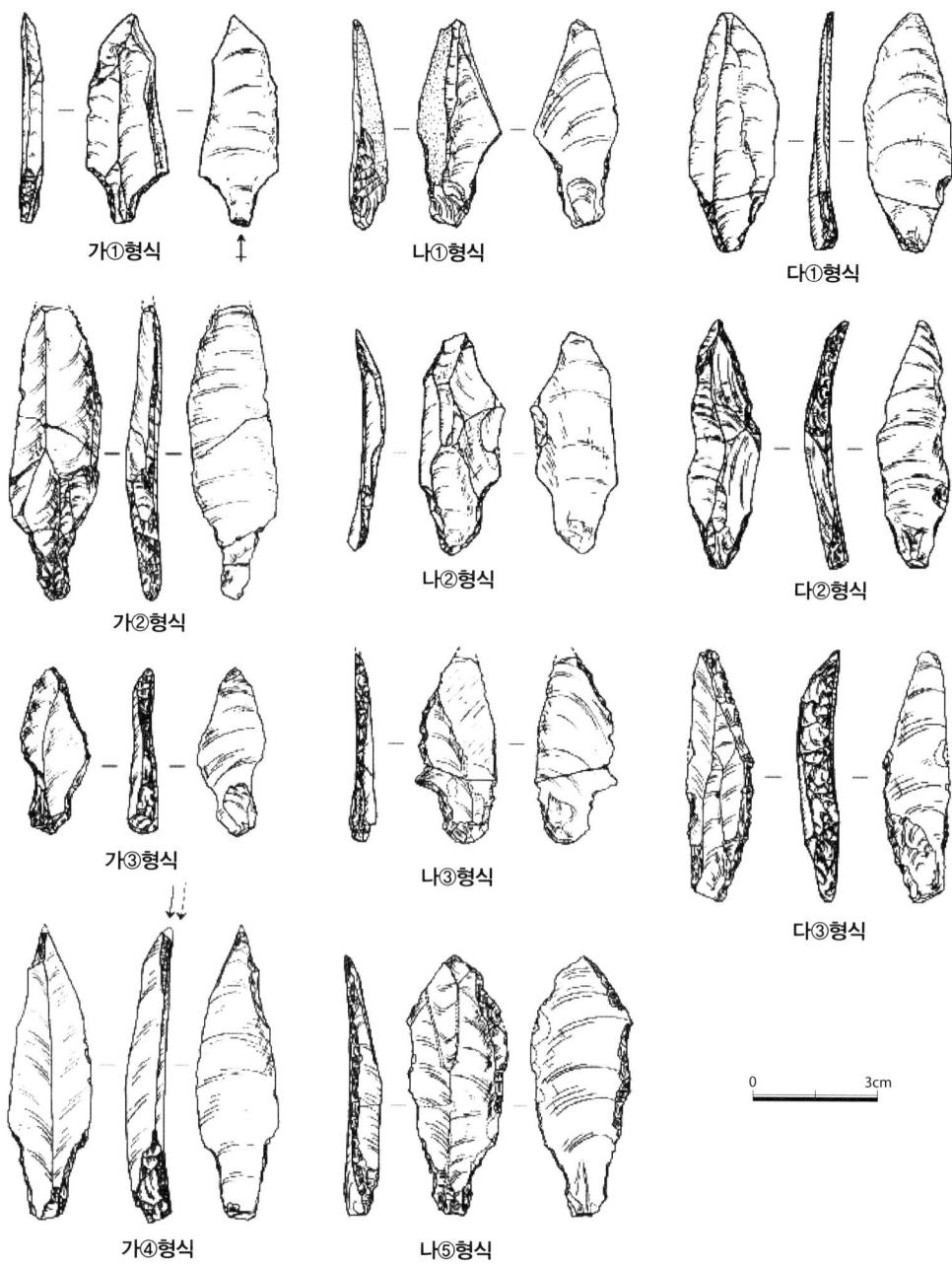

그림 4 진그늘유적 슴베찌르개의 각 형식(이기길, 2011)

을 위해 유적 밖으로 옮겨졌음을 추측해 볼 수 있다.

  진그늘유적의 절대연대는 22,830±17,310BP로 후기구석기 후반의 슴베찌르개 제작유적으로 판단하였다.

Ⅳ 슴베찌르개의 출현과 변화

한국의 슴베찌르개는 크게 4단계로 나눌 수 있다(장용준, 2007).
1단계(4~3만 년 전: 출현기)는 화대리(2문화층), 호평동(1문화층), 용호동유적이 대표적이다. 석인기법이 출현하는 시기이다. 이헌종(2009)은 슴베찌르개가 찌르개 이외의 용도로 사용되어 다양한 도구들로 확대되었으며, 슴베찌르개의 몸체가 항상 돌날과 연관되지 않는다고 주장하였다. 화대리(2문화층)유적에서 출토된 슴베찌르개의 예비소재는 석인이나 종장박편으로 다소 소재의 형태가 좋지는 못하다.

슴베찌르개의 출현초기에는 능조정기법을 이용하여 석인을 획득하는 석인기법을 사용하지 않았다. 중기 구석기시대 말부터 요구되어 온 새로운 형식의 수렵도구의 필요성이 후기 구석기에 접어들어 기부가 있는 찌르개를 새롭게 만들어내었다. 이러한 양상으로 볼 때 재지계의 형식에 외래의 박리기술인 석인기법이 결합하여 슴베찌르개의 형식이 완성되었던 것으로 추정된다. 이 단계에서는 일본 규슈지역에 슴베찌르개가 전해지지 않았다.

2단계(3.0만 년~2.5만 년 전: 발전기)는 세석인이 아직 출현하지 않은 단계로 석인

표 4 슴베찌르개의 측연조정에 따른 분류(축척부동)

단계	A형(기부형 슴베찌르개)	B형(톱니형 슴베찌르개)
4단계	1, 2, 3	4, 5
3단계	6, 7	8, 9, 10
2단계	11, 12, 13, 14, 15	16, 17, 18, 19
1단계	20, 21	22, 23

1~6. 월평 | 6·8. 진그늘 | 7·9·10. 수양개 | 11·12·16~18. 용산동 | 13. 호평동 | 14·15. 고례리 | 19·20. 용호동 | 21~23. 화대리

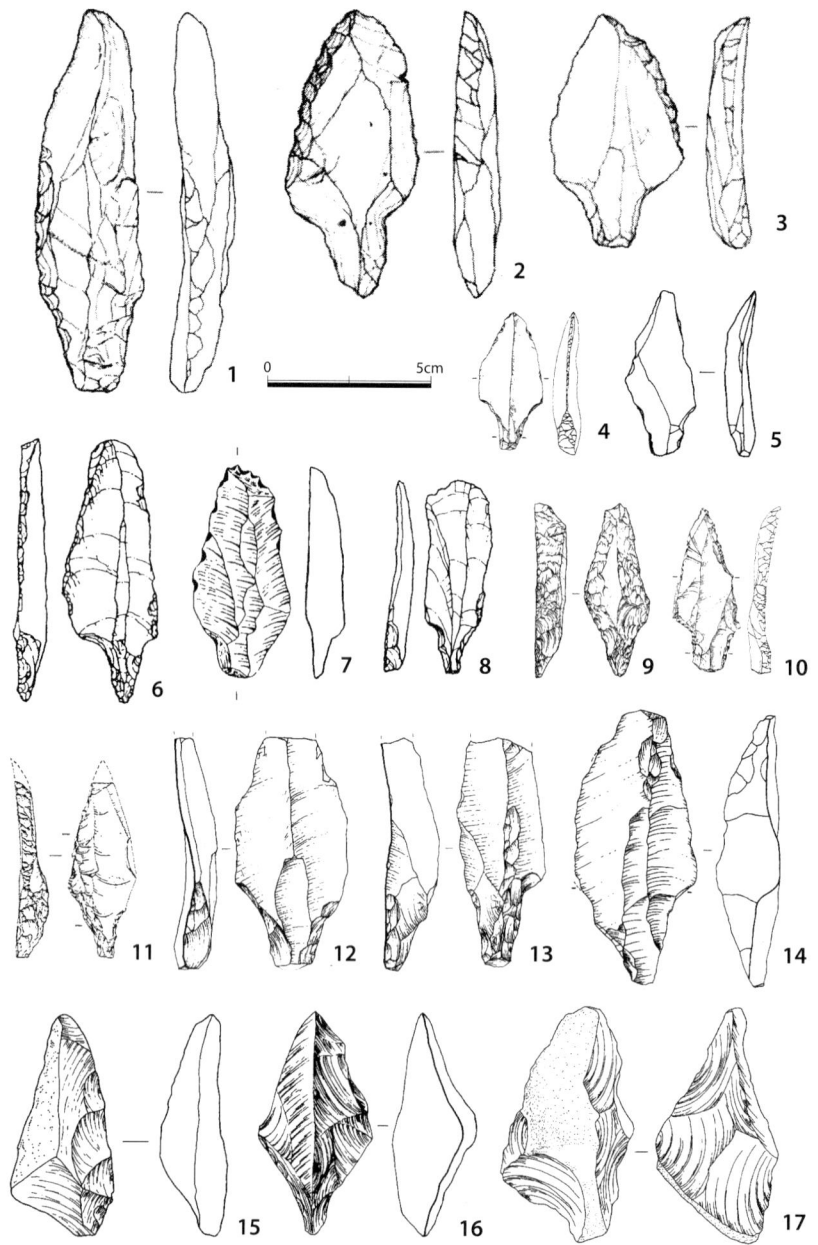

그림 5 다양한 형태의 슴베찌르개와 유사 슴베찌르개(박가영(2012: 15-17)은 석영으로 만들어졌으며, 슴베찌르개가 아닌 단순 찌르개일 가능성이 높음)

1-3. 화대리 | 4·10. 용호동 | 5. 장흥리 | 6·8. 고례리 | 7. 인덕 | 9. 삼리 | 11. 진그늘
12-14. 호평동 | 15·17. 사창 | 16. 정장리

기법 중 능조정기법이 변화를 주도한다. 석인을 소재로 제작되며 크기도 10~7cm정도이다. 이 단계의 후반기에 슴베찌르개가 규슈지역으로 전해져 이른바 박편첨두기의 기원이 되었

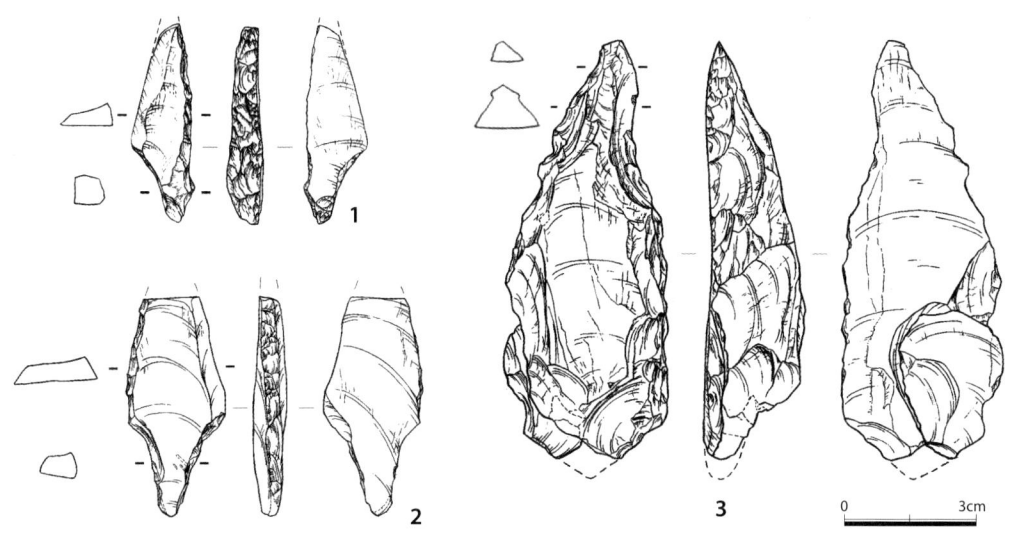

그림 6 임실 하가유적의 주요 석기 (이기길, 2010)
1. 나이프형석기 | 2. 슴베찌르개 | 3. 모뿔석기(각추상석기)

다. 한반도의 유물이 직접 일본으로 건너갔는지는 아직 확실치 않다. 한반도와 일본이 가장 활발하게 교류가 있었던 것으로 추정되는 시기이다. 일본의 박편첨두기가 한반도의 출토품과 비교할 때 길이도 더 길고, 무게도 더 무거우며, 기부의 두께도 더 두텁다. 이러한 원인은 소재박편의 형태가 한국과 일본 규슈지역 출토품에서 차이가 있기 때문이다.

3단계(2.0만 년~1.5만 년 전: 변용기)는 세석인문화와 결합되면서 새로운 형식의 찌르개(양면조정찌르개)와 공존한다. 수양개, 석장리, 진그늘 유적 등이 해당한다. 석영으로 만든 슴베찌르개는 존재하지 않으며 석재에 대한 독특한 기준이 있었다. 전반적으로 슴베찌르개의 크기가 작아지는 경향이 있다. 임실 하가유적에서 각추상석기, 나이프형 석기, 슴베찌르개가 출토되었다. 이 시기에는 한반도와 일본이 교류했다는 증거를 찾기는 쉽지 않다. 그러나 어떠한 방식으로든 한반도와 일본의 구석기인들은 상호 접촉했을 가능성을 배제할 수 없다.

4단계(1.5만 년~1.2만 년 전: 쇠퇴기)는 석인기법이 쇠퇴하면서 예비소재의 질이 떨어진다. 슴베찌르개의 대칭성이 떨어지고 출토량도 급격히 줄어든다. 슴베찌르개 대신 세석인을 이용한 조합식 찌르개와 나무, 뼈 등을 이용한 찌르개가 사용되었을 것으로 추정된다. 3단계와 4단계는 월평유적처럼 소형의 슴베찌르개가 출현한다. 일본에서는 박편첨두기가 출토되지 않는다.

참고문헌

글린대니엘(김정배 訳), 1992,『考古学発達史』신서원: pp.1-316.

박가영, 2012,「한반도 슴베찌르개 연구」, 부산대학교대학원석사학위청구논문.

박선주, 1999,『고인류학』, 아르케.

이기길, 2011,「진안 진그늘유적의 슴베찌르개연구-제작기법, 형식, 크기를 중심으로-」,『韓國上古史學報』73호.

이기길·김은정·김수아, 2011,「임실 하가유적 5차 조사」,『제11회 한국구석기학회 정기 학술대회 발표집』, 한국구석기학회.

이상희, 2011,「다시 쓰는 인류의 진화」,『과학동아』303권, pp.97~101.

이헌종, 2009,「동북아시아 현생인류의 등장과 사냥도구의 지역 적응에 대한 연구」,『한국구석기학보』 20호, pp.23~42.

장용준, 2007a,「韓半島와 九州地域의 後期 舊石器文化의 交流-슴베찌르개(剝片尖頭器)를 中心으로-」,『韓國上古史學報』58호.

장용준, 2007b, 韓國 後期 舊石器의 製作技法과 編年硏究, 學硏文化史, pp.4-385.

장용준, 2010a,「일본 나이프형석기의 비판적 검토」,『韓國考古學報』第74輯, 韓國考古學會, pp.116-141.

장용준, 2010b,「한국 최초의 구석기에 대한 시론-橫山將三朗 자료를 중심으로-」,『漢江流域 先史遺物-橫山將三朗 採集資料-』, 國立中央博物館, pp.158-178.

Part 3

환동해안지역 현생인류의 교류와 형성과정

일본 북해도지역의 세석인기법

Ⅰ 서론
Ⅱ 세석인관련 주요 연구사
Ⅲ 세석인기법의 종류와 특징
    1 蘭越(란코시)기법
    2 峠下(토우게시타)기법
    3 美利河(피리카)기법
    4 幌加(호로까)기법
    5 湧別(유베츠)기법
    6 忍路子(오쇼로코)기법
    7 廣鄕(히로사또)기법
    8 紅葉山(모미지야마)기법
Ⅳ 편년의 검토
Ⅴ 세석인집단의 기술변용과 생계방식에 관한 가설검토
    1 세석인 석기군의 석인기법을 이용한 기술변용
    2 세석인집단의 생계전략에 관한 가설검토
Ⅵ 소결

I 서론

한국과 일본의 문화접촉은 후기구석기시대 이전으로 거슬러 올라가지 않는다. 일본에서 발생했던 구석기 날조사건 이후 전기와 중기 구석기시대로 설정할 만한 명확한 유적이나 유물이 발견되지 않기 때문이다. 일본지역은 후기구석기시대가 되면 어떤 연유인지 유적은 물론 유물 수량이 급격하게 증가한다. 전국적으로 15,000여 곳이 넘는 구석기유적이 확인되고 모두 후기구석기시대에 해당한다. 현재까지 북해도는 400곳이 넘는 구석기유적이 확인되었고, 그 중 세석인관련 유적은 2,000년대를 넘어서면서 250곳이 넘게 확인되고 있다(山原敏朗, 2003; 寺崎康史·宮本雅通, 2003). 대부분 유적은 강을 중심으로 유적이 분포하고 인근에는 석재원산지가 분포하는 경우가 많다. 이 지역의 세석인석기군은 서쪽지역과 동쪽지역으로 크게 나누고, 동쪽지역은 북방지역으로부터의 전파적 계보를 이어받았다는 의미에서 북방계 세석인석기군으로 불리기도 한다(佐野勝宏, 2003).

이곳의 세석인관련 유적들은 네 곳의 흑요석 원산지를 중심으로 엄청난 양의 석기가 출토되었다. 그 중 다양한 세석핵 형식을 이용한 세석인문화에 대한 연구성과와 접합자료를 활용한 석기제작기술의 복원은 체계적인 연구시스템에 기반을 두었다는 점에서 높게 평가할 수 있다. 세석인기법은 세계적으로 통용되는 유베츠(湧別)기법을 포함해 8가지 기법으로 분류할 수 있다. 좁은 의미에서 사할린, 연해주, 일본 내륙지역과의 관계를 이해하고, 넓은 의미에서 한국과 중국, 시베리아지역을 포함하는 동북아시아의 세석인문화권을 이해하는데 큰 도움을 줄 수 있다는 점에서 중요한 의의를 가지고 있다.

최근에는 층위의 불안정성을 다소나마 해결시켜 줄 유적이 확인되고 형식학적 분류의 한계를 극복하기 위한 새로운 대안이 제시되고 있다. 특히 몇 년에 걸친 석기의 접합작업을 통해 형식학적 분류의 한계를 밝혀냄은 물론, 박리기법의 구조적 분석과 공간활용, 원산지 분석과 유통체계, 석기의 재활용과 사용흔분석, 석인기법과 세석인기법과의 친연관계, 절대연대와 화산재연대의 채용 등과 같은 다양한 분야와의 유기적인 연구가 진행되고 있다.

본고는 이러한 맥락에서 각종 세석인기법의 구체적인 특징과 편년을 살펴보고, 지금까지 별개의 기법으로 알려져 온 석인기법과 세석인기법이 어떻게 유기적인 보완관계를 유지했는지도 검토할 것이다. 석인에 남아 있는 흔적에 대한 새로운 관점과 삭편계(削片系) 세석인 석기군의 성격에 대한 가설도 주목고자 한다. 지금까지 우리나라에 기법에 관한 정확한 특징이 소개되지 않고 단편적 또는 피상적으로 소개되어 온 것이 현실이었다((李隆助·尹用賢, 1994). 북해도지역 세석인기법의 종류와 기술체계에 대한 정확한 이해를 통해 우리나라 세석인 문화연구의 새로운 방향성을 제시해보고자 한다.

II 세석인관련 주요 연구사[1]

북해도지역의 세석인기법의 연구는 1954년부터 시작되어, 1961년 유베츠기법이 제창되었다(吉崎昌一, 1961: 표 1 참조).[2] 吉崎昌一(1967)은 전기 白瀧문화와 후기 白瀧문화로 나누었다.

표 1 북해도 구석기연구사(山原敏朗, 2003을 수정가필)

연 도	내 용
1954	북해도 최초의 구석기유적 발굴조사(樽岸유적)
1955	兒玉·大場(1957)은 니세코町 西富유적에서 최초의 세석인을 발견
1961	吉崎昌一이 湧別기법을 정의
1963	白瀧단체연구회가 常呂패턴을 정의
1964	加藤晋平은 북해도 세석인문화의 독자발생설을 부정
1969	加藤晋平이 세석핵 형식을 정리
1973	上野秀一·加藤 稔(1973)은 쐐기형 석핵을 공통으로 포함하는 문화를 '湧別技法 複合文化'로 부름
1979	鶴丸俊明이 세석핵 형식을 정리
1982	畑宏明·千葉英一은 石刃湧別技法을 제창
1983	千葉英一이 북해도 구석기편년을 제시
1984	「세석인과 새기개」의 구별논쟁
1985	長沼孝가 美利河기법을 제창
1990	木村英明 '호로까·유베츠 테크노컴플렉스'제창
1995	木村英明이 사회행동론적 연구를 제시
1995~	(재)북해도매장문화재센터가 白瀧유적군을 조사
1999	柏臺1유적에서 2만 년 전 이상의 세석인석기군의 확인

---

1 세석인기법의 종류는 일본 발음식으로 표기하고 나머지 유적명은 한자로 표기하고자 한다.
2 1980년대 이전의 연구사는 宇田川洋(1977)에 잘 정리되어 있으므로 참조하기 바란다.

전기 白瀧문화는 ^{14}C연대가 2만 년~1.6만 년 전으로 대형 석인, 船底形 석기, 쵸퍼, 소형 주먹도끼 등을 공반하고 荒屋(아라야)型 새기개를 포함하지 않는다. 樽岸유적, 白瀧13지점유적, 호로카자와Ⅰ유적, 中本유적이 대표적이다. 후기 白瀧문화는 1.5만 년~1.2만 년 전으로 아라야형 새기개, 세석인이 확인되며, 白瀧30·33지점, 遠間 H지점 등 白瀧型 세석핵이 특징이다. 전기와 중기사이에 토우게시타형 세석핵의 토와루베츠문화를 두었다.[3] 林謙作(1968)은 세석인기술에 대한 편년을 札滑·湧別기법 → 토와루베츠 → 綠丘B → 立川Ⅰ, 立川Ⅲ → 모미지야마, 그리고 모미지야마의 석인촉을 포함한 석기군으로 설정하였다.

    小林達雄(1970)은 세석인의 제작기법을 시스템A·B로 나누고, A는 하위 시스템AⅠ~AⅢ으로 나누었다. 그리고 紅葉山·安住A → 札滑·白瀧30·32·33 → 綠丘B로 상정한 뒤 유경첨두기의 단계를 두었다. 加藤晋平(1970)은 常呂川유역의 석기군을 토대로 中本그룹(A), 安住그룹(B), 大井그룹(C), 吉田그룹(D) 등 4개 그룹을 설정하고, A+B → C → D로 변천하는 것으로 생각하였다. 小田靜夫·Keally(1975)는 일본전국의 편년 중 북해도에 관해서 Ⅰ기 嶋木, Ⅱa기에 三角山, Ⅱb기 호로카자와Ⅰ, Ⅲ기 세석핵그룹으로 나누었다. 上野秀一(1973)은 '湧別기법 복합문화'를 제Ⅰ기(호로카기법), 제Ⅱ기(유베츠기법), 제Ⅲ기(오쇼로코기법·토우게시타기법), 그 다음으로 모미지야마시기로 편년하였다. 畑宏明(1975)은 白瀧13·31 → 峠下型 세석핵의 단계, 大正, 토와루베츠 → 유베츠기법·호로까기법의 단계(札滑, 타치카루슈나이ⅤC상층·安住E 등) → 吉田·水口·北上·모산루를 오쇼로코형 세석핵 → 원추형단계로 두었다. 결국 1970년대 까지의 연구성과는 세석핵형식을 통한 유적편년과 함께 유적형성과정을 중심으로 연구가 이루어졌다. 하지만, 자료의 부족과 유적발굴기술에 대한 경험부족, 동북아시아 전체의 세석인문화라는 큰 틀 속에서 북해도의 세석인문화를 보지 못한 거시적 관점의 부족 등으로 지금의 편년과는 많은 차이가 있는 시행착오의 시기였다.

    세석인연구의 전환은 鶴丸俊明(1979)와 安蒜正雄(1979)의 형식분류가 기법의 기술적 정의를 체계화하고 편년을 설정하는데 크게 기여하였다. 1980년대는 美利河1(長沼孝 編, 1985; 北海道今金町敎育委員會, 2001; 2002)·新道4(千葉英一 外, 1988)유적과 같은 좋은 유적이 발굴되어 기법연구의 많은 진척을 가져왔다. 특히 기법의 세분과 그 편년 위치를 파악하는 중요한 발판을 마련하였다. 矢道國雄(1984)은 세석핵과 새기개의 기능과 형식 구분할 것을 주장하면서

---

3   中本유적에 대해서는 廣鄕型 세석핵이 중심이 되는 늦은 시기의 세석핵이 포함될 가능성이 지적되고 있다(出穗雅實, 1995).

형식분류의 철저한 검증을 피력하였다. 세석인석기군의 문화성격에 대해 세석인을 장착한 식인기(植刃器)를 어로활동의 결과물로 보는 견해(加藤晋平, 1981; 橋本勝雄, 1994; 佐藤宏之, 1992)와 수렵을 위한 도구로 보는 견해(鈴木忠司, 1985; 加藤博文, 1993)가 제기되었다.[4] 1990년에는 白瀧村 幌加澤유적 遠間지점의 성과를 통해『유형』개념을 적용했다(筑波大學硏究그룹, 1990). 특히 유베츠기법의 다양성의 확인과 札滑型과 호로까型의 강한 연관성, 피리카기법을 유베츠기법의 변이로 이해하기도 하였다. 이러한 성과들을 통해 木村英明(1991; 1995)는『기술복합technology complex』개념을 제창하기에 이르렀다. 加藤博文(1997)은 세석핵의 형식을 삭편계, 준삭편계, 비삭편계로 나누고, 각 단계를 V단계로 나누어 공간적 분포와 양면조정석기를 중심으로 한 기술체계의 다양성을 검토했다.[5]

1990년대 후반부터 현재까지는 이전 시기의 석기 기술론에 치우친 연구경향을 반성하고 다양한 해석과 새로운 문제점을 제기하였다(佐野勝宏, 2002; 佐藤宏之, 2003; 小畑弘己, 2004; Nakazawa et al., 2005; 出穗雅實·赤井文人, 2005). 또한 栢臺(카시와다이)1유적(福井淳一編, 1999)과 白瀧(시라타키)유적군(長沼孝 外 編, 2000; 2001; 直江康雄 외, 2002)의 발굴성과는 최종 산출물의 형식 분류만으로는 정확한 기법복원과 기법간의 상호관련성을 입증하는데 한계가 있음을 실물자료로 반박했다. 栢臺1유적의 접합자료는 석인기법에서 세석인기법으로 나아가는 박리방식을 증명함으로써 기법 체계를 완전히 바꾸어 놓는 결과를 도출하기에 이르렀다. 寺崎康史(1999b: 82)는 栢臺1유적의 연대치를 토대로 북해도의 세석인석기군을 전반기와 후반기로 나누어 편년하였다. 木村英明(2005)는 白瀧유적군의 연구사를 정리하면서, 북해도 구석기 연구사를 3기로 나누어 설명하였다. 제Ⅰ기는 1952년부터 1957년까지로 유적발견의 시대, 제Ⅱ기는 1958년부터 1986년까지로 석기군의 편년연구와 기술연구의 시대, 제Ⅲ기는 1987년부터 1995년까지로 '흑요석의 길' 해명의 시대이면서 유적의 구조적 연구의 시대로 설정하였다.

---

4 이에 대해서는 Ⅳ장에서 좀 더 자세히 설명하고자 한다.

5 각각의 세부적인 기법에 대해서는 기법의 검토에서 자세히 살펴볼 것이므로 여기서는 간단하게 언급만 하고자 한다.

Ⅲ 세석인기법의 종류와 특징

2003년까지 일본지역 세석인유적은 1,792개이며 그 중 북해도에 251개가 분포하는데 서부지역 65곳, 동부지역 186곳이다(寺崎康史·宮本雅通, 2003; 山原敏朗, 2003). 유적의 수적 차이는 동쪽지역에 위치한 湧別川(유베츠가와)·常呂川(토코로가와)·十勝川(토카치가와)이 대규모의 흑요석 원산지를 끼고 있어 양질의 석재를 공급할 수 있었던 것과 비교해 서쪽지역은 赤井川(아카이가와)과 豊浦를 제외하고 흑요석을 채취할 곳이 없었다(木村英明, 2005). 동부지역과 비교해 서부지역이 흑요석 원산지가 별로 분포하지 않는 것도 유적수에 차이가 나는 요인이며 석재의 종류와 질적·양적 차이, 집단의 석재선호도, 원산지의 유무도 석기제작에 영향을 미쳤다.

북해도의 세석인기법을 분류하는 여러 기준 중 예비석핵의 제작방법에 따라 양면 조정형(札滑, 幌加, 蘭越), 단면 조정형(峠下, 美利河, 廣鄕), 非조정형(紅葉山)으로 나눌 수 있지만, 여기서는 鶴丸俊明(1979)의 분류방식을 토대로 일반적으로 통용되는 기법을 중심으로 설명하고자 한다.[6]

1 蘭越(란코시)기법

吉崎昌一(1960)이 북해도 蘭越町 立川유적에서 출토된 세석핵을 란코시형으로 명명하고, 木村英明(1978)이 기법으로 정리하였다. 栢臺1유적과 오바루베츠2유적(日本考古學協會, 1999)의 접합 자료를 통해 석인기법에서 세석인기법으로 전환하는 것이 밝혀져 북해도지방 세석인기법의 기원을 찾을 수 있는 근거를 마련해 주었다.

---

[6] 예비석핵(blank)의 타면생성방법에 따라 스폴형(削片系)과 비스폴형(非削片系)이 있다. 전자는 타면형성을 위해 정형적인 스폴박리를 통해 이루어지는 석핵을 총칭하며, 대체로 단면이 V자인 쐐기형(楔形)이다. 형식별로는 白瀧(시라타키)형·札滑(삿코츠)형·峠下(토우게시타)형·蘭越(란코시)형·忍路子(오쇼로코)형이 해당한다. 후자는 타면 형성 때 정형적인 스폴을 박리하지 않는 것으로 幌加(호로카)형·置戶(오케토)형·勢雄(세오)형·廣鄕(히로사토)형이 해당된다(鶴丸俊明, 1979).

그림 1을 보면, 기본적으로 양면조정 예비석핵(blank)을 제작한다는 측면에서는 유베츠기법과 차이가 없지만, 긴 축을 중심으로 박리되는 특징이 있다. 예비석핵의 소재를 획득하는 방법과 석핵의 짧은 폭(단축방향)쪽으로 세석핵을 세워놓은 듯한 형태로 타면을 생성시키는 점이 다르다.[7] 종단면상으로 볼 때 원을 반으로 잘라놓은 듯한 반달모양으로 위아래가 좁고 가운데가 볼록하며 가로로 보았을 때는 작업면(세석인 박리면)이 더 두껍다. 그 부산물인 타면재생박편은 유베츠기법의 가늘고 길면서 단면이 삼각형인 것과 달리 타원형 또는 원형이다. 유베츠기법의 경우 예비석핵은 작업면 길이가 짧고 폭이 좁아 석인을 박리하지 못한다.

세석핵의 형태만 보면 란코시형 세석핵과 유베츠형 세석핵이 동일하게 양면조정기술이 적용된 것 같지만, 실상은 밑면조정 등을 통해 결과적으로 그렇게 된 것 일뿐 양면조정석핵을 제작하는 유베츠기법과는 확연히 다른 기술체계이다. 란코시기법이 양면조정방식에서 유베츠기법보다는 거칠게 조정되는 경우가 많고 흑요석보다는 황색의 혈암을 주요 석재로 채택하는 석재이용방식의 차이도 있다.

柏臺1유적의 惠庭a降下輕石(에니와 En-a; 1.6~1.9ky BP)아래 층에서 A지구는 피리카형 세석핵을 포함한 석기군이, B지구는 란코시형 세석핵석기군이 확인되었는데 노지(爐址)의 탄화물을 이용한 ^{14}C연대가 19,850~20,790BP가 나왔다. 또한 美利河 1유적에서 란코시형 세석핵을 공반한 석기군이 19,800±380BP가 확인되었다. 이런 유적의 발굴성과덕택으로 란코시기법이 약 2만 년 전의 북해도 최고(最古)의 세석인기법 중 하나가 되었다(寺崎康史, 1999b; 福井淳一 編, 1999). 寺崎康史(1999b: 82-83)는 이 기법에 대해 2만 년 전 이상의 연대를 부여하면서 독자적으로 세석인석기군을 구성했을 가능성이 높은 것으로 보았으나 완전한 양면조정기술의 도입은 인정하지 않았다.

표 2 란코시기법의 박리세부순서

1. 석인기법으로 세석핵의 소재를 제작 → 2. 양면조정(밑면조정) 및 석인박리를 통한 예비석핵 제작 → 3. 세석핵의 단축방향으로 타면 제작(타면 또는 측면조정) → 4. 장축방향으로 세석인박리(세석인작업면 쪽에서만 박리) → 5. 타면재생 또는 타면조정 → 6. 박리

---

[7] 소재획득방법은 IV장을 참조하기 바라며, 기법의 모식도는 북해도매장문화재센터에서 발간한 도록의 도면을 사용하였음을 밝혀둔다.

1. 양면가공의 석기를 준비한다.
2. 석기 장축의 일부를 수차례 때려서 타면을 만듦.
3. 세석인을 만든다.

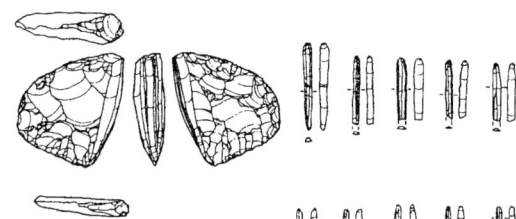

〈오쇼로코기법〉

1. 상부가 편평하고 후면이 가파르고, 횡단면이 계란모양의 석기를 준비한다.
2. 단축을 때려서 타면을 제작한다.
3. 석인과 세석인을 박리한다.

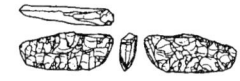

〈란코시기법〉

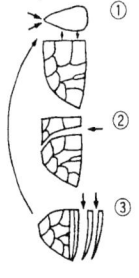
1. 박편 또는 자갈돌의 측면을 가공해서 U자형의 석기를 준비한다.
2. 윗면을 정교하게 때려 타면을 만든다.
3. 석인과 세석인을 뗀다.

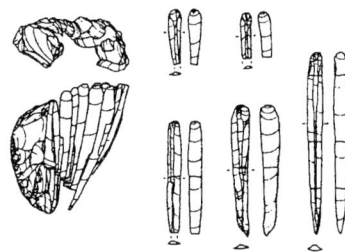

〈모미지야마기법〉

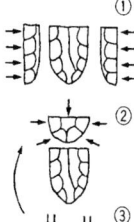
1. 분할한 자갈돌 또는 대형의 박편을 준비한다.
2. 측면을 가공해서 배모양을 만든다.
3. 세석인을 박리한다.

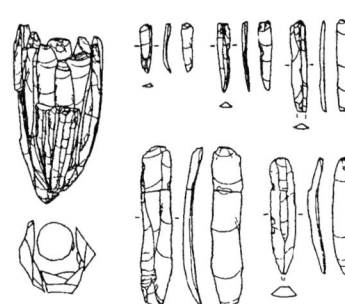

〈호로까기법〉

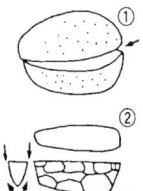

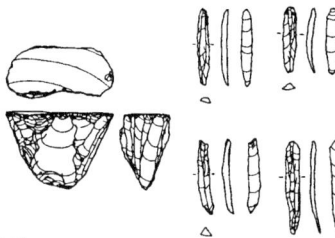

그림 1 북해도지역의 각종 세석인기법

2 峠下(토우게시타)기법

북해도지방의 峠下유적에서 출토된 자료를 표지유물로 한다(名取武光·松下亘, 1961). 발견 당시에는 새기개로 분류되었지만, 1972년에 조사된 增田유적의 출토품을 기초로 鶴丸俊明(1979) 등에 의해 박리순서가 복원되었다. 本澤유적, 綠丘B유적, 北進유적, 大正유적, 曉유적(제1지점 스폿8), 美利河D지점유적, 上白瀧8유적, 湯の里유적 등에서 많이 확인되는 기법 중 하나이다(日本考古學協會, 1999). 木村英明(1992)는 新道제4유적의 석기군으로 대표되는 토우게시타기법과 호로까기법의 결합에 의해 성립된 하나의 기술체계를 '峠下·新道테크노콤플렉스'로 설정했다.

　　세부적인 기술상의 특징은 횡단면이 D자형인 박편을 이용해 이것의 등면 만을 주로 조정하고 배면은 그다지 조정하지 않는다(그림 2). 예비석핵의 장축방향으로 스폴을 떼서 타면을 만들고, 타면에서 밑면방향으로의 측연조정은 가하지 않는다. 박리된 세석인으로 볼 때 가격 때 힘을 집중시키고 타면부위가 부서지지 않도록 공들여 박리부위를 제작하였다. 다른 기법과 비교해 타면이 한 쪽으로 경사져 단면이 완전한 역 이등변삼각형을 이루지 못한다. 그로 인해 세석인이 곧지 않고 오른 쪽으로 휘는 단점이 발생한다. 이것이 토우게시타기법의 큰 특징 중 하나이다. 이렇게 좋지 않은 세석인이 박리됨으로써 새기개와의 구분논쟁이 일어났다(그림 3-d).

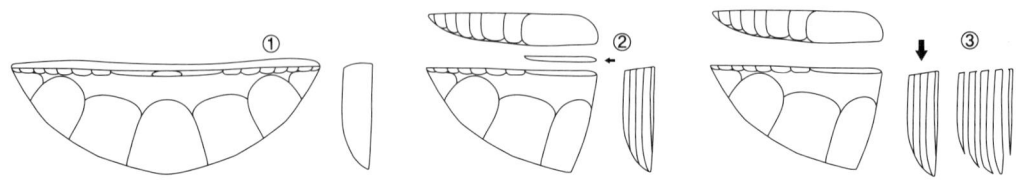

1. 박편의 한쪽 면을 가공해서 단면이 D자형의 석기를 제작한다.
2. 석기의 일부를 박리해서 타면을 만든다.
3. 세석인을 박리한다.

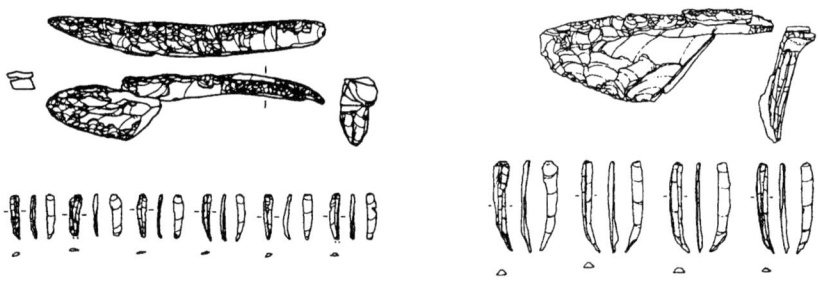

그림 2 토우게시타기법

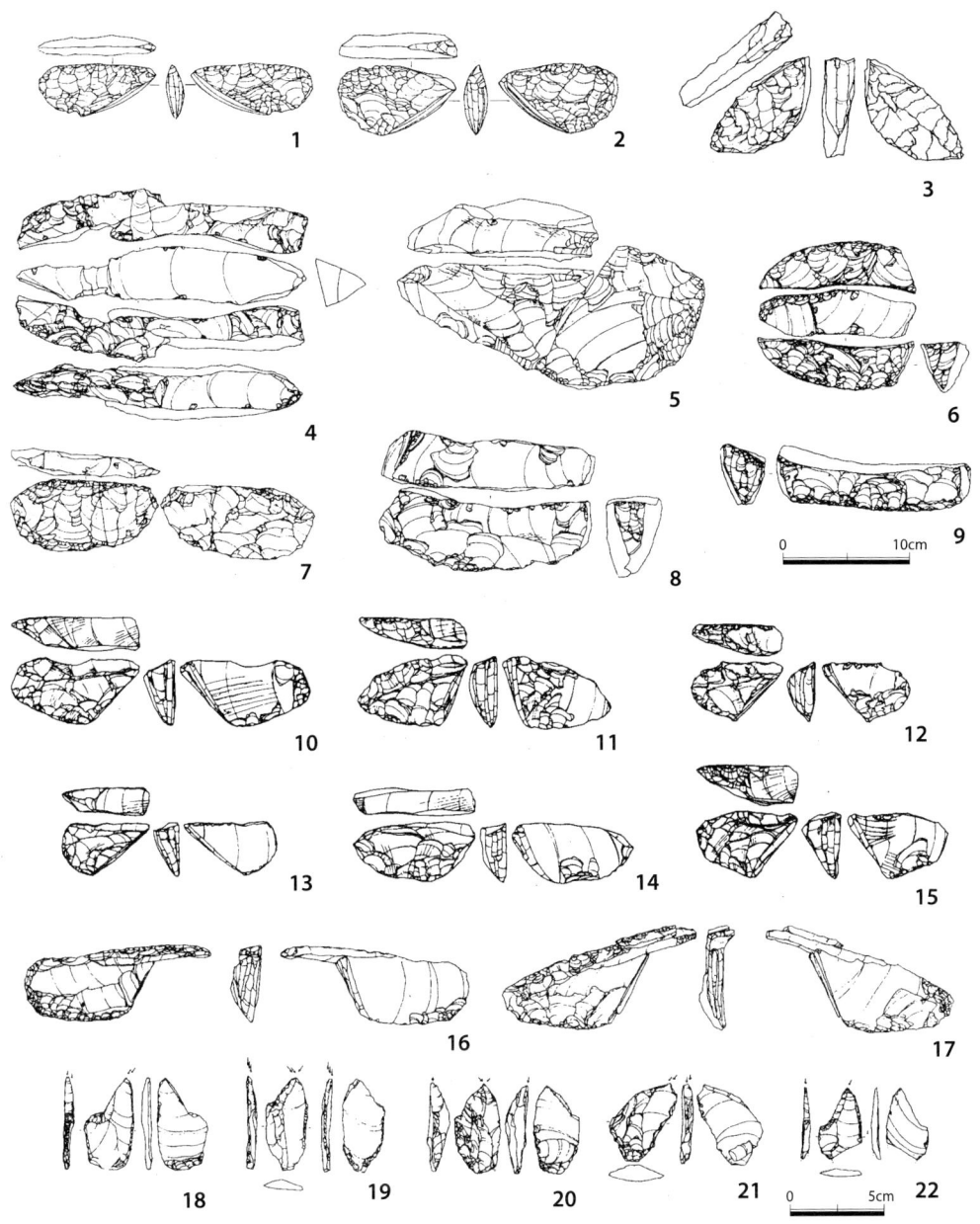

그림 3 북해도지역의 각종 세석핵(4~9: S=약1/4)

A. 오쇼로코형 세석핵(1·2. 水口유적 | 3. 嵐山2유적) | B. 유베츠기법 시라타키형 세석핵과 스폴(4·5·7. 幌加澤遠間유적) | C. 호로까형 세석핵(6·8·9. 幌加澤遠間유적) | D. 토우게시타형 세석핵(10~15. 曉유적 제1지점 | 16·17. 湯の里4) | E. 새기개(18~21. 湯の里4)

　美利河D유적(北海道今金町敎育委員會, 2002)을 비롯한 북해도지역의 토우게시타기법의 특징 중 하나는 란코시기법과 더불어 세석인이 휘어지게 박리되면서 그림 2처럼 작업면이 직선이 아닌 휘어진 형태로 남는다. 이것은 세석인을 이용해 결합식 도구(植刃器)를 만들 때 결정적인 단점이 될 수 있다. 물론 계속된 박리로 곧은 세석인도 관찰되지만, 아직 이러한 현상이 생기는 직접적인 원인은 명확치 않다. 또한 북해도지역의 다른 기법과 달리 세석핵의 작업면이 전면(등면)·후면(세석핵 배면)까지 확장됨에 따라 타면모습이 이등변삼각형을 이루지 못한 경우가 많다.

그림 3-10~12·15와 같이 세석인박리면과 가깝게 상호 대칭적으로 박편의 배면 쪽에 밑면과 타면 쪽으로 홈이나 있는 것도 다른 기법에서는 관찰하기 힘든 특징이다. 세석인 박리면의 바로 뒤의 지점에 아래위에 만들어진 흔적은 밑면의 쐐기조정과는 전혀 다른 형태이다. 이러한 흔적은 세석인을 박리하기 전 고정도구에 결합시킬 때 생겼거나 새기개로 이용하기 위해 자루에 장착시킬 때 생겼을 가능성이 높다. 후자의 경우 세석핵을 박리가 완전히 끝난 뒤에 잔핵(殘核)으로 폐기시키지 않고 새기개로 재활용했을 가능성도 있다. 왜냐하면 사용흔으로 추정되는 세석인박리면의 상단부에 매우 미세한 흔적과 박리흔이 남아 있기 때문이다.

한편 세석핵에서 세석인 박리면의 바로 앞까지 작업이 진행된 것으로 볼 때 고정구가 방해가 되어 더 이상 박리가 불가능할 때 폐기되었다. 만약 고정구의 흔적이라면 현재 남아 있는 위치는 박리가 상당히 진행되고 난 뒤의 흔적이며, 세석핵 전체길이의 1/2, 1/3지점에 묶거나 끼웠던 것 같다. 그러나 전형적인 새기개가 확인되고 그 새기개와는 박리방향이 반대로 형성되고 있어 새기개가 아니라는 주장도 만만찮다(北海道今金町敎育委員會, 2002). 도구의 편의성 또는 임의성에 의한 이용방법면에서 합리적인 것 같다.

白瀧유적 석기군(長沼孝 外, 2001)은 30cm이상의 대형 원석을 이용해 토우게시타기법과 히로사또기법의 예비석핵을 제작했다. 크레스트(crest)형 석인기법을 통해 얻어지며 접합자료로 볼 때 원석의 자연면을 지닌 석인과 휘어진 석인은 예비석핵의 소재로 사용하지 않는다. 실제 상당히 많은 양의 석인이 원석에서 얻어지지만, 그 중 예비석핵으로 이용된 것은 극히 일부이다. 이것은 上白瀧Ⅱ유적(長沼孝 外 編, 2002)의 출토품에서 보듯이 직선화된 예비석핵만이 규격성을 지닌 세석인을 대량으로 박리하기에 용이한 점을 인지하고 있었기 때문이다. 이들 집단이 박리에 초점을 맞추기보다 그들이 원하는 소재를 획득하기 위해 얼마나 정성을 들였는가를 입증해 준다.

일본에서 북해도지역을 중심으로 확인되는 이 기법은 한국에서 박편의 배면을 예비석핵으로 이용한 석장리기법(張龍俊 2002)과 유사한 점이 간취되나, 토우게시타기법처럼 세석인이 굽은 형태로 출토되는지의 여부와 석인을 이용하는 경우가 드문 차이점이 있다. 특히 중국 虎頭梁유적의 陽原기법과 거의 동일한 것으로 알려져 있지만, 중국출토 세석핵은 타면의 길이를 조절하기 위한 홈을 타면제작 전에 예비석핵에 만드는 차이점이 있다.

표 3 토우게시타기법의 박리세부순서

1. 석인 또는 박편을 이용하여 배면이 깨끗한 예비석핵의 소재를 선택(단면 D자형) → 2. 배면보다는 소재의 등면을 중심으로 조정(특히 V자를 만들기 위한 배면에서 등면으로 세심한 조정) → 3. 타면의 횡방향에서 미세하게 조정하여 장축방향으로 타면제작(한 쪽 방향에서 최상의 타면이 만들어질 때까지 연속적으로 박리) → 4. 타면머리 조정 → 5. 박리

3 美利河(피리카)기법

1978년 피리카댐 건설에 따른 토질조사 중 발견된 피리카유적은 1983·1984년에 최초로 발굴조사가 이루어졌다(長沼孝 編, 1985). 강을 끼고 5만평정도의 범위에 분포하는 유적으로 최초 발굴된 A지점을 비롯하여 K지점에 이르기까지 연차적으로 발굴되었다. 1983년부터 발굴조사가 이루어져 1985년에 보고서가 간행된 피리카1 유적의 조사성과는 북해도 구석기시대 연구의 획기적인 영향을 미쳤다. 피리카기법은 원석에서 떨어져 나온 불규칙한 박편을 소재로 사용하였다(그림 4). 이것을 이용하여 (부분)양면가공석기를 제작하고 타면을 제작하기 위한 횡방향 조정을 베푼 뒤에 스폴을 떼서 타면을 제작한 뒤 세석인을 박리한다. 그 중 피리카기법의 제창(長沼孝 外, 1985)은 일본 세석핵 연구의 큰 성과였고, 1990년대 전반까지만 해도 일본 최고(最古)의 세석인유적으로 인정되어 왔다. 그 후 기술적인 측면에서 유베츠기법과의 관계를 둘러싼 논쟁의 출발점이 되었다.

島田和高·山科 哲(1998)를 피리카기법과 관련한 논쟁을 세 가지 문제로 정리하였다. 피리카기법을 유베츠기법과는 다른 것으로 파악하는 입장(千葉英一, 1989; 1990; 1993; 長沼 孝, 1990), 이 기법을 유베츠기법과 동일한 것으로 보면서 피리카기법은 존재하지 않는다는 입장(鶴丸俊明, 1989; 1991), 유베츠기법을 기술기반으로 한 석기제작의 기술체계 중에서 유적 간의 표현차이 및 석재환경의 차이로 본 입장이다(筑波大學 遠間資料硏究그룹, 1990; 木村英明, 1995).

결국 피리카기법을 유베츠기법으로 보느냐와 독립된 기법으로 보느냐의 문제이다. 그것은 유베츠기법 중 삿코츠형 세석핵의 성격이 명확하지 않은데 일차적인 원인이 있으며, 아직 이 논쟁은 결론이 나지 않았다. 다만, 하나의 석기조성 중에 복수의 세석핵 제작기술의 특징이 내포되어 있고, 一기법 = 一석핵형식이라는 도식은 성립되지 않는다는 쪽으로 기울어지고 있다(寺崎康史, 1999: 71). 어쨌든 실제 피리카기법과 가장 유사한 기법은 유베츠기법임에는 틀림없으나, 토우게시타기법과의 관련여부도 앞으로 해결되어야 한다.

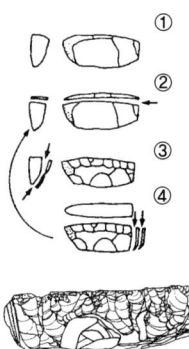
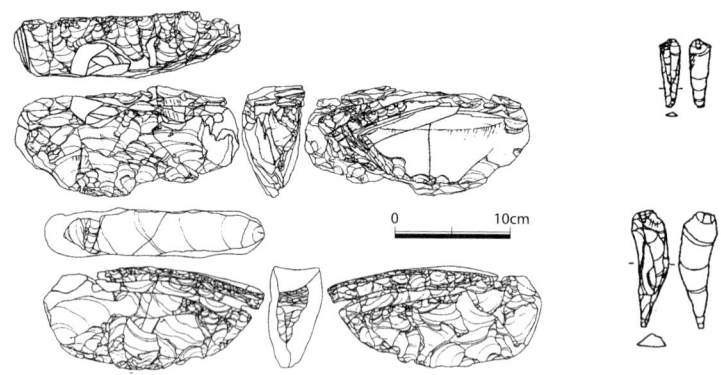

1. 두께가 두터운 박편, 자갈돌을 준비한다.
2. 스키모양의 박편을 박리하여 박편을 만든다.
3. 측면, 밑면을 가공한다.
4. 세석인을 박리한다.

그림 4 피리카기법

표 4 피리카기법의 박리세부순서

1. 배면이 잘 남아 있는 박편을 소재로 선택 → 2. 타면을 만들기 위해 작업면을 기준으로 횡방향 타면조정 → 3. 타면제작을 위한 스폴을 떼서 타면제작 → 4. 박편의 등면을 타면과 밑면 쪽에서 서로 마주보면서 집중조정 → 5. 박리

　　피리카1유적은 토우게시타형 세석핵이 100km정도 떨어진 곳에서 채취된 것으로 추정되는 흑요석으로 제작되었으나 피리카기법이 사용된 유물 중 흑요석으로 만든 것이 없다. 토우게시타형 세석핵과 더불어 다소 떨어진 지역에서 유설(有舌)첨두기가 함께 출토되었지만, 공반관계에서 발굴자의 다양한 이견이 있어 쉽게 접근하지 못하고 있다. 세 개의 석기군이 층위적으로 발굴되었으며, 그 중 최하층문화층의 절대연대가 2.1만 년 전으로 확인됨으로써 栢臺유적과 함께 북해도는 물론이거니와 일본 전체 세석인기법 중 오랜 기법 중 하나이다.

4　幌加(호로까)기법

　　북해도의 白瀧村 幌加澤 I 유적의 자료를 토대로 1967년 몰란(R.E. Morlan)에 의해 제안된 기법이다(그림 1, 그림 3-C). 폭이 넓고 두터운 박편의 주요 박리면을 타면으로 설정하여 그 면이 최종적인 배모양석기의 갑판면(타면부)이 되도록 주변을 조정하여, 윗면이 타원형, 단면이 역삼각형이 되도록 만든다. 세석인작업면의 위치는 한 쪽 또는 양끝 모두를 이용한다(舊石器文化談話會, 2000: 157). 배모양세석핵으로 불리는 유사한 기법은 구주지역의 船野(후나노)기법이 있다. 일본 연구자들 중 양자를 동일한 것으로 보는 이도 있다.

호로까기법의 특징은 타면부의 좌·우측연에 타면에서 밑면 쪽으로 집중적으로 조정하는 것이다. 조정 뒤에는 양측연이 평행하게 되고, 측연이 평행한 현상은 폭이 줄어들어도 계속 유지된다. 오비히로유적·키타미·中本유적의 배모양세석핵이 예비석핵(blank)의 형태로 제작되어 밖으로 빠져나갔음이 확인된다(日本考古學協會, 1999). 타면의 양측연을 평행하게 하는 것은 고정의 용이성 및 세석인의 폭을 조절하여 규격적인 세석인을 박리하는 것과 깊은 관계가 있다(張龍俊, 2002). 길이가 짧은 세석인을 필요로 할 때 유익하다. 북해도 동북지방에 분포하는 흑요석을 주로 사용하였다. 박리된 세석인 중 휘어진 것은 드물지만, 크기가 작은 것이 박리되는 경우가 많아 특정 도구를 만들기 위한 것일 가능성도 있다.

그림 3-C처럼 15cm나 되는 대형 세석핵도 있지만, 그림 7-17~19처럼 길이 5cm내외, 폭 1cm내외의 소형의 것도 있다. 대형이 소형보다 좀 더 이른 시기의 것이다. 이 기법으로 만든 소형 배모양세석핵은 그 자체로 도구로 사용되었는지 세석인 획득을 위한 것인지는 확실치 않다. 도구로 이용한 흔적이 남아 있는 사례는 아직 알려진 바 없다. 호로까型 세석핵의 출현 시기는 유베츠기법(札滑型)의 석기군 이후이고, 피리카기법과 관련성은 없다. 유베츠기법과 공반되는 사례는 한국의 수양개유적(李隆助·尹用賢, 1994)과 집현유적(부산대학교 박물관, 2001; 국립대구박물관, 2005) 등 한국이나 연해주지역에서도 자주 관찰된다. 호로까기법의 경우 독자적으로 사용된 경우는 드문 반면, 동북아시아지역에서 쉽게 확인할 수 있는 보편적인 세석인 기법이 틀림없다.

표 5 호로까기법의 박리세부순서

1. 원석을 반파하여 소재제작 → 2. 반파된 소재의 박리면을 타면으로 이용 → 3. 밑면과 타면의 측연에서 집중 조정하여 배모양으로 제작 → 4. 양측연을 평행하게 제작(단면 역삼각형) → 5. 양 끝단 또는 한 쪽에서 박리

5　湧別(유베츠)기법

吉崎昌一(1961)이 북해도 白瀧村 白瀧유적군 제 30·32지점에서 출토된 자료를 근거로 제창

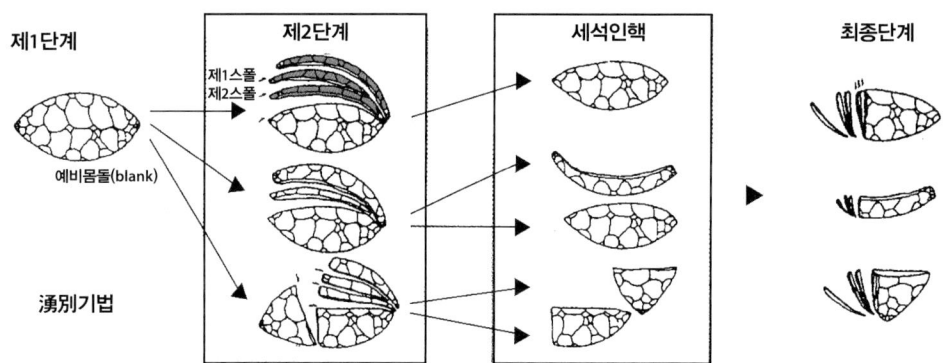

그림 5 유베츠기법
기법의 모식도는 木村英明(1997)에서 인용

표 6 유베츠기법의 박리순서

1. 양면조정된 찌르개 또는 타원형의 예비석핵(blank)을 제작 → 2. 예비석핵의 장축 방향으로 수차례 가격하여 평탄한 타면을 생성(스폴생성) → 3. 白瀧(시라타키)형은 타면에 찰흔을 생성 → 4. 생성된 타면의 한 쪽 끝에서 박리 → 5. 반복작업

한 기법으로 북부지역에 많이 분포한다. 우리나라는 물론 일본, 러시아, 중국(河套기법) 등에서 널리 사용되는 기법이다. 단, 러시아의 연해주에는 유베츠기법이 거의 확인되지 않는다. 시베리아지역에서 세석핵의 소재로 양면조정석기가 이용된 것은 1.6만 년 전 이후 부터이며, 이 때는 석인이 세석핵의 소재로 사용되지 않고 부정형박편이 주로 사용된다. 특히 양면조정석기의 제작·사용·재생·폐기는 일련의 공정 중에서 만들어지고 각종 석기의 소재로 공급된다(加藤博文, 1996). 양면조정 예비석핵(bifacial blank)을 제작하는 이 기법은 惠庭a화산재층 아래에서는 출토되지 않는다(Yuichi Nakazawa 외, 2005).

북해도지역에 흑요석산지가 많이 분포한 것이 기법발달의 직접적인 계기가 되었다. 반달 또는 볼록렌즈모양으로 양면조정된 예비석핵을 소재로 다소 직선화된 부분을 이용하여 스폴을 박리한다. 이 때 이것을 떼기 위한 방법이 독특하다. 그림 5의 기법도를 보면, 스폴을 타면조정 후 떼거나 먼저 그림 3-5, 그림 5의 제2단계처럼 세석핵의 일부를 깬 후 그 면을 타면으로 활용해 떼는 방법이 있다. 스폴이 일반적으로 폐기되는 것과 달리 세석핵으로 재사용되기도 한다. 이는 대형 세석핵에서 박리되어 스폴 크기가 다른 기법의 것보다 대형이기 때문이다.

白石典之(1993a; 1993b)은 '양면조정 석기제작기술의 유무'를 유적간의 차이를 분별하는 제일 중요한 요소로 꼽았다. 양면조정은 어떤 의미에서 석인기법의 능선을 형성시키는 작업과 크게 다르지 않다. 왜냐하면, 자연면을 제거함과 동시에 지그재그모양으로 조정하여 직선적인 능선 제작을 통해 석핵의 전체적인 모양을 잡아주기 때문이다. 타면 생성을 위한 긴 스폴을 연속적으로 떼어내어 평탄한 타면을 만든다. 세석인 작업면의 상황이 좋다면, 스폴의 박리는 예비석핵(blank)의 최대 두께지점까지 지속된다(鶴丸俊明, 1979).

유베츠기법은 타면의 표면에 남아 있는 문지른 흔적(擦痕)이 있는 白瀧型(시라타키형)과 흔적이 없는 札滑型(삿코츠형)으로 나눈다. 시라타키형은 유베츠기법의 모델로 세석인 박리면에 가까운 타면 쪽에 장축방향으로 갈색의 문지른 흔적이 연속적으로 남아 있다. 흔적의 방향은 예비석핵의 장축방향으로 남아 있다. 박리면과 직교되게 횡방향으로 남아있는 경우는 거의 없으면서 세석인 박리면쪽은 타면에 주로 남아 있다. 흑요석에만 문지른 흔적이 남아 있고 다른 석재에서 그런 흔적을 찾아볼 수 없는 것으로 보아 흑요석이 지닌 단점을 보완하기 위한 보조수단으로 추정된다. 박리각은 거의 90도에 가깝다. 峠下1유적, 丸子山유적, 旭岡1유적, 射的山유적, 日進2유적, 日東유적, 모산루유적 등이 있다(日本考古學協會, 1999). 모두 흑요석으로 제작되어 흑요석이외의 시라타키형은 존재하지 않는다.

삿코츠형은 시라타키형과 달리 문지른 흔적이 남아 있지 않으며, 시라타키형보다 대형이다. 타면형성 후에도 측면조정이 이루어지는 경우가 있다(寺崎康史·宮本雅通, 2003: 27). 예비조정이 매우 거칠고 간접타격과 직접타격으로 박리된 것이 있다. 삿코츠형의 제작에 대해 유베츠기법의 전형적인 사례인 정교히 가공된 양면조정 예비석핵뿐만이 아니라 원석의 상황에 따라서 평탄한 타면이 준비되고, 배모양의 형상이 얻어지면 스폴박리 후 세석인박리가 진행됨이 밝혀졌다(札幌大學木村英明研究그룹, 1989; 筑波大學遠間資料研究그룹編, 1990; 島田和高·山科哲, 1998).

피리카기법과 유베츠기법은 타면을 넓게 형성시키기 위해 스폴을 떼는 공통점이 있으나, 세석핵과 타면 스폴의 접합유물을 보면 측면조정에 따른 타면 폭에서 차이가 있다. 타면 생성 뒤에 측면조정을 하지 않는 삿코츠기법에서는 거의 확인할 수 없는 조정행위이다. 박리를 위한 작업면을 주로 한쪽에만 사용하며, 두 개인 경우는 드물다. 오루카2유적·上白瀧2유적(그림 8-14~16)·幌加澤遠間지점유적(그림 3-B) 등에서 확인된다.

란코시·피리카·토우게시타·삿코츠기법의 박리기술은 타면조정과 재생을 되풀이하고, 타면 혹은 밑면에서 몸체 쪽으로 조정하며, 타면과 작업면의 미묘한 밸런스를 계속 잡으면서 세석인박리를 공통적으로 유지한다(寺崎康史, 1999: 84). 石川1유적의 세석인 출토된 지점에서 나온 소토를 이용한 ^{14}C연대는 13,400±160BP, FT연대는 13,000±1,100BP, 흑요석 수

화층연대는 12,700±900BP연대가 확인되어 유베츠기법의 연대를 추정하는데 중요한 자료이다(長沼 孝, 2003). 유베츠기법이 확인되는 시기는 자돌구로 이용되는 양면조정석기가 명확해지는 시기이기도 하다. 또한 유베츠기법과 호로까기법에 의한 세석핵이 동일 석기제작 중에서 일어날 수 있음도 밝혀졌다(Kimura, 1990; イネーシン·加藤博文, 1993; 永塚俊司, 1997). 永塚俊司(1997)은 세석핵의 예비조정에 해당할 수 있는 양면조정석기의 조정을 세석인박리 전의 예비단계로만 인식하지 않고, 세석인을 비롯한 박편석기의 소재를 공급하는 박리시스템으로 이해하고 그것의 우수성을 지적하기도 했다. 일본 중부지방의 유베츠기법은 북해도에서부터 본토(本州)까지 남하해 온 유베츠기법집단이 남하하여 중부지방의 쐐기형세석핵의 성립에 영향을 미쳤다는 견해(稻田孝司 編, 1996; 森 格也, 1995)와 한국에서 영향을 받았다는 견해가 있다(加藤博文, 1993).

6 忍路子(오쇼로코)기법

북해도 西興部村 忍路子유적에서 처음 확인되었다. 발견 당시에는 오쇼로코형 새기개로 불렸지만(吉崎昌一, 1977), 吉田유적의 조사(加藤晋平·畑宏明·鶴丸俊明, 1970), 鶴丸俊明(1979)의 연구를 통해 세석핵으로 인정받게 되었다. 嵐山2유적(西田茂 編, 1988)과 오사츠16유적 B지점유적의 접합자료를 통해 반달모양의 양면조정석기가 2차 소재로 제작되며, 단면은 볼록렌즈모양이 된다. 그림 1의 오쇼로코 기법도를 보면, 직선상의 측연 쪽에 장축으로 평행하도록 단면 삼각형의 스폴 또는 몇 차례의 박리를 통해 타면을 형성시킨다. 세석인박리는 석핵의 단축방향을 중심으로 이루어지지만, 필요에 따라서 타면재생이 이루어지기 때문에 그 각도에 따라서 장축방향을 향하는 것도 있다(寺崎康史 외, 2003). 吉田유적·丸子山유적·오사츠16유적·居邊17유적·豊岡7유적, 上士幌町 居邊17유적 등이 있으며(長沼孝, 2003), 다른 형식과 혼재해서 출토되기 보다는 독자적으로 출토되는 경향이 강하다. 특히 새기개, 밀개, 첨두기는 물론 유경첨두기, 부분마제석부가 공반되기도 한다.

오쇼로코기법은 居邊17유적·嵐山2유적(그림 3-3)·水口(그림 3-1·2)·吉田유적으로 대표되는 대형 세석핵(길이 5-7cm)의 것과 오사츠16유적·오비히로유적의 소형 세석핵으로 나눌 수 있다. 예비석핵 중 큰 것은 양면조정 예비석핵을 만들지만, 작은 것은 정교하게 그것을 만들지 않거나, 석인을 조정해서 만들기도 함으로써 크기가 다양해진다. 양면조정 예비석핵을 만든다는 측면에서 유베츠기법과 유사점이 있지만, 스폴떼는 방향과 예비석핵의 모양에서 다소 차별성을 나타낸다. 예비석핵의 형태를 기준으로 렌즈형과 배모양으로 나눌 수 있다. 서로 공반되는 경우도 있지만, 그 예는 드물다.

이 기법은 타면전체가 박리되는 경우가 드물면서 타면 길이가 짧은 것이 특징이다.[8] 렌즈형의 경우 단면의 최대 폭이 호로까형처럼 타면 쪽에 있는 것이 아니라 석핵 중앙이 최대 폭이다. 타면 면적이 그리 넓게 확보되지 않기 때문에 유베츠기법보다는 비효율적이다. 타면재생을 하지 않고 작업면의 변경도 없다는 점에서도 알 수 있다. 박리각은 대체로 80~90도를 이루며, 100도가 넘는 경우도 있다. 다른 기법과 비교해 세석인이 조금 휘는 것이 확인된다. 북해도지역에만 분포하고 시기적으로 다른 세석핵보다 늦게 등장하며 유경첨두기(유설첨두기)와 공반하는 경우가 많다. [14]C연대가 확인된 예는 아직 없으며, 오사츠16유적의 흑요석 수화층연대는 9,200~10,700BP가 확인되고 있다(長沼孝 2003). 長沼正樹(2003)는 이 기법을 포함한 석기군이 비록 토기를 공반하지 않을지라도 세석핵 소재를 포함한 양면조정석기의 크기와 형태로 분화가 관찰되는 점, 석부와 다량의 밀개가 경우에 따라 조성되는 점, 세석핵은 스폴에 의한 타면형성에서 소형인 점을 미루어 오시포프카문화와 유사한 것으로 보았다.

표 7 오쇼로코기법의 박리세부순서

1. 양면조정 예비석핵을 제작 → 2. 석핵의 장축방향으로 몇 차례 가격하여 스폴을 떼서 타면제작 → 3. 예비석핵의 절반이내에 해당하는 부위까지 타면형성 → 4. 박리

7 廣鄕(히로사또)기법

1959년 북해도 北見市 廣鄕유적이 처음 보고된 후 다면체 새기개, '射的山(샤테키야마)型 彫刻刀'로도 불려졌지만(佐藤忠雄·野田武夫 1961), 間村유적·吉村유적 등의 자료를 통해 鶴丸俊明(1979; 1985)가 히로사또형 세석핵으로 명명하였다. 그가 세석핵으로 본 이유는 다면체 새기개에서 박리된 스폴에 규칙성이 있는 이차가공과 사용흔으로 생각되는 찰흔이 남아 있고, 토우게시타기법과 같은 다른 형식의 세석인기법의 기술속성과 유사점이 있었기 때문이다. 특히 토우게시타기법에 매우 가까운 기술로 생각하였다.

廣鄕20유적·美利河1(K지점)유적·日東유적·上白瀧2유적·中本유적·元町2유적 등이

---

8 타면스폴을 제작할 경우 때론 석핵의 길이만큼 스폴이 떼어지는 예도 있다.

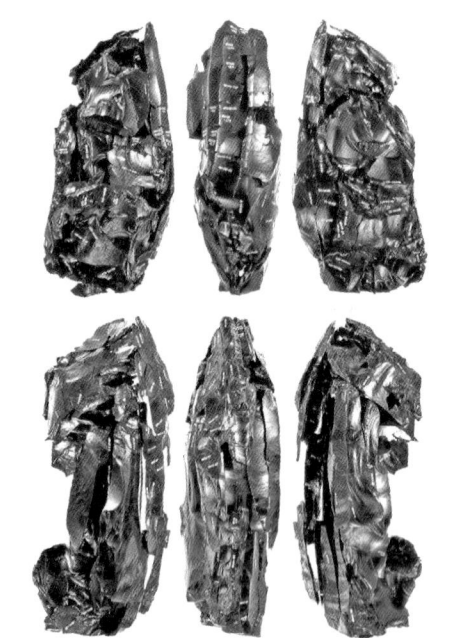

사진 1 上白瀧2유적 석인기법을 이용한 히로사또형 세석핵의 접합유물
하단: 길이 약 36cm

있다. 日東유적과 上白瀧2유적의 접합자료로 석인 박리기술과 세석인 박리기술의 복원이 가능해졌다(日本考古學協會 1999). 특히 上白瀧2유적의 Sb-9 접합자료는 히로사또기법을 이해하는데 큰 도움을 주었다(사진 1). 다른 기법의 예비석핵(blank)과 달리 석인을 소재로 하여 제작되는 것이 특징이다(그림 6). 타면형성을 위해 스폴을 박리하는 경우와 홈날처럼 타면을 조정하는 경우가 있다. 타면 위치는 세석인박리면을 오른쪽에 두고 좌측에 타면을 만드는 것이 일반적이며, 반드시 석인의 타면이 세석인의 타면이 되는 것은 아니며 양설타면을 사용해 세석인을 박리하기도 한다. 타면의 위치가 어떠하든 등면의 우측에 박리면이 설정되는 특징을 찾아볼 수 있으며 석인의 날부분을 주요 박리면으로 사용한다.

다른 기법과 비교해 기본적으로 날카로운 석인의 인부(刃部)를 통해 자연스럽게 단면상으로 V자가

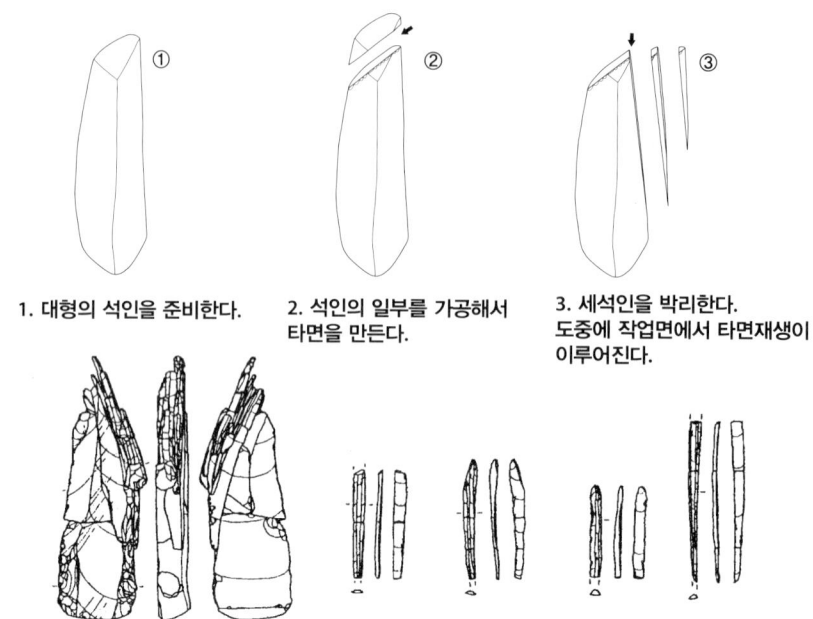

1. 대형의 석인을 준비한다.
2. 석인의 일부를 가공해서 타면을 만든다.
3. 세석인을 박리한다. 도중에 작업면에서 타면재생이 이루어진다.

그림 6 히로사또기법

표 8 히로사또기법의 박리세부순서

1. 두텁고 단면이 직선적이면서 등면에 자연면이 없는 정연한 형태의 석인을 선택 → 2. 배면 또는 등면방향에서 타면제작 → 2. 밑면조정 → 3. 타면의 측연에서 집중 조정 → 3. 박리 → 4. 타면전이 → 5. 타면조정 → 6. 박리

만들어진 것을 활용하고, 작업이 이루어지는 바로 아래 부분의 밑면만을 조정하기도 한다. 즉, 석인의 장점을 잘 살리기 위해 곧바른 석인을 채택하였다. 실제 白瀧유적군(그림 8-1~3) 등 히로사또기법이 확인되는 곳의 석인은 모두 직선적이며, 휘거나 만곡된 박편을 채택한 사례는 없다. 특히 1cm에 가까운 석인의 두께가 소재채택에서 중요하게 작용한다. 예비석핵의 폭이 일정하게 유지되어 있으므로 양호한 세석인을 박리할 수 있다는 장점 외에도 박리를 위해 필요한 고정도구와의 관계, 규격적인 형태의 예비석핵에 필요한 일정한 두께, 한 번 타면이 생성되면 연속적인 박리가 가능하다는 점이 석인을 채택한 목적으로 볼 수 있다. 반면에 고정 방법에서 다른 기법들은 장축방향으로 고정되지만, 히로사또기법은 고정도구를 사용해 단축방향으로 고정했거나 손에 쥔 채 박리했을 가능성이 높다.

廣鄕20유적에서 확인된 420점의 세석인의 크기는 5~19mm가 78.4%로 20mm이하가 80%에 가깝다. 최소 폭은 1mm. 최대 폭은 25mm이고, 두께는 최소 1mm, 최대 6mm이다(鶴丸俊明 1985). 매우 양질의 세석인을 박리하였으며 석기로 사용하기 위해 부러뜨린 예가 많이 확인된다. 이 기법과 공반되는 석기군에서 확인된 석인기법이 다른 지역의 석인기법보다 고도의 기술이 적용되었고, 석인을 소재로 하지 않는 히로사또기법은 존재할 수 없다. 쐐기형세석핵의 일종으로는 분류되지는 않지만, 기본적인 요소는 두루 갖추고 있다. 두 개의 타면을 설정한 경우 동일면에 세석인 박리면이 만들어지는 예는 거의 없다. 오쇼로코형과 히로사또형의 세석핵은 반드시 유경 또는 유설첨두기가 공반된다. 시라타키형과 오쇼로코형에서는 완성도가 높은 양면가공석기가 공반되지만, 히로사또형에서는 규격성이 높은 석인이 많이 출토되는 게 특징이다. 석인을 소재로 하기 때문에 얼마 전만 해도 세석인문화 중 이른 시기의 것으로 받아들여져 왔었다. 그러나 오쇼로코기법과 더불어 늦은 시기에 확인되는 기법으로 오쇼로코기법보다는 시기적으로 늦은 것으로 판단되고 있으나 단순한 시간차이로 설정하기에는 아직 어려움이 많다.

8 紅葉山(모미지야마)기법

북해도 置戶町 置戶安住(오케토아즈미)유적과 紅葉山유적의 자료를 표지유물로 한다. 잔핵의 형태가 원추형 또는 원통형으로 세석인기법 중 가장 늦은 시기에 해당하는 것으로 판단되지만, 확실한 절대연대자료는 아직 확보하지 못하였다. 북해도지역에서만 확인되며 서남 일본지역의 원추형 세석핵과 어떠한 관련성이 있는지는 아직 분명치 않다. 쐐기형 세석핵과의 공반문제는 모미지야마형의 경우 단순 쐐기형 세석핵이 공반되는 반면, 오케토아즈미형은 유베츠기법의 쐐기형 세석핵이 함께 확인된다. 이런 이유로 원추형 석핵만을 제작하는 문화기는 없었던 것으로 판단된다(加藤晋平 외, 1969). 奧白瀧1유적(直江康雄 外, 2002)·服部臺2유적 등이 주요 유적이다.

栢臺1유적이 석인석핵에서 란코시형 세석핵, 즉 석인기법에서 세석인기법으로 변화하는 것(그림 10)과 달리 모미지야마기법은 석인기법에서 세석인기법으로 동일하게 바뀌지만, 세석핵의 형태가 원추형 세석핵으로 남는 차이점이 있다(사진 2, 그림 7-4~6). 예비석핵을 제작할 때는 타면전이를 통해 박리가 이루어지지만, 일단 그것이 제작되고 난 이후에는 타면전이가 일어나지 않는다. 이 때 생긴 석인은 밀개와 새기개로 활용이 된다. 원추형 석핵은 쐐기형 형태로 만들기 위한 밑면조정을 거치지 않는 게 특징이다. 그림 1의 모미지야마기법의 奧白瀧1유적 접합유물에서 알 수 있듯이 초기에는 소형의 석인을 박리시켜 예비석핵을 제작하는데 이러한 수법은 栢臺1유적의 기법과 유사하다. 이런 측면에서 석인기법을 중심으로 한 란코시기법, 토우게시타기법, 히로사또기법, 모미지야마기법 순으로의 시간설정은 물론 계통상의 계보를 같이 할 공산이 크다.

결국 집단의 성격에 따라 기법의 쓰임새도 달라지는 것으로 판단할 수 있다. 원추형이라 해도 박리면을 보면 모든 면을 활용해 세석인을 박리한 것이 아니라 주요 박리면이 존재하고 있다. 모미지야마기법이 아직 후기구석기시대 종말기에 해당하는지 繩文시대에 해당하는지는 일본 내에서도 결론이 나지 않은 상태이다.

사진 2 모미지야마기법이 사용된 奧白瀧1유적출토 석인석핵의 접합유물(중앙이 모미지야마형 세석핵)

표 9　모미지야마기법의 박리세부순서

1. 원석 또는 박편을 이용하여 측면을 두 방향에서 가공하여 U자형으로 만듦(단면이 반달형이며, 주로 한 면에 평탄한 자연면이 남은 경우를 많이 활용) → 2. 한 면(자연면)을 남기고 배면 쪽으로 석인박리를 시작 → 3. 소형의 원추형 석핵을 제작 → 4. 타면전체를 활용하여 지속적으로 타면조정 → 5. 박리 → 6. 돌아가면서 박리 → 7. 타면조정 → 8. 타면재생 → 9. 박리

Ⅳ 편년의 검토

북해도지역은 일본의 다른 지역과 달리 층위상태가 좋지 않다. 특히 연속적인 문화층을 가진 다층위 유적이 그리 많지 않아 석기군의 변화상을 파악하기란 쉽지 않으며, 절대연대를 알 수 있는 세석인석기군도 많지 않다. 실제 세석핵의 형식분류와 제작방법의 편년관계를 파악하는 것이 불가능하다고 보는 연구자도 있다. 북해도 세석인석기군은 OIS-2(ca. 24,000-12,000BP)기간 중 LGM에 급격한 증가현상을 보여준다(Yuichi Nakazawa 외, 2005).

구석기유적과 상관없이 지층 간의 연대를 비교할 수 있는 층으로는 40~45ka의 支笏제1화산재, 40ka이상의 大雪御鉢平 화산재, 16~19ky BP(보정연대; 19~21ka cal yr BP) 惠庭a 화산재, 15ka의 濁川 화산재가 있다. 구석기편년을 위한 방사성 탄소연대 중 중요한 자료는 20~22ka의 栢臺1B지구, 21ka의 川西C지구, 27~24ka의 若葉의 森이 있다(出穗雅實·赤井文人, 2005). 그 중 惠庭a 화산재를 중심으로 편년설정에 대한 다양한 의견들이 제시되고 있다. 이들 연대만으로 복잡하면서 다양한 기법이 공존하는 북해도 석기군의 성격과 편년설정은 매우 어려운 작업임에 틀림없다. 이 지역에서 구석기연구가 시작된 이래 50년이 지난 지금도 두터운 화산재로 인한 불안정한 층위조건으로 3만 년 전 이상 소급되는 유적은 아직 발견되지 않았다. 북해도 구석기연구의 극복과제이자 일본 후기구석기시대의 북방기원설은 물론 인류 이동의 루트를 파악하는데 걸림돌이 되고 있다. 현재까지의 상황은 편년 설정에 특정 형식에서 지속적으로 변화·발전했다는 식의 단순진화론적인 해석은 맞지 않는 것 같다.

주요 편년의 연구성과는 다음과 같다. 白石典之(1993a·b)는 세석인석기군을 세석핵 중심으로 편년하지 않고 석인기술, 부정석기제작기술, 양면조정석기제작기술, 세석인제작기술을 유형별로 분류하여 공반유물과 함께 3단계로 설정했다. 加藤博文(1998; 2002)은 석인·세석인박리가 일련의 석기제작기술에 포함되는 것에서 그것들이 독립하는 쪽으로 변화하고,

전자는 석인·세석인박리가 연속된 란코시기법의 경우 석인박리가 세석핵소재를 제작하는 단계에만 한정되고, 박리가 연속되지 않는 유베츠기법의 삿코츠형으로 변화한다는 것이다. 세석핵의 소재형상으로 보면 부정형은 석인을 사용하고, 양면조정의 기술측면에서는 최후에 석인으로 이행한다고 보았다.

북해도 세석인석기군 중 栢臺유적이 발굴되기 전까지는 2만 년 전을 전후한 연대가 확인된 嶋木유적의 조질의 흑요석제 쐐기형 세석핵 1점(박편소재)과 세석인 4점이 가장 오래 된 것이었다(小田靜夫 외, 1975; 加藤晋平·山田昌久 編, 1988; 白石典之, 1993; 加藤博文, 1998). 嶋木유적은 1987년 조사결과에서 석인기법이 존재하지 않으며 세석핵이 출토되는 V층상부의 연대가 피션트랙법으로 21,700±1,800BP, 흑요석수화층법 19,000±800~17,200±800BP가 밝혀졌다. 1997년 栢臺1유적의 En-a화산재층(17,000BP) 아래에서 蘭越형 세석핵과 피리카형 세석핵이, 그 윗층에서는 峠下형과 札滑형이 함께 확인되었다(福井淳一, 1999). 피리카 1유적은 화산재를 포함한 층은 아니지만, 층위적으로 석기군을 파악하는 것은 가능하다. 廣鄕형 세석인석기군의 아래층에 蘭越형 세석인석기군, 峠下형과 피리카형이 함께 확인된다. 峠下형과 피리카형이 공반되는 예는 新道 4유적과 오바루베츠2유적이 있다. 峠下형, 峠下형과 蘭越형, 札滑형과 오쇼로코형, 廣鄕형의 순으로 편년지울 수 있지만, 공반된 세석핵간의 선후관계는 알 수 없다. 특히 峠下형은 古 峠下형과 新 峠下형으로 나눌 것을 주장했다(寺崎康史, 1999b).

寺崎康史(1999a)는 위와 같은 내용을 종합적으로 정리하여 그림 8과 같이 편년하였다. 특히 석인기법과 양면조정기법으로 나누어 석기군을 분류했다. 석기의 공반관계도 차이를 보이는데 전반기의 토우게시타형을 주체로 한 석기군에서는 후반기에 등장하는 첨두기·유경첨두기·석부가 거의 확인되지 않는 점을 주목했다. 전·후반기동안 걸쳐 타면형성을 몸체조정보다 먼저 하는 호로까기법=호로까형이 공통적으로 사용되는 것으로 보았다. 栢臺유적의 ^{14}C측정치(16,850~20,790BP)와 惠庭a화산재연대(16,000~19,000BP), 타면생성 후의 몸체조정의 유무를 기준으로 ①峠下1類·美利河(2만 년 전), ②蘭越型 → ③峠下2類·湧別型(札滑型) → ④ 湧別型(白瀧型) → ⑤오쇼로코型 → ⑥廣鄕型으로 설정했다(寺崎康史, 1999b: 84-86). 峠下1類·美利河기법과 蘭越기법이 같이 출토된 유적은 피리카1유적과 오바루베츠2유적이 있으나 선후관계는 분명치 않다. ①과 ③은 惠庭a화산재를 경계로 하여 출토되고 있어 시간적 선후는 명확하다. 峠下형 세석핵은 소재가 좀 더 커지고 규격화가 진행된다. 한편으로 배모양을 소재로 한 피리카기법에서 양면조정석기를 2차소재로 한 유베츠기법으로의 변화가 나타난다.

이러한 견해에 기본적으로 생각을 같이한 小畑弘己(2001)는 동북아시아의 세석인기술의 발생과 전개를 제1단계 木口型 小石核 → 제2단계 몸체조정형 스폴(삭편)계 세석핵 → 제3단계 완성소재형 스폴(삭편)계 세석핵이라는 변천과정을 상정했다. 그 중 북해도의 세석인기술의 유입은 2단계로 설정하였다. 또한 1.5만 년 전을 기준으로 유베츠기법 중 삿코츠형과 시라타키형을 경계로 전반기와 후반기로 설정했다. 山田晃弘(1998; 2003)은 후기 구석기시대 종말기의 세석핵을 忍路子型 → 廣鄕型으로 변하고, 두 형식 모두 유경첨두기와 소형 舟底形석기를 공반하는 것으로 판단했다. 눌러떼기가 후반기 전반까지는 세석인박리와 새기개의 스폴박리에 한정되지만, 후반에는 예비석핵의 조정에도 눌러떼기가 도입되는 점이 기술상의 획기로 생각했다. 橫山英介(1998)는 후기 구석기만기를 忍路子型 세석핵 Ⅰ단계(13,000~12,000BP), 廣鄕型 세석핵 Ⅱ단계(12,000~11,000BP), 유경첨두기 Ⅲ단계(11,000~10,000BP)로 설정했다.

木村英明(2005)은 白瀧유적군을 편년하면서 세석인출현이전(전엽), 세석인성행기(중엽), 유경첨두기출현 이후(후엽)로 설정하였다. 그 중 세석인문화에 해당하는 중엽은 2.3만 년 ~1.5만 년 전까지로 札滑型 → 峠下型 → 白瀧型으로 설정하였다. 후엽은 1.5만 년~1.2만 년 전으로 紅葉山型 → 射的山型(廣鄕형) → 오쇼로코型+유경첨두기 → 유경첨두기로 설정하였다. 이 편년 역시 층위서열에 따른 편년은 아니라는 한계가 있다.[9] 하지만, 美利河1유적, 日東유적, 白瀧유적군 등의 ^{14}C연대치는 札滑석기군이 上白瀧2에서 14~11ka BP, 廣鄕석기군이 日東유적에서 17~16ka BP, 유경첨두기가 上白瀧2유적에서 18~16ka BP, 대형 첨두기석기군이 美利河1유적에서 18~17ka BP, 奧白瀧1유적에서도 19~15ka BP 등으로 석기에서 이끌어낸 편년과 부합되지 않고, 절대연대와 인공유물편년관의 관계의 정리는 검토의 여지가 남아 있다(小畑弘己, 2001; 長沼正樹, 2003).

북해도의 다양한 기법들은 몇몇 기법을 제외하고 공반관계를 보이거나 정확한 층위를 알 수 없는 경우가 많아 栢臺유적의 惠庭 a층 아래의 蘭越型과 피리카형, 피리카유적출토 세석핵을 제외하고 다른 기법들 간의 연대차이는 아직 제대로 검토되지 못한 게 사실이다.[10] 위에서 언급한 것처럼 변천과정이 중첩적으로 나타나므로 단절된 형태로의 변화로 파악하

---

9   일반적으로 그러한 이유에 대해서는 한랭기후 동안에 유물의 상하이동에 따른 유물이동과 솔리플럭션에 의한 유물교란이 주요 요인으로 받아들여지고 있다.

10 카시와다이1유적도 유물이 출토되는 층위는 매우 불안정하다. 다만 석기군이 출토되는 Ⅳ층과 Ⅴ층이 惠庭a화산재층(1.6~1.9ky BP)보다 아래에 출토되었기 때문에 대략적인 연대가 추정가능한 것이지 출토된 석기군의 층위가 매우 안정되었다는 의미는 아니다.

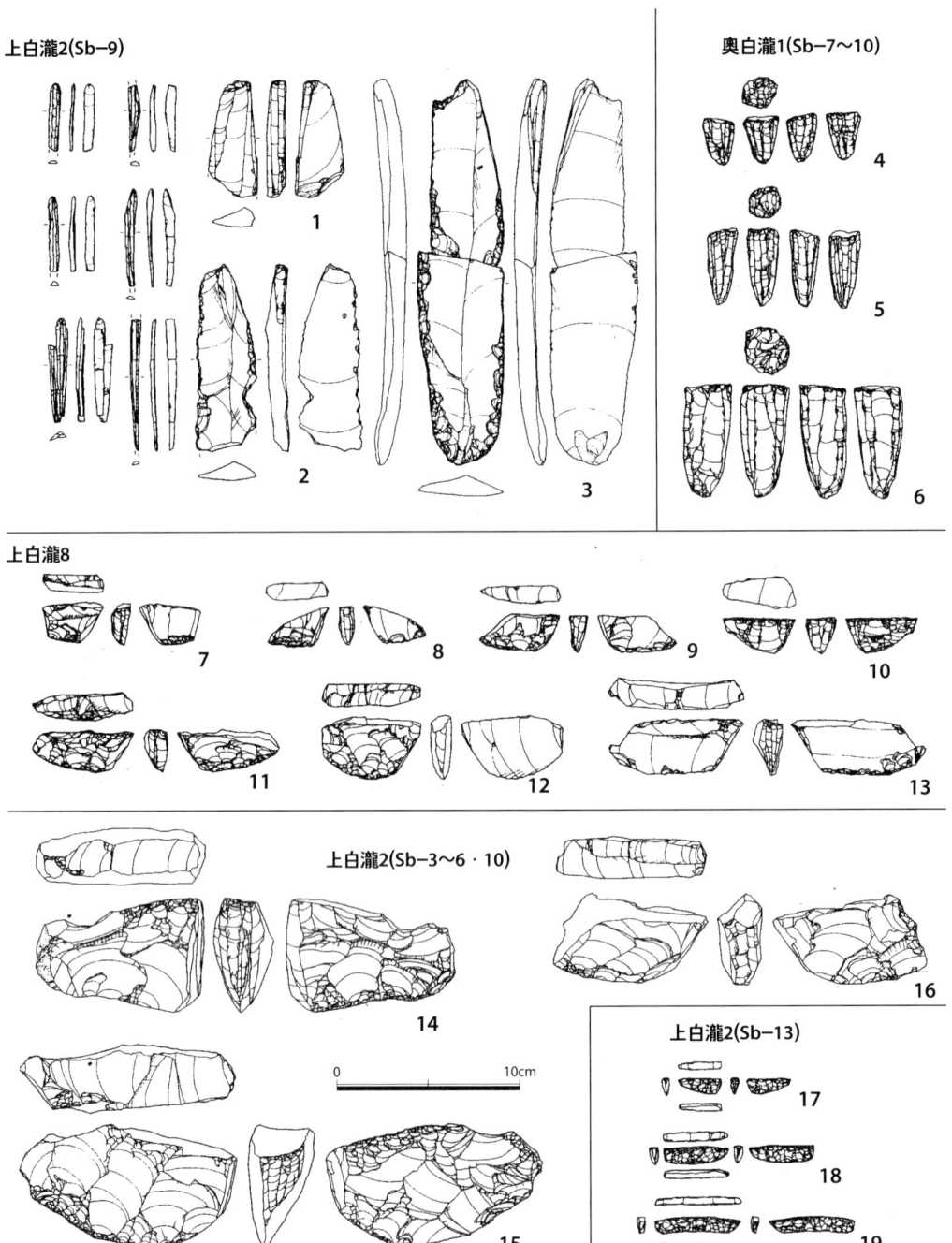

그림 7 　上白瀧석기군출토 주요 세석핵
1~3. 히로사또기법 ｜ 4~6. 모미지야마기법 ｜ 7~13. 토우게시타기법 ｜ 14~16. 유베츠기법 중 시라타키형 ｜ 17~19. 호로까기법

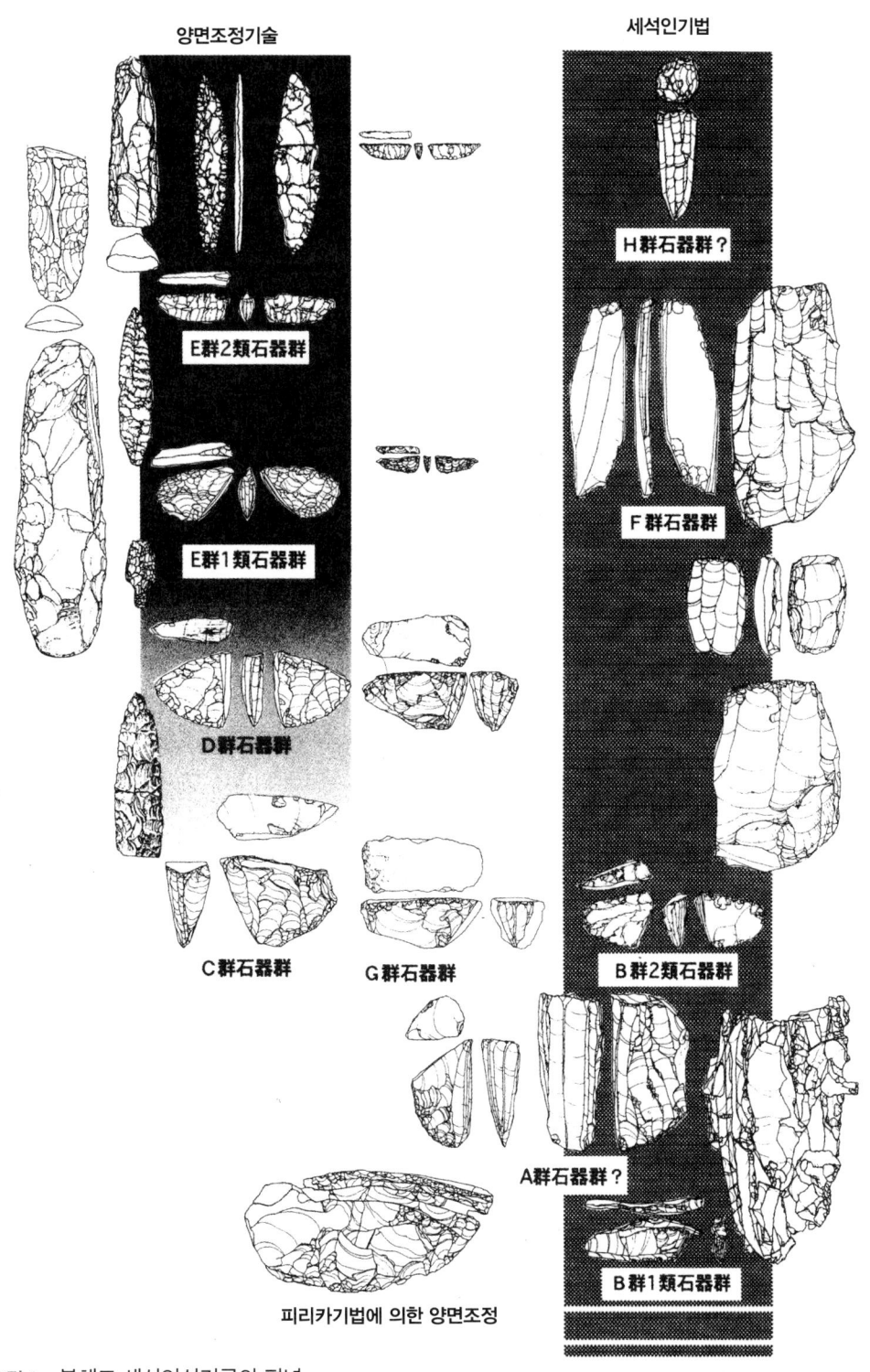

그림 8　북해도 세석인석기군의 편년
寺崎康史(1999a)에서 인용

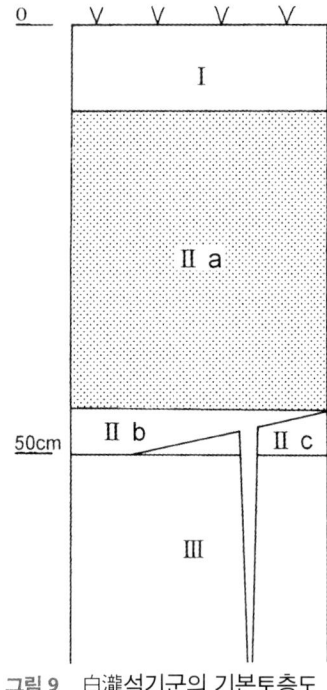

그림 9 白瀧석기군의 기본토층도

기보다는 기본적인 변화방향만을 설정하여 이해하는 편이 좋을 듯싶다.

여기서 북해도세석인기법의 출현시기에 대해 간단히 언급해 두고자 한다. 러시아극동남부(연해주, 아무르강 하류, 사할린섬)에 인류집단이 도래한 시기는 비록 우스티노프카 I 유적에서 30,000BP라는 연대가 확인되었지만, 20,000BP를 넘는 유적은 여전히 불투명하고 층위학적으로도 명확한 석기군은 확인되지 않는다.[11] 결국 동시베리아지역은 20,000~22,000년 전 이전에는 사람이 살지 않았을 가능성이 높다(Pitulko. et al., 2004). 白瀧석기군의 절대연대는 4,500년 전·1,900년 전과 같은 신뢰하기 힘든 연대를 제외하면, 가장 늦은 10,280±50BP(Beta-101788)부터 27,690±320BP(Beta-112902)의 연대가 확인되었다(長沼 孝 등, 1999). 북해도지역의 전반적인 유적 성격을 고려하면, 2.7만 년 전의 연대는 너무 올라간 것으로 판단되므로 신뢰성을 재평가할 필요가 있다. 대부분의 연대는 앞선 편년연구에서도 알 수 있듯이 세석인 석기군은 2.0만 년 전 이상으로 올라가지 않으며, 만약 측정치가 맞다 하더라도 2만 년 전 이상의 연대는 세석인문화이전의 석기군 중 上白瀧8·奧白瀧1유적의 臺形樣석기군(석인기법 미확인)과 上白瀧8·上白瀧7유적의 廣鄕型 나이프형석기군(석인기법이용-)이 해당될 가능성이 높다. 이는 LGM기간동안에 북해도에서 쐐기형 세석핵을 공반한 세석인석기군이 드물다는 점에서도 그러하다(Yuichi Nakazawa 외, 2005).

한편 上白瀧8유적은 크게 3개층위, 세분하면 5개의 층위가 확인된다(그림 9). 그 중 Ⅱa층(갈색-황갈색점질토)의 아래에 해당하는 Ⅱb층(회백색점질토)은 우리나라의 토양쐐기현상과 매우 흡사하다. 유물의 출토는 최하층인 Ⅲ층에서는 전혀 출토되지 않고 Ⅱ층이 본래 유물포함층으로 Ⅰ층에서도 유물이 확인된다(長沼 孝 등, 1999). 한국의 토양쐐기가 논란의 여지는 남아있지만, 그 중심연대가 18ka yrBP를 전후한 시기이고 토양쐐기층 바로 아래에서 세석인석기군이 처음 출현하면서 대개의 유적은 그 층의 상부에서 출토되는 점을 감안하면, 嶋木유

---

[11] 野岳·休場型와 船野型을 지표로 하는 서남일본의 세석인문화의 기원은 한반도에서 찾기 어렵다는 견해도 있다(鈴木忠司, 1999).

적처럼 일부 유적을 제외한 대부분의 북해도지역 세석인석기군은 2만 년 전을 소급시키기는 어려울 것 같다. 惠庭 a화산재층의 아래에 해당하는 란코시기법 → 토우게시타기법·피리카기법의 전반기와 그 상부에 해당하는 유베츠기법·호로까기법 → 히로사또기법·오쇼로코기법 → 모미지야마기법의 후반기로 나눌 수 있다. 그러나 히로사또기법처럼 석인을 소재로 하여 사용된 기법의 경우 사용시기가 후반기에만 한정되지 않고 전반기부터 후반기에 걸쳐서 사용되었을 가능성도 앞으로 검토되어야 할 것 같다.

V 세석인집단의 기술변용과 생계방식에 관한 가설검토

1 세석인 석기군의 석인기법을 이용한 기술변용

북해도의 석인관련 유적 중 후기구석기시대 초로 비정할 수 있는 곳은 아직 없다. 지금까지 가장 이른 시기는 惠庭a 화산재(1.6~1.9ky BP)아래에서 확인된 栢臺1유적과 川西C유적(21,400~21,780BP)이다. 전자는 석인기법에서 세석인기법으로의 변화를 접합자료로 입증하여 기술 변용에 대한 극단적 양상을 입증했다(그림 10-1~5). 이처럼 동일 원석개체에서 세석인 박리기술과 석인·종장박편박리기술이 융합되는 현상은 란코시기법 이외에도 모미지야마기법, 유베츠기법에서도 확인된다(佐藤宏之, 2003: 10). 즉, 석인박리의 진행에 따른 석인석핵의 소형화과정에서 세석인박리로 바뀌면서 최종적으로 란코시형의 세석핵으로 변화는 과정을 복원한 것이다(福井淳一, 1999). 栢臺1유적 출토유물의 석인기법은 타면조정을 비롯해 타면재생과 크레스트형성내지는 원석이 가진 자연적인 능선을 많이 활용하였지만, 아마도 세석핵의 제작을 염두에 두어서인지 타면전이는 하지 않는다. 현재까지 연구성과로 볼 때 출토층위에 따른 절대연대를 감안하면, 석인기법에서 세석인기법으로 변한 최초 형태는 란코시기법이었을 가능성이 높다. 新道4유적의 접합자료는 동일 모암에 복수의 다른 세석인 제작기술이 혼재하고 종래의 1기법=1형식의 도식의 재고가 필요함을 일깨워 주었다(寺崎康史·山原敏朗, 1999).

　　세석인집단의 기술변용능력을 보여주는 대표적인 白瀧유적군은 90개소 정도의 유적을 포함하는 대형 유적군이다. 이곳은 白瀧, 置戶, 十勝三股, 赤井川의 흑요석 원산지가 있는 곳

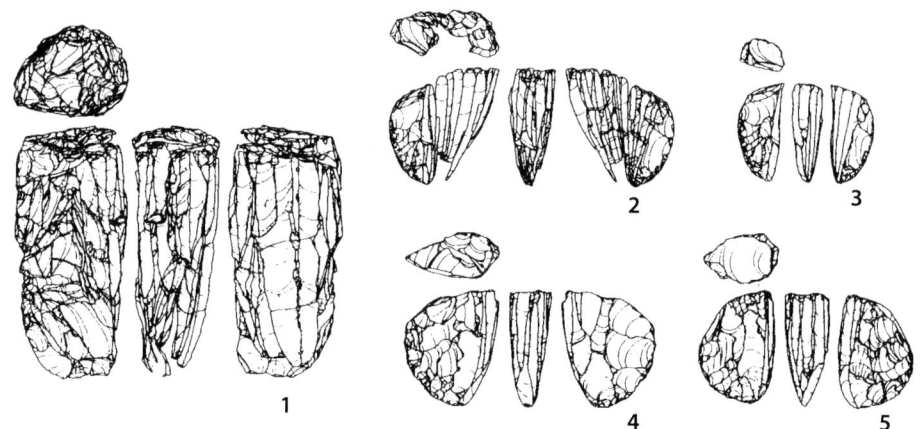

그림 10　栢臺1유적 석기군
1. 석인석핵으로 내부에 접합된 것이 세석핵으로 초기의 원석형태를 알 수 있는 유물 ｜ 4~5. 세석핵: 2와 3은 동일 세석핵

으로 대량의 유물이 출토되었다. 지금까지 발굴된 유물의 양은 약 550만 점에 무게로 환산하면 약 10톤에 이른다. 본 유적은 원산지유적으로서 행해진 석기제작활동을 복원하고, 도로건설로 인해 형성된 긴 트렌치조사 때문에 거의 동일한 석재환경으로 볼 수 있는 범위 내에서 통시적이면서 공시적인 유적간의 변이가 검토되었다(鈴木宏行, 2004).

여기서 출토된 석인은 대부분 10cm미만인데 비해 유베츠강 근처의 흑요석 원산지에서 확인되는 白瀧석기군의 석인은 원산지의 석재크기만큼이나 길이가 긴 것들이 대량으로 출토된다. 주목할 점은 이것들이 세석인기법과 무관하지 않다는 점을 핫토리다이유적, 白瀧유적 등의 접합유물에서 증명되었다. 석인은 2~4mm정도의 매우 작은 타면을 지니고 있어 간접떼기로 박리되었다. 白瀧석기군은 먼저 원석에서 자연면을 제거함과 동시에 석인을 떼는 데 핵심이 되는 크레스트모양의 능을 제작한다. 직선적인 능선을 중요시해 한국의 크레스트기법에서는 찾아볼 수 없는 다른 석기를 활용하여 문지르기로 능제작을 마무리하는 치밀함이 관찰된다.

그림 11-2~9의 예처럼 석인을 박리하기 위한 타면조정을 위해 박리과정에서 떨어진 석인의 날카로운 날을 이용한다는 점이다. 유적 내에 출토된 긁개가 사냥된 동물을 해체하는 등의 도구로만 사용되는 것이 아니라 박리를 위한 조정도구로 사용될 수 있다는 사실이다. 석기의 인부에 나타난 흔적들을 무조건적으로 도구제작을 위한 이차가공흔이나 석기사용에 따른 사용흔으로 보는 위험성에 대한 문제를 제기하였다(長沼孝 外 編, 2001: 그림 11). 석기군 내에서 석인제 도구 비율이 낮고 이지러진 면이 독특한 점도 이를 뒷받침해준다. 석기제작시

스템 내에서 도구로 이용하기보다는 세석인박리를 위한 예비석핵제작이 1차적인 목표였음을 알 수 있다. 이러한 기술이 사용된 것은 토우게시타기법과 히로사또기법으로 이와 관련된 세석핵이 석인석핵에 접합된다. 한편 白瀧석기군과 栢臺1유적간의 시간적인 차이는 있지만, 석인제 첨두기가 확인되지 않는 공통점이 있다. 따라서 북해도의 늦은 시기의 석인 중 1cm 이상의 두께를 지니는 석인

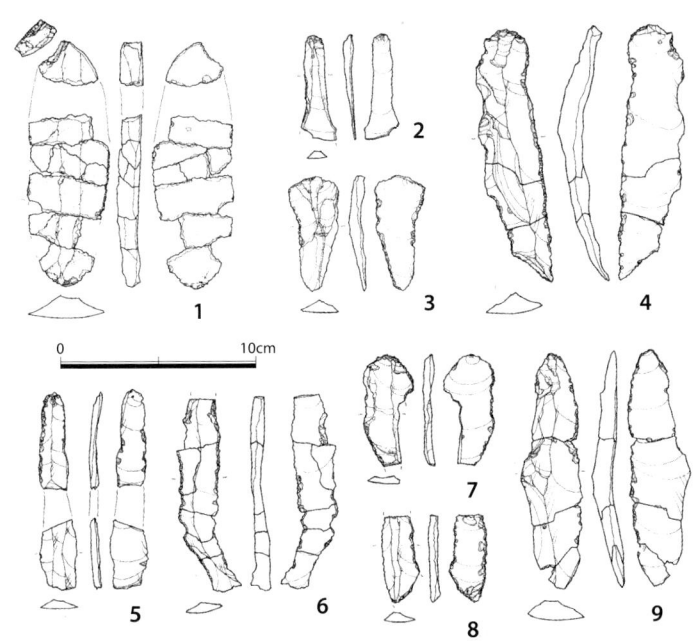

그림 11 上白瀧2유적 SB-9접합유물
1. 불에 맞은 석인 ｜ 2~9. 석인박리 때 타면머리조정에 사용된 석인으로 추정되는 흔적이 있는 석인

중 거의 직선화된 석인은 세석인기법의 예비석핵(blank)으로 생각해야 된다. 이것 이전에 박리된 석인들은 대부분 곧고 좋은 석인을 위한 박리과정의 부산물로 석기로서의 도구가 아닌 박리도구의 부속품으로 활용된다.

上白瀧8유적의 박편박리기술은 두 가지로 나누었다(鈴木宏行, 2004). 한 차례의 대형 박편기술에 의해 만들어진 타면에서 타면머리조정을 거친 후 석인박리를 진행하는 것과 20~30cm의 주로 편평한 각력내지는 둥근 자갈돌을 소재로 하여 이면(裏面)조정·타면조정·두부조정을 거친 후 석인박리가 진행되어 타면전이를 하는 것이 있다. 세석핵 소재는 석인의 길이와 폭을 기준으로 하기보다 두께를 중요시했다. 특히 이것의 소재로 사용된 석인 두께는 0.8cm~1.6cm정도였다(그림 7-1~3 참조). 白瀧8유적의 경우 세석인의 기준이 된 길이 2.4cm 전후, 폭 0.4~0.6cm의 세석인을 얻기 위해서는 높이 1.9~2.4cm, 폭 0.8cm전후의 세석핵이 필요하고, 그 소재로 적합한 것은 폭 5cm전후에 두께가 0.8~1.6cm정도의 석인이다. 석인기법과 그 외의 기술로 박리된 박편의 경우 크기 변이가 큰 박편은 스폴박리 때에 등면이나 배면 쪽으로 측면조정을 통해 폭을 감소시키고, 높이 2.2~2.4cm, 폭 1.4cm전후의 세석핵을 준비하고 석인소재와 같이 세석인을 박리하였다. 세석인을 박리하는 데는 길이가 길고 짧음이 문제라기보다 석인 형태가 휘지 않는 것이 중요하다.

또한 奧白瀧1유적 석기블럭 7~10의 석인관련유물은 석인박리가 이루어진 후 석인 1점이 직선거리로 340m떨어진 服部臺2유적에서 출토되어 두 유물이 접합되어 하나의 원석에서 제작되었음을 알 수 있다(直江康雄 外, 2002). 즉 석인박리 후 남은 소형 석핵을 세석핵으로 이용한 것이다. 북해도의 석인기법은 단독으로 사용되기 보다는 세석인기법과 결합되어 복합적이면서 체계적인 박리기법을 완성시킴으로써 인간 지능의 유연함을 보여주고 있다. 이러한 사례들은 석인기법이 세석인박리에 필요한 세석핵의 예비석핵(blank)제작에 다양한 방식으로 활용된다는 점을 밝힌 것으로 기존 연구성과에서는 찾아볼 수 없는 새로운 관점을 제시한 것이다(Kato Hirohumi, 2002; 鈴木宏行, 2004a). 대형석인 석기군은 대체로 세석인문화의 종말기가 중심연대로 廣鄕型 세석핵과 밀접한 관련을 맺고 있지만, 양면조정석기를 제작한 흔적은 확인되지 않는다.[12] 결국 이러한 조정방법은 소재를 어떤 것으로 채택하느냐에 따라 가급적 빠른 시간 내에 양적으로 우수한 세석인을 대량으로 생산하는 것도 중요하지만, 질적으로도 최상의 조건하에서 박리하는 것이 중요함을 시사해 주는 것이다.

2 세석인집단의 생계전략에 관한 가설검토

최대빙하극성기가 도래하기 전인 27,000 ^{14}C yr BP(^{14}C연대법, 보정연대는 30,000cal yr)에 인간은 북위 71도까지 거주영역을 확대했다. 기존에 북극지역에 인간이 살기 시작했던 것으로 알려진 연대보다 두 배이상 오래된 것이다. 시베리아 야나(Yana)강지역의 Yana RHS유적은 드물게 코뿔소뼈로 만든 창끝(foreshaft), 매머드뼈로 만든 창끝, 다양한 종류의 도구와 박편이 출토되었으나 석인과 세석인기법은 확인되지 않았다. 이 유적은 사람이 고위도의 가혹한 기후환경에서도 이전에 생각해오던 것보다 훨씬 더 오래 전에 사람이 살았음을 알게 해주었다(Pitulko. et al., 2004).[13] 이렇게 이동능력이 뛰어난 인류 중 북방계 세석인석기군 또는 삭편계 세석인석기군으로 불리는 집단 성격에 대한 해석은 매머드사냥과 사슴사냥을 중심으로

---

12 북해도는 세석인박리를 위해 석인기법이 남아있었지만, 한국은 석인기법과 세석인기법이 평행선상에 있어 하나의 기술 속에 또 다른 기술이 흡수된 양상으로 보기에는 기술적 퇴화가 심하다.

13 북극은 Berelekh유적의 연대로 볼 때 13,000~14,000년 전에 사람이 살기 시작했다(Pitulko. et al., 2004).

한 수렵설과 회귀성 어류를 중심으로 어로설이 있다.

수렵설 중 매머드사냥은 加藤晋平(1975)와 木村英明(1997)이 북유라시아 대륙의 후기구석기시대인의 성격을 매머드헌터로 정의하면서 북해도에 최초로 도래한 사람이 그들의 후예였다고 주장하면서 제기되었다. 木村英明(2005)은 식인기의 출현이 매머드사냥과 밀접한 관련이 있다고 보고 시베리아의 루고프스코예유적에서 출토된 식인기가 박힌 자국이 있는 매머드 흉추뼈를 추가적인 자료로 해서 매머드헌터론을 계속 발전시키고 있다. 최근 加藤晋平(2005)는 매머드사냥을 지나치게 과장해서 해석하는 것을 경계하면서 세석인석기군이 직접적인 매머드헌터라는 사실에 부정적인 견해를 피력하였다. 즉, 유적 내 확인되는 매머드유체가 구석기인이 사냥으로 죽인 것이지(수렵가설) 아니면 매머드무덤으로 부터 유적 내로 단순히 반입시킨 것(반입가설)인지를 명확히 구분할 필요가 있으며, 시베리아지역에서 출토된 매머드뼈를 참조하여 후자일 가능성이 높으므로 자료사용의 세심한 관찰을 요구하였다. 出穗雅實(2005)은 이러한 가설을 체계적으로 정리하면서 중립적인 입장에서 전 세계 각 지역의 구체적인 연구의 진척을 기대하였다.

어로설은 동북아시아에서 일본열도 북부에 분포하는 쐐기형 세석핵을 지닌 세석인문화의 확산에 대해서 加藤晋平·松本美枝子(1984)은 회귀성 어류인 연어·송어류를 중심으로 한 하천 자원의 개발과 관련을 지웠다. 佐藤宏之(1992)는 관동지방의 북방계통 삭편계 세석인 석기군을 보유한 집단이 행한 내수면 어로로부터 해당 집단에서 하나의 정주형 수렵채집전략이 개발되고, 繩文문화의 과정에서 정주화가 촉진되었다는 가설을 제기하였다. 삭편계 세석인 석기군과 연어·송어류의 내수면 어로라는 생업활동과의 관련이 주목을 계속 받고 있는 것이다. 그 근거로 연어·송어류의 분포와 삭편계 세석인 석기군의 분포의 일치성(加藤晋平·松本美枝子, 1984), 여러 하천이 합류하는 지점 가까이에 위치한 삭편계 세석인석기군의 유적 입지적 특성(桜井準也, 1993), 荒屋유적의 석기에서 연어과의 지방산 검출(芹澤長介, 1959)이 있다.

수렵설 중 사슴류사냥에 대한 접근은 어로 중심의 생계방식에 반대해 사슴류를 중심으로 한 생업을 위한 수렵 증거로 보고 있다(鈴木忠司, 1993; 加藤博文, 1996). 그 이유로 시베리아 대부분 유적에서 확인되는 물고기뼈의 어종판별이 매우 어렵고, 연어같은 특정 물고기를 대상으로 세석인석기군은 사용되지 않은 것으로 보았다. 加藤博文(1996)은 편년 중 시베리아 Ⅰ기에는 수렵을 할 때 특정 동물의 집중현상이 나타나지 않고, 세석인을 사용한 시기는 순록을 주로 잡던 시기였다는 것이다. 이러한 사실은 코코레보Ⅳa유적에서는 순록의 동물유존체가 90%, 타슈티크Ⅱ 유적 2층에서는 75%를 차지하는 점을 강조했다. 따라서 그는 스폴계

(삭편계) 세석인석기군의 관동으로의 파급에 대해서 계절적 이동을 공반한 사슴류의 수렵에 관한 적응행동의 하나로 해석하였다. 堤隆(1996)은 유적입지를 검토하여 일본 내 내륙고원지대의 삭편계 세석인석기군의 경우 내수면 어로의 채용도가 낮고, 주로 수렵·채집을 주로 한 생업이 이루어졌을 가능성을 제기해 중간적인 입장을 견지하였다. 세석인석기군의 성격을 특정한 생계방식에 맞추기 보다는 좀 더 유연성있는 접근방식이 필요할 것으로 생각된다.

한편 세석인집단의 또 다른 생계전략은 흑요석 원산지를 중심으로 한 분업시스템과 유통네트워크의 구축이다.[14] 白瀧村 시가지의 북북서 6.5km에 표고 1,172m의 赤石山이 있다. 표고 800m~1,000m이상의 산정부에 펼쳐진 赤石山의 원산지는 추정 매장량이 60억톤에 이른다. 赤石山의 정상에는 花十勝石이라는 갈색 또는 홍색이 포함된 북해도 특유의 흑요석이 분포하고 있다.[15] 정상부 아래의 산록에는 八號澤노두, 球顆の澤노두, あじさいの瀧(아지사이노타키)노두, 蝶の巣노두와 같은 흑요석을 채취할 수 있는 대형 노두가 네 곳이나 분포한다. 표고차에 따라 석기이용방식에 차이가 있음이 밝혀지고 있다.

표고 800m이상의 노두는 조잡한 양면가공석기, 대형석인, 석인석핵이 채집되지만, 본격적인 석기생산은 하지 않는다. 표고 600m부근의 유적은 幌加澤유적 遠間지점이 대표적이다. 100㎡의 발굴구역 내에서 30만 7,600여 점의 석기와 박편이 출토되었다. 다양한 석기가 확인되었으며 주로 세석인이 생산을 주요한 목적으로 한 석기제작지임을 알 수 있다(木村英明, 2005). 표고 400m부근에는 80개가 넘는 유적이 분포하고 다양한 석기군이 확인된다. 상위의 노두에서 석재를 반입해 세석핵과 예비소재까지 제작이 진행된 단계에서 밖으로 반출되는 과정을 잘 보여주고 있다. 석기제작의 초기 단계의 유적이지만, 원산지유적은 아닌 중계지 유적으로 석재의 선택, 원석을 반가공, 완성품의 운반과 같은 행위가 이루어졌다. 시기가 내려갈수록 원석을 직접 산에서 채집하는 비율이 높아지고 석기의 크기도 커진다. 그렇다해도 노두에서 흑요석을 채취한 흔적이 아직 확인되지 않고 유적주변의 흑요석이 이용된다는 점에서 석기제작에 사용된 흑요석은 현지조달된 것으로 파악하였다.

木村英明(1992; 1995)는 세석인 출현이전의 석기군은 가까운 곳의 석재를 이용하다가 세석인이 유행하는 시기가 되면 석기제작의 분업시스템과 유통네트워크가 형성된다고 보았다.

---

14 북해도지역의 서쪽은 혈암을 중심으로 세석인이 제작되고 동쪽은 흑요석을 중심으로 세석인이 이용되는 석재사용의 뚜렷한 차이와 편중화를 보여주고 있다.

15 이것들은 주로 세석핵과 대형 첨두기에 많이 제작된다.

또한 유베츠기법, 호로까기법, 피리키기법으로 불리는 세석인의 제작공정이 서로 관련하면서 존재하는 '호로까·유베츠 테크노컴플렉스'를 설정하고, 전업집단의 존재를 상정했다. 특히 북해도의 흑요석은 사할린의 소콜유적(札滑型 세석핵 중심에 호로까型과 峠下형이 함께 출토됨), 아간키5유적, 러시아 신석기시대의 마라야 가바니유적에서도 확인되었다. 따라서 석재의 유통은 300km을 넘어서는 것으로 판단된다. 동일한 석재를 사용하여 유사한 기법이 확인되는 현상을 "인접한 지역간의 무한의 연쇄"로 볼 수 있을 것이다(小野 昭, 1988: 181).

Ⅵ 소결

이상으로 북해도 세석인기법의 특징을 간략히 정리해 보았다. 북해도는 白瀧, 置戶, 十勝三服, 赤井川이라는 크게 네 곳의 흑요석산지가 있다. 북해도 구석기인들은 이곳에 산재한 흑요석을 비롯한 다양하면서 풍부한 석재를 활용하여 많은 구석기유적을 남김으로써 일본 구석기연구의 메카로 자리 잡게 되었다. 특히 오랜 기간의 발굴조사와 치밀한 보고서덕택으로 기법의 유래를 과학적이면서 체계적으로 밝혀내었다. 그 중 세석인기법은 양면조정기법을 사용한 란코시·유베츠·오쇼로코기법, 석인을 이용한 토우게시타·히로사또기법, 소형의 원석을 이용한 피리카기법, 아무런 예비조정을 하지 않았던 모미지야마기법이 존재하였다.

기법간의 선후관계는 栢臺1유적의 연구성과를 통해 란코시기법과 피리카기법을 필두로 토우게시타기법·유베츠기법·호로카기법이 그 뒤를 잇고 마지막으로 히로사또기법과 모미지야마기법이 사용되었다. 하지만 불안정한 층위로 인해 현재까지의 연구성과 만으로 기법간의 세부적인 편년은 불가능하였다. 그 중에서도 토우게시타기법과 히로사또기법처럼 석인기법 중 크레스트기법을 사용해 세석핵의 소재를 만든 경우는 일본 내륙지역의 석기문화와 비교해 볼 때도 세석인석기군 중 전반기에 위치할 가능성도 남아 있다. 또한 석인기법이 세석인기법의 보조수단으로 사용되는 기법사용에 대한 개념변화에 대한 추적과정과 세석인석기군의 성격에 대한 수렵설과 어로설에 대한 연구성과도 지속적인 관심이 필요할 것으로 생각된다.

북해도의 세석인기법은 풍부한 양질의 석재를 활용하여 알려진 것보다 훨씬 다양하고 그 기법이 복잡하여 필자의 능력부족으로 북해도 전체 석기군의 관점에서 종합적으로 파악하지 못하였다. 특히 유적 내 석기집중구역의 해석문제, 다양한 기법으로 박리된 세석핵의 기능차이, 공반석기의 차이에 따른 집단성격의 문제와 같은 접근은 전혀 본고에서 다루지 못하였다. 특히 우리나라 세석인기법과의 비교검토가 부족함을 인정하고 앞으로의 과제로 삼아 지속적으로 연구해 나가고자 한다.

끝으로 논문을 작성하는데 좋은 가르침과 북해도지역의 유물조사에 적극적으로 도와준 加藤博文, 高昌 俊, 鈴木宏行, 木村英明, 寺崎康史, 小畑弘己, 直江康雄, 出穗雅實 등 여러 선생님들께 깊은 감사를 드린다. 특히 바쁜 일정 속에 拙稿을 읽고 세심한 조언과 논문오류를 바로잡아 준 出穗雅實께 이 글을 빌어 다시 한번 감사의 뜻을 전하고자 한다.

참고문헌

국립대구박물관, 『사람과 돌-머나먼 진화의 여정-』, 사람과돌기획특별전 도록, pp.1-402.

부산대학교 박물관, 2001, 『晋州-集賢간 4차선 도로건설 구간 내 長興里 구석기유적 현장지도위원호(1차)자료』, pp.1-30.

李隆助·尹用賢, 1994, 「한국 좀돌날몸돌의 연구-수양개수법과의 비교를 중심으로-」, 『先史文化』2, pp.133-229.

張龍俊, 2002, 「한반도출토 세석핵의 편년」, 『韓國考古學報』제48집, pp.5-33.

イネーシン, E.M.·加藤博文, 1993, 「東シベリアの細石刃石器群に見る技術適應の一例-ヴァリショイ·ヤコリ1遺蹟の例-」, 『舊石器考古學』47, pp.1-17.

加藤博文, 1993, 「シベリアの細石刃文化」, 『細石刃文化研究の新たな展開』Ⅱ, pp.140-157.

加藤博文, 1996a, 「細石刃石器群における生業活動の檢討(上)」, 『古代文化』48, 古代學協會, p.164-172.

加藤博文, 1996b, 「細石刃石器群における生業活動の檢討(下)」, 『古代文化』49, 古代學協會, p.215-224.

加藤博文, 1997, 「技術體系とその多樣性の解釋: 細石刃石器群の事例にて」, 『筑波大學 先史學·考古學研究』第8号, pp.1~30.

加藤博文, 2000, 「北アジアにおける最終氷期と適應行動」, 『專修考古學』第8号, pp.3-23.

加藤晋平, 1970, 「先土器時代の歷史性と地域性」, 『鄕土史硏究と考古學』鄕土史硏究講座1.

加藤晋平, 1971, 『マンモスハンター』, 學生社, pp.1-251.

加藤晋平, 1981, 「舊石器時代の漁撈活動」, 『信濃』第33卷 第4號, pp.273-284.

加藤晋平, 2005, 「後期舊石器時代のマンモス狩獵に關する若干の問題」, 『論集忍路子Ⅰ』, 忍路子硏究會, pp.1-12.

加藤晋平·山田昌久 編, 1988, 「北海道河東郡上士幌町嶋木遺蹟の石器文化-北海道最古の石器群の發掘調査報告」, 『歷史人類』第16號, 筑派大學歷史·人類學系.

加藤晋平·松本美枝子, 1984, 「日本細石刃文化の源流」, 『史艸』25, pp.39-82.

加藤晋平·畑宏明·鶴丸俊明, 1970, 「エンドスクレパについて-北海道常呂郡端野町吉田遺蹟の例-」, 『考古學雜誌』第55卷3號, pp.44-74.

加藤晋平·鶴丸 俊明, 1991, 「図錄石器入門辭典-先土器」, 『柏書房』: pp.1-308.

橋本勝雄, 1994, 「日本細石器文化研究の現況と課題」, 『細石刃文化研究の新たな展開』, pp.103-113.

舊石器文化談話會, 2000, 『舊石器考古學辭典』, 學生社, pp.1-244.

吉崎昌一, 1961, 「白瀧遺蹟と北海道の無土器文化」, 『民族學研究』第26卷 第1號.

吉崎昌一, 1967, 「考古學からみた日本人」, 『遺傳』21-1.

吉崎昌一, 1977, 『立川』市立函館博物館.

大島秀俊 外, 2000, 『長方部町オバルベツ2遺蹟(2)』, 北海道文化財保存協會.

島田和高・山科 哲, 1998, 「明治大學考古學博物館收藏資料(舊石器時代)の再檢討・再評價」, 『明治大學博物館研究報告』第3號, pp.23-67.

稻田孝司 編, 1996, 『恩原2遺蹟』, 岡山大學文學部考古學研究室, pp.1-362.

鈴木宏行, 2004a, 「舊石器時代」, 『北海道考古學』第40輯, pp.3-16.

鈴木宏行, 2004b, 「原産地遺蹟における細石刃石器群の技術構造-上白瀧8遺蹟の分析を通して-」, 『シンポジウム日本の細石刃文化Ⅲ-細石刃文化研究の諸問題-』八ケ岳舊石器研究グループ, pp.1-17.

名取武光・松下亘, 1961, 『峠下遺蹟調査報告書』俱知安町教育委員會.

木村英明 編, 1992, 『Reexamination of the Yubetsu technique and study of th Horokazawa Toma Lithic Culture』, pp.11-54.

木村英明, 1978, 「余市川・赤井川流域の先土器石器群について」, 『北海道考古學』13號, pp.23-48.

木村英明, 1991, 「北日本の細石刃技術」, 『十勝考古學とともに』十勝考古學研究所, pp.1-12.

木村英明, 1995, 「黑曜石・ヒト・技術」, 『北海道考古學の諸問題』北海道考古學會, pp.3-63.

木村英明, 1997, 『シベリアの舊石器文化』北海道大學圖書刊行會, pp.1-426.

木村英明, 2004, 「植刃器の痕迹を留めるマンモス胸椎-西シベリア・ルゴフスコエ遺蹟」, 『北アジア調査研究報告會』5, pp52-56..

木村英明, 2005, 『北の黑曜石の道』, 新泉社, pp.4-93.

白石典之, 1993a, 「北東アジアの細石刃石器群 - 技術よりみた時間・空間的變遷とその背景」, 『筑波大學 先史學・考古學研究』第4号, pp.1-30.

白石典之, 1993b, 「北海道における細石刃石器群の展開」, 『物質文化』56, pp.1-22.

福井淳一, 1999, 「細石刃石器群の出現-柏臺1遺蹟」, 『海峽と北の考古學 - 文化の接點を探る-』資料集Ⅰ・テーマ1 : 舊石器から繩文へ, 日本考古學協會 1999年度 釧路大會實行委員會, pp.25-44.

福井淳一編, 1999, 『千歲市柏臺1遺蹟』, 北海道埋藏文化財センター.

北海道今金町教育委員會, 2001, 『ピリカ遺蹟Ⅰ』今金町文化財調査報告4, pp.1-95.

北海道今金町教育委員會, 2002, 『ピリカ遺蹟Ⅱ』今金町文化財調査報告5, pp.1-128.

北海道白瀧村教育委員會, 1996, 『黑曜石と白瀧』, pp.1-14

寺崎康史, 1999a, 「細石刃石器群の變遷と終末」, 『海峽と北の考古學-文化の接點を探る-』資料集Ⅰ・テーマ1 : 舊石器から繩文へ, 日本考古學協會 1999年度 釧路大會實行委員會, pp.26-61.

寺崎康史, 1999b, 「北海道細石刃石器群理解への一試論」, 『先史考古學論集』第8集, pp.71-88.

寺崎康史・宮本雅通, 2003.10, 「北海道西部の細石刃文化」, 『シンポジウム日本の細石刃文化-日本列

島における細石刃文化』八ケ岳舊石器研究グループ, pp.25-52.

寺崎康史・山原敏朗, 1999, 「北海道地方」, 『舊石器考古學』58, 舊石器談話會, pp.3-10.

山原敏朗, 2003.10, 「北海道東部の細石刃石器群」, 『シンポジウム日本の細石刃文化―日本列島における細石刃文化』八ケ岳舊石器研究グループ, pp.1-24.

山田晃弘, 1986, 「北海道後期舊石器時代における石器製作技術構造の變遷に関する豫察」, 『考古學雜誌』第71卷 第4號, pp.1-29.

森 格也, 1995, 「備讃瀬戸地域における楔形細石刃核の再檢討」, 『研究紀要』Ⅲ, 香川縣埋藏文化財調査センター, pp.1-18.

上野秀一外, 1973, 「東北地方の細石刃技術とその北海道との關聯について」, 『北海道考古學』9.

西田武編, 1988, 『鷹栖町嵐山2遺蹟』, 北海道埋藏文化財センター.

小林達雄, 1970, 「日本列島における細石刃インダストリー」, 『物質文化』16.

小野昭(安蒜政雄 編), 1988, 「文化の広がり地域」, 『日本人類文化の起源』, 六興出版, pp.147-182.

小畑弘己, 2001, 『シベリア先史考古學』, 中國書店, pp.1-522.

小畑弘己, 2004, 『極東および環日本海における更新世~完新世の狩獵道具の變遷研究』平成14年度~平成15年度科學研究費補助金基盤研究報告書, pp.1-179.

矢道國雄, 1984, 「先土器時代」, 『北海道考古學』20, pp.3-27.

安蒜正雄, 1979, 「日本の細石核」, 『駿臺史學』47, pp.152-183.

野村崇, 1988, 『日本の古代遺跡40 北海道Ⅰ』, 保育社, pp.1-270.

永塚俊司, 1997, 「荒屋系細石刃石器群における一つの定点」, 『人間・遺蹟・遺物』3, pp.90-117.

宇田川 洋, 1977, 『北海道の考古學1』北海道ライブラリー, 北海道出版企劃センター, pp.1-140.

日本考古學協會1999年度釧路大會實行委員會, 1999, 『シンポジム海峽と北の考古學』資料集Ⅰ・テーマ1：舊石器から繩文へ, pp.3-364.

長沼正樹, 2003, 「更新世終末から完新世初頭における極東北部の兩面調整石器群」, 『古代文化』第55號, pp.25-33.

長沼孝 外, 1999, 「白瀧遺蹟群の發掘調査-北海道紋別郡白瀧村所在-」, 『日本考古學』第8號, 日本考古學協會, pp.101-116.

長沼孝, 2003, 「北海道の樣相」, 『季刊考古學』第83號, 雄山閣, pp.65-69.

長沼孝・佐藤剛編, 2000, 『上川町日東遺蹟』, 北海道埋藏文化財センター.

長沼孝外編, 2000, 『白瀧遺蹟群Ⅰ』調査報告書第140集, 北海道埋藏文化財センター.

長沼孝外編, 2001, 『白瀧遺蹟群Ⅱ-上白瀧2遺蹟・上白瀧6遺蹟・北支湧別4遺蹟-』調査報告書第154集, 北海道埋藏文化財センター.

長沼孝編, 1985, 『今金町美利河1遺蹟』, 北海道埋藏文化財センター.

畑宏明, 1975, 『北海道考古學講座2-舊石器-』北海道史研究8.

畑宏明編, 1985, 『知內町湯の里遺蹟群』北海道埋藏文化財センター.

提隆, 1996, 「削片系細石刃石器群をめぐる技術的組織の相異-中ッ原細石刃石器群を中心として」, 『古代』第102號, pp.36-61.

佐藤宏之, 1992, 「北方系削片系細石刃石器群と定住化假設」, 『法政大學大學院紀要』第29號, pp.55-83.

佐藤宏之, 2003, 「北海道の後期舊石器時代前半期の樣相-細石刃文化以前の石器群」, 『古代文化』第55卷 第1號, 古代學協會, pp.3-16.

佐藤忠雄・野田武夫, 1961, 『射的山』永山町敎育委員會.

佐野勝宏, 2002, 「北方系細石刃石器群を殘した人類の行動形態」, 『考古學硏究』第49卷第1號, pp.38-58.

直江康雄・鈴木宏行・長沼孝, 2002, 『白瀧遺蹟群Ⅲ-奧白瀧1遺蹟・上白瀧5遺蹟-』, 北海道埋藏文化財センター.

札幌大學木村英明ゼミナール, 1989, 「北海道紋別郡白瀧村幌加澤遺蹟遠間地點における考古學的調査・第二次調査槪報」, 『札幌大學木村英明ゼミナール論集』第15號, pp.57-115.

千葉英一 外, 1988, 『木古內町新道4遺蹟』北海道埋藏文化財センター.

筑波大學遠間資料硏究グループ編, 1990a, 『湧別川』.

筑波大學遠間資料硏究グループ編, 1990b, 『湧別川』遠間榮治氏採集幌加澤遺蹟遠間地點石器圖錄, 北海道紋別郡遠輕町敎育委員會, pp.1-234.

出穗雅實, 1995, 「北見市中本遺蹟の再檢討」, 『北海道考古學硏究會發表資料』.

出穗雅實, 2005, 「マンモスハンター論總說(1)」, 『論集忍路子Ⅰ』, 忍路子硏究會, pp.13-28.

出穗雅實・赤井文人, 2005, 「北海道の舊石器編年」, 『舊石器硏究』弟1號, pp.1-17.

鶴丸俊明, 1979, 「北海道地方の細石刃文化」, 『駿臺史學』第四十七號, pp.23-50.

鶴丸俊明, 1985, 「廣鄕型細石刃核論-その形質と意味」, 『論集日本原史』, pp.113-138.

Hirofumi Kato, 2002, Emergence of microblade industries in Hokkaido island, Blade and microblade industries in Asia and America, pp.46-49.

Kimura H., 1990, The Microblade Technique in Northern part of Japan, Chranostratigraphy of the Paleolithic in North, Central, East Asia and America, pp.147-186.

Oda,S.and Keally, C.T., 1975, Japanese Preceramic Cultural Chronology, ICUARC Occasional Papers 2.

V.V.Pitulko. *et al*, 2004, The Yana RHS Site: Humans in the Arctic Before the Last Glacial Maximum, Science 303, pp.52-56.

Yuichi Nakazawa, Masami Izuho, Jun Takakura, and Satoru Yamada, 2005, Toward an Understanding of Technological Variability in Microblade Assemblages in Hokkaido, Japan, Asian Perspectives, Vol.44, No.2, University of Hawai Press, pp.276-292.

Part 3

환동해안지역 현생인류의 교류와 형성과정

한반도·구주의 구석기시대석기군과 문화의 교차

I 서론
II 한·일 석기군 비교를 위한 선결과제
III 하인리히 이벤트와 교차시기
IV 한반도와 구주의 HK교류
V 소결

I 서론

일본에서는 岩手県 金取, 茨木県 星野, 静岡県 누타부라(ぬたぶら)유적의 석기군, 長野県 竹佐仲原, 福岡県 辻田, 長崎県 福井동굴 15층, 熊本県 大野D유적 Ⅷ층, 宮崎県 後牟田유적 등이 중기에서 후기로의 이행기 석기군일 가능성이 제기되고 있다(安斉正人, 2003).[1] 그러나 이러한 유적들 중 발굴조사이후로 몇 십년이 지났으나 아직도 누구나 인정하는 중기구석기시대 유적으로 확정된 유적은 없다. 물론 여기에는 일본열도의 지형적 특징에 의해 빙하기동안에 일어난 급격한 환경변화로 인한 지층교란현상이 주요한 요인으로 지적되기도 한다. 결국 석기의 진위여부는 학자들 간에 견해가 다른 게 사실이다. 현 시점에서는 한반도와 구주지역의 비교는 후기구석기시대로 한정할 수 밖에 없다.

일본에서 후기구석기시대에 접어들어 유적의 숫자가 급증하는 현상은 후기구석기 이전에 거주했던 집단의 영향이 지속적으로 이어졌기 때문이라기 보다 외부로부터 유입되어 온 인류의 영향이 구석기유적의 형성에 큰 영향을 미쳤기 때문이다. 그러한 루트 중 현재까지 가장 가능성이 높은 것이 바로 한반도지역과 일본 구주지역의 친연도이다.

한반도와 일본 구주지역은 구석기시대 이후부터 많은 비교연구가 있었다. 대부분은 한국의 슴베찌르개와 구주지역의 박편첨두기가 그 대상이었기에 그 외 유물은 관련이 없다고 생각해왔다. 한국의 수양개유적, 경기도 삼리유적, 임실 하가유적에서 각추상석기와 유사한 것들이 출토되었다. 이것들은 출토된 지역은 물론 시기적으로 차이가 있다.[2]

대체로 두 지역의 석기는 각기 다른 석기문화를 기반으로 탄생하여 유사한 석기가 출현한 듯한 인상을 지울 수 없는 것은 사실이다. 그 이면에는 한국의 석영제 석기, 일본의 나이

---

1 安斉正人, 2003, 『舊石器社會の構造變動』, 同成社, p.69
2 각추상석기의 기원은 두 종류의 석기에서 찾아볼 수 있다. 첫째, 박편첨두기 중 인부전체에 조정이 가해진 것과 둘째, 세석핵 중 舟低形석기이다. 후자보다는 기술적인 변천과정에서도 박편첨두기에서 유래한 것으로 보는 것이 옳은 것 같다. 물론 한국의 각추상석기도 박편첨두기에 있음은 물론이다. 수양개, 하가유적의 경우 모두 박편첨두기가 출토되고 있기 때문이다.

프형 석기가 자리 잡고 있기 때문이다. 두 지역의 석기를 비교해 문화양상을 검토하는데 있어 이러한 선입관을 먼저 해결할 필요가 있다. 교차의 정의는 두 개념이 근본적인 의의는 다르지만, 그 외연(外延)의 일부가 같은 개념이다. 두 지역간의 석기군의 변이가 큰 이유는 다음과 같다. 반도와 열도 사이에 해협이 있어 두 문화간 연속적인 교류가 없었다. 대륙의 퇴적암이 우세한 한반도에 비해 화산암으로 주로 이루어진 두 지역의 석기석재의 차이, 구석기연구의 수준과 연구성과의 차이, 연구에 있어 용어 등의 개념정의와 분류방식의 차이 등의 간접적인 이유가 있다.

여기서는 두 지역의 슴베찌르개와 박편첨두기가 정말로 다른 기술전통에서 출현한 것인지, 일본 구주지역에서 박편첨두기를 제작한 흔적은 유적 내에서 왜 찾아보기 힘든지, 각 추상석기는 왜 갑자기 출현하고 그 기술기반은 무엇인지, 석인기법은 어떠한 기술차이가 있는지, 세석인석기군은 관련이 없는지 등을 살펴보고, 교류시기가 정말로 특정시기에 한정되는지에 대해서도 검토하고자 한다.

II 한 · 일 석기군 비교를 위한 과제

1 슴베찌르개와 박편첨두기의 개념 차이

○ **슴베찌르개**: 슴베의 유무와 선단부조정된 첨두기(주로 석인으로 제작)
○ **剝片尖頭器**: 나이프형 석기와의 구분을 위해 기부의 어느 한 쪽이라도 만곡형(彎曲形) 기부를 제작한 것, 또는 구주지역에 한정된의 석기만을 호칭하는 협의(狹義)의 개념(장용준, 2007)

구주지역의 박편첨두기가 결입식 기부가 중요한 기준이라면 한반도에서 박편첨두기가 도래할 때 결입식 기부를 지닌 것만이 도래했다는 논리가 되고, 이러한 양상은 현실적으로 있을 수 없는 교류관계이다.

2 나이프형석기의 모호한 정의

일본열도에서 한 지역의 특징적인 나이프형석기 형식이 다른 지역에서 출토되면 별도의 형식으로 분류되거나 연구자가 적용하기 어려운 경우가 많다. 나이프형석기는 '나이프'만 남아서 석기분류의 만능적인 용어로 광범위하게 사용되는 것 같다. 그러다보니 이처럼 복합적인 기능을 가지고 유사한 조정방식을 지닌 석기를 모두 '나이프'가 아닌 '나이프형'으로 분류 및 통합하고 있다.

3 나이프형석기문화의 포괄적 정의

일본 후기구석기문화와 나이프형석기문화는 무엇이 다른가? 구주지역만 예를 들더라도 주류를 차지하는 석기들은 나이프형석기와는 전혀 무관하다. 박편첨두기, 각추상석기, 불규칙박편석기 등은 엄밀히 말해 나이프형석기문화에 속하는 석기가 아니다. 나이프형석기라는 분류개념은 자국 내 석기문화의 양상 및 석기의 특징을 분명히 하는데 큰 역할을 하였다. 하지만, 일본을 벗어난 지역과의 비교검토에서는 이러한 개념이 장애가 될 수 있다. 나이프형석기의 형식명이 지역 범위를 한정하고 다른 지역과의 비교를 개념적, 선험적, 고정관념적, 무의식적으로 새로운 방법의 채택을 제한하고 있는 것은 아닌지 되새겨 보아야 한다. 나이프형석기를 제작하는데 다양한 박리기법이 사용된 석기들을 모두 나이프형석기문화라는 이름으로 포괄할 수 있느냐도 다시 생각해 보아야 한다.

4 나이프형석기의 비논리적 분류기준

일본의 경우 나이프형석기가 있고 그 하위에 다양한 형식이 있다. 하지만 이것들은 용어뿐만 아니라 기능적으로 통합성을 지니지 못한다. 특히 일측연/이측연조정, 블런팅조정 등은 나이프형석기로 분류하기 위한 중요한 기준이다. 그러나 일측연, 이측연은 조정범위에 주안을 둔 것인 반면, 블런팅은 조정각도를 의미한다. 즉 블런팅에 의한 일측연/이측연조정은 있어도 일측연가공 블런팅은 없다. 아울러 블런팅과 도구제작을 위한 이차가공이 어떤 차이가 있는지 이해되지 않는다.

5 한반도에 나이프형석기는 있는가?

나이프형석기로 분류할만 석기가 출토된 유적은 하가유적, 용산동유적, 고례리유적, 수양개유적 등이 있다. 일본의 나이프형석기의 기준이라면 한반도에 나이프형석기는 얼마든지 확인가능하다. 용산동유적의 슴베찌르개는 이측연가공 나이프형석기이다. 앞으로 이러한 석기들은 어떻게 볼 것인가도 두 지역의 교류를 검토하는데 중요한 문제이다.

    석기는 다양한 요인에 의해 변이가 생긴다. 따라서 실제 무엇을 만들고자 했는지에 대한 범주 속에 포함되는 공통된 기능을 확인하고 거기에 맞춰서 분류를 진행하여야 한다. 즉 동일한 형식에서 여러 변이가 존재하는 것이지 각각 다른 석기가 제작되는 것이 아니다. 여러 형식이 중요한 게 아니라 형상을 범주에 포함시켜 파악하면서 무엇을 만들고자 했는지에 대한 제작개념이 더욱 중요한 것이다.

    일본의 경우 나이프형석기가 있고 다양한 형식이 존재한다. 하지만 이것들은 용어뿐만 아니라 기능적으로 통합성을 지니지 못한다. 지역마다 나이프형석기의 다양한 형식을 설정하는 것도 좋지만, 그것보다 그 기능을 하나로 묶으면서 하위형식을 설정하는 것이 필요하다. 현재의 나이프형석기는 형식설정만 있지 그것이 어떠한 기능적 차이가 있고 실제 그것이 첨두기로 사용되었는지도 제대로 검토되지 않은 형식들이 많다.

    만약 기부결입(基部抉入) 이측연가공(二側緣加工) 나이프형석기 등으로 주로 분류해온 본주지역의 석기가 박편첨두기가 맞다면 일본 관동지역의 석인기법의 기원문제, 각종 나이프형석기의 기원 및 분류 타당성문제, 국부형첨두기와의 공반확산문제, 일본 관동지역의 후기구석기의 편년에 대한 새로운 시각이 필요하게 된다.

Ⅲ 하인리히 이벤트와 교차시기

현재 한반도와 일본의 교류를 언급하는데 있어 가장 중요한 기준으로 삼았던 것 중에는 LGM기간 동안의 해수면하강에 따른 지형변화이다. 지금까지 두 지역의 교류는 이 기간에 한정하여 논의가 진행된 것이 사실이다.

그러나 75,000년부터 20,000년 전 까지의 기간은 기후와 해면수위의 변화가 크게 변동한 것이 특징이다. 지구 해수면변화에 있어 65,000년 전부터 35,000년 전의 기간에 기록된 해면 상승에는 남극대륙과 북반구빙상이 거의 동일하게 기여하였다(Eelco et al., 2004).

LGM기간 이전인 3.5만 년 전을 전후한 시점에 한반도와 일본열도가 가까워졌을 가능성이 매우 큼을 알 수 있다. 일본열도의 후기구석기시대에 해당하는 유적 대부분이 OIS3 후반에 속하며, 4~3만 년 전을 전후해 급격히 유적이 증가하는 현상을 주목할 필요가 있다.

하인리히 이벤트는 1988년 Heinrich라는 학자가 북동대서양에서 해저퇴적물코어를 통해 지구의 궤도적 특성이 주요한 빙산의 붕괴(ice rafting)현상에 미친 영향을 밝히기 위해 이루어진 실험에서 밝혀진 빙산붕괴의 주기성을 말한다. 빙산붕괴는 겨울이 최소화되면서 여름이 최대화, 여름 최소화되면서 겨울이 최대화되는 고립기 동안에 일어난다. 특히 이러한 주기는 북 대서양뿐만 아니라 태평양과 대서양지역의 기후변화의 계산과 명료화하기위한 유용한 작업들이다(Heinrich, 1988).

Heinrich layers라는 층은 북대서양에 광범위하게 발견되고 여섯 개 층으로 구성되며, 보통 수 cm 두께를 가지며 유공충화석은 거의 없다. 해저퇴적층의 두께로 볼 때 빙하덩어리가 급격하게 방류되었음을 알 수 있다.

이러한 현상은 플라이스토세말 기간에 여섯 차례 정도 있었고 아주 추운 때와 일치한다. HE의 시간대는 12ka, 16.5ka, 23ka, 29ka, 37ka BP등으로 추정된다. 북대서양에서 확인되는 이러한 급격한 기후변동은 아라비아해, 남대서양, 중국 남경 근처의 후루동굴의 퇴적층 연구를 통해 전세계적으로 있었던 현상으로 확인된다. H-1이 기존이 가장 낮았는데 약 16,200년 전으로 생각되고 있다(성춘택, 2004).

LGM은 하인리히 이벤트(Heinrich events)의 HE1과 HE2사이에 일어났다. HE1의 시작과 HE2의 끝은 15,000과 20,400BP의 ^{14}C연대를 지닌다. INTCAL98-CASIB4에 의한 ^{14}C의 연대를 보정하면 18,000에서 24,000년 전을 나타낸다. 그 중심 연대인 21,300±3,000의 보정 연대를 사용할 것을 주장하였다(Bard, 1999).

LGM기간 중 육상빙하의 두께가 가장 두터웠던 시기는 22,000~19,000BP(calendar)였으며, 몇 백년안에 약 10%에 이르는 빙하두께가 급격히 줄어들었는데 19,000±250years의 LGM이 끝나는 시기였다. 그리고 해수면은 급격히 상승한다(Yokoyama et al., 2000).

LGM 동안 대한해협은 육상에 노출되어 쿠로시오 해류(또는 대마 난류)가 차단되었다는 견해(Keigwin and Gobarenko, 1992; Kim et al., 2000)와 LGM 시기에도 대한 해협은 완전히 노

표 1 하인리히 이벤트의 구체적인 연대값들(단위: 년 전), 성춘택(2004)에서 인용

	deposits	YD(H-0)	H-1	H-2	H-3	H-4	H-5	H-6	연대법
Porter and An 1995	chinese loess plateau		15,000	21,000	27,000	35,500	50,000	67,000	AMS
Chen et al. 1997	Malan loess	12,000~14,400	14,400:17,200	22,600~24,100	26,700:28,000	35,000~37,200	51,000~54,400		C-14, TL
Bond et al. 1992	북대서양		14,490~14,590	19,970~21,370	26,570~29,170	35,500~36,000	50,500~52,000		AMS
Schulz et al. 1998	아라비아해	12,500	16,000	25,000	30,000	39,000	46,000	59,500	AMS calibrated
Wang et al. 2001	Hulu Cave	12,000	16,200	24,000	30,500	39,000	47,000		234Th

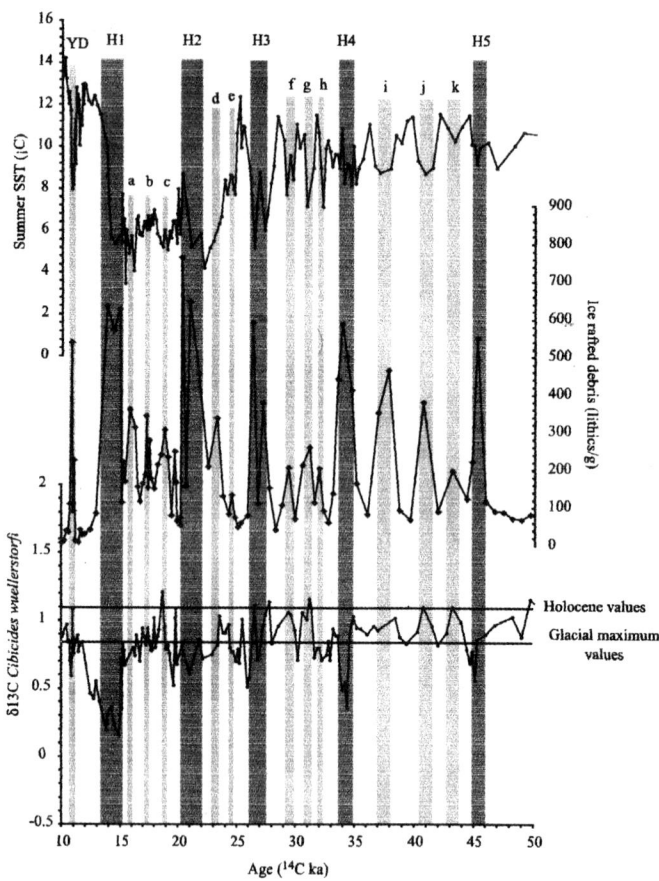

Fig. 3. Results of core Na 87-22 from the Rockall Plateau. Summer SST (top), concentration of IRD in number of lithic grains (>150μm) per gram of dry sediment (middle), δ¹³C C. wuellerstorfi (bottom). A lower resolution record of IRD abundance were previously published in (Cortijo et al., 1997; Vidal et al., 1997) but were expressed in relative percentage of IRD versus total entities. We have recounted the IRD abundance with higher temporal resolution using the method described in Elliot et al. (1998). The variations in IRD expressed in number of lithic fragments (>150μm) per gram of dry sediment clearly reveal high-frequency variations of ice rafting episodes not seen in the previous record. An initial age model was based on 25 ¹⁴C dates between 0 and 44 ¹⁴C ka (see Cortijo et al., 1997; Vidal et al., 1997). We present adjusted ages for the Heinrich layers which were constrained to fit the average age as determined from seven sediment cores from the North Atlantic Ocean (see Table 1). These adjustments are done within the errors of the ¹⁴C dates. The dark bands highlight the periods corresponding to the average age and duration of the Heinrich layers as defined in Table 1. The light gray bands highlight periods of increased IRD content associated with the sea surface coolings. We have numbered these detrital events a–k in analogy with the numbering of Bond and Lotti (1995).

그림 1 하인리히 이벤트(Elliot et al., 2002)

출되지 않고 수로가 형성되어 중국의 황하와 양자강 그리고 한반도의 낙동강과 섬진강으로부터 유출된 담수와 함께 쿠로시오 해류가 동해로 유입되었다는 견해(Morely *et al.*, 1986; Oba *et al.*, 1991; Matsui *et al.*, 1998; Tada and Irino, 1999; Park *et al.*, 2000; Lee and Nam, 2003)가 있다.

　　대한해협은 LGM 이후(약 14 ka)부터 홀로세 초기(약 7ka)까지 동중국해로부터 해류의 영향을 받고 있었음을 알 수 있다. 따라서 이 시기에도 대한해협을 통하여 동중국해로부터 기원된 쿠로시오(대마) 해류와 중국 및 한반도에서 기원한 담수가 동해로 유입되었을 것이다(강소라 외, 2006). 기온변화에 따른 교류시기는 하인리히 이벤트를 참조로 할 때 H4, H3, H2, H1의 세 번으로 나눌 수 있다.

Ⅳ 한일 구석기문화의 HK교류

여기서는 Porter and An(1995)의 연대를 기준으로 삼고자한다. 본고에서는 후기구석기시대에 한국 한반도와 일본 구주지역의 교류양상을 하인리히 이벤트 기간에 일어난 'HK교류'로 부르고자 한다. 하인리히 이벤트(HE)는 줄여서 H로 표현한다. H3(OIS 후반)은 비석인계 석기군, 부정형박편, 대형석기(台形石器), 박편석기 중심, 특히 긁개가 중심인 시기이다. H2(LGM)는 1차와 2차로 나눌 수 있다. 1차 박편첨두기, 석인기법, 첨두기문화출현, 이측연가공 나이프형석기, 각추상석기가 중심인 시기이다. H1은 세석인석기군, 台形석기군이다.

1   H4교류(OIS-3말, 3.5만 년 전)

H4는 4만 년 전과 3.6만 년 전이라는 견해가 있다. 여기서는 36.25kyrBP의 연대를 취하고자 한다(Roche *et al.*, 2004). 일본지역의 후기구석기문화의 기원이나 원류가 어디인가에 대한 문제는 여전히 난제이다. 만약 3만 년 전 이전에 한반도와 일본열도가 교차 또는 상관관계가 형성되지 않는다면 일본의 후기구석기시대의 기원문제는 영원히 풀 수 없는 과제로 남는다.

　　일본에서 3.5~3만 년 전의 후기구석기가 확인되는 것은 명명백백한 사실이다. 그렇다고 한다면 현생인류의 흐름에 맞게 한반도 혹은 중국 남부, 북해도를 통한 인류의 유입이 있었다고 가정할 수 밖에 없다. 실제 빙하기동안에 해수면이 가장 낮아진 것은 LGM기간이 맞겠지만, 과연 그 외의 시기에는 정말로 두 지역을 왕래하는 것이 불가능했을까?

한반도와 고일본열도를 연결하거나 도해가 가능한 정도의 해수면 하강이 35,000~30,000년 전(빠른 추위 단계)에도 분명히 있었던 것으로 추정된다. 이 기간은 빙하기 중에서도 산소동위체 스테이지 3기 중반이후 해수면이 급격하게 낮아지는 변동시점 중 일시적으로 한반도와 일본열도를 연결하는 문이 열렸을 가능성이 높다.[3] 여기에 현생인류의 항해기술을 고려해야 한다.

미야자키 매장문화재센터에서 발굴조사한 山田유적의 AT층 아래(XI층)의 Ⅰ기는 30,610±220(C-14)이 확인되었다. 사암, 혼펠스, 혈암 등의 역기군으로 나이프형석기와 대형양석기가 출토되지 않았다. 완성된 박편석기는 긁개류와 쵸퍼, 쵸핑툴이 많다. 한국에서 석핵석기와 석핵을 구분하는 것은 그리 어렵지 않지만 일부 유물은 구분이 쉽지 않다. 대부분의 석핵은 부정형박편이다. 국부마제석부가 2점 확인된 것도 특징이다.

山田유적의 박리기법은 자연면 그대로를 타면으로 이용하고 타면조정을 하지 않는다. 석핵석기로 보이는 석기들은 대부분 파지를 위해 자연면을 남겨 두는게 특징이다. 역기의 크기도 대체로 비슷한 크기에서 형성되고 있다. 쵸핑툴의 경우 능선이 중앙에 오지 않는 등 인부가 정연하지 않는 양상이어서 한반도의 사례로 볼 때 중기구석기말 또는 석핵석기가 쇠퇴하는 시기로 생각된다. 일부 석핵은 형태가 없고 소형박편을 획득하였다.

일본 내 후기구석기초의 특징은 석핵석기가 드물고 臺形樣석기를 공반한 경우 대부분 박편석기가 주류를 이루고 있다. 하지만 이 유적에서 출토된 것들은 석핵이 아닌 석핵석기이다. 그 이유는 주먹도끼는 출토되지 않지만, 쵸퍼와 쵸핑툴이 일정한 양이 출토되고 있다. 유사한 석기가 다량으로 출토되고 있고 박리기법과 제작기법에서 통일성이 보이기 때문이다.

이러한 석기는 분명 한반도지역의 최상부토양쐐기를 포함하는 층의 중기구석기과 후기구석기의 이행기의 양상으로 볼 수 있다. 조금 더 올려본다면 후기보다는 중기구석기말의 석기군의 성격과 매우 유사하다. 그러므로 山田유적 Ⅰ기는 후기구석기가 시작되는 시점을 전후하여 한반도와 구주지역이 교류가 있었을 가능성을 강력히 시사해 준다.

---

3 그린랜드빙상코아의 GISP2에 따라 OIS3은 약 58,000~28,000년 전이다. Stuiver, M., and P.M. Grootes, 2000, GISP2 Oxygen Isotope Ratios, *Quaternary Research* 53, pp.277-284.

가고시마 前山유적 제I문화층에서는 옥수제 석기가 후기구석기초에 출토된다. 대부분 부정형박편을 획득하였다. 접합자료를 볼 때 불규칙한 박리기술로 자연면이 없는 인부를 지닌 박편을 얻고자 하였다. 동일한 문화층에서 혈암제의 구심박리석핵에서 생산한 소형박편을 이용한 대형양석기가 출토되었다. 그런데 이 옥수제 석기들은 종장박리흔적을 찾아볼 수 없고 한반도의 석영과 상당히 유사한 느낌을 준다. 이 시기에 특징적으로 사용되었다고 한다면 구주지역에서 석영을 획득하기 어려워 그 대체 석재로 옥수를 사용했을 가능성을 조심스럽게 검토할 필요가 있다. 옥수제석기가 후기구석기초에 주로 사용되는 현상도 이를 뒷받침한다.

지금까지 이 시기에 한반도와 구주의 석기가 비교되지 않은 것은 육교가 없어 왕래가 어려웠다는 선입관이 지나치게 작용하였다. 그리고 한반도의 4만 년 전~3만 년 전 사이는 중기구석기시대에서 후기구석기시대로 넘어가는 이행기단계로 석기군이 상당히 복잡하고 아직 석영계석기군이 존재하고 있었다. 이 시기는 석기군의 정형성이 떨어짐과 동시에 大形석핵석기가 소멸하는 단계이므로 구주지역에서 이러한 현상을 찾기 어려웠다. 무엇보다 두 지역 모두 부정형박편을 소재로 석기를 제작했기 때문에 그 유사성을 찾기가 어려웠다. 한반도와 마찬가지로 구주지역에서도 3만 년 전의 석기군은 매우 복잡한 양상임에 분명하다. 3만 년 전 이전에도 한반도와 구주지역은 초보적인 항해기술을 기반으로 한 교류는 있었다.

2 H3a교류(2.7만 년 전) 석인/종장박리기술 출현기

OIS3과 OIS2(27,000~16,000BP)의 경계 또는 OIS2의 초기로 AT층하위에 해당한다. H3-1시기에 비해 석재변화가 눈에 띄고 석인기법과 함께 수렵구가 출현한다.

이 시기는 AT층 아래에 해당하는 시기이다. 始良Tn화산재(AT)의 연대는 24,500 C14 BP전후이며 보정연대로는 29,000 cal BP 전후로 알려져 있다. 이 시기는 OIS3의 후반기(37,000~27,000BP)와 OIS2(27,000~16,000BP)의 경계 또는 OIS2의 직전으로 파악되고 있다.[4]

AT화산폭발이후 식생변천을 연구한 辻誠一郎·小杉正人(1991)와 公文富士夫 등(2003)에 따르면 關東지방과 近畿지방 등에서는 AT강회 이전인 OIS3후반기부터 소나무속, 전나무속,

---

[4] 工藤雄一郎, 2008, 「40~15kaの石器群の年代と古環境」, 『日本舊石器學會第6回講演·研究發表シンポジウム豫稿集』, pp.51-54.

가문비나무속, 솔송나무속 등이 확인된 것으로 볼 때 침엽수림화가 급속히 진행되었다.[5] 따라서 일정 부분의 해수면 하강은 유지되었다. 이 기간 동안에 한반도의 석인기법은 세 곳의 루트를 통해 전해졌다.

일본 구주지역 내 AT층 아래에서 종장박리기술이 본격적으로 도입된다. H4시기에 비해 석재변화가 눈에 띈다. 미야자키현 山田유적, 尾立(おだて)제2유적의 AT층 아래, 野首제2유적의 Ⅱ기, 赤木제8지점은 AT아래(Ⅹ층-Ⅺ층)에서는 이측연가공 나이프형석기가 확인되었다. 이 석기는 종장박편으로 만들어졌으며 소재박리기술은 석인기법이다. 野首제2유적의 Ⅱ기는 이측연가공나이프형석기, 기리다시나이프형석기가 출토되었고, 유사크레스트석핵(16도23번)이 있다. Ⅲ기는 박편첨두기와 유사한 이측연가공 나이프형석기가 출토되었고 석인으로 만들어졌다. 그 외 정연한 석인도 출토되었다. 유물의 출토양상으로 볼 때 Ⅰ~Ⅲ기가 동일한 석기조성을 보이고 있는 점 등으로 볼 때 같은 문화층으로 생각된다. AT층 바로 아래의 석기군은 종장박편 또는 석인기법이 확인되지만, 부정형박편석기도 함께 제작된다. 일부 유적에서는 능조정 석인기법도 확인된다.

이 시기의 중요한 박리기술 중에는 구심박리석핵이 있다. 赤木제8지점은 AT아래(Ⅹ층-Ⅺ층)에서 구심박리석핵과 이측연가공나이프형석기가 출토되었다. 立野유적은 불규칙박편이 중심이지만 종장박편과 측면박리도 확인되므로 석인기술은 있었다. 다만 박편첨두기는 출토되지 않았다.

박리기술 중 거북등 모양의 구심박리석핵을 통한 소형박편을 획득하는 것이 각지에서 확인된다. 구심박리석핵은 소재박편의 박리면을 이용해 소재를 획득한다. 불규칙박편은 구주지역과 긴키지역에서 확인된다. 종장박편 또는 방형박편의 경우 패각상 소형박편을 획득하기도 한다. 인부를 따라 연속적으로 박리하기도 한다. 불규칙박편은 주로 臺形樣석기의 소재로 사용된 것으로 생각된다.

대부분의 석기 소재는 소형박편이나 석인으로 완성된 석기는 5cm 전후의 소형석기이다. 첨두기로 생각되는 것은 이측연가공 나이프형석기 뿐이다. 전형적인 박편첨두기는 출토되지 않는다. 根引池유적, 中山유적에서 박편첨두기와 이측연가공나이프형석기가 공반한다.

---

5 辻誠一郎・小杉正人, 1991, 「始良Tn火山灰(AT)噴火か生態系に及ぼした影響」, 『第四紀研究』30, pp.419-426.
公文富士夫 等, 2003, 「野尻湖湖底堆積物中の有機炭素・全窒素含有率および花粉分析の基づく約25,000~6,000年前の氣候變動」, 『第四紀研究』42, pp.13-26.

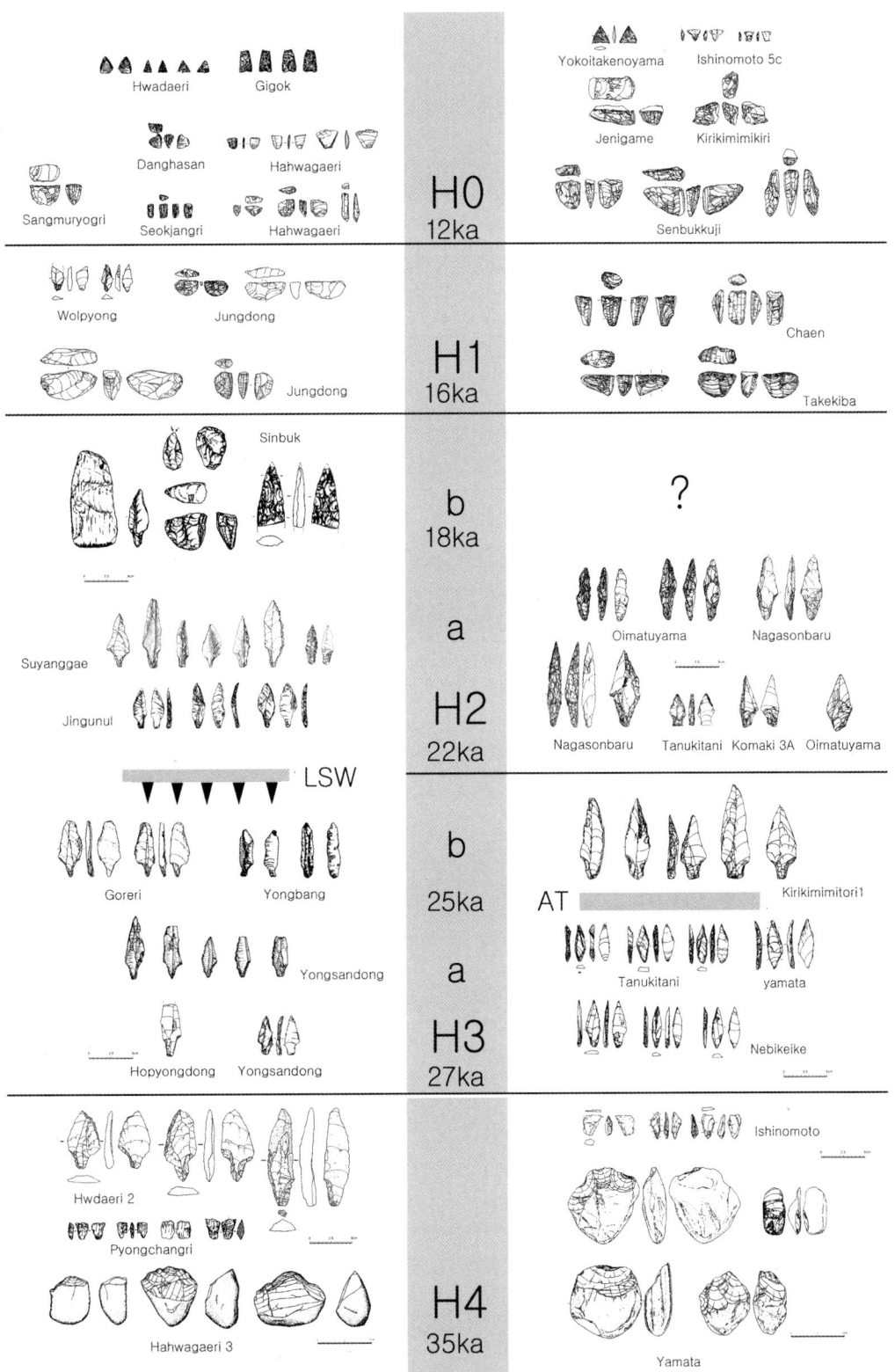

그림 2 한반도와 일본 구주의 문화교차

한반도의 대전 용산동, 천안 용방유적, 호평동유적, 고례리유적의 박편첨두기와 석인기법이 구주지역과 일본열도에 영향을 미친 시기로 생각되지만 교류시기는 그리 길지 않았다.

하지만 일본열도에서 박편첨두기와 함께 이측연가공 나이프형석기가 출토되는 점을 미루어볼 때 이측연가공 나이프형석기도 분류에 따라서는 기부조정 첨두기로 분류될 수 있다는 점에서 슴베찌르개의 한 형식으로 볼 수도 있다.

3 H3b교류(2.5만 년 전) 박편첨두기, AT전후 박편첨두기와 능조정기법의 성행

동아시아에서 본격적으로 빙하기가 시작하는 25,000년 전을 전후하여 Bard(1999)는 LGM기간(24,000~18,000년 전)에 해당하는 시기로 교류가 본격화되며 접촉이 가장 많았던 시기이다. 17,000~23,000년 전은 해수면이 120~125m정도 하강하였다(Shackleton, 1987). AT층상위로 LGM기간 동안에 형성된 왕래루트를 통해 교류가 있었다. 한반도의 진그늘유적, 수양개유적, 고례리유적으로부터 석인기법과 박편첨두기가 전해져 대형 수렵구로 정착되면서 구주지역에 박편첨두기관련 유적이 급격히 증가하는 시기이다.

桐木耳取유적의 Ⅰ문화층은 P17테프라(23,000BP)의 하위서 출토된 박편첨두기가 대표적이다(宮田榮二, 2006). 구주지역에서 박편첨두기제작관련 흔적이 매우 드문 상황에서 山田유적 제Ⅲ기의 접합자료는 매우 중요한 정보를 제공해 준다. 이곳에서는 능조정기법은 확인되지 않지만 석핵의 능선을 이용해 석인을 박리하였고 힌지도 확인되며, 타면조정과 타면생성도 하였다. 예비소재 중 등면에 자연면이 있거나 석인 중에서 형태가 좋지 않은 것은 도구로 사용하지 않았다.

前ノ田村上 제2지점의 제Ⅰ기가 가장 전형적이다. 광폭형 대형석인에 등면에 자연면은 있지만 능선이 2개 있다. 다른 장소에서 소재를 생산한 뒤 반입한 것 같다. 석인들은 대부분 자연면이 없는 것을 선택해 반입하였다. 박리는 능선을 확실히 의식하고 진행되었다. 석인의 형태는 여러 가지가 있지만, 등면에 자연면이 없는 것이 우선적으로 선택되었다. 한국에서도 슴베찌르개를 만들 수 있는 양질의 중형 석인은 박편첨두기로 제작하는 비율이 낮다. 양설타면, 타면전이, 잔핵을 재사용하였다. 박편내면을 이용하기도 한다. 석인제 작업면 재생박편의 모서리를 박리해 석인을 얻기도 하였는데 새기개일 가능성도 있다.

박편첨두기가 대량으로 제작되지만 소재에 능선이 있는 것을 선호하지만 능선을 조정하는 행위는 관찰되지 않는다. 아울러 능조정박편을 박편첨두기나 기타 도구의 소재로 사용하지는 않았다. 대부분의 이차가공은 배면에서 등면으로 이루어지고 한반도와 슴베찌르개의 제작방식은 모든 면에서 동일하다. 일부 유물은 실제 사용하고 난 뒤에 다시 반입된 것도 있다.

박편첨두기 중 기부조정만 있는 경우는 기부와 몸신의 비율이 1:3.5이상의 비율을 보이고 있다. 아울러 이측연조정된 박편첨두기도 확인된다. 소재형태와 석재는 다양하며 도구대칭성이 떨어지며 두께도 다양하지만 대칭성이 떨어진다.

박편첨두기의 제작에 다양한 석재가 사용되지만, 흑요석의 사용빈도가 낮은 게 특징이다. 석재수급에 어려움을 겪었다고 볼 수도 있지만, 여러 지역의 박편첨두기가 공유되었을 가능성도 배제할 수는 없다. 前ノ田村上 제2지점의 제1기에서 흑요석제 박편첨두기가 파손된 채 출토되었지만 일부 유적을 제외하곤 거의 모든 유적에서 흑요석은 박편첨두기의 석재로 사용되지 않는다.

한반도로부터 전해진 박편첨두기는 구주지역에서 단순히 석기기술의 전파나 박리기술의 정보교환의 일환보다 생계방식의 변화를 야기시켰다는데 그 의의가 있다(장용준, 2009).

4 H2교류 박편첨두기와 각추상석기의 공반, 능조정기법의 변형, 각추상석기의 제작

석인석핵은 원석을 그대로 사용해 능조정한 경우도 있을 것으로 생각되지만, 구주지역 석인기법의 특징적인 박리기법의 하나는 석재를 분할해서 소재를 획득하는 분할기법이 있다. 분할된 소재의 한쪽을 가격해 타면을 생성시키고 박편의 측면인부를 능조정하여 박리하는 방식이 눈에 띈다. 이러한 박편을 석인석핵의 소재로 이용하는 방식은 고례리유적에서도 확인된다.

이 시기에 한반도와 구주지역의 교류는 그리 빈번하지 않았다. 구주화된 석기가 많이 나타나고 세토우치해지역과의 교류도 보인다. 대형수렵구로서 박편첨두기와 더불어 각추상석기가 사용된다. 前ノ田村上 제2지점의 제Ⅱ기, 前山제Ⅱ문화층이 해당한다. 赤木제8지점 Ⅷ층, 赤木3차조사유적 Ⅶ층이 있다.

赤木3차조사유적 Ⅶ층에서는 대형박편첨두기, 각추상석기가 함께 출토되지만 층위가 얇아 실제 공반유무는 확실치 않다. 각추상석기는 모두 종장박편을 이용하였고 능선과 도구축은 일치한다. 도구제작시 능은 추가적으로 조정되었다. 타면쪽이 모두 기부가 된다. 대부분

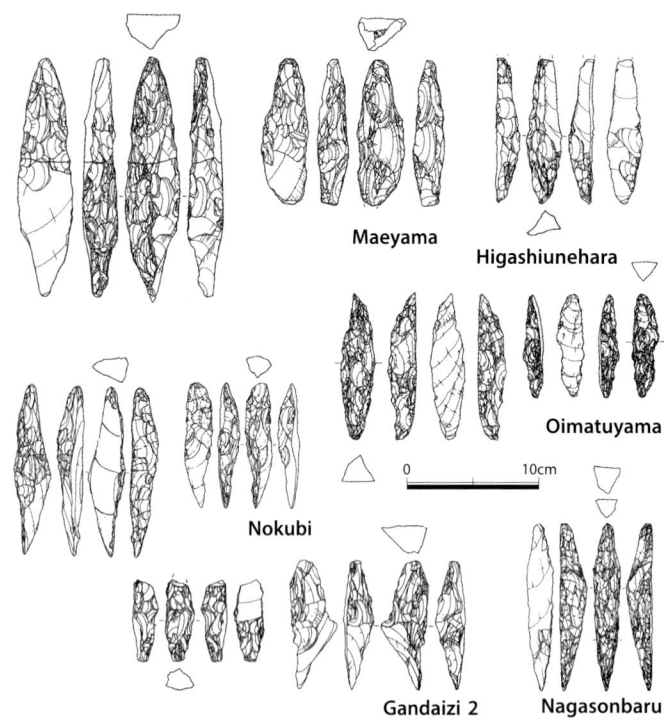

그림 3 능조정박편제 각추상석기

폭이 좁고 단면은 삼각형이다. 박편첨두기와 각추상석기의 중간적인 형태가 많이 확인된다(荻 幸二, 2007). 박편첨두기가 점차 소형화되는 반면 각추상석기가 본격적으로 사용되면서 대형수렵구로서의 교체가 일어나는 시기이다.

野首제2유적 Ⅴ기에는 각추상석기, 박편첨두기, 세토우치기법으로 만든 국부형석기가 공반된다.[6] 종장박편의 질이 떨어지고 박편첨두기의 정형성도 옅어지면서 조정이 많아진다. 각추상석기의 크기는 10cm 이상도 많으면서 크다. 슴베찌르개는 결입식기부가 점차 드물어진다. 박편첨두기와 각추상석기의 기술이 혼합된 형태가 확인된다. 특히 박편첨두기에는 전혀 확인할 수 없었던 기부배면조정이 새롭게 출현한다. 타면은 거의 제거되고 이측연가공이 많다. 일부 국부형나이프형석기의 기술을 받아들인 것으로 보인다. 무엇보다도 능조정박편을 이용해 만든 각추상석기가 확인된다. 대부분의 첨두기형석기들이 기부의 소재타면을 제거하기 시작한다. 결입식기부보다는 사다리꼴이나 Ⅴ자형이 많아진다.

이 시기에 석인관련 접합유물 중 능조정 박편이 확인되지 않는 것은 이 단계에 이것은 도구의 소재로 사용하였기 때문이다. 그리고 다양한 예비소재를 이용해 나이프형석기, 각추상석기, 박편첨두기를 제작하였다. 이러한 현상은 소재제약에 따른 첨두기부족현상을 해소

---

[6] 일부 횡장박편으로 분류되고 있는 박편 중에는 능조정할 때 나온 횡장박편일 가능성도 있어 횡장박편을 세토우치기법과 무조건적으로 대비시키는 것은 다소 문제가 있는 것 같다. 이러한 박편은 대개 긁개로 이용된다.

하기 위한 일련의 방법들로 보인다.

　　이 시기가 가장 구주적인 구석기문화를 지닌 시기이다. 구주리덕션은 석인기법을 토대로 생산된 석인, 종장박편, 소형박편, 부산물 등의 소재를 용도에 맞게 선택하여 다양한 형태의 석기를 제작함은 물론, 박편첨두기 등의 파손된 석기를 재가공하여 밀개, 새기개 등을 제작하는 등 구주지역에 적합한 석기제작을 위해 능동적이고 효율적으로 제작하는 것을 의미한다. 한 유적 내에서 출토되는 다양한 형식의 석기들을 시기차이로 볼 수 없는 이유가 여기에 있다.

　　한반도에서 수양개유적의 기부가공된 각추상석기, 하가유적의 유사 각추상석기 2점이 출토되었다. 한반도에서는 세석인기법이 확인되지만 구주지역에서는 세석인관련 유물이 확인되지 않는다.

　　한반도의 경우 수양개유적에서 일부 능조정박편을 이용해 슴베찌르개를 만들고 종장박편 각추상석기가 출토되었다. 이러한 양상으로 볼 때 한반도와 구주는 거의 같은 사이클로 석기문화가 변화하였다. 두 지역은 육교와 같은 자연지리적 영향에 의해 일회성으로 끝나는 교류가 아닌 더 많은 접촉과 교류가 있었음을 추정할 수 있다.

　　일본열도에서 박편첨두기가 소멸하는 시점인 2만 년 전 전후하여 국부계석기군과 각추상석기의 광역확산의 배경에는 기후의 온난화에 따른 이동영역이 확산되었기 때문이다. 일본열도 각 지역에서는 독특한 나이프형석기가 지역석재를 기반으로 하여 지역성이 강해진다. 하지만, 2만 년 전을 전후하여 출현하는 지역마다의 나이프형석기의 형식적 구분의 실상은 그 이전의 공통된 석기군에서 출발하여 한랭화와 관련하여 지역적으로 이동이 제한되면서 좁은 범위 내의 영역화가 진행됨에 따라 석기의 형식적 특화가 심화된 결과이었다. 이러한 지역적으로 보이는 석기를 상호 관련성이 없는 석기로 구분하는 것은 문제이다.

5　H1교류(1.6만 년 전)

한반도와 일본 열도 사이에 위치한 대한해협(Korea Strait)은 길이 약 230km이다. 이것은 동중국해와 동해를 연결하는 좁은 대륙붕 해역으로 중앙에 위치한 수심 220m의 해곡(trough)을 제외하면 수심 약 130m 미만의 평탄한 지형을 갖는다(강소라 외, 2006). 津軽해협은 동서 길이 130km에 깊은 곳은 450m, 서쪽의 얕은 곳은 140m이다. 대한해협보다 수심이 더 깊다. 그러나 누구도 북해도와 동북지역의 유베쓰기법의 교류에 대해서 의문을 가지는 사람은 없

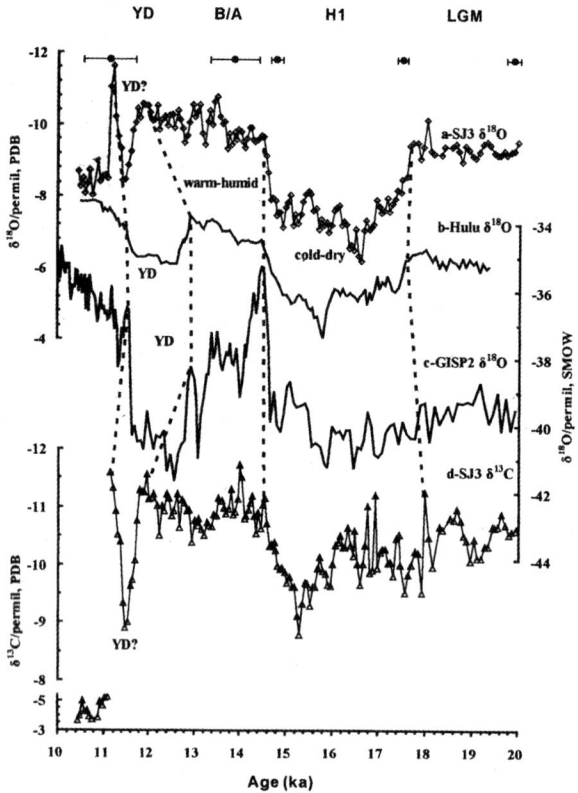

Figure 4. Comparison of stable isotope records for SJ3 (a, d), PD from Hulu Cave (b) (Wang et al., 2001), and the GISP2 ice core from Greenland (c) (Grootes et al., 1993; Stuiver et al., 1995). The horizontal bars on the top of the figure show U-series ages and errors (2σ) for SJ3. The vertical dashed lines indicate links between these records. The gray rectangle indicates the dirty top of SJ3 where calcite may not be deposited under isotopic equilibrium. The SJ3 δ¹⁸O record is apparently lower than the Hulu record. LGM: the last glacial maximum; H1: the cold climatic phase associated with the Heinrich event one; B/A: the Bølling–Allerød warm period; YD: the Younger Dryas cooling event. The YD event is less chronologically constrained in SJ3, probably resulting in the apparent difference in timing and duration of this event between the three δ¹⁸O records (SJ3, Hulu, GISP2).

그림 4 기온변동(YD-LGM), Zhou et al(2008)

다. 하지만 어느 시기에 어떻게 건넜느냐는 중요하지 않은 것 같다. 대부분 1.5만 년 전 즈음에 배를 타고 건넜을 가능성에 대한 가설만 있을 뿐이다. 그런데 한반도와 일본 구주지역은 육교에 얽매여 그 이외의 시기의 유물에 대해서는 어떠한 유물도 비교된 적이 없다.

중국의 고기후환경에 따르면 H1은 LGM기간보다 기온이 더 낮아 가장 추웠던 시기로 알려져 있고, 그 시기는 17.6ka~14.5ka이다.(H.Zhou et al., 2008)

한반도와 구주지역의 세석인집단이 다르고 기술전통이 달리할 가능성(芝康次郎 2007; 佐藤宏之, 2008)과 한반도로부터 새로운 집단이 남하했을 가능성(小畑弘己, 2005)이 있다. 구주지역의 세석인문화는 茶園유적 Ⅴ층(15,750±140)이 있으나 한반도의 관점에서 세석인석기군을 재평가할 필요가 있다. 구주지역에는 4개의 세석인제작기술이 확인된다(芝康次郎, 2007). 그 중 한반도와 유사한 삭편계세석핵이 확인되는 점, 세석인기법 중 박편을 소재로 하는 점, 밑면조정이 생략되는 점, 원석의 자연면을 이용하는 점, 타면의 양측연이 평행하게 조정 되는 점, 삭편을 떼는 경우가 드문 점 등은 한반도와 유사하다. 해운대유적, 임불리유적 등의 삭편계세석인유적도 있다. 비삭편계세석인석기군 중 박편으로 세석핵을 만든 장흥리유적, 당하산유적, 석장리유적이 있다., 하화계리, 장흥리유적에서 대형석기도 확인된다. 북해도의 가시와다이유적을 제외한 일본열도의 세석인석기군의 ^{14}C연대는 吉岡유적군B구 시료는 16kaBP로 일본열도에서 가장 오래된 예이다. 북방계 세석인석기군인 荒屋유적은 14-13kaBP에 집중되는 연대가 얻어지고 있다(工藤雄一郎, 2008). 신북유적의 세석인석기군(석기 출토지점 C-14: 18,500±300, 18,540±270, 20,960±80)과 관련된 것으로 생각되는 고시타케산흑요석도 고려해야 한다. 특히 구주지역의 삭편계 세석인석기군의 한반도의 유베쓰기법이 퇴화하는 시점인 H2-H1의 후반에 해당하는 1.8만 년 전까지 소급될 가능성이 있다.

6 H0교류(Younger Dryas, 1.2만 년 전)

Wang *et al*(2001)에 따르면 12,823±60~11,473±100yrBP에 해당하고, 해수면은 지금보다 약 65m 낮았다고 한다(Clapperton, 1995). 이 시기에는 한반도의 후기구석기시대 종말기로 토기를 공반하지 않으면서 세석인기법과 함께 석촉이 공반된다(장용준, 2006). 구주지역의 토기

그림 5 H0기의 문화교차(상단:한반도, 하단:구주)

를 공반하지 않은 세석인과 석촉을 승문시대 초창기로 무조건 편입시기는 것에 대해 재검토할 필요가 있다. 특히 한반도의 화대리유적 1문화층, 기곡유적의 사례로 볼 때 이등변삼각형석촉과 삼각형석촉이 구주지역과 관련있을 가능성이 있다. 杉原敏之(2007)도 구주지역 석촉의 기원을 세석인석기군과 더불어 반도나 대륙에서 찾고 있다.

V 소결

4~3만 년 전 사이의 소형석기나 대형양석기는 소형석기전통으로 진정한 의미의 착병제 수렵구로 보기 어렵다. 이런 측면에서 3만 년 전을 전후한 시점에 한반도로부터 여러 루트를 거쳐 진행되는 석인기법의 전개는 협의의 나이프형석기제작에 직접적인 동인을 제공하였다.

한반도의 석인기법 중 크레스트기법이 아직 3만 년 전에 출현했는지는 명확하지 않은 점이 있으나 러시아측의 자료를 참고하면 석인기법은 완성된 기법으로서 한반도에 출현하여 현지화의 과정을 거친 것으로 생각된다. 한국 석인기법에서 능선이 나란하고 폭과 길이의 비례뿐만 아니라 도구제작을 위한 소재는 자연면을 제거해야된다는 개념을 지닌 것이 더 중요하다. 특히 수렵구로 사용되는 소재의 경우 등면에 자연면이 없다. 한국과 일본의 거의 모든 수렵구가 그러하다. 박리기술의 변화가 근본적으로 큰 이유는 단순한 석인획득의 목적이 아니라 자연면이 없는 양질의 종장지향의 소재획득이라는 개념이 중요하였고 동북아시아에서는 이러한 생각이 광범위하게 자리잡고 있었다.

일본지역에서 첨두기기능을 지닌 나이프형석기는 한반도로부터 석인기법이 유입된 이후에 출현한다. 기존 나이프형석기문화가 일본 지역 내 문화발전으로 본다면 큰 문제는 없다. 하지만 현재 사용되고 있는 나이프형석기라는 것이 분류기준이 모호하고 후기구석기시대에 출토되는 중요한 수렵구를 모두 포괄하고 있다는 점은 중요한 문제로 지적할 수 있다.

박편첨두기가 일본 내 어떠한 영향을 미쳤는지는 전혀 고려되지 않는다. 오직 구주의 박편첨두기만 있고 그 외는 나이프형석기가 존재한다. 이것은 어쩌면 흑요석 문화를 일본 고유의 문화로 만드는 것으로 또 다른 나이프형석기문화를 만들고자하는 것으로 볼 수 잇다. 일본의 창선형첨두기와 세석인문화이전의 한국에서는 2.5만 년 전부터 흑요석을 사용했다.

아울러 두 문화이외의 AT 아래의 흑요석 사용은 어떻게 설명할 것인가. 일본 재지의 석재를 사용하고 그 이후에 교환한다는 것도 이상하다. 흑요석이 석기군 내에서 얼마만큼의 비중을 차지하는가가 중요하다. 일본 내 창선형첨두기와 세석인 집단이 흑요석을 집중적으로 사용하는 것은 북해도의 영향을 받았기 때문이다. 물론 흑요석이 분포해야 가능한 일이지만, 북해도의 흑요석문화가 일본 본토에 영향을 미쳤기 때문으로 생각된다. 삭편계세석인

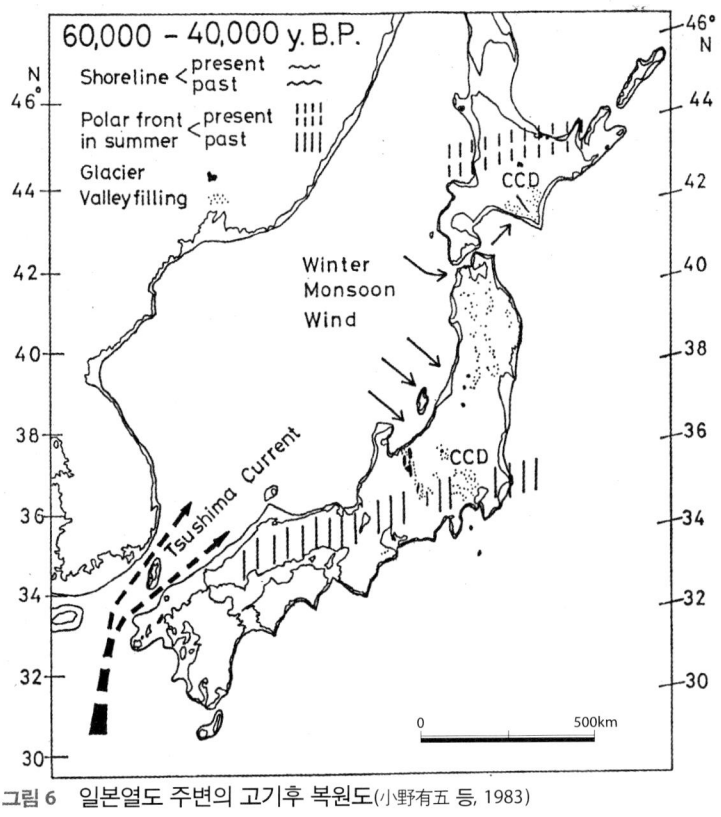

그림 6　일본열도 주변의 고기후 복원도(小野有五 등, 1983)
해안선은 약 -80m의 수심.

석기군이 내려오면서 과연 그 배경에는 무엇이 있었는가를 신중하게 생각하여야 한다. 단순한 기술 전파나 석재선택 만은 아니었을 것이다.

　　이주라는 용어가 과연 적절한가 생각해야 한다. 박편첨두기가 구주지역 내 석기문화를 얼마만큼 바꾸어 놓았는가를 판단해야 한다. 또한 이주해온 집단이 유독 구주에만 한정되는가도 문제이다. 후기구석기 초의 이주민은 광범위하게 확산하는데 박편첨두기 집단은 왜 구주에만 있는가라는 질문을 던질 필요가 있다.

　　한반도와 구주지역의 교차문제를 다루는데 있어 관동지역의 편년에 대비시켜 두 지역을 보는데는 한계가 있음을 알 수 있었다. 그 중 한반도와 구주지역, 관동지역의 가장 큰 차이는 박편첨두기와 각추상석기의 공반관계, 그 기반이 되는 석인기법의 정형성 등 차이가 오히려 더 많은 것으로 생각된다. 물론 일부 유물은 일본열도 전체에 널리 퍼져 사용되었으나 그렇다고 하더라도 주요한 석기의 변화양상을 관동지역 편년에 구주지역을 편입시키기에는 유사한 점 보다 차이점이 더 많은 것으로 판단된다.

본장에서 언급된 HK교류는 큰 획기를 기준으로 한 것으로 두 지역의 연속적인 교류를 전제로 하지 않으며, 교류시기와 횟수에 대해서는 지속적으로 검토되어야 한다. 한반도와 구주지역의 교차를 박편첨두기에 한정하지 말고 여러 시기에 걸쳐 여러 문화가 공유되었음을 밝히는 것이 중요하다. 한반도와 구주지역은 크게 봐서 거의 동일한 사이클로 석기문화가 변화했다. 해수면은 4만 년 전을 전후한 시기부터 -70m정도를 기점으로 하여 상승 또는 하강을 되풀이 하였다. 대체로 하인리히 이벤트 기간에는 그 이하로 하강하였다(Parham et al., 2007; Van Andel et al., 1996)

아마도 HK교류는 해수면 -120~70m라인에서는 한국과 일본열도 사이에 교류가 있었다. 더 이상 육교와 같은 자연지리적 영향에 의해 일회성으로 끝나는 교류가 아닌 더 많은 접촉과 교류가 있었다. 다만 지역적으로 석기군의 차이도 있어 3~1만 년 전이라는 2만 년이라는 기간 동안에 접촉과 단절이 반복되었다.

현생인류가 지닌 항해능력을 인정하고 이제부터는 육교라는 자연적 제한을 벗어던지고 인간의 무한이동을 지지해야 한다. 한반도와 구주지역의 육교는 새로운 시각에서 바라보아야만 한다. 아울러 두 나라간의 교류는 한반도-구주뿐만 아니라 한반도 세토우치해지역까지 확인된다. 이는 일본 내 유베츠확산, 고즈시마 흑요석 등의 문화현상을 보더라도 그 가능성은 매우 높다.

참고문헌

강소라 외, 2006, 「대한해협 코아 퇴적물의 부유성 유공충 군집 특성과 고해양 환경 변화」, 『Korean Earth Science Society』27, p. 464~474.

강원대학교 유적발굴조사단, 2003, 『포천 화대리 구석기유적』발굴조사 현장설명회·지도위원회의 자료, pp.1-15.

경기문화재단부설기전문화재연구원·광주시·2001년세계도자기엑스포조직위원회, 2003, 『광주 삼리 구석기유적』, 학술조사보고 제39책, pp.1-441.

기전문화재연구원, 2003.8, 『남양주 호평동 구석기유적(2차) 시굴 및 발굴조사 중간 지도위원회의자료』, pp.1-15.

金正培, 2005, 『韓國の舊石器文化』, 六一書房, pp.3-344.

朴英哲·小畑弘己譯, 2000, 「韓國中·南部出土の舊石器時代尖頭器(Point types)の分類と檢討」, 『舊石器考古學』59, pp.43-52.

박용안·공유석 외, 2001, 『한국의 제4기 환경』, 서울대학교출판부, pp.1-564.

부산대학교 박물관, 2001, 『晋州-集賢간 4차선 도로건설 구간 내 長興里 구석기유적 현장지도위원회(1차)자료』, pp.1-30.

徐 男·金惠珍·張龍俊, 1999, 「慶南密陽市 古禮里遺蹟 後期舊石器文化」, 『嶺南地方의 舊石器文化』第8回 嶺南考古學會 學術發表會, pp.47-63.

손보기, 1993, 『석장리 선사유적』, 동아출판사, pp.3-326.

이기길, 1999, 「슴베찌르개와 공반유물에 대하여」, 『嶺南地方의 舊石器文化』第8回嶺南考古學會發表要旨, 嶺南考古學會, pp.83-96.

이기길, 2002, 『순천 월평유적-제1권-』, 조선대학교 박물관·전라남도·순천시, pp.1-233.

이기길, 2004a, 「진안 진그늘유적 구석기문화층의 성격과 의미」, 『湖南考古學報』19, 湖南考古學會, pp.5-23.

이기길, 2004b, 「장흥 신북유적의 발굴성과와 앞날의 과제」, 『동북아시아의 후기구석기문화와 장흥 신북유적』, 장흥 신북구석기유적 발굴기념 국제학술회의 발표자료, 전라남도 장흥군·장흥 신북 구석기유적 보존회·조선대학교 박물관, pp.31-38.

이기길, 2007, 「한국 서남부와 일본 규슈의 후기구석기문화 비교 연구」, 『湖南考古學報』第25輯, 湖南考古學會, pp.5-43.

이기길·김은정·김선주·윤정국·김수아, 2004, 『순천 월평유적-제2권-』, 조선대학교 박물관·전라남도·순천시, pp.1-141.

이선복·강현숙·이교동·김용하·성춘택, 1990, 「신평리 금평·덕산리죽산 후기구석기유물」, 『주암댐

수몰지구 문화유적 조사보고서Ⅶ』, 전남대학교박물관, pp.21-76.

이융조·공수진, 2002, 「수양개유적의 슴베 연모에 대한 새로운 연구」, 『한국구석기학보』제6호, pp.13-24.

이헌종, 2004, 「우리나라 후기구석기시대의 편년과 석기의 기술형태적 특성의 상관성 연구」, 『韓國上古史學報』第44號, 韓國上古史學會, pp.5-22.

張龍俊, 2001, 「韓半島出土剝片尖頭器の特徵と編年」, 『季刊考古學』第74號, pp.80-84.

張龍俊, 2002a, 「韓國の石刃技法-古禮里遺蹟を中心に-」, 『舊石器考古學』63, 舊石器文化談話會, pp.1-19.

張龍俊, 2002b, 「韓半島の石刃技法と細石刃技法」, 『九州舊石器』第6號, 九州舊石器文化硏究會, pp.24-44.

張龍俊, 2005, 「韓國の後期舊石器時代と剝片尖頭器」, 『考古學ジャーナル』No.527, ニューサイエンス社, pp.20-23.

張龍俊, 2006, 『韓國 後期舊石器의 製作技法과 編年硏究-石刃과 細石刃遺物相을 中心으로-』부산대학교 대학원 박사학위논문, pp.1-265.

崔福奎·安聖民·柳惠貞, 2004, 『홍천 하화계리Ⅲ 작은솔밭 구·중석기유적』, 江原考古學硏究所 遺蹟調査報告 第77冊, 江原考古學硏究所, pp.13-262.

崔福奎·柳惠貞, 2005, 『抱川 禾垈里 쉼터舊石器遺蹟』, 江原考古學硏究所 遺蹟調査報告 第13冊, 江原考古學硏究所, pp.9-149.

충북대학교 박물관(이융조), 1984, 『단양 수양개 구석기유적 발굴조사 보고-忠州댐 水沒地區 文化遺蹟 掘調査報告書』, 충북대학교 박물관, pp.101-186.

충북대학교 박물관(이융조), 1985, 『단양 수양개 구석기유적 발굴조사 보고-忠州댐 水沒地區 文化遺蹟 延長掘調査報告書』충북대학교 박물관조사보고 제16책, pp.101-252.

한남대학교 박물관, 2000, 『대전 석봉정수장 건설사업지역의 구석기유적(용호동)발굴 현장설명회자료』pp.1-21.

한남대학교 중앙박물관, 2001, 『대전 석봉정수장 건설사업 지역의 구석기유적(용호동) 3차 발굴조사 현장설명회 자료』, pp.1-14.

한창균, 2003, 「대전 용호동 구석기유적」, 『東北亞細亞 舊石器硏究』漢陽大學校 文化財硏究所, pp.163-172.

한창균, 2003, 「한국 구석기유적의 연대 문제에 대한 고찰-절대연대 측정결과와 퇴적층의 형성시기에 대한 검토를 중심으로-」, 『한국구석기학보』제7호, pp.1-40.

홍미영·나나 코노넨코, 2005, 「남양주 호평동유적의 흑요석제 석기와 그 사용」, 『한국구석기학보』제12집, 한국구석기학회, pp.1-30.

アーヴィング・ラウス(小谷凱宣 譯), 1990, 『考古學への招待-선사시대의民族の移動』, 岩波書店, pp.1-231.

阿部 敬, 2005, 「"剝片尖頭器はなぜ消えたか―後期旧石器時代後半前葉から中葉の東南九州における

技術構造の變容」,『物質文化』79, pp.37-70.

岩谷史記 1997,「九州尖頭器石器群の中に見える三稜尖頭器の位置」,『九州舊石器』第3號, pp.47-62.

稲原昭嘉, 1986,「剝片尖頭器に關する一考察」,『舊石器考古學』32, pp.33-54.

小谷龍司, 1990,「剝片尖頭器の研究-主として統計學的手法による分析」,『舊石器考古學』40, pp.23-41.

小畑弘己, 2004,「九州島および朝鮮半島における石刃技法と石材」,『石刃技法の展開と石材環境』, 日本舊石器學會 第2回 シンポジウム豫稿集, pp.7-12.

小野有五, 1982,「氷河地形による最終氷期の降雪量の復元の海水準變動」,『第四紀研究』21, pp.229-243.

小野有五, 1990(4),「北の陸橋」,『第4紀研究』29, 日本第四紀學會, pp.183-192.

加藤晋平, 1989,「中國北部の後期舊石器文化」,『季刊考古學』第29號, 雄山閣, pp.26-30.

木崎康弘, 1988,「九州ナイフ形石器文化の研究-その編年と展開-」,『舊石器考古學』37, 舊石器文化談話會, pp.24-45.

木崎康弘, 1994,「剝片尖頭器と石器文化について」,『九州舊石器時代關係資料集成Ⅲ-剝片尖頭器編-』九州舊石器文化研究會, pp.174-190.

木崎康弘, 1995,「石器組成について」,『姶良火山噴火後の九州とその人びと-2萬年前の石器文化』, 九州舊石器文化研究會, pp.78-81.

木崎康弘, 2001,「九州地方の剝片尖頭器」,『第6回 國際學術會議 수양개와 그 이웃들』, 丹陽郡·忠北大學校 博物館·丹陽鄕土文化研究會, pp.100-139.

木崎康弘, 2005,「ナイフ形石器文化の展開と剝片尖頭器」,『考古學ジャーナル』No.527, ニューサイエンス社, pp.12-15.

九州舊石器文化研究會編, 1993,『第18回九州舊石器文化研究會-三稜尖頭器について-』, pp.2-145.

九州舊石器文化研究會編, 1994,『九州舊石器時代關係資料集成Ⅱ 剝片尖頭器編』, pp.1-190.

九州舊石器文化研究會編, 1996,『九州尖頭器石器群の樣相』, pp.1-168.

小菅將夫, 1999,「地域性の出現とナイフ形石器文化」,『岩宿發掘50年の成果と今後の展望』, 笠懸町教育委員會·岩宿フォーラム實行委員會, pp.55-61.

高木正文·清水宗昭, 1971,「熊本縣玉名郡菊水町發見の先土器時代遺物について」,『九州考古學』, pp.41-47.

佐藤宏之, 1999,「中國·朝鮮半島の舊石器時代と日本」,『岩宿發掘50年の成果と今後の展望』, 笠懸町教育委員會·岩宿フォーラム實行委員會, pp.37-43.

佐藤宏之, 2000,「日本列島後期舊石器文化のフレームと北海島及び九州島」,『九州舊石器』第4號九州舊石器文化研究會, pp.71-82.

清水宗昭, 1973,「剝片尖頭器について」,『古代文化』第25券第11号 pp.375-382.

清水宗昭·栗田勝弘·須田良平, 1985,『百枝遺蹟C地點』三重町教育委員會, pp.3-179.

白石浩之, 1978,「西南日本におけるナイフ形石器終末期の豫察」,『神奈川考古』第3號, pp.1-30.

町田 洋·新井房夫, 2003,『新編 火山灰アトラス-日本列島とその周邊』, 東京大學出版會, pp.3-336.

町田 洋·太田陽子·河名俊男·木脇 廣·長岡信治 編, 2001,『日本の地形 7 九州·南西諸島』, 東京大學出版會, pp.30-35.

松元町敎育委員會, 2000,『宮ケ迫遺蹟』, pp.1-72.

松藤和人, 1987,「海を渡った舊石器"剝片尖頭器"」,『花園史學』8, 花園大學史學會, pp.20-34.

松藤和人, 2004,『日本列島における後期舊石器文化の始原に關する基礎的硏究』, 平成12~15年度科學硏究費補助金基盤硏究(C)(2) 硏究成果報告書, pp.1-143.

宮崎縣埋藏文化財センター, 2002,『上ノ原遺蹟』第Ⅰ分冊 舊石器時代編, 宮崎縣埋藏文化財センター發掘調査報告書 第58集, pp.3-80.

明治大學博物館·國立忠北大學校博物館, 2004,『韓國スヤンゲ遺跡と日本の舊石器時代』, pp.8-123.

水ノ江和同 編, 1983,『宗原遺蹟』福岡縣文化財調査報告書第116集, 福岡縣敎育委員會.

二宮忠司, 1975,「九州におけるナイフ形石器について」,『九州考古學の諸問題』pp.49-128.

長野眞一, 2001,「卷頭圖板·解說-耳取遺蹟」,『舊石器考古學』61號, pp.2-3.

長崎縣江迎町敎育委員會, 2000,『根引池遺蹟』江迎町文化財調査報告書 第2集, pp.1-65.

荻 幸二, 1987,「九州地方のナイフ形石器文化」,『舊石器考古學』34號, pp.47-62

萩原博文, 1997,「AT降灰前後の石器群」,『九州舊石器』第3號, 九州舊石器文化硏究會, pp.11-22.

萩原博文, 2004,「ナイフ形石器文化後半期の集團領域」,『考古學硏究』51-1, pp.35-54.

藤井昭二, 1990(4),「日本沿岸岸の更新世二降の古環境の變遷」,『第4紀硏究』29, 日本第四紀學會, pp.173-182.

吉留秀敏, 1997,「剝片尖頭器」,『九州舊石器』第3號, 九州舊石器文化硏究會, pp.39-46.

吉留秀敏, 2002,「九州における剝片尖頭器の出現と展開」,『九州舊石器』第6號, 九州舊石器文化硏究會, pp.61-75.

Kononenko N.A., 2001, Ecology and cultural dynamics of archaelogical sites in the Zerkalnaya river valley at the terminal Pleistocene-early Holocene, *Archaeology, Ethnology and Anthropology of Eurasia 5*, pp.40-59.

Lee, Yung-jo·Yun, Yong-hyun, 1992, Tanged-points and Micro-blade Cores from Suyanggae Site, Korea, *International Symposium "Micro-blade Industry in Northern Eurasia and Northern North America"* Sapporo University, Japan.

Hartmut Heinrich, 1988, Origin and Consequences of Cyclic Ice Rafting in the Northeast Atlantic Ocean during the Past 130,000 Years, QUATERNARY RESEARCH 29, pp.142-152.

T.H. VAN ANDEL* and P.C. TZEDAKIS, 1996, PALAEOLITHIC LANDSCAPES OF EUROPE AND ENVIRONS, 150,000-25,000 YEARS AGO: AN OVERVIEW, *Quaternary Science Reviews*, Vol. 15, pp.481-500.

D. Roche, D.Pallard and E.Cortijo, 2004, Constraints on the duration and freshwater release of Heinrich event 4 through isotope modelling, Nature, VOL 432, pp.379-382.

H.Zhou *et al*, 2008, Distinct climate change synchronous with Heinrich event one, recorded by stable oxygen and carbon isotopic compositions in stalagmites from China, *Quaternatr Research* 69, pp.306-315.

P.R.Parham *et al*, 2007, Quaternary depositional patterns and sea-level fluctuations, northeastern North Carolina, *Quaternary Research* 67, pp.83-99.

Mary Elliot *et al*, 2002, Changes in North Atlantic deep-water formation associated with the Dansgaard-Oeschger temperature oscillations(60-10ka), *Quaternary Science Reviews* 21, pp.1153-1165.

Part 3

환동해안지역 현생인류의 교류와 형성과정

동북아시아 환동해지역 후기구석기문화의 형성과정

I 서론
II 환동해지역의 지형적 특징
III 일시적 도보가능한 구간의 문화적 교류
IV 흑요석네트워크의 성립
V 환동해지역 후기구석기문화의 특징
VI 소결

The spread and exchange of modern humans in Northeast Asia

I 서론

환동해지역은 한국 동해를 둘러싸고 있는 지역이다.[1] 이 지역에는 한반도(한국과 북한), 일본열도와 북해도, 중국의 동북부, 러시아의 극동(연해주, 하바로프스크)과 사할린이 있다(그림 1). 환동해지역은 반도, 대륙, 열도, 섬 등으로 이루어진 특수한 지정학적 위치와 복잡한 정치상황과 더불어 4개 나라가 각기 다른 언어를 사용하고 있어 연구에 많은 어려움이 있는 곳이다.

환동해지역의 후기구석기문화는 최근들어 활발히 연구가 진행되고 있다(이기길, 2007; 張龍俊, 2002; 2007; 木埼康弘, 2001; 木村英明, 2006; 小畑弘己, 2004; 松藤和人, 1987; 2004; 安蒜政雄, 2009; 長沼正樹, 2006; 佐藤宏之, 1999; Kuzmin, 2007; Nakazawa et al., 2005; Vailevski, 2005).

이러한 연구성과들 덕택으로 환동해지역의 구석기문화양상이 일정 부분 알게 된 것은 사실이다. 하지만 환동해지역을 아우르는 후기구석기문화가 어떠한 과정으로 형성되었는지에 대해서는 제대로 검토되지 못하였다. 본고는 특수한 지리적 상황에 따른 문화적 접촉과 관련된 석기를 분석하고, 흑요석을 통한 지역 간 교류양상 등을 통해 그 형성과정을 밝히고자 한다.

II 환동해지역의 지형적 특징

환동해지역에서 후기구석기시대 동안 빙하기가 도래하더라도 기후변화에 따른 해수면 하강이 일어나도 수심이 깊어 사람이 건너기 힘든 영구적 바다구간과 수심이 얕아 바다의 일부

---

[1] 우리나라에서는 동해, 북한에서는 조선동해,, 일본에서는 니혼카이(日本海, にほんかい), 러시아에서는 야폰스코예 모레(Японское мо́ре,)로 부른다.

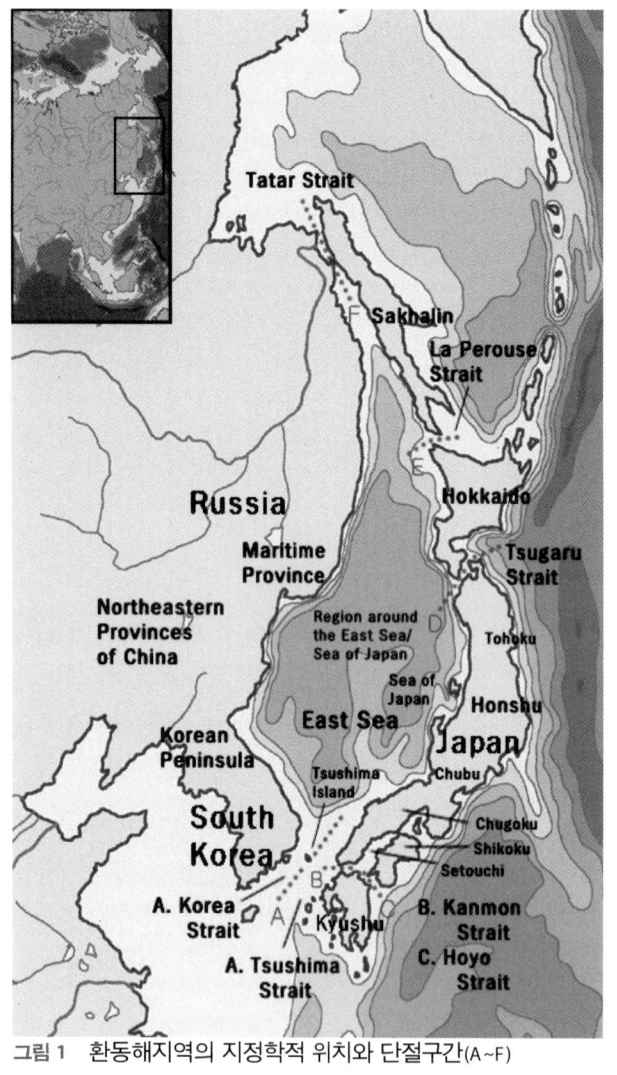

그림 1 환동해지역의 지정학적 위치와 단절구간(A~F)

가 육지가 되거나 얕아져 건널 수 있는 일시적 도보가능한 구간이 있다.

영구적 바다구간은 환동해지역의 중앙에 위치한 동해이다.

동해는 중생대·후기(백악기)에서 제3기에 한반도와 일본열도 사이의 해저가 확장되면서 생성된 배호분지(Back-arc Basin)이다(Uyeda and Miyshiro, 1974). 이곳은 연해(Marginal sea)의 성격도 가지며 세 개의 분지(Japan Basin, Yamato Basin, Ulleung Basin)로 나누어진다(이병관 외, 2007). 동해의 형태는 북동에서 남서 방향으로 다소 긴 타원형이다. 남북 길이 1,700㎞, 동서 최대길이 1,100㎞, 수심은 평균 1,361m이다. 특히 한반도와 러시아의 연해주 부근이 대체로 깊은 3,000m정도이고 최심부(最深部)는 북동쪽 尾尻島(오지리) 부근으로 3,762m이다. 따라서 동해는 빙하기의 어느 시기(LGM포함)든 상관없이 해수면이 하강하더라도 배가 없으면 횡단할 수 없다.

일시적 도보가능한 구간은 동해와 달리 수심이 대부분 200m전후인 지역이다. 일시적 도보가능한 구간은 A.한반도와 일본 구주·중국, B.일본 구주와 중국, C. 일본 구주와 사국, D.일본 본주와 북해도, E.일본 북해도와 러시아 사할린, F.러시아 내륙과 사할린이 있다(그림 1).

A구간은 Korea/Tsushima Strait으로 대한해협(Korea Strait)과 쓰시마해협(Tsushima Strait)이 있다. 구간의 길이는 약 230km이다. 이곳은 동중국해와 동해를 연결하는 좁은 대륙붕 해역으로 중앙에 위치한 수심 220m의 해곡(trough)을 제외하면 수심 약 130m 미만의 평

표 1 MIS 3말과 MIS 2 사이에 동북아시아에 있어 일시적 도보가능구간의 해협과 특징

Area number	Strait	Locality	Narrowest width	Minimum sea level (m)	Maximum sea level (m)
A	Korea/Tsushima	Busan (South Korea) and Higashimatsuura (Japan)	230 km	50	220
B	Kanmon	Northern Kyushu and Simonoseki City, Honshu (Japan)	600 m	37.3	105
C	Hoyo	Sekisaki (Oita Province) and Sadami Cape (Ehime Province), (Japan)	14 km	37.3	195
D	Tsugaru	Hokkaido and Honshu (Japan)	130 km	140	450
E	La Pérouse	Hokkaido (Japan) and Sakhalin (Russia)	42 km	51	118
F	Tatar	Eurasia (Russian mainland) and Sakhalin (Russia)	7.3 km	8	22

탄한 지형이다(강소라 외, 2006). 대마도 주변의 깊은 수심을 제외하면 대부분은 100m이내이다. 일본에서는 한반도와 대마도사이의 해협을 西水道, 対馬와 壱岐사이의 해협을 東水道로 부르기도 한다. 대마도와 구주에서는 대마해협의 壱岐島가 있는 동수도쪽이 수심이 가장 얕다(堀越增興 外, 1987). 부산에서 대마도 북부 久ノ下崎까지는 약 50km, 이곳에서 대마도 내륙을 거쳐 최남단의 神崎壱쪽에서 佐賀現의 東松浦반도로 거리도 짧으면서 수심이 가장 얕아 건너기에 좋은 루트이다.

A구간은 LGM 동안 대한해협 해수면이 138~143m정도 하강하여 바다가 육지가 되어 쿠로시오 해류(또는 대마 난류)가 차단되었다는 견해(Keigwin and Gobarenko, 1992; Kim et al., 2000; 박용안 등, 2001)와 LGM 시기에도 대한 해협은 완전히 노출되지 않고 수로가 형성되어 중국의 황하와 양자강 그리고 한반도의 낙동강과 섬진강으로부터 유출된 담수와 함께 쿠로시오 해류가 동해로 유입되었다는 견해(Morely et al., 1986; Oba et al., 1991; Matsui et al., 1998; Tada and Irino, 1999; Park et al., 2000; Lee and Nam, 2003)가 있다. 특히 町田 洋 등(2001)은 대한해협(對馬海峽)이 120m까지 해수면이 내려가고, 폭은 약 12~15km, 수심 10~30m의 좁은 물길이 150km이상 형성되었다고 주장하기도 했다.

B구간은 구주 北九州市와 본주 下関市사이에 있는 関門海峽(かんもん해협)이 있다. 이곳의 폭은 약 600m이고 수심은 약 60m 전후이다. 빙하기 중 한랭기 동안에는 거의 두 지역이 하나로 연결되어 있었다.

C구간은 大分県 大分市(旧佐賀関町)의 関崎와 愛媛県 伊方町(旧三崎町)의 佐田岬사이의 豊予海峽(ほうよかいきょう)으로도 불리우는 速吸瀨戶(はやすいのせと)해협이 있다. 해협폭(海峽幅)은 약 14km이고 최대 수심(最大 水深)은 195m이지만, 거리가 짧고 關高島도 있어 해수면 하강 때 건너기에 무리가 없었다. 특히 B구간과 C구간 사이의 瀨戶內海는 해수면이 20~50m으로 매우 낮아 한랭기 때에는 구주와 중·사국지역이 하나이었음을 추측할 수 있다.

D구간은 북해도와 본주사이의 津軽해협이 있는 곳이다. 이곳은 동서 길이 130km, 깊은 곳 450m, 서쪽의 얕은 곳은 140m이다. 이 구간 중 函館터널이 지나가는 본주 龍飛崎(タッピ)

에서 북해도 渡島반도의 白神岬사이는 중앙부에 지형적 고저(高低)가 있어 교류의 길이 열렸을 가능성이 가장 높다(堀越增興 외, 1987). 하지만 수심이 깊고 물살이 빨라 한랭기에도 왕래하는 것은 시기적으로 상당히 제한적이었을 것이다.

E구간은 북해도와 사할린사이로 페루제(La Pérouse Strait; 宗谷 Soya) 해협이 있다. 해협의 폭은 약 42km이다. 최대 수심은 55~60m정도로 매우 낮다.

F구간은 유라시아대륙과 사할린사이로 Tatar Strait(間宮海峽, Mamiya)이 있다. 길이 약 660km이고, 폭이 가장 좁은 곳은 약 7.3km, 깊이가 가장 얕은 곳은 약 8~12m이다. 수심이 얕고 길이가 짧아 지금도 겨울에 건널 수 있다(ヴィソーコフ 외, 2000; 堀越增興 외, 1987).

Ⅲ 일시적 도보가능한 구간의 문화적 교류

1 교류양상(그림 2)

1) 한반도와 구주(A구간)

A구간은 기존의 연구와 달리 LGM기간에만 교류가 있었던 것이 아니라 Heinrich Events(Heinrich, 1988)에 해당하는 기간 중 3.5만 년 전부터 1만 년 전사이에 여러 차례 교류가 있었던 것으로 제기되었다. 한반도와 구주지역의 교류양상을 HK(Hanguk-Kyushu) Interaction로 부르기도 한다(장용준, 2009).

일시적 도보가능한 구간 중에서는 가장 활발히 연구가 진행되어 왔다(장용준, 2002; 2007; Lee, Yung-jo·Yun et al., 1992; 橘昌信, 1970; 高木正文·淸水宗昭, 1971; 淸水宗昭, 1973; 萩原博文, 1980; 稻原昭嘉, 1986; 荻 幸二, 1987; 吉留秀敏, 1997; 2002; 松藤和人, 1987; 木崎康弘, 1988; 1999; 小谷鏞司, 1990; 萩原博文, 1996; 安蒜政雄, 2005; 小畑弘己, 2004).

현생인류가 한반도를 경유하여 후기구석기시대 초반에 일본열도에 후기구석기를 전파했을 가능성이 가장 높은 구간이다. 일본은 2001년 날조사건 이후, 명백한 중기구석기시대 유적은 발견되지 않고 있다. 이 구간을 통해 한반도의 중기구석기말 또는 후기구석기 초의

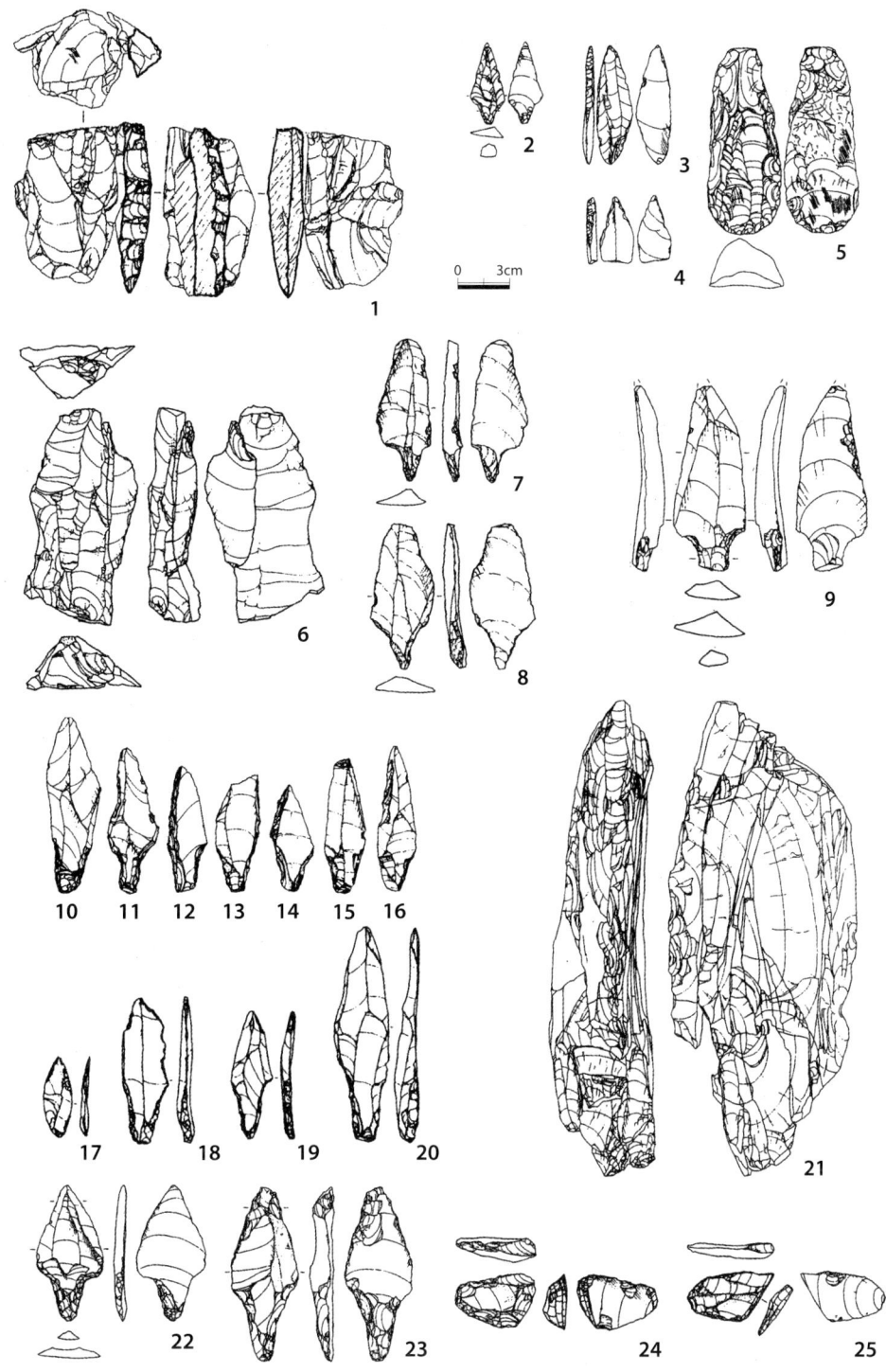

그림 2 동북아시아지역의 석인기법과 슴베찌르개

1. Ustnovka-7(Kononenko, 2001) 2~5. Ustinovka-1(Kimura, 1997) 6~8. 고례리(장용준, 2002) 9. 미야자키 아카키 10~16. 東畦原(Higashiunehara) 17 17~20. 峠山牧場 I 21. 早坂平제 I 문화층 22~25. 美利河D

대형 석핵석기가 구주지역으로 전해진 것으로 보이지만, 구주지역에서 후기구석기초에 출토되는 국부마제석부는 한반도에서는 확인되지 않는다.

A구간의 대표적인 교류유물은 슴베찌르개(박편첨두기), 대형양석기, 각추상석기가 있다.

대형양석기는 3만 년 전에 한반도에서 구주로 건너왔을 가능성이 있다(장용준, 2009).

슴베찌르개는 등면에 자연면이 없는 양질의 석인을 이용하여 선단부와 기부를 제작한 첨두기이다. 한반도의 석인기법은 일본 나이프형석기를 출현시키는 계기가 되었고, 비로소 일본열도도 다양한 수렵구를 제작할 수 있게 되었다. 환동해지역의 슴베찌르개 중 한반도의 용호동유적(38,500±1,000보다 상위), 화대리유적 Ⅱ문화층(30,000±1,750BC, 31,200±900BP)에서 출토된 것이 제일 오래되었다(장용준, 2006). 한국에서 슴베찌르개가 4.0만 년부터 1.5만 년 전까지 사용되었으나, 일본 구주지역에서는 AT화산재층((24~25kaBP, 町田 洋·新井房夫, 2003) 보다 상부에서만 확인되며 2.0만 년 전까지 사용되었다(장용준, 2006; 松藤和人, 2004).[2]

슴베찌르개는 한반도와 일본 구주지역이 중심적인 분포지이지만, 연해주의 우스티노프카유적(木村英明, 1997)에서도 1점 확인되었다. 하지만 이것은 한반도의 북한, 중국 동북 3성, 러시아 내륙에서는 출토된바 없으나 향후 확인될 것으로 생각된다. 일본 북해도의 피리카유적에서는 슴베찌르개와 형태가 동일한 것이 세석인과 함께 유경첨두기가 출토되었다. 이것은 슴베찌르개와 유사하지만 기부가 직접떼기가 아닌 눌러떼기로 만들어졌다는 점에서 기술적인 차이가 있다. 한반도에서 출현한 슴베찌르개는 일본해 또는 내륙루트를 통해 동북지역 석인기법과 東山형 나이프형석기에 영향을 미쳤다.

한편, 구주지역에서는 새로운 형식의 대형수렵구인 각추상석기가 2.2~1.8만 년 전에 사용되었다. 각추상석기는 박편첨두기와 수렵구제작의 기술적 친화성이 있다. 다만, 예비소재를 이용해 석기를 완성시키는 조정방식은 상당한 차이가 있다(장용준, 2009). 각추상석기는 박편첨두기 중 인부전체에 조정을 가한 형식과 능조정박편과 유사한 형식의 것을 소재로 하였다. 석인기법의 부산물인 능조정박편과 유사한 것을 이용하는 현상은 前山유적, 野首유적 등 구주 남부지역의 특징적인 기술양상이다(장용준, 2009). 한국의 하가유적에서는 각추상석기와 유사한 것이 출토되었고, 박편첨두기, 각추상석기, 절출형나이프형석기의 공반양상은 일본의 구주 중서부지역과 유사하다.

---

2   AT는 1998·2001년 C-14(AMS)에 의한 同位体 補正을 통해 24~25kaBP라는 연대를 현재 가장 많이 사용하고 있으며, 曆年으로 교정하지 않은 것이다(町田 洋·新井房夫 2003).

시베리아지역에서 2.5만 년 전에 한반도로 전해진 세석인석기군 중 양면조정 블랭크를 제작해 만드는 기술은 구주지역으로 1.6만 년 전에 다시 전해졌을 가능성을 검토하여야만 한다.

A구간의 교류는 일본 열도의 후기구석기문화의 성립에 매우 중요한 구간으로 일회성이 아니라 빙하기의 사이클, 특히 하인리히 이벤트에 따라 교류와 단절이 반복되면서 여러 차례에 걸쳐 접촉이 이루어졌다. 그러나 이 지역의 교류는 연속적으로 이루어진 것이 아닌 비정기적인 교류인 만큼 양 지역의 석기양상도 차이가 있다. 아울러 한반도에서 일본 쪽으로 전해진 것은 많지만 상대적으로 일본에서 구주로 전해진 내용은 매우 드문 게 이 구간에서의 특징적인 교류양상이다.

2) 일본 구주와 중·사국(B·C구간)

B구간(関門海峡)과 C구간(豊予海峡)은 구주, 本州의 中國, 四國, 瀨戶內海의 섬 등으로 이루어진다. 瀨戶內海는 평균수심 37.3m, 최대수심 105m인 내해(內海)는 LGM 동안에는 해수면이 낮아져 육지로 변화하였다. 후기구석기시대의 상당 기간이 구주와 중사국지역이 하나로 연결되었다.

B구간은 3만 년 전의 교류양상이 명확하지 않다. 다만, 大阪市 中原유적(大阪市文化財協會, 2008)은 AT층 하위에서 능조정기법을 활용한 석인기법이 확인되어 한반도와 구주와의 관련성이 주목된다. 구주지역의 박편첨두기가 山口県 宇部지역의 南方유적, 富士尾유적, 常磐池유적에서 확인되었다(小南裕一, 2004). 香川県 大浦유적에서는 각추상석기와 박편첨두기 5점이 출토되었다(香川縣教育委員會, 1981). 角錐狀石器는 九州지역과 中·四國·近畿지역은 물론 일본 동북지역(동쪽최대범위: 山形県 越中山유적 K지점)까지 확인되었다. 반대로 구주지역에서 중사국지역의 영향을 받은 杉木原유적, 藏田유적, 帖地유적 등에서 횡장박편제 나이프형석기와 박편첨두기가 공반된다(장용준, 2009). 이러한 교류는 대략 2.2~1.8만 년 전에 주로 이루어졌다. 1.5~1.2만 년 전에는 반원추형의 노타케야스미바 세석인기법이 공유되었다.

하지만 중·사국지역은 사누카이트라는 독특한 석재가 분포하고, 그것을 이용한 세토우치 기법으로 만들어진 국부형 나이프형석기가 출현한다. 이 기법은 구주지역에서 명확하지 않고, 그곳에 비해 슴베찌르개의 출토량이 훨씬 적다.[3] 구주지역의 흑요석, 중·사국지역의 사누카이

---

3   사누카이트는 안산암의 일종으로 길이가 긴 박편보다 가로가 긴 박편이 얻어지는 것이 특징이

트가 석기제작에 많이 이용되므로 교류가 있었다고 할지라도 각지에 산재하는 현지의 석재를 이용하는 방식은 석기형식의 다양화와 박리기술의 차별화에 큰 영향을 미쳤다. 사누카이트로 만든 국부(國府)형 나이프형석기는 한반도 남부지역, 북해도지역에서는 출토되지 않는다.

3) 일본 본주와 북해도(D구간)

동북지역의 석기군이 3.0만 년 전까지 존재하는데 반해, 북해도지역에서 2.5만 년 전 이전의 석기군 양상이 명확하지 않아 교류는 2.5만 년 전을 거슬러 올라가지 않는다.[4] 북해도지역의 석인기법은 2.0만 년 전 이상으로 소급되지 않는다. 러시아의 아무르강유역의 자료를 보더라도 한반도와 일본 열도보다 연대가 빠른 것은 없다.

　동북지역에서 석인기법 초기는 관동지역(X층~IX층)의 석인기법과 기술상의 유사한 점이 지적되기도 한다. 2.5만 년 전을 전후해 일본 서쪽 지역의 AT층 하위에서도 능조정기법이 확인되고, 대부분의 유물이 AT층 상위에서 출토되기 때문에 박편첨두기를 공반한 석기군이 동쪽으로 확산되어 동북지역 석인기법의 기원이 되었을 가능성도 있다. 그러한 예로 お仲間 林유적(阿部祥人·岡澤祥子·工藤敏久·渡辺丈彦, 1995; 山形縣埋藏文化財センター, 1995), 乱馬堂유적 (新庄市敎育委員會, 1982)이 있다.

　지금까지 일본 본주의 석기군은 지역성이 두드러진 나이프형석기가 주체를 이루는 것으로 주장되어 왔다. 그로 인해 지역화의 지나친 세분과 나이프형석기라는 형식학적 기준을 광범위하게 적용시켜 지역 간의 교류가 거의 이루어지지 않은 듯한 인상을 주었다. 하지만 瀨戶內계 석기군과 국부계 석기군은 일본해 연안을 따라 福井縣부터 山形縣까지 광범위하게 확인된다(森先一貴, 2008). 실제 본주지역의 석기문화는 횡장박편제 국부계 석기군과 석인 제 첨두기를 이용한 수렵문화를 공유하고 있었다.

　북해도의 廣鄕形 첨두형석기군은 동북지방의 기부가공첨두형 석인석기군의 기술구조가 후기구석기시대 전반기 후엽의 한 시기에 북해도 내에 수용된 것으로 보기도 한다(佐藤宏之, 2003). 이 지역은 일본 내에서 가장 일찍 유베쓰기법(북방계 세석인)에 대한 연구가 이루어졌다. 유베쓰기법을 사용한 이른바 북방계 세석인석기군은 津輕해협을 건너 일본 본토로 유입되었다. 본주지역의 유베쓰기법관련 유적은 岡山縣.恩原Ⅰ·Ⅱ유적을 비롯해 십여 개 정도

　　며, 이러한 석재의 특징을 이용한 박리기법이 瀨戶內기법이다.

4　3.0만 년 전의 석기군으로 주장되는 유적도 있으나 추후 연구성과를 기대해볼 필요가 있다.

가 알려져 있다(稻田孝志, 2001). 이 기법은 荒屋유적를 표지유물로 하는 荒屋型새기개와 자주 공반된다.

그러나 본주지역의 북방계 세석인석기군을 모두 북해도의 유베쯔기법의 영향으로 보는 것은 무리가 있다. 본주의 가장 서쪽에 위치한 廣島縣 冠遺蹟 4지점 등의 근기지역의 세석핵 관련 유물들로 볼 때 A구간을 통해 한반도로 부터 구주 서북부지역이나 近畿지역으로 유입되었을 가능성이 매우 높기 때문이다. 실제 거리로도 D구간보다 A구간이 훨씬 가깝다.

기술적으로도 岡山縣 恩原유적에서 출토된 세석핵은 블랭크제작법은 물론 타면스폴의 타면머리 조정방식이 한국의 신북유적, 집현유적, 수양개유적에서 출토된 1차 혹은 2차스폴의 것과 동일하다. 그런데 일본 동북지역의 세석인유적에서는 북해도산 흑요석이 출토되지 않는다. 특히 본주 동과 서를 연결하는 본주의 중앙에는 나가노지역을 제외하고는 북방계 세석인석기군이 확인되지 않았다는 점이다. 그러므로 본주지역 북방계 세석인석기군은 동쪽과 서쪽으로 나누어지거나 교차되었을 가능성이 있고, 서쪽의 북방계 세석인석기군은 한반도의 세석인기법으로부터 영향을 받았을 가능성이 크다. 川口 潤(2003)도 북해도산 흑요석이 동북지역에 확인되지 않는 사실을 근거로 북해도의 세석인석기군이 본주에 유입되는 것은 한정적이면서 의도적 항해에 의해 이루지지 않았음을 주장하였다. 최근 한반도의 월성동유적(경상북도문화재연구원, 2008)에서는 유베쯔기법과 함께 荒屋型새기개가 확인되었다.[5]

북해도의 세석인유적이 250여 곳이 넘는 점을 감안할 때 세석인단계의 일시적 도보가 능한 구간 중 D구간이 단절기간이 비교적 길어 가장 제한적인 교류를 한 것으로 판단된다.

4) 일본 북해도와 러시아 사할린(E구간)·러시아 대륙과 사할린(F구간)의 교류

20~18ka년 전 러시아 내륙, 북해도, 사할린지역은 하나의 지역으로 이어졌다(Kuzmin, 1981). F구간의 타타르해협은 폭이 좁고 해수면이 낮아 구석기시대 동안에는 거의 육지이었을 가능성이 높다.

러시아 내륙지역 중 아무르강 하류지역은 사할린, 북해도, 심지어 일본열도 동북지역까

---

[5] 아라야형 새기개는 베르홀렌스카야산유형 새기개(Verkholenskaya Goratype burin)의 일종으로 쐐기형세석핵과 더불어 시베리아와 동북아시아 기타지역 간의 문화적 관계를 설정하는데 중요한 증거로 사용되기도 하나, 이 새기개는 바이칼주변의 남부 시베리아에서만 확인되므로 두 지역의 문화전파의 결과로 보기 어렵다는 견해도 있다(이선복, 1993).

지 문화적 연관성을 시사해주는 중요한 지역이다. 러시아 극동남부지역인 연해주, 아무르강 하류, 사할린에서 가장 오래된 구석기유적은 20,000년 전이다.[6] 셀렘자문화의 유적들에 대한 층위적 불안정성과 절대연대의 신뢰성문제는 일찍부터 지적되어 왔다(Yi, Seonbok et al., 1985). 실제 셀렘자(Selemdzha)문화에 해당하는 15개소 중 연대가 확인된 곳은 우스띠 울마(Ust`-ul`ma)1유적 3층 하부(19,360±65BP)뿐이다(Derev'anko, 1998).

사할린지역의 구석기유적은 25,000년 전 이전에는 확인되지 않았다(Vailevski, 2005). 유적은 산악지대에 집중되어 있고 북해도 구석기시대 유적과 고지리학적인 공통성을 가지고 있다(ワシリエフスキー, 2006). 세석인유적은 Paromaj Ⅰ유적, Imchin유적, Tajga유적, Trojtskoe유적, Sokol유적, Takoe유적, Ljutga유적이 있다(木村英明, 1997). 이곳들과 문화적 성격이 유사한 유적으로는 아무르강유역의 셀렘자유적군과 오시포프카유적, 연해주의 우스티노프카석기군이 있다. 임진(Imchin) Ⅰ(다면체 새기개)유적과 Takoe유적(석인촉)은 출토유물로 보아 신석기시대일 가능성도 있다.

사할린지역에는 유베쓰기법과 관련된 소콜유적(Lavrov, 1984), 대형석기로 만든 히로사토형 세석핵이 확인된 Olimpiya 5석기군, 유경첨두기가 출토된 아곤키 5석기군이 북해도와 관련된 유물이다(木村英明, 2005). Sokol유적에서는 토우게시타형도 확인된다. Agonki 5유적의 석기군은 유경첨두기, 세석핵 그리고 19,500~18,000년 전의 방사성 탄소연대를 지닌 주거지와 화덕과 관련된 대형석인으로 나누어진다.

일본 북해도지역은 세석인석기군이 惠庭a輕石層(19,000~16,000년 전)아래에서 세석인이 출토된 栢台1유적이 가장 오래되었다(福井淳一編, 1999). 하지만 사할린에서는 이 시기에 해당하는 유적이 확인되지 않았다.

E구간과 F구간에서 쐐기형세석핵, 교차인형 새기개, 양면조정석기 등 세석인석기군에서 매우 중요한 위치를 차지하고 있다. 특히 극동지역의 제작기술은 쐐기형 세석인기술, 양면·편면조정기술, 새기개기술을 토대로 재지 석재에 따른 기술적 변이가 있다(タバリェフTbvarev, 2003). 러시아 아무르하류지역의 오시포프카문화는 쐐기형세석핵을 포함하면서 양면조정석기가 탁월하고 극동 러시아내륙부이 후기구석기시대의 가장 일반적인 특징이지만, 토기를 공반하고 있어 신석기로 분류되기도 한다(長沼正樹, 2006). 북해도에서도 1.5만 년 전 이후에 양면조정석기가 출현한다는 점에서 이러한 변화의 흐름은 큰 차이가 없다.

---

[6] 우스티노프카 7유적의 일부 층의 유물이 30,000BP로 평가되고 있을 뿐이다.

결국 E구간과 F구간의 최초의 교류는 2만 년 전을 거슬러 올라가지 못하며, 세석인문화가 출현하기 이전의 석인기법은 확인된 바 없다.

2 구간사이의 공유기법

1) 석인기법

한국에서 출현기의 석인석기군은 화대리Ⅱ문화층으로 30kyrs±1.7B.C.(OSL), 31,200±900BP(AMS)이다(崔福奎·柳惠貞, 2005). 이곳에서는 석인으로 만든 슴베찌르개가 출토되었다. 중국 동북 3성지역은 석인관련자료가 매우 드물고, 석인기법과 관련된 것은 아직 보고된 바 없다(장용준, 2007; 李超榮, 2004). 러시아 극동지역의 우스티노프카 7유적 하층에서는 능조정박편을 박리한 석인석핵이 출토되었고 33,000~30,000yrBP로 알려져 있으나(Kononenko, 2001), 연대에 대해서는 논란의 여지가 있다. 아무르강유역에서는 2만 년 전 이전의 석인은 알려지지 않았다.

일본은 관동과 동북지역을 중심으로 3만 년 전을 전후하여 박편의 모서리를 이용해 획득한 석인으로 기부조정첨두기를 제작한 長野県 八風山Ⅱ유적 등이 있다(佐久市敎育委員會, 1999; 須藤隆司, 2006; 吉川耕太郎, 2007). 일본 구주지역의 석인기법은 AT층 바로 아래의 이측연가공 나이프형석기군이 해당되며, 연대는 2.7만 년 전을 거슬러 올라가지 못한다. 북해도지역에서는 2.5만 년 전이전의 석인관련 유적은 알려진바 없다(佐藤宏之, 2003). 북해도와 근기, 구주지역은 층위가 불안정한 곳이 많고 절대연대가 부족하여 유적의 연대를 가늠할 수 있는 자료가 드문 것이 특징이다.

결국 환동해지역에서 후기구석기시대의 시작과 더불어 밀접한 관련이 있는 석인기법은 3.5~3.0만 년 전을 전후하여 출현한다(장용준, 2006; 松藤和人, 2004; 加藤眞二, 2000). 후기구석기 초기의 석인기법은 러시아의 아무르강하류와 사할린, 북해도에서는 확인되지 않는다.

석인기법의 종류는 크레스트기법과 비크레스트기법이 있다(장용준, 2006). 석인기법이 확인된 유적에서 출토되는 유물 중 가장 중요한 것은 바로 첨두기이다. 각 지역에는 독특한 형태의 첨두기를 제작하는데, 자루착장이 가능한 기부를 제작하는 공통점이 있다. 석인기법은 2.5~2.0만 년 전에 가장 발달하고 지역별로 다양한 형태의 첨두기가 지역별로 제작되었다. 슴베찌르개(한국), 박편첨두기(일본 구주), 나이프형석기(일본 열도)가 대표적이다. 결국 환동해지역에서 석인기법의 출현과 더불어 수렵구의 제작이 본격화되는 특징이다. 그러나 석인기법이 출현하더라도 기존의 불규칙박편 석기는 지속적으로 제작되었다.

2) 세석인기법

세석인기법은 유라시아지역에 걸쳐 광범위하게 확인되며 후기구석기시대 후반의 가장 중요한 제작기술이다.

加藤博文(2003), Kuzmin(2007)은 시베리아 극동지역의 세석인석기군의 기원을 5~4만 년 전의 중기구석기단계 또는 후기구석기 초로 보았다. 하지만, 환동해지역에서 후기구석기 초로 볼 수 있는 세석인유적은 아직 확인된 바 없다(장용준, 2006; 加藤眞二, 2008; 木村英明, 2005; 小畑弘己, 2001; Chuntake Seong, 2008). 대부분의 세석인유적은 2.0만 년 전 이후의 것이다.

한반도에서 가장 이른 시기의 세석인유적은 호평동유적 2문화층이다. 이 유적은 LW(최상부 토양쐐기)층 상부에 해당하며, 22,000~17,000 yrBP(AMS)의 연대가 확인되었다(홍미영 등 2005). 초기의 세석인석기군은 양면조정블랭크를 이용하는 유베츠기법을 사용한 곳이 많다. 그러한 예로 수양개, 신북, 집현, 호평동, 대정동, 곡천, 해운대 중동, 월성동유적이 있고 2~1.5만 년 전 이후로 편년되고 있다(장용준, 2006).

중국 연구자들은 동북 3성지역의 세석인문화의 기원과 계통이 화북지역에 있는 것으로 주장하였다(賈蘭坡·蓋培·優玉柱, 1972; 安志敏, 1978; 陣淳, 1983; 王益人·王建, 2000; 高星 등, 2002; 侯亞梅, 2003; 王幼平, 2004). 하지만 화북지역의 세석인석기군이 동북 3성의 세석인을 탄생시킨 증거가 부족하다는 견해도 있다(장용준, 2007). 중국 동북삼성의 세석인석기군은 遼河지역 西八間房유

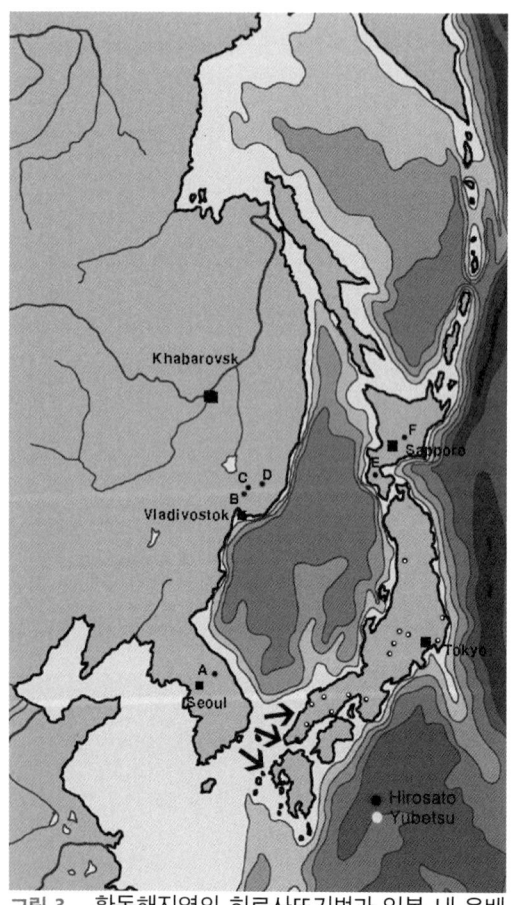

그림 3 환동해지역의 히로사또기법과 일본 내 유베츠기법의 분포

적, 黑龍江 十八站유적, 顧鄕屯유적, 昻昻溪 大興屯유적이 있고, 그 연대는 1.5만 년 전 이후이다.

일본은 북해도지역에서 확인된 柏臺유적의 ¹⁴C측정치(16,850~20,790BP)가 가장 이른 시기이다(寺崎康史, 1999; Sato et al., 2007). 일본에서 북해도를 제외한 지역에서 2.0만 년 전을 연대를 가진 세석인유적은 없고, 가장 빠른 게 1.6만 년 전이다. 일본은 북해도지역을 제외하면 환동해지역에서 가장 늦은 시기에 세석인기법이 출현하였다. 일본의 세석인기법은 10가지로 세분하기도 한다(舊石器文化談話會, 2007). 세석인 중 일부는 1.3만 년 이

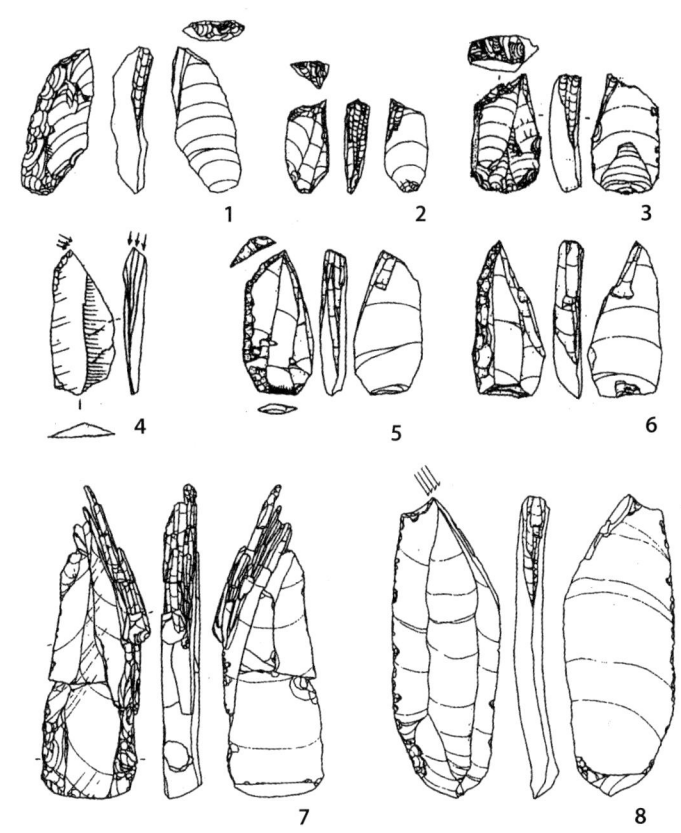

그림 4 동북아시아지역의 히로사토기법(佐藤宏之, 2002 추가)
1-2. Maradzyunaya | 3. Nobobarbarofuka | 4. Irisutaya
5~6. Sangmuryongri | 7. 日東 | 8. 美利河1

후에 시작되는 초창기의 토기, 석촉과 함께 확인된다.

연해주지방의 경우 50여 곳의 구석기유적이 확인되었지만, 대부분은 세석인석기군이다(出穗雅實, 2006).

환동해지역의 세석인기법 중 광역성이 확인된 기법으로는 유베츠기법(木村英明, 1997; 2006; 稻田孝志, 2001)과 히로사또(廣鄕)기법(김상태, 1998; 佐藤宏之, 2002)이 있다. 유베츠(湧別)기법은 한반도, 연해주 오호츠크해연안, 시베리아 내륙부, 일본 북해도에서 혼슈(本州)까지 분포한다(木村英明, 2006). 유베츠기법의 지역적 경계는 서쪽으로는 바이칼호 주변, 동쪽으로는 알래스카반도까지로 거의 세석인기법의 분포영역과 동일하다. 그 중 중국 요령성지역에서는 유베츠기법과 관련된 유물이 출토되지 않았다(장용준, 2004).

히로사또기법은 석인을 세석핵의 블랭크로 사용하는 방법으로 유베츠기법보다 늦은 시기에 출현하였다(寺崎康史, 1999). 북해도, 연해주(노보바르바로프카1, 이리스타야, 마라드쥬나), 한

국의 상무룡리Ⅱ에서 확인되었지만 일본 본토와 사할린에서는 확인되지 않았다. 유베츠기법보다는 출토지역이 한정된다. 佐藤宏之 외(2002a)은 남연해주에 전개된 흑요석제 세석인석기군은 주로 재지산 작은 원석을 사용했지만, 적은 수량이지만, 석인을 이용한 廣鄕型 세석핵을 백두산산 흑요석을 이용한 점, 상무룡리Ⅱ유적의 출토유물 중 흑요석제 새기개는 廣鄕型 세석핵일 가능성은 집단의 직접적인 이동이나 간접방식의 교류가 있었을 가능성을 제기하였다.

3) 마연기법

환동해지역에서는 구석기시대에 직접떼기 이외에도 마제석기가 확인되고 있다.

일본은 岩宿유적에서 최초로 국부마제석부가 확인된 이후, 1960년대 후반부터 1970년대에 東京·武藏野臺地를 대규모 발굴조사를 통해 마제석기가 다량으로 출토되고 있다(小田精夫, 2003). 인부마제석기는 전국 200여 곳의 유적에서 600점 이상이 출토되었다(栃木縣立博物館, 2003). 환동해지역에서 가장 빠른 것은 히나타바야시유적 등 3.0만 년 전에 출토된 것이다. 四國 및 北海道를 제외한 전 지역에서 출토되며, 대체로 AT층(약 2.5만 년 전) 아래에서 출토되다가 단절된 후 후기구석기말에 다시 출토되는 양상이다.

한국에서는 세석인석기군과 함께 마제석기가 출토되었다. 수양개, 신북, 집현, 송현동유적이 있다(장용준, 2006). 출현시기는 대략 2만 년 전을 전후한 시기이면서 세석인석기군에서 출토되었다. 일본보다 10,000년 정도 늦게 출현하였다.

러시아 아곤키5유적의 3층(30,000~18,000년 전)에서도 인부마제석부 1점이 출토되었다. 이곳의 절대연대는 시기폭이 크고 상층의 연대와 구분하기 힘든 점으로 볼 때 중심연대는 대략 2만 년 전을 전후한 시기이다. 우스티노프카Ⅰ유적(Derev′anko, 1998)에서는 배모양세석핵, 아라야형새기개, 국부마제석부와 함께 석인으로 만든 슴베찌르개가 출토되었다.

중국동북 3성지역에서는 아직 마제석기의 흔적이 확인되지는 않지만, 요령성 小孤山, 山頂洞유적에서 나온 장식품으로 볼 때 마제기술을 인지하고 있었음은 확실하다(장용준, 2007).

Ⅳ 흑요석네트워크의 성립

1 흑요석 원산지분석의 연구성과

환동해지역은 유라시아 대륙 중 독특하게 흑요석 원산지가 다량으로 확인된다. 흑요석은 화산 지대에서 형성되는 암석으로 SiO$_2$함량이 많은 마그마가 분출하는 동안 높은 점성과 급격한 냉각에 의해서 생성된 유리질 암석이다(장윤득 외, 2007). 특정지역에서 생성된 흑요석은 그 화학조성이 균일하며 다른 지역에서 생성된 흑요석과는 다른 화학조성을 나타낸다. 이러한 특성을 지닌 흑요석을 이용해 선사시대의 네트워크 확립과 인류의 이동과정에 일찍부터 연구가 이루어지고 있다(Renfrew, 1975). 환동해지역의 흑요석산지 중 대표적인 대륙 쪽의 백두산과 연해주, 일본으로 나누어 살펴보자.

1) 백두산과 연해주의 흑요석

백두산을 포함한 연해주지역에는 흑요석 원산지로 추정되는 세 곳이 있다. Basaltic plateau(슈코드와 현무암대지군), Gladkaya River부근, Paektusan(백두산)이다(Kuzmin, 2008).

한반도 남부지역에서는 흑요석산지가 알려져 있지 않고 흑요석 원산지로 인정받은 곳은 백두산 뿐이다. 한국의 구석기시대유적 중 흑요석이 출토된 곳은 약 30곳 정도로 백두산산 흑요석이 출토된 곳은 신북유적, 하화계리 Ⅲ유적, 장흥리유적이 있다(손보기, 1989; 이선복·이용일, 1996; 강형태, 1989; 이철 등, 1991; 이융조 등, 2004). 특히 15,000~25,000yrBP의 연대를 지닌 구석기유적에서 나온 9개 유적의 흑요석을 분석한 결과 85%가 백두산으로 확인되었다(J.C.Kim et al., 2007). Kuzmin et al(2002; 2004)은 중성자방사화분석(NAA)을 통해 백두산 흑요석을 분석하여 PNK1, PNK2, PNK3가 있음을 확인하였다. 석기제작에는 가장 흔한 PNK1이 사용되었고 PNK3는 석기제작에 적합지 않은 것으로 밝혀졌다(Popov et al., 2005).

연해주에서 흑요석의 사용은 후기구석기말이 되어야 하고 2만 년 전 이전에 흑요석을 이용해 석기를 제작한 흔적은 아직 없다. 러시아 극동내륙지역의 쐐기형세석핵을 공반한 유적 중 원추형석핵(11,500~11,000BP)은 흑요석으로 대부분 제작되었다(Tabarev, 2003). 러시아 연해주의 오시노프카유적에서 白滝山 흑요석으로 추정되었던 유물은 화학조성이 赤石山와 幌賀沢와 가까워 북해도와 남연해주 흑요석과의 관련성이 지적되었다(Kuzmin et al., 2002a).

그러나 Kuzmin et al(2006)은 아무르강 유역의 흑요석산지는 아무르강에 있음을 주장하여 북해도의 흑요석이 아닐 가능성이 높다(小畑弘己, 2009). 따라서 기존에 알려진 것과 달리 북해도와 연해주의 흑요석 교류는 아직은 확인되지 않는다.

중국 동북 3성지역에서도 흑요석 사용은 세석인단계부터 시작되었다. 현재까지의 자료로 볼 때 1.5만 년 전부터 8천 년 전까지가 흑요석을 가장 많이 사용하였고 그 중심지역은 백두산이 위치한 길림지역이다(장용준, 2007). 백두산에서 가장 원거리에 위치한 유적은 길림 大布蘇유적이다.

결국 한반도의 사례처럼 백두산과 연해주흑요석은 세석인석기군과 밀접한 관련이 있고 그 사용연대도 2.5만 년 전을 올라가지 못한다. 연해주지역은 구석기시대에는 백두산보다 Basaltic plateau를 많이 사용하지만, 신석기이후가 되면 백두산의 사용빈도가 높아지는 현상을 보이고 있다.

2) 일본 흑요석

일본의 흑요석산지는 화학조성에 따라 100곳이 넘게 알려져 있다(堤隆, 2004; Sato et al., 2007). 그 중 흑요석 3대 원산지는 본주 중앙의 霧ヶ峰(기리가미네), 구주지역의 越岳(고시타케), 북해도의 白滝(시라타키)이다(安蒜政雄, 2009).

북해도의 중요한 흑요석산지로는 白滝이외에도 置戸, 十勝三股(토카치미츠마타), 赤井川가 있다. 木村英明(1998; 2005b)는 白滝 赤石山의 흑요석을 이용한 석재획득과 석기생산의 분업시스템를 연구하였다. 다른 세 원산지와 달리 북해도의 서남쪽에 떨어져 위치한 赤井川산지의 흑요석은 북해도 중앙에 위치한 湧別川의 奧白滝1유적, 上白滝8유적에서 확인되었다(寺崎康史, 2005).

북해도와 사할린의 교류는 2만 년 전 이전은 확실하지 않다. 사할린의 후기구석기시대~초기철기시대 35개유적 79점의 흑요석제 석기를 분석한 결과, 후기구석기시대에 북해도산 흑요석이 사할린 남부(거리 300~750km)에서 확인되었다(Kuzmin et al., 2002). 사할린에서 幌加기법에서 유베츠기법 주체로의 이행은 북해도로부터 흑요석 자원의 이용과 세석인기술의 보급과 발달이 원인이 되었다(Vailevski, 2005; ワシリエフスキー, 2006). 이로 미루어 볼 때 E구간에서는 16-13kaBP(C-14)에 석기제작기술과 흑요석이 활발히 교류되었다. 하지만, 북해도산 흑요석이 F구간의 타타르해협을 건너 아무르강유역까지 확인된 예는 없다(Kuzmin et al., 2007). 북해도산 흑요석은 러시아 내륙에서는 확인된바 없다.

한편 D구간 중 동북지역은 유베쓰기법이 본주에 확인되는 것과 달리 북해도산 흑요석은 확인된바 없다. 사할린의 소콜(Sokol)유적과 동일한 거리에 위치한 동북지역에 북해도 최남단에 위치한 石川1유적(白滝産), 新道4유적(赤井川産)에서는 북해도 흑요석이 확인되었다(寺崎康史·長沼 孝, 2002).[7]

일본 霧ヶ峰흑요석산지는 본주의 중앙부인 長野県에 위치한다. 이곳의 흑요석 원석을 채취하여 사용한 男女倉유적군, 星ヶ塔유적군, 鷹山유적군이 대표적인 석기군이다. 日向林B유적과 追分제5문화층의 사례로 볼 때 3만 년 전에도 흑요석은 사용되었다.

중부지역의 흑요석산지는 해발 1,500m이상의 높은 곳에 위치한다. 国武貞克(2008)은 관동평야동부에서 霧ヶ峰흑요석산지의 동쪽에 위치한 栃木県 高原産흑요석의 연구를 통해 남북방향으로의 이동영역을 상정하였다. 따라서 중부지역의 흑요석은 동서방향보다 남북방향으로 이동하는 독특한 양상을 보인다(望月明彦·堤隆, 1997; 島田和高, 2008). 이러한 양상은 主山이 대부분 3,000m전후인 飛騨山脈, 木曽山脈, 赤石山脈으로 이어지는 이른바 일본 알프스가 서쪽에 자리잡고 있고, 강이 주로 남북방향으로 형성되어 있기 때문이다. 서부지역과 중부지역의 교류는 남쪽과 북쪽루트를 통해 이루어졌을 것으로 추정된다. 이동이 활발한 세석인석기군도 信州, 伊豆, 神津을 중심으로 하면서 和田峠를 기점으로 반경 200km 이내에서 교류가 이루어졌다.

일본 伊豆반도에서 직선거리로 50km 떨어진 神津島산 흑요석은 3만 년 전에 남관동지역에 유입(Suzuki, 1970)되었다. 그 예로 静岡県 井出丸山유적은 남관동X층에 해당하며 C-14가 32,700~33,200년 전이다.[8]

구주지역에서는 서북 구주산과 남 구주산의 흑요석을 사용하지만, 유통이 활발한 것은 서북 구주산이었다. 서북구주에는 여러 흑요석산지가 있지만 越岳산 흑요석이 가장 많이 이용되었다. 平沢良유적, 小木原유적, 大光寺유적 등의 사례로 볼 때 후기구석기 초두, 3만 년 전에 사용되기 시작하였다. 서북 구주산 흑요석은 여러 석기 중 臺形석기와 관련이 깊다(萩原博文 외, 2009). 하지만 帖地유적처럼 AT층 아래에서 흑요석이 사용되기도 하지만, 세석인문

---

7 승문시대 초창기의 新潟縣 小瀬ヶ澤洞窟에서 赤石山系의 박편 3점이 확인됨으로 인해 승문인이 약 750km이동했을 가능성도 있지만(藁科哲男·小熊博史, 2002). 동북지역에서 북해도산 黑曜石은 繩文시대 조기 중엽이후에야 주로 확인된다.

8 이를 통해 교류를 통해 구석기시대에 배의 존재를 주장하기도 한다(池谷信之, 2009).

화가 출현하면서 부터 흑요석의 사용빈도가 높아지고 확산범위가 넓어졌다. 이러한 양상은 환동해지역의 공통된 현상이다.[9]

그러한 사례로 고시타케흑요석은 구주 가고시마현 建山유적 Ⅲ문화층(彌榮久之 외, 2009)에서 유베츠기법과 유사하게 스폴을 떼어낸 세석핵이 출토되었다. 하지만 구주 동남부지역(특히 미야자키평야와 미야자키 북부지역)과 일본 중사국지역에서는 고시타케산 흑요석이 거의 확인되지 않는다. 그리고 남구주산 흑요석이 서북구주산에 확인되는 사례를 드문 점으로 미루어 볼 때 교류라기 보다 일방적으로 전해졌을 가능성도 배제할 수는 없다. 橘 昌信(2009) 역시 구주 세석인문화 단계의 흑요석 교류가 쌍방교류가 아닌 일방향적인 교류가능성이 높다고 주장하였다.

2 흑요석 네트워크의 성립

1) 유적 내 다양한 산지의 흑요석

한반도 남부의 구석기유적에서 출토되는 흑요석이 백두산이 아닐 가능성이 제기되고 있다. 월성동의 흑요석 석기는 마그마의 기원지의 정보를 제공하는 Sr동위원소 분석 값이 한반도 중부, 남부, 백두산과 일본 규슈의 것과는 달랐다(장윤득 외, 2007). 이융조 등(2004)은 수양개 유적의 흑요석 석기 중 8점에 대해 주요성분(주사전자현미경 분석 SEM), 미량성분(중성자방사화 분석 NAA) 및 미세조직을 관찰하여 최대 3개 이상의 흑요석산지가 있음을 확인하였다. 小畑弘己(2004)는 하화계리의 소형 흑요석의 비실용성과 화학분석결과대로 백두산흑요석이 아닌 가능성, 신북유적의 백두산흑요석이 석기에 사용되지 않는 PNK-2인점을 근거로 한반도 중부지역의 알려지지 않은 산지가 있을 가능성을 제기하였다. 백두산 흑요석이 일본 구주지역에서 확인된 사례는 없다.

한편, 한반도의 하화계리(Ⅲ)에서 출토된 흑요석은 백두산 칼데라(중국쪽)의 가장자리에서 채취한 흑요석과 동일하였고, 장흥리유적은 연해주(Primorye)지역에 넓게 분포하는 것과

---

9 한반도로부터 흑요석 사용에 대한 새로운 정보가 유입되고 새로운 이주민이 들어와 흑요석을 본격적으로 사용했을 개연성도 검토가 필요하다.

동일하였다.[10] 한국의 신북유적에서는 고시타게산흑요석 2점과 針尾산 흑요석 1점이 확인되었다(Kim et al., 2007). 우스티노프카, 오시포프카유적에서는 연해주의 흑요석이 아닌 백두산계 흑요석이 사용되었다.

일본 북해도의 湯の里유적에서는 十勝産, 白滝産, 赤井川産이 한꺼번에 확인되었다. 長野県 野尻湖주변유적군의 구석기를 이용해 분석한 결과, 7개유적 16점이 원격지 흑요석임이 밝혀졌다(望月明彦 2002). 霧ヶ峰흑요석 중 유적과 가까운 信州産도 있지만, 青森県 深浦산처럼 최대 490km나 떨어진 곳도 있었다.

사할린에 위치한 Sokol유적에서는 북해도 白滝·置戸산 흑요석이 확인되었다(木村英明, 1998).

구석기유적에서는 한 유적 안에서 원산지가 동일한 흑요석이 출토되기도 하지만 여러 산지의 흑요석이 뒤섞여서 출토되기도 한다. 따라서 우리가 생각했던 것보다 인류의 이동과 접촉은 매우 활발했음을 알 수 있다.

2) 흑요석 네트워크의 성립

환동해지역의 흑요석이용은 수렵채집민의 유동적 생활과 석재자원개발전략과 밀접한 관련이 있다. 흑요석의 교류는 한 순간에 확산된 것이 아니라 상당한 시간에 걸쳐 단편적이지만 지속적으로 이루어졌다. 후기구석기인들이 기술 발달을 위해 더 나은 자연자원을 요구한 것은 사실이지만 그들의 이동능력을 벗어난 범위에서는 흑요석의 교류가 일어나지 않는 게 특징이다. 100km를 벗어난 지역에서 확인되는 흑요석의 양은 박편이나 소형원석정도로 원석의 수량이나 무게는 급격하게 줄어든다.[11]

---

10 육안판정에 의한 것이기는 하지만, 북해도산 흑요석과 유사한 갈색흑요석이 한국의 상무룡리, 장흥리유적에서 확인되고 있다(장용준, 2006).

11 Renfrew(1984)는 근동지역의 흑요석교류를 당사자간이 직접적인 접촉보다는 여러 단계의 다른 이웃이 매개가 되어 교환되는 형태이면서 원산지에서 거리가 멀어질수록 석재의 크기나 풍부함이 줄어드는 것으로 파악했다. 흑요석은 원산지에서 200-300km의 이내에서는 거의 평탄한 곡선을 그리다가, 그것을 넘어서면 급격한 하강곡선을 그리는 Fall-Off Model이 유명하지만(Renfrew 1975), 마야유적의 흑요석 밀도(Obsidian Density)의 연구사례를 보면 반드시 그렇지는 않다(Raymond 1977).

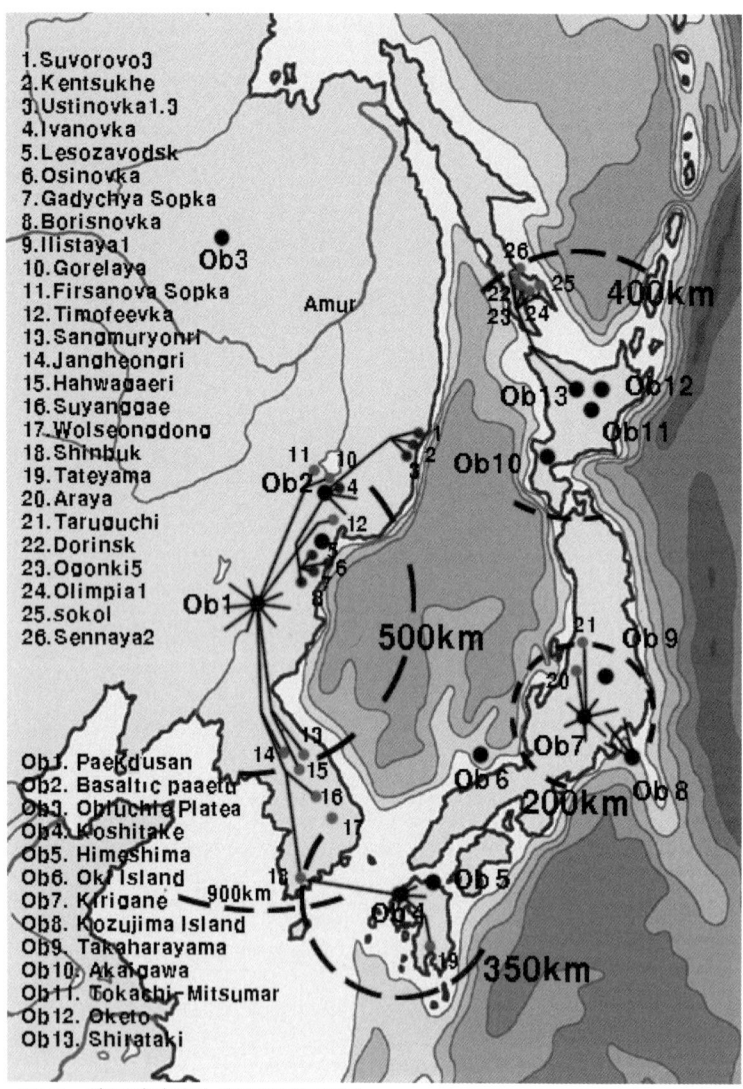

그림 5 환동해지역의 흑요석네트워크(ob: obsidian source, 흑요석 원산지)

　　환동해지역의 흑요석네트워크는 원산지를 중심으로 이루어지고 500km이상 떨어진 원거리에 있는 흑요석 원산지간의 교류는 확인되지 않는 독립적인 네트워크였다. 즉, 원산지에서 원산지로 이어지는 교류는 확인되지 않는다. 독립적인 교류가 중첩되면서(그림 5) 하나의 네트워크 또는 회랑으로 이어졌을 뿐이다.

V 환동해지역 후기구석기문화의 특징: CPA Exchange(Continent, Peninsula and Archipelago)

1 지형적 단절 속에 공유기술

환동해지역에서 석기제작의 유사성 뿐만 아니라 일정범위 내에서는 동일한 기법과 석기형식이 제작되고 있어 일시적 도보가능한 구간을 넘어선 다양한 교류가 있었다.

후기구석기문화는 큰 범주에서 후기구석기시대 이전에 존재한 박편석기군이 석인기법과 세석인기법이 공존하는 양상이다. 석인문화는 현생인류의 확산과 그 궤를 같이하지만, 이것의 출현시기와 확산시기는 각 지역마다 차이가 있다. 특히 석인을 이용한 첨두기제작이라는 공통적인 도구체계는 환동해지역의 후기구석기 전·중반에 일어난 생존을 위한 중요한 변화이었다.

현생인류가 사용한 세석인기법은 석인기법보다 더 넓은 범위에서 확인된다. 특히 세석기문화로 대표되는 동부시베리아의 종말기 구석기문화는 동일한 수준과 내용의 기술이 광대한 지역에 걸쳐 유사한 문화양상을 보여주고 있다(Yi and Clark 1985). 이렇게 퍼져나간 기법을 토대로 지역에서는 자체적인 문화를 형성하였고 초기의 광범위한 확산과는 달리 인접한 지역과 도구와 석재를 중심으로 교환과 교류를 지속적으로 유지해 나갔다. 세석인석기군의 경우 기법적인 차이는 있어도 세석인을 이용해 도구를 만들어 사용한다는 측면에서는 동일한 문화범주에 속하는 것이다.

특히 세석인문화기에 흑요석네트워크를 통한 흑요석의 획득, 교환, 이동이 이루어지면서 더욱 복잡한 기술적 중첩양상을 보여준다. 흑요석은 석기제작에 있어 양질의 석재제공이라는 경제적 인자가 크게 작용하였다. 환동해지역에서 흑요석의 확산과 석기제작기술의 공유현상은 눌러떼기로 생산한 세석인을 이용해 조합식 석기를 제작하는 수렵구 제작전통의 확산 흐름과 유사하다. 또한 한랭화에 따른 북쪽에서 남쪽으로의 이동과 일시적 도보가능한 구간을 넘어선 이동, 유동적 생활에 의한 온난화에 따른 계절적 확산으로도 해석할 수 있다. 북해도의 사례로 볼 때 일시적 도보가능한 구간은 시기에 따라 흑요석 네트워크를 성립 또는 단절시키도 하였다. 흑요석은 환동해지역에서 후기구석기문화의 형성과정에 큰 역할을 하였다.

결국 환동해지역의 석기군의 흐름이 광역의 공통적 문화양상을 공유하였다고 하더라도 지역간의 교류와 이동은 지차치게 강조된 것으로 시기와 지역은 물론 석기군에 따라 단절적으로 이루어진 것이다. 후기구석기인의 연속적인 이동에 따라 원을 그리는 것처럼 이동이 이루어지는 형태로 성립된 것은 아니었다. 실질적으로 하나의 문화가 일순간에 환동해지역에서 공통적으로 나타나는 시기는 없다. 아울러 석기군에서는 도구종류의 지역화, 특수화된 석인기법과 세석인기법, 찌르개문화의 지역화, 재지의 흑요석 원산지의 개발이 있다. 이러한 흐름들은 후기구석기 전반에 비해 지역문화가 발달하면서 문화끼리 중첩되는 현상을 가져왔다.

2 단속적 지역문화의 특화원인

환동해지역의 후기구석기문화가 복잡하고 문화적 연속성이 유지되지 않는 이유는 다음과 같다.

첫째, 환동해지역은 지형적으로 볼 때 대륙, 반도, 열도로 구성되어 있기 때문이다. 대륙의 영향을 받은 반도, 반도에서 영향을 받은 섬, 섬과 섬으로 구성되어 있고, 그 안쪽으로 바다가 형성되는 세계에서 유례가 없는 특이한 곳임에 틀림없다. 그러다보니 교류와 접촉이 빈번하지 못하고 일정 시간 뒤에는 단절된 뒤, 해당지역에서는 새로운 지역문화가 창출되다보니 특수성이 강조될 수밖에 없는 그러한 지형학적 위치에 있다. 아울러 지형적 차이만큼이나 환경적인 요인도 크게 작용하였다. 특히 수렵대상이 되는 동물의 이동에 일시적 도보가능한 구간은 중요한 영향을 미쳤다. 하지만 석인기법과 세석인기법의 공유현상을 통해 알 수 있듯이 어떠한 경로를 통해서든 서로 정보를 공유하고 있었을 가능성은 매우 높다. 다만, 지형적 특수성을 감안하지 않은 루트나 회랑은 무의미하다.

둘째, 중기구석기에서 후기구석기로의 이행기양상이 지역마다 차이가 있다.

한반도는 석영계석기군에서 불규칙 소형박편석기군과 석인석기군이 함께 확인된다. 중국 동북 3성지역에서는 석영계석기군은 확인되지만 명확한 석인관련유물은 아직 출토되지 않고 있다. 연해주와 하바로스프스크의 경우 3만 년이전의 석기양상이 명확하지 않다. 일본은 북해도를 포함해 4만 년이전의 중기구석기시대가 아직도 명확하지 않으며, 그 자료가 매우 단편적이다.

지역에 따라서는 이행기를 논하기에 무리가 있고 러시아 극동지역과 일본지역처럼 후기구석기이전의 문화양상을 추측하기 어려운 곳도 있다. 결국 후기구석기시대 이전의 유물양상이 지역마다 달라 계통을 논하기 어렵고 기반전통에서 차이가 있다.

셋째, 각 지역마다 특수한 석재를 이용한 현지화된 독창적 박리기법을 개발하였다. 그러한 좋은 예로 일본 중·사국지역에 산지가 있는 사누카이트는 횡장박편으로 박리되는 경향이 강해 이러한 특징을 이용해 국부형나이프석기를 제작하였다. 이 지역에서는 석인기법이 거의 확인되지 않는 특수한 현상이 나타난다. 석재의 특성과 분포량은 박리기법과 석기의 형태를 결정짓는 매우 중요한 요소이었다.

넷째, 환동해지역의 자연환경과 동물상의 차이에 따른 지역별로 고유한 수렵문화를 창출하였다. 한국과 일본의 박편첨두기문화, 일본은 나이프형석기문화와 창선형첨두기문화, 북해도지역의 유경첨두기와 창선형첨두기문화, 극동지역은 박편첨두기와 창선형첨두기문화를 형성하였다. 환동해를 둘러싼 각 지역에서는 독창적인 석창문화를 보유하고 있었다.

Ⅵ 소결

환동해지역의 후기구석기문화는 현생인류의 출현과 공유문화의 확산으로 확인된다는 점에서 동일한 뿌리에서 출발하였다. 큰 틀에서는 특정 지역의 석기문화가 일정 범위 밖으로는 벗어나지는 않았지만, 경우에 따라서는 일시적 도보가능한 구간을 넘어 상당 거리를 이동하거나 지역단위의 문화를 몇 단계 거치면서 원거리교류가 있었다.

현생인류가 항해기술이 있었다고 할지라고 환동해지역에서 일시적 도보가능한 구간은 교류의 길이 언제나 열려 있지 않았고 지역간의 문화접촉에 제한이 있었다. 신석기시대조차 배가 출현하였다고 하더라도 교류는 언제나 가능하지 않았다. 교류는 단절 속에서 새롭게 출발하였고, 다시 단절되면 필요성과 기회가 충족될 때 새롭게 추진되었다. 환동해지역의 고고학적 사례를 보면 상호왕래(reciprocal traffic)가 이루어진 경우는 그 범위가 상당히 제한적이었다.

우리가 '교류했다'고 언급하는 문화적 내용은 모두 일정 기간 동안의 단절과 교류가 반복되면서 생긴 것이었다. 흔히 우리는 습관적으로 교류는 연속적으로 이루어졌다고 인식하려는 경향이 있으나, 자세히 들여다보면 여러 교류가 반복·중첩되면서 생긴 착각일 뿐이었다. 교류는 항상 있어왔던 것이 아니라 현재에 알고 있는 고고학적 상황을 우리가 연속적으로 인식하고자 했을 뿐이다. 문화는 모든 지역에서 동일한 수준으로 발전하거나 소멸되지 않았다.

환동해지역은 대체로 위도가 높은 곳에서 낮은 곳으로 이동하는 일방적 이동(one-way traffic)경향이 강하였다. 일시적 도보가능한 구간 간에 왕복경로가 있었던 것은 사실이지만, 특히 교류의 양이나 질로 볼 때 한반도에서 일본으로, 북해도에서 본주로의 교류는 일방적인 경로에 가깝다. 후기구석기문화의 형성과정은 현생인류의 이동경로를 따라 북 → 남, 서 → 동의 흐름이 강한 게 특징이다. 이 지역의 후기구석기문화의 최종 귀착지는 일본열도의 중앙이고, 환동해지역 중 일본이 가장 지역적 특수성이 두드러진다.

후기구석기문화는 내부적으로 출현과 소멸을 반복하면서 지역화의 과정을 거쳤다. 이런 과정에서 지역이 광범위할수록 지역문화는 연속적으로 발전해 온 것처럼 보인다. 예를 들어, 환동해지역에 있어 특정 석기를 중심으로 한 지역문화는 반고리처럼 일정지역이 서로 중첩되는 양상이다. 지역화를 거친 지역문화 간의 중첩은 우리가 특정 문화를 동일한 문화로 인식하게끔 하는 착각을 불러일으킬 것이다. 마치 반고리가 이어지면 원처럼 보이는 것과 동일하다. 문화는 중첩되면서 발전하고 소멸되는 것이지 순환논리로서 적용하기 어렵다. 환동해지역은 마치 반고리(semicircle)가 중첩된 것 같은 모습으로 문화들이 중첩되는 양상을 나타내었다. 이것이 바로 현생인류의 이동에 따른 발자취이다.

즉, 환동해지역에서 석인문화와 세석인문화라는 공유(共有)문화와 여기서 파생된 지역문화가 중첩되면서 하나의 문화권을 형성하였다.[12] 기층문화의 중층적인 발전 속에서 여러 문화가 거듭해서 겹쳐지고, 때로는 포개어지면서 새로운 문화요소가 기존의 문화요소를 변화·발전·소멸시킴과 동시에 지역별로 독자적인 문화를 가지고 있는 지역문화의 중첩이 중요한 요인이었다. 환동해지역은 후기구석기문화(ESC; East Sea Culture)의 형성과정은 공유문화확산 → 지역문화성립 → 지역문화확산 → 지역문화중첩 → 소멸로 볼 수 있다. 환동해지역의 지역문화권과 CPA교류는 동북아시아지역의 후기구석기문화를 이해하는 중요한 개념

---

12 여기서 말하는 지역문화중첩이라는 개념은 확산과 다르다. 확산은 하나의 중심영역에서 다른 지역으로 해당 문화가 퍼져나가는 것으로 볼 수 있으나 중첩은 단순히 퍼져나가는 개념뿐만아니라 반대로 유입되는 것, 재지의 지역문화가 겹쳐지는 것도 포함한다. 단순히 특정 지역에서 다른 지역으로 전해지는 형식의 전파와도 구분되는 개념이며 가까운 지역끼리의 일부 문화를 공유하는 접촉과도 다르다.

이 될 것이다. 환동해문화권의 경우 러시아 중서부 내륙, 중국 남부지역과는 다른 독자적인 문화권형성과정을 나타낸 것으로 추정된다.

　이 지역은 언어도 다르고 국가도 달라 해당지역 또는 각 나라별로 연구가 진척되어 각 지역단위의 문화, 석기형식과 제작기법의 독자성 등이 너무 강조된 감이 없지 않다. 향후 이러한 부분에 대하여 나라 간의 공동연구와 같은 학술적 교류가 필요할 것으로 생각된다.

참고문헌

김상태, 1998, 「상무룡리Ⅱ유적의 좀돌날석기」, 『科技考古硏究』4, 아주대학교 박물관, pp.7-26.

박용안·공유석 외, 2001, 『한국의 제4기 환경』, 서울대학교출판부, pp.1-564.

어해남, 1999, 「만달리유적의 속돌들에 대한 고찰」, 『조선고고연구』제112호, 사회과학원 고고학연구소, pp.24-27.

이기길, 2007, 「한국 서남부와 일본 규슈의 후기구석기문화 비교 연구」, 湖南考古學報 第25輯, 湖南考古學會, 5-43쪽.

Gi-kil Lee, 2007, A Comparative Study on the Upper Palaeolithic between Southwestern Korea and Kyushu of Japan, The Honam Archaeological Society, No.25, Korea, pp.5-43.

이기길, 2008, 「임실하가유적의 발굴과 성과」, 『제32회 한국고고학전국대회』, 韓國考古學會, pp.137-154.

이병관(Byoung Kwan Lee), 김석윤(Seok Yun Kim), 2007, 동해남부해역과 울릉분지의 퇴적상과 퇴적작용 , 한국수산학회 | 한국수산학회지.

이선복, 1993, 「동부시베리아 선사문화의 편년연구-특히 구석기에서 신석기로의 전이문제에 대하여-」, 『지역연구』, 2권 1호, pp.93-115.

Seonbok Yi, 1993, Palaeolithic-Neolithic Transition in East Siberia-with Special Emphasis on Chronostratigraphy.

이융조·조남철·강형태, 2004, 「단양 수양개유적 흑요석이 특성화 연구」, 『한국구석기학보』제10호, pp.25-35.

李在景, 2008, 『大邱 月城洞 777-2番地 遺蹟(Ⅰ)-舊石器-』, 慶尙北道文化財硏究員.

이철·김승원·김규호·강형태, 1991, 「미량성분 원소 분석에 의한 흑요석의 분류」, 『고고미술사론』2, 충북대학교 고고미술사학과.

이헌종, 1997b, 「동북아시아 후기 구석기최말기의 성격과 문화변동에 관한 연구」, 『韓国考古学報』第39輯, 韓国考古学会.

張龍俊, 2004, 「한국 후기구석기의 기원-동북아시아 후기구석기 초기유적과 비교하여-」, 『國史館論叢』第104輯, 國史編纂委員, pp.1-45.

張龍俊, 2006, 『韓國 後期舊石器의 製作技法과 編年硏究-石刃과 細石刃遺物相을 中心으로-』, 부산대학교 대학원 박사학위논문, pp.1-265.

Yongjun Jang, 2007a, Addressing the Upper Palaeolithic lithic technologies in Northeastern China.

Yongjun Jang, 2007b, 「韓半島와 日本 九州地域의 後期 舊石器文化의 交流-슴베찌르개(剝片尖頭器)를 中心으로-」, 『韓國上古史學報』58, 韓國上古史學會, pp.5-37.

張龍俊, 2007a,「中國 東北地域 後期 舊石器 製作技術의 變遷과 系統 硏究」,『동북아역사논총』15호, 동북아역사재단, pp.313-377.

張龍俊, 2007b,「韓半島와 日本 九州地域의 後期 舊石器文化의 交流-슴베찌르개(剝片尖頭器)를 中心으로-」,『韓國上古史學報』58, 韓國上古史學會, pp.5-37.

Yongjun Jang, 2009,「後期 舊石器時代 角錐狀石器의 硏究」,『한국민족문화』33, 부산대학교 한국민족문화연구소, pp.289-337.

張龍俊, 2009,「後期 舊石器時代 角錐狀石器의 硏究」,『한국민족문화』33, 부산대학교 한국민족문화연구소, pp.289-337.

장윤득·박태윤·이상목·김정진, 2007,「월성동 구석기 유적 출토 흑요석제 석기의 암석 및 광물학적 연구를 통한 원산지 추정」,『한국지구과학회지』, 한국지구과학회, pp. #####.

崔福奎·柳惠貞, 2005,『抱川 禾垈里 쉼터舊石器遺蹟』, 江原考古學硏究所 遺蹟調査報告 第13冊, 江原考古學硏究所.

崔福奎·崔三鎔·崔承熚·李海用·車在勳, 2001,『長興里舊石器遺蹟』, 江原考古學硏究所, pp.1-243.

쿠즈민, 2004,「홍천 하화계리(Ⅲ) 작은솔밭 구·중석기유적의 흑요석 성분 분석」,『洪川 하화계리 Ⅲ 작은솔밭 舊·中石器遺蹟』, 原考古學硏究所, pp.260-262.

한창균, 2003,「한국 구석기유적의 연대 문제에 대한 고찰-절대연대 측정결과와 퇴적층의 형성시기에 대한 검토를 중심으로-」,『한국구석기학보』제7호, pp.1-40.

홍미영·나나 코노넨코, 2005,「남양주 호평동유적의 흑요석제 석기와 그 사용」,『한국구석기학보』제12집, 한국구석기학회, pp.1-30.

Hideaki Kimura, 1997, The Study of Paleolithic Culture in Siberia, Hokkaido University Press.

Hideaki Kimura, 2005a,「シベリアの中期後期舊石器文化への移行期問題」,『Aruːk』1号, 北海道大學 埋藏文化財展示室, pp.3-29.

Hideaki Kimura, 2005b,『北の黒曜石の道・白滝遺蹟群』, 新泉社.

Hideaki Kimura, 2005c, The Issue of the Middle to Upper Paleolithic Transition in Siberia, Aruːk, No.1, Archaeological Museum of Sapporo University, Sapporo, Japan, pp.3-30.

Hideaki Kimura, 2006a,「總論」,『考古學ジャーナル』540, pp.3-6.

Hideaki Kimura, 2006b, The Paleolithic Age of the Easternmost Eurasian-Regional Perspectives, Archaeological Journal, No.540, Tokyo, Japan, pp.3-6.

Hiroki Obata, 2009, Obsidian Archaeology in Sakhalin and Siberia, Sundai Shigaku, No.135, Sundai Historical Association of Meiji University, pp.1-23.

Kazutaka Shimada, 2009, Pioneer Phase of Obsidian Use and the Human Culture Origin in the Japanese Islands, Sundai Shigaku, No.135, Sundai Historical Association of Meiji University, pp.51-70.

Masaki Naganuma, 2006, Paleolith in Amur downstream region, Archaeological Journal, No.540, Tokyo, Japan, pp.7-10.

Masami Izuho, 2006, Current Problems of paleolithic Study in Prorsky Krai(Russia), Archaeological Journal, No.540, Tokyo, Japan, pp.11-14.

Masanobu Tachibana, 2009, The Distribution of Northwestern Obsidian Sources at Microblade Industry in the Island of Kyushu, Sundai Shigaku, No.135, Sundai Historical Association of Meiji University, pp.91-116.

Masao Ambiru, 2009, The Paleolithic Cultural Corridor Around the Sea of Japan and Obsidian Road, Sundai Shigaku, No.135, Sundai Historical Association of Meiji University, pp.1-23.

Masuoki Horikoshi et al, 1987, Nature in Japna, Iwanami Press, Japan.

Matsufuji Kazuto, 2004, Study of the Origin of the Upper Palaeolithic Culture in the Japanese Archipelago, Faculty of Letters, DoshiSha University, pp.1-143.

Shizuo Oda, 2003, A Study of Japanese Paleolithic, Tousei Press, Tokyo, Japan.

Yasufumi terasaki, 2005, Occurrences of Obsidian in Akaigawa and its Utilization in the Palaeolithic Period in Hokkaido, Archaeological Journal, No.525, pp.8-11.

ヴィソーコフ, ミハイル・スタニスラヴォヴィチ(板橋政樹 訳), 2000, サハリンの歴史―サハリンとクリル諸島の先史から現代まで,(札幌)北海道撮影社.

タバリェフ, A.V., 2003,「ロシア極東における石器時代の諸問題」,『古代文化』55, 古代學協會, pp.17-24.

ワシリエフスキー, A.A., 2006,「サハリンと日本の旧石器文化」,『考古學ジャーナル』540, pp.19-24.

加藤博文, 2003,「シベリアの細石刃文化」,『日本の細石人文化Ⅱ』, 八ヶ岳舊石器研究グループ, pp.246-266.

加藤眞二, 2000,『中國北部の旧石器文化』, 同成社, pp.1-286.

加藤眞二, 2008,「華北細石刃文化調査から-華北地域における細石刃石器群の出現-」,『第10回北アジア調査研究報告會』, 北アジア調査研究報告會實行委員會, pp.37-40.

藁科哲男・小熊博史, 2002,「新潟縣小瀬ヶ澤洞窟・室谷洞窟出土黒曜石製遺物の原材山地分析」,『長岡市立科學博物館研究報告』37.

舊石器文化談話會, 2007,『舊石器考古學辭典』, 學生社, 東京.

国武貞克, 2008,「回廊領域假說の提唱」,『舊石器研究』4, 日本舊石器學會, pp.83-98.

堀越增興・永田豊・佐藤任弘, 1987,『日本列島をめぐる海』, 岩波書店.

橘 昌信, 2009,「九州圖の細石刃石器群における西北九州産黒曜石の流通」,『駿台史学』135, 駿台史学会, pp.91-116.

吉川耕太郎, 2007,「石器原料の獲得・消費と移動領域の編成」,『舊石器研究』3號, 日本舊石器學會, pp.35-58.

大阪市文化財協會, 2008,『長原遺蹟發掘調査報告ⅩⅥ』.

島田和高, 2008,『氷河時代の山をひらき, 海を渡る』, 2008年度明治大學博物館特別展解說圖錄, 明治大學博物館.

島田和高, 2009,「黒曜石利用のパイオニア期と日本列島人類文化の基源」,『駿台史学』135, 駿台史学会, pp.91-116.

稲田孝志, 2001,『遊動する舊石器人』, 岩波書店.

柳田俊雄, 2006,『東北地方の地域編年』, 同成社, pp.142-172.

望月明彦, 2002,「黒曜石分析科學の現狀と展望」,『黒曜石文化研究』創刊號, 明治大學黒曜石研究センター機關誌, pp.95-102.

望月明彦・堤 隆, 1997,「相模野台地の細石器刃石器群の黒曜石利用に関する研究」,『大和市史研究』, pp.1-36.

木埼康弘, 2001,「九州地方の剝片尖頭器」,『第6回 國際學術會議 수양개와 그 이웃들』, 丹陽郡・忠北大學校 博物館・丹陽郷土文化研究會, pp.100-139.

木村英明, 1997,『シベリアの舊石器文化』北海道大學圖書刊行會, pp.1-426.

木村英明, 2005a,「シベリアの中期後期舊石器文化への移行期問題」,『Aru:k』1号, 北海道大學埋藏文化財展示室, pp.3-29.

木村英明, 2005b,『北の黒曜石の道・白滝遺蹟群』, 新泉社.

木村英明, 2006,「總論」,『考古學ジャーナル』540, pp.3-6.

彌榮久之 外, 2009,『建山遺蹟・西原段Ⅰ遺蹟・野鹿倉遺蹟』, 鹿児島県埋藏文化財センター.

福井淳一編, 1999,『千歳市柏臺1遺蹟』, 北海道埋藏文化財センター.

寺崎康史, 1999,「北海道細石刃石器群理解への一試論」,『先史考古學論集』第8集, pp.71-88.

寺崎康史, 2005,「北海道赤川産黒曜石の産狀と舊石器時代におけるその利用」,『考古學ジャーナル』525, pp.8-11.

寺崎康史・長沼 孝, 2002,「北海道西部の細石刃文化」,『細石刃文化の新たななる展開』.

山形県埋藏文化財センター, 1995,『お仲間林遺跡発掘調査報告書』.

小南裕一, 2004,「山口県西部」,『中・四國地方舊石器文化の地域性と集團關係』, pp.65-74.

小田精夫, 2003,『日本の舊石器文化』, 同成社.

小畑弘己, 2001,『シベリア先史考古學』, 中國書店, pp.1-522.

小畑弘己, 2004,「九州島および朝鮮半島における石刃技法と石材」,『石刃技法の展開と石材環境』, 日本舊石器學會 第2回 シンポジウム豫稿集, pp.7-12.

小畑弘己, 2009,「サハリン・シベリアの黒曜石」,『駿台史学』135, 駿台史学会, pp.1-23.

松藤和人, 1987, 「海を渡った舊石器"剝片尖頭器"」, 花園史學 8, 花園大學史學會.

須藤隆司, 2006, 『石槍革命-八風山遺蹟群-』, 新泉社.

新庄市敎育委員會, 1982, 『乱馬堂遺蹟發掘調査報告書』.

阿部祥人·岡澤祥子·工藤敏久·渡辺丈彦編, 1995, 『お仲間林遺跡の研究-1992年發掘調査-』, 慶應義塾大学文学部民族学考古学研究室小報11.

安蒜政雄, 2009, 「環日本海舊石器文化回廊とオブシデイアン·ロード」, 『駿台史学』135, 駿台史学会, pp.147-167.

五十嵐彰, 1991a, 「Ⅱ群(石核)」, 『お仲間林遺蹟 1986』, 慶應義塾大学文学部民族学考古学研究室小報8, pp.75-108.

長沼正樹, 2006, 「アムール下流域の旧石器」, 『考古學ジャーナル』540, pp. 7 -1 0.

町田 洋·新井房夫, 2003, 『新編 火山灰アトラス-日本列島とその周邊』, 東京大學出版會, pp.3-336.

堤 隆, 2004, 『黒曜石3萬年の旅』, 日本放送出版協會.

佐久市敎育委員會, 1999, 『八風山遺蹟群』發掘調査報告書75集.

佐藤宏之, 1999, 「中國·朝鮮半島の舊石器時代と日本」, 『岩宿發掘50年の成果と今後の展望』, 笠懸町敎育委員會·岩宿フォーラム實行委員會, pp.37-43.

佐藤宏之, 2002, 「環日本海における廣郷型細石刃の分布」, 『內蒙古細石器文化の研究』平成10年度~平成13年度科學研究費補助金基盤研究(C)(2)研究成果報告書, pp.160-168.

佐藤宏之, 2003, 「北海道の後期舊石器時代前半期の樣相-細石刃文化以前の石器群」, 『古代文化』第55卷 第1號, 古代學協會, pp.3-16.

佐藤宏之, 2004, 『日本列島における後期舊石器文化の始原に關する基礎的研究』, 平成12~15年度科學研究費補助金基盤研究(C)(2) 研究成果報告書.

佐藤宏之·ヤロスラフ V.·クズミン·ミッチェル D.·グラスコック, 200 2, 「北海道サハリン道出土の先史時代黒曜石製石器の原産地分析と黒曜石の流通」, 『北海道考古學』第38輯, 北海道考古學會, pp.1-13.

池谷信之, 2009, 『黒曜石考古學』, 新泉社.

川口 潤, 2003, 「東北北部地域の細石刃文化」, 『シンポジウム日本の細石刃文化一日本列島における細石刃文化』八ケ岳舊石器研究グループ, pp.53-71.

萩原博文·川内野 篤, 2009, 「北部九州における黒曜石の最新情報」, 『考古學ジャーナル』585, pp. 8 -11.

出穂雅實, 2006a, 「沿海地方における舊石器時代研究の今日的課題」, 『考古學ジャーナル』540, pp.11-14.

出穂雅實, 2006b, 「沿海地方における舊石器時代研究の今日的課題」, 『考古學ジャーナル』540, pp. 7 -10.

香川縣敎育委員會·本州四國連結橋公團, 1981, 『瀬戸大橋建設に伴う埋藏文化財發掘調査報告Ⅳ-大浦遺蹟-』.

栃木縣立博物館, 2003, 『氷下時代の狩人たち』.

李超榮, 2004, 「中國北方舊石器時代晚期文化」, 『日本列島における後期舊石器文化の始原に関する基礎的な研究』, pp.37-64.

陳全家 等, 2005, 「和龍市柳洞舊石器地點發現的石製品研究」, 『華夏考古』3期, 河南省文物考古學會, pp.51-59.

陳全家 等, 2006a, 「吉林地區和龍人溝發現的舊石器」, 『人類學學報』25(2), 中國社會科學院古脊椎動物與古人類研究所, pp.106-114.

陳全家 等, 2006b, 「吉林和龍柳洞2004發現的舊石器」, 『人類學學報』25(2), 中國社會科學院古脊椎動物與古人類研究所, pp.208-219.

叶啓曉, 2004, 「黑龍江省舊石器時代文化有存研究」, 『邊疆考古研究』第2輯, pp.37-65.

Chuntake Seong, 2008, Tanged points, microblades and late Palaeolithic hunting in Korea, *Antiquity* 82, pp.871-883.

Derev'anko, 1998, The Paleolithic of Siberia-new discoveries and interpretations-, University of Illinois Press, Urbana and Chicago, pp.1-406.

Hiroyuki Sato and Takashi Tsutsumi, 2007, The Japanese Microblade Industries: Technology, Raw Material Procurement, and Adaptations, ORIGIN and SPREAD of MICROBLADE TECHNOLOGY in NORTHERN ASIA and NORTH AMERICA, etd by Yaroslav V. Kuzmin etc, Archaeology Press Simon Fraser University Burnaby, B.C., pp.53-78.

Kim J.C., et al. 2007, PIXE Provenancing of Obsidian Artefacts from Paleolithic Sites in Korea, Bulletin of the Indo-Pacific Prehistory Association, pp.122-128.

Kimura Hideaki, 1992, 『Reexamination of the Yubetsu technique and study of th Horokazawa Toma Lithic Culture』, pp.11-54.

Kononenko N.A., 2001, Ecology and cultural dynamics of archaelogical sites in the Zerkalnaya river valley at the terminal Pleistocene-early Holocene, Archaeology, Ethnology and Anthropology of Eurasia 5, pp.40-59.

Kuzmin, Y.V. M.D. Glascock, 2007, Two Islands in the Ocean′ Prehistoric Obsidian Exchange between Sakhalin and Hokkaido, Northeast Asia, Jounal of Island and Coastal Archaeology.2, pp. 99-120, North Caroline State University.

Kuzmin, Y.V. M.D. Glascock, and H. Sato, 2002, Sources of archaeological obsidian on Sakhalin Island(Russian Far east), Journal of Archaeological Science 29, pp.741-749.

Kuzmin, Y.V., V.K.Popov, M.D. Glascock and M.S.Shackley, 2002a, Sources of archaeological volcanic glass in the Primorye(Maritime) Province, Russian Far East, Archaeometry

44(4); pp.505-515.

Lee, Yung-jo·Yun, Yong-hyun, 1992, Tanged-points and Micro-blade Cores from Suyanggae Site, Korea, International Symposium "Micro-blade Industry in Northern Eurasia and Northern North America" Sapporo University, Japan.

Popov V.K., Sakhno V.G., Kuzmin Ya. V., Glascock M. D., and Choi B.K. 2005, Geochemistry of Volcanic Glasses from the Paektusan Volcano. Doklady Earth Sciences. Vol. 403, No.5, pp.803-807.

Raymond Sidrys, 1977, Mass-Distance Measures for the Maya Obsidian Trade, Exchange Systems in Prehistory, edited by Timothy K. Earle and Jonathon E. Ericson, Academic Press, New York, pp.91-107.

Renfrew, Colin, 1975, Trade as action at a distance, In Ancient civilization and trade, J.Sabloff and C.C. Lamberg-Karlrovsky, eds., University of New Mexico Press, Albuquerque, pp.3-59.

Suzuki, M. 1970, Fission Track ages and uranium content of obsidians, Zinruigaku Zassi 78(1), pp.50-58.

Uyeda, S and A. Miyashiro, 1974, Plate tectonics and Japanese Islands; A Synthesis, Geol. Soc. Am. Bull., 85, 1159-1170.

Vailevski, A.A., Periodization of the Upper Pleolithic of Sakhalin and Hokkaido in the Light of Research Conducted at the Ogonki-5 site, The Middle to Upper paleolithic Transition in Eurasia:Hypotheses and Facts, editor by A.P. Derevianko, Institute of Archaeology and Ethnography Press, Novosibirsk, 2005, pp.427-445.

Yaroslav V. Kuzmin, 2007, Geoarchaeological aspects of the Origin and Spread of Microblade Technology in Northern and Central Asia, ORIGIN and SPREAD of MICROBLADE TECHNOLOGY in NORTHERN ASIA and NORTH AMERICA, etd by Yaroslav V. Kuzmin etc, Archaeology Press Simon Fraser University Burnaby, B.C., pp.115-124.

Yi, Seonbok and G.A.Clark, 1985, The "Dyuktai Culture"and New World origins, Current Anthropology 26(1) : 1-20.

Yuichi Nakazawa, Masami Izuho, Jun Takakura, and Satoru Yamada, 2005, Toward an Understanding of Technological Variability in Microblade Assemblages in Hokkaido, Japan, Asian Perspectives, Vol.44, No.2, University of Hawai'i Press, pp.276-292.

책을 닫으며

우리나라에서 구석기를 연구하는 일은 지난하다. 구석기시대는 유구와 출토 정황에 관한 정보가 별로 없어 연구할수록 어려움을 뼈저리게 느낀다. 구석기유적에서는 출토유물의 종류가 비교적 단순하고, 관련 유구가 거의 발견되지 않는다. 이는 구석기 학자가 발굴을 통해 다양한 정보를 해석하고 연구를 이어나갈 소재가 부족함을 의미한다. 그런데도 필자에게는 '우리는 어디서 왔고, 현생인류는 누구인가?'라는 질문에 끊임없이 답할 의무가 있다고 생각해 왔다.

한국의 구석기는 1980년대부터 본격적으로 주목받기 시작하였다. 이 시기에 가장 중심 연구과제는 주먹도끼였고, 그것의 연대가 얼마나 오래되었는가에 초점이 맞춰져 있었다. 이는 한반도에 언제부터 인류가 살기 시작했느냐라는 질문과 맥이 닿아있었기 때문이다.

우리 손으로 발굴 조사한 1960년대의 공주 석장리유적 이후부터 1990년대까지만 해도 후기구석기시대에 관한 기원과 현생인류와 같은 내용은 제대로 다루어지지 못하였다. 당연히 우리나라 구석기가 가진 지역성과 특수성에 대한 논의도 활발하지 않았다.

앞서 살펴본 바와 같이 한반도에는 오래전부터 인류가 거주했었다. 구석기시대는 고고학에서 만 년 단위로 시간을 설정할 수 있는 유일한 분야이다. 국사 교과서에는 70만 년 전부터 한반도에 사람이 살기 시작했다고 언급하였지만, 그 증거는 명확하지 않다. 엄격히 말하면 증거가 아주 부족해 70만 년 전에 한반도 남부에서는 사람이 살지 않았다고 보는 편이 합당하다. 우리나라에서 발굴조사된 구석기유적 중에서 전기구석기시대 유적은 드물다. 대부분의 유적은 중기와 후기구석기시대에 집중되어 있는데, 이러한 현상에 대해 학계에서는 구체적인 논의를 진행하지 못하고 있다. 구석기유적이 8만 년 전 이후부터 증가하고, 현생인류가 살았던 후기구석기시대에는 한반도에 사람이 더 많이 살기 시작했다.

이 책에서는 후기구석기시대의 현생인류가 어디서 왔으며, 무슨 도구를 사용하였는지, 주변 나라들과 비교해서 어떻게 살았는지를 살펴보고자 하였다.

제1부는 '한반도 현생인류의 확산과 시기'를 다루었다.

구석기시대에는 4만 년 전의 중기와 후기를 경계로 하여 기존 집단보다 발달된 생계방식을 가진 집단이 등장하였다. 후기구석기시대에는 중기구석기시대의 기술을 이어받기도 하였지만, 인류의 자연스러운 진화의 결과물로 보기에는 석기기술에 있어 차별성이 뚜렷하였다. 현재까지의 자료로 볼 때 알타이지역의 석인기법의 영향을 받은 북방 루트의 현생인류와 중국 남부지역을 거쳐 한반도로 유입된 남방 루트의 현생인류가 우리나라의 후기구석기문화를 열었던 것으로 추정된다. 한반도로 유입된 현생인류는 특정 루트로 한정시킬 수 없었다. 그들은 최종 빙기에 의한 해수면이 하강할 때 일어난 서해의 육교화와 함께 반도적 특성 상 다양한 루트를 거쳐 시기를 달리해 유입되었다.

북방 루트로 유입된 현생인류는 르발르와기법을 지닌 집단과 마찬가지로 수렵을 위한 찌르개를 공통으로 제작한 집단들로서, 각 지역에 맞는 석재를 이용하여 독자적인 형식의 찌르개를 보유하였다. 르발르와기법이 러시아 바이칼호수의 동쪽으로는 확인되지 않는 점을 고려하면, 우리나라의 중기구석기시대 집단은 르발르와기법을 사용한 집단으로부터 기술적인 영향을 받지 않았음을 알 수 있었다.

러시아 알타이지역의 중기구석기시대 석기군은 결합식 찌르개를 보유한 집단들에 의해 형성된 것이며, 후기구석기시대에 석기와 나무를 결합하는 창을 만드는 기술개념의 기반을 제공하였다. 한반도, 중국, 일본에서는 석기를 제작한 사람들의 인지적인 능력 차이일지 모르겠지만 전기와 중기구석기시대에는 형태가 대칭인 찌르개를 발견할 수 없었다. 석인기법이 발견되지 않는 중국 남부지역을 제외한 곳에서는 대체로 석인이 출현한 이후에 세석인이 시차를 두고 발견되고 있었다. 이전 시기의 기술기반이 중요한 역할을 하였음을 유추해볼 수 있는 대목이다.

한반도에는 현생인류의 유입루트가 중국 남부지역을 거쳐 요서로 유입되는 루트, 중앙아시아를 거쳐 한반도로 유입되는 루트, 중국 동부지역에서 서해를 거쳐 유입되는 루트가 있었다. 한반도의 현생인류는 일본열도로 건너가 일본 최초의 선주민 중 한 부류가 되었다. 그동안 한국 연구자를 포함한 동북아시아 지역의 연구자는 한반도에서 일본열도로 건너가는 루트를 잘 인정하지 않았다(그림 1). 하지만, 필자는 이 루트의 중요성에 지속해서 주목해왔고, 여러 논문에서 이를 지적하였다. 이 글이 바로 그러한 증거를 보여주기 위해 작성되었다. 현재 이 루트는 일본열도에 현생인류가 건너오는 중요한 루트의 하나로 받아들이고 있다(그림 2).

그림 1 2013년 일본 국립자연사박물관에서 개최된 '그레이트 저니' 특별전시에 사용된 패널

이 패널은 당시 연구성과를 집대성해서 만든 지도였다. 일본열도에 현생인류가 들어오는 루트에 있어 한반도에서 일본으로 들어오는 루트는 없었다. 지금은 일본 연구자도 한반도루트를 인정하고 있다.

우리나라에서 후기구석기시대는 4만 년 전에 시작되었다. 이 시기는 6~5만 년 전에 아프리카를 떠나 유라시아대륙의 동쪽으로 이동해 온 현생인류가 한반도에 다다른 시기이다.

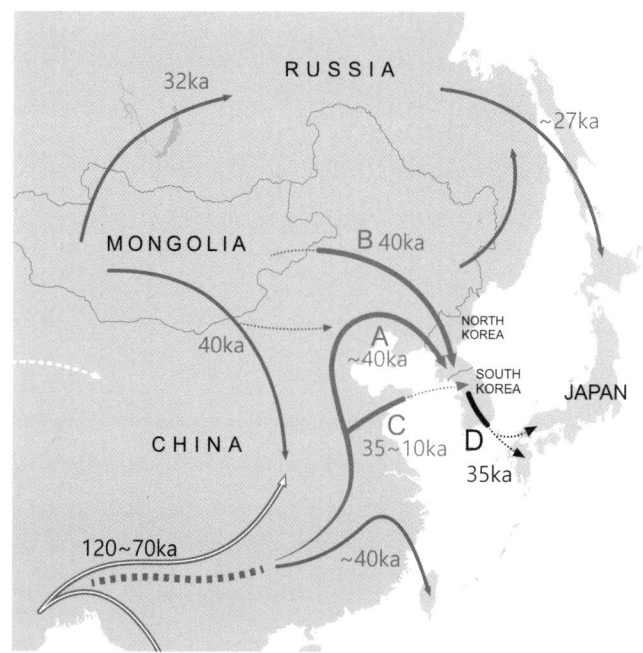

그림 2 동북아시아 지역에 있어 현생인류의 이동 경로

한반도의 현생인류는 세갈래의 루트를 통해 유입되었을 가능성이 있다. 한반도에 살았던 현생인류는 대한해협을 건너는 루트를 이용해 일본열도로 건너갔다.

497

한반도에서 석인기법은 4만 년 전 이후에 등장하고, 가장 활발하게 제작된 시기는 3~2만 년 전이다. 동남단에 있는 밀양 고례리유적은 석인과 슴베찌르개를 제작했던 중요한 석기생산유적이었다. 고례리석기군은 경량화된 석기가 중심이었으며, 이는 현생인류가 이동 생활을 하는 데 있어 큰 도움을 주었다. 특히 고례리는 한일 구석기시대의 교류를 이해하는 데도 중요한 단서를 제공하였다. 고례리는 수양개, 신화리, 진그늘, 용호동, 용산동 등과 같이 한반도의 석인문화를 이해하고, 러시아, 일본의 구석기문화와 비교할 수 있는 기초자료가 된다는 점에서 의의가 컸다.

진주 집현유적은 슴베찌르개가 출토되지 않은 전형적인 세석인석기군이다. 이곳에서는 그리 많은 석기를 제작하지는 않았지만 다양한 형식의 세석핵과 밀개, 타면격지(spall)가 출토되었다. 동북아시아 지역에서 폭넓게 사용한 유베쓰기법을 확인할 수 있고, 세석인박리에 있어 정형화된 제작기법과 규격화된 석기를 제작하였다. 이 유적은 세석인 석기를 기반으로 한 중간 소비지 유적으로 판단되었다.

고례리와 집현의 현생인류는 원석 소비율의 효율성을 꾀하고, 휴대가 용이한 석기를 만들어 이용했다는 공통점이 있다. 이들이 사용한 대표적인 석기인 석인과 세석인은 이동 생활에 특화된 도구로, 비록 석기는 작지만 나무와 뼈와 같은 소재와 함께 사용함으로써 기능의 효율성을 극대화한 도구라는 특징을 가지고 있다. 특히 고례리 석인석기군은 석인기법의 전형적인 기술인 능조정기법으로 석인을 대량으로 생산하였다.

한반도 후기구석기시대에 있어 슴베찌르개의 갑작스러운 출현에 관해서는 석인을 사용한 현생인류가 육류와 함께 어류를 섭취하기 시작했을 가능성을 제기하였다. 슴베찌르개 중 톱니날 또는 톱니날에 돌출날을 지닌 이른바 '작살형 슴베찌르개'는 한반도의 고유한 석기형식이었다. 동북아시아에서는 일본의 박편첨두기와 각추상석기가 유사한 형태이다. 이러한 석기형식은 다른 시대의 석제 작살과 상당히 유사하였다. 작살형 슴베찌르개는 독특한 석기형태와 이 석기들이 출토되는 유적입지가 강이나 하천에 인접한 점을 감안할 때 어로행위가 있었을 개연성이 컸다. 슴베찌르개는 일본 규슈지역 안에서 급속히 퍼져나가 박편첨두기라는 중요한 형식으로 자리매김하였다. 석인으로 만들어진 작살형 슴베찌르개는 우리나라 현생인류의 새로운 삶을 이해하는데 중요한 도구형식일 수 있었다.

우리나라 후기구석기시대의 편년 작업을 위해 최근 증가하고 있는 방사성탄소연대 자료를 활용하여, 현생인류의 단계별 특징과 확산 시기를 검토하였다. 이러한 편년은 한반도에 현생인류가 언제부터 유입되었고, 그들이 사용한 기술 변화를 유추하는데 용이했다. 중기와 후기구석기시대의 이행기와 더불어 후기구석기시대에는 방사성탄소연대의 적용이 가능하다는 장점이 있다.

이번 연구는 OxCal 4.2프로그램(IntCal 13보정곡선)을 활용하여 구석기시대 방사성탄소연대 자료를 보정하여 활용했다. 이를 이용해 중기와 후기구석기에 걸쳐진 이행기에 해당하는 유적과 후기구석기유적에서 조사된 절대연대 수치 233개를 검토하였다.

지금까지 우리는 거의 같은 지층에서 확인되었기에 막연하게 비슷한 시기로 파악해 왔던 일본 규슈의 아이라-탄자와(AT)화산재, 최상부 토양쐐기(LW)의 형성 시기, 그리고 최종빙하극성기(LGM)의 시기가 동일하지 않음을 알 수 있었다. 즉, 후기구석기시대를 연구하는 데 있어 중요한 특징인 LGM의 시작과 끝, AT화산의 폭발과 종료, LW의 형성과 종료가 일어난 시기에는 차이가 있었다. LGM은 26500~19000 cal BC, AT화산재는 27000~26000 cal BC, LW는 24000~20000 cal BC로 연대를 상정해 볼 수 있었다.

구석기유적에 있어 방사성탄소연대의 보정결과를 토대로 유물의 출토 층위를 중심으로 LW층(마지막 토양쐐기층, 일반적으로 후기구석기시대 중엽에 해당)과의 상관 관계, 슴베찌르개와 세석인의 출토 여부, 흑요석의 존재를 함께 비교하였다. 그 결과 후기구석기시대의 편년은 크게 세 단계, 세분하면 5단계로 설정할 수 있었다. 우리나라 구석기유적처럼 표준층위가 세분되어 있지 않은 경우, 방사성탄소연대는 유적 성격을 결정하는 데 있어서도 중요하였다.

제2부는 '한반도 현생인류의 일본열도로의 확산'을 정리하였다.

일본열도의 구석기문화는 한반도와도 밀접한 관련이 있음에도 깊이 있는 비교연구가 제대로 이루어지지 못해왔다. 그 이유는 단순한데, 우리나라 연구자는 일본 구석기문화에 별다른 관심이 없었다. 그 반면에 일본의 구석기 연구자는 우리가 일본 구석기문화를 연구하기 전부터 한반도의 구석기를 연구하고 논문을 지속해서 발표해 왔다. 그들의 연구성과는 우리나라 구석기를 이해하는 데 있어 중요한 계기를 마련해줌과 동시에 석기를 이해하는 데 있어 상당한 역할을 했음은 주지의 사실이다.

문제는 일본 연구자의 시각으로 한반도의 구석기문화, 더 나아가서는 동북아시아의 구석기문화를 바라보았다는 점으로, 일본열도의 석기가 그들이 연구하는 기준이 될 수밖에 없었기 때문이다. 그 반대로 우리의 시각으로 일본열도의 구석기를 분석하고 연구한 논문은 전무하다고 해도 과언이 아니었다. 상황이 이렇다 보니 1980~2000년대에 그들이 펼치는 논리에 상당히 의존할 수밖에 없었으며, 이를 비판적인 시각으로 접근하려는 한국 측 연구자도 희소하였다.

필자는 1998년 일본 구마모토[熊本]를 시작으로 일본에서 출토된 각지의 구석기를 관찰하기 시작하였다. 구석기 공부는 그렇게 실측을 배우면서 시작하였지만, 학부와 석사과정 중에 습득한 일본 연구자의 연구법과 편년, 형식분류, 발굴조사는 마치 깰 수 없는 철옹성 같다는 생각을 한 적도 있었다. 마치 물속에 그물을 쳐놓았는데, 그냥 그물이 아니라 치어조차 빠져나가기 힘든 아주 조밀한 그물처럼 그들의 논리는 완벽하게 느껴지기도 했다.

그런데 필자가 일본열도의 구석기를 실견·관찰한 지 10여 년이 지나면서부터 그들의 연구법에서 '틈과 한계'를 찾을 수 있었다.

첫째는 일본 연구자는 일본 구석기를 기준으로 동북아시아의 석기를 바라본다는 점이다. 현생인류는 각 지역으로 퍼져나가 고유한 형식의 석기를 제작하였지만, 동북아시아 지역에서 공통으로 사용되는 형식(찌르개, 밀개, 새기개, 돌날, 좀돌날 등)과 제작기술(돌날기법, 좀돌날기법, 슴베 있는 찌르개 등)을 상호 공유하였다. 일본열도 안에서 독특한 형식으로 자리 잡은 석기가 동북아시아 구석기연구의 표준이라고 말할 수는 없는 것이다.

둘째는 일본은 지역 중심의 연구 경향이 강하지만, 현재의 행정구역인 도도부현(道道府縣)의 경계를 넘어선 연구는 부족하였다. 예를 들어 홋카이도[北海道]나 도호쿠[東北]지역의 구석기 연구자는 규슈지역이나 주코쿠[中國]·시코쿠[四國]지역의 석기와의 비교연구를 활발하게 진행하지 않는다.

셋째는 한반도의 현생인류가 일본열도에 미친 영향을 과소평가하려는 경향이다. 앞서 얘기했듯이 일본 연구자는 한반도의 구석기 중 슴베찌르개만 영향을 받았을 뿐 다른 석기들은 별다른 관련성이 없다고 판단하였다.

넷째는 한반도의 현생인류가 박편첨두기 출현단계 이전에는 한반도로부터 인류가 건너오지 않았다는 인식이 강하였다. 필자가 2009년 6월에 가고시마[鹿兒島]에서 개최된 일본 구석기학회에서 이런 주제로 발표하였으나, 이를 인정하는 일본 연구자는 드물었다. 후기구석기 초엽에 현생인류는 중국 남부지역에서 한반도를 거치지 않고 유입되었거나 류큐[琉球]제도를 따라서 올라와 규슈 남부지역으로 들어오는 루트를 유전자분석과 연관 지어 추정하였다(그림 1).

다섯째는 일본 구석기연구를 지배하고 있는 '나이프형 석기문화'에 대한 강한 집착과 자부심이다. '나이프형 석기'라는 형식명은 아주 많은 기종에 적용되고 있고, 일본열도의 구석기를 하나의 문화권으로 묶는 핵심 기제이다. 일본 연구자 중에는 이런 연구 경향을 비판하고 새로운 시각을 제시하였지만, 나이프형 석기는 일본에만 있는 고유한 석기형식이라는 인식과 틀은 여전히 바뀌지 않고 있다. 이 때문에 한반도 구석기와의 비교검토가 어려웠던 것이 사실이다.

여섯째는 일본열도의 고유한 석재로 만든 석기라는 사실에 너무 집착한다. 일본열도에는 흑요석, 혈암, 안산암(사누카이트) 등처럼 지역마다 독특한 석재들이 분포하는데, 예를 들어 이곳에는 60여 개가 넘는 흑요석 원산지가 있어 동북아시아 지역 중 가장 많은 흑요석제 석기를 제작하였다. 일본열도의 현생인류는 흑요석을 가장 중요한 석재로 인식하였다. 그렇지만 흑요석제 석기를 기준으로 대륙의 석기를 이해하는 데는 한계가 있다. 그들이 다양한 석재를 활용해 무엇을 만들고자 했고, 대륙과의 기술적 공통성은 무엇인지를 찾는 노력이 부족했다.

이러한 관점에서 일본열도의 중요한 석기형식인 나이프형 석기, 박편첨두기, 기부가공 첨두기, 각추상석기를 함께 살펴보았다. 제작기법으로는 석인(돌날)기법과 세석인(좀돌날)기법을 다루었고, 석재적응전략을 함께 검토했다.

먼저 일본에서 구석기를 발견하면서 사용된 용어로 생각되어 온 나이프형 석기는 1959년 가미야마[神山]유적의 조사보고서에서 처음 등장했다. 같은 해에 발간된 「世界考古學大系」에서 나이프형 석기를 사용하였고, 이후 이 용어는 일본 고고학계에서 보편적으로 사용·적용되었다. 나이프형 석기는 애당초 나이프용 석인(knife blade)과 첨두기(point)로 분류되었으나, 지금은 '나이프'만 남아서 석기 분류의 만능적인 용어로 광범위하게 이용하고 있다. 즉 석기는 복합적인 기능이 있고 유사한 조정방식이 확인됨에도 불구하고 모두 '나이프'가 아닌 '나이프형'으로 분류 및 통합되어 사용해왔음을 이해할 수 있었다.

일본 학계에서 현재 사용 중인 나이프형 석기는 그 형식명이 아주 다양하고, 지역에 따라 제한적으로 적용된 사례가 많았다. 일본 전역에 독특한 석기형식이 출토되지만, 그렇지 않은 예도 적지 않다. 이 용어는 형식명을 정할 때 그렇게 범용적(汎用的)으로 사용할 수 있는 명칭이 절대 아니었다. 그리고 구석기 편년연구에 있어 나이프형 석기, 창선형 첨두기, 세석기로 삼분(三分)하는 시대구분법은 일본 구석기문화를 올바르게 이해하는 데 있어 오히려 장애로 작동할 수 있었다. 무엇보다 일본 구석기 학계에서 첨두기를 특정 시기에만 한정된 석기로 인식하는 오류를 바로잡아야 하며, 그러한 용어사용은 반드시 수정할 필요가 있었다.

일본의 후기구석기문화에 있어 박편석기와 같은 다양한 석기를 주로 나이프형 석기로 설정하면서 지역성을 강조하는 방식은 이제 한계에 이르렀다. 나이프형 석기의 제작기법은 후기구석기시대의 다른 석기들과 비교할 때 크게 다르지 않음에도 그 적용 범위가 너무 넓은 문제점이 있었다. 이는 나이프형 석기의 독자성, 특수성, 지역성을 너무 지나치게 강조했기 때문에 생긴 결과였다. 현생인류가 사용한 나이프형 석기의 상당수는 첨두기로 분류가 가능하였고, 일본열도의 중요한 첨두기문화를 형성시킨 중요한 도구였음을 알 수 있었다.

다음으로 한반도와 러시아 동아시아지역에서 확인되는 석인기법과 관련하여 일본 도호쿠지역의 석인기법을 살펴보았다.

일본 도호쿠[東北]지역은 혼슈지역에서 석인기법이 가장 발달하였다. 이 지역의 석인기법은 비(非)능조정 방식과 능조정 방식으로 나눌 수 있다. 비능조정 석인기법은 현지에서 조달한 석재를 이용하였는데, 도호쿠지역과 간토우[関東]지역을 제외한 일본열도, 한반도, 러시아, 중국지역에서는 찾아볼 수 없는 현지화된 기술로 상당히 독특한 기법이었다. 반면, 능조정 석인기법은 규질혈암을 이용하였으며, 원산지유적들이 야마가타현[山形縣]과 아키타현[秋田縣]을 중심으로 발견되었다. 이 지역만큼은 일본열도에서 흔히 사용된 흑요석이 석인석기군의 중요한 석재로 채택되지 못하였다. 이 지역의 흑요석이 좋은 석인을 제작할 만큼 질이 좋지 않았기 때문이다.

도호쿠지역의 능조정 석인석기군은 다른 지역에서는 찾아보기 힘들 정도로 제작기술이 뛰어났다. 석인 관련 접합유물을 분석한 결과, 석인기법과 관련한 특수한 기술(능조정기술, 타면재생, 타면전이, 타면조정, 작업면재생, 밑면조정 등)을 모두 적용할 정도로 기술이 뛰어났다. 능조정 석인기법은 후기구석기 초엽의 소형박편석기군 또는 간토우지역이나 주부[中部]지역의 비능조정 석인기법에서 기술적인 연원을 찾기가 곤란하였다. 석인기법에 있어 비능조정 석인석기군에서 능조정 석인석기군으로 시간적인 변화는 인정되지만, 비능조정기법에서 능조정기법으로 변화하는 기술계통의 상관성을 찾을 수는 없었다. 후기구석기시대 중엽의 능조정 석인석기군은 홋카이도를 제외하면 도호쿠지역에서만 사용되었다.

도호쿠지역의 능조정 석인집단은 새로운 제작기술과 수렵 정보를 도구에 접목했다. 대량으로 생산된 석인을 이용해 착장형 수렵구(기부가공첨두기)를 제작하는데 우선적으로 사용하였다. 그에 반해 비능조정 석인석기군에서는 정형성을 갖춘 첨두기가 부족하였기에 수렵도구와의 상관성을 찾기가 어려웠다. 두 석기군은 수렵도구의 제작수준과 도구사용의 방식에서 분명한 차이가 있었다. 도호쿠지역의 능조정 석인석기군은 한반도로부터 대한해협을 건너온 뒤 해안가를 따라 동쪽으로 이동한 현생인류의 영향을 받았을 가능성을 제기하였다.

일본열도에는 구석기시대에 한반도로부터 사람이 건너가면서 처음으로 사람이 살기 시작했을 가능성이 컸다. 그 시작은 후기구석기시대 초로 추정되었다. 두 지역 사이에는 해협이 있어 사람의 왕래가 자유롭지 않았다. 그렇다 보니 빙하기 중 후기구석기시대에도 130m 이상의 해수면 하강과 같은 지질학적인 여건이 형성될 때만 교류가 가능했을 것으로 생각해 왔었다. 그러나 현생인류는 대한해협을 최대빙하극빙기가 아닌 시기에도 해수면이 70m 이상만 하강하면 배나 뗏목을 이용해 항해했다. 한반도와 일본의 교류 루트는 시기에 따라 한반도 남부부터 규슈로 들어가는 루트, 한반도에서 규슈를 거치지 않고 혼슈 및 세토우치[瀨戶內]해로 들어가는 루트가 존재하였다.

후기구석기시대에 한반도와 일본열도에서는 유사한 기종들이 출토되었다. 그 예로 슴베찌르개와 박편첨두기, 각추상석기, 유설첨두기, 조합식 찌르개 등이다. 슴베찌르개는 소재의 제작기술과 도구의 사용방식, 석기 완성품, 석재의 채집 전략 등이 한반도에서 일본열도로 전해졌다. 우리나라의 슴베찌르개는 현지에서 출현한 석기 기종인 데 반해, 박편첨두기는 한반도에서 유래한 도래적응품이라는 차이가 있었다.

한반도 후기구석기시대에 등장한 투창용 찌르개의 제작과 '창을 던져 사냥하는 수렵방식'은 일본 구석기문화에 지대한 영향을 미쳤다. 두 지역에서는 투창(投槍)행위를 통한 원거리 사냥을 위한 석기 기종과 제작기술의 개발이 중요한 생존수단이었다. 특히 찌르개는 다양한 형식들이 있지만, 창을 만들 때 슴베를 만들어 자루에 정착한다는 중요한 제작 기준이 있었다. 찌르개의 크기는 제작자들에 의해 관리되고 있었다.

한반도의 현생인류는 일본열도로 건너간 뒤, 그 지역에 분포하는 석재에 맞는 기종을 개발하였다. 그로 인해 일본에서는 한반도에서는 찾아보기 힘든 다양한 형식의 석기들이 지역별로 제작되었다. 일본열도 내 구석기인은 현지의 석재 상황에 따라 박리기술을 변이시키는 한편, 석인과 세석인처럼 동북아시아 지역에서 널리 사용된 기법도 활용하였다. 한반도와 일본열도에서 찌르개 사용은 사냥을 위한 생존 도구이자, 수만 년 간 이어진 중요한 수렵행위의 중추적인 역할을 하였다.

세석인기법은 동북아시아 지역에서 후기구석기시대를 대표하는 석기제작기술이다. 해당 지역에서 출토되는 석재를 주로 사용해서 세석인을 만들다 보니 세석핵에는 기술적인 변이가 다양하였다. 그럼에도 불구하고 세석인을 생산하는 핵심기술(타면생성방식, 양면조정블랭크, 밑면조정, 타면측연조정, 눌러떼기 등)은 상당한 공통점이 있었다. 무엇보다도 세석인을 활용해 창과 칼을 만드는 도구제작개념은 28,000 cal BC 이후로 널리 퍼지기 시작하였다. 그 대표적인 지역이 바로 일본 홋카이도지역이다. 이 지역은 동북아시아 지역에서 백두산흑요석과 더불어 석기제작에 아주 좋은 질의 흑요석 산지와 양질의 혈암 산지가 있었다. 이렇게 좋은 흑요석이 대량으로 분포한 덕택에 시라타키[白瀧]유적군과 같은 동북아시아 최대규모의 석기 제작지가 발굴 조사되었다.

양질의 석재가 풍부한 홋카이도에서는 다양한 세석인기법이 체계적으로 연구되었다. 우리나라에서는 일본 세석인기법을 제대로 정리한 연구한 사례가 드물었다. 그런 차원에서 한국 연구자에게 일본의 세석인기법을 소개하여 우리나라 구석기연구에 도움이 되고자 하였다.

홋카이도의 세석인기법은 란코시기법·피리카기법·토우게시타기법·유우베츠기법(삿코츠기법과 시라타키기법)·호로까기법·오쇼로코기법·히로사또기법·모미지야마기법으로 나눌 수 있다. 기법의 선후 관계는 가시와다이[栢臺]1유적의 에니와[惠庭] a화산재연대(16,000~19,000BP)를 참고해 기본적인 편년설정을 하였으나, 전반적으로 유적 층위가 불안정하여 기법이나 세석핵 형식에 따른 세부적인 편년은 어려운 작업이었다. 실제 세석핵의 형식학적 편년에 따른 서열이 접합유물과 절대연대로 인해 뒤집히기도 하였다.

세석인기법 중 란코시기법, 토우게시타기법, 히로사토기법, 모미지야마기법 등은 석인기법을 이용해 얻은 예비소재나 석인을 세석핵으로 활용하였다. 석인기법에서 석인을 박리하기 전에 석핵을 조정할 때 사용하는 기술을 세석인기법에 변용한 사례도 발견되었다. 이러한 석인기법과 세석인기법의 기술적 혼재현상은 새로운 개념 전환으로 받아들일 수 있으며, 우리나라의 석인기법과 세석인기법을 이해하는 데 도움을 주었다. 그리고 세석인문화의 생활방식에 대한 접근은 수렵설과 어로설이 중심이었고, 다양한 각도에서 검토되고 있었다.

우리나라에서 단편적으로 인용되어 온 홋카이도지역의 세석인기법은 매우 복잡하여 기법에 대한 정확한 이해가 전제되어야 이해할 수 있었다. 세석인기법에 관한 형식분류와 석기의 접합연구가 유적 성격은 물론, 사회학적·생태학적 유적복원을 위한 중요한 기초자료가 됨을 알 수 있었다.

한반도 남부지역과 일본열도 규슈지역의 교류는 그동안 신석기시대 이후 시기로만 제한적으로 논의되었다. 이는 구석기시대에 대한 이해 부족이며, 잘못된 접근이다. 일본열도에 최초로 건너가서 교류한 사람은 바로 후기구석기시대의 현생인류였다. 하지만, 한반도의 현생인류가 일본열도로 건너가 어떠한 영향을 미쳤는지에 관한 연구는 거의 없었다. 1980년대 후반에 제기된 규슈지역의 박편첨두기 기원이 한반도의 슴베찌르개라는 주장만 되풀이할 뿐이었다. 이런 시각의 오류를 바로잡고 한반도의 현생인류가 일본열도의 구석기문화에 더 깊숙이 영향을 미쳤음을 밝혀보았다.

후기구석기시대에 있어 규슈지역의 대표적인 대형 수렵구 중에서 중요한 위치를 차지하는 각추상석기는 박편첨두기, 재지계 석기, 코후계[國府係] 석기의 영향을 받아서 출현하였다고 주장되어왔다. 각추상석기의 예비소재는 불규칙한 박편을 이용했지만, 다양한 형식의 각추상석기 중 일부는 석인기법의 능조정기술과 관련이 있는 것으로 파악되었다. 이러한 조정양상은 수렵집단이 필요한 첨두기를 충족시키기 위해 석기제작에 필요한 소재 부족을 해결하고, 새로운 형식의 석기를 능동적으로 제작함으로써 규슈사람의 생존 적응력을 높여 주었다.

규슈지역에서는 후기구석기시대 중엽에 대형 각추상석기를 많이 제작했는데, 석인기법 또는 종장박편을 박리하는 과정에서 발생하는 부산물을 예비소재로 사용했을 가능성이 있었다. 능조정관련 유물을 첨두기로 제작한 것은 드문 현상으로 현생인류의 석인기법을 통한 다양한 석기제작능력이 입증된 것으로 이해할 수 있다. 각추상석기의 제작 집단이 새로운 수렵구를 만들기 위해 석인기법의 기술적 특징 중 하나인 능조정기술을 응용하고, 석인관련 부산물을 석기 소재로 사용한 것은 박편첨두기에서 각추상석기로 넘어가는 과도기의 중요한 기술적 변화였다. 아울러 각추상석기가 출토된 유적에서 석인기법과 관련한 기술적 부산물이 출토되지 않았던 이유가 바로 석인석핵의 부산물을 재사용했기 때문으로 이해할 수 있었다. 즉, 각추상석기는 박편첨두기와 깊은 관련이 있었다. 규슈지역 석기제작집단은 박편첨두기를 대체할 수 있는 새로운 수렵구들을 탄생시키고자 했으며, 그것들은 새로운 환경에 적응하기 위한 노력의 결정체였다.

후기구석기시대에 일본 규슈지역에서는 가고시마현[鹿児島県]에 위치한 아이라탄자와[姶良Tn: AT]화산 폭발 이후에 코후형[國府型] 나이프형석기, 박편첨두기(剝片尖頭器, 슴베찌르개), 각추상석기(角錐狀石器), 창선형첨두기(槍先形尖頭器) 등 다양한 종류의 첨두기가 출현하였다.

각추상석기는 한반도지역과의 여러 차례에 걸친 접촉으로 슴베찌르개 혹은 각추상석기, 세토우치해[瀨戸内海]의 코후계 석기군의 제작기술, AT층 이후 시기의 나이프형석기 제작기술 등에 영향을 받았다. 특히 각추상석기는 종장박편, 횡장박편, 일반박편 등 소재를 가리지 않았기 때문에 손쉽게 첨두기를 제작할 수 있다는 장점이 있었다. 이것은 소재보다는 조정에 더 치중해서 만든 석기였다. 이러한 양상을 토대로 각추상석기의 편년은 4단계로 설정할 수 있었다.

규슈지역의 구석기인은 AT화산 폭발 이후의 변화된 환경에서도 새로운 상황에 적응하기 위해 적절한 생존방식을 모색하였다. 한반도로부터 슴베찌르개를 받아들이고, 그에 따르는 새로운 수렵기술의 습득은 생존능력을 높여준다는 집단 내 긍정적인 반응을 끌어냈을 것으로 추정된다. 규슈지역에서 각추상석기의 출현은 현지에 가장 적합한 수렵구를 개발하였다는 데 그 의의가 있었다.

제3부는 '환동해안지역에 현생인류의 교류와 형성과정'을 살펴보았다.

3.5~3만 년 전에 사용된 소형석기나 다이케요우[台形樣]석기는 소형석기전통으로 진정한 의미의 착병제 수렵구로 보기 어렵다. 이런 측면에서 3만 년 전을 전후한 시점에 한반도로부터 여러 루트를 거쳐 전해진 석인기법의 전개는 협의의 개념에서 나이프형 석기제작에 직접적인 동인을 제공하였다.

한반도의 석인기법 중 능조정(crest)기법은 4~3.5만 년 전에 출현했고, 러시아 측의 관련 자료를 참조하면 석인기법은 완성된 기법으로서 한반도에 출현하여 현지화의 과정을 거친 것으로 생각된다. 우리나라의 현생인류는 석인은 능선이 나란하고 폭과 길이의 비례뿐만 아니라 도구제작을 위한 소재를 선택함에 있어 자연면을 가지고 있지 않아야 한다는 인식이 있었다. 특히 수렵구로 사용할 소재를 선택할 때는 등면에 자연면이 없는 것을 선호했다. 한국과 일본에서 출토된 거의 모든 수렵구가 그러한 특징을 나타낸다. 후기구석기시대에 있어 박리기술의 변화가 중요한 이유로는 단순한 석인 획득의 목적이 아니라 자연면이 없는 종장지향의 소재획득이라는 개념이 중요하였고, 동북아시아에서는 이러한 인식이 광범위하게 자리를 잡고 있었다.

일본지역에서는 첨두기 기능을 지닌 종장박편제 나이프형석기는 한반도로부터 석인기법이 유입된 이후에 출현했다. 나이프형석기문화가 일본열도의 고유한 석기문화라는 점은 누구나 인정하지만, 현재 사용되고 있는 나이프형석기라는 것이 분류기준이 모호하고 후기구석기시대에 출토되는 중요한 수렵구를 모두 포괄할 수 없다는 문제를 지적하였다.

무엇보다도 나이프형 석기문화에 있어 박편첨두기가 일본 내 석기문화에 어떠한 영향을 미쳤는지를 전혀 고려하지 않았다. 오직 규슈에만 박편첨두기만 있고 그 외 지역에서 그와 유사한 석기가 출토되더라도 모두 나이프형석기로 분류한다. 이것은 어쩌면 흑요석 문화를 일본 고유의 석기문화로 잘못 인식하는 것으로, 또 다른 나이프형석기문화를 만들고자 하는 것으로 볼 수 있다. 일본에서는 후기구석기 초엽부터 흑요석을 사용하여 석기를 만들었다. 특히 3.5만 년 전 무렵부터 이즈[伊豆]제도와 고우즈시마[神津島]산 흑요석이 혼슈지역에서 출토되었다. 그 까닭에 현생인류가 섬과 해저에 있는 흑요석을 혼슈까지 갖고 와서 사용한 연구결과를 토대로 배로 항해할 수 있는 기술이 있었다고 판단하고 있다.

반면에 한국에서는 그 시기에 흑요석을 사용한 사례가 아직 보고된 바가 없다. 일본은 흑요석을 한국보다 더 이른 시기부터 석재로 사용하였다. 한국에서는 2.8만 년 전 무렵부터 흑요석을 사용하였다. 일본열도의 간토우와 주부지역에서 1.5만 년 전부터 창선형첨두기와 세석인을 만들 때 흑요석을 집중적으로 사용하는 현상은 홋카이도의 영향을 받았기 때문이다. 일본 주부[中部]지역에는 양질의 흑요석이 풍부한데, 홋카이도의 흑요석 문화가 일본 혼슈[本州]에 영향을 미쳤기 때문으로 생각된다. 홋카이도의 삭편계(削片系) 세석인석기군이 혼슈지역으로 내려오게 된 배경이 무엇인가를 고민해야만 한다. 홋카이도에 살았던 현생인류가 혼슈로 유입되는 현상은 이주수준의 단계로 보기는 어렵지만, 사람이 이동해왔음은 분명하다.

한편 규슈지역에서 박편첨두기가 기존의 석기문화를 얼마만큼 바꾸어 놓았는가를 판단해야 한다. 후기구석기 초엽의 이주민은 광범위하게 확산하는데 반해 박편첨두기 집단은 왜 규슈에만 머물렀는가를 설명할 수 있어야 하지만 납득할만한 주장은 아직 없다.

한반도와 규슈지역의 교차(交錯) 문제를 검토하면서 간토[關東]지역의 편년에 대비시켜 두 지역을 바라보는 것은 한계가 있었다. 그중 한반도와 규슈지역, 간토지역은 박편첨두기와 각추상석기의 공반관계, 그 기반이 되는 석인기법의 기술차이, 공반 석기의 차이, 지층의 차이 등이 있다. 일부 유물은 일본열도 전체에 널리 퍼져서 사용되었으나 대부분 석기는 그렇지 못하다. 규슈지역에서 출토된 석기의 변화양상을 간토지역 편년에 그대로 대입시키기에는 무리가 따랐다.

이 글에서 언급된 한국(Hanguk)와 일본 규슈(Kyushu)의 HK교류는 큰 획기를 기준으로 최소 5차례 이상 있었다. 특히 현생인류가 항해기술을 보유했다고 가정한다면 더 많은 빈도로 교류했을 가능성이 있었다. 그렇다고 하더라도 두 지역은 대한해협으로 인해 단절적인 교류를 하였지 교류가 항시적일 수는 없었다. 앞으로도 HK교류는 그 시기와 횟수에 대해서 지속해서 검토되어야 한다. 한반도와 규슈지역의 교차를 박편첨두기만으로 한정하지 말고 여러 시기에 걸쳐 다양한 석기가 공유되었음을 밝히는 것은 중요하다. 한반도와 규슈지역은 크게 봐서는 거의 동일한 주기로 석기문화가 변화했다. 해수면은 4만 년 전을 전후한 시기부터 -70m 정도를 기점으로 하여 상승 또는 하강을 되풀이했다. 대체로 하인리히 이벤트 기간에는 그 이하로 하강하였다.

HK교류는 해수면 -120~70m에서 가능했다고 판단된다. 현생인류는 기후변화로 생긴 육교(陸橋)를 건너는 도보 교류뿐만이 아니라, 바다가 있어도 배나 뗏목을 활용해 해상교류를 하였다. 후기구석기시대에 한반도와 일본열도의 교류는 4~1만 년 전, 즉 3만 년 동안에 접촉과 단절을 반복하였던 시기였다. 앞으로 최대빙하극빙기(LGM) 동안에 형성된 육교에 가까운 지형 변화가 있었던 시기에만 교류가 있었다는 고정관념을 버려야 한다. 현생인류는 지형의 불리한 조건을 극복하고, 자연적 제한을 벗어던지고 인간의 본능인 무한이동을 진행하였다. 두 나라 간의 교류는 한반도-규슈뿐만 아니라 한반도와 세토우치[瀨戶內]해까지 확산된 것으로 추정되며, 이는 일본 내 유베쓰기법의 확산, 고즈시마 흑요석 등의 문화현상을 보더라도 그러하였다.

환동해지역은 한국의 동해를 둘러싼 지역으로 한반도와 일본열도, 중국 동북부, 러시아 극동과 사할린이 여기에 해당한다. 이 지역은 독특하게 언어가 모두 다르다는 특징이 있고, 그 언어적 장벽이 연구에 걸림돌로 작용하고 있다. 환동해지역에는 구석기시대 동안에 영구적인 바다 구간과 일시적으로 도보가 가능한 구간이 있었고, 대체로 사람과 석기문화는 위도가 높은 곳에서 낮은 곳으로 일방적으로 이동하는 경향이 강하였다. 특히 교류 수준으로 판단할 때에 한반도에서 일본으로, 홋카이도에서 혼슈로의 교류는 일방적인 경로에 가깝다. 후기구석기문화의 형성과정에서는 '북에서 남', '서에서 동'으로의 흐름이 강한 것이 특징이다.

환동해지역에서는 석인문화와 세석인문화라는 공유문화와 여기서 파생된 지역문화가 중첩하면서 하나의 문화권을 형성하였다. 현생인류는 기층문화를 발전시키는 한편, 새로운 문화요소를 받아들여 기존의 문화요소를 변화·발전·소멸시킴과 동시에, 지역별로 독자성을 지닌 지역문화를 중첩해 나갔다. 이 지역에 있어 후기구석기문화의 형성과정은 공유문화 확산 → 지역문화 성립 → 지역문화 확산 → 지역문화 중첩 → 소멸이라는 흐름으로 이해할 수 있다. 환동해지역에 있어 지역문화권의 설정은 이 지역의 후기구석기문화를 이해할 때 중요한 개념이다. 후기구석기문화권의 경우 러시아의 중서부 내륙과 중국의 남부지역과는 다른 독자적인 문화권이 존재했던 것으로 추정된다.

후기구석기시대에 살았던 한반도의 현생인류는 최초로 대한해협을 건너 일본열도로 건넌 사람이었다. 현생인류에게 있어 창은 생존을 위해 가장 위력적인 도구였다. 돌(찌르개)과 나무(자루)를 결합해 만든 창은 수렵용이나 호신용으로 아주 유용한 도구였다. 르발르와기법과 석인기법은 찌르개를 잘 만들기 위해서 개발되었을 가능성이 컸다. 후기구석기시대에 사용된 투사형(投謝形) 찌르개는 한국과 일본에서 창을 만들 때 주로 사용하였다. 투사용 창의 선단은 돌, 뼈, 나무를 이용해 뾰족하게 만들었다. 중국 동북지역에서는 찌르개와 관련된 자료가 드문데, 돌날기법을 거의 사용하지 않았고, 슴베찌르개와 유사한 석기도 출토된 바가 없었다.

　실험연구에 의하면 7cm 크기의 슴베찌르개(박편첨두기, 유엽형첨두기)는 손으로 던지기보다 투창기의 도움을 받을 때 더욱 힘을 받아 더 멀리 나아갔다. 사용 중에 창끝이 부서지면 석창 전체가 아닌 선단부에 장착된 찌르개만 교체할 수 있다. 사슴, 토끼 등 중소형 동물의 수렵은 물론, 잡은 동물을 해체할 수 있는 기능이 있다. 투사용 찌르개는 신석기시대 때 본격적으로 활과 화살이 만들어지기 전까지는 가장 강력한 수렵용구였다.

　슴베있는 찌르개의 유형들은 투창형 수렵문화의 본격적인 등장과 확산을 의미한다. 현생인류가 사용한 이 창은 환동해지역에 있어 수렵방식의 일대 혁신을 가져온 변화였다. 찌르개의 핵심은 뾰족하고, 슴베가 있으며, 대칭성을 가급적 유지한다는 점이다. 나라마다 찌르개의 형태는 달라도 그것이 기본적으로 갖추어야 할 형식 틀은 그대로 유지하였다. 투사형 찌르개는 생존 적응 전략과 사회적 정보의 전달을 내포한 석기이다. 자루에 장착하는 찌르개의 등장은 근접사냥보다는 원거리 사냥으로 수렵방식이 변화하였음을 의미한다. 현생인류는 각 지역에 맞는 새로운 도구와 수렵방식을 선택함으로써 후기구석기시대를 견뎌낼 수 있었다.

본문의 글이 최초 게재된 출처

1. 장용준, 2004,「한국 후기구석기의 기원-동북아시아 후기구석기 초기유적과 비교하여-」『國史館論叢』第104輯, 國史編纂委員會, pp.1-45.
2. 장용준, 2016.「밀양 고례리와 진주 집현 유적의 구석기연구」『한국구석기학보』제34호, 한국구석기학회, pp.20~49.
3. 張龍俊, 2014,「방사성탄소연대를 이용한 후기구석기시대 편년」『嶺南考古學』第69號, pp.4-46.
4. 장용준, 2010,「일본 나이프형석기의 비판적 검토」『韓國考古學報』第74輯, 韓國考古學會, pp.116-141.
5. 장용준, 2018,「일본 도호쿠지역의 석인석기군 연구」『한국고고학보』107, pp.8-45.
6. 장용준, 2011「日本 九州出土 角錐狀石器의 技術的 起源-南部를 中心으로-」『考古廣場』제9호, pp.1-23.
7. 장용준, 2009,「後期 舊石器時代 角錐狀石器의 硏究」『한국민족문화』33, 부산대학교 한국민족문화연구소, pp.289-337.
8. 장용준, 2018.「한반도 현생인류의 일본열도로의 확산과 의의」『영남고고학보』제80호, pp.5-43.
9. 장용준, 2015,「한국과 일본출토 석인과 세석인의 비교연구」『한국구석기학보』31, pp.2-43.
10. 장용준, 2012,「동아시아의 구석기시대와 슴베찌르개」『人の来た道-東アジアの舊石器時代と宮崎』, 西都原考古學博物館, pp.47-59.
11. 장용준, 2006,「日本 北海道地域의 細石刃技法」『石軒鄭澄元先生退任記念論叢』, 釜山考古學研究會, 論叢刊行委員會, pp.1-36.
12. 장용준, 2009,「韓半島-九州の旧石器時代石器群と文化の交錯」, 2009年度日本旧石器学会, 日本旧石器学会·九州旧石器文化研究会.
13. Chang yongjoon, 2013, Human Activity and Lithic Technology between Korea

and Japan from MIS 3 to MIS 2 in the Late Paleolithic Period, *Quaternary International*(2013), Vol.308-309, pp.13-26. * 환동해안지역 후기구석기문화 형성과정은 이 글을 작성할 때 쓴 국문초고로 실제 발표된 영어논문과는 일부 내용은 상이함.